巴蜀文化通史

《巴蜀文化通史》学术委员会

章玉钧　隗瀛涛　李绍明　林　向　胡昭曦　贾大泉
谭继和　万本根　陈玉屏　罗　鸣　沈伯俊　彭邦本

主　编
章玉钧　谭继和

副主编
罗　鸣　彭邦本

编辑部
主　任　侯水平　向宝云
副主任　万本根　李　庆

"十二五"国家重点图书出版规划项目
四川建设西部文化强省重点项目

章玉钧 谭继和 主编

巴蜀文化通史
民族文化 卷

赵心愚 杨铭 等 著

四川人民出版社

编者的话

巴蜀文化通史

编者的话

《巴蜀文化通史》编撰工程是中共四川省委批准、省委宣传部直接组织和领导，由四川省繁荣发展哲学社会科学协调小组立项、四川省社会科学院牵头的四川省西部文化强省建设重点支持项目，也是"十二五"国家重点图书出版物出版专项规划及国家出版基金（2016年度）资助项目。一直关心四川文化传承创新的省老领导杨超、杨析综、何郝炬、冯元蔚、廖伯康、聂荣贵、李永寿等同志率先向省委、省政府倡议启动编撰工作。在编撰研究过程中，得到了陶武先、柯尊平、王少雄、甘霖等历届省领导的大力支持和亲切指导，我们谨致衷心的敬意和感谢。

本书编撰委员会于2006年设立，编撰工作由此启动，至2020年全面完稿，历时十五年。编撰委员会名誉主任陶武先，主任王少雄、柯尊平，副主任殷建中、贾松青、侯水平、隗瀛涛、李绍明；顾问蔡美彪、李学勤、张海鹏；编委会成员有章玉钧、林向、胡昭曦、贾大泉、谭继和、万本根、陈玉屏、罗鸣、沈伯俊、彭邦本、向宝云、王素、舒大刚、邓经武、赵振铎、龙晦、龙显昭、刘平斋、吴野、钱来忠、曹顺庆、陈德述、任新建、李明泉、张忠仁、王毅、王庭科、冉光荣、杜肯堂、李学明、孙锦泉、陈廷湘、刘复生、佘正松、李健、李刚、李诚、江玉祥、江章华、蒋维明、季富政、高大伦、段志洪、侯德础、谢元鲁、甘绍成、张明富、张凤琦等。编委中，有些作为学术委员会成员，自始至终参与本书研讨和审定；有的承担了分卷的撰著；有的在本书酝酿和编撰的相关会议上提供了不少宝贵意见；有的应邀对有关书稿审阅并提出有益的建议。总而言之，编委们都为本书编撰出版做出了各自的贡献。另还专门请宗性（中国佛学院）审读了《宗教文化卷》。

编撰工作具体依托四川省社会科学院进行，院历届领导贾松青、侯水平、李后强、向宝云、高中伟等都给予大力支持、督促和帮助，多次召开院党委或院办公会议，听取编辑部汇报，决定有关事项并检查落实。编辑部成员张彦、彭东焕、印国玲在具体组织协调、制订规范规则、联系作者、学术讨论记录（含录音）、编写简报等方面做了大量工作。

《巴蜀文化通史》是集思聚智的学术成果，撰著参与者及分工情况详见于各卷后记。以下谨按卷次列出主要撰著者名单，共同见证这部著作的出版：

《通论卷》	谭继和著
《农业与水利文化卷》	彭邦本编著
《工商文化卷》	张学君著
《城市文化卷》	何一民等著
《建筑文化卷》	庄裕光著
《交通文化卷》	蓝勇等著
《民族文化卷》	赵心愚、杨铭等著
《宗族与会社卷》	张力著
《移民文化卷》	陈世松著
《方言卷》	李国太、黄尚军、袁雪梅、曾为志著
《民俗文化卷》	徐学书、喇明英、况红玲等著
《哲学思想卷》	蔡方鹿、刘俊哲、金生杨著
《史学卷》	粟品孝、周鼎、李晓宇著
《宗教文化卷》	李远国、向世山等著
《教育卷》	徐辉、徐仲林等著
《文学卷》	邓经武著
《艺术卷》	苏宁、沈博、幸晓峰著
《科技文化卷》	查有梁、王迎川、周世祥等著

《传播文化卷》　　　　　赵志立著
《文献要览卷》　　　　　舒大刚、李冬梅等著
《巴蜀文化大事记》　　　张彦、陈德言、王林、彭东焕编著
《巴蜀文化研究论著索引》李敬洵编

由于多领域的地域文化通史尚属首创，不同门类各有其文脉演变、内在逻辑与历史进程，故未对各卷涉及本领域涵盖的时间起止及个别体例做统一的要求。编著者虽务求如清人顾炎武所说"庶几采山之铜"，而力避"买旧钱""废铜以充铸"，但因见闻学识所限，书中疏漏不足之处，尚祈望读者正之。

最后要说的是，全书从编撰到出版来之不易，还得益于四川人民出版社历任社长罗韵希、解伟、黄立新，副社长骆晓平，总编辑刘周远的关心和支持。特别是谢雪编审从中协调、统筹以及众多编辑"为他人作嫁衣裳"的辛勤付出。巴蜀文化界学术界的领军人物、尊敬的马识途先生在2018年一百零四岁时为本通史题写书名。在此，我们表示深深的谢意。

章玉钧　谭继和　罗鸣　彭邦本
2021年11月

总 序

◎ 章玉钧

呈献在读者面前的这部多卷本《巴蜀文化通史》，是国家重点图书出版物出版专项规划项目、国家出版基金资助项目和四川省西部文化强省建设重点支持项目的学术成果。这个项目由中共四川省委宣传部直接组织和领导，四川省社会科学院牵头，川渝合作，组织和邀约四川省、重庆市七十多位巴蜀文化研究专家参加，得到四川省委、重庆市委和国家有关部门的重视和支持，获得国家和省文化产业经费的资助。全书二十二卷二十八册，约一千六百万字。编撰出版工作历时十五年终告完成。参加本书编修的专家学者们团结协同、切磋琢磨、集思聚智、甘苦备尝，贡献了创造性的劳动。四川人民出版社和各卷责任编辑认真敬业，严谨审慎，做出了辛勤奉献。在此，谨就编撰《巴蜀文化通史》的缘起与旨归、定位与特色、架构与方法、集成与出新，作一概括的介绍，以助读者对全书先有个总体的了解。

缘起与旨归

编修《巴蜀文化通史》之议，酝酿已久。20世纪80年代至90年代，巴蜀文化和蜀学研究在四川逐步升温，在选编出版徐中舒、蒙文通、顾颉刚、任乃强、邓少琴、冯汉骥等大师关于巴蜀文化的论著①后，陆续编写出版了《巴蜀文化图典》②《巴蜀文化研究丛书》③《巴蜀文化系列丛书》④。大家既为"地域文化热"的兴起而振奋，又在同地域文化研究先行地区的比较中，看到我们的差距，深感传承、整合和弘扬巴蜀文化，要抓牵头的东西，抓具有基础性、全局性和带动性的项目。2001年，一直关注文化的四川省老领导杨超、杨析综率先提出编撰《巴蜀文化通史》的倡议，杨超还构想系统整理自古以来的巴蜀文献，编成《巴蜀全书》。他们登高一呼，高屋建瓴，对学界有很大的启发和鼓舞。经过反复酝酿，省里八位老同志⑤于2005年10月联名致信四川省委、省政府，建议启动《巴蜀文化通史》的编撰工程。在组织四川高校和研究机构数十位专家学者进行论证，并征得重庆市有关领导和专家学者的赞同后，省委批准立项，审定了全书的框架设计。2006年7月，《巴蜀文化通史》多卷本编撰工程正式开展。

大家渴望编撰《巴蜀文化通史》并积极付诸行动，是基于这样的共识：民族文化是一个民族的根、脉、魂，是民族精神的载体，是支撑民族生存和发展的脊梁。全球文明古国各具优长，唯有中华文明几千年来一脉贯通地连续发展至今，重要原因是有由甲骨文、金文发展而来的形、音、义相结合的汉字为重要载体和文化纽带，用其写成的文史典籍代代承传，从未间断，起到全民族凝心聚力的巨大作用，激励中华民族历经磨难而不衰，直至迎来民族走向伟大复兴的盛世。巴蜀文化是多源汇成一脉、多元聚为一体的中华文

---

① 徐中舒《论巴蜀文化》、蒙文通《巴蜀古史论述》、顾颉刚《论巴蜀与中原的关系》、任乃强《四川上古史新探》、邓少琴《巴蜀史迹探索》，均由四川巴蜀史研究会编辑，由四川人民出版社于20世纪80年代出版。此后还有《冯汉骥考古学论文集》1985年由文物出版社出版，另有《缪钺全集》2004年由河北教育出版社出版。
② 该图典由川渝合作编成，刘茂才、滕久明任编委会主任，万本根、俞荣根任主编，四川人民出版社1999年出版。
③ 该丛书由杨超、杨析综任编委会主任，首批六册。李绍明《巴蜀民族史论集》、隗瀛涛《巴蜀近代史论集》、林向《巴蜀考古论集》、胡昭曦《宋代蜀学论集》、谭继和《巴蜀文化辨思集》、徐南洲《古巴蜀与〈山海经〉》，均由四川人民出版社2004年出版。
④ 该丛书由杨超、杨析综任编委会主任，谭洛非、邓星盈、万本根任主编，共十册，四川人民出版社2001年出版。
⑤ 八位老同志是杨超、杨析综、何郝炬、冯元蔚、廖伯康、聂荣贵、李永寿、章玉钧。

化中一个重要的区域文化，是博大精深的中华文明的一枝奇葩，在中华民族文化谱系中占有独特的地位。她绚丽多彩、大器包容，在与兄弟地域文化交流互益、吞吐融会中发展繁荣，形成并展示出独特的神韵和魅力，使哺育地的中华文化更添灿烂辉光。对于川渝地区各族同胞而言，巴蜀文化就是我们世代生存之根、承传之脉、发展之魂。

巴蜀大地钟灵毓秀、文脉悠长，堪称多种人类遗产荟萃的聚宝盆。巴蜀文化有许多独具的特色和亮点，足以令我们为先辈的创造感恩并自豪。茂县营盘山、成都平原从宝墩到三星堆、金沙以及长江三峡、宣汉罗家坝等处文化遗址的多次惊世发现，结合古文献资料，无可辩驳地证实了巴蜀作为长江上游的上古文明中心，丰富了中华文明的基因，显示出古蜀古巴文化永恒的魅力。周秦以来，中华思想文化素以儒学、道学为主干；佛学西来后，更以儒释道交融互补为特色。蜀地仙道发源很早，成为天师道的创教地；儒学从西汉起就在此代代传承，文翁石室、周公礼殿、孟蜀石经彪炳千秋；在佛教中国化的进程中，巴蜀出了许多大德高僧，尤其是禅学大师，成为中国禅学中心之一。作为中国重要地域学术文化的蜀学，富有哲思传统和文史之长，"易学在蜀""史学莫隆于蜀""文宗自古出巴蜀""自古诗人例到蜀"等赞语，无不彰显历代巴蜀学术文化的璀璨夺目，成就非凡。巴蜀的音乐、舞蹈、碑刻、石窟、书法、绘画、诗词歌赋、戏剧、织锦、酿酒、制茶、肴馔等享有盛誉，非物质文化遗存丰赡多彩。巴蜀悠久的农耕文化与繁盛的工商文化相得益彰，并曾在水利开发、天然气开采、钻井术、天文、数学、医药等科技领域独占鳌头，纸币"交子"首发领先全球。巴蜀是中国历史上一个典型的移民区域，又长期是汉族和许多少数民族相聚和融合的地区，开拓了对外交往的条条蜀道，形成了连通中亚、南亚的南方丝绸之路和藏羌彝民族走廊。移民文化与原生文化、汉文化与少数民族文化、本土文化与外来文化在这里交融互动，使巴蜀文化具有很强的开放性、包容性、创新性和辐射性，这些特性被学者喻为"水库效应"。巴蜀儿女自古敢为天下先，尤其是百余年来向现代化转型时期，巴蜀文化哺育和造就了众多的杰出人物和文化精英，红色文化光耀史册，三线建设举国之重，"改革之乡"①闻名遐迩。在2008年"5·12"汶川特大地震等自然灾害的救援和重建过程中，四川人民表现出的英勇、睿智、大爱、感恩，也都凝聚着巴蜀文化浴火重生的精神。

当今中国正处于世界百年未有之大变局，建设社会主义文化强国，着力提升文化软实力，关系到"两个一百年"奋斗目标和中华民族伟大复兴中国梦的实现。身为当代学人，要在马克思主义指导下，树立高度的文化自觉和自信，十分珍视本土优秀的传统文化，处理好传统文化与现代化、本土文化与外来文化的关系，立大志愿，开大视野，用大手笔来发掘和系统梳理传统文化资源，传承、整合、弘扬巴蜀文化，致力于培根铸魂、固本延脉，使我们优秀的文化基因永续传承，与当代社会相协调，让富有恒久魅力、具有当代价值的巴蜀文化在提高全民精神素质，推进文化强省强国，铸牢中华民族共同体意识和助推构建人类命运共同体的进程中发挥应有的作用。

编撰多卷本的《巴蜀文化通史》，具有深远宏大的文化价值、学术价值和应用价值。一是对巴蜀文化几千年的发展轨迹及其创造、积累的宝贵文化财富，作出系统梳理和规律性总结，可以回应巴蜀民众了解"我是谁""我从哪里来"的文化寻根需求，丰富人们的精神世界，尤其是在道德规范和价值取向上得到涵养和化育。二是可以较全面地展示巴蜀文化的神韵和亮点，系统阐扬蜀史、蜀学、蜀文、蜀艺，构筑宽阔的学术研究平台，为巴蜀人文社会科学走向繁荣，促进传统文化的创造性转化和创新性发展，发挥立其大本、凝聚人心、导向助推的作用。三是同兄弟地域文化的研究成果相互呼应、相得益彰，有助于深入了解中华文化，传承中华文脉，为我们的母亲文化增光添彩，一起来展示她的独特魅力，进而与世界多元文化中不同民族文化平等交流互鉴，为建设新时代中国特色社会主义文化，增强我国的文化竞争力和软实力添砖垒瓦。四是更进一步促进川渝文化合作，可以为繁荣、丰富当代巴蜀先进文化建设，尤其是推进文化创意产业和康乐旅游产业，发掘深层次的文化内涵，提供坚实的学术依据，从而开启思路、激发灵感，以文塑旅，以旅彰文，把潜在文化资源（包括物质文化遗产和非物质文化遗产）

---

① 邓小平1982年对家乡四川的深情赞语。

转化为现实的生产力和文化软实力。五是有助于改变四川高校和研究机构在巴蜀文化和蜀学研究上各自为政、力量分散的状况，使之汇聚并形成有较高水平的老中青结合的研究队伍。与《巴蜀文化通史》珠联璧合的《巴蜀全书》，作为四川有史以来最大规模的古籍文献整理工程，经由四川大学古籍整理研究所提出并担纲，在四川省社会科学院和兄弟高等院校协力下，2012年以来，已出版阶段性成果两百余种，就是蜀学研究正在形成合力的又一明证。

定位与特色

为了实现前述宗旨，参与编撰的同仁都力求使《巴蜀文化通史》既是文化集成，又是学术创新，努力做到观点有一定创新性，知识含量丰富，资料翔实，文笔流畅，总体上进入巴蜀文化研究的学术前沿，在科学性、系统性、创新性、前瞻性、可读性等方面力争成为当代巴蜀学人可以"预流"——预于时代学术潮流的成果，成为在巴蜀文化研究上服务于现实并可继往开来的学术著作。但我们悬鹄虽高而未必力所能逮，故难免"取法乎上，仅得乎中"之憾。

这部书的研究对象是巴蜀文化，性质是通中寓专、通专结合的文化通史，角度是把地域史学与文化学及相关学科契合起来，贯穿全书的编撰理念是"三通"，即纵通、横通与会通。这里就分别说一说本书的"文化"本位、"巴蜀"立位和"三通"定位。

（一）"文化"本位

世界上对"文化"的定义已经有好几百种。我们以唯物史观为指导，本着天人合一、以人为本的中华人文精神[①]来解读文化。"惟天地万物父母，

[①] 天人合一、以人为本，打破天道与性命的隔阂，既避免把天人合一引向神学化，也避免陷入人类中心主义，而把敬畏、顺应自然与发挥人的主体能动性相统一，蕴含天人相依相待、互动互益的张力。

惟人万物之灵。"①人作为自然演化的产儿,受惠于天地万物,在群体劳动实践中成为地球上的万物灵长,既能创制工具,又能用语言交流,进而创制文字,由此有了文化及其积累、传承,于是便创造了"人化的自然界"。同时,在法天、法地、法万物的进程中,人也改变和提升着自身。汉字的"文",原意是文身、文饰、纹理,以文来显示,以文来变化,讲规矩、礼貌,与禽兽区别开来。这是外在的,更是内在的。文的外化于行与内化于心,开物成务与锻塑成人,乃是人类与自然进行精神与物质相互变换中联袂互动的双重效应。自然力所为乃造化,人类心力所创是文化。文化从何而来?由人化文;文化落脚何方?以文化人。荀子讲"化性起伪","伪"就是人为的东西。要改变自身才能更好地改变世界。文化就是这样"人化"与"化人"(或曰"人为"与"为人"、人性的外化与内化)相统一,在双向建构中螺旋式上升,推动着人居世界的演进。人,既是创造文化的能动主体,又是文化所创造的价值主体。这与古语"人文化成"②的解读可以相通,也跟西方"文化"一词兼容"耕作、栽培"(外化)和"养育、教化"(内化)的语义相衔接。《中庸》讲至诚尽性,内外交修:"惟天下至诚,为能尽其性。能尽其性,则能尽人之性;能尽人之性,则能尽物之性;能尽物之性,则可以赞天地之化育;可以赞天地之化育,则可以与天地参矣。"③这段话,恰可理解作为内化与外化相统一的文化的功能。

这样的广义文化,它对外与天地万物相成相济,内结构则包含着精神文化、语文符号、规范体系(行为习俗和法律)、社会制度和社会组织、物质产品等要素。④这些文化要素,大体可划分为相互联结、相互渗透的三个层面:外层是作为基础的物态文化,即经过人的劳动形成的"人化"自然或器物层面,体现人与自然的互动关系及其物质成果;中层是语文符号、制度文化和行为习俗文化等,可称为"交往文化",体现出人与人的互动关系即社会关系,也是精神文化的外在表现;内层则是以价值观为核心的精神文化,

---

① 《尚书·周书·泰誓上》,《十三经注疏》上册,中华书局1979年影印本,第180页。
② 《易·贲卦·彖辞》:"观乎天文以察时变,观乎人文以化成天下。"
③ 《礼记·中庸》,《十三经注疏》下册,中华书局1979年影印本,第1632页。
④ 《中国大百科全书·社会学卷》,中国大百科全书出版社1991年版,第409页。

体现出人的心灵世界在真、善、美、圣（科学、道德、艺术、哲学、宗教）诸多领域与境界的创造。清代龚自珍说过："圣人之道，本天人之际，胪幽明之序，始乎饮食，中乎制作，终乎闻性与天道。"①文化的上述三个层面，既如血脉相通，总体上联动互进，在变迁时序上又往往呈现有速有缓、或前或后的不平衡发展状态。这种总体性与异步性的统一，是在研究和描述文化史时需要仔细琢磨和体现的。

综上所述，文化是在天人相合相分、互动互益进程中人的生命存在及其取得的全部成果，或简单地说，文化就是人类独有的生存方式。人们总是生活在世代传承而又不断积累、不断丰富的文化之中。这文化如水，滋润万物；若风，吹拂人间；又好比血液，灌注循环于特定民族或地区人群的心灵深处，产生凝聚力和认同感，积淀、凝结为人们稳定的生存方式。因此，人类的文化既有共通性，又有民族性、地域性和时代性，是多元的、多样的，而不是单一的、无差别的。不同民族、不同地域、不同时代产生的文化模式，形成的文化精神各有不同。伴随着时代的风云变幻，当不同文化相遇、相会时，从价值观念、思维方式、生活样态到社会习俗，就会产生交流、交融、交锋，出现文化选择和互融，进而导致文化的转型。通观世界历史，文化转型曾有过各种不同的类式。中华文化的现代转型是守正创新，把马克思主义基本原理同中华优秀传统文化相结合的自主式；而不是聚合多种移民文化、喧宾夺主的复合式；更不是那种特定场合下原有文化解体，被另一文化取代的断崖式。

"文化"和"文明"是两个意义相近又有区别的概念。文化侧重于文的功能，文明侧重于文的成就。人猿揖别，就出现文化；到告别蒙昧、野蛮，才进入文明时代。文明是个褒义词，囊括人类创造的积极成果之总和，用以指称人类社会的进步程度和开化状态。②当今多以文化标示民族性差异和地域性特色，而以文明标示人类的普遍行为和多元成就。文明因交流而互鉴，因互鉴而发展。在经济和科技全球化进程中，许多物态文化和一部分行为习

---

① 《五经大义终始论》，《龚自珍全集》，上海人民出版社1975年版，第41页。
② 《易·乾·文言》："见龙在田，天下文明。"《尚书·舜典》："睿哲文明。"孔疏："经天纬地曰文，照临四方曰明。"

俗文化在逐步趋于同质化，而具有不同基因的制度文化、语言文字，特别是精神文化，则终会呈现和保持多样化。这一部地域文化通史，本着文化的多元性和相通性来立论，各卷都力图写出浓郁的地域文化味，体现出"人化"与"化人"的统一。

（二）"巴蜀"立位

广袤的中华大地因地壳碰撞形成了自西向东、由高到低三个落差很大的阶梯，巴蜀处于高阶到中阶的内陆腹地，连通祖国的南北西东。巴蜀西部为青藏高原东南缘及横断山区北段，东部为群山环抱的四川盆地，总体地势西高东低，地形地貌独特丰富，集雄、奇、险、秀于一体，自然禀赋得天独厚，是万物生灵的洞天福地。巴和蜀是上古以来巴人、蜀人及其他族群先民活动的地域，二者相连乃至交错，文化复合共生，自成一个地域文化区系。在中华文明满天星斗式的起源中，这里是相对独立肇兴的长江上游文明起源中心，有巫山人、资阳人为代表的文化根系，有万年以上的文明起步，上古巴蜀地域文明形成和发展中的不少谜团还有待地下发掘来破解。三千多年前巴蜀文明就与中原文明血脉交融，与吴越、荆楚等文明紧密互动，也与南亚、中亚文明交流互鉴。公元前316年，秦并巴蜀后则更紧密全面地融入中华文明共同体，成为它重要的组成部分之一，东汉时即享有"天府之国"的美誉。巴与蜀同源同圈，文化具有同质性和内聚力，而自然人文环境又同中有异，形成了刚柔相济的复合型文化共同体。蜀人慕文好乐，精敏健雄，浪漫诙谐；巴人质直尚勇，豁达豪爽，吃苦耐劳。所谓"巴出将、蜀入相"，大致道出了两者文化性格的差异。巴蜀的地域范围历代有涨有缩，行政区划迭有变迁（包括1997年以后川渝分治），而长期历史形成的巴蜀文化区虽没有截然划定的边界，却是相对稳定的整体，并未因行政区划变动而忽合忽分。巴蜀文化区的范围是涵盖今四川省和重庆市地域，兼及周边风俗略同地区的民族文化共同体。它以史源悠久、流传有绪的巴文化、蜀文化为主轴，既包括四川盆地以汉族为主体、辐射四周的文化，也包括盆地周边各以藏、彝、羌、苗和土家等世居少数民族为主体、各民族和谐共融的文化，是这一地区从古至今多民族地域文化的总汇。这部书论述的地域以今四川省和重庆市为主，对不同历史时期曾纳入巴蜀行政区划或与其文化关联密切的地域也有涉及。

巴蜀虽地处祖国内陆，不靠边、不濒海，却衔接南北，连通西东。在编撰这部书时，我们力求处理好巴蜀文化与其母文化——中华文化的关系，重视巴蜀文化与兄弟地域文化之间的交集和互动，着眼于巴蜀文化的特性、个性，寓共性于个性之中，寓统一性于多样性之中。我们也重视巴蜀文化与域外文化之间的交集和互动，注意巴蜀文化在中外文化交流中所起的作用。在巴蜀文化内部，我们力求处理好蜀文化与巴文化相互之间的关系，巴蜀汉民族文化与各世居少数民族文化的关系，尽可能都给以充分的关注，反映它们之间的共性与个性、互联与互动，力避顾此失彼，详略失当。为涵盖并展示少数民族文化多姿多彩的众多领域和方面，这部书除单独设置《民族文化卷》外，各有关专题卷都力图把相关领域的少数民族特色文化摆在重要位置进行阐述和概括。

（三）"三通"定位

"三通"是贯穿全书的重要编撰理念。史著价值在于信，通史灵气在于通。司马迁"究天人之际，通古今之变，成一家之言"①是我们心向往之、孜孜以求的目标。史学前辈范文澜等曾提出"三通"（"直通""旁通""会通"），我们根据编撰《巴蜀文化通史》的要求，把历时态的"纵通"、共时态的"横通"与跨文化、跨学科的"会通"，合在一起作一些新的阐释。世界是通的，大历史是通的，大文化是通的。文化史的发展，本来就涵盖着纵向的全过程、横向的多层面、跨文化的多领域。通向历史本真，揭示历史本体，是"三通"追求的目标。尤其是作为通中寓专、通专结合的多卷本地域文化通史，无论承担通论或专题卷的学者，都力求在"三通"上下功夫。

一曰纵通，指历时态全过程的贯通。"观水有术，必观其澜。"这部书贯穿古今，上溯于远古巴蜀先民之蒙昧初开，下迄21世纪初年川渝之文明新

---

① 《史记》卷一三〇《太史公自序》。

貌，原始察终，系统梳理这个既有内在连续性，又呈现不同时代阶段性的曲折过程中巴蜀文化层积而兴的脉络，由此分析其在各个历史时期的盛衰流变，此起彼伏的高峰低谷，展示巴蜀文化的特色和贡献，进而探究其发展的逻辑进程，尤其是传统巴蜀文化向现代化转型的路径，论证巴蜀文化的当代价值和意义，揭示巴蜀文化的发展趋势和前景，做到鉴古察今、述往知来。这是全书贯穿始终的主线。这条主线还可以从实践与认识的角度一分为二：一是巴蜀文化的实践史、发展史；二是在实践基础上对巴蜀文化的认识史、研究史。二者结合方能从实践与认识的循环往复中，深入把握"外化与内化相统一"的文化真髓。

二曰横通，指共时态全方位的互通。"事不孤起，必有其邻。"从全书立卷到各卷章节的设置，都力图以时间为经，以反映文化的不同层面及专题为纬，纵横交织，立体成像。历史运动是有结构的，它是过程与结构的统一，广义文化中各层面的共生、交叉、互动就体现着这种结构性。这部文化通史不仅要剖析巴蜀文化发展的过程，同时要展现巴蜀文化的层次与结构。本书多数专题卷，虽然在物态文化、交往文化、精神文化几个层面中各有其侧重点，但都是从有血有肉的文化肌体中抽出来的，不能孤立求索和描述。研究时不仅不能把经济基础与其上层建筑割裂开来，还要努力展示文化各层面的横通，展示各专题内部各个相关领域的横通。这样做是为了尽量体现地域文化生成的内在机理，使读者把握到神完气足、血肉丰满、生机勃勃的整个巴蜀文化。

三曰会通，着重指跨文化、跨学科的多元共融，全景式打通。《易·系辞上》说："圣人有以见天下之动，而观其会通。"① 南宋郑樵《通志》特别强调"会通"。② 要从天下事物阴阳变动不居的状况，观察领悟其会合变通的卯窍。人类文化从来是多元并存，在相互比较、碰撞、渗透、融合中发展的。研究地域文化，必须有开放式的大视野，具备跨文化、跨学科的眼界

---

① 李鼎祚《周易集解》注文中引用汉代干宝："观日月而要其会通，观文明而化成天下。"
② 郑樵《通志·总序》："百川异趋，必会于海，然后九州无浸淫之患。万国殊途，必通诸夏，然后八荒无壅滞之忧。会通之义，大矣哉！"又其《夹漈遗稿》卷三《上宰相书》："天下之理，不可以不会，古今之道，不可以不通，会通之义，大矣哉！"

和通识，能够在充分尊重和了解各种文化事象的前提下，不停留于对现象的描述，而要触类旁通、探赜索隐、择精合妙、汇聚通宜，真正实现圆融贯通。纵通为经，横通为纬，须擅会通，方呈现三维立体的全息图景，做到究始终、观全体、明是非得失之故。就是说，文化史研究要通过分析和综合，具备文化反思和阐释张力，会归通衢，由"方以智"进到"圆而神"，抵达藏往知来之境。

我们时时提醒自己：研究巴蜀文化不仅要钻得进去，还要跳得出来，站到更高处，具有开放的胸襟和跨文化比较的视野，把巴蜀文化放到多元一体的中华文化和全球多元文化的大背景下加以审视，察异观同，和合会通。巴蜀文化从来不是与世隔绝、孤立自足地成长起来的，而是在同周围的兄弟地域文化相互影响下发育繁衍，并在同远近的异质文化间接或直接的交流互动中汲取营养的。我们正处在不同文化交流空前深入、碰撞空前激烈的时代，为了追寻全球文化的多元和谐，助推构建人类命运共同体，一定要本着"各美其美，美人之美，美美与共，天下大同"的文化会通观，祛除近代以来因受西方强势文化轻视、压抑而形成的文化自卑和盲从心态，提高对中华文化地位、作用的认识，坚定文化自信，珍爱并拓展、弘扬本土文化的精华。要在马克思主义指导下，具备通识通才，对中外文化精神析同辨异，折冲樽俎，在会通中实现对优秀传统文化的继承和超越，对外来文化精华的吸纳和转化，促进新时代中国特色社会主义文化繁荣发展，不断开拓文化巴蜀、文化中国转型复兴之路。

架构与方法

20世纪初叶，随着新史学的兴起，文化史在历史学中的地位得到重视和加强。刘师培曾计划研究文化专门史，含十六种，以西方学术的科目，析先秦诸学学术思想之长短得失。①胡适设想，中国文化史要包括民族史、语言文字史、经济史、政治史、国际交通史、思想学术史、宗教史、文艺史、风俗史、制度史等科目。②梁启超专就文化史的做法讲课，认为需要对政教典章、社会生活、学术文化等方面，做分门别类的文化专史。最好是把人生的活动事项纵剖，依其性质，分类叙述。在狭义的文化专史中，他举出语言史、文字史、神话史、民俗史、宗教史、道术史（哲学史）、史学史、自然科学史、社会科学史、文学史、美术史等。③不过，20世纪30年代初问世的几部中国文化史（如杨东莼1931年、柳诒徵1932年、陈登原1935年），仍多系综合体裁，对各文化门类往往语焉不详。

在前辈学者探索的启发下，我们反复思量，决定突破所见的国内现有地域文化史侧重综合、纵通的体裁，而按"纵述史实，横排门类"的编撰原则，采用"通论+专题卷+大事记"这样一种体现纵通、横通、会通的创新结构，几经斟酌，全书共二十二卷，排序如下：置全书之首的《通论卷》，阐释了巴蜀文化的基本概念与学术体系，生态环境背景，巴蜀文化的研究史和认识史，由古及今的文化发展轨迹、基本性质及基本特征，在多元一体、博大精深的中华文化中的定位及其特殊贡献，薪火传承与现代化转型创新及前景趋势，力求起到提纲挈领、纲举目张的作用。其后大体按文化的不同层次，分别为巴蜀文化具有特色的领域、学科列专题卷。先是侧重物态文化并由此探及相关交往文化、精神文化层面的，有《农业与水利文化卷》《工商文化卷》《城市文化卷》《建筑文化卷》《交通文化卷》；接下来的《民族文化卷》从中华民族共同体的多民族视角强调综合性；《宗族与会社卷》《移民文化卷》《方言卷》《民俗文化卷》大体属于制度文化、语言文字、行为交往文化层面（鉴于政制、职官、法律等制度，全国大体统一，故不设专卷）。继后精神文化层面的部分，卷数较多，设有《哲学思想卷》《史学卷》《宗教文化卷》《教育卷》《文学卷》《艺术卷》《科技文化卷》《传

---

① 刘师培：《周末学术史序》，1905年作，《刘师培儒学论集》，四川大学出版社2010年版，第36～78页。
② 胡适：《〈国学季刊〉发刊宣言》，《胡适文存》二集，黄山书社1996年版。
③ 梁启超：《中国历史研究法（补编）》，《中国历史研究法》（外二种），河北教育出版社2000年版。

播文化卷》。为便于了解巴蜀历史文献,尤其是蜀学文献,特设有文献目录学专题《文献要览卷》。专题卷之后的《巴蜀文化大事记》,对先秦至当代巴蜀文化重大事件以编年方式扼要记载,便于读者对巴蜀文化全程有鸟瞰式、综合性的把握;《巴蜀文化研究论著索引》,则供研究者作为检索工具使用。以上就是全书的架构。

各专题卷均前置导言,末设结语。其篇章框架则因事制宜而有所不同。有的是以时期分章,大体按不同门类分节,在纵通中含横通(如《教育卷》);有的主要按专题并结合时序来分章节,在横通中含纵通(如《科技文化卷》);有的先理出历史线索,再突出一些重点专题,先纵后横,纵横结合(如《城市文化卷》);还有的卷内分两编,分述相关内容(如《农业与水利文化卷》)。

《巴蜀文化通史》作为多卷本的学术著作,主要供大专以上程度的读者阅读,以及文化馆、图书馆等购备。它既不是曲高和寡的"阳春白雪",也不是能够直接普惠民间的通俗普及读本。为了让巴蜀文化走进千家万户,还有待开发科普读物和图文,使之逐步大众化,在应用和传播上做创新文章。

编撰《巴蜀文化通史》,涉及学科门类甚广,涵盖时间很长,创新要求颇高,总字数超过千万。这样的文化工程,绝非率尔操觚、短促突击所能成功。近人刘承幹[①]《明史例案》提出过八条准则,就是"搜采欲博,考证欲精,职任欲分,义例欲一,秉笔欲直,持论欲平,岁月欲宽,卷帙欲简",我们在编撰过程中借作参照,同时根据在新时代撰写地域文化通史的新要求,不断从实践中探索,大体形成了以下一些做法:

(一)多学科的专家学者分工合作,协同攻关

梁启超主张,广义的文化专史,涉及面特别广,在专史中最为重要,也最为困难。这不单是史学家的责任,更是研究某种专门学问的人对于该种学问的责任,要尽量用内行的专门家去做。若能以终身力量做出一种文化专史

---

① 刘承幹(1881~1963):著名藏书家、刻书家、史学家。

来，于史学界便有不朽的价值。①本书的编撰设置了编撰委员会、学术委员会及编辑部，确定由正副主编主持编撰，编辑部依托省社科院开展编务工作。各专题卷的著者采取定向邀标办法聘请，多为对该学科领域研究有素的专门家，分别采取由个人承担，或二三人合著，或一人主撰、团队协力完成等方式进行。为保证学术质量，使全书有机统一，在实行主编负责制的同时，由资深专家组成学术委员会，全程参与从项目规划到成书的学术攻关和学术把关。

2006年以来，先后开了四次分卷著者会议，八十多次书稿审读会议。第一阶段，先由学术委员会同分卷著者反复讨论各卷著者拟出的由粗到细的提纲，并明确全书编纂理念②，统一规范体例，然后与分卷著者签订编撰合同，落实工作责任。第二阶段，学术委员会同分卷著者研讨各卷写出的一两章样稿，这是"摸着石头过河"的试错与磨合过程。有些卷的思路和写法曾有大的调整和改变。第三阶段，各卷著者潜心研究，奋力写作。初稿先后写出后，大都经过学术委员会仔细研读，写出审读意见，同著者一起讨论，从结构、体例到观点、材料都认真交换意见，对著者遇到的各种史料、概念及话语体系、文脉梳理、文化基因挖掘等问题，出点子，提思路。待著者修订后又进行讨论，有的书稿研讨了四个回合。当某一分卷初稿趋于成熟时，即请出版社责任编辑提前介入审编，参加讨论，以便撰写工作与第四阶段的编辑出版工作紧凑衔接，不出空当。因各卷皆分头撰写，结构和文字风格有所不同，对同一文化事象的见识裁断有别也在所难免。在统改书稿过程中，既充分尊重分卷著者的学术个性和创见，同时为了各卷在总体上规范统一，基本观点相互协调而不相抵牾，尊重主编的统改权，而在个案判断上各卷则有自由度。注意把握各卷边界，相互照应避让，以免大的重复，做到详略互见，各得其宜。

在这部文化通史编撰期间，本书学术委员会大多数成员在辛勤共事中度过了古稀以至耄耋之年。我至今还清楚地记得在每次研讨会、审稿会上专家

---

① 梁启超：《中国历史研究法（补编）》，《中国历史研究法》（外二种），河北教育出版社2000年版。
② 章玉钧：《关于编纂〈巴蜀文化通史〉的思考》，《中华文化论坛》2007年第4期，第5～10页。

们无私地贡献个人的真知灼见，自由发表不同见解乃至相反的主张，体现出的那种学术为公的争鸣探索精神。尤其令我们刻骨铭心的是：隗瀛涛、李绍明、贾大泉、沈伯俊、万本根、胡昭曦、林向七位先生为学术工作长期呕心沥血，先后因病辞世。对诸位先生的高见卓识、学者风范尤其是为编撰本书所做的贡献，我们将永志不忘。

（二）采取多重证据法和综合研究法，在搜集和鉴别史料上下大功夫

古人所称"文献"，原本指书面文字记载与贤人口头传闻[①]，徐中舒先生拓展他的老师王国维的古史二重证据法为多重证据法，注重传世文献、出土文物和现代民族学、民俗学的活态文献等结合互证，将区域文化史研究提高到崭新的学术境地。本书编撰中，继承和弘扬王、徐等前贤视野广阔的史料观，搜罗史料力求竭泽而渔，鉴别史料着意披沙拣金，通过综合比勘，相互参证，追根溯源，从而正误辨伪，务寻真史。各专题卷著者都是先汇辑基本史料并掌握学界已有研究状况，汲取前人取得的成果，才进入写作阶段。有好几卷的著者更是"读万卷书、行万里路"，带领研究生经年累月搞田野考察，获得不少真知灼见，从而在学术上有了新的拓展。

（三）坚持文化学的视角，采取多学科交叉和比较文化学的研究方法，力求写足文化味

文化既然是人的生存方式，归结为"人化"和"化人"，每卷文化史就要见物更见人，既写出"由人化文"的胜境，更揭示"以文化人"的妙谛。有关精神文化的各专题卷，既系统梳理巴蜀精神文化尤其是蜀学发展繁荣的脉络，突出展示巴风蜀韵孕育出的文宗巨子和文化精英的成就，也记载众多无名工匠、艺人等留下的民族民间文化、市井文化的瑰宝。侧重物质文化的各专题卷，不停留在物态层面的描绘，而尽力深入到制度层面、精神层面。如《农业与水利文化卷》《科技文化卷》等，对举世无双、造福人类

[①] 朱熹："文，典籍也；献，贤也。"引自《四书章句·论语集注》卷二《八佾第三》，中华书局2012年版，第63页。

二千二百七十多年的都江堰水利工程，就不仅从物质、科技、生态层面介绍其巧夺天工、可持续发展的奥秘，而且从制度文化层面总结其堰官、岁修、劳役、配水、轮灌、收费等管理制度，更深入精神文化层面阐释其"上善若水"的哲理和人文精华。

（四）掌握焦点，抓住重点，发挥特点，突破难点

饶宗颐先生在揭橥华学趋向时，曾提出"三条"："一是纵的时间方面，探讨历史上重要的突出事件，寻求它的产生、衔接的先后层次，加以疏通整理。二是横的空间方面，注意不同地区的文化单元，考察其交流、传播、互相挹注的历史事实。三是在事物的交叉错综方面，找寻出它们的条理——因果关系。"又说："我一向采用的史学方法，是重视'三点'，即掌握焦点，抓紧重点，发挥特点，尤其要特别用力于关联性一层。"[①]我们体会，"三通"的理念与上述"三条""三点"是一致的，而方法上特别重视关联性，就要纵通找焦点，横通抓重点，会通求特点。编撰中，我们注意咀嚼梁启超的卓见：文化的发展史，各个时代、各个领域是不平衡的，重要性是不一样的，要分主系、闰系和旁系。不要平讲直叙，分不出浓淡高低。须用鸟瞰的眼光，看出哪个时代最主要，发达到最高潮，便用全力赴之。[②]各书大都采用了这种大处着眼、抓住重点、突破难点、提炼观点、不平均使用力量的方法。

集成与出新

前面提到，编撰这部书时，我们力求做到既是文化集成，更是学术创新。无论文化发展、学术探索，都是慧命相续、推故致新的过程，需要不断传承积累，继往开来，久久为功。"譬如积薪，后来居上。"用冯友兰先生

---

① 饶宗颐：《〈华学〉发刊词》（1995年），《选堂序跋集》，中华书局2006年版。
② 梁启超：《中国历史研究法（补编）》，《中国历史研究法》（外二种），河北教育出版社2000年版。

的话，这是从"照着讲"到"接着讲"的进程。每门文化史的研究，都需要对已有的各种史料，广搜博采，集纳钩沉；对前贤成果循波讨源，含英咀华；只有在对文化遗产守正传承的基础上，才有可能站到前人肩膀上，回应新的时代需求，匠心独运，开拓新境；才有可能焕然出彩，奉献出在某些方面超越前贤的成果。朱熹诗云："旧学商量加邃密，新知培养转深沉。"[①]集成是出新必需的基础和前提，出新则是集成企求的目标和价值增值的成就。二者同体异面，缺一不可，是衡量学术成果质量相互关联的两个维度。

（一）从集成的维度看

首先，《巴蜀文化通史》可以说是"巴蜀文化"概念提出八十多年来首次大的学术集成。"西蜀文化"（郭沫若1934年）、"巴蜀文化"（卫聚贤1941年）提出之初，主要是就巴蜀考古文化而言，后来渐次扩大到广义的巴蜀文化，有关论著已上千册，有关文章达数万篇（《巴蜀文化研究论著索引》多有著录），形成了分别以史学文献考据、文物考古、民族民俗田野调查为主的三种研究方向，近年又发展出综合诸家的会通型研究方向。各条路径的学者在不同领域、从不同角度艰辛探索，均取得了丰硕的成果。本书各卷编修中，都努力加以搜集、消化和吸取，并以借鉴、发挥这些观念、方法为前提，力求形成对巴蜀文化研究具总汇性的成果。如《通论卷》从总体上就巴蜀文化生态背景、内涵性质、发展历程及基本规律、特征等问题，会通诸说，取精用宏，做了言之成理的统体性总述，成为具有集成性的一家之说。《民族文化卷》不仅就民族理论的疑难问题深入研究，还在搜集分析历史文献材料、文物考古材料，特别是对国家组织的多次民族调查材料下了很大功夫，从而描绘出巴蜀世居各少数民族立体生动的文化图景。

其次，古往今来的巴蜀文化长河浩荡壮丽，魅力无穷。《巴蜀文化通史》对清点总结长时段、宽领域、多层面的巴蜀文化来讲也是一次学术集成。巴蜀的历史文化名人，如大禹、李冰、落下闳、文翁、司马相如、扬

[①] 《鹅湖寺和陆子寿》，（宋）朱熹著，郭齐、尹波点校：《朱熹集》卷一，四川教育出版社1996年版，第185页。

雄、诸葛亮、陈寿、常璩、陈子昂、武则天、李白、杜甫、薛涛、苏轼、格萨尔、张栻、秦九韶、杨慎、李调元等，都在相关卷帙中重点推介，娓娓道来；巴蜀历史上突出的物质文化成就和非物质文化成就，蜀学、蜀文、蜀艺、蜀籍的精华也都提要钩玄，荟萃于此。如《文献要览卷》就搜选论列了近五百种巴蜀文化重要典籍，可一览巴蜀文献精华，为学者指点津梁。又如智慧幽默的四川方言是巴蜀历史文化凝结的珠宝，《方言卷》挖掘、串起一颗颗珍珠，并生动剖析其蕴含的丰富文化信息，令人齿颊留香。

再者，不少专题卷的著者既具文化通识，又对该学术领域长期耕耘，研究有素，此次写作起到了阶段性总结的学术集成作用。例如：《城市文化卷》著者三十多年来由跟从名师到带领团队，一直深耕于近现代中国城市与城市文化研究领域；《移民文化卷》著者是国内知名的移民文化、客家文化研究专家；《交通文化卷》著者多年致力于西南历史地理尤其是交通文化的调研；《哲学思想卷》和《史学卷》著者长期潜心研究巴蜀哲学、巴蜀史学；《建筑文化卷》著者是卓有成就的古建筑研究专家、高级建筑师。他们都在各自领域完成了多项国家课题，此次承担专题卷，更是辛勤研讨，旁搜远绍，厚积薄发，突出亮点，倾力奉献了后出转精之作。

（二）从出新的维度看

本书围绕前述长时段、宽领域、多层次的巴蜀文化来创新体例结构，成为首部纵横贯通、覆盖面广、体量超大的巴蜀文化史，在全国已出的各种区域文化通史中，当属编撰体例新、时间跨度长、内容浩繁的一部。学术体系上的集成性，本身就是从文化观念、编撰理念到架构体例的出新，在地域文化通史领域作了开创性的探索。这是其一。

本书各卷着眼于发展新时代文化，明道求真，以史经世，着力写出巴蜀文化的特色和韵味，在内容上有较多突破和出新。过去关于农业与水利、工商、交通、建筑、城市等的论著，容易停留于物态层面，罕有从文化学角度和宏观视野对其全过程深入探讨之作；这次研究标明以"农业与水利文化""工商文化""交通文化""建筑文化""城市文化"为对象，注重深入文化层面进行阐释，且着意探讨长时段历史中这些物质文化变动与制度文化、精神文化演进的关系及产生的影响,这些往往是以前研究论著较少触及的。有关巴蜀学术文化的几卷,着力显示蜀学长于思辨、多元会通、创新超迈、沟通理欲、注重事功等特色,有助于发扬当今的时代精神。有关交往文化的几卷,注重聚焦于民间大众,关注各色人等的日常生活,运用了许多文化人类学、社会学、民族学的方法,见解新颖,地域文化味很浓。这是其二。

更值得珍视的是,各卷在编撰中深汲传统的源头活水,发现其烛照现实和未来的原创亮点,尤其是优越秀冠的巴蜀文化在传承创新中焕发异彩之所在。许多卷发掘出大量翔实的资料,匠心独运,以史鉴今,提炼出有创新性的学术观点,或举出有新颖性的论据,活用巴蜀首创的学术话语,采用别出心裁的叙事方式,力争获得创新、独见、卓识的学术成果。具体的创新点如同"诗眼""文眼"分布闪烁在卷帙之中,细心披阅,当会时有"山阴道上,应接不暇"之乐,这里无法一一细析。

鉴于多卷本地域文化通史尚属初创,不同文化门类各有其学理脉络、发展轨迹和演进特色,编撰难度往往超出预期,主编和各卷著者虽迎难而上,勉力为之,但仍难免有纰漏丛脞之处。尤其是古蜀文明还有不少千古待解之谜,我们受限于已获的资料和研究水平,多只能守阙存疑。对成稿后的许多惊世发现,巴蜀文化日新月异的面貌和新的研究成果亦未能更多纳入。当把多卷本《巴蜀文化通史》奉献到读者面前时,我们既同大家分享喜悦,又有颇为忐忑的心情。这部书,以至其中每一卷,究竟应获怎样的评价,最终还要接受时间的检验。衷心期望巴蜀文化研究慧命相续,薪火相传,探索和构建起自身完整的学科体系、学术体系和话语体系。但愿此番的初创能为后续俊彦们开拓新境起到抛砖引玉的作用。

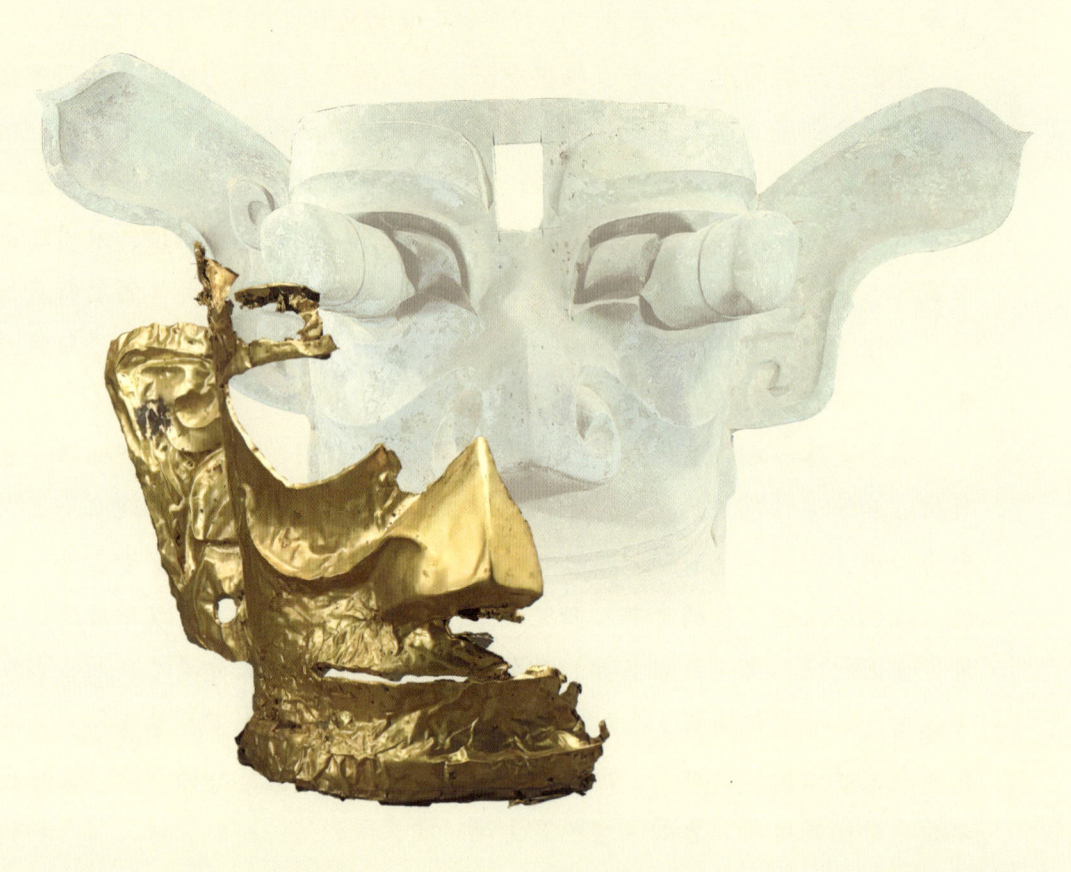

目 录

导 言 / 1

    巴蜀民族的源与流 / 1

    巴蜀民族的社会制度 / 4

    巴蜀民族文化的研究状况 / 6

第一章 先秦时期的巴蜀民族文化 / 9

    第一节 先秦巴蜀民族的起源与分布 / 11

        一、巴蜀民族的早期历史 / 11

        二、西周、春秋战国的巴蜀民族 / 16

    第二节 巴蜀考古文化与经济社会 / 27

        一、战国前后的巴蜀考古文化 / 27

        二、巴蜀的社会经济文化 / 31

        三、巴蜀的文化艺术 / 41

第二章 秦汉三国时期的巴蜀民族文化 / 55

    第一节 秦汉三国巴蜀民族的分布 / 57

        一、"板楯蛮" / 57

        二、"廪君蛮"与"五溪蛮" / 60

        三、僰人与邛人 / 62

四、氐人与羌人 / 64
　　五、冉䮾、笮人、青衣诸部 / 66
第二节　民族关系与民族政策 / 69
　　一、秦在巴蜀的民族政策 / 69
　　二、两汉的民族政策 / 76
　　三、蜀汉时期的民族政策 / 84
第三节　经济、文化与民俗 / 88
　　一、巴蜀各民族经济概况 / 88
　　二、手工业生产概况 / 91
　　三、日常生活概况 / 94
　　四、信仰习俗概况 / 99
　　五、姓氏的兴起与发展 / 105

第三章　两晋南北朝隋唐的巴蜀民族文化 / 113

第一节　两晋南北朝、隋唐巴蜀民族的分布 / 115
　　一、賨 / 115
　　二、"蛮" / 120
　　三、僚 / 124
　　四、党项羌 / 129
　　五、东女、西山诸羌 / 131
　　六、川西南诸族 / 136
　　七、川西北吐蕃 / 140
第二节　两晋南北朝、隋唐对巴蜀民族的治理 / 143
　　一、两晋南北朝对巴蜀民族的治理 / 143
　　二、隋唐对巴蜀民族的治理 / 147
第三节　两晋南北朝隋唐的巴蜀民族文化 / 154
　　一、賨、"蛮"的社会文化 / 154
　　二、僚人的社会文化 / 163
　　三、羌、蕃及川西南诸族的社会文化 / 166

第四章 宋元时期的巴蜀民族文化 / 173

第一节 宋元时期巴蜀少数民族的分布 / 175
一、吐蕃 / 175
二、羌 / 177
三、僚 / 178
四、诸"蛮" / 180
五、土家族与苗族 / 185
六、蒙古族 / 186
七、回族 / 187

第二节 宋元时期中央王朝对少数民族的治理 / 190
一、宋元对少数民族治理政策的确立及行政建置沿革 / 190
二、对川西南少数民族首领的封赐和管理 / 192
三、对川南少数民族的治理 / 196
四、对川东南僚人的治理 / 200
五、对川西羌人的治理 / 200
六、对土家族的治理 / 202
七、对藏族的治理 / 204

第三节 少数民族的文化 / 206
一、僚人的文化 / 206
二、"乌蛮（罗罗）"的文化 / 210
三、藏族的文化 / 214
四、羌族的文化 / 218
五、土家族的文化 / 224
六、苗族的文化 / 233
七、各民族文化的相互交流与影响 / 235

第五章 明清时期的巴蜀民族文化 / 241

第一节 明清时期巴蜀少数民族的分布 / 243
一、主要少数民族 / 243

二、其他少数民族 / 248

第二节 土司制度下的巴蜀少数民族 / 255
一、明清时期巴蜀地区的土司制度 / 255
二、明清时期巴蜀民族地区的改土归流 / 265

第三节 明清时期的巴蜀少数民族文化 / 278
一、藏族文化 / 278
二、彝族文化 / 292
三、羌族文化 / 300
四、纳西族文化 / 303
五、土家族文化 / 311
六、苗族文化 / 312
七、满族文化 / 313
八、蒙古族文化 / 314
九、傣族文化 / 315
十、白族文化 / 317
十一、其他民族的文化 / 320
十二、明清时期巴蜀民族文化的交流 / 324

第六章 中华民国时期的巴蜀民族文化 / 335

第一节 中华民国时期巴蜀少数民族的分布 / 337
一、民国时期巴蜀民族地区行政区划演变 / 337
二、民国时期巴蜀少数民族的分布 / 340
三、西康建省和抗战大后方建设对巴蜀民族文化的影响 / 342

第二节 中华民国时期川康地区的藏族、彝族和羌族文化 / 343
一、川康地区的藏族文化 / 343
二、凉山彝族文化 / 364
三、羌族文化 / 375

第三节　中华民国时期巴蜀地区土家、苗、回、纳西、
　　　　傈僳等民族文化 / 384
　　一、土家族文化 / 384
　　二、回族文化 / 389
　　三、苗族文化 / 397
　　四、纳西族（摩些、摩梭）文化 / 403
　　五、傈僳族文化 / 410

第七章　当代巴蜀民族文化 / 417

第一节　新中国建立后的巴蜀少数民族文化 / 419
　　一、当代巴蜀少数民族的社会制度文化变革 / 419
　　二、巴蜀少数民族的物质文化和精神文化 / 434
第二节　改革开放以来巴蜀少数民族文化的繁荣 / 471
　　一、巴蜀少数民族文化的繁荣 / 471
　　二、巴蜀少数民族文化资源的保护和开发 / 482

结　语 / 486
　　一、巴蜀民族文化对中华文化的贡献 / 487
　　二、巴蜀民族文化的基本特点 / 494
　　三、巴蜀民族文化的变迁与创新 / 501

附　录　巴蜀少数民族语言 / 514
第一节　巴蜀少数民族语言的分布 / 514
第二节　巴蜀少数民族语言概况 / 515
　　一、藏缅语族语言 / 515
　　二、苗瑶语族语言 / 526
　　三、壮侗语族语言 / 527
　　四、倒话 / 528

第三节　巴蜀少数民族语言的历史地位及其主要特点 / 528

　　一、巴蜀少数民族语言的历史地位 / 528

　　二、巴蜀少数民族语言的主要特点 / 530

后　记 / 550

导 言

巴蜀民族的源与流

本卷讨论的巴蜀民族有广义与狭义之分。狭义的巴蜀民族,是指先秦时期曾经活动在今四川省、重庆市境域内,有文献记载和考古实物印证的部族或民族;广义的巴蜀民族,则是指从先秦以来直到当代,活动于上述地域的除汉族以外的各少数民族。

先秦时期,巴、蜀既是两个古国,又是巴族、蜀族及其所属众多民族的居住之地。《华阳国志·巴志》说:"其属有濮、賨、苴、共、奴、獽、夷、蜑";《华阳国志·蜀志》也说:其属有"滇、僚、賨、僰,僮仆六百之富"。巴蜀各民族早在先秦时期即创造出灿烂的古代文明,比如广汉三星堆遗址、成都金沙遗址和涪陵小田溪巴王室墓葬等,就是当时高度文明的杰出代表。

秦汉以来,中原汉人大量进入巴蜀地区,与四川盆地的巴蜀土著逐渐融合,成为巴蜀地区的汉族。但盆地的周边地区,一直是少数民族的传统居住地,这种状况相沿至今仍然没有多大的改变。到1997年重庆从四川省划出成为直辖市之后,除汉族以外,四川省和重庆市还聚居着14个世居的少数民族:彝族(2126920人)、藏族(1270907人)、土家族(1465598人)、苗族(649947人)、羌族(301122人)、回族(120024人),人口约一万到十万的还有蒙古、傈僳、满、纳西、白、布依、傣、壮等民族。此外,还有1949年以后从全国各地迁来的少数民族干部、职工,进入四川省、重庆市大专院校学习的各民族学生,56个民族成分齐全。

巴蜀少数民族聚居的盆地东西部周边地区，自中华人民共和国建立以来，先后设立凉山彝族自治州、甘孜藏族自治州和阿坝藏族羌族自治州等3个自治州，以及马边彝族自治县、峨边彝族自治县、木里藏族自治县、酉阳土家族苗族自治县、秀山土家族苗族自治县、黔江土家族苗族自治县、彭水苗族土家族自治县、石柱土家族自治县、北川羌族自治县等9个自治县。巴蜀民族地区面积达32.44万平方公里，少数民族人口逾500万。

巴蜀各少数民族的语言分属于汉藏语系和阿尔泰语系。其语言属汉藏语系中藏缅语族的民族有藏族、羌族、彝族、傈僳族、纳西族和白族；属壮侗语族的有壮族、布依族和傣族；属苗瑶语族的民族有苗族。回族讲汉语。其语言属阿尔泰语系的民族有蒙古族与满族。现今四川的蒙古族与满族均通用汉语。土家族的语言亦属汉藏语系藏缅语族，但语支未定。这说明巴蜀各民族在历史上有着长期的共处关系。

巴蜀各民族的来源，总的来说，藏缅语族的各族与古代的氐羌族系有关，壮侗语族的各族与古代的濮越族系有关，苗瑶语族的各族与"苗蛮"族系有关，他们都是巴蜀的古老居民。而其他民族则较晚先后进入巴蜀。

藏缅语族各民族源于古代的氐羌人。历史上氐、羌往往并称、互用，最初当为一族。早在三千多年前的殷代，羌人的活动即见于记载。后来羌人从西北向四周迁徙，经过长期的发展，逐渐演变为现今的藏缅语族中的各民族。传说先秦时蜀人所生息的蜀山即今天的岷山，一般认为蜀人亦属氐羌族系，故秦惠王并巴蜀以后，在岷江上游设置的县称"湔氐道"。汉武帝时，以岷江上游的冉、駹部为中心设置汶山郡，居民有"六夷、七羌、九氐"，以氐羌人居多。自魏晋以至隋唐，甘青一带相继兴起的一些羌人部落，如宕昌、邓至、党项等都曾扩展到岷江上游。上述这些羌人经过融合演变，一部分发展成为现今的羌族。

四川藏族的形成源于7世纪活动于青藏高原的吐蕃。早在秦汉，今四川藏族聚居区及其周围即居住着众多的羌人部落，如今阿坝州一带有冉、駹部落，今甘孜州南部有白狼部落，今平武及甘肃武都一带有白马部落，今雅安地区有徙、筰、青衣部落，大多处于文明社会的初期阶段。自秦汉开始，中央王朝在这些地区设置郡县以来，密切了当地与中原的联系。隋唐时期，今四川涉藏地区与西藏东部聚居着大小不等的诸羌部落，其中较著名的有东女、哥邻、白狗、南水、弱水、悉董、清远、咄霸等，号称"西山八国"。当时，今西藏山南地区的雅隆部落崛起，在其赞普松赞干布统率下，逐渐统一了西藏诸部，建立了吐蕃王朝。接着，吐蕃又将势力扩展到四川西北部。吐蕃本是由西藏土著人与古羌人融合形成的，当其统治四川西北部以后，便与当地诸羌部落逐渐融合，发展演变成今日的四川藏族。

一般认为，彝族的来源亦与古羌人有关。汉代，今四川南部的越嶲羌与云南西部的昆明人，都是彝族的先民。彝族的先民在魏晋时被称为"叟人"，隋唐时被称为"乌蛮"，元代以后一直被称为"罗罗"。彝族先民迁居四川西南后，主要聚居在今川滇黔交界一带。彝族先民以游牧为主，南下四川西南后逐渐融合了当地的一些民族，发展演变成现今的彝族。

土家族的来源亦有古羌人的成分。一般认为土家族来源于古代巴人。巴人有东西二源，东源出自"廪君蛮"与"板楯蛮"（又称"賨人"），西源出自陇南一带的氐羌。"廪君蛮"在清江流域取得统治权以后，为巴国的建立奠定了基础。在巴国统辖下还有一些属于濮系的部落。后世，以"廪君蛮"和"板楯蛮"的后裔为主，接纳了周边一些部落，逐渐演变成为土家族。因此，土家族文化中既有氐羌系统的成分，又有濮越系统的成分。

四川藏缅语族的民族还有纳西、傈僳、白族等。白族在秦汉时被称为"僰人"。《史记·集解》引徐广说："僰，羌之别种也。"早在秦汉时他们就居住在今岷江与金沙江合流处，后大举南迁云南，然后又有一部分北上定居巴蜀。纳西先民在晋代被称为"摩沙"，唐代被称作"磨些"，一直居住在川滇边金沙江及雅砻江两岸。傈僳一名见于唐代，是当时"乌蛮"中的一部分，族源与彝族、纳西族有密切关系。从明代开始，大量傈僳族从四川西南部迁往云南西北。

现今四川境内壮侗语族中的傣族、壮族和布依族都源于古代的百越族系，其进入巴蜀的时间较晚。明初，元降将月鲁铁木儿在今西昌一带叛乱，明王朝曾征调居住在今云南景东的傣族前来助战，战后这部分傣族定居米易、盐边和会理。但也有一部分傣族是明、清时从云南自行迁来。四川的壮族和布依族大多数是在清中叶嘉庆时因贵州南笼（今黔西南州）各民族起义失败后，才相继迁来巴蜀南部边缘山区的。

苗族也是巴蜀的古老居民。据传，苗族来源于古代的三苗族系，先秦时是我国南方一个分布很广的民族集团。秦汉时，被称为"盘瓠种"的苗族先民已分布在湘西、鄂西、渝东南和黔东北这一带"五溪"地区。又因西汉时曾在这一带设置武陵郡，故史书中泛称苗族先民为"五溪蛮"或"武陵蛮"。约在东晋时，一部分苗族迁入黔西北到川南一带。四川苗族还有一部分居住在凉山州境内，他们是近代才从贵州或云南迁入的。苗族形成过程中也融合了一些其他民族，比如明代川南的傣族有一部分就融合到苗族中去了。

回族是从元代开始形成的一个少数民族。巴蜀地区的回族可以追溯到元代，但大部分还是明、清时进入的回族军士、商人的后裔。元代有一部分蒙古人因随军或为宦留居四川，但四川境内的蒙古族与满族主要是清初驻防军八旗官兵的后裔。当时驻军成都的八旗官兵是按照满族占三分之二，蒙古族占三分之一安排的。由于这部分满族和蒙古族长期通婚和共同生活，他们都习惯以"蒙满民"自称。

综上可知，巴蜀地区的民族各自具有悠久的历史，又有着密切的相互联系。巴蜀民族与其他地区的民族一起，在发展和演变中交往交流交融，成为中华民族大家庭中富有特色的成员。

巴蜀民族的社会制度

由于多种原因，中华人民共和国建立时，四川各少数民族还停留在前资本主义的发展阶段。一般而言，大小凉山彝族聚居区盛行奴隶制度，甘孜、阿坝藏族聚居区盛行封建农奴制度，土家族、苗族和羌族等民族一般都盛行封建地主制度。

在凉山彝族奴隶制度下，奴隶主和奴隶以及其他劳动人民的关系是通过森严的等级关系体现出来的。各社会等级按照血缘关系、生产资料占有量和在生产中的地位，基本划分为兹莫、诺合、曲诺、阿加和呷西五个等级。兹莫全是奴隶主，诺和也基本是奴隶主，曲诺绝大部分属中间等级，为一般劳动者；而阿加和呷西则基本上是奴隶，阿加是成了家的奴隶，呷西是单身奴隶。可见在这里等级与阶级是基本一致的。只是由于历史的变迁，等级与阶级间有了某些错动，五个等级之间存在着重叠的人身占有和隶属关系。

赤裸裸的人身占有是奴隶制度的特点，在人身占有和隶属关系基础上，奴隶主对被统治阶层最主要的剥削方式是无偿劳役，每户曲诺每年要为主子服无偿劳役五六天至十多天。阿加服劳役的时间，一年高达五六十天；呷西的全部时间都必须为主子从事各种繁重的劳动。收取地租也是奴隶主的重要剥削手段。奴隶主占有大量土地，除使用奴隶劳动进行耕作外，还往往将部分土地出租，租额约占总收获量的一半。此外，诺合奴隶主还强迫所属的曲诺和阿加接受其强制性的高利贷剥削。每逢年节或主子家婚丧，主子还有种种摊派。曲诺若无嗣，主子可将其全部财产收归己有，称为"吃绝业"。

凉山彝族奴隶制度虽然没有形成统一的政权组织，但各土司都有一套统治机构，各诺合的家支也实际上起着政权的作用。奴隶主阶级利用习惯法行使统治权，最常见的处罚方式有毒打、捆绑、锁铁链、套木靴、坠崖等。奴隶主还往往将不听使唤的奴隶当成物品一样地买卖。

四川部分彝族聚居区，在1949年前已进入封建地主经济阶段。这类地区主要指凉山州安宁河两岸、川滇大道附近以及小凉山和叙永、古蔺数县靠近汉区的一些地方。安宁河两岸、川滇大道附近以及小凉山的雷波、马边、峨边等县的边缘区，基本上是在奴隶制经济解体的基础上，受汉区的影响而直接过渡到封建地主制的。屏山、叙永和古蔺等县，则是在封建领主制经济解体后，发展为封建地主制的。从这里可以看出，四川彝族地区本身的发展也是不平衡的。

甘孜州、阿坝州和木里县的藏族聚居区，1949年以前基本处于封建农奴制度之下。土司、头人、上层喇嘛等农奴主统治着整个社会，广大的农奴则处于社会的底层。在土司统治下的农区，以土司为代表的农奴主世代占有辖区内的全部土地和大部分牲畜，并拥有许多直属的庄园。土司管辖范围不一，大者如德格土司，辖地包括今德格、白玉、石渠、江达（今属西藏）数县；小者如丹巴县的巴旺土司，仅占有一个乡的范围。土司还将大量土地连同农奴赏赐给属下的头人，或赠送给寺庙。农奴主将土地分成自营的庄园和农奴的份地，强迫农奴在庄园中耕作。农奴被世世代代束缚在份地上，不能随便迁徙。农奴分为两类，土司所属称为"差巴"，占农奴总数的60%～70%，头人和寺庙所属称为"科巴"。此外，农奴主还占有少量主要从事家内劳动的奴隶，这是一种奴隶制的残余。

农奴主对农奴的剥削主要采取劳役地租的方式，农奴每年要用两三个月的时间，自带口粮、牲畜、农具，在农奴主的庄园内从事田间耕作。此外，还有名目繁多的杂役，每年要付出三四个月的时间。农奴还要负担农奴主的多种摊派，有的按份地征收，有的按户征收。农奴主外出，农奴要以乘骑护送，称为"乌拉"差役。强迫性的高利贷也是农奴主盘剥农奴的一种手段。

土司统治下的牧区仍然实行农奴制。牧区的主要生产资料是牧场，虽在名义上属部落公有，但实际上为牧主支配和操纵。牧主对牧区另一主要生产资料——牲畜亦占有绝对优势。出租牲畜和雇工，是牧主对处于农奴地位的牧民的主要剥削方式。除此之外，牧主还采取名目繁多的无偿劳役、摊派、罚款及高利贷，对广大牧民进行剥削。寺庙直辖区有类似土司统治下的经济结构与生产方式，寺庙中的活佛与上层喇嘛实际上是农奴主，其剥削收入只是名义上"归寺庙"。这样，建筑在封建农奴制基础上的地方政权，实际上是土司和上层喇嘛的联合统治。甘孜、阿坝大部分地区的世俗与宗教的封建统治机构虽各自分立，但又紧密联系，形成一套完整的统治系统。

在四川的土家族、苗族、羌族等民族地区，1949年前的社会经济形态是封建地主制。但这些地区保留着一些民族或地域的特点，比如土地的集中程度不及内地汉区，乡规民约及习惯法仍在社会中起到很大的作用，等等。

巴蜀民族文化的研究状况

20世纪是研究巴蜀民族历史与文化的重要时期。中华人民共和国成立以前的50年，巴蜀民族历史与文化研究的部分成果是在实地调查并结合历史文献的基础上完成的。如丁文江1914年在对四川少数民族进行调查后，在《独立》杂志上发表了《四川会理的土著人种》等论文，其他还有马长寿的《川康民族分类》、张潜华的《西南民族问题》等。

1931年四川大学设置了中国民族史、西南民族研究等课程，之后于1935年又设立了西南社会科学研究处。抗日战争爆发后，众多的大学和研究机构向西南地区转移，主要集中在昆明、重庆、成都、贵阳。这些大学和研究机构的学者在当时的主客观条件下，结合文献记载进行了大量的民族调查与学术研究，产生很多与巴蜀民族历史与文化有关的研究成果，就发表在成渝等地出版的《边政月刊》《康导月刊》《边政公论》《中国边疆》《川边季刊》《说文月刊》等杂志上。

抗战时期，在成都有以边疆研究为宗旨的三个组织，即华西边疆研究会、中国边疆学会、华西大学边疆研究所，既互相配合又各自独立地开展调查研究、实地考察、主办公开演讲、举办文物展览、出版刊物等，表现出边疆研究的繁荣景象。中国边疆学会成立后，多次举办关于瑶民、羌民、藏民问题的公开演讲，并出版《中国边疆》。华西边疆学会坚持每年出一期刊物，每月邀请专家学者做专题演讲。胡秀英的《嘉绒族之生活与植物环境之关系》、林耀华的《云贵之苗族》、葛维汉的《羌族人民的风俗习惯》等，都是在大量调查研究基础上形成的演讲。华西大学边疆研究所则有计划地派出研究人员到民族地区进行实地考察，并多次举办民族地区文物展览。于式玉研究员和蒋旨昂教授曾赴黑水考察，分别写成《麻窝衙门》《黑水社区政治》等著作。

抗战期间，许多学者深入到民族地区进行调查，取得了许多高质量的成果。1941年，当时的中央研究院历史语言研究所与中央博物馆合作组成了川康民族考察团，其中马长寿根据调查资料写下了《苯教源流》《嘉绒民族社会史》等论著。之后，马长寿又深入大、小凉山调查，写出了《凉山罗夷考察报告》《凉山罗夷的族谱》。任乃强在西康调查后，发表了《德格土司世谱》《喇嘛教与西康政治》等论著。李安宅毕业于燕京大学，后到美国留学，1941年至1947年任华西协合大学社会学系主任，他曾深入甘肃等地的少数民族地区进行调查研究，在收集大量实证材料的基础上撰写了《藏族宗教史之实地研究》《边疆社会工作》等著作。

这一时期出版的与巴蜀民族有关的著作还有：胡吉庐的《西康疆域溯古录》（商务印书馆1928年）；陈重为的《西康问题》（中华书局1930年）；杨仲华的《西康纪要》（《蒙藏周报》1933年）；梅心如的《西康》（正中书局1934年）；任乃强的《西康图经（境域篇）》（新亚细亚学会1933年）；任乃强的《西康图经（民俗篇）》（新亚细亚学会1934年）；任乃强的《西康图经（地文篇）》（新亚细亚学会1935年）；郑德坤的《四川古代文化史》（1946年初版，巴蜀书社2004年重印）；林耀华的《凉山夷家》（商务印书馆1947年）；林耀华的《川康北界的嘉绒土司》（1947年初版，中国社会科学出版社1985年重印）；江应樑的《西南边疆民族论丛》（珠海大学1948年）。

1949年10月1日，中华人民共和国成立，巴蜀民族历史与文化研究进入了一个新的历史时期。1950年至1952年，中共中央先后派出西南、西北、东北、内蒙古民族访问团，赴各少数民族地区进行慰问，了解民族地区情况，宣传中国共产党的民族平等政策。1950年6月，西南访问团分三个分团，访问西康的为一分团。1956年，中共中央又布置在全国范围内开展少数民族社会历史情况的调查。西南的四川调查组划分为凉山分组、甘孜分组、阿坝分组和羌族小组、苗族小组，通过这次调查系统地了解了四川少数民族社会历史的基本情况、经济结构、社会结构及风俗习惯等。

1978年以后，巴蜀民族历史与文化研究进入了一个大发展时期。国家民委召开了"民族问题五种丛书"的规划会议，并成立了丛书编委会，这项工作对促进巴蜀民族研究意义重大。此后，巴蜀各少数民族都有了自己的简史、简志和社会历史调查资料丛刊。

20世纪80年代，四川巴蜀史研究会编辑了一套巴蜀史丛书，由四川人民出版社出版，分别是：徐中舒的《论巴蜀文化》；蒙文通的《巴蜀古史论述》；顾颉刚的《论巴蜀与中原的关系》；任乃强的《四川上古史新探》；邓少琴的《巴蜀史迹探索》；童恩正的《古代的巴蜀》。此后出版的相关论著还有：方国瑜编《彝族史稿》（四川民族出版社1984年）；冉光荣、李绍明、周锡银的《羌族史》（四川民族出版社1985年）；《冯汉骥考古学论文集》（文物出版社1985年）；尤中的《中国西南民族史》（云南人民出版社1985年）；吴永章的《中国土司制度渊源与发展史》（四川民族出版社1988年）；卢勋、李根蟠的《民族与物质文化史考略》（民族出版社1991年）；龚荫的《中国土司制度》（云南民族出版社1992年）；李绍明等的《川东酉水土家》（成都出版社1993年）；田继周等的《少数民族与中华文化》（上海人民出版社1996年）；郎维伟的《四川苗族社会与文化》（四川民族出版社1997年）。

2000年以来，学术界还出版了许多与巴蜀民族历史和文化有关的论著、资料，如：段渝、谭洛非的《濯锦清江万里流：巴蜀文化的历程》（四川人民出版社2001年）；冯敏的《万门千户入画图：巴蜀少数民族文化》（四川人民出版社2001年）；李绍明的《巴蜀民族史论集》（四川人民出版社2004年）；林向的《巴蜀考古论集》（四川人民出版社2004年）；《董其祥历史与考古文集》（重庆出版社2005年）；管彦波的《中国西南民族社会生活史》（黑龙江人民出版社2005年）；龚荫的《中国民族政策史》（四川人民出版社2006年）及《中国土司制度史》（四川人民出版社2012年）。这些论著，均是研究巴蜀民族文化必须参考和借鉴的。

第一章 先秦时期的巴蜀民族文化

秦以前记载巴蜀各族历史的文献资料十分缺乏，仅有的零星文献记录了先秦巴蜀民族的分布。结合考古发现资料的研究表明：先秦时期的巴蜀地区，分别居住着氐羌（后来形成藏缅语族的各兄弟民族）、濮越（后来形成壮侗语族的各兄弟民族）、"苗蛮"（后来形成苗瑶语族的各兄弟民族）的人群。其中，"苗蛮"集团的人群迁入巴蜀的时间较晚，所以原始的土著居民便多为氐羌和百越集团的人们所融合。我们从四川盆地的考古发现，结合文献记载的巴、蜀两族及其他民族的起源的情况，来讨论先秦时期巴蜀民族文化的精髓所在。

第一节　先秦巴蜀民族的起源与分布

一、巴蜀民族的早期历史

（一）蜀人的起源与早期历史

1. 蜀人的起源传说

根据古史传说资料，蜀人应是由一支西北民族南迁至川西北以后，与当地土著融合而成的民族。

《世本》云："蜀之先，肇于人皇之际。无姓。相承云黄帝后。"《史记·五帝本纪》云："黄帝……娶于西陵之女，是为嫘祖……生二子……其二曰昌意，降居若水。昌意娶蜀山氏女，曰昌仆，生高阳。"《史记·三代世表·正义》引《谱记》云："黄帝与子昌意娶蜀山氏女，生帝喾，立，封其支庶于蜀，历虞夏商。周衰，先称王者蚕丛，国破，子孙居姚、嶲等处。"黄帝为北方炎黄集团的首领，其子昌意降居之若水，即今岷江[①]。"昌意娶蜀山氏女"，即反映出一支从北方迁来的民族与当地土著民族融合起来。《蜀王本纪》载蜀王鱼凫"田于湔山，得仙。今庙祀之于湔"。而以这个"湔"命名的"湔氐道"，地在今松潘县境。这里说蜀王死后要归葬于西北，正好反映出蜀

---

① 何光岳：《卢戎考》，《民族研究》1982年第3期，第55页。

三星堆青铜纵目面具

人中有一支来源于西北，他们即是南迁的氐羌族群的后裔。

《文选·蜀都赋》引用了汉代扬雄所撰的《蜀王本纪》的一段文字，大意是说：蜀先民中称王的，名字叫蚕丛、柏灌、鱼凫、杜宇、开明。那个时候，百姓的发饰皆椎髻，衣服左衽，不晓文字，没有礼乐，"从开明上到蚕丛，积三万四千岁，故曰兆基于上代也"。从第一代蜀王蚕丛算起，经过柏灌、鱼凫，此三代各经历数百岁，"皆神化不死"，其民亦颇随王去。而《华阳国志·蜀志》有关"蜀"的记载亦较详细：帝颛顼"封其支庶于蜀，世为侯伯，历夏商周"，"周失纲纪，蜀先称王，有蜀侯蚕丛，其目纵，始称王"。从上述文献中可以看出，"蜀"和"蚕丛"总是联系在一起的。蜀既为地名，也为族名、国名，而蚕丛是蜀的第一位君主。

《华阳国志》认为蚕丛的时代在"周失纲纪"以后，即东周，但这种说法没有根据。《蜀王本纪》说"从开明已上至蚕丛，积三万四千岁"，说明这是远古的传说，因而不能把蚕丛、柏灌、鱼凫理解为后代的"王"，最多只能将其视为一些部落或部落联盟的酋长，其间也没有直接承袭的关系，这从"各数百岁"的传奇说法可以看出。《蜀都赋》章樵注引《蜀王本纪》："上古时，蜀之君长，治国久长，后皆仙去。自望帝以来，传授始密。"足见这是一段传说时代的历史，不能将其中的某一代君主考订在某个具体的年代①。

2. 早期蜀人的历史

尽管我们不能从传说中考订出早期蜀王的具体年代，但能够考证出早期蜀人活动的区域是今岷江上游一带。章樵注《蜀都赋》引《蜀王本纪》说："蚕丛始居岷山石室中"，清初陈一律注《蜀水考》指出，岷江"南过蚕陵山，古蚕丛氏之国也"。至今在汶川、都江堰境内，尚有不少以"蚕"为名的古地

---

① 童恩正：《古代的巴蜀》，四川人民出版社1979年版，第58页。

名和古遗迹，如蚕崖关、蚕崖石、蚕崖市之类①。这些地名的来源据古老的传说，是因蚕得名，因此后人称蜀族的先王为蚕丛，可能是蜀族居住在有很多以蚕名地的岷山之故。

章樵注引《蜀王本纪》提到蚕丛"居石室"，扬雄《蜀都赋》也说："王基既夷，蜀侯尚丛。"岷江上游茂汶一带西汉时属于汶山郡，《后汉书·南蛮西南夷列传》记载当地有"六夷七羌九氐，各有部落"。这些部落"皆依山居止，累石为室，高者至十余丈，为邛笼。"李贤于"邛笼"下注曰："今彼土夷人呼为雕也。"在唐代，这种石室被称为"䌽舍"，《新唐书·南蛮传》说，黎、邛二州"西有三王蛮，盖……白马氏之遗种……叠壁而居，号䌽舍"。可见直至汉唐时期，这一地区的民族还是居"石室"的，这是古蜀族出自氐羌系民族的旁证②。

到了鱼凫时代，蜀族逐渐向东南方向的成都平原发展，《蜀王本纪》说"鱼凫田于湔山"，湔山即在今都江堰市境内。此外，彭州相传有"鱼凫山"，温江有"鱼凫城"，这个发展线索清楚地表明了蜀族向东南迁徙的路线。蜀族进入成都平原以后，由于生态环境发生了变化，因而其经济从渔猎开始向农耕转变，生产力有了很大的发展，人口随之增长，这就促使其社会发生了质的变化。

早期蜀族社会经济的发展阶段，从蜀王"鱼凫田于湔山"来看，大概是处于从渔猎向初期农业转化的阶段。由这种经济水平决定的社会性质，可能正当父系家长制向奴隶制过渡的阶段，"不晓文字，未有礼乐"，显示出当时的蜀族社会还保留有较多的原始性。如果将其与中原文化做对比，应该相当于夏商之际。

（二）巴人的起源与谱系

1. 巴人的起源传说

有关巴人的起源有两段传说。第一段是《华阳国志·巴志》所载，其曰："人皇始出，继地皇之后，弟九人，分理九州，为九囿。人皇居中州，制八辅。华阳之壤，梁岷之域，是其一囿，囿中之国，则巴、蜀矣。其君，上世未闻。五帝以来，黄帝、高阳之支庶，世为侯伯。"据此，巴人与属于氐羌的黄

---

① （明）曹学佺：《蜀中名胜记》卷六。
② 童恩正：《古代的巴蜀》，四川人民出版社1979年版，第59页。

帝系有关。

另一更为具体的说法为《后汉书·南蛮西南夷列传》所载，其引《世本》说："巴郡、南郡蛮本有五姓：巴氏、樊氏、瞫氏、相氏、郑氏。皆出于武落钟离山。其山有赤黑二穴，巴氏之子生于赤穴，四姓之子皆生黑穴。"当时，五姓部落没有统一的君长，均视神灵的显灵而活动。后来，为了统一部众、弥合五姓之间的矛盾，于是相约以竞技的办法来推选君长。第一个项目是掷剑于山腰的石缝，谁能掷中就可任君长。结果，巴氏之子务相掷剑中的，而其余四姓皆未掷中。第二个竞赛项目是乘陶土烧成的船，谁能浮而不沉，即可为君。结果四姓的土船皆沉于江底，唯务相的土船独浮。比赛的结果，巴氏之子务相获胜。于是，五姓部落共同推举务相为君，取名"廪君"，是为巴人始祖。廪君统一五姓部落后，实力大增，人口繁衍，始觉武落钟离山狭小。于是，廪君率众人分乘数十只土船，逆清江往西抵达盐阳。廪君率众到来，惊动了原住于此、靠取水熬盐为业的部落，遂与之发生冲突。后来廪君战胜盐水"神女"，遂率众西行，五姓部落顺利通过盐阳，修筑"夷城"，在今鄂西的清江流域建立起政权。

清江流域的武落钟离山

这段关于廪君得名、巴人起源的传说，颇有一点英雄史诗的色彩，因而除了以上论及的时代背景、姓氏等之外，其余故事情节的真实性无须一一去考证。这里只需从中归纳出几点：巴氏出于赤穴、四姓出于黑穴，无非表明巴氏出自一个较为久远的世系，这一点前面已经提到；几次竞技比赛，应看作巴氏与其他四姓之间的多次较量，最后务相取得了胜利，做了五姓的君主，称廪君；廪君与盐水神女的故事，只不过是巴氏通过征服不断扩大地域、充实族众的历史缩影。不过也应当指出：在五姓结盟之前，仅以巴氏而论，还不能将其视为一个部族或民族，而只有在五姓结盟、建立政权并控制了一定的地域和民众之后，以巴氏为首的联盟才开始跨入部族或称古代民族的门槛。只有从这时起，其他民族、地域的人才会把以巴氏为首的族团称为"巴"或"巴人"。《路史》所谓顾相"降处于巴，是生巴人"，说的也是这个意思。

2. 巴人的传说谱系

传说中的巴人的世系，古文献中也有两条记载：其一是《山海经·海内经》说"西南有巴国，太皥生咸鸟，咸鸟生乘厘，乘厘生后照，后照是始为巴人"；其二是罗泌的《路史》，但其所载以"伏羲"替"太皥"："伏羲生咸鸟，咸鸟生乘厘，乘厘是司水土，生后照，后照生顾相，降处于巴，是生巴人。"以下试做对比、分析。

太皥与伏羲的合而为一，是晚起的说法。根据上古的传说，太皥就是太皥，伏羲就是伏羲，二者完全不一样：太皥氏族在东方，属于"东夷"集团；伏羲与女娲为同一氏族，在南方，属于"苗蛮"集团。后来太皥与伏羲成了一个人，是汉代齐鲁学者综合整理的结果。因此之故，讨论有关巴人的世系，只能以《山海经》的记载为主，以《路史》为补充。

先说太皥，其记载屡见于《左传》，这里仅列举三条。《左传·僖公二十一年》："任、宿、须句、颛臾，风姓也。实司太皥与有济之祀，以服事诸夏。"《左传·昭公十七年》："陈，太皥之虚也"，又曰："太皥氏以龙纪，故为龙师而龙名。"太皥的氏族和故里，"任"在今山东济宁，"宿""须句"在今山东东平境内；"颛臾"在今山东费县，"陈"在今河南淮阳。这些材料说明，"太皥氏"原是东方部族之始祖，其活动的地域在今山东半岛到河南东部一带；其图腾"以龙纪"，是一个以龙（蛇）为图腾的部族，其姓为"风姓也"。巴人既为太皥之后，这里可以明确一点：巴人的祖先亦当出自东方部族。

太皥为东方部族"东夷"的始祖，其后有许多分支部族，而巴人之先为其之一。故此只论太皥之后、巴人之先，而不遑其他。"太皥生咸鸟"，"咸鸟"应当就是凤鸟，也叫"玄鸟"，《春秋》称为"爰居"。"咸""玄"音近义通，"玄鸟氏"就是"咸鸟氏"。传说继太皥王天下的一个东方部族"少皥氏"，就是以凤为其图腾的。《左传·昭公十七年》："郯子曰：'……我高祖少皥挚之立也，凤鸟适至，故纪于鸟，为鸟师而鸟名。凤鸟氏，历正也；玄鸟氏，司分者也。'"而传说中的玄鸟氏，与殷商民族的关系十分密切，《诗经》《楚辞》中均有"玄鸟生商"的传说。《诗经·玄鸟》说："天命玄鸟，降而生商。"《楚辞·天问》说："简狄在台，喾何宜？玄鸟致贻，女何喜？"而《史记·殷本纪》所载更详："殷契，母曰简狄，有娀氏之女，为帝喾次妃。三人行浴，见玄鸟堕其卵，简狄取吞之，因孕生契。"殷商民族兴起于东方，与少皞氏的活动地域相近，故有学者认为：或许殷人就是少皞氏的苗裔。由于巴人远古世系同样要追溯到"咸鸟"，因而我们有理由相信，巴人与殷人一样都起源于东方，在族源上双方还有共同的传说中的祖先。

"咸鸟生乘厘"，"乘厘"当作何解释？遍检文献，除《山海经》外无有关"乘厘"的记载。上古史官记事，以中原之汉字去记录各个民族的语言，有时明明是同一个人或同一个部族、同一地名，有可能记出读音相近的不同文字来，从这一点出发，潘光旦怀疑乘厘就是"常仪"，为中国古史传说人物帝喾之下妃。清张澍粹集补注本《世本·帝系篇》云："喾，黄帝之曾孙"；又云："帝喾有四妃，卜其子皆有天下。元妃有邰氏女，曰姜嫄，生后稷。次妃有娀氏女，曰简狄，生乔；次妃陈锋氏之女，曰庆都，生放勋；次妃娵訾氏女，曰常仪，生帝挚。""挚"即上文所引的"少皞挚"，这里又一次将巴人的世系与以凤为图腾的少皞氏联系起来了。

"乘厘生后炤，后炤是始为巴人。"后炤何许人？后为帝后之后，古代部族首领和国王都可称后，如夏启称"后启"，稷称"后稷"，"帝辛"称"后辛"。启为夏代创始人；稷为周人之先，其活动的年代当在殷；帝辛即最后一位商王，又称纣或受辛、后辛。由此可知在名称前冠以"后"字的习惯，流行于夏、商而不见于周，这样"后炤"活动的年代大致在夏、商之际①。

二、西周、春秋战国的巴蜀民族

（一）蜀人

传说中的杜宇时代，蜀族开始由史前社会向文明社会转化，表明当时的蜀族已经越过阶级社会的门槛，跨入奴隶制度的发展阶段。以下分杜宇时代和开明时代加以叙述。

1. 杜宇时代

《蜀王本纪》在叙述蚕丛、柏濩、鱼凫的事迹以后，又说："后有一男子，名曰杜宇，从天堕，止朱提。有一女子，名利，从江源井中出，为杜宇

---

① 杨铭：《巴人源出东夷考》，《历史研究》1999年第6期，第38页。

妻。乃自立为蜀王，号曰望帝。治汶山下邑，曰郫化，民往往复出。"《华阳国志》也说："后有王曰杜宇，教民务农。一号杜主。时朱提有梁氏女利，游江源。宇悦之，纳以为妃。移治郫邑，或治瞿上。七（巴）国称王，杜宇称帝。号曰望帝，更名蒲卑。自以功德高诸王。乃以褒斜为前门，熊耳、灵关为后户，玉垒、峨眉为城郭，江、潜、绵、洛为池泽，以汶山为畜牧，南中为园苑。"①

关于杜宇族的时代，可以根据《路史·余论》的记载加以推断：杜宇传位于开明帝，后经11代350年为秦所灭。按秦灭蜀为公元前316年往上推算，则杜宇族的统治在公元前666年左右。又《华阳国志·蜀志》也说，继杜宇以后的开明族传位12世，如果每世平均以30年计算，那么杜宇被灭亡的年代应在公元前676年左右，与上述年代相近。因此，可以推测杜宇族主要活动在西周至春秋中期。至于《华阳国志》所载"七国称王，杜宇称帝"一事，显然是后人误记。因为根据《史记》的记载，除楚武王在春秋初即称王以外，其余六国称王，均在秦惠王时，当时距离秦灭蜀已经不远，如此在杜宇之后，开明帝不可能再传位12世②。

《华阳国志》说，杜宇"以褒斜为前门，熊耳、灵关为后户，玉垒、峨眉为城郭，江、潜、绵、洛为池泽，以汶山为畜牧，南中为园苑"。这段描述虽有夸张的嫌疑，但仍可以据此看出古蜀国的大致疆界，"褒斜"在今陕西汉中，"熊耳山"在今青神县，这应是当时蜀国统治区域的南北界限。而在西面，蜀人的统治可能到达了今芦山、天全一带，东面则大致以涪江为界，与巴人分治。至于其间接统治或影响所及的地区，向南可能到了今西昌市及凉山彝族自治州的全部，以及云南北部。杜宇移治的"郫邑"，一种观点认为即今郫县，而"瞿上"在双流县南十八里。由此可以看出，杜宇时代已有固定的国都，已有其控制的疆界，完全是以一种国家政权的面貌出现于西周、春秋中期。

所谓"杜宇教民务农"，是指在杜宇族统治的时代采取了一些有利于促进农业生产的措施，促使蜀国的农业有了较大的发展。大约在西周时成书的《山海经·海内经》说："西南黑水之间，有都广之野，后稷葬焉，爰有膏菽、膏稻、膏黍、膏稷。"都广即是广都，今四川双流县，足见当时成都平原的农业

---

① （晋）常璩：《华阳国志》卷三《蜀志》。
② 童恩正：《古代的巴蜀》，四川人民出版社1979年版，第62~63页。

已经比较发达了。正因为如此，直至东晋时，还有"巴蜀民农时先祀杜主"的现象①。

据上所述，在杜宇族活动的时代，由于蜀国农业的发展，初步奠定了开发成都平原的基础。但是到了公元前7世纪时，成都平原似乎遭遇了一次较大的水灾，再加上杜宇族统治者本身的无能，削弱了内部的力量。经过一系列的斗争以后，杜宇族终于被开明氏所推翻，从而结束了它在川西地区几个世纪的统治。

2. 开明氏时代

关于开明氏的来源和取代杜宇族的历史，虽然是春秋时期巴蜀历史中的一件大事，但是相关的历史资料十分简略，并且夹杂了相当多的传说成分。譬如《蜀王本纪》写道："望帝积百余岁，荆有一人，名鳖灵，其尸亡去，荆人求之不得。鳖灵尸随江水上至郫，遂活，与望帝相见。望帝以鳖灵为相。时玉山出水，若尧之洪水。望帝不能治，使鳖灵决玉山，民得安处。鳖灵治水去后，望帝与其妻通。惭愧，自以德薄不如鳖灵，乃委国授之而去，如尧之禅舜。鳖灵即位，号曰开明帝。"

由于"荆"即"楚"，鳖灵既称荆人，那么开明族先前的活动地域应是在长江中游，他们熟悉水性，善于治水②。后来他们向西迁徙，到达川西后最初定居在今乐山一带，故《水经注·江水》曰："（南安）县治青衣江会，衿带二水矣，即蜀王开明故治也。"以后开明族进入成都平原，先是臣服于杜宇族。由于在消除水害、开发成都平原的过程中做出了较大的贡献，开明族势力不断强大，始与杜宇族发生矛盾，经过连续不断的争斗，终于逐走了杜宇氏而统治了川西地区。

传说杜宇死后，魂魄化为杜鹃，左思《蜀都赋》说"鸟生望帝之魂"，杜甫也写道"古时杜宇称望帝，魂作杜鹃何微细"。所谓"魂化为鹃"，仅仅是神话而已，实际上杜宇族可能向南迁徙到了今四川南部和云南北部一带。《史记·三代世表·正义》："周衰，（蜀）先称王者蚕丛，国破，子孙居姚、嶲等处。"杜宇族的后代在西汉时仍然存在，《史记·三代世表》褚先生曰：

---

① （晋）常璩：《华阳国志》卷三《蜀志》。
② 关于开明氏的族属，有人从"荆人鳖灵"推测，认为荆人就是楚人。但另一种观点认为，在春秋时代"巴楚数相攻伐"的情况下，楚人能否越过巴国，千里迢迢地在川西建立一个政权，实属可疑。所以提出开明氏属于巴族的可能性最大。见童恩正《古代的巴蜀》，四川人民出版社1979年版，第72页。

"蜀王，黄帝后世也，至今在汉西南五千里，常来朝降，输献于汉。"

开明族在蜀国的统治，大约是春秋中期至战国后期，由于时代较近，所以汉晋时期的记载也较多。《华阳国志·蜀志》中保留了一部分开明帝的世系："开明位号曰丛帝。丛帝生卢帝。卢帝攻秦，至雍。生保子帝。"又《后汉书·张衡传》注引《蜀王本纪》说："开明帝下至五代，有开明尚。始去帝号，复称王也。"丛帝、卢帝、保子帝、开明尚，这就是在位十二世的开明帝中可以考出的四个统治者的名字。

成都十二桥遗址木构建筑

开明氏建国之初，原来定居在广都樊乡（今双流），大约在战国前期，迁到成都。《华阳国志·蜀志》在叙述九世开明帝以后说："开明王自梦郭移，乃徙治成都。"《太平御览》卷八八八引《蜀王本纪》也说："蜀王据有巴蜀之地，本治广都樊乡，徙居成都。"

春秋中后期即开明氏统治之初，蜀的国力进入最为强盛的时代。北面，"卢帝攻秦至雍"①，雍在今陕西凤翔附近，曾经是秦的国都，由此可知当时的蜀国对秦国已构成了很大的威胁；南面，保子"帝攻青衣，雄长獠、僰"②。青衣在今宜宾附近，可见这一带的民族部落均已臣服于蜀。

（二）巴人

1. 西周、春秋时期的巴人

西周初年，巴为周之南土，立国于汉水、大巴山之间。春秋初叶，巴国在楚国、邓国之西。邓在今湖北省襄樊市西北，楚国都丹阳，在今湖北西北、河南西南一带。巴国既在其西，则应位于汉水中游地区。春秋中叶，巴国不断东出襄阳，与楚、邓争夺汉东之地。但自公元前477年巴师与楚军战于鄾地，"巴

---

① （晋）常璩：《华阳国志》卷三《蜀志》。
② （晋）常璩：《华阳国志》卷三《蜀志》。

人伐楚，围鄾……三月，楚公孙宁，吴由于，蔿固，败巴师于鄾"①，"哀公十八年，巴人伐楚，败于鄾。是后，楚主夏盟，秦擅西土，巴国分远，故于盟会希（稀）"②。巴国作战失利以后，其踪迹即从原主要活动地区——汉水中游到襄阳一带消失，开始南下另谋发展之地。春秋晚期，数次与楚国争锋而未能打通东进道路的巴国，向西转移到巫巴山地的南部和西部地区，同时向西发展，进入渝东地区。

巴在周代受封为子，称"巴子"，其国称为巴子国。先秦时"夷狄"诸侯称子，表明巴子非周王室姬姓之后，与周王室没有血缘关系。但巴国受封，获得了进一步发展的条件，开始向南扩展，成为周王室控制南国的一个重要的战略基地。"及武王克商……巴、濮、楚、邓，吾南土也。"③巴国为南土诸侯国之首，与周王室分封在成周之南、汉水之北的"汉阳诸姬"，共同构成了镇抚南土、拱卫周室的牢固防线，成为周王室的南国支柱。

春秋时期，王纲堕坏，诸侯逾制，巴国在"周之仲世，虽奉王职，与秦、楚、邓为比"④，而实际却在周王室礼崩乐坏的形势下，政治、军事力量迅速膨胀，图谋东出汉东，南下江汉，因而一度与楚国结成政治军事联盟，扫荡江汉间诸多小国。后来随着巴国力量的强大，巴、楚反目为仇，数相攻伐，其间虽然巴国数次打败楚国，但最终一败再败，慑于楚国兵锋，被迫放弃汉水中游的故土，南下长江流域的渝东、鄂西南地区，重建统治区域。

2. 战国时期的巴人

战国初期，巴人受兴起的楚人势力压迫，不断向今重庆境内迁移发展。其都城即中心区域也渐次迁到"枳"——即今天的涪陵，再迁到重庆市区，以至后期迁到四川阆中。

关于战国时期巴国的疆域，记载最早的为《华阳国志·巴志》，其曰："其地东至鱼复（今重庆市奉节县），西至僰道（今四川省宜宾市），北接汉中，南极黔涪（今重庆市黔江区、彭水县、酉阳县、秀山县及其以东以南）。"这是对巴国入主渝东地区前后近两百年版图的总体性描述，而不是指巴国在某一具体时期的实际版图。

---

① 《左传》哀公十八年。
② （晋）常璩：《华阳国志》卷一《巴志》。
③ 《左传·昭公九年》。
④ （晋）常璩：《华阳国志》卷一《巴志》。

具体说来，战国时期巴族的活动区域很广，其北面到达了陕西南部的汉中。《战国策·燕策》记苏代对燕王说："蜀地之甲，轻舟浮于汶，乘夏水而下江，五日而至郢。汉中之甲，乘舟出于巴，乘夏水而下汉，四日而至五渚。"可见战国以前汉中地区称为巴。又《华阳国志·巴志》记载，"（周赧王）三年，分巴、蜀，置汉中郡"，证明至战国后期为止，汉中西部为蜀地，东部仍为巴地。1973年汉中曾出土带巴蜀虎形符号的铜矛和虎纽錞于，这更是巴族曾在此活动的确证。

在东边，巴族似乎一度控制过汉水流域的中上游。《华阳国志·巴志》说，"巴楚数相攻伐，故置捍关、阳关及沔关"，沔关应在沔水（汉水上游）之上。《史记·秦本纪·正义》引《括地志》说，"房陵即今房州房陵县（今湖北房县），古楚汉中郡地也，是巴蜀之境"。也就是说当楚在此设汉中郡之前，这一带原为巴国所有。

在南面，巴族仍然保有清江上游。《十道志》说："施州清江郡（今湖北恩施附近），春秋时巴国，七国时为楚巫郡。"在最南面，巴族扩展到了今渝东南、黔东北及湘西北之地，即战国时楚的黔中郡，唐代颜师古在注《汉书·西南夷传》"巴黔中"时曾说："黔中，即今黔州是其地，本巴人也。"

总之，战国时期的巴国版图较广，东起三峡地区、清江流域，西至渝东，而以渝东为其政治中心。但随着楚国版图的向西推进，巴国的疆域又不断缩小。楚宣王九年（前361），楚国攻占了巴的三峡地区和清江流域。近年，在忠县发掘的战国楚人墓葬也证实了这一史实。到巴国灭亡前，楚国已经逼近巴的先王陵墓所在的枳，此时的巴国疆域仅剩下嘉陵江流域和乌江下游地区了。

战国时期巴国的五次迁都，应该说都与当时的政治军事局势的急剧变化有着直接的关系。从江州（今重庆城区）、垫江（今重庆合川）、枳（今重庆涪陵）、平都（今重庆丰都）、阆中（今属四川）五地来看，其迁都的顺序应该是平都—江州（枳、垫江）—阆中，即溯长江、嘉陵江而上，其依托的腹地由巫巴山地（三峡地区）向大巴山区转移，每次迁都都愈益远离其争夺的主战场，步步败退。到战国中期，巴在与楚的长期争战之中，已经接连失去长江三关（捍关、弱关、江关），江州一带防务无险可守，西面又面临着蜀国的进攻蚕食，陷入两线作战的困境。为避蜀国锋芒，巴王室只得退保阆中，而将渝东重镇江州、先王陵寝之地枳交由巴王子据守。势愈分而力愈弱，分别防御的态势既未能抵挡楚国的咄咄攻势，更未能阻止强秦的统一步伐。

公元前316年，巴蜀之间发生了矛盾，巴主动求秦出兵援助。《华阳国志·蜀志》说："蜀王别封弟葭萌于汉中，号苴侯。命其邑曰葭萌焉。苴侯与巴王为好。巴与蜀仇，故蜀王怒，伐苴。苴侯奔巴。求救于秦。"经过秦国内部的讨论，秦惠文王采纳了司马错的伐蜀主张。认识到巴蜀"水通于楚。有巴之劲卒，浮大舶船。以东向楚，楚地可得。得蜀则得楚。楚亡，则天下并矣"。在公元前316年，秦惠文王派张仪、司马错等率军从金牛道伐蜀，蜀王在葭萌（今昭化一带）与秦军决战，失败，逃到武阳（今彭山县东），被秦军所杀。蜀王太子率残部退到逄乡白鹿山（在今彭州西北），也被消灭，至此蜀国灭亡。同年十月，张仪等人挥兵东指，顺利占领了巴，俘巴王，巴国灭亡。

位于重庆市区的巴蔓子墓

（三）巴蜀其他民族

先秦时期，在四川盆地及附近范围内，除了巴、蜀这两个主要民族以外，还居住着众多的其他民族。在公元前1122年武王伐纣的战争中，周人得到了很多西南部族的支持，其中就包括一些巴蜀的民族。《尚书·牧誓》记载参与此役的有"庸、蜀、羌、髳、微、卢、彭、濮"。其中，除了巴（即彭）、蜀以外①，濮与巴蜀也有密切的关系。《华阳国志》的《巴志》和《蜀志》记载秦汉时期巴蜀的民族更详，说两地的其他民族，蜀有"滇、僚、賨、僰，僮仆六百之富"，巴有"濮、賨、苴、共、奴、獽、夷、蜑之蛮"。

司马迁在《史记·西南夷列传》中描述"西南夷"各支的分布及其主要文化特征，其曰："自滇以北君长以什数，邛都最大，此皆魋结，耕田，有邑聚。"这主要指今西昌地区。"自嶲以东北，君长以什数，徙、筰都最大。"这主要指今雅安和甘孜州部分地区。"自筰以东北，君长以什数，冉駹最大，

---

① 童恩正：《古代的巴蜀》，四川人民出版社1979年版，第16～17页。

其俗或土著，或移徙，在蜀之西。"这主要指今阿坝州地区。"自冉駹以东北，君长以什数，白马最大，皆氐类也。"这主要指今广元、绵阳西部及甘肃省武都地区。

虽然《史记·西南夷列传》《华阳国志》记载的主要是汉代的情况，但仍可结合其他早期文献，从中追溯到先秦巴蜀地区民族的分布概况，以下详述之。

1. 濮越系统的民族

濮是我国古代西南地区的一个大族，由于分布广阔，邑落众多，又称为"百濮"。关于濮人的分布，孔颖达注疏《尚书·牧誓》说："濮在江汉之南。"《逸周书·王会解》说，"卜人以丹砂"，即濮人向周王朝贡献的方物为丹砂。晋人孔晁注这句话说，"卜人，南西之蛮"，即西南少数民族。

具体到四川盆地，濮人先于巴人居住在四川盆地东部，巴人迁来后征服了濮人，于是濮成为巴统治下的第一大族。《华阳国志·巴志》又说，涪陵郡丹兴县"山出名丹"，结合《史记·货殖列传》载巴寡妇清以丹砂致富和《逸周书·王会解》的"卜人以丹砂"，可知今四川盆地东部长江沿岸古有濮人居住，应无疑。

关于濮人在四川盆地东部留下的遗迹，《舆地纪胜》卷一九五引《益部耆旧传》说："昔楚襄王灭巴子，封庶子于濮江之南，号铜梁侯。"楚襄王时（前298~前263），巴已经在二十多年前为秦所灭，所以楚襄王灭巴子的说法并不可靠。但铜梁山在今合川附近，这里本来是巴的垫江，此处以"濮江"相称，足以证明濮江一名应该早于垫江，也就是合川原为濮人的住地，这里似乎曾有一个较大的濮族部落。巴族迁到这一带以后，征服了濮人。《舆地纪胜》记合川钓鱼山有"双墓"，据李文昌《图经》说："巴王、濮王会盟于此，酒酣击剑相杀，并墓而葬。"民间称此"双墓"为"濮王坟"，至今封土堆仍清晰可见。可见今重庆市的合川，在古代为川东濮人分布的一个中心，今合川尚有濮湖、濮岩、蒲（音同濮）溪等地名，可看作古代濮人遗留之迹。

四川盆地西北方向也有一个濮人分布的中心"苴"。苴当为苴国旧民，为百濮系统的民族中的一支。苴人先秦时期主要活动在今广元地区一带，此地当为秦、蜀、巴交通枢纽，先秦时已发展为一个方国，先臣服于巴，后又被蜀国一度攻占。蜀王封其弟为苴侯。《华阳国志·巴志》说："周显王时，楚国衰弱。秦惠文王与巴蜀为好。蜀王弟苴私亲于巴，巴、蜀世战争。周慎王五年，蜀王伐苴侯。苴侯奔巴。巴为求救于秦。秦惠文王遣张仪、司马错救苴巴，遂伐蜀，灭之。"《华阳国志·蜀志》亦载："蜀王别封弟葭萌于汉中，号苴侯。命其邑曰葭萌焉。苴侯与巴王为好。巴与蜀仇，故蜀王怒，伐苴。苴侯奔巴。求救于秦。"

四川盆地西南也有濮人的分布，安宁河流域的大石墓即文献所记"濮人冢"，为濮越系的"邛都夷"所遗，其年代之早者，可上及商代。而川滇之间，即今四川宜宾与云南昭通在汉代朱提郡活动的僰人，也是濮的一个支系，至少在商代即在当地定居。《华阳国志·蜀志》记载蜀郡临邛县有布濮水，广汉郡郪县也有濮地之名，均为濮人所遗①。此即川西南地区的越嶲郡之濮。

百濮系统在四川盆地还有一些分支部族，如《华阳国志》提到的"獽""夷""蜑""共"等，以下一并讨论。

首先说"獽"。"獽"人来源不详，据《华阳国志·巴志》，涪陵郡和巴郡都有"獽"人群落，巴东郡"有奴、獽、夷、蜑之蛮民"，涪陵郡"土地山险水滩，人多戇勇，多獽、蜑之民"，涪陵郡所属之涪陵、丹兴、汉平、万宁、汉发"诸县北有獽、蜑，又有蟾夷也"。《华阳国志·巴志》还记载了这么一件事：汉代，蜀郡广都县县民朱辰为巴郡太守，甚有德惠。后来，朱辰以身殉职，巴郡的"獽民"夹道相送，"獽、蜑鼓刀辟踊，感动路人"。从地名上看，《水经注·江水》记载："江水东径獽涂而历和滩"，地在今万县境内；又说鱼复故城东傍"獽溪"，地在今奉节，可见长江干流和峡区这两处"獽"地，均因古獽人所居而得名，说明三峡地区也是"獽"人的主要分布地。

其次说"夷"。"夷"本为中原华夏对周边少数民族的通称，但渝东之"夷"既为专称，显然就不是泛指。《华阳国志》记载巴东郡有夷人，也分布在长江干流和三峡一带。"獽""夷"均为濮系民族。《隋书·地理志》"梁州"下记载："又有獽、蜑、蛮、賨，其居处、风俗、衣冠、饮食，颇同于僚。"《太平御览》卷七六亦载："有獽人，言语与汉人不同，嫁娶仅鼓笛而已，家遭丧事，乃立竿悬布置其门庭，停尸其所，至其体骸燥，装进木棺置于山穴中；又有夷人，与獽类一同；又有僚人，与獽、夷一同，仅名字有异而已。"这里明确指出"獽"、夷与僚相同，足见两者均属古代濮（僚）人系统。"獽"、夷居大江两岸山区，应是当地粗耕农业的开拓者，也是峡区悬棺葬"幽岩葬"类型的创

---

① 段渝：《先秦巴蜀地区百濮和氐羌的来源》，《贵州民族研究》2006年第5期，第146~150页。

造者之一。

再次说"蜒"。蜒字又作蜒、涎、蛋、但,形近音通。《说文解字》谓:"蜒,南方夷也。"蜒人属于濮越族系,如《隋书·南蛮列传》即明言蜒与其他一些民族为"古先所谓百越是也"。蜒作为族称最早见于《淮南子·说林训》:"使但吹竽,使氐厌(压)窍,虽中节而不可听。"这里是说因民族的不同,中原人难以理解蜒(但)人与氐人的曲调。

蜒人在秦汉时主要分布于今渝东、鄂西一带。以上所述汉晋时"獽人"的分布时,均同时提到了"蜒",所以蜒人的分布亦在今四川盆地东部的长江和乌江流域。又从朱辰为巴郡太守,殁后"獽"、蜒郡民为其送葬来看,巴郡亦有不少蜒民。汉晋时,巴郡所治江州即今重庆,可知该地亦有蜒民。蜒民在南北朝时还很活跃,他们曾附合这一带的巴人冉氏、向氏、田氏反抗中央王朝的统治。《云南志》卷十引《夔府图经》载,"夷、蜒居山谷,巴、夏居城郭,与中土风俗、礼乐不同",说明到隋唐时期仍有相当数量的蜒人生活在巫巴山地一带。

最后说"共"。"共"也是巴蜀的古代民族之一,《华阳国志·巴志》记其为巴之属,当然也是一个单独的民族。"共人"一词最早见于《逸周书·王会》:"具区文蜃,共人玄贝,海阳大蟹。"孔晁注曰:"共人,吴越之蛮。"据此,共人原为殷周之际东方滨海地区的越系民族,大概在春秋战国时代,共人西上进入重庆东部。共人的分布,据《太平寰宇记》卷一二〇载,唐麟德二年(665)移洪杜县于"龚湍",即今酉阳"龚滩"。共、龚字通,当为共人所居而得名。但需要指出的是这个越系的共,与板楯七姓中的龚不同。板楯之龚,《蜀都赋》李善注引《风俗通》作"袭",二字形近而伪,当以作龚为是。虽然板楯之龚与越系之共音同可通,但同在《华阳国志·巴志》中,却是将板楯七姓全部纳入賨人系加以叙述,而共人则单出,不与渝东其他民族同系。

2. 氐、羌系统的部族

川西高原氐羌的历史,最早可以追溯到夏商时代,这无论在文献还是考古资料中都有充分证据可证。川西高原上近年发现大批石棺葬,广泛分布于岷江上游、雅砻江流域和金沙江流域,在大渡河流域也有发现。川西石棺葬起源甚早,延续时间也很长,总的说来应是氐羌系统的文化遗存。

《史记·西南夷列传》谓冉駹在笮的东北,其地正当岷江上游区域。汉武帝元鼎六年(前111)冉駹地区设置汶山郡,郡治即在今茂汶境内,故似可将石棺葬视为冉駹一类民族的文化。史称:"冉駹夷者,武帝所开。元鼎六年，以为汶山郡……其山有六夷、七羌、九氐，各有部落。"①此言"七羌、九氐"，不一定是确切的数字，只是表示"氐"和"羌"是当地人数最多的民族，其次才是"夷"。关于汉代氐、羌在岷江上游的分布，还可以从西汉时在今松潘一带设立"湔氐道"得到证明②。

从以上考古遗存的相似性结合文献的记载来看，所谓石棺葬应是氐羌族群的墓葬。而这些氐羌族群当是从西北地区南下的，其迁徙的起始时间最早可以追溯到商周之际，一直延续到春秋中期"秦霸西戎"。迁徙的原因，现在比较清楚的主要是两个，一是氐羌族群不断南迁，寻找更温暖、更适合生存的环境③；二是周、秦不断向西拓土封疆，迫使陇山一带的氐羌族群南下，迁入西南山地④。

此外还可以引述民族学的资料，来说明石棺葬的主人属于"氐羌"族群。现在定居在茂汶地区的羌族，不认为石棺葬是他们祖先的遗留，而称之为"戈基人"墓。据说戈基人原为茂汶的土著，羌人迁入这一地区时，曾与之发生战争，最后羌人借助神之力，以白石和木棍战胜了戈基人，所以羌族人至今崇祀白石。根据羌族民间故事《羌戈大战》的记叙，戈基人有以下特点：（1）从生理特征上看，人矮且壮，纵目有尾；（2）居丧制度方面，居石洞，葬石棺；（3）经济文化方面，戈基人知用牛拽犁耕田，善治水⑤。综合这些特点，可认为"戈基人"即南下的"氐羌"之人。

大渡河、雅砻江和金沙江流域的石棺葬，亦与古代氐羌有关。据《水经注·青衣水》："县故青衣羌国也。"青衣江、大渡河流域古为羌族地，有筰、徙等族，故其石棺葬应与青衣羌、牦牛羌等有关。雅砻江和金沙江流域，也是氐羌族群南下所经之地。总之，巴蜀境内的氐羌民族系统至少在夏商时代就已出

---

① 《后汉书》卷八六《南蛮西南夷列传》。
② 童恩正：《近年来中国西南民族地区战国秦汉时代的考古发现及其研究》，《考古学报》1980年第4期，第434页。
③ 杨铭：《氐族史》，吉林教育出版社1991年版，第5~9页。
④ 《史记》卷五《秦本纪》：秦穆公三十七年（前623），秦"用由余谋伐戎王，益国十二，开地千里"。
⑤ 关于《羌戈大战》，参见马长寿遗著《氐与羌》，上海人民出版社1984年版，第167~172页；林向《〈羌戈大战〉的历史分析》，《四川大学学报丛刊》第20辑《中国历史论丛》，第8~15页。

现，长期生活在川西高原，繁衍和发展，成为川西地区最主要的民族[①]。

第二节 巴蜀考古文化与经济社会

一、战国前后的巴蜀考古文化

（一）巴蜀考古文化的基本特征

考古学上说的狭义的"巴蜀文化"，是指四川盆地青铜时代后期以船棺葬和巴蜀式器物等为特征的一种考古文化，即20世纪40年代以来所说的传统意义上的战国前后的"巴蜀文化"。相关考古发现主要有：巴县冬笋坝与昭化宝轮院墓地、成都商业街船棺葬墓地、新都马家墓葬，以及成都百花潭、什邡城关、绵竹清道、大邑五龙、荥经同心村、犍为金井、蒲江东北乡等典型墓葬群。为了与三星堆文化、十二桥文化等早中期的蜀文化相区别，近年来也常改称为"晚期巴蜀文化"；有些学者试图对它重新命名，称"冬笋坝文化""青羊宫文化""上汪家拐类型"等，但由于所选地点不具备命名考古文化的典型意义，因而未能得到多数人的认同[②]。

战国前后的"巴蜀文化"的分布范围，在三星堆文化与十二桥文化的基础上有了进一步扩展，已遍布整个四川盆地，并发展到邻近的地区与省份。北面达陕南的汉中盆地、宝鸡地区和甘肃南部，西面至凉山、雅安和甘孜州、阿坝州，西南至云南昭通和贵州北部，东面至湖北和湖南西部。这些地区，主要是发现了一些随葬有巴蜀式铜、陶器的墓葬。

该阶段的"巴蜀文化"处于长江上游古代文明发展进程的成熟时期。在川西，以成都为都邑形成了强大的蜀国，在盆地东部也出现了都邑不断迁移的巴国。在春秋战国诸侯争雄的年代，巴、蜀两国在西南地区占有一席之地，主要特色在于：巴蜀青铜器技术精，样式更多，特别是出现了成套兵器的典型器物，反映了军事力量的重要和进步。船棺葬等多种形式墓葬，特别是大型墓的发现，为研究当时的经济文化和社会关系提供了重要依据。巴蜀与中原等地的

[①] 段渝：《先秦巴蜀地区百濮和氐羌的来源》，《贵州民族研究》2006年第5期，第146～150页。
[②] 林向：《四川盆地巴文化的探索》，《中华文化论坛》2005年第4期，第9～10页；孙华：《四川盆地青铜文化初论》，载《四川盆地的青铜时代》，科学出版社2000年版，第2～46页。

交往日益增长，不断引入新的技术和知识，促进了社会的变革。最后在秦、楚等势力的夹攻下，巴、蜀相继灭国，最终融汇于统一的秦汉大帝国之中，成为多元一体的中华民族的有机组成部分[①]。

战国前后"巴蜀文化"的基本特征，包括遗物特征和遗迹特征两个方面。

遗物特征主要是：陶器以夹砂陶为主，陶色主要是褐色和灰色两种。纹饰主要是绳纹，还有弦纹、划纹等。出土陶质生活用具，常见的有侈口圜底釜、束颈圜底鍪、小口短颈圜底罐、喇叭状矮圈足豆，以及浅尖底盏、伞形器盖、广肩瓮、联体甗等典型器物组合，还有釜式细足鼎、有盖豆、竖环耳有盖壶、侈口深腹罐等陶礼器出现。圜底器是战国前后"巴蜀文化"最具特色的陶器造型，其中又以绳纹釜（鍪）、圜底罐最有代表性，它是具有三峡内外"釜罐文化"风格的一种新的文化因素，而瓮、罐、盏、器盖等则具有十二桥文化的遗风，反映了两种文化的融合。总的特征是圜底器占大多数，特别是绳纹釜（鍪）、圜底罐、矮圈足豆数量最多，这种器型开始在四川地区占据主导地位，逐渐取代了前期以尖底为特征的器物群。

战国前后"巴蜀文化"的青铜器十分发达，常常成组成套出现，一般称之为"巴蜀式铜器"。其中，兵器有戈、矛、剑、钺、镞、刀、弩机等，以柳叶形短剑、烟荷包式戟刀钺、长骹宽叶矛、大三角形戈等典型器物组合常见。容器有鼎、敦、豆、罍、壶、缶、釜甑、甗（上甑下鬲分铸而成）、盘、鉴、匜、勺、三足盘形器、釜、鍪等。这些器物中，除了仿中原礼器之外，另一类仿生活用炊容器的礼器颇具特色，如侈口浅圜底环耳铜釜、束颈圜底环耳铜鍪、上甑下釜分铸而成的铜甗，成为巴蜀式铜容器的典型组合。巴蜀青铜器中，工具特别发达，有斧、斤、凿、锯、削、雕刀等。乐器有编钟、甬钟、铜钲、錞于等，以虎钮錞于最具特色。生活用具有虎形、琵琶形等多种式样的肖形带钩，带有"巴蜀图语"各式铜印章等。巴蜀青铜器上还常铸有一些用图像构成的"巴蜀符号"，很可能是一种尚未能识读的巴蜀文字。战国前后巴蜀漆木器主要有漆盒、耳杯、奁、案、器座、梳子、瑟、基座等，漆器多为黑底红彩，纹饰有龙纹、变形鸟纹、卷云纹和少量"巴蜀符号"。

战国前后"巴蜀文化"考古发现的遗迹主要是墓葬，而居住遗址较少，还

---

① 赵殿增：《三星堆文化与巴蜀文明》，江苏教育出版社2005年版；赵殿增、李明斌：《长江上游的巴蜀文化》，湖北教育出版社2004年版。

鼎（M154腰：5） 尊缶（M154腰：8） 甗（M154腰：7+M154腰：4） 匜（M154腰：3）

四川成都双元村东周墓M154出土铜器

发现一些窖藏等遗存。墓葬共发现四五百处，已发掘了数千座，包括船棺葬、木板墓、独木棺墓、悬棺葬、木椁墓、土坑墓等多种形式，都以随葬巴蜀式铜陶器为特征。其中前三种大体为"巴蜀文化"所特有，又以"船棺葬"最具有代表性。"船棺葬"是用巨大的独木做成，两端翘起（或截齐）呈船形，在船舱部分放置木棺、尸骨和随葬品。许多墓地中，有多种墓葬形式并存，如巴县冬笋坝、昭化宝轮院、什邡城关墓地等；也有的大型木椁墓中放置一个或多个船棺，如新都马家木椁墓、成都商业街船棺葬墓，这些墓葬或反映了墓主人身份的区别，或反映了墓葬时代的变化或文化的融合。

居住遗址以成都市上汪家拐遗址和青羊宫遗址为代表，其战国时代地层堆积所出的陶器，以釜式细足鼎、喇叭状矮圈足豆、侈口圜底釜，和尖底盏、器盖、小口圜底罐等为基本组合。青羊宫遗址还发现有卜甲、卜骨等。这些遗址多延续到汉代，并常有被水冲刷的现象，可能是一些较为特殊的居住遗址。从地理位置看，它们或许是早期成都的一个组成部分。四川地区还发现了一些战国前后的巴蜀青铜器窖藏，如简阳糖厂和彭州政和窖藏[1]，分别用铜罍和陶瓮埋放一组精美的青铜器，可能与祭祀或礼仪活动有关。

---

[1] 四川省博物馆、简阳县文化馆：《四川简阳出土的战国青铜器》，《文物资料丛刊》第3辑。

(二)巴蜀考古文化的年代

该阶段的相对年代,从考古学的角度讲,处在青铜时代的后期,相当于中原地区春秋晚期到战国时期。从历史学的角度讲,这时中原地区已进入封建社会,而巴蜀地区大约仍处在奴隶制度的后期。我们这里所说的狭义巴蜀文化的上限,是接续在十二桥文化之后,大约在春秋中晚期;下限则定在秦灭巴蜀之时,即战国晚期。这是中国从诸侯割据走向统一的关键时期,是中国的文明形态最终成熟的时期,即秦汉大帝国形成前的重要历史时期。

巴蜀考古文化的绝对年代,目前所得到的碳十四测定数据还比较少,但从考古资料与历史文献相结合的角度,还是可以得出比较明确的界定。我们将狭义巴蜀文化下限定在秦灭巴蜀之时,即公元前316年(周慎靓王五年,秦惠文王更元九年)①,此后的巴蜀文化只是一些遗存了。巴蜀文化的上限,连接在春秋晚期的十二桥文化之后。当然由于许多遗址有被水冲毁的现象,两个文化之间有一定的缺环。这样,结合已有的实物资料,可将巴蜀考古文化的绝对年代,界定在公元前500年左右至公元前316年之前②。

关于该阶段巴蜀考古文化(或称晚期巴蜀文化)的分期,也有多种意见。以遗址来分期的多分为早、晚两期,或早、中、晚三期,如"青羊宫文化""上汪家拐类型"等分期方法。由于晚期巴蜀文化大量发现的是墓葬,因而以墓葬来分期的方法较为常用,也分得较为详细。初步统计有"三期说""四期说""五期说""六期说"等多种意见,"三期说"主要是指战国早、中、晚三期;四期说一般是加上秦或西汉初期;五期说的时间从春秋战国之际到西汉初年③。

(三)巴蜀考古文化的延续

公元前316年秦并巴蜀之后,巴蜀考古文化并没有立即消失,而是在秦汉政策和本身活力的双重作用下,继续存在了两百年左右。一些典型墓地,如巴县冬笋坝、昭化宝轮院、什邡城关、荥经同心、涪陵小田溪等处,其中相当多的墓葬是产生于秦并巴蜀之后的。大约在汉武帝时期,随着全国政治、经济、文化统一进程的完成,巴蜀考古文化才最终融入中原文化之中。从考古发现的材

---

① (晋)常璩:《华阳国志》卷三《蜀志》。
② 赵殿增:《三星堆文化与巴蜀文明》,江苏教育出版社2005年版;赵殿增、李明斌:《长江上游的巴蜀文化》,湖北教育出版社2004年版。
③ 罗开玉:《晚期巴蜀文化墓葬初步研究》,《成都文物》1991年第3、4期。

料来看，秦汉初期的巴蜀考古文化某种程度上还在继续发展，这就是秦汉初期融合阶段的巴蜀考古文化，可以分为两个阶段。

第一个阶段：战国末期到秦朝（前316年至前206年左右），以宝轮院船棺葬、冬笋坝船棺葬第二期、什邡四期墓葬、涪陵小田溪土坑墓、羊子山172号墓为代表，是晚期巴蜀文化与秦文化的融合期。这时船棺葬继续存在，同时出现较多的土坑木椁墓。巴蜀式铜器、陶器往往仍是随葬品的主体，器形略有变化，如"大十字"形戈、"改装式"柳叶形剑等。巴蜀图语和巴蜀式印章也继续存在。陶器中出现较多的平底罐、大瓮，除圜底器物之外，尖底器大大减少。铁器增多，同时有不少秦楚中原式的器物出现，特别是秦"半两"钱和秦国铭文戈的出现，说明其墓葬年代在秦并巴蜀之后。其中羊子山172号墓可能为秦代墓。这一时期，中原式、秦式器物特别是礼器逐渐占有重要地位。

第二个阶段：西汉前期（前206年至前100年左右），以绵竹木板墓、大邑五龙晚期墓、什邡五期墓葬为代表，是晚期巴蜀文化最终汇入汉文化的时期。这时主要葬制已改为土坑木椁墓，船棺葬已经消失，少数以"木板墓"的形式存在。随葬品中以汉式器物为主体，但仍保留了部分巴蜀式的器形，如柳叶形剑、圆刃钺、圜底罐等。同时有西汉"四铢半两""八铢半两"钱和汉式铁器、漆木器出现，说明其墓葬已逐步汉化，只是保存了一些巴蜀文化的因素。

至于在西汉后期乃至东汉时期墓葬中出现个别带巴蜀文化因素的器物，包括什邡六期墓葬等，已经是在汉墓之中残存的巴蜀文化遗痕，不能再成为巴蜀文化的一个阶段了。从某种意义上讲，巴蜀考古文化到西汉中期就已完全结束了。

二、巴蜀的社会经济文化

（一）巴蜀的社会与经济

1. 巴蜀的社会

（1）蜀国的社会

蜀人居住的成都平原系河流冲积而成，水土丰沃、气候温润，对古代文明以及国家的产生、发展有巨大的促进作用。

《世本》载："蜀无姓。"徐中舒认为蜀所以无姓者，是因为它已经跨越了部落组织形态而进入国家形态。古蜀王国的统治阶级由国王、王室贵族、臣僚和武士等构成，也包括大大小小的奴隶主，他们也是世袭的贵族。

《华阳国志·蜀志》载："蜀王别封弟葭萌于汉中，号苴侯。"又载：

"其相、傅及太子退至逢乡。"王、侯、相、傅这一系列称谓，表明蜀已具备了一整套完善的职官制度。三星堆祭奠坑出土的大量青铜、玉石礼器和成都羊子山的土台遗址，以及《华阳国志·蜀志》中所载"九世有开明帝，始立宗庙。以酒曰醴，乐曰荆。人尚赤，帝称王"，表明蜀人的意识形态在经历了一个丰富发展的过程后，已经形成了具有抽象意义的政治宗教意识形态，这在意识形态上也反映出，蜀已具备了国家的性质。

（2）巴国的社会

巴国是一个带有若干部落联盟制特征的国家，建立了一套以世袭制为基础的政治制度。巴国君主在西周、春秋战国时均称为"巴子"，他是巴国内最大的领主，拥有最高的军政权力，直接统治其腹心地区。

巴国的职官制度史载不详，据《左传》《华阳国志》所记巴国设有"上卿"，这就意味着有卿、相之别。职官中有"行人"一职，专司对外告命聘享，其他的职官阙如。军队方面巴国设有"将军"，表明其文武分职设官。总体来看，巴国的职官制度与列国大体相当，只是简繁有异[①]。

巴国的礼乐制度，因考古发掘而得知其概。至少到战国中晚期，巴国已经有了较严密的礼乐制度。重庆市涪陵区小田溪发掘的3座巴族墓葬出土的文物中，2号墓出土虎纽錞于和钲各一件，钲身两面铸有巴蜀符号，其中一面符号的下部两边分别有一"王"字。錞于和钲是军中号令士众进退的乐器，錞于的大小表明其使用者或拥有者地位的高低。由于2号墓其墓制、出土的钲和錞于形体较小，表明其墓主人非巴王，仅是一个小部族的"王"[②]，或是巴王之子[③]。从小田溪1号墓中出土了编钟一组14枚，根据礼制大架24枚，中架16枚，该编钟也是小架所用。依照等级之制，"其功大者其乐备"[④]，使用14枚编钟的1号墓主与2号墓主的身份相近。由其遵循礼制，可见巴国礼乐制度到其晚期尚较严密。

由于巴国的疆域变化太大，不同时期、不同地域有不同的统治对象，而且巴国的腹心地区和边缘地区的差异性亦相当大，巴国的社会组织和结构相当复杂。总起来说，巴国的腹心地区较小而边缘地区很大，在腹心地区已经具有若

---

① 薛新力：《重庆文化史（远古—1949年）》，重庆出版社2001年版，第27页。
② 徐中舒：《四川涪陵小田溪出土的虎钮錞于》，《文物》1974年第5期，第81页。
③ 段渝：《涪陵小田溪巴王墓新证》，载《巴蜀历史·民族·考古·文化》，巴蜀书社1991年版，第269~283页。
④ 《史记》卷二四《乐书》。

干奴隶制的特征，而在边缘地区，土著民族的社会还处于由部落制向国家过渡的发展阶段，主要是由以血缘纽带为中心的大姓统治①。史载巴人有五大姓，"板楯蛮"有七大姓，一大姓即来源于一个部落，再加之巴地部落林立，所以有学者认为巴国当时尚处于部落联盟的高级阶段——酋长集权制。宣汉罗家坝33号墓的发掘，以其大量随葬品证实了在巴国核心区域以外，还存在着一些自擅山川、雄霸一方的部落首领。

史称周之季世（约公元前4世纪），巴国内乱，将军蔓子许诺酬谢楚国三城，借楚师平息内乱。事平楚使索城，蔓子说："籍楚之灵，克弭祸难。诚许楚王城，将吾头往谢之。城不可得也。"②于是自刎以头授楚使。楚王由是感动，礼葬蔓子头，巴亦安葬其忠骸。这一事件表明，巴国对其边缘地区的控制能力较弱。将军蔓子驻守之地距楚国不远，属巴国的边缘地区，否则不会在内乱发生时，向楚国求救。

总之，到春秋时巴蜀已经经历了阶级产生的过程，而分别成为奴隶制诸侯国，出现了完整的国家机构，有国君、正规的军队，有一套职官制度，这已经不是一个原始民族所能具备的了。

2. 巴蜀的经济

古代的巴蜀，其经济的发展与它本身固有的自然条件有关。处于四川盆地的巴蜀，古时是农耕、农作的良域，而农业则是古代社会经济的基础，这些优越的自然因素为巴蜀经济的发展创造了客观条件。

（1）蜀国的经济

①蜀地的农业与水利。根据考古发现，成都平原自约4500～4000年前的宝墩文化时期已进入古酋邦时代，出现了众多的古城。在宝墩文化中，陶酒器大量出现，表明当时生产的粮食已经较为充足，尚有余粮用来酿酒，故又需大量烧制陶容器来储存。商周时期的三星堆文化中，也出现了大量的青铜酒器和陶酒器，表明当时成都平原的农业生产已经较为发达。

《山海经·海内经》描写的"都广之野"，"膏菽、膏稻、膏黍、膏稷，百谷自生，冬夏播琴"，而且"鸾鸟自歌，凤鸟自儛，灵寿实华，草木所聚。爰有百兽，相群爰处。此草也，冬夏不死"。这种"都广之野"的人间乐园神

---

① 薛新力：《重庆文化史（远古—1949年）》，重庆出版社2001年版，第28页。
② （晋）常璩：《华阳国志》卷一《巴志》。

话，无疑是在当时成都平原较为发达的农业基础上，结合天庭圣山的神话构想出来的。

蜀地的农业当以水稻为主，汉代扬雄曾说：川西"有粳有稻，自系徂畛，居攸温饱"。表明该地区的农业已有相当发展。除传统的农作物，蜀人还从少数民族处引进诸如胡豆等新品种。《蜀中广记》引《旧志》"戎菽，蜀人所谓胡豆也"就是一例。

蜀族大规模兴修水利，大约是从杜宇氏统治的后期开始的，这就是历史上所谓"鳖灵治水"的传说。关于鳖灵治水的地点，有两种不同的说法。

第一种说法认为是在巫山。《水经注·江水》："荆人鳖灵死，其尸随水上，荆人求之不得。今至汶山复生，起见望帝……望帝立以为相。时巫山峡雍而蜀水不流，常使令凿巫峡通水。""江水又东，经巫峡，杜宇所凿以通江水也。"

另一种说法认为是在岷江上流。这种记载出现较早，也比较准确。最初见于《蜀王本纪》：杜宇"使鳖灵决玉山，民得安处"。又《华阳国志·蜀志》："会有水灾，共相开明，决玉垒山以除水害。"此处所谓的"决玉垒山（玉山）"，实际上就是开一条人工河流，分引岷江的水流入沱江。在《禹贡》中，有"沱、潜既道"的记载。"沱"在中国古代文献中是指源于大江而又流入大江的水道，此处具体指的是现在的沱江。沱江发源于茂县的九顶山脉中，流到成都东北的赵家渡接纳了从岷江分流过来的支流，最后在川南的泸州流入长江。岷江的水能流入沱江，全靠人工的开凿疏浚。

《水经注·江水》说："江水又东别为沱，开明之所凿也。郭景纯所谓玉垒作东别之标者也。"关于开明氏所凿的沱在何处，历代的地理书籍有不同的说法，一说认为是指汶川附近的玉轮江，一说以为是指绵虒境内的人工渠。《水经注》是将开明氏所凿的沱，放在湔水与都安县之间叙述的，湔水即今白沙河，在都江堰城以西注入岷江；都安县为汉置，故治在今都江堰以东二十里的导江铺。开明氏所凿的沱即在二者之间，而当时离堆又未开凿，论其分水口就只有在离堆以南较为平坦的地区。当时作为分水口标志的玉垒山，也就是离堆以北的灌口山，至今山顶仍称玉垒关，这条人工河的入水口在李冰修建都江堰时被废弃了，但其河道（即今柏条河）两千多年以来一直被利用，构成岷江灌溉系统三大干渠之一。

岷江的水分流入沱江以后，为了保持沱江的水流畅通，相传鳖灵还开凿了金堂峡。《读史方舆纪要》卷六七记载，金堂峡在金堂"县东二十里，两山拱峙，河流其中，相传望帝鳖灵所凿"。又《舆地纪胜》卷一六四说："鳖灵迹在金堂峡南岸，去怀安军二十余里，石门有巨迹长三四尺，旁大刻鳖灵迹三字。"金堂峡有多处关于鳖灵的传说，证明开明时代鳖灵的治水活动，给后世留下了深刻的的印象①。

随着李冰督建完成都江堰水利工程，成都平原更得水利灌溉之便，成为令天下人羡慕的沃土粮仓，被誉为"天府"。《华阳国志·蜀志》记载李冰引都江堰水"溉灌三郡，开稻田。于是蜀沃野千里，号为'陆海'，旱则引水浸润，雨则杜塞水门"。并引《故记》称："水旱从人，不知饥馑。时无荒年，天下谓之'天府'也。"这种农业的高度繁盛，如果没有相当发达的都江堰水利工程是难以想象的。

②蜀地的手工业。在手工业的领域以内，蜀最富于传统的是纺织业。就现有材料而言，蜀人养蚕至少在史前社会后期已经开始。对此，《蜀中广记》卷七一五《仙传拾遗》有详细的记载。

在蚕桑发展的基础上，蜀地劳动人民很早就善于制造丝织品，在古代记载中称之为"锦"。到了战国时代，蜀锦的生产已有相当的规模，所以《读史方舆纪要》卷六七引《华阳国志》说，秦灭巴蜀以后，张仪、张若修成都城，"于彝里桥南立锦官"，可见当时成都织锦业相当兴盛。由于多年来织锦技术的不断发展，到汉代时"蜀锦"已名闻天下。故山谦之《丹阳记》说："历代尚未有锦，而成都独称妙资西蜀。且是始乃有之。"②

除了蜀锦之外，在战国时代蜀地还生产出了两种布，其中一种是木棉布。《史记·大宛列传》记张骞在大夏时，"见邛竹杖、蜀布"。唐张守节《史记正义》："布，土芦布。"这种土芦布应即是左思《蜀都赋》中所谓"布有幅华"的筒中布，或称桐华布。《华阳国志·南中志》："有梧桐木，其华柔如丝，民绩以为布，幅广五尺以还，洁白不受污，俗名桐华布。"另一种是细麻布，扬雄《十二州箴·益州箴》记四川古代"丝麻条畅"，可见蜀地生产的细麻布在汉代以前就已经闻名，到了汉代更是驰名全国，称为"黄润"③。

在矿业方面，蜀地也有悠久的历史，其中最著名的是铁。蜀地产铁，最

---

① 童恩正：《古代的巴蜀》，四川人民出版社1979年版，第108~109页。
② 童恩正：《古代的巴蜀》，四川人民出版社1979年版，第110~111页。
③ （汉）司马相如《凡将篇》："黄润纤美宜制禅。"（汉）扬雄《蜀都赋》："其布则细都弱折，绵茧成袿，阿丽纤靡，避晏与阴，蜘蛛作丝，不可见风，筩中黄润，一端数金。"

早见于《禹贡》，在古代梁州（包括今四川）的贡品中，就有铁和镂，镂即是钢。《禹贡》成书的年代，说法虽然不一，但此处记的是战国以前的史实大致是没有问题的。《华阳国志·蜀志》记临邛县（今邛崃）"有古石山，有石矿，大如蒜子，火烧合之成流支铁甚刚"。又台登县（治今泸沽）"有砮石，火烧成铁刚利，《禹贡》'厥赋砮'是也"。在战国时代的成都羊子山172号墓中，即曾出土铁三脚架，另出一件铜鼎，当时一足损坏，以后又用铁修补。可见至迟在战国时代，蜀地已经开始用铁。蜀地生产的铁，除本身消费之外，还用作与周围少数民族进行物资交换的产品，《史记·货殖列传》记卓氏在临邛，"即铁山鼓铸，运筹策，倾滇、蜀之民"。

关于蜀国手工业发展的情况，可以大致从20世纪下半叶成都出土的文物中看出，如秦汉之际的羊子山172号墓所出鼎、勺、釜、甑、罍、缶、盘、香炉等铜器，都是造型精美、花纹繁复的器物，显示了相当高的工艺水平，与中原同时期器物相比，在技术上并无高低之分。特别是成都百花潭中学10号战国墓所出铜壶，通体用铅类金属错成各种纹饰和复杂的水陆攻战、演武习射的画面，其精美程度在全国范围内来说也是罕见的。

在农业和手工业发展的基础上、蜀人似乎已经有了商品交流，因而也产生了一套衡量制度。在广汉出土的玉石器中，有数十件过去所谓的"石璧"，加工粗糙，大小不一。其最大者外径达70.5厘米，孔径19厘米，厚6.8厘米，重达百斤以上；其小者外径11厘米，孔径4厘米，厚1厘米。如此粗糙而笨重的石器，显然不是礼器，有一种意见认为这可能是一种衡权。我国衡器的产生，有悠久的历史，传说尧的时代就有记载。大致说来，衡器应该是在新石器时代晚期随着私有制的出现而产生的，最早的衡器就是一种天平，《汉书·律历志》"衡权者，衡，平也；权，重也，衡所以任权而均物平轻重也"，就是指此而言。

从衡权的重量来看，由于当时尚不知杠杆原理，没有发明秤，所以不论被称的物品有多重，权的重量必须和它相等。《汉书·律历志》记载，权的种类有铢、两、斤、钧、石，一石的重量已达120斤，与广汉"石璧"接近。而最初权的质料，无疑应该是石制的，所以权又称为"衡石"①。如果广汉"石璧"为衡石的推断不误，那么早在春秋时代，蜀人已经有一套与中原相似的衡量制

---

① 《礼记·月令》，"同度量，钧衡石"；《淮南子·时则训》，"令官市同度量，均衡石"，均可为证。

度。这从一个侧面反映了蜀的经济发展的情况①。

(2)巴国的经济

川东丘陵地区物产较为丰富,巴族迁入以后,同土著民族一道,披荆斩棘,开垦土地,挖掘矿藏,使原来较为落后的川东地区发生了较大的变化。《华阳国志》说,巴地"土植五谷,牲具六畜。桑、蚕、麻、鱼、纻、盐、铜、丹、漆、茶、蜜、灵龟、巨犀、山鸡、白雉、黄润、鲜粉,皆纳贡之。其果实之珍者:树有荔支,蔓有辛蒟,园有芳蒻、香茗、给客橙、葵。其药物之异者,有巴戟、天椒;竹木之瑰者有桃支、灵寿"②。这里所列的大多数农产品和矿产品,在先秦时代即已经开始出产,有的已经闻名于世,是巴国社会经济的丰硕之果。

①巴地的农业。春秋、战国时期,巴蜀经济主要以农业为主,虽比不上中原,但在西南地区却首屈一指。早在蜀王杜宇时,就"教其民务农"③,而巴国也化其教而力农务,足见当时的农业已有了较大的发展。

以重庆为中心的地区,除西部一小块地区属于方山丘陵区,以浅丘为主外,中部和东部在地理上主要属于岭谷区,以单斜丘陵为主,间有一些面积不大的山间平坝,农耕条件比川西平原、川中丘陵略差。古代重庆地区的稻作农业并不发达,广大丘陵地带和山区农业生产技术仍较落后,山区主要以开垦畲田为主,耕作形式仍然处在刀耕火种阶段。《华阳国志·巴志》中有巴人歌谣,可以看出当时的浅丘平坝地区和单斜低山区的生产情况:

川崖惟平,其稼见黍。旨酒嘉谷,可以养父。
野惟阜丘,彼稷多有。嘉谷旨酒,可以养母。

在其"川崖惟平"即浅丘平坝,多种黍类作物,所获甚丰。"野惟阜丘",即今日所说的深丘岭冈,则多种植稷谷类作物,亦多有所获。用嘉谷酿成"旨酒",反映巴地农业生产有了一定程度的发展,有了剩余的粮食用以酿酒。

巴地的农牧副业,以"五谷"为主,兼具"六畜"④,"五谷"为麦、

---

① 童恩正:《古代的巴蜀》,四川人民出版社1979年版,第112~115页。
② (晋)常璩:《华阳国志》卷一《巴志》。
③ (晋)常璩:《华阳国志》卷三《蜀志》。
④ (晋)常璩:《华阳国志》卷一《巴志》。

菽、稷、麻、黍，由此可见巴地适合多种季节性农作物生长。"六畜"指的是马、牛、羊、鸡、犬、猪，畜牧业的出现应是农业发展的结果，家畜的饲养是农业生产有了剩余以后的事。这里提到"牲具六畜"，表明巴地农业已有了很大程度的发展，并有了多余的粮食饲养六畜。

巴地的农业经济，显著的特点就是其差异性极大。由于地理的差异，存在着不同的类型。在沿江台地和河谷冲积平坝地区，已经开辟成水田，种植稻谷。《华阳国志·巴志》记载江州"县北有稻田，出御米"。这里所说的江州县北，应为今天的重庆市江北区、渝北区长江和嘉陵江沿江地区，秦汉时期当地出产的稻米因为质地优良，已经贡奉京师。江州出产的优质米，还用于研粉、脂，和以涂面。《华阳国志·巴志》记载，江州"下有清水穴，巴人以此水为粉，则膏晖鲜芳，贡粉京师，因名粉水，故世谓'江州堕林粉也'"。刘熙谓："粉，分也，研米使分散也。"① 说明堕林粉是巴人以优质米制作而成的。

巴国虽然在农业上取得了一定发展，但若干偏僻落后地区仍然存在以田猎为生的情况，即经营狩猎或渔猎，或与粗放农业相结合的经济。战国至秦汉时期生活在渝水（今嘉陵江中游）流域的"板楯蛮"，即以狩猎为主，世以射杀白虎而著称，直到汉初仍"专以射白虎为事"②，狩猎活动一直在其经济生活中居于主要地位。其兵器，箭弩系用白竹制作，盾牌（"板楯蛮"一名的由来）即木盾，均表明其尚未进入青铜时代，仍处在以竹木为兵器阶段。

"板楯蛮"也有较原始的锄耕经济，秦昭王因"板楯蛮"射杀白虎有功，而"复其夷人顷田不租，十妻不算"，且双方盟词为"秦犯夷，输黄龙一双，夷犯秦，输清酒一钟"。秦给予"板楯蛮"顷田不租、十妻不算的宽松待遇，说明"板楯蛮"的农业虽然发展缓慢，但也应当是有一定基础的。另外，生活在鄂西南清江流域的"廪君蛮"，则是以农业与渔猎相结合，由渔猎经济逐步向农业经济过渡的巴地民族③。

②巴地的手工业与制盐业。巴人善酿酒，所酿"巴乡清酒"颇负名气，为其酒之代表。《水经注·江水》记载："江之左岸有巴乡村，村人善酿，故俗称巴乡清。郡出名酒。"《郡国志》亦曰："南山峡，峡西八十里有巴乡村，善

---

① （汉）刘熙：《释名》卷四《释首饰》。
② （晋）常璩：《华阳国志》卷一《巴志》。
③ 薛新力：《重庆文化史（远古—1949年）》，重庆出版社2001年版，第32~34页。

酿酒，故俗称巴乡村酒也。"①从秦昭王与"板楯蛮"所订盟约来看，一钟清酒值黄龙一双，足见酒质之优。巴人善酿清酒，说明其技术甚高，酿酒业发达，也说明所产粮食丰盛有余，且粮食品质较好，能够用于酿造高品质的清酒。

在农业发展的基础上，巴地的经济林木、经济作物种植也发展起来，"其果实之珍者，树有荔支，蔓有辛蒟，园有芳蒻、香茗、给客橙、葵；其药物之异者有巴戟、天椒；竹木之瑱者，有桃支、灵寿"②，并盛产桑、麻、苎、漆等物。

巴国古代手工业的成就颇多，通过考古发掘可以知其梗概。1954年在重庆巴县冬笋坝、四川广元昭化宝轮院发现的大批墓葬③，1972年及以后在涪陵小田溪清理发掘的7座墓葬④，都是巴族墓葬。此外，在鄂西、湘西、黔东北以及滇东北等地出土的巴国遗物，都是研究巴国手工业的珍贵实物资料。

巴地出土的青铜器较多，年代从春秋至秦汉时期不等。巴国的铜矿产地已不能确知，但据典籍记载，垫江（今重庆合川）之铜梁山为巴国晚期的重要铜矿产地之一。据今人研究，战国时期巴国工匠在掌握铜器合金比例方面，已经达到中原先进地区的水平。根据对1972年在涪陵小田溪出土的矛、剑的化验分析，巴国青铜合金配方与《考工记》"六齐"基本相合，又具有自己的特点。

巴地出土的青铜器主要有礼器（容器）、兵器、工具及乐器、杂器等四大类。礼器主要有鍪、釜、甑，多成套，另有豆、盘、盆、壶、盒、缶、罍、勺等；兵器主要有巴式剑、钺、矛、戟、弩机、箭镞等；工具主要有斧、凿、斤等；杂器主要是一些用于生活的铜镜、灯台及各种饰件；乐器以錞于、钲、编钟为主，錞于在重庆以及湘西、鄂西、黔北均有发现。巴人制造的青铜器风格独特，器上纹饰与众不同，民族特色浓郁，制作技术十分熟练。如脊薄刃宽扁径无格而形似柳叶的巴式剑，圆刃折腰式或月刃式的钺，平顶带虎纽的錞于及错金装饰的编钟等，都是巴国青铜器的典型器物。

在经济开发过程中，巴人充分利用其丰富的自然资源，发展矿冶业和手工业，取得了一些成就。巴之矿冶业，一为冶铜，一为采丹。丹砂即硫化汞，古

---

① 转引自《太平御览》卷五三。
② （晋）常璩：《华阳国志》卷一《巴志》。
③ 冯汉骥、杨有润、王家祐：《四川古代的船棺葬》，《考古学报》1958年第2期，第77页；四川省博物馆编：《四川船棺葬发掘报告》，文物出版社1960年版。
④ 四川省博物馆等：《四川涪陵地区小田溪战国土坑墓清理简报》，《文物》1974年第5期第61~80页；张才俊：《四川涪陵小田溪四座战国墓》，《考古》1985年第1期，第14~17页。

人常用作药物或染料,丹砂产于枳县,其地即今重庆市的涪陵区、武隆县、彭水县、酉阳县、秀山县等地,西南与贵州省铜仁地区、东南与湖南省辰溪一带相邻,自古以来就是重要的汞矿(丹砂)分布区。"巴寡妇清,其先得丹穴,而擅其利数世,家亦不訾。清,寡妇也,能守其业,用财自卫,不见侵犯。秦皇帝以为贞妇而客之,为筑女怀清台。"①秦筑怀清台遗址,相传在今重庆市长寿区与涪陵区交界处一带。

巴人的制陶技术已经达到一个较高的阶段,从出土的陶器看,轮制方法已较普遍。陶器的器形也比较复杂,炊器、食器、装饰品均有,并能根据器物的用途和大小适当掺砂,以满足耐用或美观等不同层次的要求。在巴县、涪陵等地出土的文物中,漆器器形种类较多,主要有盒、盘、奁、梳等,多为生活器具,色彩主要为黑、红二色。漆器多以木为胎,但也有使用竹编胎骨的。有的漆器还加有铜足、铜盖或铜箍,精美异常。巴人的竹草编织技术有悠久的传统,巴县冬笋坝出土的船棺,其棺底有六棱孔眼的篾垫痕迹。有的墓葬中还出土了残存篾器。《华阳国志》记载,江州还盛产用"蒲弱"(一种水草,产于江州一带)、"蔺"(灯芯草)编制的草席。

巴地的纺织业也较发达,利用其出产的蚕丝、麻、苎等织造绢、布,其中的"黄润"细布以麻织成,轻细柔软,被列为"贡品"。巴县冬笋坝墓葬中曾发现麻布和绢的痕迹。战国晚期巴境内一些民户(主要为賨人)以布代赋,称为賨布或幏布,其交纳量或一匹或两丈,或八尺,纳布量之大,说明布的产量亦很大。賨人自古以来长于织布,《说文》:"賨南蛮赋也。"賨布也被称为幏,《说文》:"幏,南郡蛮夷賨布也。"賨布是賨人("板楯蛮")所生产,以布代赋,賨人之名即来源于所织賨布。

巴地富于鱼盐之利,煮盐业自古就很发达,为长江中上游的主要产盐区之一。今重庆长江沿岸及其支流沿江一带,多有盐泉和盐石,多有盐泉涌出,开采方便,盐矿分布又广,成为长江中上游的主要产盐区之一。有名的盐井如:奉节南岸的盐碛坝、云阳西北的万军坝、开县东的温汤井、万县东南的长汤井、忠县的汫溪和涂溪二井、彭水的郁山盐泉等。

盐在巴人的历史中扮演着一个重要的角色,巴人因盐而兴,因盐而亡。《山海经·大荒西经》载:"大荒之中,有山名曰丰沮玉门,日月所入。有灵

---

① 《史记》卷一二九《货殖列传》,《汉书》卷九一《货殖传》。

山，巫咸、巫即、巫盼、巫彭、巫姑、巫真、巫礼、巫抵、巫谢、巫罗十巫，从此升降，百药爰在。"丰沮，显然指的是盐泉。玉、巫两字，篆书常易相混。玉门原来有可能是指巫山河峡。灵山，可能就是巫山的字变。由于盐泉之利，聚人既多，农牧发展不利，猎业大兴，山中百药也被发现了，所以方士（巫）来采药者亦多。

总之，从湖北恩施西北到今重庆云阳，自古至今就是一个产盐中心，从汉代起，即设有盐场盐官。就清代末年而论，年产的盐量足供川东鄂西十五个州县的消费。

三、巴蜀的文化艺术

（一）巴蜀符号与文字

先秦时期的巴蜀地区是否已经产生文字，是一个尚在讨论中的学术问题。晋《蜀都赋》注引扬雄《蜀王本纪》，说蜀人"不晓文字，未有礼乐"，但20世纪20年代初，成都西北郊白马寺、坛君庙一带出土的古蜀铜器上刻有符号文字，使学者们受到震撼，有人提出了这就是巴蜀文字的观点。

经过长期的研究，目前学术界对巴蜀青铜器物、印章上的所谓"巴蜀文字"进行了划分，认为一类是数量较大的特殊符号，被称作"巴蜀符号"，又习称"巴蜀图语"；而另一类数量较少的是文字，流行于包括成都、阆中、江州这样的主要城邑。以下分别论述。

1. "巴蜀符号"

"巴蜀符号"是巴蜀土著民族铸印或刻画在器物、印章上的一种特殊符号，这些器物主要是铜器，也有个别漆、陶器。"巴蜀符号"在秦汉时期经历了一个由盛转衰，再演化为道家符箓的过程。据初步统计，目前已发现的春秋战国之际至汉初的、时代特征较为清楚（即经科学发掘）的巴蜀符号共200个左右。其中，战国晚期秦入巴蜀后至秦亡的符号占62%左右，西汉初期占6%。秦统治巴蜀的110年，是巴蜀符号的高峰时期。

"巴蜀符号"本身是一种文化体系的表现，过去通常把它们单纯地视为族徽、图腾，皆不够全面，因为这两种说法皆难以解释同一墓出现多种不同符号这一现象。如巴县冬笋坝M50出印章六钮，其中符号章四钮、汉字印二钮，另在随葬器物上，至少还有5种不同的符号①。荥经烈太之墓出印八钮，其中符号印七钮、汉字印一钮②，印纹皆不相同。一墓出土二、三钮不同符号的印章更为普遍。但一个人不可能同属几个不同的"族"，一个家族、一个部落大概也不会同时把若干种不同的图腾刻印、铸刻在器物上，乃至葬入家族成员墓中。所以，简单地把它们视为族徽、图腾，难以成立。

如果是族徽或图腾，还应受到该族分布区域的限制。但一些符号如"心纹"，见于成都百花潭中学10号墓、西郊土坑墓、新都木椁船棺墓、大邑五龙墓、荥经烈太土坑墓、巴县冬笋坝船棺、昭化宝轮院船棺、涪陵小田溪土坑墓等③。"王"字纹，见于犍为、涪陵、成都、巴县、昭化、郫县、荥经等地墓葬。其他许多符号，如蚕丝纹、回形纹等也同见于巴地和蜀地，其分布范围已越出了巴蜀的界线，更别说其中的某一支系了。个别常见符号，如"王"字纹也多见于两广地区的青铜器物上，"X"形符号也见于湖北随州曾侯乙墓出土的皮甲胄和两广铜器上。这些都说明"巴蜀符号"中至少有相当部分不是族徽或图腾，应是某种宗教观念的产物，即表示祥瑞与避邪，属巫术文化的范畴。

"巴蜀符号"中还有相当一部分应是作坊的标志。一墓所出多种不同符号，较合理的解释是：所出各器可能来自不同作坊，作坊主在器物上打上自己的标志，或商品宣传、吉祥、避邪符号，因而一墓或一个墓地所出的各种器物上，便有各种不同的符号。另一方面，"巴蜀符号"中也确有少数符号属族徽或图腾范畴，主要见于战国中期以前的器物上。在秦统治期间，该符号系统又有大发展，这与秦朝对土著民族采用怀柔政策，利用当地原始巫术、阴阳五行进行统治有关。同时，也与这一时期巴蜀土著民族中商品经济发展、商品意识加强有关。

---

① 四川省博物馆编：《四川船棺葬发掘报告》，文物出版社1960年版，第38、42、45、53、61页。
② 李晓鸥、刘继铭：《四川荥经县烈太战国土坑墓清理简报》，《考古》1984年7期，第604～605页。
③ 四川省博物馆：《成都百花潭中学十号墓发掘记》，《文物》1976年第3期；四川省博物馆：《四川新都战国木椁墓》，《文物》1981年第6期；赵殿增、胡亮《四川大邑五龙战国巴蜀墓葬》，《文物》1985年第5期；四川省博物馆等：《四川涪陵地区小田溪战国土坑墓清理简报》，《文物》1974年第5期；李晓鸥、刘继铭《四川荥经县烈太战国土坑墓清理简报》，《考古》1984年第7期；陈显双：《成都西郊战国墓》，《考古》1983年第7期；匡远滢：《成都市出土的一批战国铜兵器》，《文物》1982年第8期。

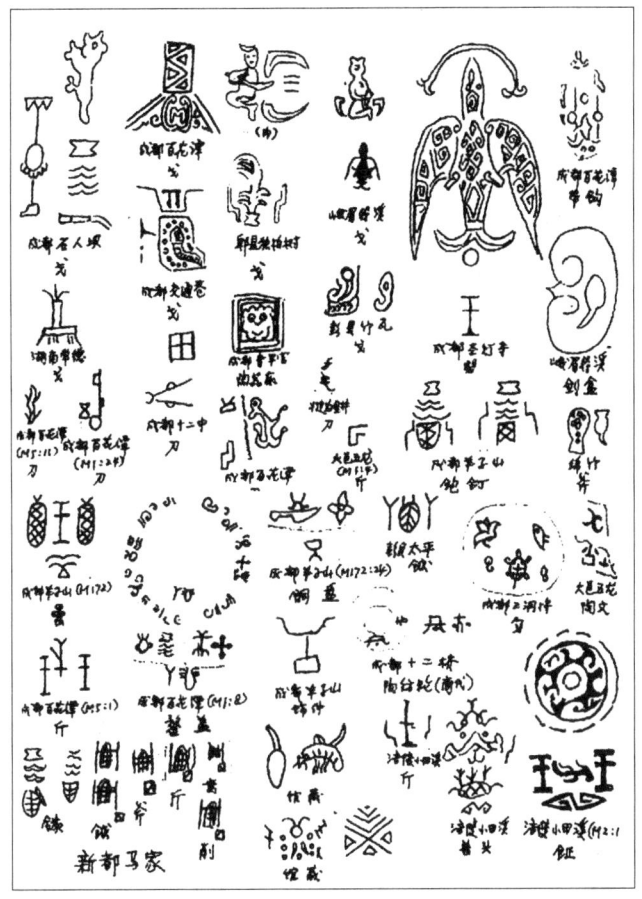

巴蜀符号

2. 巴蜀文字

在已发现的考古资料中,所谓"巴蜀文字"的资料可分为三大类:一是用"组合符号"的形式出现在器物上,主要是铜器,少数在陶器、漆器上;二是出现在印章上,一般是由几个符号合成;三是呈直行出现在铜兵器上,这类资料皆见于铜戈铭文,除传世品和出土时代不确定以外,时代较清楚的皆系秦统一以后的入葬品①。这些材料可以证明,秦统一巴蜀期间"巴蜀文字"和"巴蜀符号"不仅长期公开流行,且还一度有所发展,只是到了西汉初年才转衰落。

学者在分析了万县新田乡和郫县发现的两把战国铜戈上的铭文后提出,铜戈上的铭文是方块字,直行,属表意文字范围,可以证明古代巴蜀确有文字。

---

① 郫县战国晚期船棺先后出土2件,成都北郊和陕西紫阳西汉早期墓各出土1件。

这种文字的使用，大约到秦灭巴蜀以后便逐渐终止，至迟在秦始皇之世，秦篆代替了巴蜀的文字。铜戈上的铭文方块字的发现，还可以澄清以往所说的巴蜀无文字的错误观点。

经过归纳，巴蜀文字的构造特点有以下几条：第一，巴蜀文字经常借用六国古汉字，不过借用的字写法上带有巴地、蜀地的特殊风格。第二，与汉字词语有固定的文序不同，巴蜀文字的书写格式比较散漫，一句话可以横写，也可以竖写。第三，巴蜀文字大体上呈方块状，但在写法上可以有一些变体，如"日"字中间一横，可平写，也可斜写，而且还可以有省文存在，此种习惯与甲骨文和金文略同①。

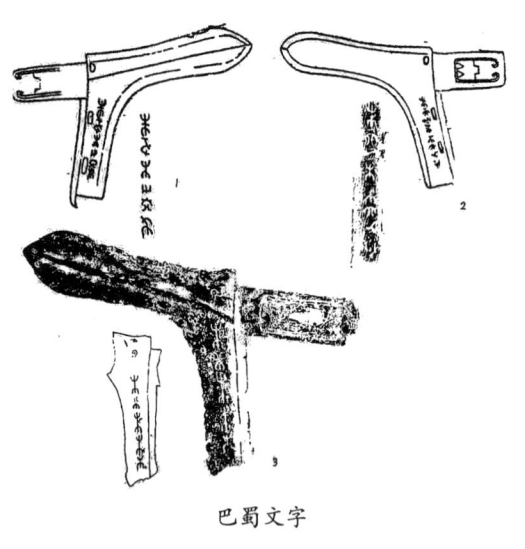

巴蜀文字

"巴蜀文字"的出现，生动地反映出巴蜀土著接受汉文化的过渡过程。从现有资料看，呈竖行出现的"巴蜀文字"主要见于秦人巴蜀之后，从其结构看，这种文字无疑是"巴蜀符号"的发展和继续。这就说明，秦入巴蜀后并没有立刻在这里废除巴蜀文字，而是在大力推行秦文字的同时，让巴蜀符号、文字继续流行了近百年，只是到了秦统一六国后，在全国统一文字时，才废除了巴蜀文字。

（二）巴蜀巫觋与原始图腾

1. 巴蜀的巫觋

巴蜀以巫盛名，是有文献可稽的。巫师、巫术、以巫命名的国家、巫师降陟的山等，都可以通过对文献的分析了解到。

古代巴蜀的巫师记载最早见于《山海经》。《山海经·海内西经》说："开明东，有巫彭、巫抵、巫阳、巫履、巫凡、巫相，夹窫窳之尸，皆操不死之药以距之。"此处的开明，很可能即指蜀国之开明氏，六巫在开明的东面，

---

① 冯广宏：《巴蜀文字探究和释读》，《成都理工大学学报》（社会科学版）2004年第3期，第1~5页。

开明之东为巴，则六巫应大概与巴相关。郭璞说这六巫"皆神医也"，古者巫即医，《广雅·释诂》曾明确指出"医，巫也"，他们操不死之药，足见其在先民心目中非一般意义上的巫。这六巫之外，又有十巫的记载。《大荒西经》："有灵山，巫咸、巫即、巫肦、巫彭、巫姑、巫真、巫礼、巫抵、巫谢、巫罗，十巫从此升降，百药爰在。"关于灵山所在，袁珂先生《山海经校注》认为：灵山疑即巫山。巫山在古巴国境内，则十巫可能就是巴人的巫师。此十巫当中，只有巫彭、巫抵与六巫中所举相同，这样算来，共有十四巫。

除了这十四巫外，古代巴人活动范围内还有以巫著称的国家。一是巫咸国。《山海经·海外西经》："巫咸国在女丑北，右手操青蛇，左手操赤蛇，在登葆山，群巫所从上下也。"国以巫咸而名，其首领当为巫师巫咸。二是巫载国。巫载国地在今重庆市巫溪县、巫山县一带，《山海经》中也有记述。《大荒南经》云："有载民之国。帝舜生无淫，降载处，是谓巫载民。巫载民肦姓。"此国之民皆肦姓，十巫中有巫肦，巫肦当是这个国家的巫师。

文献明确所记最早与巴蜀有关的巫师是孟涂，孟涂约当夏初之时。《山海经·海内南经》："夏后启之臣曰孟涂，是司神于巴，人请讼于孟涂之所，其衣有血者乃执之，是请生，居山上，在丹山西。"又《竹书纪年》夏帝启八年："帝使孟涂如巴莅讼。"郭璞注："丹山，在丹阳南，巴属也。今建平郡丹阳城，秭归县城东七里，即孟涂所居也。"《水经注》又说："丹山西，即巫山者也。"如上所引，丹山，为巴地；巫山，为《山海经》所载群巫上下之地，因此孟涂为巴人巫师是可能的。夏启派孟涂到巴主持诉讼裁判，这在远古常常是巫师的职责。史载孟涂为夏臣，实为借夏的盛名而增加权威而已，与假借天意相同。这个孟涂在诉讼中用神的名义裁判，很明显传达了他是一名巫师的信息。"其衣有血者乃执之"，郭璞注曰："不直者则血见于衣"，更是确切无疑的"巫断"。所以袁珂先生说："孟涂之所为，盖巫术之神判也。"孟涂要在群巫上下的、巫风颇盛的巫巴地区"司神"，没有可以服人的巫术手段是难以想象的①。

2. 巴蜀的原始图腾

（1）蛇：根据史书的记载，巴蜀似乎有多种图腾。邓少琴先生认为，巴人

---

① 白九江：《土家族与巴人在宗教、习俗方面的联系》，载《土家族与古代巴人》，重庆出版社2002年版，第55～60页。

分别有奉白虎和奉蛇为图腾的两个不同部族①，也有其他一些学者认为巴还有鸟、鱼、龟等图腾存在。

《说文》："巴，虫也，或曰食象它，象形。"这里的"它"即蛇。"蛇"是后起字，后来它字加虫旁与不加虫旁分为音义不同的两字。由此知道巴字最初就是蛇的象形，蛇可能最早的时候曾是巴的图腾。《山海经·海内经》中记载有人首蛇身的神："南方……有人曰苗民。有神焉，人首蛇身。"这表明蛇图腾巴人最早可能出于三苗，所以又有"羿屠巴蛇于洞庭"的文献见载。《山海经·海内经》又云："西南有巴国……有巴遂山，渑水出焉。又有朱卷之国。有黑蛇，青首，食象……又有黑人，虎首，鸟足，两手持蛇。"这段话提到的"渑水"，即"湎水"，就是现在汉水的中上游，似乎显示原居于洞庭湖的巴蛇被羿驱逐到了汉中一带。

"巴"与"蛇"常常连用，故称"巴蛇"，同时也清楚地说明蛇就是巴的图腾。同样的记载如"巴蛇吞象，三岁而出其骨"也是"巴蛇"连用。"巴蛇吞象"还隐含着巴蛇可能吞并过一个以"象"为图腾的部落。巴蛇应当是巴蜀图腾中较早的一个图腾。如依《路史》所说，巴人始祖是伏羲，《山海经》《列子》等记伏羲"蛇身人面"，也暗合于巴人蛇图腾的事实。巴人所生活过的一些地方，也有"蛇"的称呼。《山海经·中次九经》："高粱之山……又东四百里曰蛇山，其上多黄金，其下多垩。"邓少琴先生认为，"蛇山"就是古代的"大巴山"②。《海内北经》又说："海内西北辑以东者，蛇巫之山。"毕沅注蛇巫山即大巫山，巫山为古巴蜀巫师活动之地，而以蛇来称呼，足

画像砖中的伏羲图像

---

① 邓少琴：《巴蜀史稿》，重庆出版社1986年版，第47~53页。
② 邓少琴：《巴蜀史稿》，重庆出版社1986年版，第50页。

见这是由于巴以蛇为图腾的缘故。

（2）鸟（鱼）：从历史文献看，鸟（鱼）曾一度成为巴蜀共同的图腾。《山海经·海内经》记载："西南有巴国，太昊生咸鸟，咸鸟生乘厘，乘厘生后炤，后炤是始为巴人。"《路史》则说："伏羲生咸鸟，咸鸟生乘厘，是司水土，生后炤。后炤生顾相，降处于巴，是生巴人。"

从以上引文可以看出，咸鸟是鸟，巴族曾是鸟族，也就是曾以鸟为图腾。古籍有一些记载巴人先祖伏羲捕鱼捉鸟的材料。《易·系辞》："古者包羲氏之王天下也……作结绳而为网罟，以佃以鱼。"此包羲氏即伏羲氏。又《汉书·历志》："作网罟，以田鱼，取牺牲，故天下号曰炮牺氏。"炮牺氏即包羲氏，亦即伏羲氏。《世本》也说："芒氏作罗。"芒氏是伏羲的臣下。"网"与"罟"的意义不同，"网"是用来捉鸟的，"罟"是用来捕鱼的。古代的"罗"也是捕鸟的网。《诗·兔爰》："有兔爰爰，雉离于罗。"太昊氏以鸟、鱼为食物，而一开始人类图腾起源于大宗的食料，鸟作为太昊、伏羲的图腾是情理中的事。太昊的鸟图腾在以"咸鸟""乘厘""后炤"那里得到继承，不足为奇。

《逸周书·王会》说"巴人以比翼鸟"，说的是巴人以比翼鸟向周进贡，比翼鸟在巴人那里应当是一种很重要的鸟。早期巴人的鸟图腾是一种什么鸟，我们现在已经不知道了，但可以明确的是，鸟图腾经过若干年的发展，就相对固定在一种叫作鱼凫的水鸟上了。

而蜀也有鸟图腾信仰的线索。蜀曾有一王名鱼凫，《华阳国志·蜀志》云："蜀之为国，肇于人皇……有蜀侯蚕丛，其目纵，始称王……次王曰柏濩，次王曰鱼凫，王田于湔山，忽得仙道。蜀人思之，为立祠。"由此可知蜀的第三个王朝是以鱼凫命名的。鱼凫是一种水鸟。《诗·大雅》："凫鹥在泾。"注："凫，水鸟也，野曰凫，家曰鸭。"之所以称鱼凫，大概是因为喜水居，并以鱼凫捕鱼而得名。有学者认为，蚕丛族也与东方和鸟有密切联系。不唯如此，柏濩、蒲卑和杜宇的名称均与鸟有关[①]。

还有学者认为，鱼凫是从巴人发展而来，是巴人的一种图腾，"鱼"的意

[①] 孙华：《蜀人渊源考》，《四川文物》1990年第4、5期。

思就是"巴","巴"就是"鱼"①。这种观点根据大量的民族语言学和民俗学材料，认为"巴"应该是我国南方壮傣语系民族中"鱼"字的读音，"巴"就是鱼。而且从"鱼阳"与"巴阳"，"鱼复"与"巴复"两组地名的关系来看，可以说明"鱼"即是"巴"。自古以来，从湖北西部沿长江而上，至宜宾转入岷江到成都平原，有两组相对的地名，前者如"鱼凫""鱼复""鱼涪""鱼符"，后者是"巴复""巴涪""巴符"等。非常清楚，这里的"凫""复""涪""符"是同音字，"巴"和"鱼"是同义字，同音通假，同义互代，它们都是同一个名词的变写。所以，"鱼复""鱼涪""鱼符"，"巴复""巴涪""巴符"等名称都是指称的"鱼凫"。同时，这些地名沿鄂西长江而上，经宜宾、雅安折而北上，显示这种鸟（鱼）图腾信仰，后来又从巴地辗转传播到了成都平原的蜀地②。

蜀人的鸟图腾信仰，尚有考古发现作为直接的证据。在三星堆出土文物中，鸟头形器把是三星堆文化特有的器物，是区分三星堆文化与其他文化的重要标志之一，从已复原的器形看，这种鸟头形器把可能是一种陶勺的器柄，形态为尖勾喙、长颈、圆眼，可分为鸟头、鹰头、鸭头等类，后期头颈上还出现羽、冠等纹饰。而包括鸟头形器把在内的，以小平底罐、高柄豆、灯形器的组合，在四川盆地东部也有发现。

（三）巴渝舞与巴蜀乐器

1. 巴渝舞

在巴渝舞的有关论著中，有两条被看作是信史的材料被一再引用，这两条均出自《华阳国志·巴志》。一条曰："周武王伐纣，实得巴、蜀之师，著乎《尚书》。巴师勇锐，歌舞以凌殷人，前徒倒戈，故世称之曰'武王伐纣，前歌后舞'也。"又说："阆中有渝水，賨民多居水左右。天性劲勇，初为汉前锋，陷阵，锐气喜舞。帝善之，曰：'此武王伐纣之歌也。'乃令乐人习学之。今所谓'巴渝舞'也。"

武王伐纣是中国历史上的大事。周之立国及其礼乐制度，对后世产生的影响极为深远，所以后人对西周前期的文治武功历来推崇备至。"武王伐纣，前

---

① 张勋燎：《古代巴人的起源及其与蜀人、僚人的关系》，《南方民族考古》第一辑，四川大学出版社1987年版。
② 白九江：《土家族与巴人在宗教、习俗方面的联系》，载《土家族与古代巴人》，重庆出版社2002年版，第83~85页。

歌后舞"传为历史佳话，故《白虎通·礼乐》说："武王起兵，前歌后舞。克殷之后，民人大喜。"《尚书大传·周传》说："武王伐纣，至于商郊，停止宿夜，士卒皆欢乐歌舞以待旦。……惟丙午，王逮师，前师乃鼓錞（拊）噪，师乃慆，前歌后舞。"

检索古史，武王伐纣时确有周边不少诸侯方国前来助战，并在孟津会盟。故可认为《尚书大传》等书所载歌舞情况，从当时的历史条件看是可信的。其理由有三：第一，从大量民族学材料和舞蹈史角度看，在较为原始的民族中，战争舞、狩猎舞等舞蹈极为普遍，舞蹈在社会生活中发挥着多方面的重要功能，尤其在遇有重大事件时必不可少，如战争、狩猎、宗教祭祀、部落会盟等；第二，周人从古公亶父迁岐，才逐渐向国家形态过渡，历文王至武王不过四世，必然保留大量的原始习俗；第三，前来助战的"友邦仲君"，也大多处于氏族社会阶段，其众亦嗜舞如渴。对于这样一支多国联军剪灭大国的重大战役，周师伐商东进，宿于商郊，在熊熊的篝火下唱歌跳舞，以振奋士气，激励斗志，宣泄临战前的紧张情绪，或以歌舞向敌方传达本族神灵的意志和威慑力量，十分自然。

此外，史载武王曾两次在孟津大会诸侯[①]，其中一次伐商前在牧野举行"称尔戈，比尔干，立尔矛"[②]宣誓仪式。在这些仪式上，即可能有一幕威武雄壮的各族歌舞"大会演"。有论者更认为，《尚书》中的《牧誓》即是一篇战争舞蹈的誓词[③]。

据以上简略分析，我们认为后世所谓"武王伐纣，前歌后舞"，原是周师在伐商战争准备过程中，如孟津会盟、止宿商郊、牧野誓师等特定场合下，众族皆跳的各族传统的战舞、武舞。不仅各民族跳，周人亦不例外。正是这一原始习俗在武王伐纣过程中造成的巨大影响，才使之成为流传久远的历史佳话。

在牧野誓师中，《尚书·牧誓》提到参加伐纣大军的周边少数民族"庸、蜀、羌、髳、微、卢、彭、濮"，而独无巴。经巴蜀史家考证，大多认为其中的"彭"即"巴"，其活动中心在今汉水流域一带。常璩称武王伐纣得巴蜀之师，"著乎《尚书》"概本于此，也表明汉晋时人已是这种看

---

① 《史记》卷四《周本纪》。
② 《尚书·牧誓》。
③ 刘起釪：《〈牧誓〉是一篇战争舞蹈的誓词》，《中国古代史论丛》1981年第三辑，福建人民出版社1982年版。

法。如此，巴蜀舞蹈自当登台亮相，应无质疑。那么，汉初被刘邦发现并命名为"巴渝舞"的賨人舞蹈，与周初的巴人舞蹈是一种什么样的关系呢？

史籍中所谓阆中渝水边的"賨人""賨民"，即"板楯蛮"，为巴人的一支，素以剽悍勇猛善战而闻名。但汉刘邦时上距周初毕竟已有近千年之久，前后之舞也很难说就一模一样。因此，若以巴的历史和文化特征来作为联系两者的纽带，更易于把握两者之间的内在关系和文化内涵。巴人早期主要活动于汉水中上游一带，其后南迁于清江流域，约在春秋战国之际，又多途径地陆续迁徙进入四川盆地。因受楚的攻击，"巴子时虽都江州，或治垫江，或治平都，后治阆中"①。可见以江州为中心之西北，包括今昭化、阆中、渠县以及合川等广大地区，都是巴人的主要聚集地。阆中渝水边（今流江）的賨人舞蹈，正是依存于巴人的辗转迁徙以及特定的历史文化，才得以流传。

通过以上考察可知，后世盛传的"武王伐纣，前歌后舞"的故事，原是一种较原始的战事舞蹈习俗，其实质已为后世传说者所不明了。历史悠久而独具特色的巴人歌舞（被后人称之为巴渝舞），早在武王伐纣时便一展风采，成为众族"前歌后舞"大会演中的重要一员。当时名噪一时的"八百诸侯"之舞，早已无从稽考，而巴渝舞却伴随着巴人顽强的生命力和特殊的历史文化进程而传承下来。直到秦汉之际，随着巴族在重大历史事件中所发挥作用，参与楚汉战争，得到汉高祖刘邦的赏识，巴渝舞才被重新发现，遂引入宫廷。

2. 巴蜀乐器

与巴渝舞兴盛相对应，古代巴蜀乐器的制作也有悠久的历史，达到了相当精致的程度。在巴蜀考古中，经常能见到出土的陶埙、石磬、青铜编钟、钲、铃、铎等乐器或图像。比如，新都蜀王墓就出土过编钟一套，共5件；在出土的一件铜方印上刻有两铎，此外不少青铜兵器上也刻有铎的简化图形，学者认为，这些出土物均是对墓主人举行昭祭时所用的乐器②。

20世纪70年代，在涪陵小田溪的巴蜀墓葬里出土了一套十分精美的编钟及其他乐器。这些古代音乐文物的发现，为今人了解和认识古代巴蜀丰富的音乐世界提供了一把钥匙。古代巴蜀人民能歌善舞，留下了一些脍炙人口的艺术作品，但我们对巴蜀的乐器了解还不多。这些考古资料的发现，为认识巴蜀的音

---

① （晋）常璩：《华阳国志》卷一《巴志》。
② 段渝：《论新都蜀墓及所出"昭之飤鼎"》，《考古与文物》1991年第3期。

乐艺术提供了最直接的物证。

考古工作者在涪陵小田溪共清理发掘了三座墓葬,出土了生活用具、生产工具、兵器、乐器等文物。其中,第1号墓和第2号墓出土的乐器及乐器配件尤为珍贵:第1号墓出土了编钟14件、编钟插销14件、兽头饰件4件、铜钲1件、编钟残片1件[①];第2号墓出土了铜钲1件、錞于1件、扁钟1件。由于出土文物精美,发掘者推断这三座墓葬应属于巴蜀上层统治人物的墓葬。《华阳国志·巴志》载:"巴子时虽都江洲,或治垫江,或治平都,后治阆中,其先王陵墓多在枳。"枳,即今重庆涪陵,巴人先王的坟墓大多安葬于此。涪陵小田溪巴蜀乐器的发现,为我们研究巴蜀音乐世界打开了神秘的大门。

下面,我们对涪陵小田溪出土的巴蜀乐器进行讨论[②]。

编钟:涪陵小田溪出土的14件编钟为纽钟,长方形鼻纽,两铣下垂,口不齐平,各钟的舞、鼓、篆等部分都有精美的花纹。花纹突起的地方,似由蟠虺纹变化出来的[③],其中8件在钲、錞于,铣部是错金纹饰。编钟尺寸一个个递减,通高分别为:21厘米、20.5厘米、19.6厘米、18.1厘米、17.2厘米、16.2厘米、14.7厘米、14厘米、12.5厘米、11.7厘米、11.6厘米、11厘米、9.4厘米、8.6厘米。同时出土的还有编钟插销14件,显然是用来悬挂编钟的乐器构件。

同墓出土的还有兽头饰件4件,饰件前端嵌有黑色眼珠,目光炯炯,威风凛凛,形象生动。末端呈套口,显然是套插于某物体上,这4件虎头饰件是安装在什么物品上呢?我们知道,编钟是直接悬挂在木架上进行演奏的。悬挂编钟的木架称为簨簴(sǔnjù)。《隋书·音乐志》曰:"……编而悬之。上下皆八,合十六钟,悬于一簨簴。"《释名·释乐器》:"簨,所以悬钟鼓者。横曰簨,纵曰簴。簴,峻也,在上高峻也。簨,举也,在旁举簨也。"《论衡·雷虚》讲到簨簴的功用:"钟鼓而求空悬,须有簨簴然后能安,然后能鸣。"《礼记·明堂位》提到簨簴装饰的物象:"夏后氏之龙簨簴,殷之崇牙。"郑玄注说得更细:"簨簴所以悬钟鼓磬也。横曰簨,饰之以鳞属;植曰簴,饰之以蠃属、羽属。"由此可知,簨是指钟架的横梁,簴是指梁柱。簨簴的装饰物象各有不同,分工是严格的。涪陵小田溪编钟的簨簴都用"虎头"来装饰,用

---

① 从钟乳的式样与铜质来看,似乎是另一种类型,不同于上述那14件编钟。
② 以下讨论主要参考、引用了黄晓东《土家族与巴人在文化艺术方面的联系》一文,载《土家族与古代巴人》,重庆出版社2002年版,第161～179、226～233页。
③ 四川省博物馆等:《四川涪陵地区小田溪战国土坑墓清理简报》,《文物》1974年第5期。

于簨的两端和簨与簴的接合部，这样的装饰处理，独具匠心，虽然与典籍的记载有所不同，但表现出独特的艺术张力却洋溢着巴蜀文化的魅力。巴人尚虎，用虎头作饰件，表现出强烈的族属文化意义。

从考古学上看，现存最早的成套编钟是宝鸡竹园沟7号墓出土的3件一套的编钟，其时代约在西周康王时期。到了西周晚期，编钟数目有所增加，为8件一套。这时的编钟已发展到一件钟里同时具备中鼓音和侧鼓音等不同的两个音高形式，其音程关系以小三度关系为主，音域达到三个八度的宽度。至春秋晚期，编钟在西周音阶基础上增加了宫、角之间的商，中国传统音乐的徵、羽、宫、商、角五声基本音阶形成，同时中鼓音与侧鼓音可以调成大三度音程的"变宫""变徵"，从而形成以"徵"为首的七声音阶结构。这时的编钟各钟均可以发两个音，编钟演奏曲目进一步扩大，音乐表现力更加丰富。

到战国时期，编钟的数目以一套14件为多见，战国早、中、晚期都有发现。其中涪陵小田溪一号墓（属战国晚期）出土的纽钟颇具代表性。陈旸《乐书》说："古者编钟，大小异制，有倍二十律而为二十四者，大架所用也；有合十二律四清而为十六者，中架所用也；有倍七音而为十四者，小架所用也。"涪陵小田溪编钟为小架之属。目前，由于小田溪编钟没有进行测音工作，对其音阶排列、音色质量、音程关系、音调变化、音乐表现等都无从了解，但从物象本身来看，编钟的形制和错金工艺有着较高的水平，制作精致，编钟簨簴上虎形饰件传达的巴文化因素十分强烈。因此，这套编钟的使用者应该是巴蜀的上层统治者。

扁钟：除成组的编钟外，在第一号墓和第二号墓里还发现了扁钟。扁钟亦称巴钟，是巴蜀地区流行的一种比较特殊的青铜乐器。扁钟两铣直长，钲部上缩，与鼓部几乎各占钟的二分之一。平舞、长甬，衡口中空，既可口下柄上，作甬钟悬挂、敲击，亦可口上柄下，手握而击。小型扁

扁钟

钟形制与铜钲相似，也有学者定为"钲"属。目前看到的有两种型式：3列枚式扁钟、4列枚式扁钟。3列枚式扁钟较小，枚区3列，每列3枚，共36枚；4列枚式扁钟较大，枚区4列，每列3枚共48枚，多有正鼓音和侧鼓音。

从出土情况看，一般有2件或3件同时出土，或与錞于、钲同埋一处。扁钟具有鲜明的地域性，主要出土或散藏于古代巴人聚散之地，渝东、鄂西、湘西都有扁钟出土。涪陵小田溪战国墓出土2件扁钟，一为绳纹3列枚式扁钟，另一为素纹3列枚式扁钟，鼓部有典型的巴蜀符号，是目前所知唯一一件刻有巴蜀符号的扁钟。彭水发现绳纹扁钟3件，形制相同，钟体尤扁，狭长，两铣下垂，平舞。长甬柱形中空，衡口有一绳纹突籀，宽0.7厘米。通高分别为32厘米、31.5厘米、30.6厘米。黔江濯西乡发现扁钟两件，一为3列枚式扁钟，一为4列枚式扁钟。分别通高为38厘米、40厘米。

钲：在涪陵小田溪墓葬里还发现了另一种乐器——钲。钲为军旅乐器，长柄，口上柄下。钲与铙形状相似，唯铙小而钲大，是以大小相区分的。罗振玉曾辨之说："钲与铙不仅大小异，形制亦异。钲大而狭长，铙小而短阔；钲柄实故长可手执，铙柄短故中空，须续以木柄以便执持。"①钲在典籍中亦称丁宁，《左传·宣公四年》记楚庄王与若敖氏战于皋浒，"伯棼射王，汰辀，及鼓跗，著于丁宁"。杜预注："丁宁，钲也。"《国语·晋语五》赵宣子曰："战以錞于、丁宁，儆其民也。"韦昭注："丁宁者谓钲也。"钲的功用《诗·采芑》有载，"钲人伐鼓"，毛传："钲以静之，鼓以动之。"孔颖达疏曰："凡军进退皆鼓动、钲止，非临陈独然。"涪陵小田溪墓葬出土的钲，正面刻有两个连体的"王"字符号和巴蜀符号。四川省博物馆藏有"虎纹钲"。黔江、巫山等地都发现了战国的青铜钲。

目前发现的钲属春秋战国时期。巴蜀使用的钲与中原地区发现的钲，在形制上没有大的区别，只是前者在钲的一些部位刻上了巴蜀特有符号，这说明巴蜀与中原的文化联系是紧密的，钲的功用被巴蜀承袭，同时在使用过程中也融入了自己的独特文化因素。

錞于：在涪陵小田溪第二号墓里，还出土了錞于。錞于的形制，《周礼》郑玄注曰："圜如碓头，大上小下。"郑玄以椎头形容錞于之形，与出土之錞于实物的形状基本是相合的。錞于总体特征确是上大下小，上成圜首，下体

---

① 罗振玉编纂：《贞松堂集古遗文上》，北京图书馆出版社2003年版，第98页。

虎纽錞于

收敛成桶状，横截面近似为椭圆形，且内虚形成空腔。錞于纽的形式较多，除虎纽外，尚有环纽、兽纽、凤纽、马纽等。纽是用来系绳将錞于悬挂在架子上使用的。錞于是靠打击而发声的，从云南晋宁石寨山出土的贮贝器，可以看出錞于的演奏方式。

在形制上，錞于的顶部有两种，一种有纽无盘，一种有盘（盘上有穿孔）无纽，故可将錞于按盘的有无可分作两种类型。A型（无盘）到汉代还在使用，B型（有盘）则从有盘无纽进一步发展为有盘有纽的形制。目前我们看到的虎纽錞于都是有盘的，其产生时代可能晚于无盘錞于和有盘无纽錞于。

从考古材料可以看出錞于的流行区域。春秋时期的錞于出土于山东沂水南至安徽淮水流域一带，战国时期的錞于则已向南向西分布，在西南的渝、黔及湘、鄂诸地与陕西汉水流域皆有发现。而战国晚期以后至西汉时期，錞于则比较集中在黔东、渝东、湘西、鄂东地区流行。将考古情况与文献资料结合观察，似可以认为錞于自春秋至汉代，其流行地区有一个从东向西南转移的过程，特别集中在巴人居住的武陵山区。巴人接受了錞于文化，并在錞于上加进了本民族的文化要素，赋予了錞于新的意义，使錞于在巴地广泛流行。汉代以后的北方地区，錞于不再流行，故而出现《北史》中所言人多不认识錞于的情况。

到目前为止，在重庆的涪陵、万县、梁平、云阳、奉节、彭水、黔江、西阳、秀山，以及相邻的鄂西、湘西、黔东等这一广大地区，出土了一百余件虎纽錞于，且都是有盘虎纽錞于。虎纽錞于很有特点，不但在錞于上塑以虎形，有的还刻画各式纹样，表达着丰富的文化信息，有鲜明的民族特色。这些錞于年代的上限当在秦灭巴蜀以前，下限至东汉时期。如奉节虎纽錞于盘面上刻有"望楼"船纹和五铢钱纹和货泉文，足以证明原巴国境内至少将使用錞于的风俗延续到了东汉。

第二章 秦汉三国时期的巴蜀民族文化

秦汉三国时期，是巴蜀民族文化大融合、大发展的时代。它是一个动态的过程。首先是民族分布与构成大变。秦人主巴蜀后，大量外来移民进入，原世居成都平原的氐人等或外徙、或汉化，并在西汉中期后逐渐形成了在平原和许多城镇以外来移民、即以后的汉族为主体的局面。其次，秦汉政府在巴蜀民族地区持续的开发建设，推动了民族经济的大交流、大发展。这一时期，一些地区、一些民族在文化观念上也出现显著变化，如从汉武帝开始推行的儒家文化等在一定程度上影响了平原内部分民族的传统观念。

第一节　秦汉三国巴蜀民族的分布

一、"板楯蛮"

"板楯蛮"又称"賨人"，系秦至蜀汉主要活动在川北、川东北的世居民族、主体民族。战国中晚期，以阆中为政治、经济、文化中心。公元前316年，秦灭蜀后，张仪率大军攻阆中，执巴王回咸阳（当时在巴地可能不止一个巴王），在其地设郡县，仍假手部落实施管理，统治相当松散。

相传秦昭王时，有一白虎常率群虎出没于蜀郡、巴郡、汉中郡边界上，前后伤害千余人。官府乃在上述地区重募：谁能杀虎，封邑万户，赏金百镒。于是，巴郡阆中（一说朐忍）"板楯蛮"廖仲药、何射虎、秦精等，在林中结楼，射杀白虎。官府考虑到猎手为少数民族，不便封邑，便与他们刻石为盟：复除"板楯蛮"每家一顷田不交租，十妻不交口算钱，"板楯蛮"打伤人者要追究责任，杀死人者可以用賨钱赎死。秦移民侵犯了"板楯蛮"，当赔黄龙（龙纹玉佩）一双，若"板楯蛮"侵犯了秦人，则向当事人赔清酒一钟[①]。这是最早的保护弱势者的民族政策。在整个秦统治期间，"板楯蛮"相安无事。

公元前207年，高祖为汉中王时，欲出击"三秦"。临出兵前高祖刘邦

---

① （晋）常璩：《华阳国志》卷一《巴志》。

派人请"板楯蛮"出兵相助。《华阳国志·巴志》说：汉兴亦从高祖定秦，有功。高祖因复之，专以射白虎为事，户岁出賨钱口四十，故世号"白虎复夷"，一曰"板楯蛮"，今所谓"弜头虎子"者也。汉高祖灭秦，为汉王，王巴、蜀。阆中人范目有恩信方略，知帝必定天下，说帝，为募发賨民，要与共定秦。秦地既定，封目为长安建章乡侯。帝将讨关东，賨民皆思归。帝嘉其功而难伤其意，遂听还巴。谓目曰："富贵不归故乡，如衣绣夜行耳。"徙封阆中慈凫乡侯。目固辞，乃封渡沔县侯。故世谓"三秦亡，范三侯"也。目复除民罗、朴、昝、鄂、度、夕、龚七姓不供租赋。从有关文献看，高祖入汉中王巴、蜀后，和"板楯蛮"的关系甚密。"板楯蛮"的部落联盟首领范目曾主动表示愿随出征。各种文献都说"板楯蛮"有"七姓"随高祖出征，但所载七姓各有出入。从有关姓氏及其后裔资料看，板楯语的"七"是一个不定数，谓其多也。大体可这样认为，范目能调动的"板楯蛮"各部皆参与了这次战争[①]。在出击"三秦"的战斗中，"板楯蛮"将士前歌后舞、勇猛顽强、冲锋陷阵，充分体现了古代西南民族憨淳质朴的本质和乐观浪漫的性格。击败"三秦"后，"板楯蛮"思念故土，不愿继续远征，请求返乡。高祖虽急需用人，也不能悖于"板楯蛮"的意愿，只好同意。临行，高祖封范目为阆中慈凫乡侯，并宣布免除"板楯蛮"随征"七姓"的租赋，其他未随征的部落，也给予一定优待，每一男一年只交四十钱[②]。整个西汉时期，有关"板楯蛮"的记载不多，但从种种迹象看，其与政府的关系似乎一直较融洽。高祖从巴蜀二郡中分出一部分地区另设广汉郡，也是对这一地区较为重视的表现。

"板楯蛮"的战斗力很强，东汉时期见于记载的至少有五次协助官府的大规模出击作战，有时还越出了益州范围。第一次，东汉安帝永初年间（107~113），先零羌滇零部入寇三辅，进而南掠益州，攻入汉中，所在郡县多遭破坏。政府调"板楯蛮"出兵救之[③]。羌人大败，其南入汉中的军队损伤殆尽，甚为畏忌，传语种族同辈，不复南行，而"板楯蛮"被称为神兵。第二

[①] 罗开玉：《板楯"七姓"与賨人》，载《巴蜀历史·民族·考古·文化》，巴蜀书社1991年版，第132~143页。
[②] （汉）应劭：《风俗通》；（晋）常璩：《华阳国志》卷一《巴志》；《后汉书》卷八六《南蛮西南夷列传》。
[③] 《后汉书》卷八七《西羌传》。

次,安帝元初元年(114),西羌的另外九支,即号多、当煎、勒姐这几个大部族,又胁迫一些小部族再次进犯武都(今甘肃成县),进而攻入汉中,沿途烧抢掳掠,汉政府的军队无法抵挡,最后还是依靠巴郡率"板楯蛮"军队救之。第三次,桓帝建和二年(148),白马羌兵攻广汉属国(包括当时的甸氐道、刚氐道、阴平道,今甘肃文县、四川平武、青川之地),杀官府官吏,同时,西羌的湟中胡部又发生叛乱①。益州刺史率"板楯蛮"击败了白马羌的进攻,平定了湟中胡部的叛乱。第四次,恒帝延熹三年(160)冬,"武陵蛮"六千余人进攻江陵,荆州刺史、南郡太守等官僚望风而逃,朝廷派遣车骑将军巴郡宕渠人冯绲讨伐"武陵蛮",大获全胜。冯绲是宕渠("板楯蛮"分布中心地区之一)人,不仅熟悉"板楯蛮"情况,可能还与其首领有一定联系。他借用"板楯蛮"军队,"依板楯以成其功"②。第五次,灵帝熹平元年(172),益州郡(今云南东北部)少数民族造反,益州太守李颙借"板楯蛮"镇压了这次造反。

但是,"板楯蛮"的赫赫战功并未改变自己受压迫的处境。进入东汉后,"板楯蛮"所受传统优待被逐渐取消。首先是赋税过重,县、乡两级轮番向"板楯蛮"派徭役军赋,亭市之吏又在市场上随意征税敲诈,稍不如意,便令仆役鞭打板楯蛮,比对奴隶、俘虏还残酷。"板楯蛮"过去主要是实物交换,西汉时官府没征收市税,东汉始把内地市税制度推行于此,虽市税并不重于内地,但板楯蛮还不习惯这一新制,反应尤烈。一些"板楯蛮"百姓被逼无奈,卖妻卖子,有的甚至走投无路,自杀而亡。

最初,一些"板楯蛮"还寄希望于上一级政府,纷纷到巴郡郡府和益州刺史部上告诉苦,但达官显贵们并未把他们的生死放在心上。于是,"板楯蛮"揭竿而起③。据记载,就在"板楯蛮"的一些部族出兵助政府抵抗白马羌入侵广汉属国和平定江陵"武陵蛮"造反之时,"板楯蛮"的另一些部族却在造反暴动。对此,巴郡太守赵温采用"施恩"的软化策略,一些部族停止了造反。灵帝光和年间(178~184),郄俭任益州刺史,民族关系进一步恶化。光

---

① 《后汉书》卷八七《西羌传》,卷八六《南蛮西南夷列传》。关于这次进攻广汉属国的白马羌人的数目,在同一《后汉书·西羌传》中竟有出入很大的两种说法:一说"板楯蛮""斩首招降二十万人",当然这包括叛乱的湟中胡部,但白马羌的人数显然也不会太少;二说"桓帝建和二年,白马羌千余人寇广汉属国,杀长吏,益州刺史率板楯蛮讨平之",存疑。
② 《后汉书》卷八六《南蛮西南夷列传》。
③ 《后汉书》卷八六《南蛮西南夷列传》。

和二年（179）冬十月秋收之后，政府徭役赋税过重，"板楯蛮"再次起兵造反，活动于广汉、蜀、犍为"三郡"及汉中诸郡，震动了朝廷。昏庸的汉灵帝派御史中丞肖瑗前往益州，督促益州派兵进讨，但却连年不能战胜。灵帝又拟增加军队，扩大战事。他向益州部各郡派来的上计人员询问征讨方略，汉中郡的上计程包分析了"板楯蛮"在秦汉时期多次为政府出战立功的历史，以及地方贪暴威逼，迫使"板楯蛮"造反的情况，以为只要朝廷选派贤明能干的州牧郡守，"板楯蛮"自会安居如故，不烦派兵征伐。朝廷采用了他的建议，派新任巴郡太守曹谦宣诏赦免"板楯蛮"，暴动立即停止。但事隔不久，五斗米道首领张修在巴郡起事。黄巾起义，烽火连天。中平五年（188）元月，益州地区的黄巾军首领马相也在巴蜀地区造反，攻杀了益州刺史郤俭，自称天子。在这种局面下，巴郡"板楯蛮"再次造反。这次起事，与张修和马相领导的起义关系密切，或者说是他们起义的一部分。后来，朝廷派军队镇压了"板楯蛮"的暴动。

二、"廪君蛮"与"五溪蛮"

除"板楯蛮"之外，在张仪灭阆中之巴后，川东地区即今重庆还存在着巴的另一部族的统治。《战国策·秦策》说："楚得枳而国亡。""国亡"指楚顷襄王二十一年（前278）秦将白起率军攻占楚郢都，楚被迫迁都于陈（今河南淮阳），其时在秦灭巴蜀后三十八年。晋陈寿《益部耆旧传》也说：昔楚顷襄王灭

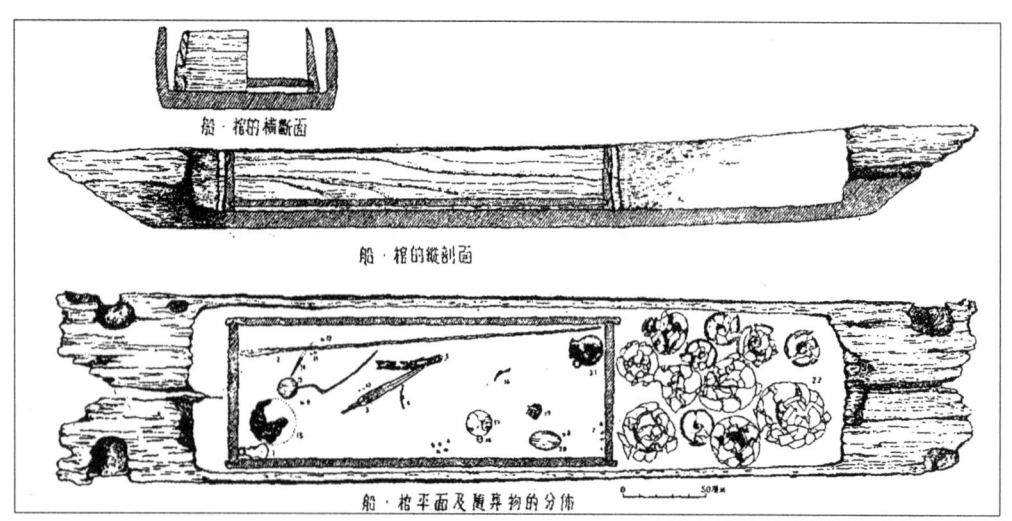

昭化发现的战国晚期船棺（宝轮院14号墓）

巴子，封废子于濮江之南，号铜梁侯①。亦指楚顷襄王二十年前后，楚军曾攻占巴地枳及铜梁一带。这些表明，当时秦尚未统治到今川东的大部分地区。

廪君部族又称"巴人"或"白虎夷"，是活动于今重庆及其与湖南、湖北相邻地区的又一支巴人部族。张仪灭阆中之巴后，由于今重庆大部分地区尚未为秦所据，故秦政府让巴王任这里的"蛮夷君长"。巴王族一直受到秦政府的特别优待。

《后汉书·南蛮传·巴郡南郡蛮传》曰："及秦惠王并巴中，以巴氏为蛮夷君长，世尚秦女，其民爵比不更，有罪得以爵除。其君长岁出赋二千一十六钱，三岁一出义赋千八百钱。其民户出幏布八丈二尺，鸡羽三十镞。"秦不仅让巴王族世尚秦女，对一般巴人则赐爵"不更"，一般犯罪可减爵除罪，其君长每年交赋税二千一十六钱，三年出一次义赋一千八百钱，其百姓每户每年出布八丈二尺，鸡羽三十。西汉时期当地政府仍循秦制，赋税徭役未变。从考古资料看，在秦至西汉时期，廪君部族还拥有一定的武装实力，其墓葬中便多见随葬兵器。至东汉时期，才少见随葬兵器。

"五溪蛮"是巴人中的又一部族。楚顷襄王（前298年始继位）攻占了东巴地后，曾将巴人的部分支系迁徙至黔中。《十道志》说：楚子灭巴，巴子兄弟五人，流入黔中，汉有天下，名曰酉、辰、巫、武、源等五溪，各为一溪之长，号"五溪蛮"②，其地在今重庆与湖南交界地区。两汉时期，官府对这一地区的统治甚为松散。光武克蜀，"五溪蛮"曾出兵助汉。《后汉书·马援传》有武威将军刘尚击武陵"五溪蛮"的记载，注引《水经》云："武陵有五溪，谓雄溪、樠溪、酉溪、沅溪、辰溪，悉是蛮夷所居，故谓五溪蛮。"蜀汉时期，刘先主曾在该地置黔安郡，其统治亦非常松散。《三国志·蜀书·先主传》说：章武元年（221）七月，"将军吴班、冯习自巫攻破异等，军次秭归，武陵五溪蛮夷遣使请兵"；次年，"二月，先主自秭归率诸将进军，缘山截岭，于夷道猇亭驻营，自佷山通武陵，遣侍中马良安慰五溪蛮夷，咸相率响应"。《马良传》说："及东征吴，遣良入武陵招纳五溪蛮，蛮夷渠帅皆受印号，咸如意指。"蜀、吴夷陵之战，"五溪蛮"曾出兵助蜀。

---

① （宋）王象之：《舆地纪胜》卷一五九引。
② 有关记载还见《宋书》卷九七《夷蛮传》；（唐）李吉甫：《元和郡县志》卷二五《江南道六》；（宋）乐史：《太平寰宇记》卷一七。

汉代僰道右尉印封泥

三、僰人与邛人

僰人是秦汉时仍世居于四川南部,以今宜宾为中心,在川西南高原亦广有分布,在当时巴蜀境内有较强势力、较大影响的一支部族。公元前316年秦入蜀后,早期主要是控制成都平原,对今川西南高原的若干地区,尚未及时攻占。当时,僰人聚居地主要集中在今宜宾市及其以南地区,据南通滇黔起点,又扼长江水道,具重要的战略地位。司马相如曾指出:"且夫邛、筰、西僰之与中国并也,历年兹多,不可记已。"[①]司马相如认为,僰人的历史与"中国"一样漫长。《华阳国志·蜀志》说:"(周赧王)三十年……张若因取筰及其江南地也。"公元前285年,蜀守张若率大军南征,取筰及江南地。这是秦入蜀后,对筰人、僰人区域的第一次大进军。秦军与世居僰人发生了大规模的军事冲突。秦军攻占该地后,便在这里设置了一个县级政权——僰道。

以后李冰治蜀时,曾治理僰道江道,与僰王发生了武装冲突。僰王先据守横江,被击败后又逃到汉阳山。此后,今川南宜宾、泸州等地始成为秦开发"西南夷"的前沿据点。秦开五尺道,在今滇黔地区"颇置吏焉",都是以此为起点和中转站的。

秦末战乱,僰人趁机再次独立。为了与汉中的刘邦政权相抗衡,僰人一度臣服于南边的夜郎国,为其附属国,故有些古籍又视僰地为夜郎地。当时刘邦无暇南顾,僰人曾一度占领了成都平原南部今新津、眉山、乐山及成渝间的广大富庶地区。刘邦正式建立汉政权之初,与诸侯王矛盾尖锐,仍无力经营蜀郡南部。

《华阳国志·蜀志》说:"高后六年,城僰道,开青衣。"直到高后六年(前182),汉政府才收复该地,修建僰道城。武帝开发"西南夷"时,置犍为郡,僰道属犍为。《史记·司马相如列传》说:"相如为郎数岁,会唐蒙使略

---

① 《史记》卷一一七《司马相如列传》。

通夜郎西僰中。""南夷之君,西僰之长,常效贡职,不敢怠堕。"

秦、西汉时期,西蜀为当时全国最大的奴僮买卖市场。《史记》《汉书》皆把贩卖奴僮作为巴蜀"殷富"的重要原因之一。当时主要是掳略周边民族为奴,其中又以僰人最为典型。巴蜀商人等大肆购买僰人为奴,有的还被转卖到关中。《史记·西南夷列传》说:"及汉兴,皆弃此国而开蜀故徼。巴蜀民或窃出商贾,取其筰马、僰僮、髦牛,以此巴蜀殷富。"服虔云:"旧京师有僰婢。"《史记·货殖列传》说巴蜀"南御滇僰、僰僮,西近邛筰、筰马、旄牛。"《汉书·地理志》说巴蜀"南贾滇、僰僮"。师古曰:"言滇、僰之地多出僮隶也。"可见当时掳僰人的规模大、时间长。于是大量僰人被迫外徙,所谓"汉民多,渐斥徙之"。

秦汉时期,今宜宾、珙县一带又称"僰中",是僰人政治、经济较发达的中心区域。僰人外迁者,或朝西北方向走,或朝南走。西徙至今越西、西昌一带者,史籍中又称"西僰"。西僰基本摆脱了政府的约束。另外当时还有一些部落在西汉中晚期南迁至滇。西汉时期,"僰中"和"西僰"的一些部落亦时常骚扰巴蜀①。朱博在成帝时曾任犍为太守。当时僰人首领若儿"数为寇盗"。朱博厚结若儿兄弟,使为反间,终于袭杀了若儿②。王莽执政时期,僰人再反。王莽多次派大兵攻打不下,最后在大赦天下时独不赦僰人首领,而且许能捕得"南僰虏若孟迁"者,封上公,食邑万户,赐宝货五千万。

邛人,在秦统治期间,广泛分布于成都平原南部。《华阳国志·蜀志》说,临邛县本有邛民,始皇把上郡人迁到这里,当地邛人才被迫外迁。又说:"邛崃山本名邛筰山,故邛人、筰人界也。邛人自蜀入,度此山,甚险难……"该地邛人系农耕民族,习居平原或浅山。邛人又是川西南地区的主体民族。《史记·西南夷列传》说:"自滇以北君长以什数,邛都最大。"邛都即邛人。滇以北即越嶲地区,为西汉邛人最为集中的中心地区。这一区域,包括今西昌、普格、德昌、米易、越西、喜德、昭觉、冕宁等地都发现了大量大石墓,一般认为这是邛人的墓葬,是认识、了解邛人的很重要的原始资料。西汉后期至东汉初期,汉人大量进入这一地区。王莽时邛人长贵,曾被越嶲郡太守枚根任为军侯。更始二年(24),长贵率种人攻杀枚根,自立为邛谷王,领

---

① (西汉)恒宽:《盐铁论·备胡》。
② 《汉书》卷八三《朱博传》。

太守事。又降于公孙述。述败，光武封长贵为邛谷王。东汉中期以降，邛人在当地的活动已骤然减少，但仍有踪迹可寻。

四、氐人与羌人

先秦时期，氐人是巴蜀境内的主体民族之一，是开发、建设成都平原的主体民族之一。秦入蜀后，外来移民渐多，平原内一些氐人部落被迫西迁，转入平原与川西高原接壤地带。迄西汉中期，氐人已相对集中分布在川西北地区。《史记·西南夷列传》说："自冉駹以东北，君长以什数，白马最大，皆氐类也。"汶山地区，杂居民族中有"六夷、七羌、九氐"。在氐羌系诸族中，氐人的特征是居住地较低，以农业和定居牧业为主。

秦统治时期，在成都平原西部及平原与高原的接合地带，分布着大量氐人。《后汉书·南蛮西南夷列传》说：白马氐者，武帝元鼎六年（前111）开，分广汉西部，合以为武都。两汉时期，在今四川北部和甘肃南部置有四个氐道，除在今甘肃天水、成县一带有一氐道外，其余三道皆在今四川境内。湔氐道，西汉承秦继续设置。刚氐道，辖今平武、青川、江油等地。甸氐道，辖地包括今四川的九寨沟县、甘肃的文县等。氐人区域道路险阻，有麻田，出名马、牛、羊、漆、蜜。元封三年（前108），氐人反叛，朝廷遣兵破之，分徙酒泉郡。元凤元年（前80）氐人复叛，朝廷又派大兵讨伐之。王莽篡汉，氐人亦叛。汉光武帝建武初，氐人附属陇、蜀。隗嚣灭后，氐人酋豪又背着公孙述投靠了刘秀。曹军征汉中，曾将沿途的氐人、賨人北迁。蜀汉时期姜维西征，建兴十四年（236），徙武都氐苻建及氐民四百余户于广都。在秦至蜀汉时期，氐人的经济、文化发展水平较高。

羌是秦汉三国时代四川西部高原地区的一重要民族。《后汉书·西羌传》说秦献公时（前384～前362）兵临渭首，部分羌人南迁，"其后子孙分别，各自为种，任随所之。或为牦牛种，越巂羌是也；或为白马种，广汉羌是也；或为参狼种，武都羌是也"。

汶山羌，《华阳国志·蜀志》说汶山有羌胡、羌虏、白兰峒。《后汉书·南蛮西南夷列传》说汶山有"六夷、七羌、九氐"，各有部落。其王侯颇知文书，而法严重，贵妇人，党母族。死则烧其尸，土气多寒，在盛夏冰犹不释。故"夷人"冬则避寒入蜀为佣，夏则违暑返其邑。众皆依山居止，累石为室，高者至十余丈，为邛笼。可见该地羌人部落甚多。在地理分布上，氐人主要居平坝、河谷、浅山地带，冉駹、笮人、青衣"夷"人主要活动在高寒山区，羌人则主要占据草原。据汶山羌人流传至今的《羌戈大战》等史诗，此支羌人约在秦统治巴蜀期间从西北迁来，曾与先居于此地的土著戈基人多次发生冲突，并最后获胜。

广汉羌，又称白马羌，主要分布在绵阳地区北部及甘肃相邻地区的草原地带及山上。永和二年（137），羌人起兵造反，广汉属国都尉调动大军将其击败。建和二年（148），白马羌再次造反，攻下广汉属国城，杀长吏，后来益州刺史借"板楯蛮"之力才打败了白马羌。

蜀郡徼外羌，分布在两汉蜀郡西部边关以外地区，主要集中在今四川雅安西部及甘孜州，其中部分又称青衣羌。东汉时期多次内属。如永元六年（94），大羌豪造头等率种人50余万口内属，官府拜造头为造头邑君长，赐印绶；本初元年（146），龙桥等六部17280人内属，次年薄中等八部36900人内属。

越嶲羌，又称旄牛羌、"旄牛夷"，主要活动在汉代越嶲地区，其中安宁河流域尤为集中。一般来说，羌人多处浅山、河谷地带，冉駹、笮人、青衣"夷"人多处高寒地带，善牧养牦牛。东汉早期，与"旄牛夷"联军，共同击败了当地邛人，占有其地。一部分旄牛羌、"夷"相融合。东汉中期至蜀汉时期，当地民族转为以"旄牛夷"和旄牛羌为主体。《后汉书·安帝纪》说：延光二年（123）春，"旄牛夷"起兵反叛，攻下越嶲郡的灵关道，杀长吏。益州刺史张乔与蜀郡西部都尉带兵前往镇压，获胜。于是，将蜀郡西部都尉改置为蜀郡属国都尉，领四县，与郡同级。约在东汉顺帝前后，旄牛人断绝了当地"旧道"，直到蜀汉。整个东汉时期，旄牛人时叛时服，政府仅对其羁縻而已。其部落制度长期延续。《三国志·蜀书·张嶷传》载，张嶷任越嶲太守时，当地的主要部族是"旄牛夷"，并在各个部落之间，形成了以"旄牛王"为中心的酋邦；又说汉嘉郡界"旄牛夷"种类有四千余户。

至三国时期，今成都平原西南边山地，还散布着一些羌人部族。相传蜀汉大将赵云曾率军驻扎在今大邑的西南边关，俗称赵云防羌。

秦汉三国时期，西蜀地区的氐与羌在文化上虽有许多共同之处，但尚有明显区分，故《华阳国志》说汶山有"六夷、七羌、九氐"。此后，西蜀的氐羌在文化上有融合之势。

五、冉䮾、筰人、青衣诸部

冉䮾、筰人、青衣诸部皆为氐羌系统的部族、川西高原的土著。

冉䮾，秦至蜀汉间，活动在汶山一带。《华阳国志·蜀志》说汶山（即今四川省阿坝地区）在秦至蜀汉有"六夷、七羌、九氐"。《后汉书·南蛮西南夷列传》也说汶山有"六夷、七羌、九氐"。《华阳国志·蜀志》又说："汶山曰夷，南中曰昆明、汉嘉，越嶲曰筰，蜀曰邛，皆夷种也。"这里又进一步指出，"夷"、昆明、筰、邛等为同一民族在各地不同的称呼，或系各地不同的部族之称。

《后汉书·南蛮西南夷列传》说："自嶲东北有莋都国，东北有冉䮾国，或土著，或随畜迁徙。自冉䮾东北有白马国，氐种是也。此三国亦有君长。"此处称汶山为冉䮾国，可见冉䮾在当地占有重要地位。冉䮾，或即当地民族传说中的戈基人，他们"冬则避寒，入蜀为佣"，与川西平原经济文化交流密切，在此基础上，其"王侯颇知文书"，即已受到汉文化的深刻影响。武帝元鼎六年（前111），置汶山郡。

特别值得注意的是，宣帝地节元年（前69），武都白马羌造反，汉政府曾征调冉䮾诸部前往讨伐。这说明冉䮾部的实力甚大。

筰人，又称筰都人，秦汉时期主要分布在川西高原中段、南段，今四川雅安及甘孜、凉山、攀枝花一线。《史记·西南夷列传》说：自嶲以东北，君长以什数，徙、筰都最大。秦入蜀后，一度较活跃的丹、犁二部便是筰人。《史记·秦本纪》说：惠文王更元十四年（前311）丹、犁臣蜀。相壮杀蜀侯来降。丹、犁二支主要活动在今雅安市荥经、汉源一带。《史记·秦本纪》说：武王元年（前310）伐丹、犁。此后，秦即在丹、犁活动地——今荥经、汉源一带设置严道。

在筰人分布区，秦、西汉政府还曾先后设置过筰道和筰都县。《华阳国志·蜀志》说："（李）冰又通筰道文井江，经临邛，与蒙溪水、白木江会，至武阳天社山下合江。"① 这里所说"筰道"，指文井江的上游地区，秦时属筰道管辖。蒙溪，《汉书·地理志》蜀郡青衣县下引《禹贡》说："蒙山溪大

---

① 《水经注·江水》也说："江水又与文井江会，李冰所导也。自筰道与蒙溪分水，至蜀郡临邛县与布仆水合……文井江又东至武阳县天社山下，入江。"

渡水东南至南安入渽。"此蒙山溪大渡水，即蒙溪，古名青衣江，即今青衣江上游河源之一的芦山河。芦山河上游称大川河，中游称玉溪河。大川河接纳了黄水河、黑水河（今芦山与大邑的界河之一）、铜厂河、小河子、白石河等，汇集了邛崃山脉在今芦山境内的大部和邛崃、大邑西南部的雨雪水。从现在掌握的资料看，此水与文井江没有直接联系。白木江，《元和郡县志》卷三三《临邛县》说：白术（木）水经县南二里。以此方位度之，可确认为今新津南河（或称小南河）。南河发源于邛崃正西山、天台山，长九十一公里，为山溪河，夏涨冬枯，易涨易退。白木江上源与蒙溪仅一山之隔。天社山，即新津县城南老君山。这一资料说明，在李冰时期，在今大邑、邛崃以西，即名山、宝兴、芦山等地，皆广有筰人分布，秦政府曾在这里设置筰道。后来随着外来移民的增加，这一带的筰人也有向西边高原迁移的趋势。但有关秦置筰道的资料不多，估计设置不久就撤销了。秦政府还曾封筰人首领为筰侯，该称呼一直延续到汉武帝时期，世代袭号。秦末至汉武帝前，这一带又重归筰人控制，汉移民多被迫迁离，少数留居者亦被"夷化"。元鼎六年（前111）在此一度设沈黎郡。沈黎即丹黎的同音异译。

筰（又作筰）都县，《后汉书·南蛮西南夷列传》说："筰都夷者，武帝所开，以为筰都县。"①《明史》卷三一一《四川土司》说："黎州，汉沈黎郡地，《史记》称越嶲以东北，君长以十数，筰都最大。自唐蒙通夜郎，邛、筰之君请为内臣，因置筰都县、复曰髦牛县，元鼎中以为沈黎郡。唐割雅、嶲二州，置黎州。天宝初改为洪源郡，寻改汉源。"筰都县辖地主要为后来的汉源县，可见它与秦汉时期的严道辖地部分重合，即一度从严道中割出一部分地区设置筰道。

东汉永平年间（58~75），益州刺史朱辅，加强了对筰人区域的统治，又"宣传汉德，威怀远夷"，致使活动在"徼外"的白狼、槃木、唐蕞等一百多个部落、数十万人主动内属。关于白狼、槃木、唐蕞这三部落，属筰人族团的可能性较大。不久，这些部落又外迁，可见其流动性较大。至和帝永元十二年（100），白狼、楼薄等部又率族人十七万口内属，朝廷诏益州酋首金印紫绶，赐一般首领钱帛若干。灵帝时期，一度将蜀郡属国改为汉嘉郡。

---

① 关于筰都县，唐杜佑《通典》卷一八七、宋马端临《文献通考》卷三二九都转引了《后汉书》卷八六《南蛮西南夷列传》这一资料，并无新说。

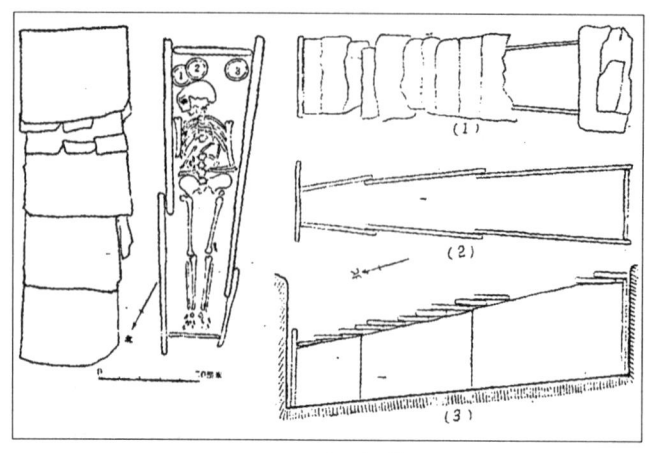

岷江上游石棺葬

青衣，秦汉时期主要分布在今名山、雅安一带，故流经这一带的江水名为青衣江，秦政府在此曾置严道等。秦末战乱，青衣部族趁机独立。《华阳国志·蜀志》"高后六年，城僰道，开青衣"，可见到高后时期才又收复了这一地区。但当时对该地的统治还很松散。《水经注·青衣水》说："青衣水出青衣县西蒙山，东与沫水合也。县故青衣羌国也……汉武帝天汉四年，罢沈黎郡，分两部都尉，一治青衣，主汉民。公孙述之有蜀也，青衣不服，世祖嘉之。建武十九年，以为郡。"当时这一带活动着数支青衣部落，有的内属较早，"有的稍晚，有的归属后又离去，有的离去后又来。安帝永初二年（108），青衣道邑长令田，与徼外三种夷三十一万口，赍黄金、旄牛毦，举土内属，安帝增令田爵号为奉通邑君"。元初二年（115），又有"青衣道毦邑奉献内属"，其首领为"青衣蛮夷堂律等归义"。延光二年（123），此地改置蜀郡属国都尉。顺帝阳嘉二年（133），又有青衣王子心慕汉制，上书求内附之事，朝廷下令将青衣县改为汉嘉[1]。1983年在芦山曾发现"汉夷土部之章""汉叟仟长"铜印。此外，今乐山地区当时还有一些青衣部落。汉南安雷堆庙，祭青衣神。南安县南四十里，有青衣山[2]。汉唐间，一般视蜀王蚕丛氏为青衣部族之祖先。蚕丛氏是传说中蜀地最早的拓荒者，最老的"先王"，汉唐时蜀地民间俗以"青衣神"为土地神[3]。

徙（斯），或称斯都、斯榆、斯臾。《史记·西南夷列传》说："自嶲以东北，君长以什数，徙、筰都最大。"其分布地以今天全较为集中，"天全州，古西夷徙都地。"[4]

综上所述，秦汉三国时期巴蜀境内的世居民族概况是：今川东北地区主要

---

[1] 《后汉书》卷八六《南蛮西南夷列传》、卷五《安帝纪》。
[2] （宋）乐史：《太平寰宇记》卷七四引《益州记》。
[3] （五代）何光远：《鉴诫录》卷六《神开口》，（宋）张唐英：《蜀梼杌》卷下。
[4] 嘉庆《四川通志》卷二《天全州》。

活动着"板楯蛮",川东地区主要活动着巴人廪君部族。扬雄《蜀都赋》说:"东有巴贲,绵亘百濮。"今川南偏东,主要活动着僰人,今川南偏西,主要活动着邛人。以上部族,或以为属濮越系统,或以为属氐羌系统,当系二者兼有,但以濮越为主。盆地东部及其边缘地区民族也以濮越系统为主。在今川北偏西一带,主要活动着氐人,在今川西北阿坝州则主要活动着氐、羌、冉駹人等。在今川西高原甘孜州及其以南广大地区,主要活动着筰人、青衣人和羌人,他们同属氐羌系统。

第二节 民族关系与民族政策

一、秦在巴蜀的民族政策

巴蜀民族成分复杂,在这块土地上生活着数十个民族和部族,绝大多数都过着定居的半农半牧或农猎牧并重的生活,都各占有险山峻岭为寨,易守难攻。对他们,不可能尽驱他乡,也不可能全掳以为奴。正是在这种特定时代环境下,产生了秦在巴蜀的民族政策。惠王入主巴蜀后,立志"霸天下",欲利用这里的人力、物力以服务于统一事业,达到得地广国、取财富民的战略目的,这就要求制定一种新的民族政策。秦在巴蜀统治期间执行的不同于秦本土的民族政策,获得了很大成功。它与秦在六国的政策迥然不同。它是一个处于上升、进取阶段的统治集团励精图治、反复探求的结果。

(一)民族分封制的广泛推行

秦攻占巴蜀后,对巴蜀各土著民族普遍进行了分封。在其统治期间,巴蜀地区至少有以下民族(部族)首领被封为"侯"或"君长"等。

蜀侯:秦人蜀之初,先后分封蜀侯三人[①]。《秦本纪》说在惠文王更元十一年(前314):公子通封于蜀。《华阳国志·蜀志》说:周赧王元年(前314),秦惠文王封子通国为蜀侯,以陈壮为相。第一任蜀侯为公子通(又称繇通、通国)。周赧王六年(前309),陈壮杀了蜀侯,背叛秦国,大举造反,试图割据。秦王派即将任相的甘茂率重兵入蜀,很快平息叛乱,押陈壮回咸

---

① 蒙文通首先在《巴蜀史的问题》一文中提出秦三封蜀侯皆为蜀王之子,见《蒙文通文集》第二卷,巴蜀书社1993年版。

阳，于秦武王元年（前310）诛杀。公元前308年，秦王又封蜀王（或蜀侯）通国另一名叫"恽"的儿子为蜀侯。这时，秦政府进一步加强了对蜀的控制，先后在成都平原修建了成都、郫、临邛三城，并继续往这里移民。秦政府监视着蜀侯（此间当有蜀相，佚名）的一举一动。后来秦政府果真得知蜀侯恽要造反的消息，派大将司马错入蜀杀恽。《蜀王本纪》说："秦王诛蜀侯恽，后迎葬咸阳。天雨，三月不通，因葬成都。故蜀人求雨，祠蜀侯，必雨。"①第三任蜀侯公子绾。《华阳国志·蜀志》曰："赧王十五年，王封其子绾为蜀侯……三十年，疑蜀侯绾反，王复诛之。但置蜀守。"第三任蜀侯在位时间最长，也仅十五年。经过三十余年的过渡，在蜀地具备了设郡县的条件。为避免变生肘腋，铲除蜀土兵连祸结之根，取消蜀侯这个傀儡的时机业已成熟。

巴人君长：即文献称的"蛮夷君长"。任"君长"者不止一代。近年在涪陵小田溪发掘的秦土坑墓，或系巴"君长"的家族墓地②。巴郡在建置上有一个特点：没设立一个"道"。当时在少数民族地区设"道"的制度还未创立。不过，巴郡的部分县下不再设乡、里，仍保留着部落、氏族组织，当时称为"渠"。县吏通过"渠帅"治事。秦政府还放巴王归巴地，让其充当"蛮夷君长"，统率各族。这种通过氏族、部落统治各族百姓的特殊郡县制，终秦之世而未有改变。刘邦出击三秦时，他们仍是以"姓"即以部落为单位。

僰侯、僰王：在汉武帝前曾被封侯，当是在秦张若、李冰之时。

筰侯：武帝开发筰地时曾杀了一个筰侯，当系秦首封，以后代代相承。

青衣：在秦汉时一直有"王子"之称，秦时在其聚居地曾置严道，当封青衣王为侯。

当时巴蜀各民族（部族）内部的结构形式是：王、侯（部族首领）、渠帅（部落联盟首领，联盟多以"姓"的形式出现）、酋首（部落首领）。

民族分封与"食邑"性封君有本质区别。前者控制着本族武装。如"板楯蛮"助政府北御来犯西羌，南平益州叛乱，僰人在西汉末至东汉，多次攻打郡县。故土著民族墓中多随葬兵器。其次，他们对本部成员握有生杀予夺甚至决定婚丧嫁娶的传统特权。秦汉政府对这些民族的统治，必通过这些侯、渠帅、

---

① 《史记》卷五《秦本纪》；（晋）常璩：《华阳国志》卷三《蜀志》。
② 四川省博物馆等：《四川涪陵地区小田溪战国土坑墓清理简报》，《文物》1974年第5期，第61页。

酋首来实现，否则就寸步难行。如有徭役，就摊给部落。当时筑城修堰、修"五尺道"，皆有部落派出的劳力。张若取笮及其江南地，司马错浮江伐楚，多用巴蜀部落兵。

（二）县道并行制的创立

秦在巴蜀推行分封与郡县制并行的同时，还在当地少数民族聚居地区创立了与县同级，但又与县制有若干区别的"道制"。道制是国家机器管理少数民族中存在的氏族、部落、酋邦并与其相结合的表现，也是一大创新。秦在巴蜀创立的道，除道治所在的城邑外，在广大民族聚居区不再设乡、里组织，仍利用少数民族原有的氏族、部落、部落联盟，假手酋首管理。道制多不同于县制，如秦制以"户"或"口"为基本单位交纳田租口赋服徭役等，在道就只能以氏族、部落、甚至酋邦为基层单位①。

秦汉时期，在少数民族聚居地区设立的县级政府称道。"县有蛮夷曰道。内郡为县，三边为道。"②目前可考的秦最先设立的道是蜀郡严道。

严道：秦严道的治地是有变化的，最大时包括今荥经、汉源、名山、芦山、天全、石棉及甘孜州部分地区，后来设青衣道时主要是从严道分割出来新设。《元和郡县志》卷三十三说：严道县，本秦旧县，属蜀郡，汉迁淮南王长于严道邛邮。百丈县本秦严道县地；名山县本秦严道县地；芦山县本秦严道县地；荥经县本秦汉严道县地。《太平寰宇记》卷七说：雅州即秦严道县之地。严道设于何时？《史记·樗里子列传》说：秦惠文王二十六年（前312）"秦封樗里子，号为严君"。《索隐》按："严君是爵邑之号，当是封之严道。"即这时已设了严道。近年在严道故地发现了许多明显带战国秦人文化特征的墓葬，并出土了有"王邦"铭文的漆器③。"邦"是秦人方言④，"王邦"是秦王室所封列侯某食县之称。从器物的时间和出土地看，当与樗里子的封地有联系。严道主要为"西戎"系统的"夷"系、羌系民族所聚居。公元前222年，秦

---

① 罗开玉：《论秦汉道制》，《民族研究》1987年5期；罗开玉：《秦国乡、里、亭新考》，《考古与文物》1982年第5期。
② 《后汉书》卷八六《南蛮西南夷列传》注。
③ 《四川荥经秦汉墓发掘简报》，《文物资料丛刊》第4辑。
④ 《后汉书》卷八五《东夷传》曰："辰韩耆老自言秦之亡人……其名国为邦、为弧，贼为寇……有似秦语。"云梦秦简的大量文字资料以及出土的大量秦"相邦"戈，也证明了这段记载的正确性。邦与国同义。《汉书》卷一九《百官公卿表》说："列侯所食县曰国。"称"国"是汉制（避刘邦讳），秦制称"邦"。

灭楚，楚王宗室被迁到蜀地严道。

湔氐道：主要为"西戎"系统的氐系民族所聚居。李冰担任蜀郡太守，在决定修建都江堰后，便在今都江堰渠首所在地及其附近地区，新设置一个县级政府——湔氐道。《华阳国志·蜀志》说："冰能知天文、地理，谓汶山为天彭门，乃至湔氐县，见两山对如阙，因号天彭阙……"①秦、西汉、东汉在蜀郡西部置有一湔氐道，属蜀郡。湔氐道辖地内以世居氐人为主，其境内多见带"湔"的地名，如"湔水""湔江"。《华阳国志》说："李冰乃壅江作堋，穿郫江，检江，别支流，双过郡下……"这"检江"，乃是"湔江"的同音异写，有的文献中直接写作"湔江"。《华阳国志·蜀志》又说："孝文帝末年，以庐江文翁为蜀守，穿湔江口溉灌繁田千七百顷。"《元和郡县志》卷第三十一《山南道上》导江县说：灌口山，在县西北二十六里，汉文翁穿湔江溉灌，故以灌口名山。西汉宣帝时，资中人王褒曾到湔氐买一僮奴，并立下了一份《僮约》，流传于世。《僮约》中说，"舍后有树，当裁作船，下至江州，上到湔主，为府掾求出入……""湔主"，指该奴僮在湔氐的主人。王褒为资中人，时在郡府为掾吏（故自称"府掾"）。能从成都或资中乘船上溯而至的湔，只能在今都江堰市境内。《史记·汉兴以来将相名臣表》说汉惠帝三年（前192）"蜀湔氐反，击之"。说明到汉初该地仍是以氐人为主体的地区②。

青衣道：主要为氐羌系统的"青衣"各部所聚居，今名山、芦山、天全、宝兴及其以西地区③，道治在芦山。《史记·彭越列传》说：刘邦欲流放彭越于蜀青衣。当时汉朝初建，来不及新置县，当为秦旧县。东汉安帝永初二年（108），"青衣道夷邑长令田，与徼外三种夷三十一万口，赍黄金、旄牛毦，举土内属④"。青衣在秦为道，在汉代为县。

僰道：主要为濮僚系统的僰人所聚居，以今宜宾为中心，包括宜宾、屏

---

① 任乃强：《华阳国志校补图注》，上海古籍出版社1987年版，第132页。
② 罗开玉：《秦汉三国湔氐道、湔县考——兼论川西北的开发序例及其氐人诸题》，《四川师范学院学报》（社会科学版）1985年第3期。关于秦汉湔氐道的治所，通常认为在今松潘元坝子，我们认为秦汉时代跨度大，其间或有变迁，或系秦时设于今都江堰市、彭州市地，汉武帝开西南夷后或曾迁到松潘。松潘地在两汉时期主要隶属于蚕陵县。《明一统志》卷七三："废蚕陵县，在（松潘叠溪）所城北三里，汉置。"《大清一统志》卷三一九："蚕陵废县，在叠溪营，西汉置，属蜀郡……《元和郡县志》'汉元鼎中开……'"。
③ 雍正《四川通志》卷二："名山县，汉青衣县地。""芦山县，汉青衣县地。"
④ 《后汉书》卷八六《南蛮西南夷列传》。

山、南溪、高县庆符镇等地，治所在宜宾。

（三）刑罚从轻

秦从商鞅起，以法制治国。史载"始皇兼吞战国，遂毁先王之法，灭礼仪之官，专任刑罚"①。但秦在巴蜀，却例外地对一些民族实行刑罚从轻的政策。《后汉书·南蛮西南夷列传》说："及秦惠王并巴中，以巴氏为蛮夷君长，世尚秦女，其民爵比不更，有罪得以爵除"，无功而赐民爵不更（秦二十等爵中的第四等）。通过比较研究后，可知秦对巴族给予的优待：一、从爵位等级看，秦王室的"内公孙"所受优待仅相当于公士，一般少数民族部落首领所受优待也才相当于上造，而巴族的百姓却享受相当于不更的待遇，比"内公孙"高三级，比其他少数民族部落首领高二级。二、秦政府给少数民族的刑罚分等级从轻，对一般少数民族部落首领的儿子，比对一般百姓宽一等，可赎"耐罪"以上刑，对一般少数民族部落首领又宽了一大等，可将"斩左止为城旦"的刑减处为"赎鬼薪鋈足"，还可"赎宫"，而对巴族百姓还宽一等，享受了"有罪得以爵除"的特殊待遇。巴蜀地区其他民族的部落首领及其儿子，则分别享受与一般少数民族一样的优待。另外，秦对巴郡的"板楯蛮"有特殊优待，规定："伤人者论，杀人者得以倓钱赎死。盟曰：秦犯夷，输黄龙一双，夷犯秦，输清酒一钟。夷人安之。"②

（四）赋税从轻

《后汉书·南蛮西南夷列传》载，秦规定巴人："其君长岁出赋二千一十六钱，三岁一出义赋千八百钱。其民户出賨布八丈二尺，鸡羽三十镞。汉兴，南郡太守靳强请一依秦时故事。"巴族君长的岁赋及义赋实际上是一种封君的朝贡；平均一年才二千七百多钱，不过是承认秦政府统治的一种形式罢了。按《秦律》计算，八丈二尺賨布约兑换一百一十三钱。三十镞鸡羽即三十支用作箭尾的野鸡翎。这对于生活在山区且以狩猎业为生的民族来说，是易事。因此，巴民的户赋比之其他地区的"岁率户二百"③，一年要少交七八十钱，约少交五分之二。

秦对巴郡"板楯蛮"还采取了田赋从轻的政策。《后汉书·南蛮西南夷列

---

① 《汉书》卷二三《刑法志》。
② 《后汉书》卷八六《南蛮西南夷列传》。
③ 《汉书》卷九一《货殖传》："秦汉之制，列侯封君食租税，岁率户二百。千户之君，则二十万，朝觐聘享出其中。"

传》载,秦昭王与"板楯蛮"刻石为盟,"复夷人顷田不租,十妻不算"①。即一户免其一项田之租,虽有十妻,不输口算之钱。但秦在本土及其新占领区域实行的政策却不同。"一岁力役,三十倍于古;田租、口赋、盐铁之利,二十倍于古。"始皇"收泰半(三分之二)之赋,发闾左之戍,男子力耕不足粮饷,女子纺绩不足衣服"②,相比之下,"板楯蛮"的确够幸运了。

(五)对土著信仰的尊重

李冰决定上马都江堰工程后,为调动蜀人建堰的积极性,在建堰前,先建三祠,大祭蜀神。《华阳国志·蜀志》说:"冰能知天文地理,谓汶山为天彭门,乃至湔氐县,见两山对如阙,因号天彭阙。仿佛若见神,遂从水上立祀三所,祭用三牲,珪璧沉渍。汉兴,数使使者祭之。"李冰在勘察堰址时,首先宣称他"仿佛若见神",接着再建立庙祀三所,隆重祭祀蜀人信奉的有关神灵。

秦统一六国后,曾将各地所信奉所祭祀的、并有利于秦统一的名山、大川之鬼神编排为序,上奏朝廷,统一规定祭祀级别和祭礼。当时全国四十六郡,经朝廷议定通过的,只有十八座祠宇,蜀郡就占了二座:"渎山,汶山;江水,祠蜀。"③

过去巴蜀民族的祭祀,多为野祭,即设祭神于野外丛林之中、坟墓之旁、山洞之中,而不庙祭。蜀王开明九世吸取了秦文化的因素,设"青、赤、黑、黄、白帝"五庙,仅限于宗庙,未及山川鬼神。秦朝廷议定通过的渎山、江水二祠,显为秦入蜀后新立。从它们能顺利地得到中央政府承认这一点看,当为官府所立。从文献记载看,在秦统治蜀地期间,仅李冰时立祀三所,可进一步确认此二祠皆系李冰所立。

渎山祠:祭汶山,即岷山山神。从当时的形势看,应在都江堰渠首附近不远的岷山山脉上,即当时的"湔山"上;很可能就在现青城山上(以后在此基础上发展为道教名山)。《华阳国志·蜀志》说:"江原县……有青城山,称江祠。"过去学术界因江祠应在江边,不会在山上,且江渎祠在成都,历代无二说,忽视了《华阳国志》这一记载。实际上,这一记载表明,青城山在汉末成为道教名山之前,早有一座古老祠宇。从《华阳国志》"称江祠"的记载看,这一祠庙应与《封禅书》所载"渎山,汶山;江水,祠蜀"有关,再结

---

① (唐)杜佑:《通典》卷一八七《板楯蛮》注。
② 《汉书》卷二四上《食货志上》。
③ 《史记》卷二八《封禅书》。

合江渎祠已建在成都江边，而这座祠庙却在山上，且汉末之前西蜀见诸记载的著名祠庙基本上都能查清楚的背景看，有理由确定，这座青城山上的祠庙只可能是渎山祠，而不会是其他。即《华阳国志》在这里所说的江祠当是渎山祠之误。岷山，古代泛指成都平原西部边缘地区的山脉。《汉书·扬雄传》说：扬氏"处岷山之阳曰郫"。《汉书·货殖传》载，"岷山之下沃野，而致临邛"。这里涉及的郫和临邛，已跨地上百里。岷山又写作渎山。《江水注》卷三三说："岷山，即渎山也，水曰渎水关，又谓之汶。"《山海经·中山经》"文山"郝懿行云："此上无文山，盖即岷山也；《史记》又作汶山，并古字通用。"蜀，在古巴蜀方言中也读du。扬雄《方言》卷十二说："蜀也，南楚谓之独。"扬雄祖上曾居楚地，后移居郫，楚、蜀两地方言皆熟悉，值得重视。郭璞注曰："蜀犹独耳。"蜀与岷的方言古音都读du，故可互通。《水经注·桓水》说："桓水出蜀郡岷山。"但郦道元却注引《汉书·地理志》说："桓水出蜀郡蜀山。"岷山、蜀山都是同一条河的泽源地，当然也就指同一座山。即《史记·封禅书》所说的渎山祠、汶山祠，即岷山祠、蜀山祠，它是秦汉时期蜀地山神祠的总象征、总代表。这里，岷、渎、汶、文、蜀，在古巴蜀方言中读音一样，内容一样，而汉字写法不同。

江渎庙（江水祠）：李冰所建江渎庙的具体位置，以在成都的可能性为大。《风俗通》说"江神岁取童女二人为妇。冰以女与神为婚。经至神祠……"隋开皇二年（582），文帝曾令成都重修江渎庙，南临江。唐李泰《括地志》等文献记载，江渎庙在成都县南八里，具体位置在当时的流江（检江）岸边。

望帝祠：李冰立的另一祠，具体祠名还难最后确定，但祭祀对象为蜀王鱼凫、杜宇，系今都江堰渠首二王庙之前身。《蜀王本纪》说蜀王鱼凫田于湔山，得仙，今庙祀之于湔。时蜀民稀少[①]。《华阳国志·蜀志》说："鱼凫王田于湔山，忽得仙道，蜀人思之，为立祠。"湔山即今都江堰渠首。齐建武时（494~497），益州刺史刘季连移望帝祠于郫，原祠改祀李公，即今二王庙。

李冰立三祠祭蜀神，三祠是欲说明他尊重蜀人的山神、水神、祖宗，并试图争取这些神灵对他的支持。三祠具有协调科学与本土宗教的关系，借神力统治蜀人、借神力号召、组织土著蜀人共同建堰的整合功能。李冰这些做法，与

---

① 《太平御览》卷一六六引。

蜀人的传统巫术、原始宗教相符，易为蜀人接受。此外，李冰在都江堰工程中还普遍采用了土著氐人的水利技术与方法，如笼石技术、杩槎技术，以及以石人、石马为水则、水标等。

二、两汉的民族政策

（一）汉初政府在西蜀的民族政策

西汉的民族政策，总的说来，早、中期主要是继承秦制，较为成功；晚期有较大的变化，矛盾也较多。

汉代早期在巴蜀的统治区域，大体限于盆地内，川西高原为土著民族控制，不在其内。南边以僰道为中心的僰侯国，在秦吏撤走后便归顺了夜郎，到高后执政期间才逐渐收复。秦人开发西南，凿通五尺道，在滇、黔之地置吏设县。汉朝初兴，中央朝廷与诸侯之间矛盾重重，无暇顾及西南，放弃了在滇中、黔之地的统治，下令关掉蜀地故徼。高后六年（前182）修建了僰道县城①，以此为基础，才重新开始了对川南地区的开发。近年在高县发现了西汉初期的半两钱石范母②，反映了这一进程。

汉初，刘邦为汉中王时，征募巴蜀北部地区的賨民，出击三秦。此后，接连三次封其首领范目为侯，人称"三秦亡，范三侯"。刘邦还恢复令参战賨民罗、朴、昝、鄂、度、夕、龚七姓不供租赋，以资奖赏。賨人七姓并非全回了巴土，部分賨人随刘邦转战南北，战后留居于关中。《隋书·地理志》说："上洛、弘农本与三辅同俗，自汉高发巴蜀之人定三秦，迁巴之渠率（帅）七姓居于商洛之地，由是风俗不改其壤，其人自巴来者，风俗犹同巴郡。"不过，此说巴人七姓尽留上洛、弘农，亦有可疑。一部分则协助汉政府驻守汉中。1986年曾在陕西汉中紫阳白马石村的一山坡上发现属于"巴蜀文化"系统的墓葬八座③。这批墓葬，除随葬兵器外，基本上无其他葬品，墓葬分布密集，死者应是在同一时期下葬的军人。综合各种因素看，这批墓葬当为秦末汉初随刘邦出战的賨民之墓④。

---

① （晋）常璩：《华阳国志》卷三《蜀志》。
② 何泽宇：《四川高县出土"半两"钱范母》《考古》1982年第1期，第105页。
③ 陕西省安康水电站考古家：《陕西紫阳白马石巴蜀墓发掘简报》，《考古与文物》1987年第5期。
④ 罗开玉：《晚期巴蜀文化墓葬初步研究》，《成都文物》1991年第3、4期。

(二）武帝开发"西南夷"地区

汉代统称西南地区的土著民族为"西南夷"。其中，大体而言，今四川凉山、甘孜、阿坝地区的土著民族为"西夷"，今云南、贵州、广西等地土著民族属"南夷"。

建元六年（前135），武帝发兵击东粤后，即着手开发"南夷"，拜唐蒙为中郎将，带兵士千人，并征调万余人运送礼品等，从巴郡符县（今重庆合江）巴符关出奇兵①，直入夜郎腹地，拜见夜郎侯多同，以今川南部分地区，加上夜郎地区，设立了犍为郡。

这对"西夷"也有影响。当时分布在川西北高原和川西南高原的邛、筰之君听说武帝对夜郎的优惠政策和给予大量礼物后，也主动表示愿意内属，愿接受汉朝廷的统治，希望朝廷能像在夜

汉代越嶲太守印封泥

郎那样设郡置吏。武帝征求蜀人司马相如的意见。相如说：邛、筰、冉駹者与蜀邻近，道路也容易通，秦时尝通为郡县，到汉兴才罢；现在如果再置郡县，条件当优于"南夷"。武帝即拜相如为中郎将，持节回蜀主办其事，并慰问蜀中父老。又命王然于、壶充国、吕越人为副使，乘四乘传车，"因巴蜀吏币物以赂西夷"，即这一行人的所有开支，包括给"西夷"的礼品等，皆出于巴蜀。

相如先后进入邛人、筰人、冉駹、斯榆等蜀郡西边、西南的兄弟民族部落中，与其首领谈判、协商，宣传汉王朝的威德。当时许多部落的首领皆愿做汉王朝的内臣，"愿得受号者以亿计"②。过去，这些民族彼此械斗、互为仇敌，各族各部落之间皆构筑有关塞。现在，在司马相如的奔走活动下，大家团结在汉政府的周围，也撤掉了关塞路障等。西边，汉政府的统治以沫水（今青衣江）、若水（今雅砻江）为界，即深入到今川西甘孜、西昌地区的西部，在这里设置了一个都尉，领十余县，属蜀郡。南边，汉政府的统治与新开发的牂

---

① 今本《史记》卷一一六《西南夷列传》作"巴蜀筰关"，《汉书》卷九五《西南夷传》作"巴符关"。从地理位置看，当以《汉书》为是。《汉书》此载亦本《史记》。《史记》此载为后世学者转抄笔误。筰、符二字形近，难免笔误。泷川资言《史记会注考证》："《汉书》巴下无蜀字。王念孙曰：筰关本作巴符关。"

② 《史记》卷一一七《司马相如列传》。

柯相连接，并建立了关塞，还修建了一些道路桥梁，沟通边疆与内地的联系。司马相如这次出使，功成而返。

武帝时，汉朝政府动员了数万民力、兵力，在巴蜀四郡（蜀、巴、广汉、犍为）大修通往周边民族的道路，载转相饷，"费以亿万计"。有些路线经三年修建，仍不通，兵士疲饿，露宿山林，水土不服，疾病流传，死亡者众多。而且各地民族又经常造反骚扰，政府需调兵前往镇压。虽耗费了巨资却不起什么作用。对此，武帝略感不安，派公孙弘到西南各地考察。公孙弘回京后，大讲开发西南边地的困难，后来他担任御史大夫，又主张放弃开发西南边地。当时北方战事正紧，为集中力量对付匈奴，武帝采纳了公孙弘的主张，从"西夷"地区撤回官吏，放弃了"南夷"许多地区，只保留了两县一都尉。并令犍为郡伺机而行，保住其郡县。

武帝第二次进兵西南，是由寻找通身毒（古印度）、大夏的道路而引起。元狩二年（前121），博望侯张骞对武帝说，他在出使大夏时，曾见有蜀布和邛竹杖，了解到是经东南身毒国而来，约数千里路程，在那里能得到蜀贾的东西；又听说在邛人活动区域的西边两千里，有身毒国。张骞又讲，大夏国在王朝的西南，慕中国，唯因匈奴隔其道而不能与汉交往，如果由蜀通身毒国，道路近便，又无危险，这样就能建立与身毒、大夏夹击匈奴的联盟。于是，武帝命王然于、柏始昌、吕越人等十余人，前往蜀地，寻求通往身毒国的道路。王然于、柏始昌、吕越人等分成数路，分别从蜀郡、犍为郡出发。一路出冉駹，取道今阿坝而西；一路出笮，取道今雅安、甘孜而西；一路出徙、邛，取道今攀枝花市而西，一路出僰，取道今宜宾而南。各队使者前进了一二千里后都先后遇到了麻烦，或被杀掠。武帝极为震怒，征发三辅地区的罪人、巴蜀军队数万人，遣两将军郭昌、卫广等，前往攻打昆明诸部中曾捕杀汉使者的部落，大获全胜，斩首数万而归。其后曾再次遣使探路，但昆明诸部仍抢掠捕杀汉使，探路计划终未完成①。

元鼎五年（前112），南粤造反，武帝派驰义侯从犍为到"南夷"地区征调民族部落兵，准备攻打南粤。且兰君害怕部落的青壮远行后附近部落掳其老弱为奴，便首先造反，杀了汉使者和犍为郡太守。叛乱浪潮由"南夷"波

---

① 《史记》卷一二三《大宛列传》。《史记》卷一一六《西南夷列传》。《汉书》卷六一《张骞传》。

汉代越嶲都尉章封泥

及"西夷",蜀西南的邛、筰诸部落也加入了叛乱。武帝征发巴蜀罪人和曾参加过打南越的八校尉出兵平叛,很快诛杀了且兰君、邛君和筰侯,斩首数万。在武力攻占的基础上,于元鼎六年在这些地区大规模设郡置吏:在邛人活动地区,设置了越嶲郡;在筰都人活动地区,设立了沈黎郡①。武帝杀筰侯,杀一儆百,冉駹之君得知此事后,十分惊恐,主动向汉政府请求置吏,汉政府便在那里设置了汶山郡;在广汉西部白马氐人活动地区,设置了武都郡。武帝还承袭秦人的做法,在西南地区分封民族首领为王、为侯。如活动在今凉山州一带的邛人首领,被封为邛谷王。武帝晚年,经济不支,停止了拓边活动,甚至从一些已占领的边地撤回了部分官吏军队,这在西南也有表现。天汉四年(前97),武帝撤销了设在筰人地区的沈黎郡,改置为两部都尉,一治旄牛,负责处理民族事务;一治青衣,负责处理汉移民事务。

(三)西汉晚期民族矛盾的激化

武帝去世次年(前86),"西南夷"地区便爆发益州郡、牂柯郡的大规模民族武装冲突。朝廷调蜀郡、犍为郡的材官精勇组成"奔命",一举大破之。昭帝时的连年战争,向汉政府敲响了警钟。宣帝接位后,对西南民族采取了让步政策。川西北汶山地区,武帝时置汶山郡。昭帝时期,围绕着赋税徭役,民族矛盾已趋激化。宣帝地节元年(前69),武都白马羌人造反,朝廷征调冉駹诸部前往讨伐成功,至地节三年,派使者骆武入汶山郡慰劳察访,当地官吏百姓多反映:"一岁再度,更赋至重,边人贫苦,无以供给,求省郡。"当时,汶山建郡已四十五年,骆武把这些情况上奏朝廷。朝廷鉴于武都等地的民族造反教训,撤除了汶山郡,将其辖地省并为蜀郡北部都尉。这并非简单的改名问题,由郡改为都尉,原驻在汶山地区的大量郡、县官吏、军队基本上都要撤出;都尉统治远比设郡更为松散,近似让民族自治。从有关记载看,宣、元时期(前74~前33),西南民族与政府的关系还比较稳定。

---

① 关于沈黎郡的辖县,有两种说法,分歧较大。《续汉书·郡国》载,蜀郡属国辖汉嘉(故青衣,阳嘉二年改)、严道、徙、旄牛四道县,一般多据此认为沈黎郡只辖此四县,如龚熙春《四川郡县志》卷一,但《汉书》卷六《武帝纪》注引《茂陵书》曰"沈黎治筰都,去长安三千三百三十五里,领县二十一",与前说差别很大。

（四）王莽时期的"王道"政策

王莽时期，按照《周官》《王制》更改职官名和郡县地名，"郡县以亭为名者三百六十，以应符命文也"。据《汉书·地理志》，益州地区至少有三十九个郡、县名称被改动，其中：甸氏道—致治、阴平道—摧虏、临邛—监邛、江原—邛原、严道—严治、蚕陵—步昌、犍为—西顺①、僰道—僰治、越嶲—集嶲、胜休—胜僰、武都县—循虏。以上民族地区的地名，改动时多带有教化、贬低之意。

王莽不顾内地烽火四起，强令改阴平道为摧虏道，改氐为羝，又贬汉朝封的钩町王为侯。钩町王邯为此十分怨恨，牂柯大尹（太守）周钦奉命设计杀了邯。邯弟承率领族人攻杀了周钦，又攻城掠地，益州三边的民族暴动之火迅速燎原。益州郡的僰人首领栋蚕、若豆也起兵攻杀大尹程隆。

王莽派遣平乐将军冯茂率军进讨。经三年未胜，被征官吏、军士死于疾疫者竟高达百分之六十至七十。王莽诛杀冯茂，另派宁始将军廉丹、庸部（改益州名）牧史熊，征发天水、陇西骑士及广汉、巴、蜀、犍为吏民十万人，加上运输粮草者二十万人，南击益州。最初也打了几个胜仗，后来就因军粮供应不上，士卒饥疫，三年间死了数万人②。王莽又征召廉丹、史熊回长安；廉丹、史熊怕落得冯茂的下场，上书请求重新调动军队，必获大胜后才回长安。王莽准其奏。他们又大肆赋敛。就都（广汉）大尹冯英拒绝上交赋敛，并上书王莽说：自越嶲遂久仇牛、同亭邪豆之属反叛以来，积且十年，郡县距击不已；续用冯茂，苟施一切之政。僰道以南，山险高深，茂多驱众远居，费以亿计，吏士遭毒气死者十分之七。今丹、熊惧于自诡，期会调发诸郡兵谷，又按百姓的财富"取其什四"，空破梁州，功终不遂；宜罢兵屯田，明设购赏。王莽怒，免冯英官职，但后来他又感到冯英"亦未可厚非"，改任冯英为长沙连率。

王莽也意识到战争给益州百姓带来的灾难。不久，他又把廉丹等征还，重新派遣大司马护军郭兴、新任庸部牧李晔第三次率军南击。这时越嶲少数民族首领任贵又率领族人暴动，攻下郡治邛都（今西昌），杀太守枚根；任贵自立为邛谷王。郭兴、李晔未南至益州便宣告失败。王莽临亡前，大赦天下，但却下诏说：

---

① 此仅见于《华阳国志》。1962年四川省博物馆收到一枚铜板，正中铸文"西顺郡口符则车山官"，另还有标明序号和重量的文字，见丁祖春《四川彭山县出土新莽西顺郡铜板》，《文物》1979年第11期。

② 《汉书》卷一一六《西南夷传》。

"北狄胡虏逆泊、南僰虏若豆、孟迁，不用此书"①，即不在大赦范围内，可见他心里的仇恨。这也反映出西南民族暴动对王莽政权的打击程度。

（五）东汉王朝治理的加强

1983年2月，在凉山彝族自治州昭觉县好谷乡发现石表一座。石表正面有文字九行，侧面有文字三行，皆隶书。石表文字记载了光和四年（81），越嶲太守任命苏示县有秩冯佑为邛都县安斯乡有秩，并"复除"上诸、安斯二乡赋役，当地乡民十四里丁众立石表以记此事。石构件上有"官匠所造"题字，可见这是郡府派官匠所造。该石表成为东汉民族地区行政、职官、赋税徭役制度等方面的重要文物资料。石表铭文说：

（正面）领方右户曹史张湛白：前换苏示有秩冯佑转为安斯有秩，庚子诏书"听转"示部，为安斯乡有秩如书。与五官掾」司马□议，请属功曹定入应书时簿下。督邮李仁邛都奉行，言到日见草○行丞事常如掾○主簿司马追省」府君教诺○正月十二日乙巳，书口昌延□○光和四年正月甲午朔十三日丙午，越嶲太守张勃，知丞事大张口，使者益州治所下，三年十一月六日庚子○长常叩头死罪，敢言之」诏书听郡，则上诸、安斯二乡复除□齐□乡及安斯有秩，诏书即日□□□，劝农都邮书掾李仁邛都奉行」勃诏□诏州郡□□□死罪，敢盲之○□□□□□下庚子诏书，即日理判也」三月十四日丙午诏书，太守勃行于东。大官守长常叩头死罪，敢言之○」使者益州□□□□治□□□□言□○高官□□诏书即日始，君迁里□□□□」□□□□等十四里○将十四里丁众受诏，高米立石表，师齐驱，宇彦新。

（侧面）越嶲太守丞掾奉书言，□□常□都□□□□□，光和四年正月甲午朔十三日□□，□□□□」□□大官守长常口部曲，部劝农督邮书掾李仁邛都□□□于诏书，书到奉行。务□□□□□□□诏书□」□□真□湛书佐延主②。

据石表文字，此石表是东汉邛都县安斯乡十四里丁众共立的一座碑表。它记载了光和四年，越嶲郡太守任命苏示县有秩冯佑为邛都县安斯乡有秩，并

---

① 《汉书》卷九九《王莽传》。
② 凉山彝族自治州博物馆、凉山彝族自治州文物管理所编著：《凉山历史碑刻注评》，文物出版社2011年版。

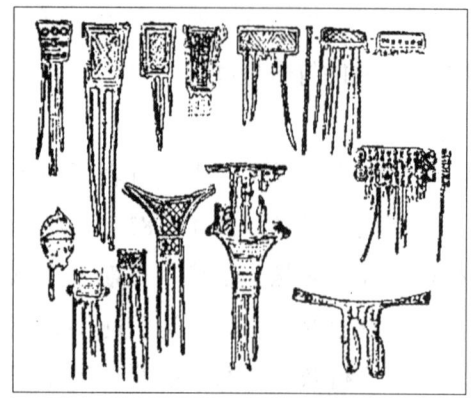

西昌大石墓出土的铜发钗

"复除"上诸、安斯二乡赋役及有关当地乡、里等组织内容，其命令有的是以"五曹诏书"的形式，由劝农督邮书掾李仁下达。领方右户曹史，"领方"，《后汉书·杜笃传》有"并域属国，一郡领方"之语，当为执掌地方事务的一种官员，户曹史为郡府户曹小吏。庚子诏书，指光和三年十一月六日庚子日所下诏书。《史记·秦始皇本纪》："命为'制'，令为'诏'"。《集解》蔡邕曰："制书，帝者制度之命也，其文曰'制'。诏，诏书。诏，告也。"冯佑转为安斯有秩事，郡府上奏了朝廷，得到批示认可。五官掾、功曹、劝农督邮书掾、太守丞掾、书佐，皆郡县属吏。

从汉武帝进入越嶲地区开始，到东汉，政府对该地治理已大大加强，其直接治理区域，已深入昭觉好谷乡这样的山区。《后汉书·郡国志》载，东汉时期，官府统计的越嶲郡的户数比西汉时增加113%，人口增加53%，主要是其直接治理区域较东汉时期大大拓宽了。这首先是该地的自然资源吸引了东汉政府。据《后汉书·郡国五》"越嶲郡"：邛都南山出铜，台登出铁，会无出铁。到东汉时期，蜀郡内地的铜、铁矿产开采时间已长，有后继乏力之感。

从考古发现的资料看从西汉中晚期开始至东汉，官府在川西南设立了多处较大型的官营作坊。如在西昌市东坪村发现的一处炼铜遗址[①]，其时代上起西汉末年、下迄东汉，现仍保存的遗址分布范围达十八万平方米。另在该遗址以东约二十公里的标水堰下，调查发现了主要是汉代的铜矿矿硐四十六个。当时该地实为一个冶铜城。这是当时一个较完整的官营冶铜机构。1976年曾在此发现一铜器窖藏，出土王莽时的铜钱范、铜锤、铜镜等近两千斤。另外，建初元年至建宁末年（76~172），该区朱提堂狼生产的铜洗，远销各地，闻名全国，成为汉代全国最大的铜洗生产基地。

其次，越嶲为养马的极佳基地。据《后汉书·孝安帝纪》载：永初六年（112）春正月庚申，诏越嶲置长利、高望、始昌三苑，又令益州郡置万岁苑，

---

① 西昌地区博物馆：《四川西昌发现货泉钱范和铜锭》，《考古》1977年第4期，第283页。

犍为置汉平苑。朝廷一次便在越嶲设置三处大型军马场，可见朝廷对该地马匹的高度重视。正是由于该地养马业的发展，蜀中养马业一度在全国占有较重要的地位。

东汉政府改变了秦及西汉早中期在少数民族聚居区一般不直接设置乡、里的政策。《后汉书·南蛮西南夷列传》说："板楯蛮夷者……长吏乡亭，更赋至重，仆役棰楚，过于奴虏，亦有嫁妻卖子，或乃至自刭割。虽陈冤州郡，而牧守不为通理。"此记载说明，在巴蜀北部的"板楯蛮"地区也设置了乡、里。前已引昭觉好谷乡石表铭文，此铭文又证明在越嶲、昭觉这样比较偏僻的地区，也置了乡、里。铭文中"苏示有秩冯佑转为安斯有秩"，《汉书·地理志》与《后汉书·郡国五》越嶲条皆有苏示县。有秩，《后汉书·百官志五》县乡条：乡置有秩、三老、游徼。本注曰："有秩，郡所署，秩百石。掌一乡人。其乡小者，县置啬夫一人。皆主知民善恶，为役先后，知民贫富，为赋多少，平其差品。三老掌教化。凡有孝子顺孙、贞女义妇、让财救患及学士为民法式者，皆扁表其门，以兴善行。游徼掌徼循，禁司奸盗。又有乡佐，属乡，主民收赋税。"《风俗通》曰："国家制度，大率十里一乡。"李贤注引《汉官》曰："乡户五千，则置有秩。"安斯为邛都县下的乡，这一石表说明昭觉在东汉时为邛都安斯乡。一个乡有秩的调换任命，竟要由郡府上报朝廷，得到朝廷的认可诏书后才能执行，可见东汉对越嶲民族地区的政策不同于外地，也表明东汉政府对这里高度关注。另外，冯佑先在苏示县某乡任有秩，现在又转为邛都县安斯有秩，说明他是外来官员，不是当地民族首领。当地民族首领或其子女出任地方官者，一般都不外调。铭文中"君迁里□□□□□□□等十四里，将十四里丁众受诏"，上诸、安斯二乡共辖十四里。此称当地民族为"丁众"，已改变了过去称"蛮夷""夷民"等说法，可见此时在政府眼里，当地民族与外地百姓已无异。"丁众"，意味着要承担徭役赋税。东汉官府治理的有效区域较西汉明显扩大，东汉越嶲户数较西汉增加113%，人口增加53%，也就不偶然了。

东汉政府取消了对部分土著民族的优待政策，改变了秦及西汉早、中期在少数民族聚居区一般不征或少征赋税的做法。东汉时期，对巴蜀少数民族也征收田租市税，并令其服徭役。如对川北"板楯蛮""更赋至重"。遇有特殊情况，并报经郡府同意，才可暂免某乡的徭役，如这里便免除了邛都县上诸、安斯二乡的赋役。

三、蜀汉时期的民族政策

蜀汉拥有益州之地，今四川境内为其核心区域。总的说来，当时民族构成与秦汉时期变化不大。相比而言（如比王莽和东汉时期），蜀汉时期的民族政策，特别是在南中的民族政策是比较成功的。

三国时期，西蜀的"叟"兵屡见于记载，引人瞩目。叟，是对蜀境内"西戎"部落兵的一个古老的俗称。《史记·周本纪第四》《集解》孔安国曰："八国皆蛮夷戎狄。羌在西。蜀、叟、髳、微在巴蜀。"《后汉书·董卓传》："吕布军有叟兵内反，叟兵即蜀兵也。汉代谓蜀为叟。"《后汉书·刘焉传》：兴平元年，征西将军马腾与范谋诛李傕，焉遣叟兵五千助之，战败。汉世谓蜀为叟。孔安国注《尚书》云："蜀，叟也。"古代学者虽然有此一说，但叟人不能简单地等同于蜀人，而是指蜀地土著部落人。《后汉书·南蛮西南夷列传》："苏祈叟二百余人，赍牛羊送丧，至禽本县安汉，起坟祭祀。诏书嘉美，为立祠堂。"《续汉志》曰："苏祈，县，属越巂郡。"《华阳国志·二牧传·刘璋传》："璋复遣别驾从事蜀郡张肃送叟兵三百人并杂御物于曹公，曹公拜肃为广汉太守。"《三国志·诸葛亮传》："賨、叟、青羌散骑、武骑一千余人，此皆数十年之内所纠合四方之精锐，非一州之所有，若复数年，则损三分之二也，当何以图敌？"《三国志·李恢传》："恢身往扑讨，钼尽恶类，徙其豪帅于成都，赋出叟、濮、耕牛、战马、金银、犀革，充继军资，于时费用不乏。"《三国志·张嶷传》："初，越巂郡自丞相亮讨高定之后，叟夷数反，杀太守龚禄、焦璜，是后太守不敢之郡，只住安上县，去郡八百余里，其郡徒有名而已。"汉代以来，西蜀官府定时征集境内土著民族的部落军队，令其承担某些任务。这在刘焉时代没有变，蜀汉时代也没有变。

"南中"是一个很大的地理区域，包括今四川南部和云南、贵州两省大部。南中是民族杂居地区，历秦、西汉，渐得开发。许多移民进入了土著民族一般不居住或很少居住的平坝地区。到东汉中后期，许多移民已"夷化"。在这些"夷化"的移民中，逐渐产生了一批"大姓"，又称"夷帅""叟帅"。他们往往手握重兵，不仅控制着一方"夷化"的汉民，还能调动附近的少数民族，是一批兼具汉人、少数民族统治方法的军事奴隶主。

刘备逝世后，越巂地区（大致相当于今四川西昌一带、攀枝花市、云南丽江、永胜等金沙江以北地区）的"叟帅"高定首先起兵，攻夺郡城，杀郡将军焦璜，举郡称王叛乱。紧接着，南中地区除了朱提郡和永昌郡部分地区外，大部分地区都卷入了这场叛乱。南中诸郡致叛的因素很多，有外来势力与土著豪族的矛盾，有传统的民族偏见和隔阂，还有蜀、吴二国对这个地区的争夺。南中一些大姓叛蜀附吴，反映出当时蜀汉政权民族政策的一些失误。

建兴三年（225）三月，诸葛亮率大军南征，以"攻心"为这次战役的指导思想[1]。大军兵分三路而进：诸葛亮亲率一军从西路进攻，从成都到安上（屏山县西新市镇），然后由水路入越嶲；另派巴西阆中人牂柯太守马忠率一军从东路进攻牂柯，由成都至江阳（今泸州）入今贵州境；派建宁俞元（今云南澄江）人、庲降都督李恢率一军，由成都至僰道（今宜宾），至平夷（今毕节），至建宁（今曲靖）。

高定的部曲、联军分散驻于旄牛（今汉源）、定筰（今盐源）、卑水（今宁南）一线，多筑营垒以图固守。诸葛亮本欲高定军众集结后，再大举进攻，一网打尽，因此驻军于卑水。这时，雍闿率孟获等部从滇东赶来支持高定。不料两军一合即起内讧，高定的部曲竟杀了前来支持的雍闿及其士庶若干。孟获代理雍闿之位。诸葛亮趁敌内乱之机猛攻高定部，高部抵挡不住，弃邛都（今西昌）而逃，其妻等被俘。高定逃出后，复纠集二千余人，杀人盟誓，欲求与蜀汉军决一死战[2]。

蜀汉军大败高定部，斩高定。此时，马忠军也攻破了牂柯郡。李恢军打到昆明（滇东黔西之间，非今昆明市）后，当地诸县土著互相纠合，以数倍之众围攻李恢军。当时李恢孤军深入，与诸葛亮失去了联系，形势危急。李恢急中生智，对敌军喊道："官军粮尽，欲规退还，吾中间久斥乡里，乃今得旋，不能复北，欲还与汝等同计谋，故以诚相告。"土著人听信这位同乡的谎话，围守怠缓。李恢抓紧战机，率军突击，大破敌军，追奔逐北，南边一直打到盘江，东边与牂柯马忠军相接，西北边与诸葛亮声势相连。在西路战线上，诸葛亮又挫败孟获。孟获率部南逃入益州郡。诸葛亮紧追不放。五月，在弄栋（今姚安）城北渡泸水（金沙江），进入益州郡地。

关于诸葛亮渡泸水处，主要有两种说法。东渡说认为是从会无县（今会

---

[1] 《三国志》卷三九《蜀书·马良传附马谡传》注引《襄阳记》；罗开玉：《成都武侯祠"攻心"联再研究》，《四川文物》2001年第5期。
[2] 诸葛亮《南征表》："初谓高定失其窟穴，获其妻子，道穷计尽，当归首以取生也。而邈蛮心异，乃更杀人为盟，纠合其类二千余人，求欲死战。"（《北堂书钞》卷一五八引）

理）东向渡泸，至堂狼县（今会泽、巧家）；西渡说认为是由三绛（黎溪）渡泸水至蜻蛉（今大姚），入益州弄栋县（今云南姚安）[①]。

蜀军渡泸后，在弄栋县一带与孟获交锋，大败其部众，生擒孟获。诸葛亮了解到孟获"为夷汉所服"，在土著民族和汉移民后裔中都具有一定威信，决定征服其心，将其释放。再战，又将其生擒。之后，孟获自己不愿再走，向诸葛亮表示"南人不复反矣"。诸葛亮遂率军打到滇池。到这年秋季，南中叛乱被完全平息，大军绕道滇东班师，沿途降服若干小股叛乱势力，十一月回到汉阳（今四川庆符），十二月抵达成都[②]。此次战役，把军事打击与攻心安抚有机地统一于一体，进展神速。

南中平乱之胜利，除蜀汉上下一心，将士奋战等因素外，也有历史的、经济的、文化的多种原因。首先，南中地区与巴蜀内地同属一个大经济区，同在古"西南夷"文化系统范围内，两大区域之间本有极密切的内在联系。其次，是秦汉以来中央政府持续开发西南的结果。如移民、交通建设（秦修的"五尺道"这次便是行军路线之一）、对少数民族的各种教化等，都有漫长的历史基础。战争的性质是蜀汉内部中央与地方、统一与分裂的战争，是蜀汉政府在本国领土上平息叛乱、捍卫统一的战争。南中一战保卫了历史上开发西南民族地区的成果，同时也进一步促进了西南地区的开发。

南中平定后，诸葛亮处理了善后事宜，包括以下几条：

第一，吸取西汉"众建诸侯分其力"的经验，把南中大郡分割为小郡。首先是改益州郡为建宁郡。又分割建宁、永昌、越嶲三郡，另置云南郡。《华阳国志》卷四《南中志》说："分建宁、越嶲置云南郡。"《三国志》卷三三《蜀志·后主传》说："三年春三月，丞相亮南征四郡，四郡皆平。改益州郡为建宁郡，分建宁、永昌郡为云南郡，又分建宁、牂柯为兴古郡。十二月，亮还成都。"云南郡辖县有遂久（原属越嶲）、姑夏（原属越嶲）、蜻蛉（原属越嶲）、云南（原属永昌）、叶榆（原属永昌）、邪龙（原属永昌）、弄栋（原属建宁）。又分割建宁、牂柯置兴古郡。滇南、黔南一带，民族势力犹强，从西汉以来便时叛时服，新置二郡以加强统治。建宁郡是雍闿、孟获的老

[①] 持东渡说的主要有《水经注》卷三七《叶榆河》。持西渡说的主要有梁元帝《金楼子·杂记》，洪迈《容斋随笔·初笔》卷四，樊绰《云南志》卷二，张道宗《纪古滇说》，诸葛元声《滇史》等。二说差别甚大。究其原因，或与蜀汉军渡泸渡口本不止一处、一次有关。

[②] 《三国志》卷三五《蜀志·诸葛亮传》注引《汉晋春秋》《费诗传》《后主传》等。

巢，这次叛乱的中心，分割最细，朱提郡未卷入这次叛乱，未分割。

第二，大量起用土著大姓。史载诸葛亮平定南中后，"皆即其渠率而用之"，即用当地土著大姓和民族酋首为官。有人劝谏，反对这样做，诸葛亮就分析道：如果留外地人在南中当官，则必须留下大量军队，粮草供应困难，这是一不便；当地民族这次战败，其父兄死伤，留下外地人而不留下军队，必成祸害，这是二不便；又当地民族本常有废杀君长酋首之举，留下外地人当官，他们也终不会相信，这是三不便。并说这样做的目的是欲图不留军队，不运粮草，而达到纲纪粗定，"夷"汉相安的目的。

当然，并非所有在南中为官的都是南中土著，也有一些外地人，但这些外地人又多以巴蜀籍为主。用民族首领和土著大姓为地方官的政策，不仅在南中地区执行，在其他少数民族聚居地区也曾执行。

第三，征调南中兵壮入蜀。南中民族当时几乎无正规的军队，平时生产，战时打仗，是每个男子的责任。蜀汉政府征调滇池等地的南中劲卒"青羌"万余家入蜀，以其青壮为军队，组成骑兵五部，所当无前，号称"飞军"。据载，王平任参军时，曾"统五部"①，即为该军首领。朱提大姓孟琰（即孟炎），也曾率领南中部曲万余家入蜀，参加诸葛亮北伐之役。孟琰官至虎步监，辅汉将军。蜀汉时期，还抽调过"五溪蛮"、賨人、叟人青壮组成军队。《后出师表》说："賨、叟、青羌……此数十年之内所纠合四方之精锐。"调移少数民族兵壮为政府所用，可谓一举两得，一是削减了民族、边远地区的土著势力，二是增强了政府军队的战斗力、补充了兵源。

第四，鼓励大姓役属少数民族。南中大姓是"夷化"的汉人豪族。这次叛乱，以他们中的一部分人为骨干；平定叛乱，也以其中一部分人为骨干。蜀汉政府要治理南中，还要依靠他们。诸葛亮把少数民族中一些较"羸弱"的部族分配给焦、雍、娄、爨、孟、量、毛、李等大姓为部曲。一些民族不愿宾服大姓富豪，蜀汉政府就劝这些大姓用金银财帛"聘策"，规定部曲多者可世袭为官。当时许多大姓、官吏都拥有大量"夷"、汉部曲。如在昭通后海子发现的东晋霍承嗣墓壁画中，便有"夷"、汉部曲侍卫墓主②。该政策鼓励大姓建设边区，他们受爵为官后，也就转变为政府可以利用的力量。

---

① 《三国志》卷四三《王平传》。
② 《文物》1963年第9期，第66页；第12期，第1页。

第五，作"图谱"等，从思想意识方面加强教化、统治。

第六，发展生产和征收赋税。蜀汉政府注意在南中发展农业，土著民族中至今传说诸葛亮教其务农、种谷。《三国志·后主传》说："南中平，军资所出，国以富饶。"过去，秦汉政府开发边区时，多贵义贱利；蜀汉开发南中，诸葛亮等追求的目标却较现实、灵活，与秦汉政府有明显的不同。

第七，加强武力控制。南征前，已置庲降都督，掌南中军政。平定后，又加强了该机构。先后任过庲降都督的有邓方、李恢、张翼、马忠、张表、阎宇、霍戈、杨戏等，另设有副贰、护军等职。都督府掌握有一支部队。平乱军刚回蜀，便出现"南夷复叛，杀害守将"，蜀汉政府派李恢再往"锄尽恶类，徙其豪帅于成都"。建兴十一年（233），南中豪族刘胄反，扰乱诸郡，都督张翼镇不住，另派马忠替之。大军很快平叛，斩刘胄。诸葛亮之后，也时有战事。如霍弋领永昌太守时，以偏军攻打"数为寇害"的永昌叛乱部落[①]。

综上所述，秦汉三国时期，巴蜀地区政府与当地民族的关系和民族政策可分为以下四大阶段：（1）秦统一巴蜀后，在巴蜀地区执行了不同于秦本土，也不同于其他地区（指秦在统一六国的进程中，攻占的其他地区）的怀柔政策，政府与当地民族的关系，除蜀族一支以外，总的说来一直较好。（2）秦的民族政策大体上为西汉政府所继承，西汉早中期，政府与西蜀民族的关系比较好。总的说来，秦及西汉早、中期，在巴蜀的民族政策处理得比较成功。（3）西汉晚期至东汉时期，政府与西蜀民族的关系开始恶化，时有暴动与镇压；迄王莽时期，发展到高峰，官府从外地调集了大量军队来西蜀镇压民族暴动。东汉时期，官府取消了过去在民族地区的种种优惠，民族矛盾较为激化，民族暴动不断发生。（4）三国时期，蜀汉政府总的说来民族关系处理得比较成功。

第三节　经济、文化与民俗

一、巴蜀各民族经济概况

从经济文化的角度看，在秦统治期间，秦、中原文化为巴蜀民族经济注入

---

① 《三国志》卷四三《李恢传》、卷三三《后主传》、卷四三《马忠传》、卷四一《霍峻传》。

了新鲜血液，在一定程度上刺激了民族经济的发展。如农耕民族开始牛耕和使用铁农具，变化甚大。交通方面，开始普及马车，传统的皮舟、独木舟减少，船舶增多。桥梁方面，溜索、索桥减少，木桥、石桥增多。一些传统工艺如冶铜、制玉、制陶、漆器、丹砂等，在外来因素的刺激下，较以前更有明显发展。

秦至三国期间，巴蜀各族经济发展水平不一，差别较大。

以成都平原而论，在秦统治蜀地的初期，广泛分布的土著民族（主要是氐人）仍呈部落经济特征，至秦末汉初，平原地区的部落经济多趋于解体，家族经济、个体家庭经济有了较大发展。但在川西高原，传统的部落经济仍基本不变。在长期的实践中，氐人还逐渐形成了自己的水利建设体系。李冰修建都江堰时，氐人巫师杨磨等曾率部协助①。都江堰的布局和一些具体工程、技术特征，都在很大程度上反映了当地氐人的水利建树。当时氐人中阴阳五行学说、天文学、针灸及草药等皆较发达，成为秦汉时期当地汉移民的一个重要知识来源。成都平原岷江西岸（右岸）地区（包括今都江堰市河西、崇庆、大邑等），过去是邛、笮等土著民族活动区域，兼营猎、牧、农；农业生产水平长期停留在刀耕火种、广种薄收阶段。自秦"分穿羊磨江"和"导文井江"后，加之铁农具普及，农业发展极快。古籍载江原县"小亭有好稻田"、青城山脉"山上有嘉谷，山下有蹲鸱，即芋也"。山上产谷，即已开有梯田；山下种的芋，虽是旱地作物，也特喜湿润，须经常浇水。史载卓氏迁蜀，主动要求去临邛，原因是"闻汶山之下沃野，下有蹲鸱，至死不饥"。可见这一带的农产品秦时已闻名巴蜀内外。

分布在川东北、川东的"板楯蛮""廪君蛮""五溪蛮"等，在秦汉三国时期，经济生活皆农牧渔猎并重。坝区、谷地种植水稻等，浅山地带多种杂粮。广大山区长期处于刀耕火种（所谓"畬田"）、广种薄收的阶段。秦昭王复"板楯蛮""顷田不租"，不仅反映出他们也从事农业生产，同时还说明他们的农业生产技术水平比较低下。农业以旱地作物、广种薄收为主。牧业系小规模的定居放牧，以牛羊马为多。渔业、狩猎在整个经济生活中略重于蜀人，仍有数量可观的专业猎户。该区山高林深，动物资源十分丰富。"廪君蛮"以虎为图腾，"板楯蛮"以打虎为业，从不同角度表现了他们的狩猎生活。该区江河千支百脉，皆为长江水系。北部主要有嘉陵江及其支流东河、西河、南

---

① （晋）常璩：《华阳国志》卷三《蜀志》。

江、通江、州河及它们汇集的巴河、渠河；东南部主要有乌江，它们从不同的方向汇入滔滔长江。众多的江河，为发展渔业经济创造了条件。这一地区主要是从江河中捕鱼，很少人工养鱼。

秦汉三国时期，盆地南部僰人地区以农为主，兼行渔、猎、牧等。除个别平坝地区外，多处于刀耕火种阶段。以荔枝为代表的园植业相当发达。《齐民要术》说：犍为僰道南广，荔枝肥时百鸟肥，率生稻田间。本区有大小河流溪涧数百条（均属长江水系），形成河网；山丘树林中动物鸟禽资源极为丰富，渔猎经济在秦汉时期仍起着重要作用。另一特征是以荔枝为代表的园植业特别发达。《元和郡县志》卷三一说："僰道县……出荔枝，一树可收一百五十斗。""南溪县……多荔枝。"《太平御览》卷一九七引《郡国志》说："西夷荔枝园……多以荔枝为业，园植万株，收一百五十斛。"表明以荔枝为代表的园植业在该区经济中占有重要地位。秦汉间，由蜀道通滇的"五尺道"便从僰道开始。鉴于该区位于巴、蜀与滇、夜郎等地之中的位置，在经济、文化交流中起着过渡地带的作用，从汉武帝时期开始，在开发"西南夷"的过程中，又起着前沿阵地的作用，促使其商业发展较快。该区普遍存在的崖墓雕刻和其他文物资料，也从不同角度反映了当时的经济发展水平。

邛人集中分布的安宁河流域，以"四季无寒暑"著称，适宜稻作农业。从当地的秦汉遗址和大石墓资料看，邛人主要是坝居、濒河居、低谷浅山居住民族；以稻作农业为主，长期定居（几代人才能葬满一座大石墓），部落制度一直居统治地位（大石墓的丛葬制度，显示出部落成员生死与共的意识），尚未产生明显的私有观念和等级制（无个人随葬品，酋首与普通成员同葬一墓）。

川西北高原为氐羌民族分布地区，《后汉书·南蛮西南夷列传》说汶山有"六夷、七羌、九氐"，其王侯颇知文书，众皆依山居止，累石为室，高者至十余丈，为邛笼。可见该地羌人部落甚多。在秦汉时期以牧为主，所产牦牛、犏牛、马、绵羊等长期运销巴蜀内地。司马迁、班固都认为这是巴蜀"殷富"的原因之一[①]。该区主要是定居牧业，又适当发展农业为辅助。《汉书·南蛮西南夷列传》说：该地"土地刚卤，不生谷粟麻菽，唯以麦为资，而宜畜牧"。另外，狩猎经济也占有一定地位。当然，民间经济、文化交流却始终存在。所谓"故夷人冬则避寒入蜀为佣，夏则违暑反其邑"，便是其一。

---

① 《史记》卷一一六《西南夷列传》；《汉书》卷九五《西南蛮两粤朝鲜传》。

川西南筰人、青衣分布区，为横断山脉的北翼部分，地表多呈破碎状，崎岖起伏，山高大谷窄深，岭谷高差多在2000～3000米以上，是全国地表起伏最悬殊的地区之一。这种地理条件适宜部落各占一山，割据一方。在民族分布上，呈大杂居、小聚居。这里更多的是依靠易守难攻的地形来进行防御。该区呈山地垂直气候。相当多的坝区年降水量在1100毫米以上，适宜发展农业。筰人一般依山而居，半农半牧。牧业一般为定居性放牧，为季节性、小范围游牧，主要牧养牦牛、羊、马等。山地多刀耕火种，农作物以荞、麦子为主，坝区则产水稻等。该区地处亚热带，森林覆盖面积大，动物、鸟兽资源丰富，狩猎经济与农、牧同等重要，采集经济也起着辅助作用。

二、手工业生产概况

秦入巴蜀后，巴蜀各族在经济领域中的一大变化便是开始使用铁器。在此之前，该地区的铁器量少质劣，且多为铜铁合铸；冶铁尚未发展为单独的手工业部门。秦入蜀后，冶铁业发展极快，蜀郡临邛为当时全国最大的冶铁生产基地。它能迅速发展的重要原因之一便是大量使用"西南夷"奴僮作业，劳动力极廉价。当时，以卓氏、程氏为代表的蜀地冶铁家，其产品运销西南各民族地区，即"倾滇、蜀之民"，"贾椎髻之民"。在这些民族地区，往往发现与巴蜀内地铜器造型一致，或基本相似的铁器，如剑、矛、削、刀、带钩等。这反映了巴蜀普及铁器初期阶段，注意用廉价的铁仿制品取代昂贵的铜器。许多在巴蜀内地考古发掘中常出土的铁器品钟，在上述"椎髻"之地也有大量发现，如鍪、斧、凿、三足架、铲、斤、锥、锤、钻、剪、夹、镞等。一些铁器，当时在巴蜀内地缺少市场，在民族地区却能畅销。

值得注意的是，在普及铁器的过程中，当时巴蜀各族对此新事物的态度并不一致。有的地区接受快。从考古资料看，在巴蜀一些民族地区，有些铁农具的普及时代甚至可能略早于巴蜀内地。如岷江上游地区，在石棺墓中发现的铁农具有镰、斧等，时代为战国晚期至汉初。又如近年在理县秦至西汉初期石棺中，发现大量釜、鍪、三足架、斧、锸、镰、铚、凿、锥、削、刀、剑、镯等铁器。其中，有由蜀郡内地输入的，也有本地生产的。其品种、数量之多，即使在蜀郡内地也罕见。这与川西高原地区原青铜文化较落后，接受新事物的阻力较小有关。相对来说，川西南邛人对使用铁器的态度便要迟缓一些。从其大石墓资料看，该地在秦及西汉时期才出现一些小件铁器，如削、镰、耳环、指环等。西汉晚期，该地汉移民中已很流行铁兵器和铁工具，但在土著民族中，仍主要使用铜器。至东汉初，该地土著民族中一般兵器、工具才被铁器取代。这表明当地民族使用铁器，乃是汉文化影响所致，铁器出现之初，该民族文化曾予以抵制。该地东汉铁器仍缺乏地方风格，主要是蜀郡传入。

大量考古发掘资料证明，西汉中期以降，四川民族地区的铁器一度减少，一些过去曾用铁制造的器具又转而用铜。它反映出武帝抑商政策对蜀私营冶铁业的摧毁性打击，也反映出代之而起的蜀地官营冶铁业不再把周边民族地区作为经销对象。至东汉时期，蜀郡私营冶铁业复兴，产品再次行销周边民族之中。目前在今西昌、阿坝等地，已多次发现铸有"蜀郡"铭文的铁锸。

秦汉三国时期巴蜀地区的冶铜业，也有相当多的产品出自世居民族之手。秦及西汉早期，有一类极具地方特色的作品，俗称"巴蜀式"铜器，如容器鍪、釜、甑、壶、尖底盏，兵器如"烟荷包式"钺、"柳叶剑"，各种带"巴蜀符号"的矛，乐器如编钟、錞于、钲以及各种"巴蜀符号"印章等，它们主要由基本是土著民族的作坊生产。现已发现的"巴蜀符号"中，有许多符号是私营作坊的标志。它们反映出在这一时期，巴蜀各地土著民族都有一些冶铜作坊，不仅可制造各种容器，也可自由地制造兵器。

在川西南今西昌、攀枝花市一带，当地土著民族使用的铜制品主要有发钗、飞刀、剑等，型制特殊，不见于外地，为当地制造无疑。各种铜器器形复杂，纹饰多变，表明当时该地土著民族制作铜器的小型作坊甚多。

川西高原今阿坝、甘孜一带，秦汉三国时期冶铜业发展水平高低不一。从大量的墓葬出土资料看，当时该地区铸造的兵器和饰件，颇具民族风格。在秦统治时期，该地区少见铜容器。冉䮚、笮人、青衣的冶铜业一般为锻打而少铸造。其兵器几乎全是剑、刀、匕首等短兵器。至西汉早期，岷江上游地区出现大量"巴蜀式"青铜容器，系川西平原输入品[①]。说明当时该区的铜器制造多为小件锻造。当时该地区所用铜料，可能系外地输入。该地区大量引入"巴蜀式"铜器这一事实，反映了较先进的"巴蜀文化"对当地高原民族文化的影响。

至西汉中期，在巴蜀内地各种具有传统地方民族风格的产品大幅度减少，

---

① 四川省文管会、茂汶县文化馆：《四川茂汶羌族自治县石棺葬发掘报告》，《文物资料丛刊》第7辑；《四川理县佳山石棺葬发掘清理报告》，《南方民族考古（第1辑）》，四川大学出版社1987年版。

有的器类甚至基本消失。迄至西汉中期，巴蜀内地（主要是盆地内）世居民族文化面貌发生了一系列重要变化。如原该地区流行的一整套富有地方特征的器物，俗称"巴蜀式"铜器，都先后发生了重大变化。"烟荷包式"铜钺，至秦末汉初基本消失；"弓形耳"长骸（铜矛）、短骸式铜矛，至秦末已少见，至汉初绝迹；虎纹铜戈，至秦末已基本消失，至汉初绝迹；柳叶形青铜剑，秦入主巴蜀后，形制渐变，至秦汉之际完全被中原式剑取代。尖底尖顶盏形器，战国中晚期之际在蜀中还盛行，迄秦入蜀后便骤然消失了。铜鍪，至秦末汉初大量减少，至西汉中期后基本不见[①]。这些看似零星的变化，实际上反映出文化发展的必然，揭示了巴蜀内地先秦时期的传统民族文化正在改变。

秦汉三国时期，巴蜀民族的制陶业总的说来相当发达，其中最有代表性的器物便是川西高原上普遍流行（出土数量最多），冉駹、笮人、青衣各部普遍使用的大双耳罐。其双耳特大、颈小、口小、腹大、底大。这些特征与该地区习惯吊烧、吊煮食物有关：耳大，方能承受吊重，腹大底大，受热面积才大；颈、口小，散热慢，在寒冷的高原地区有利于保温。其他陶器甚多，如1973年在茂汶城关清理石棺墓46座，出土陶器260件，超过铜、铁器的总和，1984年在理县佳山清理石棺墓15座，出土随葬品369件，其中陶器201件，而铜铁器只有79件。这些反映出陶器在该地区人民生活中的重要位置。这一时期，岷江上游地区陶器基本上是泥质陶，灰陶占绝大多数。当地土壤一般系红土，用红土制陶，火候必须适当控制，陶色才能转灰。该地带陶器轮制为主，仅少数特殊器物用手制。常见器物有圜底罐、双耳罐、单耳罐、高低耳罐、双系罐、鼎、盆、碗、豆、瓮、网坠等。从出土情况看，一般女性墓中随葬陶器，男性墓中随葬兵器。自秦入巴蜀后，该地带的器物中，铜器与铁器往往具有较多的外地文化因素，但陶器的变化却较小。在出土陶器上，发现有一些刻画汉字，说明秦汉政府统治该地后，该地民族已学习、使用了汉字，这对《后汉书·南蛮西南夷列传》载汶山民族"其王侯颇知文书"的记载也是有力的印证。在大渡河——青衣江流域，这一时期的陶器手制器比例稍大，陶质陶色以泥制红陶、粗砂红褐陶、灰陶为主，另有少量黑陶。该地有三足和四足的双耳罐、以铜泡装饰的陶器，不见于外地，极具地方特色。

秦汉间，巴蜀一些民族地区也初步掌握了玻璃（或称琉璃、烧料、料器）

---

① 详见罗开玉《晚期巴蜀文化墓葬初步研究》，《成都文物》1991年第3、4期。

制造技术。近年在这时期的遗址、墓葬中曾发现了不少这方面的实物。如巴县冬笋坝船棺中，出玻璃管9根，长2厘米左右，径0.6~0.8厘米，呈天蓝色，表面不显光泽；出玻璃珠两颗，圆形有贯孔，径约1厘米，蓝底色嵌黄，白色旋丝纹，质料不纯细，表面不光泽。在涪陵小田溪土坑墓中，出土琉璃珠8枚。其中两枚淡红色，鼓形，有穿孔，六枚深蓝色，不透明，近球形，有孔，圆面有大小不等凹窝纹9个[①]。

近年在理县佳山寨的这一时期石棺墓中，也发现大量玻璃器，主要是球、珠等装饰品。有的一墓就出土珠子72颗，还有30多颗的。当时是把这些珠子用线穿串戴在脖子上的。

1977年在犍为县发掘了一批这一时期的土坑墓，出土琉璃管3件，均为小竹管状，表面呈粉绿色；出土琉璃珠1枚，算盘珠状，玉兰色，上有深蓝色与白色相间的旋丝纹；特别值得注意的是，该墓群中还出土了有"巴蜀符号"的琉璃印章，乳黄色，圆印面，背面为一鹰嘴形纽，印纹为阴识之花蒂纹；在该墓地的另一座墓中，还出土一琉璃印章，印面纹样为四叶纹[②]。此二印烧造于巴蜀无疑，并当出于土著民族的工匠之手。这证明在秦汉之际，巴蜀民族地区确已能制造玻璃器。

武帝时期，巴蜀土著民族中的私营工商业者多被取缔，陶、铜、铁器上的"巴蜀文化"特征随之消失。

三、日常生活概况

秦汉三国时期，巴蜀世居民族在服饰、发式方面，较大的特征是"左衽""披发""椎髻"。氐羌系冉駹、筰人、青衣等多为披发，多以动物皮为衣，左衽，衣摆较宽。从这一带普遍流行的石棺葬的随葬品看，部落成员中已出现了私有观念，已流行把生前拥有的贵重器物随葬墓中，但贫富分化不显，等级差别不是太大。在纺织方面，川西高原氐羌系民族，主要以毛织品著名。《后汉书·南蛮西南夷列传》说，冉駹人能做旄毡、斑罽、青顿、毞毲、羊羧之属。这些毛织品除当地人自用外，还交换到内地。内地较高档的毡帽、地

[①] 四川省博物馆编：《四川船棺葬发掘报告》，文物出版社1960年版，第80~81页；张才俊：《四川涪陵小田溪四座战国墓》，《考古》1985年第1期，第17页。
[②] 王有鹏：《四川犍为县巴蜀土坑墓》，《考古》1983年第9期，第783页。

毯等，多用其原料制成。川北及川东北的賨人的"賨布"，也很有名。賨布即稯布，同音异写，秦汉时期俗称麻缕80根的布为一稯（棕）。賨布，也指其幅面上仅有80根麻经。巴地的一些山区民族除用此作衣料外，还将它用作商品交换，或给政府上税的一般等价物。该布幅窄而粗，在当时显得很特殊，时人又俗称制造、使用该布的"板楯蛮"为"賨人"。此外，巴蜀南部某些边地已开始用棉花织布，这就是古籍中提到的"橦花"。左思《蜀都赋》说蜀地："布有橦华，面有桄榔。"《蜀中广记》卷一○一："汉女输橦布。"李周翰曰："汉女，蜀之美女也。《汉书》曰：秦置黔中郡，汉兴令大人输布一匹，小口二丈，是谓賨布，即今橦花布也。"这一时期，巴蜀南部的一些民族已能生产一种"阑干细布"的苎麻织品，一些民族则已掌握了"阑干斑布"的蜡染技术。僰人发饰流行"椎髻"。部分支系在举行成年礼时有打牙的习俗。居住习俗有寨居、洞居、濒水居等。

在饮食方面，川西高原氐羌系民族普遍以牦牛、犏牛、马、羊、小麦等为食。

巴蜀古氐羌系的先民，在饮食领域的一大贡献，便是在全世界最先发现，开始茶的栽种和饮用。成都平原西、南部山区，为我国最早栽茶和饮茶的地区之一。我国的栽茶和饮茶很可能就发源于此。这里的世居民族，即氐人或筰人便是最先种茶和饮茶的民族。秦汉时期，蜀人又称茶为荼（音茶）、葭萌、蔎、诧、荈诧、茶荈；外地人称其为茗、蔎等。顾炎武曾考证出：秦人伐蜀以后，始知茗饮事①。秦入巴蜀后，巴蜀的种茶技术才开始外传。当时巴蜀人饮茶，先烹煮，表明它最初是从草药发展而来，即它是从氐、筰先民的医术或巫术发展而来。在秦汉的种茶和饮茶者中，土著民族占了很大比例。川东巴人、川西氐人，当时已饮茶成俗。川南僰人，也以产"香茗"闻名。扬雄《方言》说"蜀西南人谓茶曰蔎"，或指今四川西昌、攀枝花一带的邛人。

在盐业方面，巴蜀的井盐闻名遐迩，其产品大量输出到周边民族地区。在民族地区，越巂郡的定筰及汶山郡等边地亦大量产盐。定筰有著名的盐池，当地民族把盐水浇在柴薪上，然后焚烧，边烧边浇盐水，最后在炭灰中取盐，行销于周围民族之中。汶山郡则主要以咸土、咸石煎盐，亦基本满足了当地百姓和牲口之需。巴地盛产盐，巴人先祖中有"盐水女神"的传说，可见其发展与

---

① （清）顾炎武：《日知录》卷七。

盐业关系甚紧①。《华阳国志》卷一《巴志》说："临江县，有盐官，在监涂二溪；朐忍县，西二百九十里……木盐井；汉发县，有盐井；南充国县，有盐井。"

巴蜀酿酒历史悠久。秦汉时期，人口剧增，交通改善，市场空前扩大，酿酒业又有了很大发展。秦昭王时，活动在川北的"板楯蛮"，以善酿"清酒"闻名。当时蜀地不仅一般官吏、百姓，即使奴僮，也普遍饮酒。王褒《僮约》曾严格限制奴隶"欲饮美酒，才得染唇渍口，不得倾歪覆斗"。

僰地还酿制一种枸酱，销至南越等地。主要农产品有小麦、豆类和水稻等粮食作物，经济作物有茶等。该地水果丰富，《华阳国志·蜀志》说：僰道县"有荔芰、姜、蒟"，"江阴郡……有荔芰、巴菽、桃枝、蒟、给客橙"。

在居住方面，邛笼是秦汉三国时期巴蜀民族较有特色的建筑之一。《后汉书·南蛮西南夷列传》说："汶山有六夷、七羌、九氐……众皆依山居止，累石为室，高者至十余丈，为邛笼。"这种建筑的产生，首先与该地"六夷、七羌、九氐"杂居有关，可能彼此械斗，才产生了这种坚固高大的石质邛笼楼房来防御他族的袭击。这种建筑，以川西北汶山地区最多。在川西南高原，便要相对少一些。川西南地区包括大渡河以南的金沙江及雅砻江下游、安宁河、黑水河、西溪河等流域的山川都作南北纵向，东西横向交通被切断，故称横断山，是整个西南地区横断山脉的北翼部分。该区山脊海拔均在4000～5000米以上，地表多呈破碎状，地形崎岖起伏大，山高大谷窄深，岭谷高差多在2000～3000米以上。这种特殊的地理条件，适宜部落各占一山，割据一方。川西南和整个西南一样，是民族杂处地区，呈大杂居、小聚居。各族间鸡犬相处一地，而老死不相往来。当地民族更多的是利用山势险峻所具有的防御功能。

川西高原的笮桥可谓一大特色。所谓笮桥，以多根竹索搭于江河两岸，竹索上平铺并固定木板，可行人、畜，风吹便摇，然牢固有余。《元和郡县志》卷三三说："凡言笮者，夷人于大江水上置藤桥，谓之笮。其定笮、大笮，皆是近水置笮桥处。"这种桥很适宜西南地区山高谷深水急，一年四季水流量流

---

① 《世本·氏姓篇》载（廪君）乃乘土船从夷水至盐阳。盐水有神女谓廪君曰："此地广大，鱼盐所出，愿留共居。"廪君不许。盐神暮辄来取宿，旦即化为飞虫，与诸虫群飞。掩蔽日光，天地晦冥，积十余日。廪君不知东西所向，七天七夜。使人操青缕以遗盐神，曰："缨此即相宜，云与女俱生，宜将去。"盐神受而缨之。廪君即立阳石上，应青缕而射之，中盐神，盐神死，天乃大开。

速变化甚大，木桥或石桥的基础易被淘空冲毁，即难以立桥墩的地理特征。它比外地的拱桥或有桥墩的平桥更简便易行，灵活安全。不利之处是其使用时间甚短，在使用竹索的时代每年必岁修，使用铁索后每过几年仍要大修。此外，在江河较宽阔、平缓地区，还流行以皮舟渡河。

秦汉三国时期，巴蜀民族婚姻状况差别甚大，同时存在着以父系为主的婚姻和以母系为主的婚姻。川北"板楯蛮"是以父系为主的婚姻。秦时，政府对一般人是按人头征收赋税，但在与"板楯蛮"订立盟约时曾专门规定"十妻不算"[①]。当时称人头税为"算"，又称"口算"。即规定板楯男人即使有十个老婆，这些老婆也不交人头"算"钱。这一条既然要专门订出来，可见其具有普遍性。它表明"板楯蛮"实行多妻制，一般男人都有众多的老婆。再结合"板楯蛮"在秦汉时期战事甚多、而战斗力又相对较强的背景看，可以推定，"板楯蛮"流行抢婚、转房、兄终弟继等婚姻。他们对外战争的一个重要目的便是抢夺妇女。与此同时，在川西高原却流行以母系为主的婚姻。《后汉书·南蛮西南夷列传》说汶山"六夷、七羌、九氐"各部"贵妇人，党母族"。在这一地带极流行的石棺葬中，皆单人葬，一人一棺，看不到夫妻合葬、婢妾殉葬的现象。它反映出的婚姻状况应是类似于"阿注"婚，男方晚上到女家过夜，白天回自己部落生产生活，小孩属女家所有。"阿注"可随时离散。另外，先秦时期，即使在成都平原中的世居民族中也缺乏中原地区那种"从一而终"的妇德、妇道观念。汉武帝后，儒家"夫为妻纲"的伦理观念传入，在巴蜀内地一些汉化较显的地区，至东汉时已普遍形成"少则为家之孝女，长则为夫之贤妇，老则为子之慈亲"的系统理论。

秦汉三国时期，巴蜀世居民族丧葬习俗五彩缤纷，考古资料极为丰富。秦入巴蜀后，许多传统葬俗继续流行，如盆地内的船棺葬，成都地区少数瓮棺葬，巴人峡江地区崇尚崖葬，涪陵巴王族实行土葬，川西高原石棺葬，川西南地区大石墓等，又继续流行了相当长一段时间后，才逐渐消失。羌人流动性较大，主要实行火葬。氐人部分支系亦实行火葬。

秦入巴蜀后，盆地内土著民族的土坑墓演变的总趋势是长度缩短、宽度加大，长宽比例逐步缩小。战国中期，巴蜀土坑墓的长宽比例一般在5∶1~4∶1。秦统治巴蜀期间，土坑墓的长宽比例缩为4∶1~2.5∶1，如巴县冬

---

① （晋）常璩：《华阳国志》卷一《巴志》。

笋坝和昭化宝轮院的二十座狭长土坑墓，长在3.5~5.4米、宽在0.87~1.7米，而稍晚一点的十三座长方坑墓，长2.1~3.7，宽1.18~1.66米，长宽比例又缩为2∶1左右；到西汉初期，长宽比例又缩为2.2∶1~1.4∶1[①]。这种变化，反映了秦、中原墓葬习俗对巴蜀土著民族的影响。

战国秦汉时期，巴蜀部分墓葬还以独特的葬具船棺而具有特色。秦入巴蜀后，船棺也发生了重要变化。战国早期的船棺，形状与西南地区原始的独木舟相似，在战国中期演变为与木槽相似。秦统一巴蜀后，船棺在盆地内世居民族中仍然流行，其主要分布区域包括成都平原和川北广元等地，即在氐人和賨人集中分布区都有大量发现。四川船棺迄西汉初期才基本消失，究其因或与民族意识的变化、铁锯的普及和平原附近地区大楠木的减少等因素有关。

秦汉时期，巴蜀的崖葬可分为土著系统的崖穴葬和汉系崖墓。崖穴葬指利用自然山洞、崖壁、崖穴而葬，主要集中在峡江地区，其他地区也有。木棺一般为独木挖制，与同期盆地内的"槽式船棺"相似，但要小得多、轻得多。置于山洞、崖洞者，一般是一洞置数棺；置于断壁上者，往往一处置数十棺，可能是家族或部落的墓地。这类墓随葬品普遍较少，一般两三件，且不太贵重。这说明当地民族中，当时贫富分化尚不突出。从有关资料看，墓主系当地苗瑶系统民族。

秦汉时期，在川西高原冉駹、筰人、青衣分布区，石棺葬是一种主要墓葬。其基本特点是用石板或小石块砌墓室，在葬法上以一次葬为主，少数二次捡骨葬，或火葬后捡骨葬；几乎全是单人葬；一般都不再使用其他葬具，直接置尸于石棺中；除个别外，绝大多数无封土堆。岷江上游地区石棺一般棺内无底板，没有封土堆。在甘孜、盐边等地，石棺墓或有底板。从随葬品的种类可以看出，该地男女之间有比较明显的分工。女性墓中多纺轮、容器，男性墓中多兵器、工具；女性多从事室内劳动，男性多从事野外活动。从随葬品的数量、等级看，男女的社会地位无明显悬殊，大体相当。从岷江上游石棺墓出土文物看，该墓地文化内涵与巴蜀文化关系特别密切。该墓地出土的铜釜、铜鍪、铜盘、铜钺、桥形铜币、银饰、铁刻刀等器物，与巴蜀文化的同类器物相同或相似。或系由巴蜀内地购入，或系由巴蜀工匠到此地制造。总之，两地的文化联系甚紧。与巴蜀内地相比，该墓地出土铁器的种类多、数量多、时代较早。

[①] 四川省博物馆编：《四川船棺葬发掘报告》，文物出版社1960年版，第11~30页。

川西南的大石墓,一般认为系邛人的墓葬。这类墓,早在东晋、宋代便有人作过述录[1],南齐时曾遭大规模盗掘[2]。大石墓的科学发掘工作,始于20世纪70年代,迄今已发掘约六十余墓。大石墓主要集中在安宁河流域,包括今西昌、普格、德昌、米易、越西、喜德、昭觉、冕宁等县。大石墓主要是利用大石筑墓。所用大石,通常重数千斤,大者逾万斤,或稍打凿加工,或直接用自然石块,皆无其他葬具,丛葬;墓室长者逾十米,短者二三米;一般建在地面上,有封土(石)堆;封土丘向后延伸出一道土埂,俗称"墓尾"。墓尾稍倾斜,可能是供建墓时搬运、翻滚墓顶大石所用。

四、信仰习俗概况

秦入巴蜀后,公元前311年改筑成都城,几次垮塌,舆论鼎沸,政府即请土著巫师以"神龟卜址法"选择城址,实际上承认了土著巫术的合法性[3]。

古代巴蜀文化的特征之一,便是野祭,即祭神于野外丛林之中、坟墓之旁、山洞之中,基本不庙祀。李冰任蜀守时,用氐人巫师杨磨领导族人开凿羊磨江,又在岷江江边立祀三所。秦统一全国后,其中两庙得到了秦朝廷的认可,颁布了统一的祭祀级别和祭礼。秦在巴蜀的统治者每年要定期前往祭祀,西汉时期,蜀郡地方政府仍经常派使者前往祭祀。在政府的推动下,巴蜀地区的庙祀迅速普及。

僰人在文化上属于巴蜀文化系统的一个分支。近年在僰人故地的十余个点(墓地)发掘出大量墓葬,分布广泛,延续时间较长(战国中期至西汉早期),应是当地这一时期主体民族即僰人的墓葬。墓中出土的鍪、釜、斤、钺、甑、剑、矛皆为"巴蜀式"铜器,陶器釜、尖底盏等亦为"巴蜀式";在器物上还多见"巴蜀符号"。在"西僰"活动的越西,也发现了属于"巴蜀文化"系统的墓葬。上述墓葬及其出土物,表现了"巴蜀文化"中川南类型的特征,保留较多早期"巴蜀文化"因素,墓葬全系土坑墓。僰地村寨用棘条相围,一般不筑土墙。

求雨是秦汉时期巴蜀地区普遍流行的一种宗教活动。秦入蜀之初,成都附

---

[1] (晋)常璩:《华阳国志》卷三《蜀志》;(宋)乐史:《太平寰宇记》卷八十。
[2] 《路史·前纪》卷四:"永明二年,萧鉴刺益,治园江南,凿石冢,有棺无椁,得铜器数千种。"
[3] 《太平御览》卷一六九引《九州志》曰:"益州城初累筑不立,忽有大龟周行旋走,因其行筑之,遂得坚固。故曰'龟城'。"

近的氐人普遍认为在成都庙祀的蜀侯恽能兴云致雨，官吏百姓常往祭祀。相传东汉赵瑶担任阆中（賨人中心）县令时，遇旱，赵瑶求雨于灵星，即时大雨。东汉时期，一年蜀地大旱，广汉太守祈祷于山川之神，仍不降雨，郡五官掾谅辅在府廷院中堆柴积薪，裸身欲自焚请雨，过一会儿就下了一场大雨。剥开此事的神话外衣，可能是谅辅善观天文星象，算准届时会下雨，才以此举钓誉。

当时还流行求子、求偶、求官、祈风调雨顺及祈庄稼丰收、六畜兴旺等宗教活动。

秦汉三国时期，巴蜀民族地区盛行占卜。（1）龟卜。《异物志》说：涪陵多大龟，其甲可以卜，这是以龟壳占卜。当时还流行以活龟占卜，称其为"灵龟"。土著选择城址、寨址、房址时，常用"灵龟"卜。（2）占书。纸签上书写占语，通过一定仪式后抽签卜凶吉，至迟在西汉末年已流行于蜀中。公孙述的最后一战，便因抽签得"虏死城下"语而出战，结果自己死于城下。（3）灵钗。以一种大龟壳边缘做成的发钗，俗称"灵钗"。当时涪陵一带巴人妇女多用此压发避邪[①]。

秦汉时期，生活在成都平原的土著蜀人中，还流行一种"送魂"仪式。他们认为自己的老家在川西高原，人死后应把灵魂送回那里。"送魂"途经汶山的"天彭门"，有谓"亡者悉过其中，鬼神精灵数见"[②]。当时土著蜀人中流行的船棺葬，与他们认为灵魂应溯江而上至故乡的观念有关。当时其他民族，包括外来移民中一般都流行各种各样的"送魂"仪式。该仪式除反映了对死者的关怀外，还反映出生者欲摆脱死者灵魂的控制、干扰的普遍愿望。这一时期，固定的"鬼域"观念已渐趋成熟，如蜀人多以川西高原为魂归之处；巴人俗好巫鬼，以丰都为魂聚之地。这种把死者灵魂固定在一个特定的区域中，不到一定节日不准其自由回家见后代的观念，也是生者、后代欲摆脱死者灵魂、前辈意志干扰控制的反映。

秦汉三国时期，西蜀民族中较流行阴阳五行观念。这在主要由成都平原氐羌民族参与建造的都江堰（秦都江堰渠首为湔氐道所在地）工程中，有较为集中的体现。大量资料表明，阴阳五行与"西戎"系统民族的原始巫术有渊源关系。蜀人属"戎"系民族，至迟在战国早中期，就已很流行朴素的阴阳五行观

[①] 《后汉书》卷八一《谅辅传》；（晋）常璩：《华阳国志》卷十。
[②] （晋）常璩：《华阳国志》卷三；左思《蜀都赋》及刘逵注引谯周《异物志》。

念。外来统治者李冰在领导蜀人修建都江堰时，也借助了阴阳五行学说。

先看都江堰的总体布局和各具体工程相互依存的关系。把都江堰工程与古代中原地区的水利工程相比，很容易看出二者的差别。古代中原地区，在传说中鲧的时代，治水以"塞"为主；到禹时代又发展为以疏为主，实行"高高下下，疏川导滞，钟水丰物"①，即视地势高低，疏导川流薮泽的积水，主要目的是防洪。这在先秦时代的中原地区，一直被视为先进的治水方法，当时的一些政治家，如周厉王时的召公、春秋郑国的子产，还主张用这种疏导方法来治理百姓。都江堰工程在构思设计上却独具匠心，自树一帜，极具地方文化特征。都江堰的主导思想是变水害为水利；都江堰工程的基本特征是"顺"水势而非逆水或阻水，主张人与自然的协和统一。主体布局特征是无坝分水、壅江排沙，因地制宜，自流灌溉；主要效能是综合利用，防洪、灌溉、水运和社会用水相结合。阴阳学的基义是物莫无合，而合各有阴阳，阳兼于阴，阴兼于阳。五行说的主旨是彼此相克、相生，互相依赖，缺一不可。阴阳五行的基本思想，是在天、地、人之间，寻出彼此的和谐和统一，而不是斗争与混乱。鱼嘴、飞沙堰与离堆的依存关系，它们与"二江"的依存关系，正是彼此相生相克、缺一不可，和谐统一的绝妙应用。古代蜀人对于世界有自己的认识。他们崇拜自然、尊重自然。这种意识反映在生产实践中，反映在治水活动中，便很强调因地制宜，循其自然。扬雄《太玄》第四说"水顺则无败，无败故可久也"。都江堰各工程大体都利用了水脉、水势以分水、排沙、飞石，这也是都江堰经久不衰的原因之一。五行说很强调循环。循环不是重复，是螺旋式的前进。都江堰工程中的"穿二江成都之中"和"穿羊摩江"，其江水皆出于江而回于江，这就是循环理论的具体应用。通过这种循环，分了岷江之洪（相克），又产生了许多新的事物，解决了灌溉、运输等一系列问题（相生）。阴阳五行说认为阳为刚，阴为柔，阴阳互生，柔能克刚。"刚柔相推而生变化"②。都江堰工程中以水排沙，壅江飞石，正是这种以柔克刚理论的具体体现。阴阳学很强调损益互变关系。都江堰鱼嘴、飞沙堰、宝瓶口所共起的"分四六"作用，即在汛期，内江引进四成水，既可防止灌区洪涝，又保证用水；当冬春岷江流量小时，内江则自动引进岷江的六成水，以满足春耕用水和水运

---

① 《国语》卷三《周语下》。
② 《周易·系辞上》。

之需，这种随季节而变化的分水功能，正是"损刚益柔有时，损益盈虚，与时偕行"①理论的体现。

在都江堰水利工程中，还有"三石人"水则，"五石犀"镇水怪，在凤栖窝埋"石马"为每年"深淘滩"标准，这些项目，颇值得注意。此三事都以石为原料。原因何在？原来，古代蜀人有崇拜"石"的习俗，甚至以石为神。时至今日，居于岷山的部分古蜀人后裔，仍保留着崇拜"白石"神的习俗。李冰造大量石神，说明他任用了土著民族的巫师、水利设计师（很可能也是巫师）来负责水利设计。需要特别讨论的是这些石神的数字。三石人，这是由岷江、外江、内江所需水则数量限制，可能并未反映什么特殊意义，"五石犀""五石牛"却反映了浓厚的阴阳五行意识②。

秦时我国度量早已发展成熟，若直接刻标尺于崖边，简单省事，又便于观察，为何去简就繁，改用石人呢？原来，古蜀人有崇拜大石、崖石的原始宗教意识。当人们看见滔滔洪水卷走房屋、摧毁村庄、刮倒大树、荡平田野，却于巍然屹立的巨石、山崖莫可奈何之时，便相信石神能战胜江神，能镇住水怪。都江堰工程中的三石人，同时兼两种功能，一是作为大堰管理的必不可少的水则，属科学性质；二是以石神镇水神，属宗教、神话性质。二者有机结合为一体，反映了我国古代文化的一个重要特征，表现了科学、神话、宗教的高度统一。这种做法，也为蜀中后人所传承。东汉时期，蜀郡官府曾刻李冰等三尊石像，并刻铭文，明确地说这些石人可以"镇水万世"。著名的乐山大佛，虽是佛教艺术的表现，但以石神镇水神的基本精神，却与李冰一脉相承，它反映了外来宗教与当地原始宗教观念的融合。

都江堰水利工程中还刻了五只石犀，置于成都和都江堰市，这也是古代蜀中科学与神话、宗教混合的产物。两千多年来，围绕着它们产生了一系列的神话传说，促成了蜀中水利科学与宗教神话同样延续、同步发展的局面。《蜀王本纪》说：江水为害，蜀守李冰作石犀五枚，二枚在府中，一枚在市桥下，二枚在水中，以厌（压）水精；因曰犀牛里。《华阳国志·蜀志》所载略异，说李冰：外作石犀五头以厌（压）水精，穿石犀溪于江南，命曰犀牛里。后转置犀牛二头：一在府市市桥门，今所谓石牛门是也；一在渊中。此事虽有"神"

---

① 《周易·损》。
② 罗开玉：《论都江堰与蜀文化的关系》，《四川文物》1988年第3期，第36页。

的成分，却实有其事。《水经注·江水》也说："李冰昔作石犀五头，以厌水精，穿石犀于南江，命之曰犀牛里。"又说"西南石牛门曰市桥，下石犀所潜渊中也"。唐岑参《石犀》一诗也说："江水初荡潏；蜀人几为鱼，向无尔石犀，安得有邑居。始知李太守，伯禹亦不如。"杜甫《石犀行》说"君不见秦时蜀太守，刻石立作三犀牛"，或与当时他只看见三石犀有关。

　　石犀为什么能镇水精呢？这与古代蜀人的意识有关。《风俗通》载李冰曾变作苍牛，与水神相斗。在他们相斗的地方，一直被称为"斗犀台"。揭开这个神话的外衣，可以看出，在古代蜀人的意识中，犀牛神可以战胜水神。西蜀土著民族本属"西戎"系统，牧牛业在生活中占有很重的地位，古来有斗牛之俗，许多部落还以牛为图腾，为神物。在当时蜀人的意识中，神牛可以战胜江神，这与南方其他以渔猎为主的地区以龙为最尊水神的文化就不同。这也是蜀文化与其他文化的区别之一。李冰造石犀压水怪的做法，与他欲利用蜀神来治理蜀人，来建设水利的整体战略有关。

　　《华阳国志·蜀志》说："九世有开明帝，始立宗庙，以酒曰醴，乐曰荆，人尚赤，帝称王。时蜀有五丁力士，能移山，举万钧。每王薨，辄立大石，长三丈，重千钧，为墓志，今石笋是也，号曰笋里。未有谥列，但以五色为主，故其庙称青，赤，黑，黄，白帝也。"蜀人尚赤崇五，在这一段文字中已基本表现出来。这在考古资料中也有反映。近年在新都发现的蜀王墓，腰坑中出器物一百八十八件，各种器物的组合数字，主要是五件或其倍数（如十件，十五件），少数是两件，不见其他组合数字[①]。这种组合显然与当时蜀中流行的阴阳五行有密切的关系。近年在阿坝汉代石棺墓出土的陶器中，发现一陶盖上有朱书"赤帝"二字，正是古蜀人"尚赤"的具体表现。

　　根据当时七国流行的五行学说，五色、五方、五德、度数等五行关系，可互配如次表：

---

① 四川省博物馆：《四川新都战国木椁墓》，《文物》1981年第6期，第1～16页。

表2-1　阴阳五行学说与朝代更替

五色	黄	黑	赤（炎）	青	白
五方	中	北	南	东	西
五德	土	水	火	木	金
度数	五	六	七	八	九
时代	虞蜀土著	秦（始皇起）	周蜀开明氏	夏	商秦

五行关系，相生相克，互为制约。从上表中很容易看出李冰以"五石犀"镇水怪的五行含义：石犀，从质料上分属"土"，"五"，从度数上看亦属"土"，从五行相克的关系看，土胜水，石神有镇水的作用。这也是都江堰工程中以"三石人"为水则，以"二石马"为"深淘滩"标准的五行含意所在。同时这又与蜀人以石为神的传统意识相统一。从五行相生的角度看，土生金，秦属金，这就暗含着蜀该归秦，秦惠王在伐蜀前，刻"五石牛"送蜀王①，正包含着这一层政治含义，在李冰时期，则暗含着秦统治蜀地的合理性。不过，当时蜀中杜宇氏王朝与开明氏王朝所奉行的阴阳五行略有小别，又互相渗透。

开明氏"尚赤"，本应以七为度数，但又以五为度数。究其因，其统治阶层中或保留下了不少杜宇氏时期的巫师及其学说。另一方面，开明氏统治的民族，也曾长期受杜宇氏统治，他们必会相当顽固地保留过去的意识。开明氏为了统治他们，作一些灵活的文化适应，也是势所必然。

秦人也奉行阴阳五行学说。《史记·封禅书》说：秦襄公自以为秦与少皞之神相应，作西畤，祠白帝，其后秦文公作鄜畤祭白帝，宣公时期作密畤祭青帝，灵公时作上畤祭黄帝，作下畤祭炎（赤）帝，献公作畦畤再祭白帝。秦水德说兴起较晚，萌于孝公后，成于始皇时。秦人主巴蜀后，曾把其水德、尚黑、度数六的五行说推行于巴郡。秦昭王时规定巴郡"板楯蛮"君长每年出赋二千一十六钱，三岁一出义赋一千八百钱，百姓户出稾布八丈二尺，鸡羽三十鍭②。二千一十六钱，乃是六的三百三十六倍，三百三十六又是六的五十六倍，一千八百钱是六的三百倍，鸡羽三十鍭是六的五倍。这些表明秦政府在巴郡全面推行了秦的阴阳五行学说，并用其统治各行各业。李冰，作为一个秦国的高级官吏，当然也熟谙秦的五行学说体系。但从他在蜀中奉行的五行体系

---

① （汉）扬雄：《蜀王本纪》。
② 《后汉书》卷八六《南蛮传》。

看，主要是尊重蜀人的体系，不像巴郡那样强制推行秦人的体系。这正是他比一般地方官更高明之处。他尊重被自己统治的人民，尊重他们的传统文化，也赢得了土著民族对他的信赖和追随。李冰所以奉行蜀人的五行体系，除了他认为这套思想体系确有可取之处外，主要是为了安抚蜀人，稳定民心。

五、姓氏的兴起与发展

秦灭巴蜀前，巴蜀民族中有"氏"而无姓。秦入巴蜀后，由于外来文化的影响及家族经济、个体经济发展的需要，当地土著民族无姓的状况急速改变。秦汉时期，是巴蜀民族"氏"向"姓"发展的高峰。原有之"氏"纷纷向"姓"过渡，又新产生了一些"氏"和"姓"，大量的外来移民也带进了许多"姓"。三者异流同归，推动了巴蜀"姓"的发展。

迄至东汉中、晚期，成都平原的许多兄弟民族皆采用汉姓。如《繁长张禅等题名碑》①保留下的碑文有：

长蜀郡繁张君讳禅字仲闻
故郡掾杨甫字季山
郡掾杨雄字孟孝
议曹掾杨除字伯
议曹掾杨立字符宰
从掾位杨棠字子夷
郡文学师杨胡字升海
五大夫杨赏字伯骞
五大夫屈旸字进骞
校官掾谢就字孟直
民杜孔茂
民杨伯章
民（阙）伯着
县□例掾杜长字子阳
夷浅口例掾赵□字进德

---

① （宋）洪适：《隶续》卷一六。

夷侯李伯宣
夷侯杨伯宰
夷侯牟建明
夷侯杜臣伟
夷侯杜永严
夷侯屈孟辽
夷侯资伟山
夷侯苈竟舒
夷侯养达伯
邑长爰文山
邑长（阙）宰（阙）
邑长（阙）小君
邑（阙四字）
邑长兰世兴
邑君宋（阙二字）
夷民（阙三字）
夷民（阙）度山
夷民李伯仁
夷民（阙三字）
夷民爰（阙）世
夷民（阙）长生
凡世八户造
白虎夷王谢节、白虎夷王资伟

该碑文中的"夷王""夷民"皆为当时蜀中的土著民族代表。"夷王""夷民"皆有汉姓，反映了当时成都平原土著民族姓氏兴起的步伐。

牟：《繁长张禅等题名碑》有"夷侯牟建明"。牟系今川东大姓。

屈：上碑有"夷侯屈孟辽"。屈系今川东北、川东和川南个别地区的大姓。

朴：《三国志·魏书·武帝纪》载，建安二十年（215）九月，"巴七姓夷王朴胡、賨邑侯杜濩举巴夷、賨民来附"。此事亦见于同书《张鲁传》和《华阳国志·汉中志》。朴是賨人七姓之一（见前）。朴胡是一完整的姓名，说明朴氏至晚在东汉开始了向姓的转变。

昝：賨人七姓之一，曾追随高祖定三秦，至晚在东汉时完成了从氏向姓的转变。《晋书·载记》说李寿曾追尊其母亲昝氏为皇太后，又说前将军昝坚劝李势降桓温。

李：《繁长张禅等题名碑》有"夷侯李伯宣""夷民李伯仁"。賨人李特曾建立成汉政权。李，当为賨人大姓。

罗：賨人七姓之一。《华阳国志》卷九载李特妻罗氏。李特子李荡妻弟罗寅。賨人罗氏东汉时亦已完成向姓的转变。汉晋时郫县大姓有罗氏。

夕、袭：賨人七姓之一。《蜀录》载：蜀有尚书夕斌，李特以其为僚属。《风俗通》佚文说："袭氏，賨人七姓有夕氏。"《三国志·吴书·吕蒙传》说："益州将袭肃军来附，周瑜表以袭肃兵益吕蒙。"徐康《晋志》载桓温伐蜀时，战于笮桥，参军袭护战没。后来袭姓讹为龚姓。賨人本有龚姓，袭又讹为龚，二姓合一，也是有趣的现象。

龚：賨人之一。汉代垫江县（今合川）人龚荣曾任荆州刺史，龚扬任巴郡太守[①]。垫江曾是賨人活动的主要区域之一。蜀汉有越嶲太守巴西人龚禄[②]。安汉（今南充）人龚调曾任荆州刺史，龚曾任镇将军。龚氏在东汉已为姓，族人有姓有名有字，在各地为官为吏的不少；汉化极快。

青阳：《史记·五帝本纪》说：嫘祖为黄帝正妃，生二子，其后皆有天下，其一曰玄嚣，是为青阳；青阳降居江水。司马贞《索隐》："江水、若水皆在蜀。"从传说资料看，青阳姓，源于青阳帝降居于江水。蜀地古有青衣江、青衣国、青衣道等，山南水北为阳，青阳氏很可能最早是居住在青衣江北岸的一个部族，是青衣人的一支，后来分迁各地。

杜：《繁长张禅等题名碑》有"夷侯杜臣伟、夷侯杜永严"等题名。三国初期投降曹操的有賨邑侯杜濩[③]。賨人七姓中，不见杜氏，有度氏，当是同音异译字。《华阳国志》说：临江县（今忠县）、垫江（今合川）、涪县（今绵阳）、成都、绵竹等地的"大姓"或"首族"中皆有杜氏[④]。以上除成都外，

---

① （晋）常璩：《华阳国志》卷一《巴志》。
② （晋）常璩：《华阳国志》卷四《南中志》。
③ （晋）常璩：《华阳国志》卷一二《序志·巴郡士女》、《三国志》卷一《魏书·武帝纪》。
④ 分见《华阳国志》卷一《巴志》、卷二《汉中志》。

都是过去賨人活动的地区，杜氏就是度氏。成汉賨人掌权，杜氏大量涌入成都。《华阳国志》中见有不少杜氏著名人物，如"烈女"涪人杜慈，成都杜琼、杜轸，绵竹"义士"杜真，资中"义士"杜抚，梓潼杜微等，其中，杜琼、杜微都是名震巴蜀的鸿儒。可见其在汉晋间汉化极快，进入城市者已完全汉化。魏晋时部分賨人外迁。如《北史·泉仚传》载上洛地区"巴俗事道，尤重老子之术"，当地的亲族便是泉、杜二姓，有自称巴州刺史的"蛮帅杜青和"。

毋、母：《巴志》载江州大姓有毋氏，《通志·氏族略》：蜀蓬州多此姓。地当今林溪流域及迤东一带，可见巴人有毋氏。《南中志》又载句町国自置濮王，姓毋，汉时受封，迄今。《汉书·西南夷传》有钩町侯亡波，《昭帝纪》又写为毋波，亡即毋。二流合一，为巴蜀毋姓起源。

母亦为巴姓。晋有母雅，巴郡江州人①。

苴：蜀王开明氏封弟葭萌，称苴侯，后裔以苴为氏、为姓。

谢：《繁长张禅等题名碑》有"白虎夷王谢节"，《巴志》载江州大姓有谢氏。谢为巴人大姓。

谯：谯氏武帝时已为显族，初兴当在秦治巴蜀间。《巴志》载：南充县有大姓侯、谯氏。谯氏主要集中分布在现在的南充及阆中等地，原賨人分布区。上书《序志》有阆中人谯隆，曾为上林令，武帝欲扩建苑园，隆固谏，后迁成皋令。东汉阆中谯玄，善讲《易》《春秋》，仕于州郡，后拜议郎，迁中散大夫，最后隐于家，誓死不仕公孙述②。三国著名学者谯周，《后汉书》《三国志》《华阳国志》等均有记载，或立传，或言及，影响颇广。《史记》《汉书》中无姓谯者。《后汉书》只有谯庆、谯周等。《三国志》中姓谯者，皆谯周家人。这就确证谯姓发源于蜀中，兴于西汉，以后传到外省。从谯姓的兴起时代和分布地区看，谯氏应是古賨人的一支，且是文化发达的一支。谯氏的先祖，可能是賨人的巫师，故其后裔多精天文地理，以原始道学、谶纬学见长。古代"蜀学"自然有很多源泉，但川东北賨人的文化，特别是他们的巫学，是现有资料中最值得注意的一支，其中就以谯氏为代表。

扶：《北史·扶猛传》载，上甲人扶猛，"其种落号白兽蛮"，白兽即白

---

① 母氏今仍为盐亭大姓，代有闻人。
② 《后汉书》卷八一《独行列传》。

虎，猛被封为"宕渠县男"，亦巴地名。朐忍有大姓扶氏①。

玄：《华阳国志》卷十二《巴郡士女》有"政事、大司农玄贺，字文和"。注："宕渠人也。"《后汉书·第五伦传》载，第五伦任宕渠令期间，显拔乡佐玄贺，贺后为九江、沛二郡守，终于大司农。其事迹亦见于《益部耆旧传》《东观汉记》等。玄氏为賨人后裔。

杨：《繁长张禅等题名碑》有"夷侯杨伯宰"。

西蜀氐人以猴为图腾之一。晋张华《博物志》卷三记载了有关传说：蜀山南高山上有物，如猕猴，长七尺，能人行健走，名曰猴玃，一名化，或曰猳玃；同行道，妇女有好者，辄盗之以去。人不得知，行者或每过其旁，皆以长绳相引，乃得免。此得男子气自死，故取女也。取去为室家。其年少者，终身不得还，十年之后形皆类之，意亦迷惑，不复思归。有子者，辄俱送还其家，产子皆如人。有不食养者，其母辄死。故无敢不养也。及长，与人不异，皆以杨为姓。故今蜀中西界多谓杨，率皆猳玃化之子孙，大约皆有玃爪者也。从有关历史资料看，在成都平原与川西高原的交接地带，确以杨姓为多。《华阳国志》中《蜀志》《汉中志》所列川西各县的大姓中，杨姓所占比例特大，其中多为汉化氐人。

徐：《华阳国志》卷一《巴志》朐忍有大姓徐氏，涪陵有豪族徐氏，延熙时被迁入蜀。《晋书·刘曜载记》有"巴酋徐库彭"，当是巴姓。

句：《刘曜载记》曰："于是巴氏尽叛，推巴归善王句渠知为主。"句，又写作勾，《巴志》："汉昌县（今巴中）有大姓勾氏。"《通志,氏族略》说："勾氏……今蜀川多此姓。"

严：《巴志》载阆中大姓有严氏，《北史·南蛮传》说巴州以"巴酋严始欣为刺史"，严亦为巴姓。

兰（蔺）：《巴志》载，涪陵有大族蔺氏，延熙时被移入蜀。汉《繁长张禅等题名》碑有邑长兰世兴，《晋书·苻坚载记》有蜀人兰犊，《隋书·王谊传》有"巴蛮……兰洛州"等，可见兰为賨人姓氏。

范：《巴志》阆中人范目说高祖募賨民定秦，涪陵有豪族范氏，賨人范长生亦为涪陵人，可见范为賨人大姓。

另外，还有微生氏、讹氏、养氏、羊氏等也先后完成了向姓的转化。

---

① （晋）常璩：《华阳国志》卷一《巴志》。

秦至蜀汉，巴蜀民族姓氏的发展，主要具有以下特征：

以地为氏，可分三类：（1）以山为氏。涂山，秦汉时发展为姓。《后汉书·贾逵传》说贾逵"又受古文《尚书》于涂恽"，李贤注引《风俗通》曰：涂山氏之后，蜀山，以蜀山为氏。（2）以河渠为氏。青阳，以居青衣江北岸而氏。驰，梓潼五妇山，驰水所出，驰氏当是以水为氏。若，蜀有若水（今雅砻江），若氏兴于水边。《汉书·朱博传》载，朱博为犍为太守时，有"南蛮若儿"。师古曰：若儿，其豪长之名。犍为南蛮，此指僰人。《王莽传》：右僰虏若豆。《蜀典》：若氏之后，宋代多已能考取进士。反映了僰人某些支系的进化程度。（3）以地名为氏。耒斲（zhuó），李斯《仓颉篇》云：地在蜀，亦为姓，是以地为氏者。其地在今大邑境内。果，最初为地名，后为氏。落下，《史记·历书》说武帝时巴郡落下闳运算转历，然后日辰之度与夏正同。《索隐》转引姚氏案，《益部耆旧传》云："闳，字长公，明晓天文，隐于落下，武帝征待诏太史……"落下，或写作洛下，阆中一地名。又，《风俗通》认为落氏为赤翟别种，可备一说①。

以国邑为氏。资、通（详前），以封邑为氏，后发展为姓。庸，《元和姓纂》卷二：庸蜀，殷时侯国，周武王时来助伐纣，子孙以国为氏。郫，《姓苑》：郫姓，望出成都。巴，《世本》：巴氏，巴子国子孙以国为氏。《姓解》曰：汉有太常巴茂。哀、褒，《汉书·王莽传》有梓潼人哀章，袁宏《汉纪》作褒章。褒，古汉中国名、地名。苴，蜀王分封其弟葭萌于汉中，号苴侯②，封邑在今广元。苴是爵称，又是邑名，后裔以为氏、姓。公乘，秦二十等爵中的第八级，蜀人遂以此为姓。《华阳国志》卷十有"公乘会妻"，《隶续》卷二有广都公乘伯乔题名残碑，卷十四《高朕石室六题名》有广都公乘伯高。

以职业为氏。弧，汉《巴郡太守张纳功德碑》碑阴题名有阆中弧有，其族最初当从事弓箭制造之业，后以为氏、姓。铅，《华阳国志·巴志》载江州"冠姓"有铅氏，"世有大官"，张纳碑阴题名有文学史江州铅迁。蜀铅氏最初当以冶铅为业。帛，《水经注·江水》有真人帛仲理，名护，益州巴郡人。

---

① 见《太平寰宇记》十六。《风俗通》佚文说：落氏。皋落氏，翟国也，此赤翟别种；以国为姓，见《左传》。汉有落下闳，巴郡人，撰《太初历》。《姓纂》十、《通志·氏族略》、《类稿》五一引。我们认为落氏并不完全等于落下氏，但目前还缺乏足够资料来考察异同。

② （晋）常璩：《华阳国志》卷三《蜀志》。

《宋书·刘粹传》有帛氏奴,五城(今中江县地)人。《周书·宇文贵传》有帛玉成,金堂人。帛,丝帛也,既是衣料,又是早期货币。帛氏,最初当系以职业为氏、为姓。

以族名为姓。此即由氏转为姓的主要内容。上文论及的賨人七姓、巴人五姓皆属此类。笮,《风俗通佚文》:笮氏,楚有笮伦。蜀古有笮人,又称"笮都夷",居于今川西南一带,楚之笮氏或由蜀迁去。嶲州治所在越嶲(今西昌),此为兄弟民族部落之氏。羊、养,羊氏又译成养氏。《华阳国志》卷十有鄇人羊基,字仲鱼,父养甚为交州刺史,上引《繁长张禅等题名碑》有夷侯养达伯。

以图腾为氏。竹,《南中志》说:"有竹王者,兴于遯水,有一女子浣于水滨,有三节大竹流入女子足间,推之不肯去,闻有儿声,取持归,破之,得一男儿,长养,有才武,遂雄夷狄。氏以竹为姓,捐破竹于野,成竹林,今竹王祠竹林是也。"在"西南夷"的其他部族中也有类似传说。竹是该部族图腾,后裔以此为姓。鹊,《元和姓纂》卷十谓其为"后汉巴郡蛮酋",或为以图腾为姓。蚕丛、柏濩、鱼凫,《蜀王本纪》说:蜀之先称王者有蚕丛,柏濩、鱼凫、开明,是时人萌椎髻左衽,不晓文字,未有礼乐。蚕丛、柏濩、鱼凫,应为这些部落的图腾,部落以图腾为氏号[①]。

总之,秦汉三国时期,是巴蜀民族文化历经转折、发生巨变的时期。巴蜀传统文化与中原等文化相融合,在宗教、伦理、建筑、衣食住行、姓氏、文学艺术、神话传说、教育、史学等领域都较以前有了巨大变化。

---

① 罗开玉:《古代巴蜀土著姓氏研究》,《中华文化论坛》2001年第1期,第40页。

第三章 两晋南北朝隋唐的巴蜀民族文化

从公元3世纪初迄至10世纪初，我国的历史经历了魏晋南北朝到隋唐的发展时期。这一时期是中国由分裂割据到统一的时期。魏晋至唐这七百年间，巴蜀少数民族在四川盆地内及其周边地区，迁徙频繁，增长很快，一度成为盆地内的主要民族之一。与此同时，在汉族封建经济和文化的影响下，巴蜀少数民族的社会经济得到了长足的发展，完成了从原始向文明的过渡，进入到奴隶制度或封建制度的发展阶段，并在此基础上产生出丰富多彩的巴蜀民族文化。

第一节 两晋南北朝、隋唐巴蜀民族的分布

一、賨

两晋南北朝隋唐时期，居住在南方地区的众多少数民族都被泛称为"蛮"，其中活动于四川盆地东部长江流域的板楯蛮、廪君蛮就属于南蛮的范畴。这两支蛮族人数众多、分布广泛，而板楯蛮又被称为"賨人"，下文详述之。

（一）賨人的流徙

东汉时期，长江上游巴郡的"板楯蛮"[①]，人数约有数十万。"板楯蛮"有四种称呼：因其作战以板楯为武器，称"板楯蛮"；因传说"专以射白虎为事"，又称"白虎蛮"；因租赋缴纳賨钱四十，称"賨人"；因其居住巴地，又称"巴人"，皆指同一民族。由此可见賨人原是巴人的一部分，或可称为巴地的少数民族之一。

秦始皇统一中国后，在巴地设置郡县，对巴人征以赋税，规定每人岁出钱四十，因为"巴人呼赋为賨，因谓之賨人焉"[②]。汉初，汉高祖自蜀汉将定三

[①] （晋）常璩：《华阳国志》卷一二《序志·巴郡士女》；《三国志》卷一《魏书·武帝纪》。
[②] 《晋书》卷一百二十《李特载记》。

秦，阆中范目率賨人以为前锋。及汉高祖定秦中，封范目为阆中慈凫乡侯①，免除賨人七大姓的赋税。当时阆中隶属巴郡（治江州，今重庆市区）②。《华阳国志·李特雄期寿势志》记载："李特，字玄休，略阳临渭人也，祖世本巴西宕渠賨民，种党劲勇，俗好鬼巫。"东汉末年，张鲁在汉中传播"五斗米道"，因賨人敬信巫事，于是很多人前往敬奉。东汉建安二十年（215），曹操进兵汉中，袭取阳平关，同年九月，"巴七姓夷王朴胡、賨邑侯杜濩举巴夷、賨民"投降曹军③。曹操平定汉中后，将降附的賨人一部分北徙长安、洛阳、邺，另一部分西迁略阳、天水。与此同时，大批的賨人自巴西宕渠迁往汉中杨车坂，当地百姓叫他们"杨车巴"。曹操攻克汉中，賨人首领李氏率五百余户降于魏，被封为将军，迁至略阳以北一带。西晋末，賨人李氏率流民入川，建立成汉政权，其军队主要由賨人和入蜀的氐人组成，故有的史书合称这两族为"巴氐"④。

晋惠帝元康八年（298），略阳、天水等六郡灾民数万家，因连年兵荒马乱，在賨人李特、李流兄弟等酋豪的带领下，流入汉中就食，并准备入蜀。当时入蜀的六郡流民，大概由两大集团构成：一是祖籍四川、东汉末年内迁陇上的"板楯蛮"，有李、任、阎、赵、杨等大姓；二是氐、叟等少数民族，而其中李特为巴西宕渠（今四川渠县东北）人，为賨人的代表人物。

这时，西晋下诏不准流人入蜀，并派侍御史李苾前往监视。李苾接受流人贿赂，反而上书替流人请求。于是，李特等进入蜀中，分布于川西各地。时逢晋召益州刺史赵廞为大长秋，廞不愿入朝，图谋据有蜀中，因视李特等壮勇，故收为部将。晋永康元年（300），赵廞自称大都督、大将军、益州牧，占据成都反叛。他任命李特等四千骑守在北门，以断北道⑤。

晋惠帝永宁元年（301），西晋在平定"赵廞之变"后，派罗尚、辛冉等率领万余军队入蜀。二人入川后，强迫流民上道，归还原籍。李特等一面写信给官府，请求放宽期限；一面缮甲厉兵，准备起义。但辛冉等非但不许宽期，反而悬赏要取李特等的首级，贴出了"购特、流首，百匹"的告示。李特为争

---

① （晋）常璩：《华阳国志》卷一《巴志》。
② 《后汉书》卷五《孝安帝纪》。
③ 《三国志》卷一《武帝纪》。
④ （晋）常璩：《华阳国志》卷八《大同志》；张泽洪：《"巴氐"辨疑》，《民族研究》1990年第5期。
⑤ （晋）常璩：《华阳国志》卷八《大同志》。

取民心，发动流民站到自己一边，便揭下榜文，改为"能送六郡大姓阎、赵、任、杨、李、上官及氐叟梁、窦、符、隗、董、费等首，百匹"。"流民本无还意"，故"大惊骇"，纷纷聚拢在李特的周围①。

李特更改榜文以后，流民归之如流，待力量强大后，他便着手组织政权机构。晋永宁元年冬十月，李特组建二营，以兄弟子侄在其中任要职，掌握了流民武装的领导权。二营组建后不久，晋军来袭，为李特所败。次年，晋军又向流民军发动了一次大规模的进攻，结果晋军大败，伤亡惨重，逃回去的仅有十之一二。

（二）賨人建立的成汉政权

成汉墓葬出土的陶俑

西晋太安二年（303）初，李特进据成都少城，任命蜀郡太守，安抚民众，正式建成汉政权，并立年号，它标志着流民起义进入新的阶段。但由于原先靠近流民军的村保武装投靠了晋朝，罗尚乘机反扑，李特战死。随后，又发生了流民营中氐酋叛乱的事件。当年三月，李荡、李雄出兵涪县，老营空虚，盘踞繁城的西晋军队乘虚进攻北营，"营中氐、羌因符成、隗伯、石定叛应氾、阎，攻荡、雄"②。这是流民起兵以来，内部首次出现分裂，严重危及了流民政权的存在。后李荡回军，平定了内部的叛乱。符成、隗伯等率众突围，投降罗尚，而李荡在追击退军时，被叛军用长矛刺死③。

晋惠帝永兴元年（304），李雄在成都称王，建置百官。史书称李雄以其叔父李骧为太傅，庶兄李始为太保，外兄李国为太宰，弟李离为太尉，从弟李云为司徒，李璜为司空。至此以下，以流人中的氐人大姓为主，如以阎式为尚书令，杨褒为仆射，杨发为侍中，杨圭为尚书，杨溥为益州刺史，徐舆为镇南将军，王达为军师。于是具置百官，大赦天下，改元建兴④。随后，范长生自西

---

① （晋）常璩：《华阳国志》卷八《大同志》。
② （晋）常璩：《华阳国志》卷八《大同志》。
③ （晋）常璩：《华阳国志》卷八《大同志》。
④ （晋）常璩：《华阳国志》卷九《李特雄期寿势志》。

山至成都，李雄拜其为丞相，尊曰"范贤"。范长生劝雄称尊号，经过一段时间的准备，公元306年李雄即帝位，大赦其境内，改年曰"晏平"，建国号"大成"①。史称"成汉"。

大成政权虽然是一个封建割据性质的地主政权，但它是经过流民大起义、由起义军政权演变而成的，流民起义的强大威力时刻教训着由流民起义领袖蜕变而成的封建统治者，因而在李雄统治的三十年内，实行了一系列有利于恢复和发展社会经济，有利于政治安定和文化传播的措施。由于李雄采取这些措施，生产有所发展，社会秩序安定，"至乃闾门不闭，路不拾遗。狱无滞囚，刑不滥及"②，正所谓"宽和政役，远至迩安，年丰谷登"③，出现安定和平的局面。在十六国相继割据、"海内大乱"之时，惟"蜀独无事，归之者相寻"④，因而各地民众多逃往蜀地避乱。

（三）成汉政权的衰落与灭亡

然而，成汉政权毕竟是由流民首领与豪强地主相结合建立的割据政权，因此在该政权建立初期的李雄时代，就逐渐显现出其落后、倒退的特征。

第一，政治上向地主豪强靠近。李特战死后，李流为了战胜官军，已经和在青城山拥有部曲数千家的豪强地主、道教徒范长生取得联系。当时，益州大地主结坞守险，坚壁清野，抗拒义军，农民军发生粮食不继的困难。范长生看到义军力量不断壮大，罗尚已无能为力，为了保护自己的利益，便以资给军粮为手段，取得了李流、李雄的信任。李雄称帝后，任范长生为丞相，号"天地太师"，受到"部曲不豫军征，租税一入其家"的优礼相待⑤。李雄死后，李班继位，"敬爱儒贤，自何点、李钊皆师之；又引进名士王嘏及陇西董融、天水文夔等，以为宾友"⑥，地主豪强的势力进一步加强。

第二，为争夺皇位继承权而互相残杀。李雄在位三十年，于东晋成帝咸和九年（334）去世，其后十三年中，四易其君，内部斗争剧烈、政治混乱。公

---

① 《晋书》卷一二一《李雄载记》。
② （晋）常璩：《华阳国志》卷九《李特雄期寿势志》。
③ （晋）常璩：《华阳国志》卷九《李特雄期寿势志》。
④ 《晋书》卷一二一《李雄载记》。
⑤ 《晋书》卷一二一《李雄载记》。
⑥ 《晋书》卷一二一《李班载记》。

元334年，李班即位，当年即为李越所杀①。其后李期为帝，统治期间"大臣怀惧，人不自安"，"内外凶凶，道路以目"②。公元338年李期又为李寿所杀，李寿是李雄叔父李骧长子，与雄有兄弟之谊，即位后却尽杀李雄诸子，以绝人望，又大肆任用亲信，流民大姓大多被排除在朝廷之外，百姓疲于劳役，怨声载道，"思乱者十室而九矣"。

第三，残酷统治导致内外矛盾日益突出。自李班以来，成汉统治者都是荒淫奢靡的暴君，李寿、李势父子尤为突出。李寿性残好杀，"人有小过，辄杀之以立威"③，"务于奢侈。又广太学，起宴殿，百姓疲于役使，呼嗟满道"④。公元343年李寿死，李势继位。李势性爱财色，常杀人而娶其妻，朝中大臣人人自危；不理国事，以致僚人反叛，军守离缺，举国上下，众叛亲离，出现"如沸如羹"的动乱局面⑤。太保李奕自晋寿举兵反⑥，"蜀人多有从奕者，众至数万"⑦。李奕起兵因统治集团内部斗争而起，然一人发难，万人从之，可以从侧面反映当时成汉政权内部矛盾的尖锐。

就在成汉政权逐步衰落之时，东晋穆帝永和元年（345），桓温执掌东晋军事大权。次年，桓温亲率晋军西征成汉，李势节节败退，于公元347年降晋。从301年李特率流民反晋，到347年李势降晋，成汉流民政权前后据蜀四十七年。

东晋永和三年（347）四月，桓温刚返江陵，成汉余部賨人将领隗文等起兵占领成都，拥立范长生之子范贲为帝，以五斗米道相号召。到永和五年，这次起事被东晋益州刺史周抚平定。其后，有千余家賨人被迁徙至陇右诸郡及三辅、弘农等地，所到之处仍被称为"巴人"⑧。

---

① 1985年10月，在成都外南发现并清理了一座成汉墓，出土了大量的文字纪年砖。其中有一种刻有"玉衡二十四年（334）亲诏书立"的特制砖，有学者认为该墓的主人就是李班。参见林集友《成都外南成汉墓主试探》，《四川文物》1989年第6期，第31~32页。
② 《晋书》卷一二一《李期载记》。
③ 《晋书》卷一二一《李寿载记》。
④ 《晋书》卷一二一《李寿载记》。
⑤ 《晋书》卷一二一《李势载记》。
⑥ 晋寿即汉之葭萌，晋改晋寿，在四川昭化县南。
⑦ 《晋书》卷一二一《李势载记》。
⑧ 《太平御览》卷一二三《十六国春秋·蜀录》。

二、"蛮"

"蛮"是中原人对南方民族的统称,又多用于称今渝东、鄂西和湘西一带的少数民族,有所谓"武陵蛮"(五溪蛮)、"长沙蛮""五水蛮",等等。东晋十六国以来,中原纷乱,"蛮人"向东北有所发展,故又有所谓"豫州蛮"和"雍州蛮"等。此外,在今陕、豫、渝、鄂交界处有板楯蛮(賨人)的活动,这在前面已经论述。

《北史·蛮传》说:"蛮""在江、淮之间,部落滋蔓,布于数州,东连寿春,西通巴蜀,北接汝、颖,往往有焉"。其中与巴蜀民族关系较为密切的则有冉氏、向氏和田氏,其曰:"有冉氏、向氏、田氏者,陬落尤盛。余则大者万家,小者千户。更相崇树,潜称王侯,屯据三峡,断遏水路,荆、蜀行人,至有假道者。"以下分述之。

(一)向氏

南朝宋孝武帝大明(457~464)中,"建平蛮"向光侯于长江三峡地区起兵,宋巴东太守王济、荆州刺史朱修之遣军讨之,向光侯败走清江①。廪君巴人曾经活动过的夷水,今称清江,早在南北朝时已有清江之名,《水经注·夷水》称之为"佷山清江"。这位失败后逃到清江的向光侯,应当是巴人廪君后裔部落的首领,失败后逃回故乡,以图东山再起。

两晋南北朝时期"蛮"系民族中的向氏,应是早期巴人中的相氏。《后汉书·南蛮西南夷列传》:"巴郡南郡蛮,本有五姓:巴氏、樊氏、瞫氏、相氏、郑氏。皆出于武落钟离山。其山有赤黑二穴,巴氏之子生于赤穴,四姓之子皆生黑穴。"先秦时的相氏,秦汉以后仍活动于巴人分布的区域,《后汉书·南蛮西南夷列传》载:东汉建武二十三年(47),"精夫相单程等据其险隘,大寇郡县";"二十四年,相单程等下攻临沅";明年,"单程等饥困乞降……为置吏司,群蛮遂平"。"精夫"即军事首领之意,其率众所攻之"临沅"在今湖南常德市西。一般认为,周慎靓王五年(前316),秦灭巴、蜀之后,"巴子兄弟五人流入黔中。汉有天下,名曰酉、辰、巫、武、沅等五溪,

---

① 《宋书》卷九七《夷蛮传》。

（各）为一溪之长，故号五溪"①。此处"巴子兄弟五人"，当指共推务相为廪君的巴人五姓，所以说相单程应是流入黔中的巴酉之一。进入魏晋以后，这一地区频频出现向氏的活动而不见相氏，应该就是因为向氏、相氏音近而使后者转化成了前者。

东晋王朝对今渝、鄂边区的"夷"人酋领，赐以王、侯、将军名号，以便于统辖。如晋大兴三年（320），"建平夷王"向弘、向瑚等"诣台求拜除"，虽然尚书郎张亮称"夷貊不可假以军号"，但晋仍"以弘为折冲将军、当平乡侯，并亲晋王，赐以朝服"②。

两晋南北朝时期，向氏主要活动在长江三峡地区及其以南的今渝、鄂、湘三省市交界处，如"酉阳蛮"王向蚕，"建平夷"王向弘、向瑚，"建平蛮"向光侯，"巴建蛮"向宗头，以及北周时"信州蛮"中的"蛮帅"向五子王，等等。其中，南朝齐永明年间（483～493），"建平夷王"向弘后裔向宗头聚众，与"黔阳蛮"首领田豆渠等联合反抗齐的统治。后来，廪君族后裔的向姓等向西迁移，进入今渝东地区的，不仅在六朝后期进至信州（今重庆奉节），且在宋以前已迁至涪州③。《舆地纪胜》卷一七四"涪州风俗"引《涪州图经》说："其俗有夏、巴、蛮、夷：夏则中夏之人，巴则廪君之后，蛮则盘瓠之种，夷则白虎之裔。巴、夏居城郭，蛮、夷居山谷。"这就是两汉之后，以向氏等为首的巴人后裔与汉人等各民族杂居互处的具体写照。

（二）田氏

从有关的历史记载看，自汉以来田氏即为"武陵蛮"中大姓。有关田氏的来源，学者认为就是巴子五姓中的"瞫"，此字的另一读音为潭，与《说文》记"蟫，为南方夷"中的"蟫"音近。实际上潭氏是蟫族，习于水居，后以田为姓。昭化宝轮院出土的战国"田"字铜方印，很可能是田氏的祖先留下的④。王莽时有"五溪蛮"首领田强，强有子十人，勇猛超人。田强曾以其三子将五万人下屯沅东，各筑一城，烽火相应。东汉安帝时有武陵"澧中蛮"田山，刘宋时有"武陵蛮王"田僮，萧齐时有武陵"酉溪蛮"田思甄、"酉溪蛮

---

① 《太平御览》卷一七一引唐《十道志》。《元和郡县志》卷三十也说："辰，蛮戎所居也，其人皆盘瓠子孙。或曰，巴人兄弟人（一作立）为五溪之长。"
② 《南齐书》卷五八《蛮传》。
③ 治今涪陵，领有今涪陵、长寿、武隆一带。
④ 四川省博物馆编：《四川船棺葬发掘报告》，文物出版社1960年版，第61页。

王"田头拟等。

《南齐书·蛮传》载：永明初，向宗头与"黔阳蛮"田豆渠五千人为寇，巴东太守王图南遣府司马刘憎寿开道攻其寨，向宗头连夜烧寨撤退。乌江下游史有"黔水"之称，黔阳即今酉阳、彭水、黔江一带，此处所谓"黔阳蛮"，即今渝东南彭水、酉阳、秀山一带的少数民族。《周书·李迁哲传》云："黔阳蛮田乌度、田都唐等每抄掠江中，为百姓患。迁哲随机出讨，杀获甚多，由是诸'蛮'畏威，各送粮饩。又遣子弟入质者，千有余家。"李迁哲其时镇守白帝城（今重庆奉节），由此可见，"黔阳蛮"的活动范围还包括长江三峡地区。

史载："酉溪蛮王"田头拟死，"其弟娄侯篡立，头拟子田都走入獠中，于是蛮部大乱，抄掠平民，至郡城下。嶷遣队主张莫儿率将吏击破之。田都自獠中请立，而娄侯惧，亦归附。嶷诛娄侯于郡狱，命田都继其父，蛮众乃安"①。

《元和郡县志》载：北周保定四年（564），"涪陵蛮田思鹤以地内附，因置奉州，建德三年改为黔州"，隋大业三年（607）又改为黔安郡。黔州治今彭水县郁山镇，辖今渝东南、黔东北之地，说明田氏在南北朝时期已居住在这一地区，这是田氏首次归顺中央王朝。因此，同治《增修酉阳直隶州总志》说："彭水之入周隋，实自田思鹤归化而始，其前后如田豆渠、田乌度、田都蛮（唐）、田祖周、田罗驹等，并皆桀骜之才，《北史》所谓'夔开间首领以冉氏、田氏、向氏世为之长'是也。今此三姓自唐以后半萃于思、黔、施、酉等州，而佑恭者实黔阳田氏之裔。"这一分析是符合历史事实的。

黔南《田氏宗谱》记载田佑恭的远祖田克昌，"唐高宗时乃涉巴峡"，正与《周书》所记"黔阳蛮"在三峡地区的活动一致。由此可知，田氏的祖先为巴蜀少数民族无疑，田氏与向氏一样，是自古居于渝东的巴人之后。

（三）冉氏

冉氏是今渝黔湘鄂四省市边区的大姓之一，清代改土归流前这一地区的冉姓土司除酉阳宣慰司外，还有大小土司十余名，皆出自酉阳冉氏。

渝东冉氏见于记载是南北朝时，如《周书·蛮传》所载，冉氏与向氏、田氏在南北朝时进入渝东，屯据三峡。又据该书记载，北周明帝武成至武帝天和年间（559~572），"信州蛮"首领冉令贤、"蛮帅"向五子王等"攻陷白帝"城，杀开府杨长华。后来，冉令贤屯据水逻城，向五子王屯守石墨城，向

---

① 《南齐书》卷二二《豫章文献王传》。

宝胜据守双城，以峡江为中心实行割据，势力范围达两千余里，相互联络，彼此声援，共同抵抗北周军队。

天和元年（566），随冉令贤在峡江地区起事的冉氏首领，还有冉龙真父子、冉西黎、冉南王、冉承公、冉安西、冉三公、冉祖其、冉龙骧等人。他们"于江南险要之地置立十城"，在峡江地区割据，相继二十年，最后才为北周所败[①]。这一失败导致冉氏族人的流

重庆万州冉仁才墓出土文物

徙，以致分布扩大到今渝东、渝东南以及黔西北更大的范围。

1978年，四川省博物馆清理了位于今万州东关外红砂碛东的"驸马坟"，墓的主人是冉仁才。该墓墓室为砖砌拱形卷顶单室，由墓室、甬道和墓道三部分组成，墓室和甬道东西两侧各有三个拱形耳室，墓室长4.2米，宽3.2米，顶高4.5米。墓室已经早期被盗，随葬品基本不存，只有甬道内两个耳室的瓷器大部分还存在。出土瓷器有一百多件，均为青瓷，其中俑类居多，有人俑、兽俑、人首兽身的生肖俑，造型生动。当时出土的两方墓志因长期受水侵蚀，文字已难贯通，仅从残文中可知，该墓为唐金紫光禄大夫、巫山公冉仁才的夫妻合葬墓。冉仁才娶汉南王女儿为妻，曾任永州刺史，唐高宗永徽三年（652）卒于永州，永徽五年归葬于万州南浦之万辅山。据明嘉靖二十年（1541）的驸马坟神道碑碑文记载：冉仁才，字征文，资性英勇，隋末大业年间，有功而授通议大夫。隋义宁二年（618），因平绿郎有功，官授金紫光禄大夫、荆州刺史，封

---

① 《周书》卷四九《蛮传》。

巫山公。唐武德二年（619），纳招驸马，加官晋爵。贞观六年（632）官迁澧州，十三年改任袁州。永徽二年，官迁永州刺史，封上柱国公，永徽三年九月四日去世，享年五十八岁。永徽五年归葬万州之万辅山，明代称威凤山。

冉仁才之父冉安昌在隋代被封"黄国公"，《太平御览》卷七八五引《唐书》曰："黄国公册（冉）安昌者，盘瓠之苗裔也，世为巴东蛮帅。"很明显，冉仁才之先出自峡江地区的"蛮"系民族，其后支系又繁衍为酉阳的冉姓土家族的先民之一①。而《蜀中广记·边防记》记载："黄巢之乱，酉阳蛮叛，驸马冉人才征之有功，留守其地，五代时中国无主，冉氏遂据之。"这里是把亡于唐初的"冉仁才"误作"冉人才"了。

三、僚

（一）四川盆地西部的僚

自汉至唐宋，在我国的西南和华南地区分布着一些被泛称为"僚"的民族，"僚"读音为lǎo，系百越的一支，《魏书·獠传》称其为古代"南蛮"的别种。关于"僚"的含义，以前学者多认为即"骆"的较晚译写，但因其从"寮"为放火，故作族称或与这一民族当时的农耕方式"畲田"有关。而且僚又常与其他一些民族混称，在岭南地区，僚常和俚并称，在云南、贵州、四川、重庆一带，僚常与濮相混。在古代史志中，僚又常被写作"獠"，这是对古代少数民族的蔑称。

四川盆地原只有很少一部分僚人。从东晋咸康四年（338）始，原分布于今贵州北部的僚人由于战乱所逼，逐步迁入今四川盆地南缘山区，数年后又进入四川盆地乃至陕西南部。《华阳国志·李势志》说："蜀土无僚，至是始从山出，自巴至犍为、梓潼，布满山谷，大为民患。"而梁朝李膺《益州记》记载更详："李雄时尝遣李寿攻朱提，遂有南中之地。寿既篡位，以郊甸未实，都邑空虚，乃徙旁郡户三千以上实成都；又从牂柯引僚入蜀境，自象山以北尽为

---

① 蒙默引《册府元龟》卷九七三载："（武德）四年，巴东蛮帅冉安昌，率兵与大军平萧铣。"说冉仁才父子都参加平定萧铣的战役，为唐王朝的统一大业作出了贡献。但新旧《唐书》《通鉴》诸书载平萧铣事皆大书赵郡王孝恭而不及仁才父子，当因冉氏为巴东"蛮帅"受到歧视而有意抹杀。《太平广记》以入西之始为仁才，且仕黄巢起义之时，则为大误。据《冉氏族谱序》，迁西始祖当为冉守忠，仁才十七世孙，时在南宋建炎三年，以年世核计，大致可信。见蒙默《也谈四川万县冉仁才墓》，《四川文物》1989年第1期，第4~5页。

僚居。蜀本无僚，至是始出巴西、渠川、广汉、阳安、资中、犍为、梓潼，布在山谷，十余万家。僚遂挨山傍谷，与土人参居。居家颇输租赋，在深山者不为编户。种类滋蔓，保据岩壑，依林履险，若履平地。"以上两书的记载，除了"蜀土无僚""蜀本无僚"略有歧义之外，其描述僚人从今贵州北部进入四川的过程及其分布，基本上是符合史实的。

以上说从牂柯入蜀的僚人有十余万家，每家以五口计，即有五六十万人。一次迁徙有如此大的规模，这在中国民族迁徙史上并不多见。至南北朝时期，僚人更是迅速繁衍，北魏孝明帝时（516~528）在今巴中、通江、南江一带设置巴州，以统诸僚，管下岁输租布的僚人即达二十万户。北周武帝保定二年（562），陆腾在今荣县一带一次招降"铁山僚"三万户。又，隋文帝仁寿初资州（今四川资阳）刺史卫玄招抚僚人，"前后归附者十余万口"①。据此推算，蜀中僚人最盛时可能达到三四百万口，整个东晋南北朝时期，各王朝在四川控制的人口少则仅五六万户，多亦不过二十余万户，可见当时僚人的数量已超过了汉人。

入蜀后的僚人遍布于四川盆地内部及沿边各地，东至巴郡、涪陵，南至江阳、僰道，西至汉嘉、越巂，北至汶山、梓潼以至甘肃南部，东北至宕渠、汉中，几乎无处无僚。就连距成都仅百余里的临邛亦"为僚所侵"，"宋及齐梁不置郡县"。其中又以岷、沱二江中下游及渠江上游地区，即晋之犍为、巴西二郡，僚人分布最为密集。结合当代的行政区划，整个四川盆地中西部的僚人具体分布如下：

魏晋南北朝的越巂、沈黎、汉嘉三郡，为今西昌市及凉山州之一部及今雅安市。《十道志》说："晋、魏以还，蛮僚恃险抄窃，乍服乍叛。"②至南齐时，"蛮僚""夷长或来纳款"，以其地置越巂僚郡③。《元和郡县志》卷三三巂州、黎州、雅州条下记载更加详细，说巂州苏祁县（治今西昌礼州）："本汉旧县……后陷夷僚，周武帝重开越巂，复立苏祁县"；会川县（今会理）："萧齐没于蛮僚，高宗上元二年，于其地置会川县"；黎州汉源县："隋仁寿二年，平夷僚，于此置汉源镇"；雅州条下引李膺《益州记》："自

---

① 以上见《北史》卷九五《獠传》、《周书》卷二八《陆腾传》、《北史》卷七六《卫玄传》。
② （宋）乐史：《太平寰宇记》卷八〇《巂州》引。
③ （宋）乐史：《太平寰宇记》卷八〇《巂州》。

晋永嘉崩离，李雄窃据，此地芜废，近二十纪，夷僚居之。"《旧唐书·地理志》亦云："晋末大乱，夷僚据之，后魏开生僚于此，置蒙山郡。"

晋犍为郡、蜀郡，隋唐嘉州、眉州、邛州、翼州、真州，今为乐山市及眉山市、成都市等地的一部分。《元和郡县志》卷三二嘉州："后为夷僚所侵。"萧梁、西魏间，此地成为"徼外"，北周始复立郡县。《元和郡县志》卷三三眉州洪雅县："自晋迄宋，夷僚有其地。周武帝攘却夷僚，立洪雅镇"；青神县："李雄之后，夷僚内侵，西魏恭帝遥于此置青衣县。"又《隋书·杨文思传》载：北周有"隆山生僚"，隆山即今彭山。《元和郡县志》卷三二邛州条记载：晋末李雄乱后，邛州为僚所侵，宋及齐、梁不置郡县，豪家能服僚者名为"保主"。梁益州刺史萧范于蒲水口立栅为城以备"生僚"，名为蒲口顿（今邛崃东永丰场）；武陵王萧纪于蒲口顿改置邛州。至后魏废帝二年（553）定蜀，复于汉、晋临邛旧城置临邛县。

晋犍为郡僰道县及朱提郡南广县地，隋唐戎州、泸州、荣州，今为宜宾市、泸州市及自贡市。卷三二戎州："李雄窃据，此地空废，梁武帝大同十年，使先铁讨定夷僚，乃立戎州。"卷三四荣州云："李雄乱后，没于夷僚。""李雄据蜀后，夷僚居之，所谓'铁山生僚'也。"铁山在今荣县北。又云：荣州和义县（治今富顺县西）、威远县皆隋置，"以招和夷僚"。《新唐书·南蛮传》载："戎、泸间有葛僚，居依山谷林菁，逾数百里，俗喜叛，州县巡抚视不至，必令党数千人持排而战。"

晋犍为郡武阳县与资中县、江阳郡汉安县、蜀郡牛鞞县、广汉郡德阳县地，隋唐陵州、资州、简州、普州、遂州，今为资阳市、内江市等地及遂宁市之一部。自萧梁至五代，史书上不断有陵州"僚反"的记载。西魏江州刺史陆腾一次即屠杀、俘虏陵州僚人一万五千人[①]，可见此区也是僚人的一个集中地。《元和郡县志》卷三二资州："李雄之乱，夷僚居之。"又于盘石（今资中）、内江（今内江余兴区）、龙水（今资中西北）、清溪（今内江东北）诸县下皆云"陷于夷僚""夷僚所居"；卷三二简州："李雄据蜀，夷僚内侵，因之荒废。"《旧唐书·地理志》普州："李雄乱后，为僚所据，梁招抚之，置普慈郡。"《太平寰宇记》卷八七遂州："东晋分置遂宁郡……其地多僚，官长力弱，不相威慑，宋泰始五年刘亮表分遂宁为东西二郡。"

---

① 《周书》卷二八《陆腾传》。

晋梓潼郡晋寿县、广汉郡广汉县与伍城县、巴西郡，隋唐梓州、剑州、阆州、利州、蓬州，今为绵阳市、广元市及南充市之一部。《南齐书·州郡志》载益州有始平僚郡，《隋书·地理志》梁州金山郡涪城县："旧置始平郡，西魏改郡为涪城。"此当是萧梁改齐始平僚郡置，其地在今三台西北花园（涪城坝）。李膺《益州记》举僚人散布地区有"广汉"，当指广汉郡东部，即今中江县一带，并属唐梓州地。李膺《益州记》所举僚人分布地有巴西郡，治阆中。《北史·獠传》记载，北魏傅竖眼为益州刺史，"施恩布信，大得僚和"。北魏益州辖今广元、旺苍等县地，正隋唐之利州。《舆地纪胜》卷一八八蓬州下引《元和郡县志》："至李特孙寿时，夷僚散居，不置郡县。"《通鉴》卷一七〇：北周武帝时梁州恒棱僚叛，总管长史南郑赵文表讨之，平僚后遂置为蓬州。

晋巴西汉昌县、宕渠县地，隋唐巴州、集州、壁州、渠州、通州、梁州、洋州，今为达州市、巴中市及广安市之一部。此地区为僚人最集中之地。《通典》卷一七五："晋宋之间，为夷僚所据，不置郡县"，至刘宋末，乃置归化郡。《北史·獠传》：北魏宣武帝时，以梁、益二州"控摄险远"，乃立巴州（治今巴中）以统诸僚，所管僚人二十万户。《太平寰宇记》卷一三八渠州："李寿乱后，地为诸僚所侵，郡县悉废。"南齐置东宕渠僚郡①，或谓即梁之东宕渠郡，治今合川，盖以主宕渠之僚。《周书·李辉传》亦称周武帝时李辉为梁州总管，渠、蓬二州"生僚"并来归附。《周书·辛昂传》：昂为通州刺史，"甚得夷僚欢心"。可见此地也多僚人②。

（二）四川盆地东部的僚

僚人在四川盆地东部的分布也十分广泛，以下列举之：

晋属江阳、巴郡，唐属昌州，今荣昌、永川、大足县。《元和郡县志》卷三三说："昌州……张朝等所焚。大历十年，本道使崔宁又奏复置，以镇押夷僚。"今荣昌尚有濑（僚）溪河等地名。

晋广汉郡德阳县地，唐属遂州，今为潼南县。《太平寰宇记》卷八七遂州下云："东晋分置遂宁郡……其地多僚，官长力弱，不相威摄"；又《隋

---

① 《南齐书》卷一五《州郡志》。
② 以上僚人的分布、迁徙，引自刘琳《僚人入蜀考》，《中国史研究》1980年第2期，第119~134页。

书·周法尚传》:"仁寿中,遂州僚叛。"

晋巴郡枳县及涪陵郡地,唐属涪州,今涪陵区、长寿区、南川区、武隆县。《唐六典》云:"涪州贡连头僚布。"可见亦多僚人。又《太平寰宇记》卷一二〇涪州宾化县(今南川市)下引"新图经"云:"此县民并是夷僚。"

晋属涪陵郡,唐属黔州,今黔江区、彭水县、酉阳县。《太平寰宇记》卷一二〇谓黔州"杂居溪洞,多是夷僚"。又《舆地纪胜》卷一七六:"摩围山,在彭水县(黔州治)西,隔江四里,与州城相对。夷僚呼天曰'围',言此摩天,号曰'摩围'。"

晋巴东郡及建平郡之一部,唐属夔州,今为云阳县、奉节县、巫山县、巫溪县。《梁书·孙谦传》:"(宋)明帝擢(谦)为明威将军,巴东、建平二郡太守……至郡,布恩惠之化,蛮僚怀之。"《隋书·王长述传》:"及高祖(杨坚)为丞相,授信州总管。部内夷僚犹有未宾,长述讨平之。"北周信州即唐之夔州。

晋属江州县地,唐属南州及溱州,今为綦江县。《新唐书·地理志》南州、南川郡下云:"武德二年开南蛮置,三年更名僰州,四年复故名。"今綦江县境尚有"百(僰)僚坝"之地名。

晋巴郡江州县,唐属渝州,今巴南区、渝北区、江津区、璧山县。重庆以南的广大山区早有濮人和僚人居住,他们在汉晋之间的綦江崖墓画像中,留下了活动的遗迹。至唐初,仍然有"南平僚"分布。

综上所考,可以看到入蜀僚人分布极广。以今四川、重庆范围来看,《晋书·地理志》所载西晋设置的十五郡,其中十四郡有僚①。又《新唐书·地理志》所载唐之五十五州,其中三十三州有僚。这三十三州中,又以岷、沱二江中下游及渠江上游地区,即晋之犍为、巴西二郡分布最为密集。这种情况,与这些地区在僚人入蜀前后战争最为频繁,汉人大量流亡,"山险之地多空"有一定关系。由于僚人深入内地,长期与汉人交往,大部分后渐融合于汉族之中,少部分与其他民族融合。不过这种融合并不平衡,其时间和分布地区也有所不同,大抵涪江以东僚、汉的融合较早,而岷、沱二江中下游直至北宋还有不少僚人。

---

① 十五郡即:蜀、犍为、汶山、汉嘉、江阳、朱提(部分)、越巂、梓潼、广汉、新都、涪陵、巴郡、巴西、巴东、建平(部分)。其中仅新都一郡是否有僚,未见记载。

四、党项羌

（一）党项的来源与分布

党项源出鲜卑，后南下、西迁，由于其统治和融合了原居西北的羌族部落，故后世的文献多记载其为西羌的一支[①]。北周灭宕昌、邓至羌后，党项部兴起。隋开皇四年（584），首领拓拔宁丛内附，授大将军。贞观初，细封步赖举部归唐，唐以其地置轨州，授刺史领之，其地大致在今青海省东南部河曲与四川松潘以西山谷地带。

《新唐书·党项》载："党项，汉西羌别种，魏、晋后微甚。周灭宕昌、邓至，而党项始强。其地古析支也，东距松州，西叶护，南春桑、迷桑等羌，北吐谷浑。处山谷崎岖，大抵三千里"，即今天的青海祁连山以南的河湟平原和甘肃西南部的洮河上游一带，西抵阿尔金山，东到岷江上游一带。党项"以姓别为部，一姓又分为小部落，大者万骑，小数千，不能相统，故有细封氏、费听氏、往利氏、颇超氏、野辞氏、房当氏、米禽氏、拓跋氏，而拓拔最强"。

据《新唐书·地理志》载：贞观二年（629），酋长细封步赖内附，其后诸姓酋长相率亦内附，皆列其地置州县，以其地为崌、奉、严、远四州，首领拜刺史，隶松州都督府（治今松潘）。《新唐书·党项》："有拓拔赤辞者，初臣吐谷浑，慕容伏允待之厚，与结婚，诸羌已归，独不至……赤辞从子思头潜纳款，其下拓拔细豆亦降。赤辞知宗族携沮，稍欲自归，岷州都督刘师立复诱之，即与思头俱内属。以其地为懿、嵯、麟、可三十二州，以松州为都督府，擢赤辞西戎州都督，赐氏李，贡职遂不绝。"

公元7世纪唐朝建立之初，为安定西部地区，对党项诸部采取招抚政策，以内迁部落居住地设置府州，拜各部首领为刺史，实行羁縻政策，于是诸部纷纷内附。贞观九年（635），唐灭吐谷浑后，原来依附于吐谷浑的一部分党项也归附了唐朝[②]。

（二）党项与吐蕃的关系

吐蕃强盛后，迅速向东北方向发展，即与党项接触。据《新唐书·吐蕃

[①] 汤开建：《党项源流新证》，《宁夏社会科学》1996年第1期，第53~62页。
[②] 吐谷浑兴起后，其统治区域南达今四川阿坝藏族羌族自治州部分地区，吐谷浑人也当有在这些地区居住者。由于缺乏记载，本书不作专门介绍。

传》记，贞观八年（634），弄赞（即松赞干布）遣使入朝，唐太宗以行人冯德遐为使下书临抚。弄赞闻突厥、吐谷浑皆得尚公主，乃遣使送币求婚唐朝，太宗未许。"弄赞怒，率羊同共击吐谷浑，吐谷浑不能亢，走青海之阴，（吐蕃）尽取其赀畜。又攻党项、白兰羌，破之。勒兵二十万入寇松州。"在此背景下，原已归属唐朝的党项部落首领阔州刺史别丛卧施、诺州刺史把利步利等，又以所统羁縻州归吐蕃①。

吐蕃的东进加速了党项族迁徙的进程。唐高宗乾封二年（667）二月，吐蕃击破都、流、厥、调、凑、般、匐、迩、率、差等十二个党项羁縻州。咸亨二年（671），又废蚕、黎二州。羁縻州的废置，说明吐蕃绝胜，而依附于唐朝的党项部落被迫向内地迁徙。"贞观以后，吐蕃浸盛，党项拓拔诸部畏逼，请内徙"②，于是唐朝将党项族迁往庆州（今甘肃庆阳一带）地区侨治静边等州安置，"静边州都督府，贞观中置，初在陇右，后侨治庆州之境"③。这次迁徙的党项部落主要是拓跋部。《旧唐书·党项羌传》载："拓跋氏渐为所逼，遂请内徙，始移其部落于庆州，置静边等州予以处之。"同时内徙的还有野利部、把利部、破丑部等④。这些党项部落迁入庆州后，还有一部分自发向北迁徙，迁往灵、胜二州，扩散到河套地区。

至唐高宗永隆元年（680），吐蕃尽收羊同及诸羌之地，党项人聚居的懿、嵯、麟、可、诺、阔、奉、岩、远等州均为其所据，这样，从河首大碛石山（即今青海湖东南大积石山）以东所置党项州府多归吐蕃辖下。具体来说，今四川木里、康定、理县、松潘以西，甘肃迭部、夏河以西以南，青海湖东南部广大地区的党项部落居地，均为吐蕃占有，由此形成了吐蕃统治征服党项的区域⑤。

被吐蕃征服之地的党项，汉文献称其为"弭药"⑥，藏语作"min-yag"，

---

① 《资治通鉴》卷一九五，原文作"阆州"，误，应为"阔州"。
② 《资治通鉴》卷三二〇，胡三省注。
③ 《新唐书》卷二二一《党项传》。
④ 《新唐书》卷二二一《党项传》。
⑤ 《新唐书》卷二一六《吐蕃传》、卷三七《地理志》；谭其骧主编：《中国历史地图集》第5集"隋唐五代十国"，中国地图出版社1982年版。
⑥ 《新唐书》卷二二一《党项传》。

字典《同音》注西夏文的"弭药"二字意思是"弭人"①，藏文史籍中记载了这部分党项人与吐蕃的关系。《贤者喜宴》在"象雄妃等建寺"一节中记载，松赞干布的妃子之一茹雍妃洁莫尊，即弭药王之女，她建造了"逻娑卡查寺""米芒才神殿"，并在"查拉路甫"雕刻大梵天等佛像等。此外，松赞干布还下令在弭药地方建造了雍佐热哺嘎神殿②。

吐蕃对已征服的党项部众的统治十分严厉。《新唐书·南诏传》载南诏王致韦皋帛书曰："吐蕃阴毒野心，辄怀搏噬。……往退浑王为吐蕃所害，孤遗受欺；西山女王，见夺其位；拓拔首领，并蒙诛刘；仆固志忠，身亦丧亡。"其中，"拓拔首领"，即指被征服的党项族首领。有学者据此认为，在吐蕃统治下，党项部落被解散，部众沦为奴婢，吐蕃"出师必发豪室，皆以奴从，平居散处耕牧"，或即指此③。对吐蕃的严酷统治，党项部众也进行反抗。《新唐书·吐蕃传》谓：长寿元年（692），吐蕃属部首领"率贵川部与党项种三十万降"；稍后，又有"羌、蛮八千"来附。

五、东女、西山诸羌

在吐蕃对诸羌的统治中，不能不提到东女、西山诸羌。《旧唐书·东女国传》记载："贞元九年七月，其王汤立悉与哥邻国王董卧庭、白狗国王罗陀忽、逋租国王弟邓吉知、南水国王侄薛尚悉曩、弱水国王董辟和、悉董国王汤息赞、清远国王苏唐磨、咄霸国王董藐蓬，各率其种落诣剑南西川内附。"

根据已有的研究，"东女国"和"西山八国"分布的位置大致相当于今四川阿坝州的茂汶、理县、黑水、汶川以西，直至甘孜藏族自治州、西藏昌都界内的崇山峻岭中。由于这一带地处唐朝和吐蕃交往的要冲，亦是双方不断厮杀的战场，所以这一带的羌人是双方都要竭力争夺的对象，而吐蕃略占上风。史载：东女及西山诸羌，"自中原多故，皆为吐蕃所役属。其部落，大者不过

---

① 陈炳应：《西夏的诗歌、谚语所反映的社会历史问题》，载《西夏史论文集》，宁夏人民出版社1984年版，第146页。
② （明）巴卧·祖拉陈瓦：《贤者喜宴》，民族出版社1986年版，第240页；黄灏：《〈贤者喜宴〉摘译（三）》，《西藏民族学院学报》（哲学社会科学版）1981年第2期，第29页。
③ 王忠：《论西夏的兴起》，《历史研究》1962年第5期，第22页。

三二千户，各置县令十数人理之。土有丝絮，岁输于吐蕃"①。以下对"东女国""西山八国"的地理位置、民族属性及其与吐蕃的关系逐一讨论。

（一）东女国

《旧唐书·东女国传》："东女国，西羌之别种，以西海中复有女国，故称东女焉。俗以女为王。东与茂州、党项接，东南与雅州接，界隔罗女蛮及白狼夷。其境东西九日行，南北二十日行。在大小八十余城，其王所居名康延川，中有弱水南流，用牛皮为船为渡。"

一般认为此女国东与茂州（今茂汶一带）接，东南与雅州（今雅安一带）接，即今茂汶以西，雅安以西北地区，正是嘉绒地区，因此可以肯定古代东女国的范围也包括今嘉绒地区。但此女国的中心不在嘉绒地区，因为史载"其王所居名康延川，中有弱水南流"，"康延川"当即今日的昌都一带，"弱水"即澜沧江或怒江。由此可知，东女国实包括今阿坝茂汶以西，甘孜州巴塘、理塘以北，范围十分广大②。

近年又有学者补充指出：《隋书》《北史》说川藏间东女国在今昌都地区，两"唐书"等又说它在今大金川地区，所以使人颇有些不知所从，学术界历来为此论说纷纭，迄今未得一致。其实还有两种解释：一种解释是，川藏间东女国也有两个，一在昌都地区，一在大金川地区；另一种解释是，从北朝到唐初，川藏间东女国在昌都地区，后迁徙到大金川地区。比较而言，当以"迁徙说"较胜③。

（二）哥邻国

《旧唐书·东女国传》："贞元九年七月……哥邻国王董卧庭……率其种落诣剑南西川内附。""哥邻"，《敦煌本吐蕃历史文书》"大事纪年"中称为gos yul"葛延"，yul即嘉绒语"地方"，gos yul即gos（葛、戈、哥）人的地方，《安多政教史》中称为"杂绒"（tsha rons）、"杂瓦绒"（tsha ba rong），今译为"嘉绒"（rgyal rong）。rong为嘉绒语"谷地"，rgyal rong即"rgyal（嘉、杂）人的谷地"之义，可见哥邻国确与葛（戈、哥、杂、嘉）人

---

① 《旧唐书》卷一九七《东女国传》。其地理分布参见冉光荣等《羌族史》，四川民族出版社1985年版，第174页。
② 格勒：《论藏族文化的起源形成与周围民族的关系》，中山大学出版社1988年版，第79~83页。
③ 郭声波：《唐代弱水西山羁縻部族探考》，《中国藏学》2002年第3期，第28~37页。

有关，其王即以葛人（董氏）为之。李绍明谓"哥邻羌"即《隋书·附国传》之"嘉良夷"，"盖哥邻译自自称，嘉良译自他称，二部实为一部也"[①]。

嘉绒主要分布在四川省阿坝州内金川、小金、马尔康、理县、黑水和汶川部分地区，以及甘孜州、雅安地区、凉山州等地，讲藏语方言嘉绒话，并以农业生产为主，此地的藏民被称为"绒巴"（农区人）。"嘉绒"一名当因嘉莫墨尔多神山而得名，意指墨尔多神山四周地区。据汉文史料记载，嘉绒自古以来生息于今阿坝州东南部河谷一带，称为"嘉良夷（嘉梁）""白狗羌""哥邻人""戈基人"等，是这一地区的土著先民或很早就迁徙于此地的古代部落。由于唐代吐蕃移民及驻军于此地，他们逐渐融合成为藏族的一部分。

（三）白狗国

《新唐书·党项传》曰："龙朔后，白兰、春桑及白狗羌为吐蕃所臣，籍其兵为前驱。"天宝元年（742），吐蕃白狗国及索磨等诸州笼官等三百人欲入奏；当年十月，白狗羌四品笼官苏唐封及狗舟川五品笼官薛阿封归唐。天宝十三年，白狗羌又率部内附[②]。《旧唐书·东女国传》："贞元九年七月……白狗国王罗陀忽……各率其种落诣剑南西川内附。"

《旧唐书·地理志》武德七年（624）："白狗羌降附，乃于姜维故城置维州。"《元和郡县志》："茂州通化县近白狗生羌。"多数学者据此认为，隋唐之际的白狗羌在今理县境内。武德七年以其地置羁縻维州，贞观元年（627）羁縻维州白狗羌"邓贤佐部"西走，但并非白狗羌"举族西走"，理县境内白狗羌余部如西恭州仍留在原处，不久改为斧州，开元间犹存。至于后来"弱水西山八国"中的白狗国，当是吐蕃以西走的白狗羌部落置，其使者在开元末曾与索磨川笼官一起道经奉州（今理县西）入贡，可见白狗国亦居于今马尔康县境（梭磨河为钵南羌居地，故白狗国可能居于马尔康县北部），而与留居在理县境内的白狗羌不相关涉，只是贞元九年以后弱水西山的白狗国内附，行保州（在今理县东）又增加了一些白狗羌部落民而已。《册府元龟》：天宝元年有被吐蕃征服的白狗国、狗舟川笼官薛阿封等记载。"狗舟川"疑得名于"弱水西山六十八州"中的鼓州[③]。

---

① 李绍明：《唐代西山诸羌考略》，《四川大学学报》1980年第1期，第83~95页。
② 《新唐书》卷二二一《党项传》，《册府元龟》卷一七〇、卷九七五，《唐会要》卷九八。
③ 李绍明：《唐代西山诸羌考略》，《四川大学学报》1980年1期，第83~95页；郭声波：《唐代弱水西山羁縻部族探考》，《中国藏学》2002年第3期，第28~37页。

据《通典·食货》《元和郡县志》及《新唐书·地理志》维州维川郡条，白狗羌居维州、笮州，产牦牛、麝香、羌活、当归等。其风俗，《隋书》云："地本氐羌，人犹劲悍，性多质直，工习射猎。"《舆地纪胜》威州条引《郡国志》云："衣褐羊皮、革玄革各，妇人多带金花，串以瑟瑟，穿悬珠以为饰。"反映其生活仍以畜牧狩猎为主。又以笮州州名观之，白狗羌亦当善治笮桥。唐时，维、笮二州白狗羌首领俱为"邓氏"。

（四）逋租国

《旧唐书·东女国传》："贞元九年（793）七月……逋租国王弟邓吉知……率其种落诣剑南西川内附"，唐朝授予邓吉知"试太府少卿兼丹州长史"。李绍明考证"丹州"乃"冉州"之误，据《旧唐书·地理志》，"冉州"在今阿坝州茂县境内，距离今县城不远①。

贞元十七年（801），"诏韦皋出兵成都西山以纾北边。皋遂命……雅州经略使路惟明与三部落主赵日进等率兵三千进攻逋租、偏松等城，黎州经略使王有道率三部落郝金信等兵二千过大渡河深入吐蕃界，嶲州经略使陈孝阳与行营兵马使何大海、韦义等及磨些蛮三部落主苴那时率兵四千进攻昆明、诺济城"②。这里说贞元十七年剑南西川节度使韦皋分兵九路进击吐蕃，其中一路由雅州经略使路惟明与三部落主赵日进等率兵三千分别出灵关、夏阳进攻逋租、偏松等城。郭声波认为，"灵关"在雅州北，今宝兴县南，"逋租城"在今四川阿坝州小金县沃日河一带。贞元间韦皋遣军出雅州灵关道攻吐蕃逋租城，显见"逋租国"乃在今小金县境，其部族当系唐前期之"千碉羌"③。

（五）南水国

《旧唐书·东女国传》："贞元九年七月……南水国王俟薛尚悉囊……率其种落诣剑南西川内附"，授予"薛尚悉囊试少府少监兼霸州长史。"后"南水国王薛莫庭"又与"汤息赞、董藐蓬，女国唱后汤拂庭、美玉钵、南郎唐"等一起"并授银青光禄大夫、试太仆卿"。《旧唐书·地理志》：霸州下，"天宝元年，因招附生羌置静戎郡。乾元元年，改为霸州也。领县

---

① 李绍明：《唐代西山诸羌考略》，《四川大学学报》1980年第1期，第92页。
② 《旧唐书》卷一九六《吐蕃传》。
③ 郭声波：《川西北羌族探源——唐宋岷江西山羁縻州部族研究》，《中南民族大学学报》（人文社会科学版）2002年第4期，第74～79页；郭声波：《唐代弱水西山羁縻部族探考》，《中国藏学》2002年3期，第28～37页。

一，户一百七十一，口一千八百六十一。至京师二千六百三十二里，至东都三千二百七十一里"。李绍明考证所谓"南水"即今"黑水"，"霸州"的位置应在今黑水县及茂县西北的赤不苏一带①。

（六）弱水国

《旧唐书·东女国传》："贞元九年七月……弱水国王董辟和……率其种落诣剑南西川内附。"《旧唐书·东女传》曰："东女国……东与茂州、党项接，东南与雅州接，界隔罗女蛮及白狼夷。其境东西九日行，南北二十日行。有大小八十余城。其王所居名康延川，中有弱水南流，用牛皮为船以渡……弱水王即国初女国之弱水部落。"《唐会要·东女国》《太平寰宇记·东女国》《册府元龟·外臣部》"国邑"及《新唐书·东女传》与此大同小异。隋唐之际川藏间的东女国既在今昌都地区，则弱水国应在澜沧江之中下流的藏东察雅、芒康一带②。

（七）悉董国

《旧唐书·东女国传》："贞元九年七月……悉董国王汤息赞……率其种落诣剑南西川内附。"《旧唐书·东女传》曰：悉董国"在弱水西，故亦谓之弱水西悉董王"。李绍明认为，悉董国应在今藏东怒江及其支流鄂宜河一带；而郭声波认为，弱水国在今金川县西部及壤塘县南部，度其方位，悉董国与原弱水羌西北的渠步羌位置大致相合，可知其基本部族应即隋代的渠步羌③。

（八）清远国、咄霸国

《旧唐书·东女国传》："贞元九年七月……清远国王苏唐磨、咄霸国王董貌蓬……率其种落诣剑南西川内附。"郭声波根据宋本《历代地理指掌图》之《唐十道图》于安戎城西北标有清远城、正北标有土霸城的记载，认为清远国的都城清远城在今阿坝县境，咄霸国的都城土霸城在今红原县南部，清远

---

① 李绍明：《唐代西山诸羌考略》，《四川大学学报》（哲学社会科学版）1980年第1期，第92页。

② 李绍明：《唐代西山诸羌考略》，《四川大学学报》（哲学社会科学版）1980年第1期，第93页。

③ 李绍明：《唐代西山诸羌考略》，《四川大学学报》（哲学社会科学版）1980年第1期，第93页；郭声波：《川西北羌族探源——唐宋岷江西山羁縻州部族研究》，《中南民族大学学报》（人文社会科学版）2002年4期，第74~79页；郭声波：《唐代弱水西山羁縻部族探考》，《中国藏学》2002年第3期，第28~37页。

国、咄霸国分别是由隋代的"迷桑羌"和"春桑羌"发展、演变而来的[①]。

总之，哥邻国乃以高宗、武后之际自茂州西迁之"葛延羌"置，位于今四川马尔康县南部；白狗国乃以唐初自维州西迁之"白狗羌"一部置，位于今马尔康县北部；逋租国乃以"千碉羌"置，位于今四川小金县；南水国乃以"那鄂羌"置，位于今青海班玛县；弱水国乃以"弱水羌"置，位于今四川金川县西部及壤塘县南部；悉董国乃以"渠步羌"置，位于今四川壤塘县北部；清远国乃以"迷桑羌"置，位于今四川阿坝县中西部；咄霸国乃以"春桑羌"置，位于今四川红原县南部及阿坝县东南部；东女国乃唐初自附国西东迁而来，位于今四川金川县及丹巴县。由于弱水国成为东女国附庸，故包括东女国在内的九国亦称"八国"，即史书中常常提到的西羌"西山八国"[②]。

六、川西南诸族

两晋南北朝时期，在川西南地区先后置越嶲郡、嶲州、西宁州、严州。隋初置西宁州，后又改名嶲州，再罢州复置越嶲郡。唐代越嶲郡改置嶲州。以下简述这一地区巴蜀少数民族的分布。

（一）"东蛮"：勿邓、两林、丰琶

《新唐书·南蛮传》载："勿邓、丰琶、两林皆谓之东蛮。""东蛮"主要分布在唐嶲州一带，也就是今四川凉山州部分地区。据《新唐书》载，勿邓地方千里，共有邛部六姓，其中一姓为"白蛮"，五姓为"乌蛮"。另有称为"初裹"的五姓居于邛部与台登之间，亦属"乌蛮"；"钦蛮"二姓皆属"白蛮"，居于北谷。其余有"粟蛮"二姓、"雷蛮"三姓、"梦蛮"三姓，散居黎、嶲、戎数州交界之处，而皆隶"勿邓蛮"统领。

其次，在勿邓之南七十里有两林部落、十低三姓、阿屯三姓、亏望三姓。虽然两林地方不广，但诸部皆推两林为长，号称"都大鬼主"。两林之南又有丰琶部落，阿诺二姓，亦为"东蛮"。

嶲州"东蛮"诸部以勿邓最大，包括六个部落和二十一个"姓"。据《云南志》卷一说，勿邓在"邛部东南三百五十里"；又，《新唐书·两爨

[①] 郭声波：《唐代弱水西山羁縻部族探考》，《中国藏学》2002年第3期，第28~37页。
[②] 郭声波：《川西北羌族探源——唐宋岷江西山羁縻州部族研究》，《中南民族大学学报》（人文社会科学版）2002年第4期，第74~79页；郭声波：《唐代弱水西山羁縻部族探考》，《中国藏学》2002年第3期，第28~37页。

蛮传》说："以勿邓大鬼主苴蒿兼邛部团练使，封长川郡公，及死，子苴骠离幼，以苴孟冲为大鬼主。"结合《新唐书》《云南志》等皆述邛部为勿邓之首，且勿邓大鬼主又兼邛部团练使，知勿邓部以邛部（今越西和甘洛县一带）为中心。而《云南志》卷一说"邛部东南三百五十里至勿邓部落"，是因为后来"梦蛮"首领苴梦冲曾为勿邓大鬼主，所谓邛部以下三百五十里，正是指梦蛮三姓部落的所在。

《新唐书·两爨蛮传》记载勿邓部落的来历说："一曰阿芉路，居曲州、靖州故地；二曰阿猛；三曰夔山；四曰暴蛮，五曰卢鹿蛮，二部落分保竹子岭；六曰磨弥敛；七曰勿邓。"可知勿邓与其余"乌蛮"六部地望相连，语言相通，风俗相类，族属相同，关系密切。又据《云南志》所言，以上七部除勿邓在嶲州外，其余皆在今滇东黔西乌蒙山区一带[1]，由此还可推知勿邓是从乌蒙山区迁去的。

正因为如此，在史籍中才出现对勿邓的两种分类。就族属而言勿邓与乌蒙山区"乌蛮"六部相同，故统称为"东爨乌蛮"。但就地域而言，勿邓又与两林、丰琶嶲州"乌蛮"错居，位于南诏与"两爨蛮"的东北，故又统称为"东蛮"[2]。在勿邓部中首先是邛部六姓，其民当系唐邛部"乌蛮"之后[3]。他们传说系仲由蒙（仲牟由）之后，与现今滇东、黔西、凉山、西昌大部分彝族传说源出仲牟由是一致的[4]。由此亦可证明勿邓与乌蒙山区"乌蛮"系同源。

勿邓部在唐初时进入嶲州的可能性大。虽然越嶲郡于西晋初一度改属宁州，而南中大姓势力也及于该地，但勿邓部未必即大批北移，这从该部在唐中叶时尚非都大鬼主即可证知。由于徙入不久，地位尚未完全巩固。但时日

---

[1] 据《云南志》卷一《云南界内途程》所言，"乌蛮"七部落的位置，除勿邓外，余皆在云南东北和贵州西北部。可参见方国瑜《中国历代疆域图西南地区考释》第1册《东爨》。

[2] 据《云南志》卷四，在"东蛮"中尚有"梦蛮"，乃就地望而言。又据《云南志》卷一，"东蛮"亦别于"两蛮（磨些）"，亦就地望而言。

[3] 据《元史》卷六一《地理志》，邛部州"在大渡河之南，越嶲之东北，唐立邛部县，宋为邛都王地。州治乌弄城。昔么些蛮居之，后仲由蒙之裔夺其地"，知元时的邛部州与唐时邛部六姓或邛部县有关。

[4] 史籍中关于彝族传说中的始祖有仲牟山、仲由蒙、独穆、居木吾、足木乌、独摩及却布艋木等多种说法，皆系音译；参见贵州省毕节专署民委会彝文翻译组《西南彝志》第1~19卷；四川省民间文艺研究会：《大凉山彝族民间长诗选·勒俄特依》四川人民出版社1960年版。

推移到宋代，勿邓即取两林而代之，成为这一带的都大鬼主①。

勿邓部既是南中徙居巂州的"东爨乌蛮"，则此"东爨乌蛮"的族源亦系古代氐羌人南下到南中的一支，而与汉代滇东北的"靡莫之属"以及滇池区域的叟人有密切关系。据《华阳国志·南中志》言："晋宁郡……汉武帝元封二年，叟反，遣将军郭昌讨平之，因开为郡，治滇池上，号曰益州。"是知滇池一带有叟人，而滇东的"劳浸""靡莫"与滇"同姓相扶"，亦当为叟人。叟人与"东爨乌蛮"是有族源关系的。

两林部落在勿邓南七十里，即今西昌一带，仅辖三个部落和九个"姓"，其地虽狭，但勿邓、丰琶仍推其为盟主，号"都大鬼主"。再次是丰琶部落，在两林南二百里，当今会理及盐源县一带。根据《新唐书》记载，其下仅有二个"姓"，是个较小的部落。但据《云南志》的记载，丰琶除二"姓"之外，还有诸"蛮"部落。这里反映出一个矛盾，即勿邓虽地广势盛，但却不能为盟主，尚需推地狭势弱的两林为"都大鬼主"。

两林与丰琶乃当地古老居民，即汉晋氐羌之后，他们与勿邓虽皆同出于南下的氐羌，但近源却非滇东的"靡莫之属"，当即魏晋南北朝时期安宁河流域见于史籍记载的叟人。这些部落，唐初也当有松外蛮的一部分。

有学者认为，"东蛮"三部落可以概括为"么些蛮三部落"，即"东蛮"三部落主要为"么些蛮"。从史籍记载看，勿邓与丰琶中应有相当数量的么些部落，但"东蛮"三部落不能称之为"么些蛮三部落"②。

从东蛮三部落与唐朝的关系方面来考察，亦可得出相同的结论。唐时三部皆隶巂州都督府，天宝中皆受封爵。肃宗至德元年（756），南诏与吐蕃联手攻陷巂州，三部又受制于吐蕃，乃至8世纪末，唐朝收复巂州，又封三部首领皆为郡王。三部中的两林、丰琶，由最初请求附唐直至最后这种关系未变，只是当唐巂州刺史喻士珍阴掠两林人口从事奴隶贩卖时，两林才在懿宗咸通年间一度叛唐。但这两部在助唐朝以抗击吐蕃、南诏方面则始终如一③。这是由于这两

---

① 《续资治通鉴长编》卷十即说："开宝二年六月，邛部川蛮（按：勿邓部）都鬼主阿伏与山后两林蛮王子勿儿，遣人以状白黎州，期十月入献……诏许之。"
② 蒙默：《唐宋时期"东蛮"族属的探讨》，载《南方民族史论集》，四川民族出版社1993年版，第202~240页；赵心愚：《也谈唐宋"东蛮"中的磨些》，载《赵心愚纳西学论集》，民族出版社2010年版，第98~111页。
③ 参见《新唐书》卷二二二《南蛮传》、卷一五八《韦皋传》。

部本系当地部落，与唐朝关系密切所致。相反，勿邓部落则反复不定，例如韦皋就曾遣嶲州总管苏隗斩杀了依附吐蕃的勿邓大鬼主苴孟冲[①]。

（二）磨些、栗粟

磨些为今纳西族的先民，史籍中又作摩沙、么些、末些、麽些等，唐代史志中记作磨些。纳西族先民"摩沙夷"最早见于《华阳国志·蜀志》的记载，三国两晋时期在今四川盐源一带仍有分布。根据《云南志》《新唐书》和《元史·地理志》的记载，两晋南北朝至隋唐时期，磨些在今四川盐边、盐源、冕宁、越西等地都有分布，被视为"乌蛮"的一种。分析史志中有关东蛮的记载，一些学者认为"东蛮"三部落中也有磨些部落[②]。今盐源、盐边一带的磨些人，唐初当也被称之为"松外蛮"[③]。

栗粟为今天傈僳族的先民，在唐代也被视为是"乌蛮"的一种。《云南志》卷四记载："栗粟两姓蛮……皆在邛部、台登城东西散居。"《新唐书·两爨蛮传》亦载："又有栗蛮二姓……散处黎、嶲、戎数州之鄙，皆隶勿邓。"邛部、台登城东西，即今四川凉山州越西至冕宁一带。根据这些记载，不少学者认为，栗粟即今傈僳族的先民，唐代在今四川凉山州越西至冕宁一带已有分布[④]。

（三）"白蛮""乌蛮"

根据《新唐书》《云南志》的记载，作为乌蛮七部之一的勿邓中就有"白蛮"部落。两林、丰琶因有"鬼主"习俗，不少学者也认为应为"乌蛮"部落。在唐代戎、泸一带，也有"乌蛮"部落。此处所说"白蛮""乌蛮"，不是"东蛮"三部落勿邓、两林、丰琶中的"白蛮""乌蛮"，也不是戎泸一带的"乌蛮"部落，而是南诏时期从云南迁入川西南地区的"白蛮""乌蛮"。《元史·地理志》记载：建昌路"蒙诏立城曰建昌府，以乌、白二蛮实之"。会川路"永昌州，州在路北，治故归依城，即古会川也。唐天宝末，没于南诏。置会川都督。至蒙氏改会同府，置五睑，徙张、王、李、赵、杨、周、

---

① 参见四川民族调查组《凉山彝族自治州社会调查综合报告（初稿）》的"家支"一章。
② 胡庆均：《东蛮考释》，载《思想战线》1981年第5期，第30～34页；赵心愚：《也谈唐宋"东蛮"中的磨些》，载《赵心愚纳西学论集》，民族出版社2010年版，第98～111页。
③ 也有学者认为，"松外蛮"主要为今彝族先民。见赵心愚《唐"松外蛮"考》，载《纳西族历史文化研究》，民族出版社2009年版，第298页。
④ 马长寿：《彝族古代史》，李绍明整理，上海人民出版社1987年版，第78页；赵吕甫：《云南志校释》，中国社会科学出版社1985年版，第173页。

高、段、何、苏、龚、尹共十二姓于此,以赵氏为府主"。会川路"黎溪州,古无城邑,蛮云黎弜,讹为今名。初,乌蛮与汉人杂处,及南诏阁罗凤叛,徙白蛮守之"。唐天宝(742~756)后,为控制从唐手中夺取的嶲州,根据形势的变化和统治区域的扩大,南诏曾多次从云南向嶲州地区移民,即所谓"以乌、白二蛮实之"。分析史籍记载,南诏迁徙入嶲州的移民以"白蛮"为主,移来的云南"乌蛮",应是今凉山彝族的先民之一。但移来的云南"白蛮"的族属,学者们的看法不一。①

七、川西北吐蕃

川西北偏西的大部分地方为"康"的一部分。"康"(Khams)又译作"喀木",据《白史》解释,"所言康者,系指边地,如边地小国名为'康吉贾陈'(Khams kyi rgyal phrn)"②。可见,"康"在藏语中为边地之义,这显然是相对于卫藏中心地区而言。"康"在历史上并无固定疆界,习惯上是指西藏丹达山以东一带地区,大致包括今西藏昌都地区、四川甘孜藏族自治州、云南迪庆藏族自治州的全部和四川阿坝藏族羌族自治州以及青海玉树、果洛藏族自治州的部分操藏语康方言的广大地区。这里所言的"康",主要是指东部康区,即今四川藏族地区的西部,除这一地区外,四川藏族聚居区还有操藏语安多方言及嘉绒方言的地区。

(一)吐蕃对川西北地区的征服

7世纪初叶,当松赞干布以武力统一青藏高原各部建立吐蕃王朝之际,今天的川西北地区尚是一个由众多羌人部落居住的地区。其中较大的部落主要是党项、白兰、东女以及后来形成的西山八国等。同时,在这些较大的部落组织之间,还错落分布着众多的羌人游牧小部落,他们居住分散、支系众多、内部组织松散,在政治上处于分散状态,往往"无大君长,不相统属"。如党项即"以别姓为部(共有八部),一姓又分为小部落,大者万骑,小数千,不能相统"③。显然,与青藏高原新兴的吐蕃相比,川西北的这些群羌部落无论在政

---

① 马长寿认为,南诏时期从云南迁入会川等地的"白蛮""当是彝族",见其遗著《彝族古代史》,李绍明整理,上海人民出版社1987年版,第77页。但也有学者认为,这些"白蛮"为白族的先民。
② 根敦琼培著,法尊译:《白史》,西北民族学院研究所1981年版,第6页。
③ 《北史》卷九六《党项传》。

治或经济上都处于相对落后状态。因此，7世纪初，由群羌部落分布的川西北地区，实际上就成为东面的唐朝与西南新兴的吐蕃之间一个辽阔而又薄弱的中间地带，并必然成为双方竭力争夺的目标。

由于当时唐朝实力和政治威望远在吐蕃之上，唐朝遂率先发起争夺这一地区诸羌的攻势。唐武德六年（623），白兰、白狗羌遣使入贡[①]；武德七年，唐朝以白狗等羌地置维、恭二州[②]。贞观初年（627），诸羌归附[③]。其后不久，党项羌归附于唐，唐以其地设懿、嵯、麟、可三十二州，以松州为都督府，以党项首领拓跋赤辞为"西戎州都督"，赐姓李。此后党项贡职遂不绝，于是自河首积石山而东，远至岷江上游，皆属唐朝管辖之地[④]。

由于唐对归附的党项等诸羌仅仅维持一种设置羁縻州进行统治的状况，所以这种统治并不牢固。贞观十二年（638），吐蕃在向唐请婚不允的情况下，向归附于唐的诸羌之地发起进攻，攻破党项及白兰诸羌，又出兵二十万，进攻松州[⑤]。"松州之战"是吐蕃势力向川西北地区扩张之始，并由此揭开了唐蕃争夺川西北地区的序幕。自此以后，这一地区遂成为吐蕃向唐进攻的一个重要战场，吐蕃军队频繁出入此地，并在松州（今松潘）、茂州（今茂县）、维州（今理县）一带与唐朝展开了长期、激烈的军事较量。

唐、蕃对这一地区的争夺，以强盛之时的吐蕃对这一地区的占领和控制而告终。至公元670年唐、蕃大非川战役之后，吐蕃尽收羊同、党项及诸羌之地，东与凉州、松州、茂州、巂州等相接[⑥]，其势力向东推进到今岷江上游、大渡河上游及中游一带。763年，吐蕃大军一度攻陷长安。在此之前，吐蕃已联合南诏军队，先后进攻唐巂州、松州、维州、保州，占领了剑南西部的大片地区。783年，唐、蕃双方订立清水会盟，规定沿岷江、大渡河划分分界线，以东属唐朝，以西属吐蕃。以此标志着川西北诸羌之地在吐蕃强盛之时完全被吐蕃控制。

---

① 《资治通鉴》卷一九〇《唐纪》。
② 《资治通鉴》卷一九〇《唐纪》。
③ 《旧唐书》卷一九八《党项传》。
④ 《新唐书》卷二一一《党项传》。
⑤ 《旧唐书》卷一九六《吐蕃传》。
⑥ 《旧唐书》卷一九六《吐蕃传》。

（二）川西北诸民族与吐蕃的融合

吐蕃占领和控制川西北的过程，就是吐蕃对这一地区诸羌逐步实行同化的过程。至7世纪末，随着吐蕃对这一地区诸羌的武力征服和统治，除少数羌人部落降唐内徙外，绝大多数均并入吐蕃，大多成了吐蕃属部。它们不仅在政治上服从于吐蕃，同时还被大量编入吐蕃军队去对唐作战，成为吐蕃军事力量的一个重要组成部分。

在进攻唐朝州、县的吐蕃军队中，常常能见到有羌人在其中充任前驱，他们可能就来自被吐蕃攻掠的陇南、川西北地区。唐代宗广德元年（763）十月，吐蕃自凤翔东进攻长安，史载其军队浩大，"吐蕃帅吐谷浑、党项、氐、羌二十余万众，弥漫数十里"①。此记载中明确称有不少氐、羌之人。代宗大历十一年（776）正月，唐剑南节度使崔宁"大破吐蕃故洪等四节度兼突厥、吐谷浑、氐、蛮、羌、党项等二十余万众，斩首万余级"②，这里又见到为吐蕃效命的氐、羌士兵。唐朝时期吐蕃在向外扩张的过程中，占据不少唐朝的边郡，也掳掠了大量的汉族及其他民族的人口，其中大批被充任军队之中，为吐蕃王朝效命，被吐蕃攻掠的氐、羌情况也大致如此。唐代宗大历十四年十月，吐蕃对西川发动三路进攻，"一入茂州，过汶川及灌口；一入扶、文，过方维、白坝；一自黎、雅，过邛崃关，连陷郡邑"③。这次战役的结果，是使氐、羌较为集中的今文县、平武一带陷入吐蕃之手，当地氐、羌百姓遂为吐蕃统治。

此外，在大非川战役以后，吐蕃移民大量进入青海地区，吐蕃乃以其地及党项、白兰等统称"安多"（a mdo），由禄东赞之子钦陵长期领军驻守④。今四川甘孜一带亦有大量吐蕃移民，后来，这一地区遂成为吐蕃补充人力物力、囤积军粮和向唐进攻的重要基地。吐蕃赞普和大臣们经常在这一带集会议盟，如678年冬，"于邓集会议盟"。"邓"为地名，一般认为在今甘孜州原邓柯县境内。682年冬，"芒辗细赞（王）与芒相达乍布二人于道孚城堡集会议盟"，"道孚城堡"即在今甘孜州道孚县境内⑤。这些均说明，这一地区当时已成为吐蕃的政治、军事要地。

---

① 《资治通鉴》卷二二三"唐广德元年十月"条。
② 《旧唐书》卷一九六《吐蕃传》。
③ 《旧唐书》卷一九六《吐蕃传》。
④ 藏族简史编写组：《藏族简史》，西藏人民出版社1985年版，第31页。
⑤ 王尧、陈践译注：《敦煌本吐蕃历史文书》，民族出版社1992年增订本，第147页。

吐蕃占领和控制川西北地区的时期，也是吐蕃移民不断进入这一地区的时期。随着吐蕃军队在川西北地区各地驻守，不少吐蕃部落也随之迁徙，大批吐蕃人便来到了这一地区定居。吐蕃出兵时，富豪之家还随身带着奴仆，往往一家至十余人。9世纪中叶吐蕃内乱，奴仆们纷纷脱离主人，自相纠合，集为部落，称为"嗢末"或"浑末"，"居甘、肃、瓜、沙、河、渭、岷、廓、叠、宕间"①。今文县一带亦有嗢末。《武阶备志·蕃夷》说："嗢末者，吐蕃奴部也。其在阶、文等州者，皆与氐、羌杂处，自分部族，中朝人总以西蕃名之，不复别其汉种唐种也。"即是说吐蕃嗢末虽与氐、羌杂处，而其间却"自分部落"，不相混杂，但中原的人不加分别地总称他们为"西蕃"，这就是唐以后氐、羌之名稀见于史籍的原因。《文县志》说："文番，即氐、羌遗种。"说明文县一带的居民中包括有被吐蕃融合的氐、羌之人，称"番"或"西番"，而明代"西番"与"吐蕃"一词是通用的。

通过以上记叙可以看出，隋唐时期陇南、川西北的氐、羌及吐谷浑等除了一部分融合于汉族之外，还由于受吐蕃的统治及与嗢末杂处，一部分逐渐"吐蕃化"，也就是"藏族化"。他们与留下来的吐蕃人杂居互处，相互通婚，互通语言，逐渐地具有了许多吐蕃人的特点，最终融合形成以后的川西北地区藏族。

第二节 两晋南北朝、隋唐对巴蜀民族的治理

一、两晋南北朝对巴蜀民族的治理

（一）中央职官与地方机构

西晋对边疆少数民族地区的统治，除了设置州县、派官治理外，还设置了军事机构，实行军事性的管制。在一些常有冲突的少数民族地区，主要是以所设军事机构使用军事手段为主进行管制。西晋在西南民族地区设置了益州与西夷校尉、宁州与南夷校尉以及护蛮夷中郎将，对民族地区进行管理。

1. 中央职官和机构

自秦汉以来，历代均重视对少数民族的治理。秦时设"典客"，为九卿之一，"掌诸归义蛮夷，有丞"，景帝时更名"大行令"，武帝更名"大鸿

---

① 《新唐书》卷二一六《吐蕃传》。

胪"①。东汉时尚书台为内朝,九卿为外朝官吏,因为内朝才是掌权的宰相机构,故设置有重叠。南朝宋时,尚书台设置有主、客曹尚书,"主外国夷狄事","掌羌胡朝会"②。"客曹"分为南主客曹和北主客曹,齐、梁、陈朝时,仍设客曹尚书,管理边疆民族事务。此外,又仿照秦汉以来的传统,宋时另设大鸿胪一职,与主客曹分管少数民族事务,"掌赞导拜授诸王",有事则权置,事毕则省③。齐时也设大鸿胪,"掌导护赞拜。有事权置兼官,毕乃省",下辖客馆令"掌四方宾客"④,又有"谒者台,掌朝觐宾飨",设谒者仆射一人、谒者十人⑤。梁时,大鸿胪为鸿胪卿;陈因袭梁制,均以鸿胪卿管理边疆民族事务。

2. 左郡、左县与僚郡

益州,晋仍旧名,驻地成都县(今四川成都市),统郡八:蜀郡、犍为郡、汶山郡、汉嘉郡、江阳郡、朱提郡、越巂郡、牂柯郡。西夷校尉以蜀北部"多羌夷"而设⑥,驻地汶山(今四川松潘县北)⑦,校尉多为益州刺史兼任,如惠帝时罗尚"领护西夷校尉、益州刺史"⑧。怀帝永嘉四年(310)"皮素为益州刺史,兼西夷校尉"⑨。在晋惠帝、怀帝年间,西夷校尉多次出兵镇压益州北部的羌、"夷"起义。

对于在少数民族聚居地区设置的郡县,其名称或加上一个"左"字,称为左郡、左县;或加上其族名,称为僚郡或俚郡。在巴蜀少数民族集中的益州,南齐时曾设立僚郡五、左郡二,僚县四、左县一,合计七郡五县,它们是:

东宕渠僚郡:宕渠(僚县)、平州(僚县)、汉初(僚县)⑩。

---

① 《汉书》卷一九《百官公卿表》。
② 《宋书》卷三九《百官志》。
③ 《宋书》卷三九《百官志》。
④ 《南宋书》卷一六《百官志》。
⑤ 《南宋书》卷一六《百官志》。
⑥ (晋)常璩撰,刘琳校注:《华阳国志校注》卷八《大同志》,巴蜀书社1984年版,第614页。
⑦ 《资治通鉴》卷八三"晋惠帝永康元年",胡注"晋置西夷校尉于汶山"。
⑧ (晋)常璩撰,刘琳校注:《华阳国志校注》卷八《大同志》,巴蜀书社1984年版,第624页。
⑨ (晋)常璩撰,刘琳校注:《华阳国志校注》卷八《大同志》,巴蜀书社1984年版,第648页。
⑩ 《南齐书》卷一五《州郡志》。

越嶲僚郡：领县不详①。
沈黎僚郡：领县原作"蚕陵令"，误。
甘松僚郡：蚕陵（僚县），治今松潘南叠溪②。
始平僚郡：领县不详③。
齐通左郡：齐通（左县），治今眉山北龙安铺。
齐开左郡：领县不详④。

东晋和南朝偏安江南，对边区少数民族施行怀柔政策，对北方、南方的少数民族首领采取了两种不同的做法。南方少数民族众多，地处东晋和南朝的腹心地带，或是边疆的战略要地。东晋和南朝为了稳定和加强对少数民族的统治，对其酋豪渠帅甚为重视，只要归附或承认中央政权，都授予王、侯、将军、刺史、太守等职衔和官职，使其依附于封建王朝，推行朝廷政令，成为朝廷在少数民族地区的代理人。

南朝在"蛮族"地区设置左郡、左县，在"僚"族和其他少数民族地区设置的僚郡、僚县，在"俚"人地区设置的俚郡，皆以各族的首领任太守县令（长），让他们世领其地，世长其民，世袭其职，保持各族旧有的统治方式，只要他们表示臣服归附，南朝不干预其内部事务，羁縻管束而已。

（二）对巴蜀民族的治理

东晋、南朝对直接统治的南方少数民族的管理和剥削，形式各种各样，归纳起来主要有"输谷米""责租赕""课银"及"俘掠"等方式，现将涉及巴蜀地区少数民族的内容分述于下：

1. 人口和户籍的管理

东晋、南朝的统治者十分重视对土地、人口的管理。由于需要劳力和兵员，对边远山区的少数民族借口"不宾附"，进行讨伐，俘掠"生口"，供其役使。据粗略统计，南朝派兵讨伐"蛮民"不下七八十次，大肆俘掠"生口"⑤。

---

① 《南齐书》卷一五《州郡志》。
② 蚕陵僚县当属甘松僚郡，据清人龚煦春撰《四川郡县志》（成都古籍书店1983年版，第77页）改。
③ 《南齐书》卷一五《州郡志》。
④ 齐通、齐开二郡，建武三年置。见《南齐书》卷十五《州郡志》。
⑤ 龚荫：《中国民族政策史》，四川人民出版社2006年版，第233页。

南朝对待俘获来的"生口",一是变卖为"贱隶",二是充当"营户"。其中,俘掠僚人变卖为"贱隶"的例子很多,如史书记载:僚人"自江左及中州递有巴、蜀,多恃险不宾",于是朝廷命令随近州、镇出兵讨击,俘获其人"以充贱隶",以至于"公卿逮于民庶之家,有獠口者多矣"①。梁武帝时,"梁、益二州岁岁伐僚以自裨润,公私颇藉为利"②。将所掠"生口"充当"营户",即是把各地俘掠的少数民族用军事组织的形式加以管理,既是"蛮兵",又是民众,合军、民于一体,移置京邑,以为营户③。

　　齐高帝建元二年(480),陈显达都督益、宁二州军事、安西将军、益州刺史,"益部山险,多不宾服。大度村僚,前后刺史不能制"。陈显达遣使"责其租赕",遭到当地僚帅的反抗,遂杀其使,结果陈显达派遣将吏,假称出猎,连夜奔袭,镇压了僚人的反抗,"男女无少长皆斩之。自此山夷震服"④。

2. 经济上的剥削

　　东晋、南朝剥削巴蜀少数民族的形式多样,有"输谷米""责租赕""纳课银"等。东晋、南朝沿袭西晋的按户交纳定额谷米及土产的做法,向靠近内地与汉民杂处或汉化较深的少数民族征收谷米。西晋规定的户调之式,"夷人输賨布,户一匹,远者或一丈";又规定占田、课田之制,"远夷不课田者输义米,户三斛,远者五斗"⑤。南朝规定"归顺"的少数民族,"无杂调","输谷米"。例如梁曾于益州东北置南梁州(今四川阆中市),"州镇草创,皆仰益州取足",刺史张齐"上夷獠义租,得米二十万斛"⑥。

　　南朝对"蛮"、僚的征收,除"输义米"外,既"无杂调",又"无徭役",比对汉民的征收要轻。因此,汉民为了逃避赋役之苦,多逃入少数民族地区躲避。史载汉民逃避赋税有的"年及应输",有的仅是"十三岁儿"就"逃逸"了⑦。这从另一角度可以看出,相对而言,南朝对"蛮"、僚少数民族征收的"谷米"仍是较轻的。

---

① 《周书》卷四九《异域传》。
② 《魏书》卷一〇一《獠传》。
③ 龚荫:《中国民族政策史》,四川人民出版社2006版,第234页。不过需要指出的是,这种纳"生口"入"营户"的政策,不仅是针对少数民族的,南朝对汉人中的无户籍者也同样对待。
④ 《南齐书》卷二六《陈显达传》。
⑤ 《晋书》卷二六《食货志》。
⑥ 《梁书》卷一七《张齐传》。
⑦ 《梁书》卷一七《张齐传》。

"责租賩"。賩同佄，南朝宋人何承天《纂文》曰："佄，蛮夷赎罪货也。"①即"蛮夷"犯了罪，用财物赎罪曰"佄"。东晋、南朝时，少数民族所责之罪，主要是"不宾服"，不接受封建王朝的统治，东晋、南朝统治者经常以此为借口派遣军队到少数民族地区镇压。

纳"课银"是因袭西晋旧制改变而成的。西晋"制户调之式"对少数民族的征收，"夷人输賓布，户一匹，远者或一丈"；"远夷不课田者输义米，户三斛，远者五斗，极远者输算钱，人二十八文"②。少数民族居于边远山区，交通不便，谷米或土产运输困难。因此，东晋、南朝时对边远山区少数民族的征收，便逐渐改为"课银"。东晋时已有租米折布交纳之征。刘宋大明七年（463）因大旱，特允以杂物折纳田租。南齐正式出现以田租、户调按比例折合成钱币缴纳的规定，于永明五年（487）按一定比例以钱纳租调之制推行全国。这样，原来输谷米或土产的巴蜀边远山区少数民族，也就改变为纳课银了。

二、隋唐对巴蜀民族的治理

隋统一中国至唐初，时间不长，相对于唐，对巴蜀民族的治理记载亦少。这里主要介绍唐代的有关情况。唐王朝在边疆少数民族地区行政设置已臻于完备，正式创立了羁縻府、州、县制度。据史书记载，唐朝在少数民族地区的行政区划列置州县，"其大者为都督府，以其首领为都督、刺史，皆得世袭。虽贡赋版籍，多不上户部，然声教所暨，皆边州都督、都护所领，著于令式"③。可见唐不仅在边疆少数民族地区设置了羁縻府、州，而且设立"边州都督、都护府"进行管辖，比此前历代皇朝对边疆少数民族的管理都大大地加强了。

（一）设置羁縻府州

唐朝总结以前历代行政设置的经验，在边疆少数民族地区实行羁縻都督府、羁縻州、羁縻县制度，这是对秦、汉在边疆少数民族地区设置"道"，南北朝在边疆少数民族地区设置左郡、左县、僚郡、俚郡制度的发展。

"羁縻州"，羁字原义为马络头，縻字原义为牛靷。羁縻，喻牵制联系之

---

① 《后汉书》卷八六《南蛮西南夷列传》"板楯蛮夷"注。
② 《晋书》卷二六《食货志》。
③ 《新唐书》卷四三下《地理志》。

意,借以形容天子与边疆四裔之关系,羁縻不绝。学者们多认为,我国于边疆民族地区设羁縻州,开始于唐,但具体时间有小异。太宗贞观三年(629),党项羌酋长细封步赖臣服,任之为轨州刺史。贞观四年,唐将李靖平东突厥,俘颉利可汗,以其地分置定襄都督府,领德州、执失川、苏农州、拔延州等四州;云中都督府,领舍利州、阿史那州、绰州、思壁川、白登州等五州,各以其首领为都督刺史,是为唐大量设羁縻州之开始。唐代"羁縻州"包含羁縻都护府、都督府、州、县四级,共约八百多个。由中央任命各族首领为都护、都督、刺史、县令,世袭,受都护府、边州都督府或节镇统辖。羁縻府州户籍一般不上报户部,也不承担赋税,仅临时向唐天子有所贡献,与正州交纳赋税不同。

在与巴蜀少数民族有关的南方诸"蛮"地区,唐朝初年有不少的民族首领前来降附。如武德三年(620),"牂柯蛮"首领谢龙羽遣使来朝,"以其地为牂州,拜龙羽刺史,封夜郎郡公"①。南平僚渠帅宁长真,"武德初,以宁越、郁林之地降",高祖授长真钦州都督;又僚人首领宁宣亦遣使请降,"以其子宁纯为廉州刺史,族人宁道明为南越州刺史"②。

到唐太宗时,在边疆民族地区设置羁縻府州县进行统治的政策进一步发展并且制度化,贞观年间唐朝在北方和西南边疆民族地区先后设置了许多羁縻府州县。唐玄宗时,随着唐朝的强盛,对边疆民族地区统治进一步深入,又在边疆民族地区设置了大量的羁縻府州县,当时在巴蜀少数民族地区的剑南道设置了诸羌州一百六十八个、县二十八个,诸"蛮"州九十二个、县二百〇一个③。

唐朝在巴蜀民族地区设置的羁縻府州县,有以下三个特点:

第一是设置变化大。从唐初设置到终唐之世,一直没有变动的羁縻府州县极少,大多有变化。剑南道诸羌地区,武德元年(618)以临涂羌内附置涂州,领临涂、端源、婆览三县,贞观元年(627)州废,县亦省④。武德年间置蓬鲁州,永徽二年(651)因特浪生羌董悉奉求、辟惠生羌卜檐莫等种落万余户内附,又析置三十二个州⑤。

---

① 《新唐书》卷二二二《南蛮传》。
② 《新唐书》卷二二二《南蛮传》。
③ 龚荫:《中国民族政策史》,四川人民出版社2006年版,第345页。
④ 《新唐书》卷四三《地理志》。
⑤ 《新唐书》卷四三《地理志》。

其次是数量多。唐王朝在边疆民族地区设置如此之多的羁縻州，除了用此种方式统治边疆各民族外，在各个民族地区还有其具体的政治目的。唐王朝在诸羌分布的茂州地域置五十七个羌州，在黎州地域置五十二个羌州，均是为了笼络此二地域的羌人部落，以对付当时东进的吐蕃。

第三是规模小。《旧唐书·职官志》记载的"正州"设置标准："户满四万以上，为上州"，"户满二万以上，为中州"，"户不满二万，为下州也"①。羁縻州的户数大多很少，连正州的"下州"户数都不及。剑南道地区羁縻州，永徽二年（651），特浪生羌董悉奉求、辟惠生羌卜檐莫等种落万余户内附，析置三十二个州②，按此数计，每州平均仅有三百余户。贞观二十二年（648），"松外蛮帅"杨盛请降，"其地有杨、李、赵、董等数十姓，各据一州，大者六百，小者二、三百户"③。咸亨三年（672），"昆明十四姓率户二万内附，析其地为殷州、总州、敦州，以安辑之"④，平均每州为六千多户。贞元九年（793），东女国诸部落内附，"其部落，大者不过三二千户，各置县令十数人理之"⑤，平均每县是二三百户。羁縻州之所以数目多、规模小，根本原因在于其设置是"即其部落列置州县"⑥，也就是按其部落设羁縻州县。部落多，所设羁縻州县就多；部落小，其户数也就少。

（二）管理羁縻府州的机构

唐王朝在边疆民族地区设置的管理机构，大体是在重要的襟喉要地设立都护府，代表中央政权对地方执行监护；而在其他地区设立都督府，以监控那一地域各民族的羁縻府、州、县，对少数民族进行具体的管理。

高祖武德初年，于缘边地带置都督府，以所领州及户之数量划分大、中、下等级，置都督并别驾、长史、司马等佐官，其下领诸曹参军事。大都督皆由亲王遥领，长史实主府政，其僚属品秩同于京府。贞观年间，为加强管理少数民族，于边疆襟喉要地设都护府，"掌统诸蕃，抚慰、征讨、叙功、罪过"

---

① 《旧唐书》卷四四《职官志》。
② 《新唐书》卷一三《地理志》。
③ 《资治通鉴》卷一九九《唐纪十五》："太宗贞观二十二年四月丁巳条。"
④ 《新唐书》卷二二二《南蛮传》。
⑤ 《旧唐书》卷一九七《南蛮西南夷传》"东女国"。
⑥ 《新唐书》卷四三下《地理志》。

等①。都护府分大、上两等级。大都护府置大都护一人，从二品，由亲王遥领；副大都护二人，从三品；副都护二人，正四品。上都护府置都护一人，正三品；副都护二人，从四品。其余属官同于都督府。

唐朝在剑南道诸羌、诸"蛮"和山僚地区设立了大量的都督府及管辖监控的羁縻府、州、县，其中与巴蜀少数民族有关的如下：

1. 松州都督府

治所在嘉诚县（今四川松潘县），其管辖监控的诸羌羁縻州县有：西雅（县三）、蛾（县二）、拱、剑州，共四州五县②。

2. 茂州都督府

治所在汶山县（今四川阿坝州茂县一带），其管辖监控的诸羌羁縻州、县有：涂（县三）、炎（县三）、彻（县三）、向（县二）、冉（县四）、穹（县五）、笮（县三）、蓬鲁、姜、恕、葛、匆、鞮、占、达、浪、邠、敛、补、赖、那、举、多、尔、射、铎、平祭、时、箭、婆、浩、质、居、可、宕、归化、柰、竺、卓州，共计三十九州、二十三县③。

3. 巂州都督府

治所在台登县（今四川冕宁县南），其管辖监控的诸羌羁縻州有：思亮、杜、初汉、孚川、渠川、丘卢、佑、计、龙施、月乱、浪弥、月边、团、柜、威川、米羌州，共十六州④。

4. 雅州都督府

治所在严道县（今四川雅安县西），其管辖监控诸羌羁縻州有：当马、林波、中川、林烧、钳矢、会野、当仁、金林、东嘉梁、西嘉梁、东石乳、西石乳、涉邛、汶东、费林、徐渠、强鸡、长臂、杨常、罗岩、雉、椎梅、三井、东锋、名配、钳恭、钭恭、画重、罗林、笼羊、龙逢、敢川、惊川、木冄眉、木烛、当品、严城、昌磊、钳并、作重、木冄林、三恭、布岚、欠马、罗蓬、论川、让川、远南、卑庐、夔龙、耀川、金川、盐井、凉川、夏梁、甫和、槭查州，共计五十七州⑤。

---

① 《新唐书》卷四九《百官志》。
② 《新唐书》卷四三《地理志》。
③ 《新唐书》卷四三《地理志》。
④ 《新唐书》卷四三《地理志》。
⑤ 《新唐书》卷四三《地理志》。

5. 黎州都督府

治所在今四川汉源县清溪镇东北。管辖监控诸羌羁縻州有：奉上、辄荣、剧川、合钦、蓬口、博卢、明川、胪月皮、蓬矢、大渡、米川、木属、河东、甫岚、昌明、归化、象川、丛夏、和良、和都、附树、东川、上贵、滑川、比川、吉川、甫萼、比地、苍荣、野川、邛冻、贵林、牒珍、浪弥、郎郭、上钦、时蓬、俨马、邛川、护邛、脚川、开望、上蓬、比蓬、剥重、久护、瑶剑、明昌、护川、索古、诺柞、柏坡州，共计五十二州[①]。

6. 戎州都督府

治所在僰道县（今四川宜宾市西南安边场），管辖监控诸"蛮"羁縻州县有：南宁（县七）、昆（县四）、黎（县二）、匡（县二）、聿（县四）、尹（县五）、曾（县五）、钩（县二）、哀（县二）、宗（县三）、微（县二）、縻（县二）、望、谬罗、盘（县三）、麻、英、声、勤、傍、求、丘、览、咸、泸慈、归武、严、汤望、武德、奏龙、武镇、南唐、连（县六）、南（县三）、德（县二）、为（县二）、洛（县四）、移（县三）、悦（县六）、镜（县六）、筠（县八）、志（县四）、盈（县四）、武昌（县七）、扶德（县三）、播朗（县三）、信、居、炎、驯（县五）、骋（县二）、浪川（县五）、协（县三）、靖（县二）、曲（县二）、播陵、钳、哥灵、漓（县三）、切骑（县四）、品（县三）、从（县六）、牛可连（县三）、碾卫州（县三），共计六十五州，一百四十五县[②]。

7. 泸州都督府

治所在江阳县（今四川泸州市）。管辖监控诸"蛮"羁縻州县有：纳（县八）、萨（县二）、晏（县七）、巩（县五）、奉（县二）、浙（县四）、顺（县五）、思峨（县二）、淯（县四）、能（县四）、高（县三）、宋（县四）、长宁（县四）、定州（县二）十四州，四郡、五十六县[③]。

---

① 《新唐书》卷四三《地理志》。
② 《新唐书》卷四三《地理志》。
③ 《新唐书》卷四三《地理志》。

唐朝在巴蜀民族地区设置的羁縻府、州、县与设立的管辖监控机构都护府、都督府

道	民 族	羁縻州	县	都督府
剑南道	羌	4	5	松州都督府
		39	23	茂州都督府
		16		嶲州都督府
		57		雅州都督府
		52		黎州都督府
	"蛮"	65	145	戎州都督府
		14	56	泸州都督府
江南道	"蛮"	51	51	黔州都督府

（三）主要的羁縻制度

唐朝对于边疆民族酋领采取怀柔政策，通过授予羁縻府、州、县职官，册封可汗、王、公、将军衔爵，给民族酋领的子弟及酋长以优待的手段，使边疆各民族酋领臣服归心，以稳定边疆地区统治。在巴蜀民族地区亦如此。

1. 授予羁縻府、州、县职官

如，雅州西诸"蛮"，凡部落四十六：距州三百里之外有百坡、当品、严城、中川、钳矣、昌逼、钳井七部落，四百余里之外有罗岩、当马、三井、束锋、名耶、钳恭、画重、罗林、笼羊、林波、林烧、龙逄、索古、敢川、惊川、祸眉、不烛十七部落，五百余里之外有诺祚、三恭、布岚、欠马、论川、让川、远南、卑卢、夔龙、曜川、金川、东嘉梁、西嘉梁十三部落，六百里之外有椎梅、作重、祸林、金林、罗蓬五部落，皆设羁縻州，以首领袭刺史[①]。

2. 册封王、公、将军衔爵

在边疆民族首领臣属的前提下，册封民族酋领王、公、将军等虚衔爵位，这是对民族酋领政治权利的认可与保留。册封民族酋领虚衔爵位，往往派专使携带诏书，赋予印信，受册封者则称臣表示作为王朝藩屏。对西南少数民族的册封，如开元时（8世纪上半叶），南诏皮逻阁立，"授特进，封台登郡王"，

---

① 《新唐书》卷二二二《南蛮传》。

开元末又册为"云南王"①。在巴蜀地区，天宝中（742~756），勿邓、丰琶、两林皆封爵。贞元中（785~805），以勿邓大鬼主苴嵩兼邛部团练使，"封长川郡公"②。

（四）进贡与交纳赋税

在封建时代，周边少数民族和邻近诸国向皇朝进贡的多与少，是一个皇朝盛与衰的标志；对周边少数民族征收赋税的多与寡，则是一个皇朝苛虐与否的标志。

1. 进贡

唐朝是中国历史上的鼎盛时期，国家统一，经济文化繁荣，理所当然地会引起周边少数民族的向往。周边少数民族向唐朝进贡的很多，唐朝对周边少数民族的贡品、贡期、贡使人数及朝廷如何接待、赏赐等均有一定规定。

如规定贡品为方物。巴蜀地区戎州都督府所属昆州，"土贡：牛黄"③；桂州都督府所属温泉州温泉郡"土贡：金"，述昆州"土贡：桂心"④；安南都护府所属郡州，"土贡：白镴、孔雀尾"⑤。除向唐朝进贡外，唐地方官员至，各民族部落亦献马等。《新唐书·南蛮传》载：隶属巂州的各部落，"每节度使至，诸部献马"。

对少数民族的入贡使者，按以往惯例，使者"将至都，中官驿劳于郊，既及馆，恩礼尤渥"⑥。朝贡以后，为朝廷所重视的使者，还可得到唐朝的赐宴。高祖武德中（7世纪初），东女国女王汤滂氏遣使贡方物，"高祖厚资而遣之"⑦。玄宗开元、天宝（741~742）之交，东女国王赵曳夫遣子献方物，"命有司宴于曲江，令宰臣已下同宴"⑧。

2. 赋税

唐朝在边疆民族地区设置羁縻府、州、县，并规定："诸边远州有夷僚杂类之所，应输课役者，随事斟量，不必同之华夏。"⑨具体办法是：岭南诸

---

① 《新唐书》卷二二二《南蛮传》"南诏"。
② 《新唐书》卷二二二《南蛮传》"两爨蛮"。
③ 《新唐书》卷四三《地理志》"羁縻州"。
④ 《新唐书》卷四三《地理志》"羁縻州"。
⑤ 《新唐书》卷四三《地理志》"羁縻州"。
⑥ 《新唐书》卷二二二《南蛮传》"牂柯传"。
⑦ 《旧唐书》卷一九七《南蛮西南夷传》。
⑧ 《旧唐书》卷一九七《南蛮西南夷传》。
⑨ （唐）杜佑：《通典》卷六《食货》"赋税"，中华书局1988年版，第109页。

州税米，上户一石二斗，次户八斗，下户六斗；南方的"夷"、僚等民族，则每户"皆从半输"[①]。可见，唐朝对边疆民族地区羁縻府州的征收是有所照顾的。唐朝又规定：羁縻府州的贡赋通过当地各民族酋领的都督、刺史来征收，所收取赋税并不上交唐朝的户部，而是交给羁縻府州隶属的都督府、都护府，主要用于补助边镇的军饷给养与行政开支。在巴蜀民族地区，唐亦采取了同样的措施。

唐朝特别重视户口、版籍，以有版为常，无版为变。民族地区的羁縻府、州，只要唐朝统治势力能有效控制的，仍是要上报户帐的。唐朝统治势力薄弱的民族地区无赋税，统治势力很强的民族地区要交赋税，只是边疆民族地区的赋税较内地为轻。在巴蜀民族地区，也应如此。

（五）开展互市

唐朝吸取以前历代"通关市"的经验，充分发展与周边诸族、国的"互市"，并且还建立起了一套较为完善的管理制度。史书记载，唐中期"敕松（今四川松潘）、当（今黑水）、悉（今黑水东）、维（今理县）、翼（今茂汶西北）等州熟羌"，每年十月以后可来彭州（一说为今都江堰市，一说即今彭州市）互市贸易[②]，并订立互市的原则加以管理。

第三节　两晋南北朝隋唐的巴蜀民族文化

一、賨、"蛮"的社会文化

（一）宗教

汉魏两晋南北朝时期，居住在南方地区的众多少数民族，都被泛称为"南蛮"。活动于长江流域的"板楯蛮""盘瓠蛮""廪君蛮"，是人数众多、分布广泛的三大"蛮"族。道教的初创和传播，与这三支蛮族极有关系。前面说过，"板楯蛮"因租赋缴纳賨钱四十，被称为"賨人"，实为巴人的一种。《华阳国志·李特雄期寿势志》记载："汉末，张鲁居汉中，以鬼道教百姓，賨人敬信。"《晋书·李特载记》说："汉末，张鲁居汉中，以鬼道教百姓，

[①]　《旧唐书》卷四八《食货志》。
[②]　（唐）白居易：《白氏六帖事类集》卷八三，文物出版社1987年印刷，第92页。

賨人敬信巫觋，多往奉之。"

东汉顺帝时（126~144），张陵入蜀传教，创立二十四治，后张陵居巴郡阆中县灵台山，在賨人中发展信徒，最后即羽化于灵台山。《历世真仙体道通鉴》卷一八说张陵携弟子"至苍溪县云台山，睹山水秀异，群峰朝抱，地无邪毒。乃谓王长曰：'此山乃吾成功飞腾之地。'"后张陵"于云台峰，白日飞升天"。据史籍记载，此云台山即灵台山，又名天柱山①。《华阳国志·汉中志》载："陵死，子衡传其业。衡死，子鲁传其业。"张衡妻卢（罗）氏，是賨人七姓之首，与賨人大姓的联姻，使张氏和賨人更紧密地结合。经张陵、张衡、张鲁祖孙三代的经营，数十万賨人皈依了道教，巴郡成为五斗米道的基地②。

东汉末年，天下大乱，群雄并起，张鲁依靠賨人的力量，起兵夺取汉中。《华阳国志·汉中志》记载为："賨人敬信，值天下大乱，自巴西之宕渠移入汉中。"建立了道教历史上影响最大的政教合一政权，"雄踞巴汉垂三十年"③。张鲁的汉中政权时期，五斗米道形成庞大教团，使早期道教趋于极盛。正是由于有此历史背景，六朝道经《太上三五正一盟威箓》、唐代道经《太上三五正一盟威阅箓醮仪》等经典，才能动辄就召出数十万少数民族神兵。南北朝道经《赤松子章历·收除虎灾章》说："重请九夷、八蛮、六戎、五狄、三秦君，各随方位，春夏秋冬，与某家宅之将军、二十四吏、兵士三十万人，勤加营护一切众生，并令扫荡。"④这种宗教式的想象构造，一方面出于对早期道教兴盛局面的向往憧憬，同时也反映出包括巴蜀在内的少数民族在当时占据较多的人数。

东汉建安二十年（215），曹操进兵军汉中，袭取阳平关。张鲁见阳平关失守即撤出汉中，退回巴地，依靠巴蜀少数民族的首领杜濩、朴胡等与曹军相拒⑤。同年九月，张鲁所依靠的"巴七姓夷王朴胡、賨邑侯杜濩举巴夷、賨民"投降曹军⑥。由于賨人反戈，张鲁失去了最后的抵抗力量，不得不投降曹魏。曹操平定汉中后，将降附的賨人一部分北徙长安、洛阳、邺，另一部分西迁略阳、

---

① 《太平御览》卷四四引《十道记》载："灵台山，在（阆中）县北，一名天柱山，高四百丈，即汉张道陵升真之所。"
② 参见张泽洪《五斗米道命名的由来》，《宗教学研究》1989年第4期，第14页。
③ 《三国志》卷八《张鲁传》。
④ 《道藏》，第11册，第194页。
⑤ 《三国志》卷八《张鲁传》。
⑥ 《三国志》卷一《武帝纪》。

天水。賨人的广泛迁徙，导致了五斗米道在更广阔地域内的传播。

西晋元康年间（291～299），西迁略阳的賨人大姓李特率秦雍流民入蜀，得到賨人大姓、青城山道教首领范长生的支持，兵败复振，终于建立成汉政权。史书说范长生自西山乘素舆到成都，李雄于城门处相迎，"执版延坐，拜丞相，尊曰范贤"，后又加封范长生为"天地太师""西山侯"，其部曲"不豫军征，租税一入其家"①。范长生支持李雄称帝，相应，李承认范天地太师的道教领袖地位。

范长生又名贤，是巴地涪陵賨人，范氏是涪陵賨人大姓。当时范长生率千余家依青城山修道，民奉之如神，时有"贤为李雄国师，以左道惑百姓，人多事之"之说②。有史学家评论道：范长生与李氏在种族上、宗教上的特殊关系，构成了以后双方联合统治的条件，同一民族、信仰同一宗教，是促使范、李携手合作的重要因素③。可以说：成汉政权是賨人五斗米道信徒和氐、汉等流民共同建立的，是继张鲁汉中政权之后，賨人建立割据政权的又一次成功尝试。

东晋永和三年（347）三月，桓温兵临成都，李势投降。四月，桓温刚返江陵，成汉余部賨人将领隗文等起兵占领成都，拥立范长生之子范贲为帝，也以五斗米道相号召，直到永和五年，这次起事才被东晋益州刺史周抚平定。从巴地向外迁徙的賨人，仍保持了五斗米道信仰。《隋书·地理志》载："上洛、弘农，本与三辅同俗。自汉高祖发巴、蜀之人，定三秦，迁巴之渠率七姓，居于商洛之地，由是风俗不改其壤。其人自巴来者，风俗犹同巴郡。"《北史·泉企传》亦载：上洛地区"巴俗事道，尤重老子之术"。

（二）音乐舞蹈

《晋书·乐志》说：汉高祖自蜀汉定三秦，阆中人范目率賨人从军，以为前锋。后来汉定秦中，封范目为"阆中侯"，并免除賨人七大姓的赋税和劳役。"其俗喜舞，高祖乐其猛锐，数观其舞，后使乐人习之。阆中有渝水，因其所居，故名曰巴渝舞。"

巴渝舞的曲名，据《晋书·乐志》所载，汉初有《矛渝本歌曲》《安弩渝本歌曲》《安台本歌曲》《行辞本歌曲》共四篇。魏初由王粲改创其辞，改为

---

① 《晋书》卷一二一《李雄载记》。
② 《晋书》卷五八《周访附子抚传》。
③ 唐长孺：《范长生与巴氏据蜀的关系》，载《魏晋南北朝史论丛续编》，生活·读书·新知三联书店1959年版，第176-184页。

《矛渝新福歌曲》《弩渝新福歌曲》《安台新福歌曲》《行辞新福歌曲》。虽然巴渝舞的舞曲，"其辞既古，莫能晓其句度"①，但可以看出这四篇曲名已经是通过翻译，用汉字记录下来的。

首先来看《矛渝本歌曲》《安弩渝本歌曲》两篇。从《隋书·音乐志》"汉高祖自汉中归，巴渝之兵执仗而舞"的记载来看，巴渝舞的典型动作之一是众舞员手执兵器而舞。因此，《矛渝本歌曲》《安弩渝本歌曲》中的"矛""安弩"，已表达了舞曲的基本内容。换句话讲，就是（持）矛的歌曲和安弩的歌曲，其歌曲和舞蹈动作应与战争场面中的持矛、射弩等内容有关。这一点，可以用王粲根据巴渝舞曲旧意改创的新词来说明，《弩渝新福歌曲》唱到："材官选士，剑弩错陈，应桴蹈节，俯仰若伸。"②这显然是表现征战场面中的安弩、发射等一系列动作。

"渝本"二字应作何解释呢？需要说明的是，巴渝舞是汉高祖"令乐人习之"而引进宫廷的③，主要以《矛渝本歌曲》四篇为主。可以推测，当时为了区别引进宫廷的各种民间舞曲，乐官们便在巴渝舞的曲名中加进了"渝本"这样的限制词，以说明其来源于巴渝地区。这好比同是一出《红楼梦》，有京剧本、川剧本、沪剧本、豫剧本等等。反之，如果没有"渝本"这种限制词，仅称为《矛歌曲》《安弩歌曲》，就容易与进入宫廷的其他民间舞曲混杂起来，不便区别。

这里可以引与巴人有直接渊源关系的土家族《梯玛歌》来做比较。"梯玛"是对土家族巫师的称呼，"梯玛歌"就是巫师在祭礼仪式中吟唱的歌曲，其中，在"请先师"和"办传贺、选时辰"时，梯玛唱道："客本翻了啊选年，土本翻了啊选月，选年选月，选到今日……"④"客本"，整理者注释说"指汉文历书"；"土本"，指土家族的"历史或类似历史的什么本本"⑤。这说明，《梯玛歌》中用"客本""土本"分别指汉族和土家族的历书，以示区别。可以说，巴渝舞《矛渝本歌曲》和《安弩渝本歌曲》中的"渝本"两字，也正是起着与前者类似的作用。

---

① 《晋书》卷二二《乐志》。
② 《宋书》卷二〇《乐志》。
③ （晋）常璩：《华阳国志》卷一《巴志》。
④ 彭荣德等整理：《梯玛歌》，岳麓书社1989年版，第170、185页。
⑤ 彭荣德等整理：《悌玛歌》，岳麓书社1989年版，第171页。

对巴渝舞的另两篇舞曲《安台本歌曲》《行辞本歌曲》的解释，如果以上对前两篇舞曲中"渝本"的说明成立的话，这里就应指出：后两篇舞曲的全名似为《安台渝本歌曲》《行辞渝本歌曲》，否则，按《晋书·乐志》记载的字面无法解释。这里有两种可能：一是《晋书·乐志》巴渝舞后两篇名称遗漏了"渝"字；或者是其承前省略了"渝"字。

至于后两篇舞曲名称所表达的内容，首先，"安台""行辞"系指舞曲的基本内容，即表现"安台"和"行辞"方面的情节和场面。其次，"安台"如与第二篇"安弩"相比较，便能够较准确地理解其基本内容。从王粲改创新词的《安台新福歌曲》来看，有"我功既定，庶士咸绥，乐陈我广庭，式宴宾与师"等句，的确反映了王师凯旋、高台宴会等内容。再次，"行辞"即"祝辞"之类，是祝捷宴饮中必有的一个内容。据此可以看出，巴渝舞的四篇舞曲，在内容上是有前后联系的，即：以"矛舞""弩舞"表现征战场面之后，继之以"安台""行辞"等表现凯旋、庆功、祝辞的场面，完整地反映了古代战争、凯旋、庆功等一系列内容。

对于"安台"的基本含义，还可进一步深掘。这里同样引土家族的《梯玛歌》来比较。据记载，在梯玛所进行的一系列祭祀活动中，恰好有一个"安堂"的项目及为此配唱的《梯玛歌》。具体名称如："安正堂""腊月堂""三月堂""七月堂""九月堂"等。《梯玛歌》一书的编者解释"安正堂"说："正堂，亦称正月堂。月为土家语之鬼坛神，堂为祭坛。正月堂即为正神安设祭坛。又如三月堂祭山神，即山神堂；七月堂即祭七姊妹，即七仙堂；腊月堂祭向老官人①。因此，土家族所称的"堂"（读作：台），实际含意为"祭坛"。如果把这个释义引入巴渝舞的《安台本歌曲》之中，再补充完全以上的分析，其全称就应是《安设祭坛之渝本歌曲》，即在表演"矛舞""弩舞"等武功场面之后，为欢庆胜利，告捷于神灵、祖宗，继而演示安设祭坛、告慰先灵的场面，并高歌："我功既定，庶士咸绥，乐陈我广庭，式宴宾与师。"只有作这样的解释，才不至于把《安台本歌曲》理解为诸如建筑房屋之类，才能揭示巴渝舞的真正内涵。

综上所述，魏初王粲改创新词之前的巴渝舞四篇舞曲，如加以翻译、补充完全可拟定为：《持矛之渝本歌曲》《安弩之渝本歌曲》《安设祭坛之渝本歌曲》

---

① 彭荣德等整理：《梯玛歌》，岳麓书社1989年版，第7页。

巴渝舞遗风——土家族摆手舞

《祝捷行辞之渝本歌曲》。而且,这四篇舞曲在内容上是有前后联系的,以"矛舞""弩舞"表现征战武功,以"安台""行辞"表现庆功、祭祖、祝辞等场面,完整地反映出古代巴人英勇征战的前后过程。

(三)语言

"蛮左"一般指"蛮夷",但"蛮"与"左"有时亦有区别。《隋书·地理志》介绍荆州的"蛮"和"左"曰:"其与夏人杂居者,则与诸华不别;其僻处山谷者,则言语不通,嗜好、居处全异,颇与巴渝同俗。"这里所讲的就是"蛮"与"左"的区别,"左"比"蛮"保存着更多的巴人文化传统。"言语不通",即只会讲自己民族的语言,而不会讲汉语。他们的语言,从晋到唐,被称为"左言"或"左语"。賨人的语言虽见于史籍的不多,但还是有部分词语遗存下来,下列五个词的留存,就保留了一些巴人语言的元素。

1. 賨

"賨人"称"赋"为"賨",如"賨钱""賨布"等,《后汉书·南蛮西南夷列传》载,賨人"户乃岁入賨钱,口四十","输賨布,大人一匹,小口二丈"。"賨"这个词,在土家族中世代传承,到唐末和元明清,湘西北土家族地区实行"羁縻州"和"土司制"时期,"租赋"演变为"纳贡"以后,土家语将"纳贡"还称为"賨",这在地方志中多有记载。

2. 賨

"賨",古音tan。"賨"为我国古代西南地区某些少数民族的语音译字。南朝宋人何承天《纂文》曰:"佟,蛮夷赎罪货也。"①即"蛮夷"犯了罪,用财物赎罪曰"佟"。《华阳国志》和《后汉书》记载"賨人"同秦国订立的盟约中,有"伤人者得以賨钱赎死"之句。"賨人"以赎罪钱为"賨"的音义到南北朝时还有遗存,《南齐书·豫章文献王传》记载465~471年间,西溪(今保靖等地)首领田头拟反抗武陵内史沈悠之"禁鱼盐"的苛政,一气之下杀死了沈的使者,沈便借此要田赔"賨钱"千万。田愿输五百万,沈却分毫不让,田被逼话活气死。在现代土家语中,"賨"的意义演变为给神灵或给阴间亡人的解钱②。

3. 药何

这是《华阳国志·巴志》记杀白虎之人"朐忍夷"四人中的一个人名。"药何"一语,不应从字面上解释为汉语的姓"药"名"何",此语乃是用"賨人"的语言称呼的人名。其音义与现今土家语对照,"药"是"幺"的转音,是小字辈的意思,"药(幺)何"为"小伙子"或"小叔子"之称,这同明代保靖宣慰司中彭氏第四代宣慰使"药哈俾"的名字相似,"药哈俾"的意思就是"幺叔叔"③。

4. 射虎

这也是《华阳国志·巴志》中说的射杀白虎之四人中的一人名。"射虎"也非姓"射"名"虎",而是用"賨人"语言称呼的人名。其音义与现今土家语对照,"射虎"是"吃药"或骂人话"要死"的意思。这个名字与《宋史·蛮夷传》载宋仁宗天圣初年(1023),为反抗宋廷压榨率"蛮"众攻辰州土官"社忽"之名相同。当然这不是偶合,而是没有汉姓的"賨人"或土家人用自己的语言,以某一动作形象和骂人话来称呼人名的一种习惯。

5. 阆中

阆,这是古代"賨人"集居地的一个地方,在今四川省东北嘉陵江中游。《华阳国志·巴志》说:"阆中有渝水,賨人多居水左右。""阆",汉语解

---

① 《后汉书》卷八六《南蛮西南夷列传》"板楯蛮夷"注引。
② 罗安源等:《土家人和土家语》,民族出版社2001年版,第18页。
③ 罗安源等:《土家人和土家语》,民族出版社2001年版,第18~19页。

释为"广旷也",从古代"賨人"居住地来分析,"阆中"是用"賨人"的语言而称说的地名。用土家语解释,"阆中"是一种野生的草本块茎植物,其茎多淀粉,可入药或熟食,土家语称这种植物为"阆中"或"阆中乃",汉语称之为"半夏曲"。以其地名来推测,这个地方可能盛产此类植物而被賨人命名的①。

（四）风俗习惯

关于南朝巴裔"蛮"部的风俗,文献记载相当粗疏,《南齐书·蛮传》云:"蛮俗衣布徒跣,或椎髻,或剪发。兵器以金银为饰,虎皮衣盾,便弩射,皆暴焊好寇贼焉。"《周书·阳雄传》记载:陈将侯方儿、潘纯陁进攻江陵,阳雄从豆卢宁击退陈军,后被授予洵州刺史。洵州一地"俗杂賨、渝,民多轻猾",阳雄采取"威惠相济"的策略,结果"夷夏安之"。

1. 居处

《舆地纪胜》卷一七四"涪州风俗"引《涪州图经》说:川东南、湘西一带,其地居民有"夏、巴、蛮、夷",其中"夏"即汉人,"巴"为廪君之后,"蛮则盘瓠之种""夷则白虎之裔",也就是"板楯蛮",即"賨人"。关于他们的居住习俗,大致是"巴、夏居城郭","蛮、夷居山谷"。这就是两汉之后,这一地区賨、蛮与汉人等各民族杂居互处的具体写照。

2. 葬俗

唐《十道志》:"楚子灭巴,巴子兄弟五人流入黔中。汉有天下,名曰酉、辰、巫、武、沅等五溪,为一溪之长,故号五溪。"成书于宋的《路史·后纪》卷一说:"巴灭,巴子五季流于黔而君之,生黑穴四姓。"可见,南北朝诸史所称的"五溪蛮",也就是《后汉书》所称的"武陵蛮",其民族成分以巴人为主。

史书上记载"五溪蛮"的葬俗说:"五溪蛮父母死,于村外阁其尸,三年而葬,打鼓路歌,亲属宴饮舞戏,一月余日。尽产为棺,于临山江高半肋凿龛以葬之。自山上悬索下柩,弥高者以为至孝,即终身不复祀祭。初遭丧,三年不食盐。"②从所记看,是行崖棺葬。《朝野佥载》乃唐人张鷟所撰,所记"五溪蛮"葬俗是南北朝时期的。既然"五溪蛮"中有一部分为巴人的后裔,

---

① 罗安源等：《土家人和土家语》,民族出版社2001年版,第16~19页。
② （唐）张鷟：《朝野佥载》卷一四,中华书局1979年版,第40页。

那么，崖棺葬有可能也是巴人的葬俗之一。

《隋书·地理志》记左人丧俗云："无衰服，不复魄。始死，置尸馆舍。邻里少年各持弓箭，绕尸而歌，以箭扣弓为节。其歌词说平生乐事，以至终卒，大抵亦犹今之挽歌。歌数十阕，乃衣衾棺敛，送往山林，别为庐舍，安置棺柩。"这种"左人丧俗"与后世土家族的"打廪"相似。"打廪"是土家族一种古老的宗教活动，凡家里老人寿终正寝，入夜，灵堂上点燃灯火，巫师身穿洁衣、戴洁帽，肩扛环刀（据传是白帝天王战刀）；另四人倒穿蓑衣，手执竹弓和盾牌，装扮成天王将士，立于灵位前，俗称"阴兵"。待祭灵法事毕后，在鼓声中"打廪"开始。巫师和"阴兵"踏着鼓点，挥舞环刀，拉弹竹弓，绕着棺木，跳演白帝天王征战武功。从披挂点兵，跳到击鼓冲锋陷阵，最后鸣金凯旋收兵。全堂"打廪"中，要擂击三堂小战鼓、三堂大战鼓，跳演六六三十六堂跑马射箭、八九七十二堂破阵，并不断连声发出"嗬嗬喂——杀"的冲锋呐喊之声①。

3. 古物

南朝萧齐时，今乌江下游的武隆、彭水一带有田姓"蛮"族分布。建元元年（479）十月，涪陵"蜑民"田健所居住的岩洞间，经常有云气弥漫，并有声响犹如龙吟。田健不知原因，极力探求而未有结果。后有一日，忽见岩洞深处数里远的地方有光芒闪烁，次日前往探究，获古钟、錞于各一枚，于是以为神物而祭祀之②。这里所说的古钟，也就是后来考古中屡屡发现的编钟，编钟与錞于的搭配，是古代巴人和后来的土家族分布区域内战国迄至汉代小型窖藏的一种定式，窖藏的主人应当属于巴人的范畴。

4. 虎崇拜

《后汉书·南蛮西南夷列传》引《世本》说：巴郡"南郡蛮"的始祖"廪君"死后，"魂魄世为白虎，巴氏以虎饮人血，遂以人祠焉"。即是说，由此演变出巴人中的"廪君蛮"一支及其后裔的虎崇拜习俗。而巴人中的另外一支"板楯蛮"则以射杀白虎著称，这是由于两支巴人的来源不同而导致的习俗差异。

由于巴人及其后裔有崇虎的习俗，所以巴人流传之地到处充斥着人变虎、虎变人的传闻，活灵活现。《搜神记》卷十二云："江汉之域，有貙人，其

---

① 编审委员会：《中国各民族宗教与神话大词典》，学苑出版社1990年版，第584页。
② 《南齐书》卷八《祥瑞志》。

先，廪君之苗裔也，能化为虎。""廪君之苗裔"一句，点出了人虎相变故事的根源。《搜神记》同卷下文说到一个故事：某次乡民"作槛捕虎"，次日发现坐在槛中的是一位"赤帻大冠"的亭长，于是赶紧把他放了出来。但待乡民扭头一看，这位亭长已经变成老虎跑上山去了。《搜神后记》卷四也明确指出，"能使人化作虎"的是"蛮人"，即反映了巴人后裔的虎崇拜习俗。

二、僚人的社会文化

（一）社会发展与制度

两晋南北朝时期的僚族社会，大多还存在奴隶制度，但有一部分已经成为东晋南朝的编户齐民，开始向封建制度过渡。

根据文献记载，四川盆地的僚人已处于奴隶制度初期，奴隶主和奴隶两个阶级已经产生。《北史·獠传》曰："亲戚比邻，指授相卖。被卖者号哭不服，逃窜避之，乃将买入指捕，逐若亡叛，获便缚人。但经被缚者，即服为贱隶，不敢称良矣。"这里，"贱""良"分别指奴隶和奴隶主、平民，反映出僚人社会已经出现了阶级分化。

由于僚人已实行奴隶制度，所以买卖奴隶已很盛行。《北史·獠传》说："平常劫掠，卖取猪狗而已。"奴隶价格是"大狗一头，买一生口（即被掠取的奴隶）"。并且说，为了祭鬼鼓，甚至"有卖其昆季妻奴尽者，乃自卖以供祭焉"。但是另一方面，僚人社会还保持了原始时期的残余，"无氏族之别，又无名字，所生男女唯以长幼次第呼之。其丈夫称阿謩、阿段，妇人阿夷、阿等之类，皆语之次第称谓也"。此外又说，"亡失儿女，一哭便止，不复追思"，"若杀其父，走避，求得一狗，以谢其母，母得狗谢，不复嫌恨"，家庭观念似乎十分淡薄。

僚族社会的政治组织只具雏形，不能详指。《北史·獠传》说，"往往推一长者为王，亦不能远相统摄。父死则子继，若中国之贵族也"。人与人之间"好相杀害，多死，不敢远行"，"至于忿怒，父子不相避，唯手有兵刃者先杀之"，"若报怨相攻击，必杀而食之"。以上《北史·獠传》所言，可能有的地方出于汉人对少数民族的偏见，或因后者地处偏远而产生的误解。但总的看来，当时僚族的经济社会发展是比较落后的，其中以渔猎为主的部落社会特点还十分鲜明，其奴隶制度可能是在汉族的影响下产生的，但僚族入蜀之后情况即发生变化。《北史·獠传》说："自桓温破蜀之后，力不能制，又蜀人东流，山险之地多空,僚遂挟山傍谷。与夏人参居者,颇输租赋;在深山者,仍不为编户。"

553年西魏废帝平蜀,557年北周建立,巴蜀各地趋于平稳,在过去由于战乱而荒芜的土地上汉人重新繁衍起来。与此相应,上层统治者在许多地方重新设置郡县,大体恢复汉晋益、梁二州之地,如黎、雅、嘉、眉、邓、荣、护等州的全部或一部都属于西魏统辖。特别是北周以来僚、汉两族交往频繁,因而民族融合速度也大大加快,如《通典·边防三》谓:"及后周平梁、益,(僚人)自尔遂同华人类。"逮于隋唐,南北一统,封建统治势力直趋深入到长江以南的山区及内地,设置了更多的郡县,并在少数民族地区设置了羁縻州,使僚、汉融合进一步加深。

(二)经济生产与风俗习惯

1. 经济生产

僚人主要从事农业生产,种植稻米,但渔猎经济还占有重要地位。据《魏书·獠传》所言,僚人尤长于捕鱼,"多散居山谷","能卧水底,持刀刺鱼"。不重打猎,因为"不识弓矢",而弓矢是打猎的重要工具。

僚人擅长织布,被称为"僚布"或"斑布",这是一种织成花纹的细麻布。《魏书·獠传》载:僚人"能为细布,色至鲜净"。《华阳国志·南中志》载,永昌僚人"有兰干细布——兰干,僚言纻也,织成文如绫锦"。因此又叫"斑布"。唐宋时期,蜀中一些地方的僚布被列为贡品或著名土特产,如《唐六典》载涪州贡连头僚布,《新唐书·地理志》载南州、溱州"土贡斑布",《太平寰宇记》卷八八载昌州土产为"斑布"。

2. 风俗习惯

僚人其俗尚狗,"大狗一头,买一生口"。散居山谷,椎髻徒跣,居住干栏,铸造铜鼓、铜爨,吹牛角、芦笙、竹簧,猎头,鼻饮,死者竖棺埋葬,这些是他们的习俗和文化特点。以下结合四川盆地的范围,简要分析僚人的风俗习惯特点。

椎髻:此是僚等越系民族的一大特点,四川盆地的僚人亦不例外。据《通典》《新唐书》《太平寰宇记》等书记载,今四川盆地南部的南平僚,"其人美发,为椎髻"。盆地中部的昌州僚,"男则蓬头跣足,女则椎髻穿耳"。

凿齿:僚人在成年或婚配前,均要拔去上齿,另加狗牙,以示成人。《新唐书·南平獠传》载"乌武僚,地多瘴毒,中者不能饮药,故自凿齿"。《续资治通鉴长编》卷二七〇载,熊本上疏称宋军镇压南平僚人,"所获首级多凿齿者",可见四川盆地的僚人也有打牙的风俗。

通裙:蜀中僚人的衣饰为"短衣左衽","女衣斑布"[①],其形式仿如綦江横山乡二磴岩东汉崖墓画像所见之情形[②]。《旧唐书·南平僚传》载:"妇人横布两幅,穿中而贯其首,名为通裙。"《续资治通鉴长编》卷二七〇熊本疏奏,亦称南平僚"妇人衣通裙"。

干栏:僚人住宅结构同地理环境有关,《北史·僚传》说:"依树积木,以居其上,名曰干栏,干栏大小随其家口之数"而定。《通典》卷一八七记南平僚:"人并楼居,登梯而上,号为干栏。"《太平寰宇记》卷八八载,昌州"无夏风,有僚风……悉住丛箐,悬虚构屋,阁栏"。同上引熊本奏疏:"夷人居栏栅。"这种干栏式建筑的特色,在今四川、重庆的近代建筑"吊脚楼"中,尚能见到若干遗风。

铜鼓:《魏书·獠传》说:僚人"铸铜为器"。虽记载中所记为铸铜爨,但铜鼓也定能自铸。铜鼓既是娱乐、宗教用品,也是财富、权力的象征,为古代南方壮侗语系各族所习用。《魏书·獠传》说,僚人"群聚鼓之以为

重庆忠县翠屏山崖墓(汉至六朝)

---

① (宋)乐史:《太平寰宇记》卷七四、卷八五。
② 刘豫川主编:《重庆文物总目》,西南师范大学出版社1996年版,第46页;重庆市博物馆:《文物普查资料汇编》"綦江县古墓葬调查表",第29页。

音节",则铜鼓可用于娱乐。四川地区的僚人亦不例外,《太平寰宇记》卷一三六载:渝州南界僚户"不解丝竹,唯坎(击)铜鼓"。《续资治通鉴长编》卷三一五载:元丰元年(1078),"知南平军庄宅副使魏从革言:领兵至栗子园,得杨光震、罗氏鬼生等状,已击铜鼓,会部族首领指天地为誓……"是知铜鼓也用于宗教、盟誓仪式。《舆地纪胜·昌州景物》:"铜鼓山,《图经》在昌元县东十里。其山顶脚皆平,中心狭,状如铜鼓。绝顶有词,号'铜鼓大王'……"昌州铜鼓山的得名,正是历史上此地曾有僚人分布,与其山状如铜鼓这两个因素的偶合。

葬俗:不同地区的僚人,葬俗似乎也不同。《魏书·獠传》记载,僚人"死者竖棺而埋之"。从这一记载看,尽管为竖棺,但仍行土葬。但《太平寰宇记》卷八载:泸州"夷獠……夫亡,妇不归家,葬之崖穴"。明、清时贵州仡佬族,"殓以棺而不葬,置岩穴间,高者绝地千尺,或临大河,不施蔽盖,树木主于侧,曰'家亲殿'"[①]。以上记载又包含了崖墓、悬棺葬这两种葬式的内容。四川历史上是僚人分布较多的地区,正是以崖墓多而险著称的,如綦江、江津、荣昌等地遍布崖墓。此外,綦江及其邻近南川僰人地区也有悬棺葬遗迹,《舆地纪胜》卷一八三载:南平军东南百里有"柜崖,往岁多烟雾耳,闻斧斤声,有飞屑随水下,疑洞中有神物也"。这个"柜崖"的"柜",应当就是悬棺葬的棺[②]。

此外,僚人还有一种特殊的饮食方式即"鼻饮",但除了《元和郡县志》卷三一引盛宏之《荆州记》云乌济僚能鼻饮外,属于四川地区的僚人尚不见记载,故略而不论。

三、羌、蕃及川西南诸族的社会文化

(一)附国、西山八国的文化

《隋书》《新唐书》对附国、西山八国的社会文化均作了简要记载。《旧唐书·东女国》称西山八国"旧皆分隶边郡,祖、父例授将军、中郎、果毅等官;自中原多故,皆为吐蕃所役属。其部落,大者不过三二千户,各置县令十数人理之。土有丝絮,岁输于吐蕃"。至唐中期以后,由于西川节度使韦皋的

---

① (清)田雯:《黔书》,贵州人民出版社1992年版,第4页。
② 蒙默:《濮为僚说(上)》,《凉山彝族奴隶制研究》第一辑,1977年,第77页。

招抚，大多"相率献款"，与唐朝结盟，并献出天宝中唐朝所赐官诰共三十九通。韦皋将这些归附的部众安置于维州、霸州、保州等地方，"给以种粮耕牛，咸乐生业"。

1. 社会发展阶段

西山八国的"哥邻羌"即"嘉良夷"，《隋书·附国传》记载说：该族位于附国的东部，"所居种姓自相率领，土俗与附国同，言语少殊，不相统一。其人并无姓氏"。"嘉良夷政令系之酋帅，重罪者死，轻刑罚牛。"婚姻方面，实行"妻其群母及嫂，儿弟死，父兄亦纳其妻"的一妻多夫制及收继婚制。

2. 物产与交通

《隋书·附国传》记载："其土高，气候凉，多风少雨。土宜小麦、青稞①。山出金、银，多白雉。水有嘉鱼，长四尺而鳞细。"又据《通典·食货》《元和郡县志》及《新唐书·地理志》"维州维川郡"条，白狗羌居维州、笮州，当地出产牦牛、麝香、羌活、当归等。

交通方面，据《隋书·附国传》说，"嘉良夷"境内有河，"阔六七十丈"，向南流，渡河的工具是用皮革制作的小舟。《旧唐书·东女传》记载"其王所居曰康延川，中有弱水南流"，也是"用牛皮为船以渡"。

又以笮州州名观之，白狗羌亦当善治笮桥。

3. 居住建筑、衣着服饰

据《隋书·附国传》记载，因为附国之人"俗好复仇"，所以习惯"垒石为石巢而居，以避其患"。这种石巢高至十余丈，下至五六丈，每级丈余，以木隔之。石巢的根基部分方三四步，顶端略小只有二三步，"状似浮图"。于石巢下部开小门，从内往上通行，夜晚必须关闭，以防盗贼。《新唐书·南蛮传》记载"嘉良夷"的居所与附国相同，是"无城栅，居川谷，叠石为巢，高十余丈，以高下为差，作狭户，自内以通上"。

史籍中的所谓"石巢"，实际上就是今天四川甘孜、阿坝藏族及羌族百姓仍在使用的碉楼。羌碉古称"邛笼"，是羌人由游牧至农耕定居后的居住形态。羌碉分为四角、五角、六角、八角、十二角，高者达十余丈。理县佳山寨曾有一座十六层石碉，高53.9米，每层高3.3米。此碉为已知的最高石砌羌碉，

---

① "青稞"，《北史》卷九六《附国传》作"青稞"。

可惜在"文革"中被毁。羌碉上的石块看似信手砌成，其实砌筑每一块石材，使用每一泥撑黄泥，都是有严格要求的。碉楼从外形看为一个棱台形，从每条轴线看整面墙为梯形。羌碉角线准确笔直，似木匠弹的墨线，墙表面光滑平整无以立足。而且，古羌人在修筑碉楼时将基础深挖到岩层处，加强了基脚的稳固性，将墙体修筑成棱形，形成多个支撑点，起到了较好的抗震作用。

服饰方面，《隋书·附国传》记载"嘉良夷"其俗以皮为帽，帽的外形圆如覆钵；衣服多为"毛毪皮裘"，靴子系以剥制牛脚皮而成。首饰方面，其"王与酋帅"，以金为首饰，胸前悬一金花，直径足有三寸，而普通民众则以铁饰为主。白狗羌的服饰，据《舆地纪胜》威州条引《郡国志》说，其多身披褐色的羊皮，妇人多戴金花，串以用瑟瑟穿成的悬珠以为饰，反映其生活仍以畜牧狩猎为主。

4. 风俗习惯

《隋书·附国传》记载其风俗说，附国之人行动轻捷而精于剑术，身披用漆皮做成的"牟甲"，弓长六尺，以竹为弦。男女均好歌舞，善于"鼓簧，吹长笛"。如有人死，置尸于高床之上，沐浴后穿好衣服，"被以牟甲，覆以兽皮"，子孙并不哭泣，而是戴甲舞剑并高呼："我父为鬼所取，我欲报冤杀鬼。"其后死家杀牛，亲属则以猪、酒相赠，待大家吃下酒、肉后，方将死者埋葬。然后，在死者下葬十年后再举行大葬，集中亲朋好友，"杀马动至数十匹"，并树立祖、父神位而加以祭拜。

《隋书》记载白狗羌的风俗，只有简单的一句："地本氐、羌，人犹劲悍，性多质直，工习射猎。"

（二）川西南各民族文化

1. 嶲、戎二州的人口与物产

《旧唐书·地理志》说：天宝间嶲州都督府有户40721，有人口175280；戎州于天宝间领5县，有户4359、16375口人。这一组数据反映出唐代嶲州和戎州人口较为密集，社会经济也比较繁荣。

唐与南诏的关系破裂以后，南诏与吐蕃派军进攻清溪关道上的重镇越嶲（今四川西昌）和会同（今四川会理），攻破越嶲，会同，唐军被迫投降。南诏从这两个重镇获得了大量的人口、牲畜和粮食，"子女玉帛，百里塞途，牛羊积储，一月馆谷"①。唐朝不愿放弃经营云南地区的这一前沿阵地，于次年夺回越巂，以杨廷进为都督兼领台登（今四川冕宁或泸沽）。南诏、吐蕃联军继而又攻占越巂和台登，并攻下邛部（在今四川越西东北）。之后，越巂地区便在吐蕃、南诏控制之下数十年。

韦皋任剑南西川节度使时期，唐与南诏逐渐恢复关系，双方联手打击吐蕃，使吐蕃势力逐渐退出巂州地区。但韦皋去世之后，南诏与唐矛盾又渐激化，以后南诏逐渐控制了大渡河以南地区。南诏还多次掠夺这一地区的人口、牲畜和各类物资，使当地的社会经济遭到严重的破坏。戎州地区因一直处于唐朝的控制之下，在唐、诏关系破裂以后，这一地区的种植业和畜牧业仍继续得到发展。

越巂地区产马，《新唐书·地理志》"越巂郡"条把"蜀马"列为该郡土贡之首。而《新唐书·两爨蛮传》记载包括勿邓在内的"两爨蛮"，多养牛马，衣服皆用牛、羊的毛皮制成。

2．"东蛮"的"鬼主"制

《新唐书·两爨蛮传》说，勿邓地方的"乌蛮""白蛮""大部落有大鬼主，百家则置小鬼主"。两林、丰琶亦有"鬼主"习俗，而且两林在"东蛮"中被推为盟主，称"都大鬼主"。这些特点既反映了三部落文化存在一致性，也表明了"东蛮"各部落社会发展的程度。据记载，勿邓部落中的"乌蛮""妇人衣黑缯，其长曳地"；又有"东钦蛮"者属于"白蛮"，妇人衣白缯，长不过膝。这些记载反映出，"乌蛮""白蛮"在服饰上区别明显，是黑白分明的。男子的发式称"髦髻"，妇人则披发。风俗方面，崇尚巫鬼，不行拜跪之礼。语言要通过多次转译才能听懂。

3．磨些的社会与文化

磨些即今纳西族先民。《云南志》卷一记载，台登城西有"西望川，行一百五十里入曲罗。泸水从北来，至曲罗萦回三曲，每中间皆有磨些部落，以其负阻深险，承上莫能攻讨"。从这一记载看，唐代时这一带的磨些部落虽有一定力量，但似还未形成强大统一的部落联盟。

从有关云南地区磨些部落的记载和后来有关川西南地区磨些人的记载来看，唐代这一地区的磨些人也行火葬，住木楞房，男女交往较为自由，男女皆

---

① 《南诏德化碑》，见孙太初《云南古代石刻丛考》，文物出版社1983年版，第50页。

披毡和羊皮，并实行父子连名等等。

此外，在《华阳国志·蜀志》关于"摩沙夷"的材料中，已有"摩沙夷"居住地区出盐的记载，说明纳西族先民已掌握了"积薪，以齐水灌，而后焚之，成盐"的生产技术。这种制盐技术也经过唐代一直流传了下来。

（三）吐蕃文化

除去苯教的影响以外，吐蕃文化基本上是一种以藏传佛教为核心的文化。从10世纪以后，藏传佛教后弘期的出现和藏传佛教文化不断由吐蕃本土向川西北地区的广泛传播和渗透，不仅使川西北各族居民在文化心理素质和语言上逐渐趋于一致，而且最终使整个川西北地区的文化与吐蕃本土的文化成为一个有机整体。因此，藏传佛教在川西北的传播和普及，可以视为是康区及整个川西北地区居民与卫、藏地区居民最终形成共同心理文化素质、共同语言的重要标志，同时也应是川西北藏族最终形成的重要条件和原因。

吐蕃兴建了大、小昭寺，并在吐蕃各地修建了众多寺庙。其中，延请弭药工匠修建了"康地隆塘准玛寺（khams klong thang sgron ma）"。据成书于1283年的《奈巴教法史》描述该寺："外有佛塔，内有佛堂，地基坚实，顶有飞檐。"①时至今日，其迹犹存，仍是信教群众活动的重要场所。此外，松赞干布还下令在"弭药热甫岗"建造了雍佐热哺嘎神殿②。弭药即木雅，"木雅热岗"为多康六岗之一，其地在今雅砻江中游以东、以木雅贡嘎为中心的地方，即今松潘以西的川西北、青海东南部一带。

佛教真正在川西北传播，是在赤松德赞时期。8世纪中期，在赤松德赞为首的吐蕃统治者的有力支持下，吐蕃出现了正式的寺院——桑耶寺和出家的吐蕃僧人，并翻译了大量佛教经典。从印度、尼泊尔、我国中原迎请佛教高僧入藏，传授佛法，佛教于吐蕃腹地兴盛起来，也逐渐远播至沿边地区。当时对康区佛教传播影响至深的是"七试人"之一的前弘期大译师毗卢遮那。起初，毗卢遮那受赞普赤松德赞之遣，前往印度求法，依从印度金刚乘大师习得密法，返藏后，因以茨邦妃为首的苯教势力和以寂护为首的印度显教僧侣反对修习密法，被流放至东

---

① 该寺大致在今甘孜藏族自治州石渠、德格一带，见札巴孟兰洛卓著，王尧、陈践译《奈巴教法史——古谭花鬘》，《中国藏学》1990年第1期，第115页。

② （明）巴卧·祖拉陈瓦：《智者喜宴》，民族出版社1986年版，第240页；黄灏：《〈贤者喜宴〉摘译（三）》，《西藏民族学院学报》（哲学社会科学版）1981年第2期，第29页。

方的察瓦绒一带①。他在此建寺收徒，翻译佛经，在当地影响较大，至今当地还存有其活动的遗迹。在藏族人心中，毗卢遮那被誉为"点燃东方（指康区——引者注）佛教明灯的圣人"。赤松德赞为弘扬佛法，还于764年遣翻译"声明"的导师本德、伯哲及本德鲁伊旺波等在藏、康地区翻译佛教法典，并编订成册②。此时，康区也出现了本地的出家僧人。毗卢遮那在察瓦绒时就在当地广招门徒，其中以玉札宁保为最优。丹玛地区（今甘孜石渠、德格，昌都江达一带）也出过名叫丹玛则益的大译师，"另外，还出过名叫丹玛·却吉绛曲的法王和丹·绛赤、绛玛等玛桑神的化身"③。

此后历代赞普都采取了扶持佛教的政策。赤德松赞时期，康区佛教得到进一步传播与弘扬。今昌都察雅县香雄区仁达乡丹玛山崖的摩崖造像系804年的佛教遗存。从其铭文中可以看出，佛教活动在此地较为活跃，兴刻佛像及祷文亦由佛教徒全权负责，其中不乏当地出家的僧人④。至赤热巴巾时，对佛教更是推崇备至，实行七户养僧制度，厘定佛经翻译的标准，规定目瞪手指僧人者挖其眼、断其指。在各地广修寺院，"于卫、康、多思麻三地修建十二座闻、思、修习的讲经院"，"康区有谐衣俄切、谐衣毕噶、恰衣龙须四座"；"具有讲经持戒殊胜（特指修习）特点之六座寺庙"，"康区有噶曲雍仲孜、阔昆土孜仑珠二寺"；"断语修心之十二座寺庙"，"有丹笛山、彭木林、昂龙、安穷四寺"⑤。至此，康区的佛教寺庙粗具规模。

综上所述，藏传佛教传入川西北，较早可追溯至唐初。8世纪中期以后，随着吐蕃腹地佛教的兴起，佛教的影响也逐步扩散到川西北各地，出现了本地出家的僧人、佛教寺院、大量翻译的佛经和用以祈福颂德的摩崖造像及祷文。朗达玛灭佛时，大批佛教徒携经籍逃至康区绝非偶然，这与康区早期的佛教活动有一定的联系，也正是康区地处吐蕃边地及佛教活动打下的基础为下路弘法运

---

① 一说在阿坝藏族羌族自治州西部，一说在今芒康、盐井以西的怒江河谷一带。
② 布顿大师著，郭和卿译：《佛教史大宝藏论》，民族出版社1986年版，第171页。
③ 达仓宗巴·班觉桑布著，陈庆英译：《汉藏史集》，西藏人民出版社1986年版，第207页。
④ 恰白·次旦平措著，郑堆丹增译：《简析新发现的吐蕃摩崖石文》，《中国藏学》1988年第1期，第80页；马林：《仁达摩崖石刻考证》，《青海民族学院学报》（社会科学版）1988年第1期，第97页；李光文、杨松、格勒主编：《西藏昌都历史·传统·现代化》，重庆出版社2000年版，第39页。
⑤ （元）札巴孟兰洛卓著，王尧、陈践译：《奈巴教法史——古谭花鬘》，《中国藏学》1990年第1期，第117页。

动的兴起创造了条件。

此外，从《新唐书》及《云南志》的记载来看，苯教与藏传佛教在吐蕃控制巂州部分地区时，已开始传入今四川凉山州的冕宁、盐源等地，只是对当时川西南一些民族部落的具体影响已难以考证。

第四章 宋元时期的巴蜀民族文化

宋元时期是巴蜀民族文化发展的重要历史时期。与隋唐时期相比，这一时期巴蜀民族人口分布的地理格局变动不大，仍然维持着汉族集中分布于四川盆地腹心地带，少数民族主要分布于四川盆地沿边地区及川西北高原的状态。宋元时期居住在巴蜀地区的少数民族主要有：藏（史籍上称"吐蕃""番""西番"等）、彝（史籍上称"夷""乌蛮""倮倮""罗罗"等）、羌（史籍上称"羌""羌戎""羌蛮"等）、白（史籍上称"白蛮""白人""僰人"等）、纳西（史籍上称"末些""么些""磨些""摩沙夷"等）、苗（史籍上称"苗""蛮夷""夷民"等）、仡佬与布依（史籍上称"土老蛮""羿子""蚁子"等）、土家（史籍上称"廪君蛮""五溪蛮""西南七蕃""诸洞蛮"等）等。单一的民族名称这一时期开始出现。蒙古族和回族（当时称"回回"）进入巴蜀地区并逐渐定居下来，是宋元时期巴蜀民族人口迁徙、变化中最引人注目的现象，并由此增加了巴蜀地区少数民族的成员。

宋元时期也是中央王朝进一步加强对巴蜀民族地区统治的历史时期。这一时期，朝廷强化了在巴蜀民族地区的羁縻制度，继续保持了与巴蜀少数民族的贡奉关系，并逐渐在巴蜀民族地区建立并实行了土司制度，通过对巴蜀少数民族首领封赐官爵，委任其担任朝廷派驻民族地区的行政官员，授权其代表朝廷统治和管理民族地区，加强了中央王朝在巴蜀民族地区的统治及影响。

宋元时期巴蜀地区的民族文化，无论是物质文化、制度文化还是精神文化，都比以前有所发展，并因此促进巴蜀地区一些少数民族实现了从原始社会、奴隶制度向封建农奴制、封建地主制等社会制度的发展和过渡。

第一节 宋元时期巴蜀少数民族的分布

一、吐蕃

吐蕃即今天藏族的先民，也是对吐蕃王朝崩溃后分散的古代藏族各部的总称。在今四川西北部的甘孜藏族自治州、阿坝藏族羌族自治州及雅安市的部分地区，自古以来即居住着众多的羌人部落。唐代吐蕃兴起后，其势力不断向东发展，这些羌人部落因此逐步被吐蕃所征服，成为吐蕃的一部分。吐蕃强盛时期，势力曾东达唐王朝统治的松（今阿坝州松潘县）、茂（今阿坝州茂县）、雅（今雅安市）、黎（今雅安市汉源县）、嶲（今凉山彝族自治州西昌市）诸州，南达西洱河（今云南省大理洱海地区）。四川今甘孜藏族自治州和阿坝藏族羌族自治州的部分地区均在吐蕃的统治之下。今甘孜地区大约在7世纪后期被吐蕃占领后，成为吐蕃政治、经济和军事的重要基地，大批吐蕃人迁居此地，并与当地的原住居民错杂而居，逐渐融合，当地的羌人各部落于是逐渐吐蕃化。11~12世纪，藏传佛教发展后，更加快了这一同化过程。今四川甘孜、阿坝两个自治州境内的藏族就是在这一时期开始形成的。唐末，吐蕃王朝瓦解，蜀地藏族聚居区处于分散割据的状态，各部落规模大者，数千家或数百家居住在一起；规模小者，几十家聚居在一起，彼此互不统属。故《宋史》载称，其时蜀地藏族聚居区"族种分散，大者数千家，小者百十家，无复统一矣"①。

10世纪前半叶，五代十国时期的前蜀、后蜀统治期间，皆曾在岷江上游及大渡河中游两岸的茂（今阿坝茂县一带）、维（今阿坝理县一带）、黎（今雅安汉源）、雅（今雅安）等沿边民族地区设治施政，统辖当地的吐蕃人和各族人民。北宋统一中原后，除对四川盆地汉族聚居的腹心地区实行有效统治外，也对岷江上游及大渡河中游地区的少数民族实行羁縻统治。如宋朝曾在雅州设羁縻州44个，还实行茶马互市政策，规定用雅州所产的茶叶换取吐蕃的马匹，以加强这一地区各民族间的经济交流。大渡河以西的甘孜州部分地区，因非宋朝的统治势力范围仍处于割据状态。

宋代雅州的辖地曾包括今甘孜州和阿坝州的一部分。距州西三百里，在今雅安市的天全、芦山和邛崃山脉以西的泸定、小金等地，有"西山野川路蛮"四十六部落，为"嘉良夷"之后裔。史载：宋太宗太平兴国三年（978），"西山野川路蛮首领马令膜等十四人，以名马、牦牛、虎豹皮、麝脐来贡，并上唐朝敕书告身凡七通"，宋太宗皆赐给冠带，建立起了朝贡和羁縻的统属关系②。次年，宋西川转运使许仲宣至大渡河，谕其顺逆，"夷人"率皆服。宋代沿袭唐制，对"西山野川路蛮"四十六部落继续实行羁縻统治，并在碉门

---

① 《宋史》卷四九二《吐蕃》。
② （清）徐松：《宋会要辑稿》第8册，中华书局1957年版，第7768页。

(今雅安天全县城厢镇)、灵关(今雅安芦山县境)驻兵防守。但是,有宋一代,"西山野川路蛮"诸部与宋朝的关系,虽名为羁縻而交往却常常中断。

沿岷江流域及其以西、以南地区,早在9世纪初叶,就已经脱离了吐蕃王朝的控制,而重由唐朝直接统治。在这一地区内,除吐蕃外,还有汉族、磨些和其他一些民族交错杂居。宋朝建立后,以西蕃首领阿令骨为松州刺史,加强了对该地区的统治。

元代,巴蜀地区的吐蕃人主要聚居在两个区域:一是松潘地区,约当今阿坝境内藏族聚居区;二是当今甘孜藏族聚居区。元朝在蜀地涉藏地区实行土司制度,设置了朵甘思招讨司和松潘、叠、威、茂州等处军民安抚司及万户、千户等,除由蒙古人担任达鲁赤花外,其余安抚使、千户等土司土职则多由当地民族酋领担任,并置榷场于碉门、黎州,与吐蕃贸易,从而加强了对蜀地藏族聚居区的统治。

二、羌

自秦汉以来,羌人就居住于岷江上游地区。宋元时期,巴蜀地区的羌人继续居住在岷江上游,主要居住在威州、茂州即今阿坝州的理县、茂县、汶川、松潘、黑水和绵阳市北川[①]等县境内,即史籍所载:"自宋迄元,皆为羌人所据。"[②]宋代称羌人为"蛮""夷""蛮民"等,居威州者称"威州蛮",居茂州者称"茂州蛮"。

威州州治在今阿坝州理县薛城,领有保宁(今理县薛城)、通化(今理县通化)二县和保(今阿坝理县西北)、霸(今阿坝黑水)两个羁縻州。宋初,威州居住的主要是羌等少数民族,汉税户仅五十四户,蕃税户达九百户,蕃客户达五千六百九十四户。所领羁縻保、霸二州,汉人更少。在唐代时,威州即由羌人首领董氏世袭羁縻州刺史、知州等职,领有其地,主长其民。宋时称为"威州保霸蛮"。

茂州,州治在今阿坝州茂县凤仪镇,领有汶山(今茂县凤仪镇)、汶川(今汶川威州镇)两县和盖、涂、静、当、直、时、飞、宕、恭等羁縻九州,"皆蛮族"。宋初,茂州羌纳入编户的有主户二百七十三户,客户五十户,部

[①] 北川县,当时县名叫"石泉",初属茂州,熙宁九年(1076)始改隶绵州。
[②] 《明史》卷三一一《四川土司传》。

落户八百二十九户,"并无两税"①。"州居群蛮之中,地不过数十里"②。州治初未筑城墙,仅用类似鹿角的带枝杈的树枝围作城垣,部落人于是屡乘昏夜入茂州,剽掠民家人及六畜,后茂州官府则从民家收取货物,派州将带着货物去赎回人及六畜,与部落人讲和,"刑牛犬"盟誓不再为寇③。至宋熙宁九年(1076)三月始筑州城,并拟"以汉法治蕃部"④。茂州所领之羁縻州,大多在今阿坝州茂县、松潘、黑水等县境域,也多是羌人部落户。这些部落自推一人为羁縻州的州将,用本民族的习惯法治理部众,不向宋朝输纳赋税,只是其州将经常到茂州接受官府的管理⑤。其时,这些部落亦长期处于各自为政的状态,与宋朝政府之间也时战时和。

三、僚

宋元时期,僚人继续广泛地分布于巴蜀各地,从川中丘陵到盆周边缘的广大地区都有僚人居住,而尤以川东南的南平军(包括今重庆綦江、南川和贵州桐梓)和川南的泸州(今四川泸州)、叙州(亦名戎州,今四川宜宾)最为集中。

宋代居住、分布于南平军的僚人称为"渝州蛮"。据《宋史》记载:"渝州蛮者,古板楯七姓蛮,唐南平獠也。其地西南接乌蛮、昆明、哥蛮、大小播州,部族数十居之。治平中,熟夷李光吉、梁秀等三族据其地,各有众数千家。间以威势诱汉户,有不从者屠之,没入土田,往往投充客户,谓之纳身,税赋皆里胥代偿。藏匿亡命,数以其徒伪为生獠劫边民。"⑥宋熙宁三年(1070),夔州路转运使孙固等兴师讨伐,"以祸福开谕,因进兵,复宾化砦,平荡三族,以其地赋民,凡得租三万五千石,丝绵一万六千两。以宾化砦为隆化县(今重庆南川区隆化),隶涪州;建荣懿(今重庆青羊镇)、扶欢(今重庆扶欢乡)两砦,其外铜佛坝(今重庆赶水镇)者,隶渝州南川县

---

① (宋)乐史:《太平寰宇记》卷七八《剑南西道七》。
② 《宋史》卷四九六《蛮夷四》。
③ (宋)李焘:《续资治通鉴长编》卷七五。
④ (宋)李焘:《续资治通鉴长编》卷二七四。
⑤ (宋)江少虞:《宋朝事实类苑》卷七六《安边御寇》,上海古籍出版社1981年版,第997页。
⑥ 《宋史》卷四九六《蛮夷四》。

（今重庆古南镇）"。宋朝并任命土人王才进充巡检，"委之控扼"。熙宁八年（1075），宋朝又鉴于王才进死后，"部族无所统，数出盗边"的形势，命熊本讨平之，"建为南平军，以渝州南川、隆化隶焉"。大观二年（1108），"木攀首领赵泰、播州夷族杨光荣各以地内属"，宋朝诏建溱（今重庆市南桐区）、播（今贵州省桐梓）二州。宣和三年（1121），废溱、播二州，以其地属南平军①。

宋代分布、居住于今四川省泸州、宜宾境内的少数民族，史籍上称为"泸夷""泸戎""泸蛮""土僚""僰""夷"等，从族属上看，主要是"乌蛮"（今彝族的先民）和僚人。史称"土僚蛮，叙州南、乌蒙北皆是"②。这一地区僚人分布的情况是：叙州"城之内外，僰夷、葛僚又动以万计。与汉人杂处，其熟户居省地官庄者，多为义军子弟"③。散居于乡村的僚人，主要有"都掌蛮""罗始党"和"宴夷"三个部分。

"都掌蛮"是历史上长期活动于南广河流域"叙南六属"之地的僰人，使用铜鼓、实行悬棺葬的僚人中的一支④。"都掌"一词初见于《新唐书·南蛮传》："纳州僚叛，寇故茂、都掌二县"。即唐代开发"山僚"，都掌为羁縻纳州属县之一。宋元时期，"都掌蛮"主要分布在今四川省宜宾市的兴文县、珙县、筠连、高县、长宁、庆符等地，"东连永宁（今四川古蔺、叙永），南接芒部（今云南镇雄），西通乌蒙（今云南昭通），北达马湖（今四川屏山）"的广大区域⑤。宋元丰年间（1078~1085），"都掌蛮"罗氏鬼主下"蛮首领"沙取曾协助朝廷镇压"乌蛮"乞弟的反叛，并因此被宋朝委以抚谕、招降都掌等部族首领的重任。其后宋朝在这一地区设置长宁军，"十州族姓俱孝顺，各命之官"。又组织"夷义军"，都掌十九族，"因为八指挥"，为顺化义军。政和年间，"都掌蛮"又助宋朝攻"宴夷"卜漏，势力逐渐强大。

"罗始党"，又名"罗始兜""罗氏党"，系宋代活动于泸南（今四川兴文东北）地区的民族部落。"罗始党"本为村落名称，周围有良田万顷，是"泸夷"的主要农业区。在这一区域内，因僚人和"乌蛮"呈交错混杂而

---

① 《宋史》卷四九六《蛮夷四》。
② （元）李京：《云南志略·诸夷风俗》，《说郛》卷三六。
③ （清）徐松：《宋会要辑稿》第8册，中华书局1957年版，第7817页。
④ 屈川：《都掌蛮——一个消亡民族的历史与文化》，四川人民出版社2004年版，第1页。
⑤ （明）曾省吾：《西蜀平蛮全录》卷一《覆勘将官疏》。

居的状态,民族成分复杂,故有学者亦将"罗始党"视为"乌蛮"[1]。元丰七年(1084),宋朝在"泸夷"地区组织义军,"罗始党"八指挥以归化义军为名,于北宋政和年间曾助朝廷镇压"宴夷"卜漏,实力得以保存。

"宴夷",是居住在今四川省宜宾市兴文县、长宁县和珙县一带从事农耕的部族。该区域内同样呈僚人与"乌蛮"错杂而居的民族人口分布状态[2]。宋代四川著名的盐井监——淯井监就位于这一地区。为了盐,宋朝与这一带的少数民族时常发生武装冲突。

元代,川南地区的僚人仍然主要分布在泸州、戎州地区,呈"散居村囷,无县邑乡镇"[3]的状态。元朝在这一地区实行了土司制度。如元太祖至元十六年(1279),都掌蛮大小首领一百一十人归附,元朝遂任命首领阿永为西南番蛮安抚使,得兰纽为都掌蛮安抚使,各赐虎符,其他的首领亦分别授宣敕、金银符等有差[4]。至元十七年,"设大坝总管府,得兰纽授都总管"[5]。至元十九年,"发都掌、阿永等民为兵,征答马剌。都掌上言:宋时未尝佥军,乞以马牛助军需,从之。未几,征一奚卜薛,起军,酋长阿竣等亦不从命"[6]。至元二十一年,升大坝总管为戎州(今四川兴文),"统辖水都四乡,山都六乡"[7]。有元一代,都掌蛮叛服无常,显示出具有相当的力量。罗氏党仍然居住在原地区,元朝初"夷民罗党九人为总把,至元初改为九姓罗氏党蛮夷长官千户"[8]。明初改为九姓长官司,治所在今兴文县新华乡,俗称九庆。

四、诸"蛮"

两宋时期,分布在大理国与宋之间的川南、川西南各部族,分别被称为"黎州诸蛮""叙州三路蛮"和"泸州蛮"等,总称为"夷"或"乌蛮"。

(一)黎州诸"蛮"

黎州诸"蛮"是指分布、居住于宋黎州(今四川汉源)徼外西南今凉山彝

---

[1] 李宗放:《四川古代民族史》,民族出版社2010年版,第232页。
[2] 李宗放:《四川古代民族史》,民族出版社2010年版,第231~232页。
[3] 《元史》卷六〇《地理志三》。
[4] 《元史》卷十《世祖七》。
[5] (清)顾炎武:《天下郡国利病书》卷六九《下川南道》。
[6] 《元史》卷一六七《张庭珍传》。
[7] 《元史》卷六〇《地理志三》。
[8] (明)曹学佺:《蜀中广记》卷三六《边防记第六·下川南道》。

族自治州及其附近地区的少数民族部落。在唐代，黎州诸"蛮"因处于雅砻江以东，因此也称为"东蛮"。他们皆"尚鬼，谓主祭者鬼主，故其酋长号都鬼主"①。据《宋史·蛮夷四·黎州诸蛮》记载：黎州诸"蛮"共十二种，即：山后"两林蛮"，在州南七日程；"邛部川蛮"，在州东南十二日程；"风琶蛮"，在州西南一千一百里；"保塞蛮"，在州西南三百里；"三王蛮"（也称"部落蛮"），在州西一百里；"西箐蛮"，在州西三百里；"净浪蛮"，在州南一百五十里；"白蛮"，在州东南一百里；"乌蒙蛮"，在州东南一千里；"阿宗蛮"，在州西南二日程。另外还有"大云南蛮""小云南蛮"。黎州诸"蛮"十二部中，"凡风琶、两林、邛部，皆谓之东蛮"，是最强大的部族，其余小"蛮"则多分隶于"东蛮"三部之下。"东蛮"诸部族属不一，或认为是今凉山州彝族的先民，或认为是后世分布于此地的西蕃（今属藏族），或认为是磨些（今纳西族）；或认为前者为多，后者次之②。

"邛部川蛮"，又叫"大路蛮"（因其居住地位于宋朝与大渡河南的交通要道而得名）、勿邓，酋长自称"百蛮都鬼主"，唐宋时活动于今凉山州越西、甘洛至今雅安市汉源县大渡河南的地域，与黎州邻境，是"东蛮"中最大的部落。史载："邛都，嶲州会同川（今会理县）与吐蕃接，今邛部川蛮所居。""邛部于诸蛮中最骄悍狡谲，招集蕃汉亡命，侵攘他种，闭其道以专其利"③，几乎控制了大渡河南的地区。"邛部川蛮"有转房的婚俗。"蛮俗：袭兄者妻其嫂。"④首领去世后实行土葬，"以锦被裹而埋之，会其族哭之，名作鬼亲守"⑤。

"两林蛮"是唐宋时期活动于今凉山州越西县上普雄至喜德县一带的"东蛮"部族，民族成分主要是"乌蛮"和"白蛮"。据唐樊绰《云南志》记载，"两林蛮"部落有"十低三姓、阿屯三姓、亏望三姓"，"两林地虽狭，而诸部推为长，号都大鬼主"。宋代，两林蛮与朝廷保持着奉贡封赐关系，其酋领

---

① 《宋史》卷四九六《蛮夷四》。
② 贾大泉、陈世松主编：《四川通史》卷四，四川人民出版社2010年版，第164页；蒙默：《唐宋时期"东蛮"族属的探讨》，载《南方民族史论集》，四川民族出版社1993年版，第202～240页；赵心愚：《也谈唐宋"东蛮"中的磨些》，载《赵心愚纳西学论集》，民族出版社2010年版，第98～111页。
③ 《宋史》卷四九六《蛮夷四》。
④ 孔凡礼：《范成大佚著辑存》，中华书局1983年版，第54页。
⑤ （宋）李石：《续博物志》卷五。

曾被宋朝敕封为怀化大将军、归德将军、怀化司戈、归德司弋、怀化郎将等职，并赏赐以锦袍、银带、袭衣、银器等。"两林蛮"后被"云南蛮""邛部川蛮"所灭，其部落分隶于"云南蛮""邛部川蛮"，成为今凉山彝族的一部分①。

"风琶蛮"，"本出嶲州百姓，两林南二百里而居焉"②。即居住、分布于黎州西南一千一百里今凉山州西昌南至德昌县、攀枝花市米易县、盐边县一带。"风琶蛮"部落有"乌蛮""白蛮"。唐时，"风琶蛮"诸部"受赏于嶲州，然挟吐蕃为轻重。每节度使至，诸部献马，酋长衣虎皮，余皆红巾束发。锦缬袄，半臂。既见，请匹锦、斗酒，折草招父祖魂以归乡里。及还，裹锦植马上而去"③。南诏统辖嶲州时，"风琶蛮"亦归南诏统治。宋代，亦保持着与宋朝较为稀疏的贡奉关系。

"部落蛮"，主要活动于大渡河北今雅安市境内。如在唐和五代时有刘王、郝王、杨王被称为"三王蛮"的部落。即史籍所载："邛、黎之间有浅蛮焉，世袭王号，曰刘王、杨王、郝王。"④宋代，"部落蛮"有郝、赵、王、刘、杨五族，称"五部落蛮"，即史籍所载："居黎之西，去州百余里，限以飞越岭（今雅安市汉源县与甘孜州泸定县交界处），有姓郝、赵、王、刘、杨五族。""其居叠石为碉，积粮粮器甲于上。族无豪长，惟老宿之听。往来汉地，熟夷能华言，故比诸蕃尤奸黠。"⑤南宋淳熙七年（1180），"部落蛮"因不满宋朝官吏对其卖马限以常制和茶场欠部落钱数万之事，于是举兵反宋，入黎州界一百七十五里，劫掠十八村，东至佛堂村，距离州城十五里；南至西庄村，距离汉源镇三里，史称"庚子五部落之变"。宋朝派兵征讨，"部落蛮"被迫请降，献马三百匹，求内附，"朝廷闻羌人请盟，有旨：许互市，却其献"⑥。

宋元时期的黎州诸"蛮"中，还有一些较小的部族。如在黎州西三百里即今雅安市石棉县境内大渡河西南与甘孜州九龙县、凉山州冕宁县西北的这一

---

① 李宗放：《四川古代民族史》，民族出版社2010年版，第217页。
② （唐）樊绰：《云南志》卷四《名类》。
③ 《新唐书》卷二二二《南蛮下》。
④ 《太平广记》卷一九〇《王建》。
⑤ （宋）李心传：《建炎以来朝野杂记》乙集卷一九《庚子五部落之变》。
⑥ （宋）李心传：《建炎以来朝野杂记》乙集卷一九《庚子五部落之变》。

地域内，居住着史称为"吐蕃小种"的青羌、弥羌等已融入吐蕃的羌人部族。他们互市以卖马为主，经常为争卖马价而引发战争。战时，亦使用名曰"炮坐"的掷石机械攻打寨舍。朝廷则"每市马，官必稍高其值以偿之，亦欲坚其归附之心"①。在黎州西南三百里即今凉山州冕宁县境内居住着称为"保塞蛮"（因居保塞城而得名）的"白蛮"部族。他们自唐开宝年间归附后，便时常来黎州"货其善马"②。其他如"静浪蛮""河南蛮""土著白蛮""乌蒙蛮""阿宗蛮"等，是黎州诸"蛮"中较小的部落，附属于其他较大的部落，兹不逐一赘述。

（二）"叙州三路蛮"与嘉州"虚恨蛮"

叙州，北宋政和四年（1114）以前称戎州。徽宗时，受州人之请，更名叙州③。两宋时期，叙州地区的少数民族泛称"蛮""夷""僚"，主要是"白蛮"和"乌蛮"及僚等。朝廷在这一地区采取区别对待的民族治理政策，将熟户纳入编户，编入义勇保甲，"以戎泸夷汉主客通为义勇保甲"；对边远地区则实行羁縻统治，"戎泸二郡旧管羁縻四十余州，皆以土豪累世承袭，为其刺史"，"其为刺史，父子相继，无子即以其党有可者公举之，或因春秋有军设"。这些部族民众，赶集赴州进入州县城及场镇时，"著夏人衣服；却归山洞，椎髻跣足，或被毡，或衣皮，从夷蛮风俗，无税赋以供官"④。宋元时期，在这一地区有西北的"马湖蛮"、东南的"南广蛮"和西部的"石门蕃部"三股大的势力，合称为"叙州三路蛮"。

"马湖蛮"，又称"董蛮"，乃"西爨昆明之别种"。史称："董蛮在马湖江右（今四川屏山、雷波、马边一带），夜侯国也。唐羁縻驯、骋、浪、商四州之地，其酋董氏。"⑤宋初，有"董蛮"首领董春惜自称"马湖路三十七部落都王子"。与宋朝有贡奉关系，亦常因互市、侵地等原因犯境。

"南广蛮"，在叙州庆符县以西（今四川宜宾、泸州以南地区），原有十四州，"大观三年（1109），有夷酋罗永顺、杨光荣、李世恭等各以地内

---

① （宋）李心传：《建炎以来朝野杂记》乙集卷一九《丙申青羌之变》。
② 《宋史》卷四九六《蛮夷四》。
③ 《宋史》卷八九《地理五》。
④ （宋）李焘：《续资治通鉴长编》卷三九四。
⑤ 《两朝纲目备要》卷一三。

属，诏建滋、纯、祥三州"①。

"石门蕃部"，在今云南省盐津县、彝良县一带。"俗椎髻，披毡，佩刀，居必栏棚。不喜耕稼，多畜牧。其人精悍善战斗，自马湖、南广诸族皆畏之。"②

"虚恨蛮"，是宋代活动于大渡河南今四川省峨眉山市、峨边县一带的民族部落，"乃乌蛮之别种，所居高山之后。夷人以高为虚，以后为恨，故名焉"③。亦有学者认为，"虚恨蛮"是由叟人演变而来的④。北宋时开始扩展势力。"天禧以前，朝廷岁以酒食犒劳。嘉祐间，始入寇。"⑤熙宁间，"峨眉县西十里有铜山寨，与西南生蕃相接界，户不满千，俗呼为小道虚恨姓"，"铜山为蕃汉贸易之场，蕃人从汉境负大布囊盛麻苴以归"⑥。绍圣间，"虚恨蛮""乞于嘉州博易，不许。至是遣其徒来忠镇寨，为汉人所杀，蛮益雠恨……遂举族入寇，转掠忠镇十二村民殆尽"。至南宋时，"虚恨蛮"的活动地域扩大至"东接马湖，南抵邛部川，北抵忠镇"，有"地方三百里，墟落数十"⑦。

（三）"泸州蛮"

宋代的泸州领有羁縻州十八个，其西、南、东三面均与少数民族地域相接。史称"泸控西南诸夷，远逮爨蛮，最为边隅重地"，历来备受朝廷的重视，"元丰以来置守率用武臣，其后始更置儒守"⑧。

宋元时期泸州地区的少数民族主要分布在今四川省泸州市和宜宾市南部及滇、黔边境一带，宋代称之为"泸夷""泸州部""泸州蛮"。史载：泸州管下溪洞巩州、定州、高州、奉州、淯州、宋州、纳州、宴州、投附州、长宁州，都是唐宋时期建立的，被称为"羁縻十州五囤蛮"。"泸夷"的民族成分相当复杂，"杂种夷獠散居溪谷中"⑨，主要有"乌蛮"与僚人两大民族成

---

① 《宋史》卷四九六《蛮夷四》。
② 《宋史》卷四九六《蛮夷四》。
③ （宋）李心传：《建炎以来系年要录》卷一二四。
④ 李宗放：《四川古代民族史》，民族出版社2010年版，第223页。
⑤ （宋）李心传：《建炎以来系年要录》卷一二四。
⑥ （宋）李焘：《续资治通鉴长编》卷二六七附《剑南须知·云南买马记》。
⑦ （宋）李心传：《建炎以来系年要录》卷一二四。
⑧ 《宋史》卷四九六《蛮夷四》。
⑨ 《宋史》卷四九六《蛮夷四》。

分。其中居住在宋辖沿边地域、汉化程度较高的被称为"熟夷",其余被称为"生夷"。

从宋代中叶开始,泸州"乌蛮"及其势力逐渐强大起来。史载:溪峒十州,"乌蛮王子得盖居其地,部族最盛,旁有旧姚州,废已久,得盖愿得州名以长夷落"。"乌蛮"酋领晏子、斧望个恕,"常入汉地鬻马。晏子所居,直长宁、宁远以南;斧望个恕所居,直纳溪、江安以东,皆仆夜郎诸部","二酋侵强大,擅劫晏州山外六姓及纳溪二十四姓生夷。夷弱小,皆相与供其赍"①。元代开始,原来被称为"乌蛮"的民族,文献改称"罗罗"或"倮倮",主要居住在建昌行都司与马湖府之间的大小凉山地区。元朝在这一地区设置了罗罗斯宣慰司(下辖五个总管府、二十三州)进行统治。

五、土家族与苗族

(一)土家族

土家族先民被称作"巴""賨""蛮""夷"等。两宋时期,在川东南的黔州、涪州、夔州沿边至今贵州境内一带,主要居住着被称为"西南夷部"的少数民族,"其地东北直黔、涪,西北接嘉、叙,东连荆楚,南出宜、桂"②。宋初以来,这个地区的部族有数十个之多,而以龙、方、张、石、罗五姓的势力最大,称为"五姓蕃"。除此之外,程、韦二姓的势力也较大,与"五姓蕃"合称为"西南七蕃"。"西南夷部"的先民主要是古代的巴人,在西周时期就已进入川东南地区居住,并建立了巴国。这一地区的少数民族习俗为椎发、左衽或编发、随畜牧迁徙无常,无城郭,散居村落,喜险阻,善战斗。部族共一姓,虽有君长,风俗基本相同。

大约在宋、元以后,在川东南地区逐渐出现了以"土"为名的族称,原对土家先民以"巴""賨""夷""蛮"的称呼逐渐减少,而"土兵""土丁""土人"等称谓开始出现。"这些冠以'土'字的称谓,应是专指土家族而言的,是为了区别与之毗邻的苗族而出现的。"③可以说,在此时期,川鄂湘黔毗邻地区的土家族已逐渐形成了一个比较稳定的人们共同体。

---

① 《宋史》卷四九六《蛮夷四》。
② 《宋史》卷四九六《蛮夷四》。
③ 《黔江土家族苗族简况》编写组:《黔江土家族苗族简况》,四川民族出版社1984年版,第30页。

（二）苗族

宋元时期，苗人主要分布在黔州（治地为今重庆彭水）、泸州（今四川泸州）、嘉州（今四川乐山）、叙州（今四川宜宾）等地，即今川南和川东南地区。苗族据传源于古代的三苗，秦汉时在今渝东南已有分布，东晋时进入川南地区。随着苗人的不断迁徙，到两宋时期，苗族已大量分布在川东南和川南地区。川东南地区的苗人主要集中分布于今重庆彭水、黔江、秀山、酉阳等地；川南地区的苗人分布在今四川省宜宾、泸州两市，几乎县县都有，尤以筠连、珙县、兴文、叙永、古蔺等县最集中。

前已述及，宋元时期泸州、叙州一带的少数民族很多，"城之内外，僰夷葛獠，又动以万计，与汉人杂处"。这些包括苗族在内的少数民族主要从事农耕，"纳土归化"以后，开始向官府缴纳租赋，有的还充当义军，兵农结合，维持地方治安。宋代还规定："夷人夷地，即不许与汉人私相交易"，"不许汉人侵买夷人田地"，要"常加抚恤，勿令失所"。朝廷的这类规定，对民族地区发展农业生产具有一定积极作用。另据《宋史·沈括传》记载，川南地区盛产井盐，"戎、泸间夷界，小井尤多"。由此或可想见，居住于这一地区的苗族也参与了川南井盐开发、生产的活动。该地苗族还"击铜鼓，弄鞘刀"。一方面是民俗表象，另一方面也体现出其制铜、冶铁工艺已具相当水平。在纳溪、江安、长宁等汉"夷"杂居地区，农业经济的发展，也带来商业贸易的繁荣。宋朝出于军事目的，在纳溪、江安、长宁、兴文等地建城、寨、堡，后来大多成为乡村商品交换集市，一些寨子还成为县治所在地。南宋时期，泸、叙、长宁沿边诸堡寨的"夷义军"，每郡"多至四五千人"，实际上就是少数民族组成的乡兵。宋朝对乡兵一般采取官给田地而免其租赋的政策，参加战争还发给钱粮，作为他们承担兵役的报酬。宋元时期，川南苗人居住的地区已开始进入封建地主统治的阶段。

六、蒙古族

蒙古族主要分布在今四川省的凉山州、成都市和攀枝花市，在阿坝州、甘孜州和内地各县也有散杂居住。南宋时期，蒙古人曾先后在两个阶段集中进入巴蜀地区：第一阶段中，一部分是南宋宝祐元年（1253）以前在征战中留守或被派驻镇守巴蜀的蒙古军户，大部分是忽必烈进攻云南时留守的阿鲁、阿儿塔、扎塔、喇塔、布塔失里等蒙古诸将所率官兵和军户。第二阶段指元世祖至元十五年（1278）之后。元控制巴蜀地区后，亦有大批蒙古人以军政官员、屯驻官兵、军户等身份陆续进入巴蜀地区，其数量当更多。

宋元时期进入巴蜀地区的蒙古人，有的后来返回北方或调往他省，有的因任官或屯驻而在巴蜀地区定居下来。元世祖至元二年（1265），蒙古朝廷规定："以蒙古人充各路达鲁花赤，汉人充总管，回回人充同知，永为定制。"①"官有常职，位有常员，其长则蒙古人为之。"②按此规定，元代巴蜀各地军政长官多由蒙古人充任。驻军屯守方面，元朝在东川、西川、果州青居山、重庆、夔门、成都、利州、嘉定、碉门、鱼通、黎、雅、长河西、合答城以及建都等处、川西吐蕃地方等地，都驻有蒙古军。如成都即有蒙古军七翼。有学者估计，元代四川的蒙古军政人员及家属至少有十多万人③。史载：元代进入巴蜀地区的蒙古人，"今无大小，皆世其官"，"蒙古军即营为家"④，"驻戍之兵，皆错居民间"⑤，"无令迁易"⑥。说明宋元时期确有相当一部分蒙古人特别是驻屯戍守之军兵，在巴蜀地区逐渐定居下来，与当地各族民众混杂而居。

七、回族

回族，宋元史籍中称"回回"。雍正《四川通志》说："回回乃唐宋回鹘之众。"此言虽然存在问题，但也说明巴蜀地区回族的部分先民与唐代的回鹘有关。回族大批入居巴蜀地区，是元代及以后的事情⑦。元代回族主要是以随军征战戍守、从政任官、驿站与屯田和经商贸易四种方式进入巴蜀地区的。

随军入川。蒙古在大举进攻四川以前，早已先征服了中国西北以及中亚、西亚和欧洲的一些地方，并迫使这些地方信奉伊斯兰教的各族民众参加元军，因此元军中即有大量信奉伊斯兰教的中国西北及中亚地区的各族民众和波斯人、阿拉伯人等。这几部分人逐渐融合，并吸收汉、蒙古等民族成分，形成回

---

① 《元史》卷六《世祖三》。
② 《元史》卷八五《百官一》。
③ 李宗放：《四川古代民族史》，民族出版社2010年版，第252页。以上论述转引自李宗放《明代四川蒙古族历史和演变略论》，《西南民族大学学报》（人文社科版）2004年第4期，第31页。
④ （元）苏天爵编：《元文类》卷四一《经世大典·政典》。
⑤ （元）苏天爵编：《元文类》卷四二《记·千户所厅壁记》。
⑥ 《元史》卷九九《兵二》。
⑦ 贾大泉、陈世松主编：《四川通史》卷五，四川人民出版社2010年版，第206页。

族。随着元军在巴蜀地区战事的展开和屯驻戍守的需要，回族即以军人及军属的方式进入巴蜀地区并定居下来。如宝祐元年（1253），为实现对南宋的战略包围，蒙古大汗蒙哥亲率大军向四川进军，蒙哥之弟忽必烈则率十万蒙古兵，分三路进军云南大理。在攻占了今四川省凉山、甘孜、阿坝等地区以后，蒙古军队设置了吐蕃长河宁远等处宣抚司、"雪城都督府"等政权机构，留驻了一定数量的蒙古、回等民族成分的士兵和政府官吏，是为元代巴蜀地区有回族之始。宪宗征蜀时留守成都的大将火密立者所率领的军队，也是一支信奉伊斯兰教的回族世家军队①。

回族人赛典赤·赡思丁父子及其所率官兵、工匠等进入四川，是元代四川回族的重要组成部分。至元元年（1264），赛典赤·赡思丁出任陕西五路西蜀四川行中书省平章政事。至元三年，陕西等处行中书省移治利州（今四川广元）。至元八年，平嘉定（今四川乐山）后，赛赤典·赡思丁坐镇兴元（今陕西南郑），"专给粮饷"。至元十一年，赛赤典·赡思丁出镇云南。这样，赛典赤·赡思丁在任陕西、四川行中书省平章政事的十一年中，于至元三年到至元八年的五年间曾长期坐镇巴蜀，为整个蒙古攻宋战争充当后勤。作为回族人的赛典赤·赡思丁，在从陕西到四川而后又入滇的过程中，把一批中国西北及中亚地区的穆斯林带到了四川、云南，他所带去的人员多是有组织的军队，到川、滇不是作战，而是驻防屯戍，其中许多因此也就在巴蜀地区各州县定居下来，成为后来巴蜀地区的回族。大德八年（1304），赛典赤第三子忽辛出任四川行省左丞，第四子苫速丁兀默里任建昌路（今西昌地区）总管。这样，赛典赤·赡思丁父子及其所带来的官兵、工匠等，便有相当部分留居于巴蜀地区，建昌地区亦因此成为后来巴蜀回族的主要聚居区。今西昌经久乡合营村的沙姓回族人，即自称其祖先是赛典赤·赡思丁。马注在《咸阳王赛典赤·赡思丁公莹碑总序》中说"有居于建昌者，是为月鲁帖木儿之后"，实际上是回族②。

从政任官。前引至元二年（1265）的规定："以蒙古人充各路达鲁花赤，

---

① 《元史》卷一三三《也罕的斤传》。
② 按：有学者认为，自称为月鲁帖木儿之后而居于建昌地区的回族，是赛赤典·赡思丁之后裔，见马尚林《四川回族历史与文化》，四川民族出版社2005年版，第4~7页；亦有学者认为是蒙古人因明初避祸而融入回族，见李宗放《四川古代民族史》，民族出版社2010年版，352~353页。

汉人充总管，回回人充同知，永为定制。"①按照这一规定，亦有一些回族因充任同知而进入巴蜀地区并定居下来。

驿站与屯田。元朝在巴蜀地区设有陆站四十八处，水站八十四处。元代驿站官员和站户多由蒙古人或回族人充任。另据《元史·兵志》记载：元代四川行省设有军民屯田共二十九处，其中军屯二十处，民屯九处，如加上时属云南行省管辖的罗罗斯宣慰司兼管军万户府军民屯田（今西昌、会理等地），则巴蜀境内共有屯田三十处。有学者研究指出，在元代，"凡有军屯的地方，既有蒙古族军户，也就有回族同时同地驻守"。因此在建昌路（今凉山西昌）、德昌路（今凉山德昌）、会川路（今凉山会理）等地，都有作为军户的回族屯驻②。另据《松潘县志》记载，蒙古人调探马赤军征讨松州、潘州时，亦有部分回族人"落为民籍屯垦，在松潘建东山寺，伊斯兰教在此地迅速传播"③。

经商贸易。元世祖去世以后，元成宗依靠世祖晚年的理财大臣、回族人赛典赤·伯颜。在赛典赤·伯颜的鼓励下，各地回族亦积极经商贸易。如蒙古人攻占松州后，设立了"松潘宕叠威茂等处宣慰司"，由四川松潘入甘肃洮州、河州及西宁州等处的"西蕃大叶茶"商路贩运贸易规模日益扩大，这些贸易多由穆斯林茶马商人经营④。又据时任四川行省左右司员外郎、四川廉访司佥事等职的脱欢在奏疏中说："回族户计，多富商大贾，宜与军民一体应役……今后回族诸色人等，不许赍宝中卖，以虚国用，违者罪而没之。"⑤可见元代巴蜀地区回族经商应具一定的规模并引起了部分官员的不满和注意。

元代回族进入巴蜀地区后，逐渐在各地形成了若干回族聚居地，并建有清真寺。清真寺是穆斯林宗教、政治、经济、文化、民事及社会活动的中心，凡回族比较多的地方必建清真寺。如前引松潘回族即在县城东山麓兴建有清真"东山寺"，是阿坝地区最早的清真寺。西昌回族人亦曾在今西昌城厢粮站所在地建有清真寺，明代此寺迁到吉羊巷，成为著名的吉羊巷清真寺。在元代，西昌的月鲁城（今西昌市西郊乡宁远村）也建有清真寺。今重庆奉节县在元代已有回族人定居，并于元大德四年（1300）建清真寺于县城永安镇北，成为重

---

① 《元史》卷六《世祖三》。
② 尤中：《中国西南的古代民族》，云南人民出版社1980年版，第503页。
③ 马德隆主编：《松潘县志》，民族出版社1999年版，第840～841页。
④ 贾大泉、陈世松主编：《四川通史》卷五，四川人民出版社2010年版，第208页。
⑤ 《元史》卷一三四《朵罗台传》。

庆地区最早的清真寺。

第二节 宋元时期中央王朝对少数民族的治理

一、宋元对少数民族治理政策的确立及行政建置沿革

（一）宋代对少数民族的治理政策

有宋一代，朝廷基于"蛮夷不识教义，向之为乱，亦守臣失于抚绥"①的思想认识，对巴蜀少数民族实行了"恃文教而略武卫"的统治策略，在以大渡河为界，对川西北、川西南边远地区的少数民族采取防御为主政策的同时，也在巴蜀民族地区设置州县或羁縻州县，即史籍所载称："蜀东西、夔峡路及荆湖、广南，皆诱近边蕃夷献其地之不可耕者，谓之纳土，因置州县。"②统治方略上，宋朝也继续沿用唐朝的办法，对巴蜀少数民族实行羁縻政策：政治上，"树其酋长，使自镇抚"③。通过对少数民族酋领封赐官爵，一方面利用这些土著"蛮酋"或外来大姓豪酋统治当地的少数民族，另一方面也通过少数民族酋领承袭官职须奏请皇帝诏准等制度规定，保持和强化双方的封授关系，维持宋朝在巴蜀民族地区的统治权力与政治影响。军事上，宋朝在沿边郡州、军、县驻军，并置镇、寨、堡等，招募汉人、"夷人"为土兵、义军，设险防守，防范和弹压巴蜀少数民族的武装反叛，即如史籍所载称："泸、叙、长宁沿边堡寨皆有之，每郡多至四五千人"④，"茂州、石泉军旧管土丁子弟，番上把守"。夔州路义军，"州县籍税户充，或从溪洞归投，分隶边砦，司山川道路，遇蛮入寇，遣使袭讨"⑤。经济上，开展茶马互市，繁荣蕃汉贸易，促进民族经济交流，即如史籍所载："自黔、恭以西，至涪、泸、嘉、叙，自阶又折而东，南至威、茂、黎、雅，被边十余郡，绵亘数千里，刚夷恶僚，殆千万计。自治平之末迄于靖康，大抵皆通互市，奉职贡。"⑥

---

① 《宋史》卷四九六《蛮夷四》。
② 《宋史》卷四四七《唐重传》。
③ 《宋史》卷四九三《蛮夷一》。
④ （宋）李心传：《建炎以来朝野杂记》甲集卷十八。
⑤ 《宋史》卷一九一《兵五》。
⑥ 《宋史》卷四九六《蛮夷四》。

具体的政权机构设置及其沿革：宋太祖乾德三年（965），平东、西两川，并两川为西川路。在巴蜀地区实行路、州、县三级行政管理体制，于路下设府、州、军、监，管理地方政区。开宝六年（973），分西川路置峡路。咸平四年（1001），又分川、峡两路为益州、梓州、利州、夔州四路，总称为川峡四路。同时亦在川峡四路民族地区设置了若干羁縻州县和军、监、寨、堡等，以维持和加强对民族地区的羁縻统治。如梓州路，重和元年（1118），改为潼川府路，其所领叙州（原名戎州，今四川宜宾），即辖有羁縻州三十个；泸州（由泸州军节度，今四川泸州），辖有羁縻州十八个及若干军、监、寨、堡等。川东南夔州路，其所领黔州，即辖有羁縻州四十九个（北宋时）、五十六个（南宋时）和南平军等。益州路，嘉祐四年（1059）改为成都府路，其所领之黎州，即辖有羁縻州五十四个；雅州，辖羁縻州四十四个；茂州，辖羁縻州十个（一说为十七个）及石泉军等[1]。

（二）元代对少数民族的治理政策

元朝凭借强大的武力后盾，在灭亡南宋、统一中国的过程中，使中央王朝的势力进一步伸入到前代所无力深入的边远民族地区。当元朝进兵巴蜀地区，对尚未归附的沿边少数民族进行招抚时，便宣布了一系列体现"因俗而治"的民族政策。如对招抚归来的"西南诸蛮夷"，实行"官吏军民各从其俗，无失常业"的政策；对归附的少数民族首领授以玺书、金银符，封以相应的官职，并"许世绍封爵"；对"自唐至宋，世守此土"的土官，承认其原有权力和地位，"许令仍旧"。这些政策显然都是承袭唐、宋以来的羁縻统治的内容而制定的。同时，在此基础上，元朝还适应全国大统一的新的客观形势，进一步推行了一些比较新的民族政策，从而使得朝廷与民族地区之间的关系，由前代羁縻统治下若即若离的状态直接纳入了中央王朝集权统治的轨道。这一历史趋势，正是通过土司制这种新的民族地区统治与行政管理体制来实现的。

元代四川政区之制，大体上是"以省统路，以路统府、统州，以府、州统县"。当然也有变通，即"其府、州有不统于路而直隶于省者，州有不统于路而统于府者，县有不统于府、州而统于路者"[2]。大致的行政建置变革：至元

---

[1] 宋代巴蜀民族地区羁縻州县行政设置的具体情况，可参见李宗放《四川古代民族史》，民族出版社2010年版，第201～205页。

[2] 龚煕春：《四川郡县志》卷十，成都古籍书店1983年版，第371页。

十六年(1279)正月,元朝将巴蜀分为四道:以成都等路为四川西道,广元等路为四川北道,重庆等路为四川南道,顺庆等路为四川东道,并设立四个宣慰司。据《元史·百官志七》记载,宣慰司掌军民之务,是行省和郡县之间的一级行政机构,"有边陲军旅之事,则兼都元帅府,其次则止为元帅府。其在远服,又有招讨、安抚、宣抚等使,品秩员数,各有差等"。至元二十二年,又以四川"山谷险要,蛮夷杂处"为由,奏准设置了嘉定路、叙州宣慰司①。

二、对川西南少数民族首领的封赐和管理

(一)宋代对川西南少数民族首领的封赐和管理

黎州以南"东蛮"地区曾是唐王朝与吐蕃、南诏地方政权争夺的战场,诸部落常依违其间。咸通年间(860~874),南诏攻占了大渡河南之地,"东蛮"尽为南诏统治。从郑氏的大长和国、赵氏的大天兴国、杨氏的大义宁国到段氏的大理国,都以大渡河为其北界,"东蛮"部落都受其统治,与中原相通较少,但亦有接受后唐封号的。北宋平蜀后,宋太祖鉴于"黎州控制云南极边,在唐为患尤甚",于是"画大渡河为界"②,放弃了对这一地区的经营,驻兵黎州防守,但设羁縻州五十四个,仍维持一定程度的羁縻统治。因此有宋一代,大渡河以南诸部,虽然一定程度上仍受大理国控制,但又亦屡屡接受宋朝所封的将军、大将军、新都王等封号。

宋太祖开宝二年(969)六月,勿邓部"百蛮"都鬼主阿伏向黎州请求,拟于当年十月派王子入贡。成都府奏其请,宋太祖接受了阿伏的请求,从此朝贡不断。由于"邛部川蛮"首领为诸"蛮"之首,故宋朝以其作为经略川西南的有力支柱,双方建立了良好的关系。"邛部川蛮"亦常派庞大使团入朝贡献马匹、犀、象牙、羚羊、牦牛、莎罗毯、金银饰品等,并在黎州等地以土特产与汉人进行交易。宋朝对"邛部川蛮"的赏赐亦非常优厚,封的官爵也很高。开宝四年,黎州定远兵叛,阿伏令所属游击将军卑吠等率众平叛,宋太祖赐其银带、锦袍,赐其众银、帛各百,封其为归德将军。雍熙二年(985),"邛部川蛮"都鬼主诺驱和其母热免遣王子阿有等一百七十二人以方物、名马来贡,宋

---

① 有元一代,巴蜀地区行政建置变化较大而且变动频繁,难于逐一缕述,详情可参见贾大泉、陈世松主编《四川通史》卷五,四川人民出版社2010年版,第150~155页。
② (清)徐松:《宋会要辑稿·蕃夷五》之五九。

太宗授诺驱为怀化将军,并赐其母银器。端拱二年(989),"邛部川蛮"首领遣弟少盖等三百五十人"贡御马十四匹、马二百八十匹、犀角二、象牙二、莎罗毯一、合金银饰蛮刀二、金饰马鞍勒一具、羖羊十、牦牛六",诏以少盖为归德郎将。淳化二年(991),"邛部川蛮"首领复遣子牟昂、叔离袜贡方物、良马、犀牛,宋太宗授诺驱怀化大将军、少盖怀化将军、牟昂归德将军、离袜怀化司戈,又封诺驱母归德郡太君热免宁远郡太君,弟离遮、小男阿醉都判官,任彦德等一百九十一人为怀化司戈。咸平二年(999),宋朝赐印以"大渡河南山前、后都鬼主"为文,以别于其他鬼主、大鬼主部落首领称号。"邛部川蛮"每代首领继位都要遣使朝宋,并在形式上得到宋朝政府的恩准与加封。由于得到宋朝政府的支持,"邛部川蛮"势力迅速膨胀。北宋初年,面对"两林蛮"的进攻,"邛部川蛮"还只有求助于宋;但到南宋时,"两林蛮"便已对其束手无策、战则生畏了。咸平六年,诺驱卒,其子阿遵嗣立。景德二年(1005),阿遵遣王子、将军一百九十二人入贡。朝廷先后授阿遵安远将军、阿遵叔怀化将军、阿育为归德将军、离归为怀化将军,大判官怀化司候任彦德、王子将军部的并为怀化郎将,判官任惟庆为怀化司候。

"两林蛮"对宋朝的朝贡始于开宝二年(969)。是年,其首领勿儿与部落将军离鱼向黎州宋官请求朝贡。宋太祖许之,赐其贡使器币,并封赐勿儿为怀化将军。双方"自是朝贡不绝"。开宝八年七月,勿儿、勿尼率六十余人贡方物,宋皆赐勿儿、勿尼为归德将军。太平兴国二年(977),遣王子卑彩、副使牟盖、鬼主还祖等七十八人以名马贡,并"乞颁正朔",宋太宗遂以勿尼为归德大将军,勿儿为怀化大将军。太平兴国八年,两林王以其弟牟昂及其子牟盖、摩忙、卑愧、副使牟计等二百三十九人贡名马,太宗授牟昂怀化大将军、牟盖等三人为归德郎将,牟计等一百二十二人为怀化司戈。雍熙三年(986)九月,太宗又加勿尼为检校吏部尚书。两林部的贡使团规模很大,如淳化元年(990),王子离鱼一次率使一百二十八人来贡,太宗赐离鱼等为归德将军、保顺郎将、归德司戈、怀化司戈等职。

丰琶(亦作风琶)部与宋朝的贡奉关系亦不乏记录。宋真宗咸平元年(998)四月,其王曩娑遣使乌柏等贡马五十七匹、素地红花娑罗毯二。景德三年(1006),又贡犀角、象牙、莎罗幔及马一百三十匹等,真宗授曩娑为归德将军,乌柏为归德郎将,副使苏屈等三人为归德司阶,卑愧等十三人为怀化司阶,小副使屈直等二十九人为怀化司戈。其封赐的规模、爵秩并不亚于"邛部川蛮"和"两林蛮"。

由于政治上诸部皆内附,"东蛮"内部之间的矛盾亦多依靠宋朝出面调停解决。如开宝六年（973）夏,阿伏与"两林蛮主"勿儿发生矛盾,勿儿率兵攻"邛部川蛮",阿伏告黎州宋官,黎州加以调停。对黎州西部各族的进犯,宋朝则依靠"邛部川蛮"的力量进行抵御。如乾道九年（1173）,弥羌畜列陷安静寨,宋黎州守臣以"邛部川蛮"击退之；淳熙元年（1174）正月,黎州界吐蕃部落侵犯边境,邛部川首领崖靾率众从后掩杀遁走,南宋孝宗对此进行嘉奖。

弥羌部落有青羌、弥羌等部。南宋乾道九年（1173）,青羌奴儿结开始侵扰黎州边境长达十余年之久,至淳熙十二年（1185）为四川制置使留正设计擒杀。嘉定元年（1028）,弥羌蓄卜由恶水渡河,进犯黎州,得到青羌的支持,屡败宋军,宋朝调兵遣将讨伐,至乾道八年,蓄卜始降①。

（二）元代对川西南少数民族首领的封赐和管理

元代,黎州诸"蛮"地区统称为"罗罗斯地区",元朝中央政府在该地区推行土司制度。早在元宪宗时,忽必烈领兵灭大理,经过罗罗斯地区,建昌府主阿宗、落兰部（今泸沽县）土酋建蒂、阿都部（里州境）土酋纳空、邛部川（今越西东北）土酋内附。中统五年（1264）,忽必烈设邛部川六番安抚招讨使管理建昌路军民事务,授西番族土酋都王明亚为安抚招讨使,隶成都元帅府。同年五月,都王明亚为建蒂所杀,"建都蛮叛"。至元九年（1272）,敕皇子西平王奥鲁赤率所部与四川行省、十八族、土番军"同征建都"。建都势蹙,平之。元朝"分建昌府为万户二,又置千户二"。至元十年,割邛部川"属罗罗斯宣慰司"。至元十一年"立建都宁远都护府,兼领互市监"。至元十二年,在落兰部土长建蒂并有诸部的基础上,设罗罗斯宣慰司都元帅府,以管理黄茅埂以西的凉山地区。罗罗斯宣慰司都元帅府下辖五路、二十三州,设治所于建昌路（今四川西昌）。彝语称罗罗斯宣慰司为"利利兹莫",以"罗罗人"部落首领"兹莫"世袭其职而得名。次年,于黄茅埂以东的小凉山地区,置马湖路总管府,以马湖部"蛮主"为总管,下设六长官司以隶之,并以当地土酋为长官。罗罗斯宣慰司的管辖区东至滇东北乌蒙部,西至安宁河,南至阿和穆地（今四川金阳）。在这一地区范围内,设置过不少的万户、千户,

---

① 《宋史》卷四九六《蛮夷四》。

实行以军治民的体制。至元十四年，立建都、罗罗斯四路，"并置官属"。在这以后，罗罗斯地区才陆续改置州、县，将原来的那些土万户、土千户、土百户，改为土官路总管、土官知州、土官知县，任命原来的首领为土司进行统治。

至元十九年（1282），改罗罗斯宣慰司隶云南省。大约直到至元二十七年以前，罗罗斯宣慰司才形成"总管府五、州二十三"的建置。在这一过程中，罗罗斯宣慰司都元帅府也相应为兼管军万户府所取代。至元二十七年以后，实有三路十八州，直至元末。据《元史·地理志四》记载，罗罗斯宣慰司都元帅府所辖地区如下：

1. 建昌路（治今西昌）

领县一、州九。县为中县，在越嶲之东（今美姑、昭觉县境），以酋长所立处为中州。至元十年内附。十四年，仍为中州。二十二年，降为县。

九州分别为：建安州（今西昌，至元十七年建）、永宁州（在建昌之东，今西昌东）、泸州（在路西，今西昌西南，至元十五年改浕笼为泸州）、礼州（在路西北，泸沽水之东，今西昌北，至元九年设千户，至元十五年改为礼州。领一县：泸沽）、里州（今布拖、普格县境，至元十八年设千户，至元二十六年建州）、阔州（今金阳县境，至元九年设千户，二十六年改为州）、邛部州（在路东北，大渡河之南，越嶲之东北，今越西、甘洛。元宪宗时内附。中统五年，立邛部川安抚招讨使，隶成都元帅府。至元十年，割属罗罗斯宣慰司。二十一年，改为州）、隆州（在路之西南，今之西昌南部，元至元十三年内附。十四年，设千户。十七年，改隆州）、姜州（今会东县境，元宪宗时内附，至元十五年改为姜州）。

2. 德昌路军民府

在建昌西南，至元九年内附。十二年，立定昌路，以本部为昌州。二十三年，罢定昌路，并入德昌路，治本州葛鲁城。领州四：昌州（路治所在地，今德昌北部，至元九年内附。十二年，改本部为州，兼领普济、威龙，隶定昌路。二十三年，罢定昌路，并隶德昌）、德州（在路之北，今德昌，宪宗时内附。至元十二年，立千户。十三年，改为德州，隶德平路。二十三年，改隶德昌）、威龙州（在路西南，今德昌县南部、米易县北部，领三个小部，即沙娲普宗、乌鸡泥祖、娲诺龙菖蒲，至元十五年，合三部立威龙州，隶德昌）、普济州（在路西北，今米易县西北。至元九年内附。十五年，于玗甸立定昌路。

二十三年,路革,改隶德昌)。

3. 会川路(治今会理)

在建昌南。至元九年内附。十四年立会川路,治武安州。领州五:武安州(今会理,至元十四年立管民千户,十七年改为武安州)、黎溪州(今会理西南部,至元九年内附,改其部为黎溪州)、永昌州(在路北,今会理南部。元宪宗时内附。至元十四年,改管民千户。十七年,立永昌州,隶会川路)、会理州(在会川府东南,今会东县境。元宪宗八年内附,至元四年,属落兰部。十三年,改隶会川路。十五年,置会理州,仍隶会川)、麻龙州(今米易西南。至元十二年属会川,十四年立管民千户,隶会川路。十七年,立为州)。

4. 柏兴府

至元十年(1273),其盐井摩沙酋"罗罗"将鹿鹿、茹库内附。十四年,立盐井管民千户。十七年,改为闰盐州,以鹿鹿部为普乐州,俱隶德平路。二十七年,并普乐、闰盐二州为闰盐县,立柏兴府,隶罗罗宣慰司。领县二:闰盐(今盐源县,以县境有盐井故名)、金县(今盐源、盐边县境,以县境出金,故名)。

元朝虽然设立土官加强了对"罗罗"各部的统治,但是这些地区"罗罗"奴隶主势力仍然很强大,地方的统治权仍然掌握在"罗罗"头领的手中,奴隶制还占据着主导地位。在这些地区,生产力水平还很落后,在物质生活上,即使是奴隶主也只是"夏衣麻,冬衣皮。朝食荞,晚食肉,得温饱","虽贵,床无褥,松毛铺地,惟一毡一席而已"。[1]

三、对川南少数民族的治理

川南地区的少数民族主要有"蛮""乌蛮"或"夷人"(多为今彝族的先民)、苗族和僚人等。宋元时期,朝廷加强了对这一地区少数民族的统治。

(一)宋代对川南少数民族的治理

北宋初年,朝廷在梓州路建立的经制州有:泸州(即原江阳郡,治今四川泸州),领泸川(治今泸州)、江安(治今江安)、合江(治今合江)三县和淯井(治今长宁县境内)、南井(治今江安县境内)二监。据《宋史·地理志五》记载,泸州领有羁縻州十八个,即纳州(今四川泸县地)、薛州(今四

---

[1] (元)李京撰,王叔武校注:《云南志略辑校》,云南民族出版社1986年版,第89页。

川珙县地)、晏州(今四川兴文县地)、巩州(今四川珙县西南)、奉州(今四川泸县地)、悦州(今四川兴文县南)、思峨州(今四川珙县东)、长宁州(今四川长宁县地)、能州(今四川泸县地)、淯州(今四川长宁县治)、浙州(今四川泸县地)、定州(今四川珙县西南)、宋州(今四川叙永县境)、顺州(今四川泸县地)、蓝州(今四川泸县境)、溱州(今贵州温水县地)、高州(今四川高县南)、姚州(今贵州大方县地)。

戎州,政和四年(1114)改名为叙州,同时改僰道县名为宜宾。戎州辖僰道(宜宾)、南溪、宣化、庆符四县。据《宋史·地理志五》记载,戎州辖有羁縻州三十个:其中"建、照、献、南、洛、盈、德、为、移、扶德、播浪、筠、武昌、志"十四州"皆在南广溪洞";"商、驯、浪川、骋"四州"皆在马湖江";"协、切骑、靖、曲江、哥陵、品、轲违、碾卫、滴、从、播陵、钳"十二州"皆在石门路"。这些羁縻州,大体上就在《宋史·蛮夷传四》中分别被称为"南广蛮""董蛮""石门蕃部"的"叙州三路蛮"地区。

随着军事上的胜利,宋朝逐步加强了对这一地区的控制和开发。熙宁八年(1075),长宁地区"夷人"首领得个祥献长宁、宴、奉、高(今高县)、薛(今珙县)等十州,隶属淯井监。元丰年间(1078~1085),宋朝平定乞弟,更巩固了对这一地区的控制。政和四年(1114),宋朝建长宁军管辖这一地区,并在今兴文、珙县、长宁、江安、纳溪、泸州、合江、叙永以及贵州的赤水、习水等交通要道建立城、堡、寨,驻兵防守。同时又编排少数民族为"夷义军",协助官军防守。元丰七年(1084)底,完成了"随夷情团结"的三部夷义军组织的编排,总共为一万六千多人,分隶三指挥。其中,罗始党生界为八指挥,以归化义军为名;都党十九族团为八指挥,以顺化义军为名;长宁管下山前后九州岛等团为十五指挥,以怀化义军为名。团结为三十一指挥的"义军",基本上囊括了宋代泸州僚人区域[①]。到神宗元丰时期,戎、泸二州"夷义军"达三万余人,南宋时期沿边各郡多至四五千人,从而巩固了宋朝对泸州地区的统治。

(二)元代的土司制统治

元代,朝廷对这些地区的少数民族实行土司制统治。世祖至元十二年(1275)十二月,置马湖路总管府。至元十三年,元以昝顺为蛮夷部宣抚司。

---

① 刘复生:《僰国与泸夷——民族迁徙、冲突与融合》,巴蜀书社2000年版,第134页。

至元十四年，泸叙地区诸部民族"都掌蛮、罗计蛮，及凤凰、中珑、罗韦、高崖等四寨皆降，田杨二家豕鹅夷民亦各遣使纳款"①，元军相继占领了叙州、筠连等民族地区。继而元军攻下泸州、重庆等地，四川地区完全囊括于元军之手。至元十五年，招降了"秃老蛮、高州、筠连州等城寨十九所"之地。"秃老蛮"又称"土僚"，地处滇东北角与四川交界一带，高州、筠连州则为"僰国"故地。为迅速在"僰国"故地实行有效统治，元朝于当年五月开始在这一带"置立站驿，修治道路"。当年十二月己卯，"签书四川行枢密院昝顺招诱都掌蛮夷及其属百一十人内附，以其长阿永为西南番蛮安抚使，得兰纽为都掌蛮安抚使，赐虎符，余授宣敕、金银符有差"②。至元二十一年，"阿永蛮"部酋长阿泥入觐，表示愿依邻境例"附属"，于是"阿永蛮"得以隶属于太子宫府。同年闰五月，罢西南番安抚司，设立总管府。至元二十三年正月，"降叙州为县，隶蛮夷宣抚司"。至元二十五年六月，"改西南番总管府为永宁路"。大德七年（1303）十月庚子，"以叙州宣慰司为叙南等处诸部蛮夷宣抚司"。至顺三年（1332）二月，禄余言父祖世为乌撒土官宣慰使，要求仍乞属四川省，隶于永宁路。顺帝至元元年（1335）九月，以乌撒、乌蒙之地隶四川行省。这样，川南民族地区的土司制度就逐渐地建立了起来。

为管理川南地区的少数民族，元朝于世祖至元十六年（1279）设立"四川南道宣慰司"，治重庆。据《元史·地理志三》，宋"叙州三路蛮"的范围内，在南道宣慰司所属叙南等处蛮夷宣抚司的管辖下，建置了以下机构：

1. 叙州路

叙州路，元世祖至元十二年（1275），郭汉杰挈城归附。十三年，立安抚司。未几，毁山城，复徙治三江口，罢安抚司，立叙州。十八年，复升为路，隶诸部蛮夷宣抚司。领县四、州二。

县四：宜宾、庆符、南溪、宣化。元贞二年（1296），于宣化县置万户府，领军屯田四十余顷。

州二：富顺州，宋富义监，后改富顺县。至元十二年，改立富顺监安抚司。二十年，罢安抚司，升富顺州。高州，宋设长宁军，十州族姓俱效顺。至元十五年，云南行省遣官招谕内附。十七年，知州郭安复行州事，"蛮人"散

---

① 《元史》卷九《世祖本纪六》。
② 《元史》卷十《世祖本纪七》。

居村囤，无县邑乡镇。

2. 马湖路

领长宁军（今长宁）、戎州（今兴文）。元中期以后，辖境日渐缩小，仅领泥溪（今屏山县城）、平夷（今屏山新都）、蛮夷（今屏山新市）、夷都（今屏山中都）、沐川（今沐川沐溪）、雷坡（今雷波）六长官司。顺帝至元二年（1336），减为三个长官司：

泥溪长官司。王氏世守其地。"傍府而居，其东西北三面，连接乌蒙与罗、回杂处"。

平夷长官司。王氏世守其地。"地土最狭，错于泥溪、蛮夷之中，相去各40里。"

蛮夷长官司。文氏世守其地。"民少夷多，故以名司。"

3. 上、下罗计长官司

领"蛮"地，均在今珙县境。上罗计长官司治今珙县南四十二公里之上罗场。下罗计长官司治今珙县城。元末明玉珍据蜀时，置珙州。

上罗计长官司，领蛮地罗计、罗星。宋设长宁军，十州族姓俱效顺，各命之官。其后分姓他居，遂有上、下罗计之分。元世祖至元十三年，蛮夷部宣抚昝顺引本部"夷酋"得赖阿当归顺。十五年，授得赖阿当千户。十八年，黎州同知李奇以武恩将军来充罗星长官。二十二年，"夷人"叛，诱讻上罗星"夷"，行枢密院讨平之。其民人散居村箐，无县邑乡镇。

下罗计长官司，领"蛮"地。其境近"乌蛮"，与叙州、长宁军相接，均为西南"夷"族，与上罗计同。世祖至元十二年（1275），长宁知军率先内附。十三年，昝顺引本部"夷酋"得颜个诣行枢密院降，奏充下罗计蛮夷千户。二十二年，诸"蛮"皆叛，唯本部无异志。元末明玉珍据蜀时，置珙州。

4. 四十六囤蛮夷千户所

"领豕蛾夷地，在庆符向南抵定川，古夜郎之属，唐羁縻定州之支江县"，"其长官司在高县西三十里落骚乡"。千户所所领之四十六囤，约当今高县、筠连县西大部分地区，四十六囤地：黄水口上下落骨、山落牟许满吴、么落财、么落贤、腾息奴、屯莫面、落搔、么落梅、么得幸、上落松、么得会、么得恶、落魂、落昧下村、落岛、么得享、落燕、落得虑、么得了、么腾斛、许宿、么九色、落搔屯右、么得晏、落能、山落寡、水落寡、落得摇、么得具、么得渊、腾日彩、落昧上村、赖扇、许焰、腾郎、周头、卖落炎、落女、爱答落、爱答速、么得奸、阿郎头、下得辛、上得辛、爱得娄、落鸥。

除此之外，在川南诸"蛮夷"地区，元朝还通过永宁路进行管理。永宁路辖江安、合江二县之境，宋迁治马口崖渔漕溪侧，元因之，领筠连州、腾川县，隶四川行省。寻改军民宣抚司。明玉珍改永宁镇边都元帅府，仍设宣抚司。下辖"九姓罗氏党蛮夷长官千户所"，以"夷民"罗氏党九人为总把。

四、对川东南僚人的治理

前已述及，在宋代，今重庆市綦江县、南川区和贵州省桐梓县等地是僚人最集中分布、居住的地区，朝廷为加强对这一地区僚人的统治，设立了南平军，即前引《宋史·蛮夷四》所载："渝州蛮者，古板楯七姓蛮，唐南平僚也。其地西南接乌蛮、昆明、哥蛮、大小播州，部族数十居之。"部分僚人逐渐与汉族融合，汉化程度高，被称为"熟夷"。其首领李光吉、王衮、梁承秀三族，各有众数千家，独霸一方；并经常侵夺土地，掳掠汉户，胁迫汉人充当客户，与宋朝为敌。熙宁三年（1070），夔州路转运使孙固等人决定兴师讨伐，"复宾化寨，平荡三族。以其地赋民，凡得租三万五千石，丝绵一万六千两，以宾化寨为隆化县（今重庆城关），隶涪州，建荣懿、扶欢两砦"，由宋朝直接管辖。熙宁八年，宋朝又把邻近隆化县的铜佛坝（今重庆赶水）也用兵控制，建南平军，辖南川（今重庆綦江）、隆化二县。大观二年（1108），"木攀首领赵泰、播州夷族杨光荣各以地内属"，建溱（今重庆南桐）、播（今贵州桐梓）二州，宣和三年（1121）废溱、播二州，以其地属南平军。至此，今綦江、南川、桐梓三县之地均归南平军统领，由宋朝直接管辖①。

南平军的建立，结束了僚人各部族首领割据称雄、相互仇杀掠夺的局面，并在消除割据势力的基础上，废除了豪强酋领强迫辖区内民众"纳身"的封建农奴制生产关系，实行"以其地赋民"的政策，解放了社会生产力。随着宋朝在这一地区统治的巩固，大批迁入的汉人又带来了先进的农耕、手工业生产技术和科学文化，加速了这一地区的经济开发。

五、对川西羌人的治理

宋代，今阿坝州境内除一些吐蕃部落地外均属益州路管辖，宋朝直接管辖

---

① 贾大泉、陈世松主编：《四川通史》卷四，四川人民出版社2010年版，第154页。

岷江上游今汶川、茂县、理县一部分地区，即原茂、维二州地域，其余地域为吐蕃部落地，不在宋朝的直接管辖之下，双方关系稳定，建置无大变动[①]。嘉祐五年（1060），改益州路为成都府路，今阿坝州境设有茂州和威州，属成都府路管辖。宋代在岷江上游羌人地区的行政建置，基本上仍沿袭了唐代的"羁縻州"制度。据《宋史·地理志五》载，具体的州县行政建置是：

（一）茂州通化郡

熙宁九年（1076），在今汶川县置威戎军使，领汶山县、镇羌寨、鸡宗关，南宋时期又增加汶川县。领羁縻州十：玶州、直州、时州、涂州、远州、飞州、干州、可州、向州、居州。春祺城，本羁縻保州，政和四年（1114）建为祺州，县曰春祺，宣和三年（1121）废为城，隶茂州。寿宁寨，本羁縻直州，政和六年建寿宁军，在大皂江外，距茂州五里，八年废为寨，宣和三年又废寨为堡，又废敷文关为敷文堡。延宁寨，本威戎军，熙宁间所建，政和六年汤延俊等纳土重筑军城，改名延宁，宣和三年废为寨，隶茂州，四年又废寨及寿宁堡入汶川县。

（二）威州维川郡

本名维州，景德三年（1006），以与潍州声相乱而改名，领县二：保宁、通化，领羁縻州二：保州、霸州。嘉会寨，本羁縻霸州，政和四年建为亨州，县曰嘉会，宣和三年废州，以县为寨，隶威州。通化军，熙宁间所建，在保、霸二州之间。政和三年，董舜咨纳土，因旧名重筑军城。宣和三年，省军使为监押，隶威州。

元代，蜀地羌人地区皆纳入中央王朝的统治之下。元朝在唐、宋羁縻府州制度的基础上，推行土司制，在宣政院所隶吐蕃等处宣慰司都元帅府之下，设松潘宕叠威茂州等处军民安抚使司以治之。

据《元史·百官志三》记载，松潘宕叠威茂州等处军民安抚使司秩正三品。达鲁花赤一员，安抚使一员，同知一员，佥事一员，经历、知事、照磨各一员，镇抚一员。威州保宁县（今理县东北薛城）、茂州文山县（今茂县凤仪镇）和文川县（今汶川县威州镇）皆隶属于该安抚使司。安抚使司原治所在松潘县（今松潘县进安镇）。武宗至大二年（1309）七月，改安抚使司为宣抚

---

① 阿坝藏族羌族自治州地方志编纂委员会编：《阿坝藏族羌族自治州志》（上册），民族出版社1994年版，第168页。

司，迁至汶川县。下辖：

1. 静州茶上必里溪安乡等二十六族军民千户所。治今茂县静州村，设达鲁花赤一员、千户一员。

2. 龙木头都留等处十二族军民千户所。其地在今茂县光明乡东，设达鲁花赤一员、千户一员。

3. 岳希蓬萝卜村等处二十二族军民千户所。其地在今茂县境，设达鲁花赤一员、千户一员。

在今四川雅安地区西部和甘孜州东部的羌区，设置有置碉门、鱼通、黎雅、长河西、宁（远）等处宣抚司。元初，仅有河西、鱼通、宁远三安抚司，至元二年（1265），移黎雅宣抚司于碉门，成宗大德二年（1298），并于碉门宣抚司，是为碉门、鱼通、黎雅、长河西、宁远等处宣抚司，属吐蕃等处宣慰司。后改称六番招讨司，又分置了天全招讨司。

除这些机构外，元王朝还经常派兵巡视这一地区，以加强军事震慑。

六、对土家族的治理

（一）宋代对土家族的治理

宋初，湘、鄂、川、黔边的"西南夷部"特别是"西南七蕃"的首领先后归服宋朝。为了加强对这个地区的控制，宋朝遂在夔州路下设立了黔州（治今重庆彭水）和忠州（治今重庆忠县）。黔州领彭水、黔江二县。忠州在北宋时领临江、垫江、南宾三县，南宾县设石柱安抚司；至南宋时，又增加了丰都和龙渠二县，共辖五县。

北宋继承和发展了唐代以羁縻制度治理"西南夷部"地区的方法，"置羁縻州县，隶于都督府，以其首领为刺史"，"推其长雄者为首领"进行土官制统治。

政治上，宋朝通过对"西南夷部"实行羁縻统治政策，"析其部落，大者为州，小者为县，又小者为峒"，陆续在该地区建立了大量的羁縻州县，其中，在黔州设羁縻州四十九个，如南宁州、远州、犍州、清州、蒋州、知州、蛮州、袭州、峨州、邦州、鹤州、劳州、义州、福州、儒州、令州、郝州、普宁州、缘州、那州、鸾州、丝州、邛州等。南宋时，羁縻州增为五十六个[①]。

---

① 《宋史》卷八九《地理志五》。

各羁縻州由各部少数民族首领统治，宋朝不干涉其内部事务。为笼络各大姓酋帅，宋朝还以授官封爵的方式，将其迁于内地。对作"乱"而能改"过"的首领，宋朝也采取宽容政策。

军事上，宋王朝加强了对"西南夷部"的控制。据《宋史·地理志五》记载，宋朝在黔州的彭水县设洪杜、小洞、界山、难溪四寨，黔江县设白石、门阑、佐水、永安、安乐、双洪、射营、右水、蛮冢、浴水、潜平、鹿角、万就、六堡、白水、土溪、小溪、石柱、高望、木孔、东流、李昌、仆射、相阳、小村、石门、茆田、木栅、虎眼等二十九寨，作为军事据点。同时，还团结溪洞投归的少数民族组成义军、土丁，"遇蛮入寇，遣使讨袭，官军但据险策应"。这些少数民族义军不但维护了盆周沿边民族地区的安宁，而且成为宋朝镇压和讨伐巴蜀其他地区少数民族的重要军事力量。

经济上，宋朝对朝贡的使臣都赏赐优厚，并在盆周沿边地区开展蕃汉贸易，特别是针对"蛮人数扰边"目的在于"唯欲盐平"这一客观现实，在沿边开展以盐易粟的商业贸易，既满足了少数民族的食盐需要，又解决了沿边城寨的军粮供给。因此，终两宋之世，"西南七蕃"一直与宋朝保持着友好的臣属关系。

（二）元代的土司制统治

元朝在宋朝羁縻制的基础上，在土家族地区推行土司制度，对土家族首领采取招抚的政策，委以土司官职，先后设立了永顺安抚司、新添葛蛮安抚司和散毛、大旺、龙潭等安抚司。同时，还在川东的黔州（今重庆彭水）、涪州（今重庆涪陵）、夔州（今重庆奉节）等民族地区，设置了酉阳宣慰司（今重庆酉阳境），平茶等处长官司，佛乡洞长官司（今重庆秀山境），石柱军民宣抚司（今重庆石柱）、石耶军民府（今重庆秀山东）、邑梅沿边溪洞军民府（今重庆秀山南）等。由此，今渝东南土家族地区的土司制度开始形成。

酉阳宣慰司辖地大致为今重庆市酉阳、秀山等县地，治酉阳县城。酉阳宣慰司执掌者为冉氏，其控制酉阳等地始于宋。邑梅、平茶、石耶、地坝四长官司的辖地均在今重庆市秀山县境内，土司均为杨姓。石柱土司辖地相当今重庆市石柱土家族自治县境地，仅一宣抚司建制。南宋建炎二年（1128），分南宾县一部分，置石柱安抚司，治地水车坝。元代改安抚司为军民府，明玉珍据蜀时又改为安抚司。

七、对藏族的治理

（一）对藏族治理原则的确立

元朝管理吐蕃地区的机构是三个宣慰使司都元帅府：一是吐蕃等处宣慰使司都元帅府，主要管辖现今甘、青两省的藏族地区和四川阿坝、甘孜两个民族自治州北部的一些地区；二是吐蕃等路宣慰使司都元帅府，主要管辖现今四川省阿坝、甘孜两个民族自治州的大部分地区和西藏昌都地区的一部分；三是乌思藏纳里速古鲁孙等三路宣慰使司都元帅府，管辖范围是西藏的卫、藏、阿里等地。从而把全国藏族地区都纳入了统一的元朝中央政权管辖之下[①]。

元朝对吐蕃地区的统治采取了"因其俗而柔其人"的政策，即：一方面表示尊崇藏传佛教，另一方面授予当地上层宗教人士以封号和统治地方的权力，这些官员都是"僧俗并用，军民通摄"，即在地方上不但管理民政，同时还管理军务。元朝主要利用藏传佛教中的萨迦教派及其上层喇嘛实现对吐蕃的统治。

（二）土司统治机构的设立

甘孜和阿坝藏族地区的土司制度始于元代。元世祖忽必烈率兵南征云南大理国，随即征服了包括甘孜和阿坝藏族地区在内的川、滇藏族聚居区。一路上，蒙古军派人"招谕西番诸族酋长，以其民入附"，凡"内附"者授以世袭官职并"玺书及金银符"，这就是所谓"土官治土民"的土司制度。这些土官按等级分为：武职有宣慰、宣抚、安抚、招讨、长官及万户、千户；文职有土知府、土知州、土知县。据《元史·百官志三》记载，元朝在今四川藏族聚居区设置的统治机构主要有：

吐蕃等路宣慰使司都元帅府，宣慰使四员，同知二员、副使一员，经历、都事各二员，捕盗官三员，镇抚二员。

朵甘思田地里管军民都元帅府，都元帅一员，经历一员，镇抚一员。治地在今甘孜州德格县北部（原邓柯县）境内。

喇嘛纲等处招讨使司，达鲁花赤一员，招讨使一员，经历一员。

本布田地里招讨使司，招讨使一员，经历一员，镇抚一员。治地在今甘孜州巴塘县南。

本布喇实纲百姓达鲁花赤一员。

[①] 王辅仁、索文清：《藏族史要》，四川民族出版社1981年版，第48~50页。

碉门、鱼通、黎雅、长河西、宁远等处军民安抚使司，秩正三品，设达鲁花赤一员，安抚使一员，同知一员、副使一员，佥事一员，经历、知事、照磨各一员，镇抚二员。

六番招讨使司，达鲁花赤一员，招讨使一员，经历一员，知事一员。雅州严道县、名山县隶之。

天全招讨使司，达鲁花赤一员，招讨使二员，经历、知事各一员。

鱼通路万户府，达鲁花赤一员，万户一员，经历、知事各一员。黎州隶之。

碉门、鱼通等处管军守镇万户府，达鲁花赤一员，万户二员，经历、知事各一员，镇抚二员，千户八员，百户二十员，弹压四员。

长河西管军万户府，达鲁花赤一员，万户二员。

长河西里管军招讨使司，招讨使二员，经历一员。

朵甘思招讨使一员。

朵甘思、哈答、李唐、鱼通等处钱粮总管府，达鲁花赤一员，总管一员、副总管一员，哈喇台托克托和斯一员，哈喇托克托和斯一员（哈答即噶达，为原乾宁县，李唐即理塘县，鱼通在今康定县东）。

朵甘思昂吉尔茂穆苏千户一员。

吐蕃等处宣慰使司都元帅府，秩从二品，宣慰使五员，经历二员，都事二员，照磨二员，捕盗官二员，儒学教授二员，镇抚二员，其属二。

国沙玛路军民万户府，秩正三品，达鲁花赤一员，万户一员，副达鲁花赤

丹巴巴底土司官寨遗址

一员,副万户一员,经历一员,知事一员,镇抚一员。

松潘叠宕威茂州等处军民安抚使司,秩正三品,达鲁花赤一员,安抚使一员,同知一员,佥事一员,经历、知事、照磨、各一员,镇抚一员,威州保宁县、茂州文山县、汶川县皆隶焉。

静州茶上必里溪安乡等二十六族军民千户所,达鲁花赤一员,千户一员。

龙木头都留等处十二族军民千户所,达鲁花赤一员,千户一员。

岳希蓬萝卜村等处二十二族军民千户所,达鲁花赤一员,千户一员。

折藏万户府,达鲁花赤一员,万户一员。

以上各土司皆为世袭其职,给予符印,并确立了承袭、等级、贡赋、征发等制度。土司除负担元朝中央政府所规定的贡赋和征发以外,在其辖区内依然保持传统的统治机构和权力。土司制度不但巩固了藏族聚居区原有僧俗统治阶级的统治地位与权力,而且也加强和密切了中央王朝与藏族地区的政治经济联系。

第三节 少数民族的文化

一、僚人的文化

（一）僚人的社会生产

僚人聚居地区,是宋元时期巴蜀民族地区经济文化发展最迅速的地区之一。

僚人地区的农牧业生产状况。宋代僚人在川南地区生活的区域为今四川省宜宾市沿江至泸州市以南地区。这里地形以深丘为主,丘陵之间有许多小平坝,南广河、长宁河、永宁河、赤水河等长江支流由南而北注入大江,热量和雨量丰沛,有利于农业生产的发展。散居此地山谷平地的僚人,其社会生产以农耕为主,"有田以为生",水稻种植普遍,牛耕已经盛行,粮食产品丰富并有一定积蓄。如据史籍所载,大中祥符二年(1009),孙正辞平江安、清井事中,"兵入溪洞,积聚廪庾多经焚荡",以至于后来当地乏食。几年后宋军镇压晏州多刚县的斗望时,曾于斗行村一带"夺资粮五千硕"。又于罗个颓等村"烧舍数千及积谷累万"。去边百里的落始兜村,亦有良田万顷,颇多积谷,令宋朝官员感到意外。元丰时,"罗胡苟姓"以水牛等向宋军乞命投降,宋政府则以"水田地土"等之多寡为标准来收纳租税①，反映出宋代僚人地区的农业生产较为发达，农业经济已与汉地相差无几。

宋代南平军地区的僚人，也以农业为其主要经济门类。当地少数民族多建有粮库，储藏稻米。宋熙宁年间，朝廷"以其地赋民。凡得租三万五千石"②。其后，随着大批汉人迁入该地从事农耕经济，又进一步促进了当地农业生产的发展。宋熙宁建邑之初，就有任氏兄弟五人，自蜀中前来开荒种地，安家落户，故名五弟坝。今重庆南川区陈家场木地坝即宋代五弟坝旧址。到南宋时期，南平军地区农业发展水平，特别是水稻生产，已与蜀中内地不相上下。

畜牧业也是宋元时期僚人地区重要的经济门类。例如南平军，是当时巴蜀出产马匹的重要地区之一。宋朝在南平军开设市马场，每年买马五十匹以上。

工商业经济。手工业生产方面，川东南地区历来即产井盐，"忠、万、戎、泸间夷界小井尤多"③。綦江地区产铁，宋朝在南平军建广惠监，铸造铁钱。熙宁时岁铸四万贯，元丰二年（1079）达到六万贯。纺织业是这一地区最主要的家庭手工业，蚕桑丝织业相当发达，绢是贡品；斑布、筒布，既是僚人衣服的主要材料，亦是僚人地区重要的土特产品。茶叶生产亦有相当的规模。"泸州之茶树，夷僚常携瓢，穴其侧，每登树采摘芽茶，必含于口，待其展，然后置于瓢中，旋塞其窍，比归，必置于暖处，其味极佳。"④宾化（今重庆南川）"县民并是夷僚，露头跣足，不识州县，不会文法，与诸县户口不同，不务蚕桑，以茶蜡供输"⑤，"南平县狼猱山，茶黄黑色，渝人重之，十月采贡"⑥。由此可见，宋代巴蜀僚人地区所产之茶叶，亦是当时蜀中名贵茶叶之一。

在农业、手工业发展的基础上，以土特产品为主要内容，以互市为主要贸易形式的商业也发展起来。川南盛产竹木，僚人地区民众遂因之制作邛竹杖，"持至叙泸间卖之，一杖才四五钱，以坚润细瘦九节而直者为上品"⑦，"夷界多巨木……板之大者径六七尺，厚尺许，言为舟航、楼观之用，则可长三数

---

① 刘复生：《僰国与泸夷——民族迁徙、冲突与融合》，巴蜀书社2000年版，第162～163页。
② 《宋史》卷四九六《蛮夷四》。
③ 《宋史》卷一八三《食货下五》。
④ （宋）乐史：《太平寰宇记》卷八八《剑南东道七》。
⑤ （宋）乐史：《太平寰宇记》卷一二〇《江南道十八》。
⑥ （宋）乐史：《太平寰宇记》卷一三六《山南西道四》。
⑦ （宋）陆游：《老学庵笔记》卷三。

丈，蛮自载至叙州之江口，与人互市。太守高辉始置场征之，谓之抽收场，至今不废"①。熙宁十年（1077），宋朝在南平军设商税务三个，征收商税三千四百四十七贯。

经济的发展也促进了僚人地区文教事业发展与习俗变迁。南平进士胡璞曾作《经采石渡》诗，得到苏东坡赞赏，说明汉文化在当地已有一定影响。楼堂馆亭和寺院建筑也蓬勃兴起，有来远堂、绥静堂、见溪堂、朝爽堂、江山堂、云山堂、飞云楼、塞乐园、四敦堂、万堃堂、万山亭、报恩寺、青莲院等馆堂胜地。这些楼堂馆亭与寺院的出现，亦说明汉文化在当地已扎下了根。文化习俗变迁方面，南平军，"自唐宾服，开拓为郡。今衣冠宫室，一皆中国。四民迭居，冠婚相袭，耕桑被野，化为中华"。富顺监之西隅，"赖牛、赖易两镇乃夷人聚落。在天圣初，赤崖斗郎春犯命，旋即讨平，纳降而归。今之夷人多其子孙，其俗尚多不巾而髽，近始服青布，刺绣纹，呼为土僚。今渐陶既久，习俗亦知有礼逊矣"②。

（二）僚人的文化习俗与精神生活

宋代巴蜀地区的僚人有"熟夷""生夷"的区分，其大致的文化习俗与精神生活面貌史志记载为：戎州，"其蛮僚之类，不识文字，不知礼教，言语不通，嗜欲不同。椎髻跣足，凿齿穿耳，衣绯布、羊皮、莎草，以鬼神为征验，以杀伤为戏笑。少壮为上，衰老为下，男女无别，山冈是居"。泸州，"皇朝管汉户主二千四十七，僚户二千四百一十五"，"夷"僚"性多犷戾而又好淫祠，巢居岩谷，因险凭高，著斑布，击铜鼓，弄鞘刀。男则露髻跣足，女即椎髻横裙。夫亡，妇不归家，葬之崖穴。刻木为契，刺血为信，衔冤则累代相酬，乏用则鬻卖男女"。荣州（今自贡荣县），"夏人少，蛮僚多。男不巾栉，女衣斑布，姓名颠倒，不知礼法"③。昌州（今重庆大足）一带，"有夏风，有僚风，悉住丛箐，悬虚构屋，号阁阑。男则蓬头跣足，女则椎髻穿耳，以生处山水为姓名，以杀为能事，父母丧不立几筵"，"土产：斑布、筒布，今贡：绢"④。等等。

要而言之，宋代僚人文化习俗与精神生活的最主要特征有竹王崇拜、凿齿

---

① 《两朝纲目备要》卷一三。
② （宋）王象之：《舆地纪胜》卷一八〇、一六七。
③ （宋）乐史：《太平寰宇记》卷七九、八八、八五。
④ （宋）乐史：《太平寰宇记》卷八八。

穿耳、使用铜鼓和悬棺葬等。

1. 竹王崇拜

宋代，巴蜀各地有很多竹王庙。大诗人陆游在蜀地即有诗咏叹说："渺然孤城天一方，传者或云古夜郎；千里郁为诗书乡，其民简陋俗更良。"①又如荣州旭川县有竹王庙，汉武帝伐牂柯斩竹王，"故土人不忘其本，立竹王庙。岁必祀之"②。大邑县（今成都大邑）亦有"竹王庙"③。邛州（今成都邛崃）"有竹王三郎庙"④。这应是僚人文化的遗存。

2. 凿齿穿耳

凿齿穿耳，是宋代巴蜀地区僚人重要的文化习俗。如《太平寰宇记·剑南西道八》记戎州（治所在今四川宜宾东北）僚人风俗时说："蛮僚之类，不识文字，不知礼教，言语不通，嗜欲不同，椎髻跣足，凿齿穿耳。"元李京《云南志略·诸夷风俗》亦云："土僚蛮，叙州南、乌蒙北皆是，男子及十四五则左右击去两齿，然后婚娶。"原泸州所属羁縻州溱州（今重庆綦江一带），治在"领僚户"而置的荣懿县，熙宁年间宋军镇压当地僚民，"所获首级，多凿齿者"。《太平寰宇记·剑南西道六》记雅州僚人习俗时亦说："邛、雅之夷僚……长则拔去上齿，加狗牙，各以为华饰。今有四牙长于诸牙而唇高者，别是一种……"

3. 铜鼓

宋代，"泸夷"中的非"乌蛮"部落使用铜鼓是很普遍的事。据李焘《续资治通鉴长编》记载，宋代富顺监（今四川富顺），"始姑镇夷人家有铜鼓，子孙传秘，号为右族"。南平军（今重庆南川）"夷人"表示助宋军攻击"乌蛮"部乞弟时，"击铜鼓，会部族首领，指天地为誓，不得助乞弟，唯助大朝"。大中祥符六年（1013），晏州斗望为宋军败后，"纳牛羊、铜鼓、器械"。熙宁七年（1073），渍井监"水路大小四十六村"被熊本荡平时，也"纳铜鼓、枪牌乞降"。元丰元年（1078），罗胡苟姓归附宋朝军队时，"累次各以铜鼓、器甲、水牛等衔草乞命投降"。渝州"边蛮界乡村有獠鼖鼓"，"今渝之山谷中有狼猱乡，俗构屋高树，谓之阁阑。不解丝竹，惟坎铜鼓，视

---

① 嘉庆《四川通志》卷三五《舆地·祠庙》。
② （宋）乐史：《太平寰宇记》卷八五。
③ （宋）乐史：《太平寰宇记》卷七五。
④ （宋）王存：《元丰九域志》卷七。

珙县洛表镇僰人悬棺

木叶以别四时。父子同讳，夫妻共名，祭鬼神以祈福也"。邛、雅僚人，"俗信妖巫，击铜鼓以祈祷"[①]。

4. 悬棺葬

悬棺葬是僚人具有特色的葬俗，《太平寰宇记》"泸州风俗"说："其夷僚则与汉不同……夫亡，妇不归家，葬之岩穴。"记载简州（今四川简阳）、资州（今四川资阳）一带僚人葬丧习俗时亦说："言语与夏不同，嫁娶但鼓笛而已，遭丧乃以竿悬布置其门庭，殡于别所，至其体骸燥，以木函盛置于山穴中。"[②]元初李京《云南志略·诸夷风俗》记遍及"叙州南、乌蒙北"的"土僚蛮"时亦说："土僚蛮在叙州南、乌蒙北皆是……人死则以棺木盛之，置之千仞颠崖之上，以先堕者为吉。"又据《舆地纪胜》记载，黔江县西五十里峭壁中，"有木柜，人迹不到"；南平军东南一百里，"峭崖壁立，有洞不可攀援，其门有一柜，故名（柜崖）"，均为古代僚人悬棺葬习俗之遗迹。

二、"乌蛮（罗罗）"的文化

（一）社会经济状况

1. 宋代"乌蛮"的社会经济

川南地区"乌蛮"的社会经济比较发达。从农业生产来看，这一带土热多雨，稻粟皆再熟，只是耕种技术还落后，尚处于刀耕火种阶段。宋朝在与川南少数民族作战中，每次都缴获不少资粮积谷。如大中祥符六年（1013）十一月，嘉、眉、戎、泸等州水陆都巡检使怀信率军进攻民族地区，"一日三战，俘馘百余人，夺资粮五千石、枪刀什器万数"[③]。"叙州三路蛮"居住的平坝和丘陵地区，"多沃壤，宜耕稼，其民披毡椎髻，而比屋皆复瓦，如华

---

① （宋）乐史：《太平寰宇记》卷一三六、七七。
② （宋）乐史：《太平寰宇记》卷八八、七六。
③ 《宋史》卷四九六《蛮夷四》。

人之居。饮食种艺，多与华同"①。农业生产已相当发达。居住于山区之"乌蛮"，则以畜牧业为主，"俗椎髻、披毡、佩刀，居必栏栅，不喜耕稼，多畜牧"。宋朝将这一地区纳入统治后，实行封建制度，对少数民族义军实行官给土地免其租赋的政策，战争时期还给钱粮作为承担兵役的报酬。同时招募蕃汉人民佃种官田，给为永业，收取比内地更低的实物地租。这些政策，都有力地促进了川南乌蛮地区农业经济的发展。

川南"乌蛮"地区的手工业生产也有一定发展。少数民族制作的"泸茶"是当时四川的名茶之一，并以纺织斑布、葛布著称。宋朝在这一地区不实行酒禁，不征收酒税，刺激了原有酿酒业的发达，故有"极边酒茗驰禁，是以人乐其生"之说。当地少数民族还普遍掌握了井盐生产技术，开凿小井生产食盐。其他如制铜、制铁工艺和武器制造都有相当的水平。高寒的乌蒙山区和大娄山地区是宋代四川产马较多的地区之一。宋朝在泸州、长宁军曾设市马场，专供各部落卖马。鳖备部、吕告部、阿永部都到市马场卖马，并同时携带茶、麻、酒、米、鹿、豹皮等物品，易于市，其中阿永部的商贸队伍每次多达两千余人。宋朝为了安抚各族，在蕃汉贸易中，给予少数民族种种政策优待，这也有利于少数民族地区经济的发展。

在纳溪、江安、长宁、兴文等地汉"夷"杂居区，随着经济的发展，商品交换更是蓬勃发展起来。交易的商品主要有食盐、马、茶叶等。宋朝本出于军事需要而在这一地区建立的众多城、寨、堡，其后也都发展成为乡村商品交换的集市。其中，纳溪寨升为纳溪县，"安夷寨"升为"安夷县"，成为当地的政治经济中心。

在川西南的"乌蛮"地区，黎州诸部在唐代经营的基础上，到两宋时期，农业较为发达，大渡河外皆是良田，加上诸部落掳掠汉人为奴和灾荒年间汉人流亡迁入其境内，带来了先进的农业生产经验和技术，农业得到发展。宋时，"汉人过河耕种其地，及其秋成十归其一，谓之蕃租。土丁之耕蕃田者十有七八"。汉地租佃制度的传入，促使大渡河以南地区的农业经济更为发达。如凉山东部马湖地区的胡盐、黎溪等七村，土壤肥沃，适宜于耕种庄稼，这里的居民已居住于瓦屋之中，其饮食习俗和居住习惯均与内地汉人基本相同。经济作物中，红椒（花椒）是这一地区的著名土特产品，产量多，质量好，是著名

---

① （宋）李心传：《建炎以来朝野杂记》乙集卷二〇。

的贡品和与汉人互市交易的重要商品。但就总体而言，由于少数民族主要从事畜牧业，加之境内山高岭峻，土地贫瘠，不出五谷，农耕在整个经济生活中并不占据主导地位，粮食生产还不能达到自给的水平。每遇灾荒饥岁，各部常入汉地寇掠。宋朝为平息边事，"时时馈米以济其饥，蛮人德之"。

畜牧业作为黎州诸部的主要生产部门，也是宋代巴蜀地区畜牧业最发达的地区之一。黎州诸部的邛部川和两林部，或三年或五年、七年，就要到京师朝贡。朝贡队伍不但人多，往往多达几十人甚至几百人，而且贡品丰富，每次都携带大批的马匹、青牛、羚羊、封羊、大角羊、犀、象等牲畜和土产入贡，贡品主要为畜产品。他们还经常到黎州卖马。"凡云蜀马，唯黎所市为多"，有时一年多达四千匹以上。元符二年（1099），曾市马五千二百八十四。黎州是宋朝在四川买马最多之地，每年买马量都占四川境内买马总数的二分之一以上。

黎州诸部地区的纺织业也有一定的发展。"莎罗毡"是向宋朝进贡的贡物之一。其他纺织品还有莎罗幔、莎罗花毯、白莎罗、白毡等品种。

为防止黎州诸部内犯，宋朝在黎州设互市之法，开展蕃汉贸易，给予很多经济优待，羁縻诸部。在蕃汉贸易中占主导地位的是茶马贸易，宋朝是"不借马之为用，故驽骀下乘，一切许之入中"，以保证诸部的衣食供给，不致因饥寒而入境掳掠。在这种思想的指导下，黎州所买的马都是短小不合格的"羁縻马"而非战马，而买马的价格却比在甘肃的马价高出一倍以上。同时在沿边建置安静、碉子、茆平、良溪、盘陀、松平、三冲、谷堆、桐岭、姜地、新阳、长溪、婆城、静圣等十四寨，派驻官军，并组织土丁数千人，严加防守。对诸部侵犯边寨，宋朝也派兵遣将，击退进攻，但严禁杀戮、穷追深讨，目的在于恩威相加，招抚而已。这种政策虽然基本上维持了边境安宁，对大渡河以南的开拓则毫无建树①。

2. 元代"罗罗"的社会经济

元朝时，"乌蛮"被称为"罗罗"。元代川西南罗罗斯地区的社会经济有了进一步的发展。元朝除了在罗罗斯地区驻军、修筑道路外，还在会通、建昌、会川、德昌等地建立军民屯田。脱力世官在平定威龙州的反抗战争后，一次即"籍其民五百余户为农"，足见当时屯田带有封建生产关系性质，被征调编入屯户的土人，交纳租赋以供军食。《寰宇通志》卷七十引《元一统志》

---

① 贾大泉、陈世松主编：《四川通史》卷四，四川人民出版社2010年版，第165~166页。

说，建昌路一带地区，"山清水秀，土广人稀，田地膏腴，市井荒陋，有青草黄茅之瘴"。又说："金珠富产，谷粟丰盈，民足衣食，牛羊盐马毡布通商殖货。"凉山南部出现了里州（今普格）、中州（今金阳）、阔州（今宁南）等市镇和交易地。据马可·波罗记载，建昌路"所用之货币，则有金条，案量计值，而无铸造之货币，其小货币则用盐"[①]。

（二）社会制度

宋代，凉山地区"乌蛮"各部落的奴隶制有了进一步的发展。古代文献中将奴隶直接称为"蛮奴"。掳掠奴隶人口的现象经常发生。邛部、两林等部落不断互相掳掠。虚恨部落还掳掠宋朝镇将和兵丁为奴隶。马湖部落在嘉定年间（1208~1224），一次就掳掠"老弱妇女数百人而去"。说明这一时期凉山地区"乌蛮"各部奴隶制还在发展。

元代，凉山地区居住着以"罗罗"仍为主的多个民族。在罗罗斯地区内，就居住着"罗罗"、白族和西番等民族。从马可·波罗游历建都所描述的情形看，当时以"罗罗"占多数的民族居住在城镇和坝区。在元王朝封授的土官中，有不少"罗罗"头领。他们在不同时代担任不同的官职。如在元朝最早担任过罗罗斯宣慰司宣慰使的安氏的一世祖安普卜就是其中的代表。一般认为元代罗罗斯宣慰司即今凉山彝族传说中的"利利兹莫"，即"利利土司"。

这一时期，凉山地区"罗罗"仍盛行奴隶制度。其社会结构基本上分为三个等级：土司和黑骨"罗罗"同属于奴隶主贵族等级；白骨（又作"白夷""苏且""曲伙"）是凉山罗罗社会被统治者的一个等级；濮节（家内奴）与分配成婚的陆外（家外奴）是凉山"罗罗"社会最低下的等级。奴隶主贵族直接占有濮节、陆外和苏且的人身，可以把他们当作工具一样驱使奴役和出卖赠送。在奴隶制度下，广大被统治等级过着十分悲惨的生活。

建昌行都司与马湖府之间的大小凉山地区，也长期停留在奴隶制阶段。那里多高山峻岭，土地瘠薄，畜养牛马，作为奴隶主的"黑罗罗"，往往出掠人口，捆绑返寨，或驱使耕作，或转卖他乡，使其成为会说话的牛马，即毫无人身权利的奴隶。

（三）文化习俗与精神生活

宋元时期"乌蛮（罗罗）"文化习俗的大致状况据史志记载是：衣饰方

---

① 冯承钧译：《马可·波罗行纪》，商务印书馆1936年版，第453页。

面,"男子椎髻披发,摘去须髯,或髡其发,佩刀喜斗。妇人椎髻披发,裙不过膝,乘马则并足横坐"①。男子蓄发椎髻于头顶,无留胡须者,以无须为美。据古代史献记载,"乌蛮(罗罗)""佩双刀,喜斗好杀,父子昆仲之间一言不相下,则兵刃相接,以轻死为勇。马贵折尾,鞍无鞯,剜木为镫,状如鱼口,微容足指。妇人披发,衣布衣,贵者锦缘,贱者披羊皮。乘马则并足横坐。室女耳穿大环,剪发齐眉,裙不过膝。男女无贵贱皆披毡,跣足,手面经年不洗"。居室陈设简陋,"虽贵,床无褥,松花铺地,惟一毡一席而已"②。

婚姻嫁娶的制度规范,以一夫一妻制为主,亦有一夫多妻的情形。实行姑舅表优先婚,即"嫁娶尚舅家,无可匹者方许别娶","夫妇之礼,昼不相见,夜同寝,子生十岁,不得见其父,妻妾不相妒忌"③。

丧葬礼仪。宋元时期,"罗罗"地区流行火葬,丧葬仪式十分隆重,特别是酋领的丧葬仪式更为隆重。"酋长死,以豹皮裹尸而焚"。火化后,"葬其骨于山"。还要用附近贵人的人头来祭祀。"祭祀时,亲戚毕至,宰杀牛羊,动以千数,少者不下数百"④。

"罗罗"宗教信仰的主要形式是以祖先崇拜为核心,糅合了自然崇拜、多神崇拜、图腾崇拜的原始宗教,以牛羊作为祭祀的牺牲。大奚婆(即毕摩)是"罗罗"的宗教神职人员,除占卜外,亦有替人治病的职责。"有疾不识医药,惟用男巫,号大奚婆,以鸡骨占吉凶,酋长左右斯须不可缺","事无巨细皆决之"⑤。

部落酋领权力极大而且管辖范围甚广。酋领的继承实行世袭制。如"酋长无继嗣,则立妻女为酋长"⑥。

三、藏族的文化

(一)藏族的社会生产

宋初,大渡河中下游靠近黎州(今四川汉源)的康东吐蕃地区的农业,由

---

① 《圣朝混一方舆胜览》,转引自李宗放《四川古代民族史》,民族出版社2010年版,第258页。
② 所述均见于李京《云南志略·诸夷风俗》,载《说郛》卷三六。
③ 所述均见于李京《云南志略·诸夷风俗》,载《说郛》卷三六。
④ 所述均见于李京《云南志略·诸夷风俗》,载《说郛》卷三六。
⑤ 所述均见于李京《云南志略·诸夷风俗》,载《说郛》卷三六。
⑥ 所述均见于李京《云南志略·诸夷风俗》,载《说郛》卷三六。

于吐蕃奴隶主掳掠汉人为奴和灾荒年间汉人迁徙流入其境内，带入了先进的农业生产技术而有了进一步的发展。这一地区的吐蕃人也"往来汉地，熟悉能华言"。"黎州过大渡河外，弥望皆是蕃田，每汉人过河种其地，及其秋成，十归其一，谓其蕃租。土丁之耕蕃地者十有七八。"

四川西北部的吐蕃部落，聚居在水草丰茂的"草地"的，以畜牧为主。他们"逐水草而居，迁徙无定。不分寒暑，六月飞霜，五谷不生。游牧打生，织毹食茶"；聚居在山坡河谷地带的，由于"其土地膏腴，山川秀丽"，则主要从事农耕，兼营少数牧畜。作物以青稞为主，小麦次之。其中，如"天全男不习工艺，妇不事纺绩，惟以耕种为业。番汉淆居，碉房绝岭"。在一些"土瘠人繁"的地方，如位于大渡河畔的"番民所处老思冈之地"，则"专务贸贩碉门乌茶、蜀之细布，博易羌货，以赡其地"。

在宋代，西山野川路诸部以畜牧业为主，狩猎是其重要的副业。他们向宋朝进贡的物品就是名马、牦牛、虎豹皮、麝香等珍贵的畜产品与土产，并将马、珠犀、水银、麝香等贩运至雅州与汉族进行贸易。但毗邻汉区的部落，则以农业定居为主。与碉门一水相隔，隶属荥经县俟贤乡的"沙平夷人"，每年"岁输米百二十斛于碉门"。"左须夷人"还曾潜入荥经县苦蓑坝居住，开山平路，栽种麦苗茶苗，据险隘、筑碉囤、修战棚、畜刀箭。当地"夷人"此时已完全掌握了种植稻麦、茶树，修建房屋的技术，与当地汉人没有多大区别。宋朝在雅州和碉门设置市马场，当地各部落"时至碉门互市"，以改"蜀之富商大贾皆辐辏焉"，于是碉门成为宋代蕃汉贸易的重要集市。

（二）社会制度的变化与土司制度在吐蕃地区的建立

869年，吐蕃地区爆发了被称作"邦金洛"的奴隶平民大起义。这次起义沉重打击了奴隶主的统治，促进了吐蕃地区奴隶制的瓦解，加速了吐蕃社会从奴隶制向封建农奴制的制度变革，之后，封建农奴制度逐步在吐蕃地区建立起来。宋元时期四川吐蕃地区的封建农奴制度，以土司为代表的农奴主是土地的主人，他们都有自己的大庄园，然后将其他土地赏赐给下属的头人或赠送给寺庙。头人和掌管寺庙的上层喇嘛又建立自己的庄园，再把其余土地分给农奴作份地。广大农奴除耕作自己的份地外，还必须为农奴主耕种土地、服各种劳役、缴纳各种摊派。土司所属农奴称为"差巴"，头人和寺庙的农奴称为"科巴"，他们被世代束缚在一小块份地上，没有迁徙的自由，也没有改变身份的可能。在牧区，农奴则是在承担农奴主所布置的一切劳役和摊派的条件下，取得对牧场的使用权，所放牧的牲畜自养的是少数，多数是向农奴主租用，每年缴纳高额的酥油，此外还要代牧主放牧一定数量的牲畜。由于封建农奴制度的制约，宋元时期四川藏族聚居区无论是农业还是畜牧业（四川藏族聚居区从事畜牧业的占三分之一，其余都以农为主业，以牧为副业），生产技术水平都十分低下。农业主产青稞、小麦，亩产粮食只有百斤左右。牧区一头牛一年只产毛二斤左右，一头羊只产毛一斤左右。广大农奴生活困苦，人口增长缓慢。

四川吐蕃地区是一个政教合一的社会。元世祖"以其地广而险远，民犷而好斗，思有以其俗而柔其人"，于是大力尊崇藏传佛教萨迦派（花教）法王，企图以宗教力量统治吐蕃地区，故"僧俗并用，而军民通摄"。由此，形成了吐蕃社会"惟僧言是听"的政治局面[1]。

元代，由于朝廷对吐蕃采取"僧俗并用，军民通摄"的政策，四川吐蕃地区社会形成土司分散割据局面，加之区域内教派林立，势力均分，政教关系在表现形式上与西藏地区有所不同，但其历史条件、经济基础、社会基础和阶级根源的内涵却是一致的。

在四川吐蕃地区，土司"世官其地，世有其土，土民世耕其地，世为其民"。土司在其所辖区域内拥有政治、经济、军事、法律等方面至高无上的地位和权力。为行使其职权，维护其统治，按其土职高低，所辖区域大小，所管百姓多少，设置大小、繁简不等的政治组织机构。下面以德格土司辖区和巴塘土司辖区为例，介绍说明土司政权之下的政治组织机构。

德格位于今四川甘孜州北部。在德格土司辖内，德格土司衙门内的涅巴是衙内的最高官员，其产生必须由大小头人和更庆寺的上层喇嘛提名，经土司五大家庙的活佛占卜后认可，方由土司委派；土司的最高层会议，除涅巴会议外的又一个最高会议——"骨顶会议"，参会人除四大涅巴大头人外，也须五大家庙的活佛参加[2]。

德格土司政权组织机构：

四川吐蕃地区职衔最高的土司为宣慰司。德格土司是区内所设四个宣慰司之一，历史悠久，政权组织机构不仅庞大，而且系统完备。德格土司政权组织系统由四个部分组成：

---

[1] 贾大泉、陈世松主编：《四川通史》卷五，四川人民出版社2010年版，第189~190页。
[2] 康定民族师专编写组编：《甘孜藏族自治州民族志》，当代中国出版社1994年版，第53页。

第一个部分是"宗"和"牛场部落"行政区系统。第七代德格土司向巴彭措时期首次划分行政区，其时将辖区划分成五个"牛场部落"和十八个农业"宗"。第十四代土司彭措登巴时期，随着势力范围的扩大，将辖区划分为四十三个"牛场部落"和二十五个农业"宗"，"宗"以下又分设大村、小村。驻地百姓逾三百户的划为大"宗"，三百户以下，一百户以上划为小"宗"；不足一百户划为大村，数户或十多户则划为小村。德格土司在其辖区内设四个大"宗"，以宗本（又称聂清）为行政长官，不世袭，三年一任，由土司在大头人中选任，在外代理土司行使职权，地位与涅巴平行，但实权不如涅巴。在大宗以下设若干小宗，以细聂为行政长官，由土司在大头人中选任，多属世袭；在大村中设卓窝，由土司在小头人中选任，多属世袭。在小村设足本，由土司在小头人中选任，多属世袭。牛场部落由土司委头人管理，下设及日、马本、赏尼等小头人，分别负责行政、军事、差徭等事宜。

第二个部分为宗教系统。从第七代德格土司向巴彭措起，德格土司既以行政身份出现，又以法王身份出现，集政教权力为一体，土司直属五大家庙的上层活佛喇嘛参与政事，负责办理区内宗教事务（更庆寺和印经院由法王直接管理）。五大家庙活佛参与行政官员的任免，参与"涅巴会议"。

第三个部分是军事系统。土司武装平时无专门编制，以军事涅巴负责处理区内军事事务。若遇战事，土司下令征调差民、僧侣组成武装。土司为最高军事指挥官（有时也以军事涅巴代行其职），依次设东本（管一千人），代本（管五百人），如本（管二百五十人），用本（管一百人），协敖（管三十人），足本（管十人）。战事结束，即行撤销。

第四个部分是德格土司官邸（喇章）管理系统，"涅巴"是土司官邸最大的行政长官，权位仅次于土司。由土司在辖区内的三十个大头人中选任，无世袭；设正副职，相子主管区内全部赋税收入，相子渣（副职）主管土司内部开支。其余为杂职官员，有管理土地的"幸本"，管理粮食的"拖本"，管理骡马的"打本"，管理牧区牲畜的"梭本"，管理草料的"咱本"，承办文秘事务的"仲衣"和"智巴"，负责草场分配的"撒本"，负责外事事务的"古朝"，负责保安的"协务"。此外还有少数大、小头人听差，供土司临时调遣[①]。

---

① 康定民族师专编写组编：《甘孜藏族自治州民族志》，当代中国出版社1994年版，第58页。

巴塘土司辖区的政权组织机构：

巴塘土司设正副二职，正副二土司各自均有自己的官邸，因辖地不同，各设一套管理机构和人员，但所设机构和人员基本相同。

正副土司政权组织机构由两部分组成：

第一部分是土司官邸行政系统。内设主管财政和内务的"涅巴"，重大事务由涅巴与土司议定，并由涅巴代表土司执行，任期三年，不世袭。其次是"作涅"，为重要家臣，代表土司管理外务，接待来客和调解纠纷等。还有"各札"，主要职责是负责支应所包干地区的差役，并代表土司进行各种工作，社会地位较高，为世袭贵族。在土司官邸，还设有不拘人次的"充本"，专门为正副土司做生意。

第二部分是区域行政系统，下设"马本"，主要任务是镇守辖地，传递文折，保卫土司行旅安全，执行战事。马本之下设"甲本"和"足本"，共为其事。并设"协敖"，为土司分辖区的执权者，主要任务是主管所属区域的税收、差徭和民事；协敖属下设格协一名，协助协敖工作，设格布和麦色，作为协敖下属乡村执事，格布和麦色为世袭。

此外，副土司在宗岩地区设有一名"卡纳"，专门负责粮仓管理；正副土司在四个关卡设有四名卡本，专门负责征收关税，由土司和协敖共同管理。区内七名土百户直属正副土司管辖[①]。

四、羌族的文化

（一）羌族的社会经济与建筑文化

宋代，岷江上游的威、茂地区在宋朝的统治下，社会经济得到了较快发展。宋初，这一地区还相当落后，羌人每相盟誓，皆杀奴取信，直至北宋神宗时，知成都府赵抃使用牲畜代人，才渐改变了杀奴盟誓的陋习。熙宁年间，宋朝镇压了羌人围茂州的军事行动后，成都府官冯京"给稼器，饷粮食，使之归，夷人喜，争出犬豕割血受盟，愿世世为汉蕃"，农业生产技术渐推广到了羌族地区，形成"渐渍声教，耕作者多"的局面。从茂州通往石泉（今四川北川）的陇东路，土地肥美，适宜农耕，这里的羌族人民以耕稼孳畜为生，五谷六畜禽兽草木无不备有，与内郡所产无异，农业相当发达。

---

① 康定民族师专编写组编：《甘孜藏族自治州民族志》，当代中国出版社1994年版，第60页。

羌人"岩居涧饮,悉复故处",好弓马,以勇悍著称,畜牧业较为发达。牲畜种类有马、牛、羊、豕等,其中牦牛重千斤。故其人衣羊皮。豹岭以西皆织毛毯、盖屋。狩猎和采集是当时羌族人民的副业,麝香、五味子、马升麻、雪蛆、羌活、当归、大黄、朴硝是当地著名的珍贵药材和土产。其中麝香、当归、羌活还是贡品。

羌族人民还长于商业贸易。他们将牲畜和土特产品运至茂州和永康军等地同汉族等交易。宋朝还在茂州和永康军设置市马场,与羌族人民进行茶马贸易。茂州羌族人民还到千里以外的木昔园贩运货物到汉地售卖取利,熙河蕃僧也有到茂州铁豹岭下立旗市马,创建佛寺。在宋代岷江上游各部族不在宋朝直接管辖的情况下,威、茂地区的羌族对连接岷江上游各族和西北吐蕃同四川汉区人民的经济文化交流作出了贡献。

到元朝时期,岷江上游羌区经济生活与前代无异。适宜农耕的地方,以耕稼为主,兼营牧业,"春耕秋获,一如内地"。而在有些"不产五谷,不养蚕桑"的地方,当地的羌人则以放牧及狩猎、采集等为生。羌区出产的物品,除以青稞为主的粮食产品外,土产还有牦牛、犏牛、马鸡、毛毯、酥油、麝香、香猪、白蜜。

在元朝的统治下,岷江上游羌族地区的经济文化有了进一步发展和提高。元朝在茂州一带"开土番道",虽曾引起当地羌民的反抗,但此道的开通,对促进羌区经济文化的发展,影响是深远的。今北川小坝羌族乡境内,发现至元二十七年(1290)七月二十七日摩崖石刻题记一方,记录了当时元朝地方政府与当地羌民之间的一次盟誓。题记中所称之"盐茶道路",指的就是自北川治城羌族乡,沿白草河而上,经小坝、片口,以至松潘白羊乡之古道。这正是当时白草羌活动的区域。这一题记便是当时羌区交

炉霍寿灵寺壁画

通道路畅通，盐茶贸易得以正常进行的证据①。

建筑技术方面，羌族的建筑技术尤为独特而精湛。其中碉楼、索桥的建筑更是著称于世。碉楼一般建筑在沿河谷高山或半坡有耕地和水源的地方，结合山坡地形，利用有限的平坦面积，分台筑室，节省土石方量。碉楼建筑的情况，据《舆地纪胜》记载："垒石为巢以居，如浮图数重，下级开门，内以梯上下，货藏于上，人居其中，畜圈于下，高二三丈者谓之鸡笼……十余丈者谓之碉。亦有板屋土屋者，自汶川以东，皆有屋宇，不立碉巢。"羌族还吸取了汉族的建筑技术，在汶川以东建筑板屋、土屋而不筑碉楼。索桥更是羌族人民的传统建筑技术，岷江上游架设的无数索桥，都凝结着羌族人民的智慧。同时，由于羌族地区多冰寒，盛夏凝冰不消，羌族的贫下者，冬则避寒入成都当佣工砌墙等，夏则避暑返回原住地，长期如此，习以为常，对汉区经济发展也作出了贡献。

羌族民居建筑有五种类型：鸡笼（邛笼）——高二三丈者的石砌民居，碉——十余丈者的碉楼，板屋——木构坡屋顶加外围石砌墙民居，土屋——土泥夯筑民居，碉巢——碉楼民居（两者结合体）②。

石砌民居：为羌族民居中所占比例最大一类，即"鸡笼""邛笼"者。一般分为三层，有类似的空间和特征。一层畜养，堆放柴火；二层主室，卧室；三层晒台，罩楼。依山而建者，一层或至二层后墙利用原生岩作墙，其余四周或有的中间隔墙全用石片材叠砌。从底部至层顶，墙体有收分，因而亦构成整体下大上小的收分状态，呈貌似梯形的稳定感。外形变化有致，空间形态十分优美。也有高至五层，矮至一二层者。规范者唯数三层，数量也最多。综上石砌民居类，有明显内外不同特征，可归纳如下：外部中间形态特征较统一；内部空间变化自由随意，结构原因是石砌墙为承重体系。内部各层如有支撑柱亦无通柱，各层如成柱网亦无规律。还有则是主室地位的至高无上，其他空间的淡漠化所至。但总体构成了一层至三层空间发展序列。

土夯民居（土屋）：土夯民居主要是用泥土夯筑墙体形成居所，至于形态特征、内部空间等方面和石砌民居无区别。这类民居数量少，分布范围亦不大。此类从形态特征上可归于石砌民居。

---

① 贾大泉、陈世松主编：《四川通史》卷五，四川人民出版社2010年版，第185页。
② 季富政：《中国羌族建筑》，西南交通大学出版社2000年版，第14页。

板屋（阪屋）：这类民居主要在现今汶川县，其形态特征是，人字顶两坡斜面屋顶，内以穿斗木构框架，周护以木板，下外圈以石砌墙体。若去掉墙体裸露出内部，则为干栏，实为木构承重体系。若以土石墙体支撑承重木构屋体，则是以土石带木之干栏。更多的现象是，一座羌族民居不是整体都在坡顶屋面覆盖之下，有的仅一半覆盖，有的仅罩楼覆盖，屋顶部分多多少少都留有平台以晒粮食。板屋的本质意义是内部必须是梁柱木构作为支撑承重体系，于此方为板屋完整概念，不在乎外空间形态坡顶覆盖的面积和位置，但认识内部结构往往先是通过外观形态进入的。板屋平面到内空间，和石砌民居无甚大区别。三层为主，但少见四层以上者，此同说明木构承重比石砌墙承重受力要弱的事实。

碉楼民居：《太平寰宇记》说"自汶川以东皆有屋宇不立碉巢"。《蜀中广记》说"垒石为巢而居"，"巢"即为石砌民居。碉巢就是碉楼和石砌民居的结合体，我们姑称之碉楼民居。碉楼民居是羌族民居中最具特色的部分，最显著的特点是：碉楼和住宅形成一个功能和使用上的整体，碉楼已不单独存在，它从结构、空间、材料等方面与住宅都融合在一起，是纯粹私家性质的。有的碉房中的碉楼甚至在下几层空间上取掉一至二面墙体，使碉楼内部空间直接与住宅空间贯通，仅在外观上有明显的碉楼痕迹。

理县桃坪羌寨

（二）土司制度的实行

在元朝土司统治下的羌族地区，其经济形态基本上是封建领主制。受朝廷分封的土司和土司的近亲土舍以及土司之下的大头人，构成了羌族地区的统治阶级，他们是农奴主和农奴主的代理人。被统治阶级则是称之为"百姓"的农奴和少数家内奴隶。

土司制度的确立，羌族人民头上就有了两重统治，一个是封建王朝系统从中央到地方的各级官吏；另一个是本族的统治者——土司、头人。由于封建王朝主要是通过土司来控制羌族地区，所以土司就成为羌族人民直接的统治者。为了巩固其政治地位，他们在封建王朝的支持与认可下，设立衙门、监狱、刑具以及土差、土兵，还可以自订法规条文，即所谓"土规""土律"，以奴役羌民。

如牟托土巡检石碑告示规定：

欲体皇上之恩，继前人之盛，凡新旧土民，当遵土规，所有条程，序列于后：
一、司地与州民接壤，各守各界。地角山隅毋得强侵茂土。
一、司地区谷岩乡，易为藏奸匿匪，凡外界男女诸人，投宿安站，当经问来历清白，可留则留。
一、司民婚丧酬神等事，酒后忌狂言妄语，惹祸生非。
一、自项业土，当尽力耕种，毋好食惰农，累债逃亡。
一、琐屑忿事，当忍耐消释，如甚不已事，方可来辕伸屈。
一、应征大粮、盐税，六月一十四日完；差事杂派钱，十月二十日撤销完案。
一、罗锅、耳华等处投民，八月二十日征盐税、荞麦粮、黄蜡、差事杂派……
一、应纳差粮，年当旺期早完，毋得推延日月。
以上数条，各宜恪遵，如违重究，定照土律治罪枷杖[①]。

土司之下，设有总管（大头人充任）。土舍是土司的兄弟或近亲，也是土司的辅佐。各寨还设有寨首，这是在土司之下，对羌族人民进行统治的基层人员（由小头人或一般平民充任）。

---

① 冉光荣等：《羌族史》，四川民族出版社1985年版，第231~232页。

羌族白石崇拜

土司是一个土司区内的最高权力者、世袭的领主，掌握所辖地区的全部土地、森林、水利等主要生产资料，而仅在一定程度上受制于封建王朝的州、县地方政府。大头人是土司的辅佐，有的亦被土司分封以土地，占有一些农奴，但并不具备所有权，土司仍然可以随时处理这些财产。百姓没有土地，因此必须向土司领取一份土地耕种，由此而产生对土司服无偿劳役、兵役、纳粮，以及承受种种苛刻的摊派。在当地称为"领一份地、交一份粮、当一份差、出一个兵"。农奴领种的份地，没有所有权，只有使用权，农奴死后，其子孙继承，不得分散或出卖，并同样承担份地上所应尽的种种义务。百姓领种的这一份土地，称为"份地"或"兵田"。土司头人除控制份地以外，还直辖一些"官田"。官田系征调百姓无偿劳役经营，其收入全部为土司、头人所得。由于这种严格的份地制，就形成了农奴对农奴主的人身依附，农奴主利用这种关系和本身的封建特权，对农奴进行各种残酷的超经济剥削。百姓每年必须向土司缴纳固定的租粮。租粮有正粮、副粮之分，正粮以主粮计算，一份地交正粮数斗；而副粮则名目繁多，有如猪膘粮、羊子粮、蜂粮、鸡粮、黄蜡粮、椒子粮、贝母粮、黄豆粮等，可说是无所不包。此外，尚有"盐税""差事杂派钱"等。总之，百姓的一切农、副产品，皆必须以一部分作为租税贡纳给土司，甚至庄稼新熟与菜蔬收获时，也要事先备送一些前去"孝敬"，称为"送青"。至于土司婚丧时的额外摊派就更多了。各种差粮、税钱均在定期以前缴销完案，否则就要治罪枷杖。另外，由于山林、牧场、药山归土司所有，百姓去砍柴、烧碱、挖药、砍木料，得向土司交纳礼金[①]。

五、土家族的文化

（一）土家族社会经济的发展

1. 宋代土家族的社会经济

宋代，今渝东南少数民族地区因山高林密、气候恶劣、土地瘠薄、生产力低下，农业生产比较落后，在作物种植上是"稼穑艰难，最为下下"。人民的生活"终岁勤劳，不得一饱"，不得不"种芋充饥"。"每遇岁丰，民间犹不免食草木根实"。为了生活，农耕之余，人们不得不利用原始的弓弩网套猎取兽类，捕捞和采集是食物的重要来源。粗放而原始的经济生产，伴随着狩猎、捕捞、采集，这就是两宋时期今渝东南地区少数民族人民生活的一般情况。

农业生产技术上，就其耕作方式而言，亦刚刚进入刀耕火种时期。"川峡山险，全用此刀开山种田。"《宋会要辑稿·食货》载："村民刀耕火种，所收不多。""夔州路最为荒瘠，号为刀耕火种之地。"《四川通志·舆地·风俗》亦云："峡土硗确，暖气晚达，民烧地而耕，谓之火耕。"文献史志中这些记载，反映了宋代或早些时候峡江夔州路所属大部分地区的农业耕作情况。

为了加快农业经济发展，宋王朝在今鄂、湘、川、黔毗邻地区采取了一些措施。虽然这一时期存在着不少的制约因素，但这些措施仍收到了一定的成效，社会经济有了较大的发展。这些措施主要有：募民垦田，扩大人耕劳作的熟田土；推广牛耕技术，传播汉民族的生产技术。通过垦土屯田，使该区域的农业经济，特别是汉族为主体的经济作物生产有了较大的发展。牛耕的推广，更加促进了农业发展进程。宋代今渝东南地区的农耕经济，不仅较之前代是一个大的发展时期，而且是农耕经济生产卓有成效的历史阶段。它对后来四百五十多年的土司时代经济有着直接的影响，同时使物产达到了那个时代富裕的水平。南宋后期，《宋史·理宗本纪四》载言："开庆元年四月，知施州谢昌自备银钱百万，米麦千石，筑郡城有功。"显然，宋代土家族地区的农业经济从起步走向了稳定发展的阶段，是土家族农业经济发展史上最重要的时期之一。

宋以前的社会经济，最初以采集植物和猎取动物为主，然后才出现农耕。

---

① 冉光荣等：《羌族史》，四川民族出版社1985年版，第232～234页。

据《龚氏家谱》记载，龚姓始祖就是"捕猎游观，来此四川黔江，得见水寨为紧要之地，即此安营乐（落）业"的[1]。在黔江广大地区，长期保留着"撵仗""祭梅山"的习俗，也是其经济曾以狩猎与采集为主的证明。这一时期的农作物，主要是小米和燕麦等。起初，普遍采用"刀耕火种""轮流抛荒"的方法，从事简单的耕作；直到宋代中叶，才开始使用牛犁。宋神宗时，在黔州一带被称为"熟夷"的土家族地区，其地多为"熟地"，农业有所发展。除了农耕，种植油桐、采摘茶叶、割取生漆、栽桑养蚕、养蜂取蜜等，也占有一定的比重。宋代诗人黄庭坚谪居彭水期间，曾多次赠送茶叶给朋友，并写信介绍包括黔江在内的黔州、施州一带的茶叶，称其质地较好，"味殊厚"，"亦可饮"[2]。

土家族地区这个时期的手工业，特别是家庭手工业发展较快，以染织、炼朱砂、水银等较为突出。染织较为普遍，织布多以麻、葛藤等为原料。麻有三种：一是竹麻，用竹制成竹浆纤维织成竹布，在唐朝时竹布是黔州的贡物；二是桐麻，即用桐麻皮纤维织布；三是苎麻，宋人朱辅在《溪蛮丛笑》中有记载。另外，土家人善织锦，农业的发展使土家妇女能够专门从事织锦、绣花等家庭手工业劳动。土家妇女生产的"溪布"深受汉族人民所喜爱，广泛流传到汉族地区，并成为宫中贡品。唐宋时期，朝廷要求黔、涪、施一带的少数民族首领纳贡，"黔州黔中郡，土贡仍为犀角、光明丹砂、蜡"。当时的黔州，包括彭水五镇四寨，黔江一镇二十九寨，贡朱砂十两，蜡十斤。那时的朱砂，"有土砂、岩砂两种。岩砂，色极光萤，价贵，其形似箭者尤贵"。不过，从进贡的数量看，产量当仍很低。此外，炼矾、炼钢等冶炼业都已出现，铸造铜器的技术达到较高的水平。黄庭坚旅游至黔江时，听说八面山西北麓有石可炼矾，曾亲自前往考察，如今遗址尚存[3]。

两宋时期，土家族地区为渔猎、采集、农耕复合式生产方式。采集经济、渔猎经济这时期在土家族人的生产生活中仍居比较重要的地位，人们常到山上挖蕨采葛。河沟中鱼类众多，持钩于河，临渊捕鱼，经常鱼筐满盈。山中野兽成群结队，持枪入山，野兽必获。采集、渔猎是土家族人的重要生产方式。这

---

[1] 《黔江土家族苗族简况》编写组：《黔江土家族苗族简况》，民族出版社2008年版，第44页。
[2] 《黔江土家族苗族简况》，民族出版社2008年版，第45页。
[3] 《黔江土家族苗族简况》，民族出版社2008年版，第45～46页。

时期农耕生产也迅速发展起来，刀耕火种、经营畲田是当时较为普遍的生产方式。所谓刀耕火种、经营畲田，就是每到春天，人们用刀砍倒荆棘和丛林，放火烧山，用草木灰作肥料，然后下种，种植粟、豆、麦等农作物，一年后让其抛荒，再开辟另一块地，如此周而复始地进行生产。

2. 元代土家族的社会生产

元朝时期，土家族的社会生产有了一定的发展，其在农业上的表现是农耕技术和产量都有所提高。元初，牛耕已经普遍使用，水稻种植在平坝地区较为普遍，丘陵、山区多种植豆类、小米等杂粮。在水利运用方面，多开沟引水，或用"筒车"提水浇灌农田。农耕技术仍然采取"烧畲"的刀耕火种方式，用荆棘杂草烧后作肥料。土家族学习汉族的生产经验后，利用山区优厚的自然资源，发展山区的经济作物，如从事种茶、割漆、采药、种桑养蚕、养蜂取蜜、榨油等经济活动。有的经济作物，如容美所产茶逐渐成为向中央王朝进贡的贡品。

元代，土家族手工业发展较快，其中尤以手工纺织发展最快。不仅能用棉、麻、丝做原料进行纺织，而且还能用棉、丝和棉、麻混合进行纺织，纺织技术水平与汉族比也相差无几。"土妇颇善纺织布，用麻工与汉人等。土锦或经纬皆丝，或丝经棉纬，用一年织纬，一年挑花，逐成五色"①。容美地区土家族的纺织技术最高，"洞被如锦，土丝所织，贵者与缎同价。龙凤金碧'堪为被褥'"②。今重庆市黔江、秀山、酉阳、石柱等地的土家族的麻织品也很著名，"石柱，邑梅，人织斑布为衣，平茶野麻缉布"③。

土家族的建筑和手工雕刻技术也较突出，特别是其岩洞建筑特点十分鲜明。容美土司衙署就是利用天然岩洞建成的，有万全洞、万人洞、情田洞等，洞内有用人工雕凿成的栈道、石台、关卡、鱼池、亭台楼阁，雕刻精细，独具特色。石柱土司衙署也是利用天然岩洞建成的，衙署中的玉音楼宏伟壮观，有七楹三层，高60余丈。可见其建筑、雕刻技术之高。

在农业和手工业发展的基础上，商业贸易也日益繁荣起来，土司衙署所在之地逐渐成为商品交换的重要场所。

---

① 光绪《湖南通志》卷四〇。
② （清）顾彩：《容美纪游》，《小方壶斋舆地丛钞》第六帙。
③ （明）顾炎武：《天下郡国利病书》卷七〇，《四部丛刊》本。

(二)封建领主制的发展

宋代,今渝东南民族地区的民族首领,在发展生产的过程中,采取了掠夺人口、奴役客户的手段,加强了人身依附关系,促进了封建领主制的发展。如冉、田、向、彭、覃、谭等世代豪族,为了扩展势力,对外通过掠夺、诱胁人户的办法来增强自身的经济实力,《续资治通鉴长编》卷二一九中记载:神宗年间"诱胁汉户,不从者屠之,没入田土,往往投充客户"。在当时的鄂、湘、川、黔毗邻区,诱胁人口的勾当,虽朝廷三令五申禁止,但实际上从北宋初至南宋末年一直存在,延续不断。

《宋会要辑稿·食货》和《宋史·食货志》中对南宋孝宗和宁宗时期,土家族地区主、客户之间严重的人身依附关系有比较详细的记载,以下是其记载的一部分:

(淳熙)十一年六月二十七日,户部言:夔州路转运司奉检准皇祐四年敕,夔州路诸州官庄客户逃移者,并却勒归旧处,他处不得居停。又敕:施、黔州诸县主户壮丁寨将子弟等,旁下客户逃移入外界,委县司画时差人计会所属州县追回,令著旧业。同助只应把托边界。本司今措置,乞遵照本路及施、黔州见行专法,行下夔、施、黔、忠、万、归、涞(峡)、澧等州详此;如今后人户陈诉偷般地客,即仰照应上项专法施行;如今未措置已前逃移客户移徙他乡三年以下者,并令同骨肉一并追归旧主;出榜逐州,限两月归业,般移之家不得辄以欠负,妄行拘占,移及三年以上,各是安生,不愿归还,即听从便;如今后被般移之家,仍不拘三年限,官司并与追还,其或违戾强般佃客之人,从略人条法比类断罪,从之①。

宁宗开禧元年,夔路转运判官范荪言:"本路施、黔等州荒远,绵亘山谷,地旷人稀,其占田多者须人耕垦,富豪之家诱客户举室迁去。乞将皇祐官庄客户逃移之法校定:凡为客户者,许役其身,毋及其家属;凡典卖田宅,听其离业,毋就租以充客户;凡贷钱,止凭文约交还,毋抑勒以为地客;凡客户身故、其妻改嫁者,听其自便,女听其自嫁。庶使深山穷谷之民,得安生理。"刑部以皇祐逃移旧法轻重适中,可以经久;淳熙比附略人之法太重,今

---

① (清)徐松:《宋会要辑稿·食货六九》之六六至六七。

后凡理诉官庄客户并用皇祐旧法。从之①。

从上引文献可见，宋代地方官员在陈述该区域内主、客户关系时，明确指出夔、施、黔、澧的封建人身依附关系相当严重。客户的田土妻小、婚姻聘嫁，全凭主户指派，实质上客户已成为民族间特别是豪酋们的私产。《宋史·刘师道传》云："川峡豪民多旁户……凡租调庸敛，悉佃客承之。"《宋会要辑稿·刑法》载："旁户素役属豪民，皆相承数世。"这样，土家族中的豪酋富户中的财富得到了更大的来源，所以，像澧州慈利一带的向思胜、彭永健、彭永政等，酉阳州的田祖周、田敏恭，施州的谭汝翼等，皆成了粮多田广的豪户。文献中申明的限制条款，则从侧面再现了人身依附关系严重的现实。这种状况直到元朝及以后还存在，朝廷官员虽屡陈其弊，法规条文一再勒定，但朝廷并未有力的阻止措施与行动。这样，土家族地区在特定的历史环境中，强化人身依附关系，便与发展生产有了更加直接的联系。

土家族地区奴役客户的程度十分严重，有的甚至是残酷的。《资治通鉴》卷二三七载言：黔州地方则有"多掠良人卖为奴婢"，攻州县，掠夺良民入溪洞，少则数十人，多则数百上千。这些劫掠去的人口，则紧紧地捆缚在豪酋们的土地上，强化人身依附关系。这样超经济的强制劳动长期延续，历宋、元而不衰。而且，豪户视客户若草芥，可以随意杀戮，生男供役使，生女为妻妾。

宋元王朝在册封土家族各首领世袭官职时，也授予了他们作为封建领主占有其封地的权利。因此，土家族社会的土地所有制的表现形式是"蛮夷"首领占有其疆域的大部分土地，山林田土都归担任各级职务的大小土官所有，各级首领，都是占有大量山林土地的大小封建领主，他们所辖土地上百甚至数千顷，而广大土民没有土地，是大小领主的农奴。农奴被牢固地束缚在土地上，世代为农，不得迁徙，没有人身自由。各级封建领主对土民任意驱使，农奴一方面要为领主服劳役，一方面又要参加战争，"春夏则营种，秋冬则暴掠"，为领主夺取更多的土地、人口和财物。农奴不仅本身被奴役，其家属也要受领主的压榨和役使。与此同时，这一时期，出现了一种新的土地所有制形式——小私有土地，即自耕农民拥有的一小块自耕土地。由于朝廷实行屯田垦荒的政策，参加民屯的民户可以分得一小片土地归己所有，自行耕种。"凡民，水田

---

① 《宋史》卷一七三《食货志上一》。

赋粳米一斗，陆田豆、麦夏秋各五升。满二年无欠，给为永业。""一夫授田百亩……凡授田，五人为甲，别给蔬地五亩为庐舍场圃……民屯以县令主之。"①这种民屯田地，两年之内，不欠田租地税，即可为农户己业田②。

唐末宋初，土家族地区的封建领主经济已经初步形成，地土山林都属于各级大小土官所有。随着元初开始的土官土司制度在南方各民族地区的推行，原来的民族首领酋长演化为世领其土、世袭其职的土司土官以后，农奴制经济也在各地普遍确立。其特征为作为封建领主的土官、土司完全地占有其所属的土地和不完全地占有其属民。土司、土官除让他们耕种份地外，还要他们负担各种各样的劳役，充当土司兵丁直到田间生产和家内有关生活的各种劳役均由他们承担。土官有审理裁决司法之权，所以实际上，农奴的生命财产也往往任由土官生杀掠夺，农奴没有一点人的尊严和人身自由的权利。

土家族地区土司对土民的剥削形式有三种：劳役地租、实物地租、货币地租，而劳役地租是主要的形式。

劳役地租。在土司管辖地区，由于实行兵农合一、寓兵于农的制度，因此，劳役地租分为兵役和劳役两种形式。分属各旗的土兵，既是土司巩固统治的工具，同时又是封建领主经济下的农奴。他们战时服兵役，平时服劳役。广大民众除利用自己的生产工具为土官无偿地种植田地外，还负担名目繁多的徭役。"米房旗"者专事磨面碾米；"镶旗"者专事制造各种首饰器皿；"吹鼓手旗"者专事婚丧乐之役使；"伴当旗"者则成为土司的随从，听任土司差遣。若耕种了某些特别名目的田地后，就必须负担此类田地名的劳役。例如，种"兵田"者，就必须派人去土司衙署当兵；种"挑水田"者，就必须给土司挑水。又如，思州土司田氏，就规定了种"马院洞"土地者，就必须给土司养马；种"鹞坪洞"土地者，就必须给土司养鹰，以供土司狩猎之时派用。

实物地租。土司规定，其属下必须交纳一定数量的实物，"每年每户，派送食米并鸡鸭肉肘，自土官、家政、总理以及该管舍把四处，断不可缺，虽无力穷民亦必拮据以供"。所送实物，因所从事的农副业不同而有所不同。而且，所有规定一经颁布，未经土司允许，不能擅自变更。例如，家中养了蜜蜂的土家农户，每年必须向土司交纳一定数量的蜂蜜、黄蜡。若养蜂户不再养

---

① 《宋史》卷一七六《食货上四》。
② 宋仕平：《土家族古代社会制度文化研究》，民族出版社2007年版，第70页。

蜂，也要"因其曾经畜养，俱令买蜜蜡供给"。土司下乡巡视，劳役者必须按户科派实物；新任舍把等官上任，他们必须送贺礼。对在境内经商的商人，土司责令其在年节之时应"馈送土官、家政、舍把、总理等礼物。名曰节礼"。如商贾在年节之时，未送"节礼"，"非强取其货物，即抄掠其资本"。

货币地租。"土司如有横敛，则责之旗头，按户索取之"，这种横敛多征收银钱。例如，永顺土司属下的民众每立一个火坑（意指炉灶），必须交纳银钱二钱二分，称之为"火坑钱"或"烟户钱"；保靖土司规定，土家农户开垦一片荒地，每一把锄头入山，要交纳银钱三至五钱不等，名曰"锄头钱"。土司在征收银钱时，又往往用家藏老戥秤收，这种老戥秤较普通戥秤，一钱竟然要重三到四钱。各级土司官吏对民众任意勒索钱两，"指一派十，希图如己"[①]。

元朝时期的土家族地区，土司政权是一个军政合一的政权组织，宣慰使、宣抚使、安抚使等土司不仅是朝廷任命的区域性的行政长官、家族的首领和酋长，更是军事征战的首脑，并有相应的等级和官阶。土司政权自成一体，其组织结构构成一个等级森严、层层隶属的封闭的官僚系统。这个系统的组成为：土司、总理、家政、舍把、总爷、亲将、峒长、寨长、总旗、旗长等。土司是集军政大权于一身的最高长官。所有土民战时为兵，平时为民。土司在自己的辖区内，可以自行任命不同级别的行政管理人员，他是土司统治政策的具体执行者，是由土司嫡子、宗亲担任要职的各级土官。总理：亦称旗鼓，是土司衙署里的高级管理者，地位仅次于土司。"每有征伐，则为大将，生杀在掌。"总理一职，一般由土司的同胞兄弟担任。家政：次于总理一级的官员，这一职位，也由土司的同胞兄弟担任。舍把：也称舍人。属于处理文书诉讼、上京城或省府办事的走差。舍把一职，一般由土司的旁系兄弟担任。总爷：土司子弟担任各级官职的均称为"总爷"。亲将：土司的贴身侍卫。峒长：数寨或一个大寨为一个行政单位的，称为峒，并设峒长。寨长：是一个村寨的头目，负责管理本寨的地方事务。总旗、旗长：旗是土家族土司社会的基层组织，具有军、政两方面的功能，各旗设有旗长，旗长在行政管理方面的职责仅限于户籍管理。总旗职位在旗长之上，其职责主要是军事管理[②]。在恩施、巴东、石柱等地，于各司之下设立里甲制，以一百一十户为一里，一里分为十甲，里设

---

① 宋仕平：《土家族古代社会制度文化研究》，民族出版社2007年版，第65~66页。
② 宋仕平：《土家族古代社会制度文化研究》，民族出版社2007年版，第45~46页。

"乡约"、里长，甲设甲长。里甲之内的劳动人民都要互相担保，不得隐藏户口，任意流徙。各级土司通过这一套组织机构，对土家族人民进行严密的统治。

严格的封建等级制是土司统治时政治的显著特征，等级森严，不可逾越。土司自称"本爵"，土民称土司为"爵爷""都爷"或"土王"，称其妻为夫人，妾为某姑娘，幼子为官儿，女为官姐，土司子弟担任官职的为总爷。土司的下属官吏对土司父亲不能直呼其名，甚至与其父名的同音字也必须以其他字代替，"讳父名"，犯者要遭到斥责。建筑上等级也极为森严，土司衙署"绮柱雕梁，砖瓦鳞次。百姓则叉木架屋，编竹为墙。舍把头目，许竖梁柱，周以板壁。皆不准盖瓦，如有盖瓦者，即治以僭越之罪"。土司所到之处，土民必须下跪迎接。残酷的刑法是土司对土家族人民实行野蛮统治的重要手段。"土司杀人不请旨"，各级土司操生杀予夺大权，稍不如意即对土民任意屠杀。土司设有监牢和刑场，土人犯罪，小则土知州治之，大则土司自己处治。土司的刑法极为残酷野蛮，重者斩首，轻者施以宫刑、断指、割耳、杖责等刑。土民中凡具有反抗意识者，或在土司衙署偷拿物品者，都处以极刑，一律斩首。土民怠慢土司的客人，或不按期与土司会见的都要被割掉耳朵，一般有盗窃行为的被断指。行刑时，都由土司亲自监处。犯杖责罪者则由其下属官员施行棍杖，亦有死于杖下者。

（三）土家族的社会风俗

宋元时期，今渝东南土家族地区保持着自己特有的社会风俗习惯，这些习俗体现了其民族的特点。第一，信奉竹王。竹王的传说流传于南方许多民族之中，土家族在两宋时期也有不少人敬奉竹王，各地都修建有竹王庙祠。第二，悬棺葬。两宋时期，土家族地区亦盛行悬棺葬，在峡江地区尤为盛行。人死后在陡峭的山腰凿洞建石窟，然后将棺木移进石窟。当时，这种石窟在峡江地区随处可见。第三，跳丧。到两宋之时，土家族地区人死跳丧击鼓，绕尸而歌的跳丧习俗仍然存在。第四，敬巫鬼重淫祀。土家地区处巴楚两地交汇处，巴楚文化对其都有深刻影响。巴楚文化中有一共同之处，那就是敬鬼、重巫，这对土家族产生了很大影响。两宋之时，土家族地区的崇巫敬鬼之俗特别浓厚。土家地区还盛行用人祀鬼神的风俗[①]。

土家族的民间文化。宋元以前，土家族民间就流行巴歌《踏啼》，到宋

---

① 段超：《土家族文化史》，民族出版社2000年版，第96~97页。

元时期，土家族地区民歌中出现了一种新的名为"竹枝歌"的歌谣。对此，史籍载称，宋代万州、忠州、梁山一带的风俗习惯："正月七日，乡市士女渡江娥眉碛上，作鸡子卜，击小鼓，唱竹枝歌。"开州，"巴之风俗皆重田神，春则刻木虔祈，冬即用牲赛邪。巫击鼓以为淫祀，男女皆唱竹枝歌"。达州巴渠县，"当夷獠之边界，其民俗：聚会则击鼓，跳木牙、唱竹枝歌为乐"①。土家人这种竹枝歌是在吸取《踏啼》等民歌谣基础上而产生的。竹枝歌是反映当地风俗习惯的土生土长的民歌，所谓"俗土尚巴歌"。竹枝歌具有很强的生命力，它不仅在歌词情调、句式结构方面同后来的土家族民间歌谣有很多相似之处，而且在土家族文人的诗作中亦得到了继承和发扬。竹枝词为七言诗体，上四下三，相随和声，牵手踏啼。其旋律悠扬婉转，保留了巴歌的主要特点②。

摆手舞流行于酉水流域，今湘西龙山、永顺、古丈、保靖，鄂西来凤、宣恩，渝东南秀山、酉阳等县地。摆手舞土家语称为跳"金巴"，是土家人祭祀祖先与庆新年、祈丰收的集体活动。它源于土家族先民的巴渝舞，至两宋时期已经产生，在元朝时期，已盛行于土家族的民间。"土民赛故土司神，旧有堂曰摆手堂，供土司某神位，陈牲醴，至期既夕，群男女并入，酬毕，披五花被，锦帕首，击鼓鸣钲，跳舞歌唱，竟数夕乃止。其期或正月，或三月，或五月不等。歌时男女相携，蹁跹进退，故谓之'摆手'。"③跳摆手舞有专修的摆手堂，参加活动的人群欢聚摆手堂前，随着锣鼓的节拍，翩翩起舞，其舞姿有表现狩猎的《打猎舞》；有表现农事的《生产舞》；有表现战争的《马前舞》；也有反映土司生活的《饮宴舞》；还有模仿动物姿态的《跳蛤蟆》《鲤鱼标滩》《老鹰展翅》《水牛打架》等舞，动作原始古朴，刚健清新。同时要唱《摆手歌》，其唱词为追溯土家族的来源、迁徙的历史，赞颂祖先的艰苦创业。可见，跳摆手舞本是土家族祭祀祖先的大型活动，由于这个活动一般在正月举行较多，又将祭祀祖先与庆新年、祈丰收相结合。

产生于唐代的跳丧舞到元朝时又有了进一步的发展，在土家族地区流传很广。土家族人俗称跳丧为跳"撒尔嗬"。这种歌舞，以鼓为伴奏，一人掌鼓，二人或四人对舞于灵柩之前。掌鼓者击鼓领唱，舞者闻声起舞，接声和唱，且

---

① （宋）乐史：《太平寰宇记》卷一四九、卷一三七。
② 段超：《土家族文化史》，民族出版社2000年版，第90~92页。
③ 段超：《土家族文化史》，民族出版社2000年版，第104页。

歌且舞，掌鼓领唱者变换一个曲牌，舞者则变换一种舞姿。歌词有《十想》《十劝》《十梦》《十月怀胎》《十爱》《十二月歌》《哑迷子》等，其内容涉及历史、人物、风物季节、伦理道德、爱情、儿歌以及对死者生平的歌颂等方面。如《十梦》领唱："三梦白虎当堂坐"；和吉："白虎当堂是家神"；和凶："白虎当堂要吃人"。其舞蹈有《牛擦痒》《狗连裆》《鸡啄米》《凤凰展翅》《犀牛望月》《猛虎下山》等，舞姿粗犷刚健，和谐自然；歌声高亢优雅，感情逼真。歌舞者神情专注，围观者情绪热烈，随鼓声节拍而击掌，随领唱而和唱。"鸣锣击鼓，歌呼逮旦，谓之闹丧"。因此，土家族的跳丧舞应是一种原始古朴的娱神歌舞[①]。

六、苗族的文化

大约在宋朝时，苗族的封建领主制已渐形成，到元朝时期封建领主制又有了发展。在土司统治下，宋元时期苗族社会处于封建领主制的发展阶段。土司区内大部分土地都被大大小小的土官所占有，"各有份地（领地），自为部落"。宣慰使的土地叫"公土"或"官庄"，土目（小土司）占有的土地叫"私土"或"私庄"。土司又将占有的土地若干个"庄田"，由各封建领主各自掌管。领主对其下属或亲属也赏给一份土地，令其管理经营。一般是按职位大小、地位尊卑，给以不同的份额。大小领主占有的土地都由农奴无偿代耕。

领主也分给农奴一份土地令其耕种，作为维持农奴全家生活所需。农奴的份地，农奴只有使用权，无所有权。农奴得到份地的条件是：必须为领主耕种"私土""公土"，产品全部归领主所有。不为领主耕种土地的农奴则必须为领主服各种劳役或交纳各种实物，所交实物有猪、牛、羊、鸡、鸭等，称为"猪租""羊租""牛租"等。

领主对农奴的剥削，是以劳役地租为主，兼有实物地租和少量货币地租。劳役地租的种类很多，除为领主耕种"公土""私土"外，还有数十种，诸如"兵田""伙夫田""挑水田""马料田""针线田""柴火田"等。种哪一种田，就要为领主服哪种劳役，如种"马料田"者就要为领主养马。领主对农奴的特权剥削也很严重，农奴要向领主交纳赋税，其中如按户征收的"火坑钱""烟户钱""火烟钱"等；也有按劳动力征收的"锄头钱"；还有按土

---

① 段超：《土家族文化史》，民族出版社2000年版，第105页。

地面积征收的"等赛",所征次数不定,"一年四小派,三年一大派,小派计钱,大派计两"①。

苗族地区封建领主制内部形成明显地两个对立的阶级:领主阶级和农奴阶级。

领主阶级即统治阶级,是由大大小小的封建领主构成的,包括各级土官——指当权的宣慰使、安抚使、土知府、土知州、土知县等。他们是辖区内的最高统治者,占有大部分土地,完全或不完全占有农奴的人身。庄主——土官的亲属或亲信,接受土官赐予的一个庄子或一片土地,他们既是土官的下属,又是庄田的主人,是这片土地的占有者和统治者。带兵头目——是土官的下属,其职责是带兵作战,可从土官那里得到一份土地作为职俸,转令农奴耕种,收取实物地租或强迫农奴服各种劳役。头目或寨长——土官管辖区县以下的头目,也占有一部分土地和农奴。此外还有流官和客商的后裔,这部分人一般有功名地位,是附属于土官的阶层,与土官关系密切,或是土官的谋士或下属。由上述的五部分人组成了苗族封建领主制下领主阶级,即统治阶级。

农奴阶级,又称为土民,即被统治阶级。包括农奴、奴隶、矿工、自由民、依附民等。

农奴:苗族社会的主要生产者,人数最多,在生产中占有重要地位的阶层。他们有少量属于自己的生产资料,如耕牛、农具,没有或只有少量土地。耕种土官给予的份地,要给土官服各种生产或非生产性的劳役,或向土官交纳实物地租,世代被束缚在领主的土地之上,没有完全的人身自由,社会地位低下。

奴隶:主要有家奴和耕奴两种。受压迫剥削最深,社会地位比农奴更卑贱的阶层。他们没有任何生产资料,没有人身自由,甚至没有生命保障,领主可将其杀死或作为礼品、陪嫁品互相赠送。

矿工:在各种矿山采矿的劳动者。人数不多,社会地位与农奴相当,实际是一种出卖劳动力为生的农奴。

自由民:被统治阶级中地位较高的阶层。他们是土官的远亲或是流官的后裔或商人。也有的是因为立了小功而被解除了农奴或奴隶身份的人。他们有自己的一小片土地,不服劳役,不交或只交少量赋税,有迁徙自由,也可读书应试。自由民在苗族中数量较少。

---

① (明)王圻:《续文献通考》卷一三六。

依附民：是居住在边远山区的一些部落，政治上虽然依附于土司，但有很大程度的独立性，有自己的社会组织，土司对他们也只能实行不严格的羁縻统治。此类人，苗族中较多。

在社会习俗方面，苗族有自己独有的特点。在婚姻习俗方面，有一种传统的缔结婚姻的方式，被称为跳月，也叫跳花、踩花山、扎山等。跳月的习俗产生得很早，在宋元时期就已经产生了。跳月的时间，一般在春（正月）至四月。月场选择在山野平旷处，场中有立竹竿（"鬼竿"）、冬青树（"花竿"）和木马三种不同的形式。届时，父母偕同子女一道赴月场，并在旁共饮同乐，或作些指导和鼓励。小伙子们吹芦笙为前导，姑娘们则翩翩起舞后随。继而歌声往来，彩球飞扬。最后"目许心成"，相悦者为配，或"选幽而合"，或"负女以归男家"，或相互"换带"，私订终身，再通媒妁议聘礼。此外，唱歌觅偶也是苗族婚姻习俗的重要内容，青年男女通过对唱情歌，寻找伴侣，缔结自由婚姻。男女双方通过唱《长情歌》《成双歌》，互赠信物，自订婚约，然后再征求父母意见。如果双方父母也同意，男方即请一个与女方家关系较密切的人充当媒妁到女方家求婚，表示"明媒正娶"，婚姻关系最后确立下来。如果父母反对，往往"私奔"，或造成悲剧结果。宋代陆游《老学庵笔记》中就有对巴蜀地区苗族此习俗的记载，说明此俗在宋代即已形成[①]。

在服饰方面，四川苗族也有自己的特色。男子留着齐颈的长发，结成辫盘在头上，包裹青布或白布帕。穿的衣服是四块瓦式，长衫大领，领子有花边，腰束腰带并留带尾。带子有的是麻布，也有丝质的，颜色多为青色和蓝色，也有绿色的。衣服袖子大，拴束有花布或白布。男子下装，为大裤脚裤，裤脚大到五十厘米。男子戴耳环，手戴镯子和戒指，有铜质的和银质的。女子服饰，平时一般都是头上包着毛巾或青白布帕，身穿自种自织、自制的麻布长衣，绣有花边，衣长及膝，腰束青布带子（长约四米），或拴青围腰，下身穿花裙，脚缠绑腿（约六米），颜色是青的或白的。

七、各民族文化的相互交流与影响

（一）汉族与藏族文化的交流

汉族与藏族的文化交流主要有两大方面：一是汉族百姓到吐蕃地区去，带

---

① 伍新福：《苗族文化史》，四川民族出版社2000年版，第340页。

去汉族文化；二是茶马互市，民族之间各方面的交流。

宋朝建立后，朝廷加强了四川盆地腹心地带汉族地区的统治。此外，又在盆地以西的茂（今茂县）、维（今理县）、黎（今汉源）、雅（今雅安）诸州的少数民族地区实行羁縻统治。大渡河以西的今甘孜州一部分地区虽非宋朝直接统治地区，但是割据与混乱并没有割断汉族与藏族的友好来往，吐蕃与汉族人民之间的经济联系仍在不断发展。岷江流域以西、以南（包括今天四川省甘孜、阿坝两个民族自治州）的民族地区，进入封建制度的时间较早，封建化的过程较快。根据12世纪后半期汉文史料的记载，黎州大渡河以西、以南的耕地大多为吐蕃人所有，汉族农民经常到河对岸去租种这些耕地，"黎州过大渡外（即今甘孜州藏族地区），弥望皆是蕃田。每汉人过河耕种其地，及其秋成，十归其一，谓之蕃租"。即秋收时，付给吐蕃收成的十分之一，名为"蕃租"。这种"蕃租"田，就是汉族农民渡过大渡河去租种吐蕃人的农田，通过租种传授农业生产技术。显然，这已经是较劳役地租前进了一步的实物地租形式。汉族农民租种吐蕃人的土地，不仅使农业生产技术得到交流，而且也密切了两族人民间的生活联系，对这个地区的发展，是有一定促进意义的。

"茶马互市"是我国历史上汉族与吐蕃民族间的一种传统的贸易形式和经济联系，有悠久的历史，在唐朝时就已经开始。从事畜牧业生产的吐蕃各部，历来有以羊、马或其他畜产品，向汉族换取茶、绢的传统。宋代与吐蕃地区的"茶马互市"在唐代基础上又有了发展。宋太平兴国六年（981），朝廷就"诏岁于马郡市马，偿以善价。由属戎人驰马诣阙下者，悉令县次续食以优之"。真宗时期（998~1022），已在许多边郡州县，设买马场，"皆置务，遣官以主之"，专门办理向沿边少数民族市买战马等事宜。除市马之外，还建立了招马制度。每岁皆给以空名敕书，委沿边长吏差牙校入蕃招买，给路券送至京师，至则估马司定其价。黎州和雅州，在当时既是通往吐蕃地区的要道，又是茶马互市的中心之地，所以宋朝规定了"专以雅州名山茶为易马用"[①]。于是，渐渐把原来民间零散的茶马交换集中起来，使之成为有组织的市场。黎州是宋朝在四川买马最多之地。"凡云蜀马者，惟沈黎市为多"。每年买马数量都占川内买马总数的二分之一以上。有时一年买马多达四千匹以上。元符二年（1099），买马五千二百八十匹。宋朝在雅州（今雅安）和碉门（今天全）也都设置了市马场。今甘孜地区的吐蕃人

---

① 《宋史》卷一九八《兵十二》。

也"时至碉门互市"。而"蜀之富商大贾皆辐辏焉",与吐蕃进行商业贸易。宋代在黎州、碉门、雅州的"茶马互市",对象主要是今甘孜州地区的吐蕃人。

虽然宋朝政府实行茶马互市,在主观上是有羁縻少数民族之意图,但客观上却促进了以上吐蕃地区的社会安定和经济繁荣。同时,在"茶马互市"过程中,宋朝政府在沿边各地"招募蕃商,广收良马",汉与吐蕃的商务贸易往来,促进了汉族与吐蕃之间政治、经济和文化方面的交流,也加快了吐蕃地区社会封建化的进程。吐蕃地区的马匹和珠玉等土产经雅安输入内地,汉族人民生产的茶叶、布帛等物资又大量地从雅安、汉源等地输出,远销整个藏族聚居区。茶马互市,既反映了汉、吐蕃两个民族间经济联系的增强,也生动地说明了两族人民之间互相依存、互相支持的亲密关系。

到元朝时期,在统一的中央王朝的管辖之下,四川藏族聚居区同汉地的联系更加密切,经济文化有了进一步的发展。传统的"茶马互市"在元代更为发展,特别是在川、藏交界的朵甘思一带,汉族与吐蕃的贸易自相往来,不受限制。至元十四年(1277),元朝"置榷场于碉门、黎州,与吐蕃贸易"。吐蕃以马匹、氇氆等土产换取内地所产的茶、绢、帛等物品,在一定程度上满足了各族人民开展商品交换和商业贸易的需要。除了民间贸易和官方组织的茶马交易外,吐蕃土司头人和上层喇嘛还以朝贡的方式至内地贸易。元代驿路畅通,为使者供应食宿和交通工具,故朝贡人员络绎不绝。大德年间,四川行省、土番宣慰司都元帅府等处,每年有"西番大师及色目人员"进贡马、骡一千余匹,狗一百余只[①]。

在汉族与吐蕃交流日益密切的背景下,这一时期汉人源源不断进入四川吐蕃地区。据调查,在进入康区的汉人中,以陕西人历史最早。由于元朝早期经营吐蕃地区,是以政治中心在京兆的陕西、四川行省为基地的,因此在蒙古军队出征之后,接踵而来的商业贸易多由陕西商人捷足先登。据统计,元代汉人进入康区的有三百多人,其中绝大部分是陕籍商人。至今在甘孜地区还流传着陕西人编写的汉藏对译的韵书,其中写道:"天叫朗,地叫沙,驴子孤日马叫打。酥油玛,盐巴察,大人胡子喀苏热。却是你,可是他,喝茶加统饭热玛。来叫学,去叫松,藏族白米汉叫甲。"[②]这是元代进入今甘孜地区的陕西人在

---

① 贾大泉、陈世松主编:《四川通史》卷五,四川人民出版社2010年版,第191页。
② 格勒:《甘孜藏族自治州史话》,四川民族出版社1984年版,第76页。

经商中注意学习藏族语言的见证。

（二）汉与"乌蛮"文化的交流

"叙州三路蛮"与叙州汉族民众有密切的贸易关系。太平兴国（976~984）年间，宋朝就正式在戎州设置市马场，与石门、马湖部开展互市。随着少数民族将马匹、木板、邛竹杖等土特产品贩运至叙州贸易的数量增多，宋朝还在叙州设立"抽税场"，置场征税，并以通晓其语的郡吏为"蛮判官"，充当蕃汉贸易的中介和管理人，由于各族交易者与汉人言语不通，故唯"蛮判官"之言是听。在交易中如太不公平，严重损害了其利益，"则亦能群讼于郡庭而易之"。这些到叙州进行商业贸易的少数民族，常宿息于寺院之中，休闲时则群聚而赌博于寺院的殿堂之上，"骰子亦以骨为之，长寸余而匾，状若牌子，折竹为筹，以记胜负"。赌博时，"剧呼大笑……宛转毡上，其意甚乐。椎髻獠面……见人亦不顾省，时方五月，皆披毡毳……"①可见他们在经济文化生活上，仍处于比较落后的阶段。

在泸南地区，各民族间的长期交往，使各民族劳动人民之间的相互了解日益加深，经济和文化的发展都相互得到促进，特别是汉族先进的经济文化对僚人和"乌蛮"社会产生了巨大影响，推动了民族融合的进程，泸州民族地区也得到了更多的开发。宋代正处于封建势力向泸州少数民族地区深入从而给后者带来巨大变化的重要时期，同时也为"泸夷"最终被纳入封建经济文化体系奠定了坚实的基础。

（三）渝东南汉族、土家族、苗族文化的互相影响

据《舆地纪胜》记载，宋代，在川东涪州（今重庆长寿、涪陵、武隆）一带，"有夏、巴、蛮、夷，夏则中夏之人，巴则廪君之后，蛮则盘瓠之种，夷则白虎之裔"，并呈"巴夏居城郭，蛮夷居山谷"②的居住、分布格局。在共同居住、生活于今渝东南地区的情况下，出现了汉、土家、苗等族文化相互交融的趋势。在交融过程中，各族文化相互吸收。

首先是土家族文化接受、吸取了苗族文化的因素，苗族文化对土家族文化产生了很大的影响。主要表现在：第一，信奉竹王。竹王传说广泛流行于西南民族中，其中以苗瑶系民族较为普遍。由于土家人与苗族处在同一文化区，文化长期

---

① （宋）陆游：《老学庵笔记》卷三。
② （宋）王象之：《舆地纪胜》卷一七四。

相习，部分土家族人也由此接受了竹王信仰。第二，土家、苗族在生产技术上的彼此相互学习。土家与苗各有其独特的生产技术，在长期的生产生活中，两族人民相互学习，生产技术逐渐有了许多相同之处。第三，祀青草鬼。苗族人祀青草鬼，土家族在与苗族相处中也祀青草鬼。第四，服饰趋同。土家与苗族本来服饰不一，由于彼此相习，在一些地方，土家、苗家的服饰趋同①。

其次，汉文化对土家族文化也有很大的影响。两宋时期，虽然中央政府实行民族隔离政策，但并未阻止汉族与土家族之间的往来，汉族地区仍有不少人口进入土家族地区。这一时期，汉族进入土家族地区有下列几种形式：一是土家族地区首领招募的汉族地区流民。两宋时期，在与汉族交界的土家族地区，由于先进经济因素的影响，社会经济发展很快，而这些地区的土家族土酋为了大量开垦辖区内土地，获取更多财富，又广泛从汉族地区招引汉族流民进入区内开垦。与此同时，汉族地区农民为了逃避沉重的赋役负担，也乐于进入土家族地区。宋政府对于这种汉地区流民大量进入土家族地区的情况起初是严加禁止的，并制定有法律惩罚进入土家族地区的流民，但这种汉族流民进入土家族地区的情况禁止不了，而且随着时间的推移愈来愈多。后来，一些大臣主张对进入土家族地区的流民采取宽容政策。对此，《宋史》称："宁宗开禧元年，夔路转运判官范荪言：'本路施、黔等州荒远，绵亘山谷，地旷人稀，其占田多者须人耕垦，富豪之家诱客户举室迁去。乞将皇祐官庄客户逃移之法校定：凡为客户者，许役其身，毋及其家属；凡典卖田宅，听其离业，毋就租以充客户；凡贷钱，止凭文约交还，毋抑勒以为地客；凡客户身故，其妻改嫁者，听其自便，女听其自嫁。庶使深山穷谷之民，得安生理。'"②二是土家族地区首领从汉族地区掠夺来的汉族人口。两宋时期，土家族首领增加劳动力的办法除招募外，还经常率兵进入汉族地区掠夺人口。有关土家族首领进入汉族地区掠夺人口的记载不绝于书。如，北宋时期，施、高、溪、黔四州首领"攻州县，掠民男女入溪洞"，少则数十，多则数百。宋真宗咸平五年（1002），夔州路转运使丁谓以绢一匹换回被掠丁口一人，共赎回丁口万余名。宋"景德二年辛酉。峡路都监侯延赏等言，施、黔溪洞掠去汉口七百余户。归业，悉以兵器、铜印、假署符牒送官。"三是宋政府驻守土家族地区的士兵。为防止土家

---

① 段超：《土家族文化史》，民族出版社2000年版，第40页。
② 《宋史》卷一七三《食货上》。

族地区首领反叛，宋政府在土家族地区与汉族地区交界地带驻有大量士兵，这些士兵中，一部分来自中原汉族地区。他们中一部分人最后并未回原籍，而是在土家族地区定居，成为土家族地区人口的一部分①。通过以上三条途径，大量的汉族人口进入土家族地区。伴随大批汉人的进入，汉文化也随之进入土家族地区，对土家族文化产生了重大影响。一是汉族人口进入土家族地区定居带来了先进的生产方式，使汉族农耕文化在土家族地区得到认同。二是汉族人口在土家族地区定居，不少汉族人与当地土家族人联姻，在多民族的家庭中，民族之间的交流更为广泛而深刻，它直接促进了两族文化的相互吸收与融合。三是汉族与土家族共同生产、生活，加深了彼此的了解，两族文化交流得以广泛持续地进行，汉族文化的许多要素为土家人所接受②。

---

① 段超：《土家族文化史》，民族出版社2000年版，第166~168页。
② 段超：《土家族文化史》，民族出版社2000年版，第177页。

第五章 明清时期的巴蜀民族文化

第五章　明清时期的巴蜀民族文化

明清时期，巴蜀大地作为多民族地区，继续保持着"川省番蛮，种类繁多"[①]，即多元一体的民族人口分布与文化格局。按照当代我国民族识别的标准，在明清时期，除汉族外，满、蒙、藏、彝、羌、回、土家、苗、纳西、壮、布依、傈僳、傣、白等十四个世居少数民族都已迁徙、定居于巴蜀大地[②]。另外，明代在川东南民族地区，还继续分布、居住着被称为"僚"的少数民族，其中以居住在今四川省宜宾市珙县一带名曰"都掌蛮"的一支势力较为强大。

明清时期巴蜀各族民众跨地区或在巴蜀境内的居住和迁徙，强化了巴蜀各民族人口分布上聚居、杂居或大杂居、小聚居的格局，并使得明清时期巴蜀各民族因人口的迁移、流动而政治联系密切，经济交流活跃，文化交融增强，进而促进了这一时期巴蜀地区各民族及其民族文化的蓬勃发展，使之显示出丰富多姿、绚丽多彩的民族文化繁荣景象。

第一节　明清时期巴蜀少数民族的分布

一、主要少数民族

（一）藏族

在明清时期的朝廷文书和史志文献中，藏族仍常被称为"吐蕃""番""西番""夷""番民""夷人"等，至清代康熙年间之后才渐被称作"藏人"。藏族是古代巴蜀地区世居少数民族之一。在明清时期巴蜀地区各民族中，除汉族外，以藏族所分布、居住的地区最为广泛；从人口总数来看，藏族也仅次于汉

[①] 《清高宗纯皇帝实录》卷二八六。
[②] 王纲：《清代四川史》，成都科技大学出版社1991年版，第248页。按：鉴于明清时期历史文献关于巴蜀少数民族的记载与识别，均较为粗略而且含混不清，对少数民族的称呼，亦有"蛮""番""苗""夷""倮"及"番倮""番苗""夷倮""苗倮"等多种语义含混甚或带贬义的称谓，本章尽量采用中华人民共和国成立以后通过民族识别确定的各少数民族的称谓进行论述。特此说明。

族，而居其时巴蜀少数民族之首。

明清时期蜀地藏族主要聚居在川西北高原，即北接青海、甘肃，西连西藏，南邻云南，东南接四川盆地及川西南山地的广阔地域之内。其居住与生活的范围，大致包括今四川省甘孜藏族自治州、阿坝藏族羌族自治州和凉山彝族自治州的木里县，部分藏族散居于凉山彝族自治州的盐源、冕宁、甘洛、越西等县，雅安市的宝兴、石棉、汉源等县和绵阳市的平武、北川等县。其中，川西北藏族区，又分为"嘉绒藏族"区，包括今天的马尔康、理县、壤塘、金川、小金等县；安多方言区，包括今天

壤塘日斯满巴碉房（杨嘉铭摄）

的松潘、阿坝等县；汉、藏、羌、回族杂居区，包括今天的宝兴、汶川、九寨沟、平武等县；其中，居住在平武、九寨沟两县的部分藏族，又被称为"白马藏族"。川西藏族区，大致包括今甘孜藏族自治州所属的雅江、稻城、丹巴、泸定、康定、理塘、巴塘以及今西藏自治区昌都地区部分县。川西南地区的藏族，与彝、蒙古、纳西、苗、壮、布依等多个少数民族错杂而居，其地域包括今凉山彝族自治州的木里、盐源、冕宁、甘洛、越西等县和雅安市的宝兴、石棉、汉源等县。

（二）彝族

彝族自称"诺苏"，明清时期的官方文件和史志文献则仍称他们为"夷""倮倮""倮罗""罗罗""啰啰"等。

彝族作为古代巴蜀地区世居少数民族之一，主要分布在川西南紧邻云南的大小凉山及附近地区，即北起大渡河，南至金沙江，西迄盐源、盐边县，东交峨眉山市、屏山县的这一广大的丛林山地区域内。如明代史籍记载，"云南四川诸处边夷之地，民皆啰啰"[1]，建昌路"倮罗，种类甚蕃"[2]，会川卫

---

[1] 《明太祖实录》卷二三九。
[2] 《明熹宗实录》卷五五。

"永昌等七州一县……俱系僰人子、倮罗二种夷人"①,"大凉山以外,尽皆夷地"②。《清史稿》载称:"凉山夷倮者,居宁远、越巂、峨边、雷波、马边间浅山,部落头目属于土司。深入则凉山,数百里皆夷地……分数百支,不相统属。"③同治《会理州志》记载:"宁远府地界,北至大渡河起,南抵金沙江止,绵亘千里而遥,东为大小凉山,系生倮熟夷。"光绪《雷波厅志》记载:"近汉地居住辖于土司土舍者为熟夷,约三四千户。居凉山者为生番,约数万户。"由此可见,明清时期巴蜀地区彝族具体的分布范围,大致包括宁远府属之西昌、盐源、甘洛、越巂、冕宁、喜德、昭觉、布拖、金阳、会理,叙州府属之峨边、马边、雷波、屏山、叙永等厅、州、县。另外,从清中叶开始,居住于凉山喜德一带的部分彝族,为了寻觅和拓展新的生存空间而向西、北方向发展,西迁入云南,北迁到了今甘孜藏族自治州的九龙等县。又据调查,清代凉山四大土司之首的沙马土司所辖的彝族,其先祖原居于贵州咸宁、云南昭通一带,系"明末清初,吴三桂带兵进剿云南彝民,当地彝人分三路纷纷逃进凉山",即迁入川西南,逐渐在古尼拉达和沙马甲谷两地定居下来的④。

(三)羌族

羌族是巴蜀地区一个历史悠久并且源远流长的古老民族,汉文古籍上多称为"羌人",也称"番人""夷人"等,明清时期主要分布于川西北的岷江、涪江上游地区,即明代茂州、松州、潘州三卫所管辖的区域,大致包括今四川省阿坝藏族羌族自治州的茂县(时称"茂州")、理县、汶川、松潘、黑水等县和绵阳市北川县(时称"石泉")、甘孜州丹巴县等地,故史籍载称:"松、叠、威、茂,皆氐羌居之。自汉以来,叛服靡定"⑤,"松茂、平武、石泉,皆番羌杂处"⑥。

明清时期的羌族,史籍上称为"番""西番""博倮子"等,按照"汉化"程度的不同而有"生番""熟番"之分别。大体上,以茂州为中心,靠近

---

① (明)谭希思:《四川土夷考·会川卫图说》。
② (明)曹学佺:《蜀中广记》卷三六《边防记第六·下川南道》。
③ 《清史稿》卷五一三《土司传二》。
④ 《四川彝族历史调查资料、档案资料选编》,四川省社会科学院出版社1987年版,第16页。
⑤ (清)顾炎武:《天下郡国利病书》。
⑥ 道光《石泉县志》卷二《舆地·风俗》。

松潘古松州城门及城墙（杨嘉铭摄）

汉族地区的地方，生产水平与文化程度较高一些，"熟番"较多，并且因"渐染声教，习尚衣冠"①而呈现出"愿为编氓""变异番姓"②的汉化倾向；距汉族地区较远的地方，生产水平与文化程度稍低一些，则"生番"较多。这些"生番"，"远者不通汉语，衣皮褐，丧不棺而火化，耐饥寒，叠石为巢以居"③，除农耕、畜牧而外，甚或以剽掠为生。例如，号称茂州东路"生羌"诸部中最强悍者的白草羌，居住于龙安府西南，南抵茂州，东抵石泉（今北川），北抵平武县境的广大地域，"凡十八寨，部曲素强，恃其险阻，往往剽掠为患"，并与松潘"黄毛鞑相通，出没为寇，相沿不绝"④。"汶路生番"中的草坡番，"向以假道骚动"，"所至大肆掳掠，焚毁民舍"⑤。而茂州北

---

① （明）曹学佺：《蜀中广记》卷三二《边防记第三·川西二》。
② （清）常明等：嘉庆《四川通志》卷九〇《武备志》。
③ （明）曹学佺：《蜀中广记》卷三二《边防记第三·川西二》。
④ 《明史》卷三一一《四川土司传一》。按：据道光《龙安府志》卷五《武功》记载，至清中叶时，白草羌十八寨仍处于"部曲素强，恃其险阻，往往剽掠为患"的"生番"状态。
⑤ （清）顾祖禹：《读史方舆纪要》卷六七《四川三》；民国《汶川县志》卷二《乡里》。

路的叠溪郁姓长官司，"所辖河东熟番八寨，皆大姓，及马路、小关七族。其土舍辖河西小姓六寨，地土广远，饶畜产，稞麦路积。人皆枭黠，名虽熟番，与生番等"。叠溪陇木长官司所辖玉亭神溪十二寨以及静州长官司辖地，则"俱编户为氓，亦有保长统之"①。

（四）苗族

史志载称："苗族本中国原有人种，初蕃殖于江河流域，古称'三苗'。一曰'有苗'，或曰'荆蛮'……今杂居川、湖、云、贵间，种类各别，苗总其名也。叙永永宁旧为苗人故居，凡土著皆苗人，今皆窜居山谷间……惟迎春日，则来城。"②明清时期巴蜀地区的苗族仍主要分布在今渝东南和川南、川西南两个地区。渝东南地区的苗族，多集中分布在彭水、酉阳、秀山、黔江、石柱、武隆及南川、綦江等州县，并且多与土家族、汉族等交错杂居。川南、川西南地区的苗族，主要聚居在叙永、古蔺、兴文、筠连、珙县、马边，隆昌、泸州、古宋、庆符、高县、南溪、长宁及雷波、会理、木里、盐边、盐源等州县，与汉、彝等民族交错杂居。另外，在清前期"湖广填四川"及之后贵州"开辟苗疆"苗民反清起义失败后，也曾有相当数量的湘西苗族、贵州苗族先后就近移居于今渝东南和川南民族地区，与当地原各民族群众一道垦殖土地，发展生产，从而形成了明清时期巴蜀地区苗族多以金沙江、长江为界而聚居于江南并与湘、滇、黔等省邻近之苗族区域毗连的分布特点。

（五）土家族

土家族，自称"毕兹卡"（汉语"本地人"的意思），是由分布、居住在今渝东南、鄂西、湘西、贵州诸省交界地区的古巴人后裔与其他少数民族中的一部分和早期定居于该地的汉人中的一部分融合而成的多流合一、跨省而居的民族。宋代称土家族为"土丁""土民"等。明清史籍称"土番""土蛮""土夷""番民""土民"等。清末地方志中开始出现"土家"这一名称。中华人民共和国成立之后进行民族识别时，根据土家族人民的意愿，正式定名为土家族。明清时期巴蜀地区的土家族，主要分布、居住于今渝东南与湖南、湖北、贵州等省相邻的武陵山区之酉阳、秀山、黔江、彭水、石柱等州县境内，与宋元时期分布情况基本一致。其分布的大致情况，据明代《蜀

---

① 《明史》卷三一一《四川土司传一》。
② 光绪《续修叙永厅永宁县合志》卷二〇。

中广记》记载，酉阳州"编户十三里，其属有九溪十八洞蛮"；石耶长官司"编户二里"；平茶长官司编户三里，"所属有五种夷，言语侏离，性好捕猎"，"其人骁勇善战"；石柱宣慰司"编户三里，其民悍而好斗，兵马称强。间有所调遣，辄踊跃趋赴"。清雍正《四川通志》记载，酉阳宣慰使司管番民八百一十三户，石耶长官司管番民十户，地坝长官司管番民二百二十户，邑梅长官司管番民八十四户，平茶长官司管番民一百户，石柱长官司管番民四百三十七户[①]。

从自然地理条件来看，明清时期巴蜀地区土家族分布、居住的渝东南武陵山区，属山区丘陵地带，海拔多在1000~1500米之间。区域内山峦重叠，山势险峻，沟壑纵横，溪河密布，河流主要有酉水、乌江等。整个区域呈山岭峰峦挟持河谷平坝的地形地貌，属典型的亚热带气候，气候温和，雨量充沛，森林茂密，年平均气温在13.5℃~17.5℃摄氏度之间，年平均降雨量在1200~1500毫米之间，适宜于农作物和果木的生长，具有发展农林牧副渔业的良好条件。

二、其他少数民族

（一）满族

满族是历史上长期居住、生活在我国东北地区的少数民族之一，宋代曾建立"金"，明代仍称"女真"，后金建立之后，皇太极定族名为"满洲"。至清代，一部分满族以满洲八旗兵及其随军家属、养育兵等身份，被清廷派往巴蜀地区征战、屯驻，随后逐渐定居于巴蜀地区。史载，清初顺治年间（1644~1661），肃亲王豪格率军入川征战时，其麾下即有部分满洲八旗兵。不过，其时的满洲八旗兵还因为战事变化而无法定居。其中有一部分可能因为战事的需要，而在入川作战一段时间后，又被调往他省；也可能仍有一部分继续留在四川境内作战或担任屯驻警备等事务，而留下来定居于巴蜀地区。据有关专家考证，满族以八旗兵及其家属身份定居于巴蜀的最早时间，当在康熙二十一年（1682），最晚也应是康熙四十八年[②]。康熙五十七年，清廷因西藏发生战乱，遂从湖北荆州抽调驻防旗兵三千人入川，驻防巴塘、里塘、打箭炉等康藏地区沿川藏大道各军事要地，战乱平息后返回成都。康熙六十年，清

---

① 雍正《四川通志》卷一九《土司·川东道辖》。石耶长官司所管番户当不只十户。待考。
② 王纲：《清代四川史》，成都科技大学出版社1991年版，第261页。

廷决定从这批旗兵中选留一千六百人永驻成都，是为成都驻防旗营之始。这批旗兵携带家口约三千余人，加上旗兵本身共计约有五千余人，即在成都定居下来，是为四川最早的满族居民[①]。另外，有清一代，还有不少满族文武官员陆续到四川各地任官职。这些官员及其随员、家眷，有的也定居下来，成为四川满族的一部分。清代进入并定居于巴蜀地区的满族，最初主要集中居住于省会成都中心城区的"满城"内，随后逐渐分散到了重庆、攀枝花、内江、绵阳等大中城市和一些军事重镇居住，形成了今天巴蜀地区满族人口分布的格局。

（二）蒙古族

作为我国北方草原游牧民族，蒙古族是在元、明、清三个历史时期分批迁入巴蜀境内并逐渐定居下来的。根据相关的调查资料，今四川盐源县的蒙古族最早进入巴蜀地区。相传为元世祖时从伊克昭盟入川，随后逐渐分散地定居于西昌一带[②]。元亡明兴以后，许多蒙古族民众继续定居于巴蜀地区。元明时期迁入并定居于巴蜀地区的蒙古族，主要聚居于两个地区：一是今凉山州的盐源、木里等地。这批人自称"纳日人"或"蒙族"[③]；二是因战乱流落而聚居于今重庆市彭水县境内的蒙古族官兵及其后裔。另外，明廷也曾下令一部分蒙古族迁居巴蜀。清代，蒙古族人除以蒙古八旗官兵的身份进入巴蜀地区外（清

---

① 按：清代制度，八旗有满洲、蒙古、汉军三种，因此入川征战及定居下来的八旗官兵及其眷属也应当是满、蒙、汉三个民族的成员。对此，有研究者指出，按制度规定，驻防八旗官兵本应三年一换，但清廷因考虑到巴蜀地区的重要战略地位和对外交通不便，于是将三年一换改为长期驻防，并将旗兵眷属陆续搬迁入蜀。据统计，清代居住于成都市区少城内的满蒙旗兵，康熙六十年（1721）为两千余户、五千余人，嘉庆年间为2150户、10988人，同治十年（1871）为4500户、21000人，光绪二十年（1894）为5100户、21000多人。这些因驻防而定居于巴蜀地区的八旗官兵及其眷属，满族占三分之二，蒙古族占三分之一。参见张利《成都满族社会历史文化变迁》，《满族研究》2005年第4期，第77~84页；《成都市满族蒙古族社会文化变迁》，《满族研究》2007年第3期，第90~96页。
② 《中国少数民族社会历史调查资料丛刊》修订编辑委员会：《四川彝族历史调查资料、档案资料选编》，四川省社会科学院出版社1987年版，第48页。
③ 有研究者提出，"纳日人"之所以自称为"蒙族"，一是因为元世祖忽必烈征大理时，曾率军经过川西南、大渡河南北、凉山州和云南省宁蒗县等地，并在纳日人聚居的川、滇泸沽湖及其周围地区留驻了部分蒙古族官兵以管制当地纳日居民，"尔后，纳日子孙无疑混有蒙古族血统"。二是川、滇交界地带的纳日土司曾接受元王朝的封授，为便于其统治，称其为蒙古官员。参见《四川省志·民族志》调查组：《关于凉山彝区摩梭和西番的识别问题和建议》（油印稿），原件藏四川省地方志编委会；李绍明：《论川滇边纳日人的族属》，载《巴蜀民族史论集》，四川人民出版社2004年版，第280~299页。

代驻防四川的八旗兵，分别设有满旗、蒙古旗佐领统带外，还特别设有蒙古旗协领一员），也有许多蒙古族民众因多种原因迁入巴蜀地区定居。明清时期迁入巴蜀地区的蒙古族，除集中居住于成都、盐源、西昌及重庆彭水等地外，也逐渐地散居于巴蜀各地，与当地各族民众混杂而居，呈现出一种大杂居、小聚居的特点。

（三）回族①

明清史籍中称回族为"回回""回民"。从元代起，回族开始以"探马赤军"及四川驻军、驿站官员及"站户"、回族商人等政治、军事、经济等多重身份进入巴蜀地区定居。元亡明兴，大量的回族因军事、商贸等原因，继续从陕甘、湖广、江南、云南等处迁入并定居于巴蜀地区。据今人研究，成都于明初时有回民约五百人，并在市区的"鼓楼街建了一座清真鼓楼寺"②。在重庆，自成化年间（1465~1487）起，回民即"陆续由外省分三路（即陕甘宁青、湖北麻城孝感乡、江南地区）迁入，比较集中地居住在重庆市中心、江北以及合川、荣昌等县"③。在川西南，民国《西昌县志》记载："回民之入吾县，约自唐末始，其来也率由陕西、甘肃或云南，至有明时，自江南来者乃多。"④《会理州乡土志》亦载称："回族，元、明时自云南迁入。"又据今凉山彝族自治州西昌市海南乡核桃村清真寺碑文记载："我……原籍江南苏州人氏，由洪武年间起，祖宗指挥奉命来建，镇守青龙隘口，因创基于核桃村，序列四大房，始建清真寺……由明及清，代产能人。"西昌市沙锅营马姓族谱亦载称："始祖指挥使马刚……由江南统兵至蜀……镇守宁番嘎嘎（今冕宁县）。到第三代马应权，迁沙锅营落业。"西昌市西郊乡九村马姓族谱也记载："我祖乃陕西固原县马家巷人氏，洪武年间来建，一名马都贵，一名马代贵，统领乡兵，镇守马、阿一带，管罗家沟。"有明一代，巴蜀境内的回族，除集中居住在凉山地区的安宁河谷地带外，也广泛地分布于成都、重庆等巴蜀中心城市和广元、南充、青川、松潘、杂谷脑、汶川、茂县等巴蜀地区的商贸中心及商业要道沿线。如明代进入阿坝的回族，即有陕西回、青海回、陇东

---

① 本节主要参引马尚林《四川回族历史与文化》（四川民族出版社2005年版）第8~11页的内容。
② 杨伯康：《我所知道的成都回族的片断》，载《成都文史资料选辑》第4辑，第151页。
③ 傅克芳：《解放前重庆回族的政治活动》，载《西南少数民族文史资料丛书·政治卷》，西藏人民出版社1997年版，第47页。
④ 民国《西昌县志》卷六《祠祀志》。

回、云南回等,并形成了"草地帮""鞑子帮"等。

清代,更有大量回族进入四川定居。明末清初,入川征战的张献忠部农民起义军中,即有回族将士上万人。他们中有相当部分于战败后即定居川北、川西和川南地区。在清前期"湖广填四川"的移民大潮中,亦有大批回族民众迁徙入川定居,被安置于南溪县李家镇、犍为县罗城铺、仁寿县青杠垭、内江县观音滩等地,以马、苏、张、蔡为大姓。迄至清末,巴蜀境内的回族已广泛地分布于成都平原和川中、川南、川北的泸州、宜宾、内江、阿坝州、甘孜州等广大地区[①]。如成都,清末时已有回族三千多户,两万余人,并在市区中心的东华门街、西华门街、东御街、西御街、东御河街、西御河街等二十多条街巷集中居住,形成了著名的皇城坝回族聚居区。从总体上看,明清时期迁居于巴蜀地区的回族,除集中居住于成都、重庆和川北的阆中、盐亭、青川,川西北的松潘、阿坝,川西南的西昌、会理等地外,亦分散居住于巴蜀地区的广大州县城乡,形成了"大分散,小集中"的居住分布之特色。

(四)纳西族

在明清时期的汉文史籍里,纳西族被称为"摩梭""麽些""么些""么西"等,他们则自称"纳喜""纳西"。明清时期巴蜀地区的纳西族,大多是明朝末年从云南丽江地区迁入的"么些"人后裔,主要居住在川西南金沙江上游的盐源、盐边、木里和甘孜藏族自治州巴塘等州县,与云南宁蒗、丽江等地的纳西族毗邻而居,并与这一地区的"纳日人"、傈僳、藏等民族错杂而居,也在西昌、会理、冕宁、叙府等地遗留有"摩挲沟"[②]"摸索关"[③]等与纳西族有关的地名[④]。

(五)傈僳族

傈僳族,清代文献称为"俐苏""力苏""力些"等,是川滇两省的古老民族,很早就居住、生息在巴蜀境内今川西南金沙江上游的西昌、盐源、盐

---

① 陈世松、贾大泉主编:《四川通史》卷六,四川人民出版社2010年版,第337页。
② 如今西昌市中坝乡有摩挲沟,"以沟沿线昔为纳西族聚居得名"。见《四川省西昌市地名诠释》,西昌市地名委员会1983年编辑出版,第362页。
③ 如叙州府南三百里有"摸索关","当蛮夷溪口,蛮有摩挲及种,洪武初禁私茶不得入蛮界,俗呼摩挲关"。见嘉庆《四川通志》卷二七《舆地志二六·关隘一》。
④ 按:关于清代纳西族在蜀地即川西南少数民族地区分布、居住的详细状况,可参见李宗放《四川古代民族史》,民族出版社2010年版,第656~661页。

边、木里、德昌、米易、会东、会理等地,其中,德昌、盐边、米易等县有傈僳族居住相对集中的聚居区。明清时期巴蜀地区的傈僳族,主要是从云南境内陆续迁居入蜀的。如较为集中居住于盐边、盐源两县境内的"栗粟均非土著,自言其祖先由云南丽江大云(雪)山迁来"①。清道光《大姚县志》亦载:"大姚之最著者麽些、栗粟,前明(万历年间)征铁锁箐至数年之久,盖东至会川,南至元谋,西至宾川,北至北胜,盘结八百余里。"②民国《西昌县志》亦载称:"康熙五十一年,给予威龙州土司印信时,即载明所辖有俐苏一族。而威龙州长官司,其先人张启朝,于明洪武七年即已授职,则所属俐苏,明以前即散居于威龙一带可知矣。"由此可见,从明代起,即已有傈僳族分布、居住于巴蜀境内。清代巴蜀地区傈僳族之见于史籍,则始于嘉庆年间(1796~1820)。即威龙州长官司张照远所属有"俐苏八户""赋性醇良,耕种为生"③。另据20世纪80年代初对盐边县岩门公社傈僳族的调查,该地所居住、生活的傈僳族七个大姓,均是以家族集体迁移的形式,分期分批从云南丽江经华坪迁入盐边县境内,并呈现出与纳西族、藏族、彝族、回族等错杂而居的分布状态。明清时期巴蜀地区的傈僳族亦曾经多次大规模地朝南返迁回云南省的澜沧江、怒江流域一带定居,但也有相当一部分未南迁之傈僳族民众仍然居留在巴蜀境内。

(六)傣族

明清时期巴蜀民族地区的傣族,古称"土里""土",明代称"僰夷",清代称"摆夷"(傣族民众厌恶此称呼)、"伯夷""白夷"等。其人口数量并不太多(如据嘉庆《四川通志》的记载,米易土千户安国泰所管辖属地内的"摆夷"仅有一百五十九户),主要分布在川西南金沙江沿岸的会理、米易、盐边、盐源等县,呈现出"大分散,小集中"的分布格局,基本上是聚族而居,但又与汉、彝、傈僳等民族交错杂处。

明清时期居住在巴蜀境内的傣族,一部分是明代被征调入川作战的兵士,在战事平息以后,"改兵为民,婚娶耕种",于是留下来定居于当地;一部分是清代因傣族原居住地区农业歉收而逃荒入蜀,在会理等地开荒耕种而逐渐定

---

① 马长寿:《四川古代民族历史考证(下篇)》,载《马长寿民族学论集》,人民出版社2003年版,第116页。
② 道光《大姚县志》卷七。
③ 嘉庆《四川通志》卷九七《武备志十六·土司二》;道光《宁远府志》卷二四《土司志》。

居下来的①。如明洪武二十五年《萨连安氏宗祠碑文》的记叙说："……四川所属建昌（今凉山西昌）一带地方，草寇扰攘，多年不息。文武会题，经圣上降旨，乃差颍国公傅率师扫荡。奉差催督各路土司发兵随师征讨。景东土知府陶承恩（注：原名刀佩，朱元璋赐名陶承恩）亲率家兵九千前赴征剿，途中染病难行。所有统带家兵，请余（安伏成）带往前征。余兄弟叔侄四人受此重任，不辞劳苦，愿与国家效犬马之劳，当即接受兵权……跟随大师，直抵叛保月鲁巢穴……承蒙颍国公傅、蜀主殿下暨叙功会题，奉旨安立五卫八所……改兵为民，婚娶耕种。"清道光《土司纪要》记载此事时说："米易千户一员，该土司之祖安伏成，原籍云南景东府人，于洪武二十五年，因月鲁不法，带领夷兵随征立功。蒙受斯职，留守米易，管理安宁河一带。夷兵改为夷民，散处村寨，开垦田亩。"道光《宁远府志·土司志》也载称："马喇长官司阿际昌，摆夷土著，康熙四十九年投诚……所管摆夷一百二十五户。"光绪《盐源县志》也说："马喇副长官司阿世勋，摆夷人，顺治十六年投诚，颁发号纸，住牧马喇寨。""新管各村夷民一百二十五户。""所属夷人一种曰摆夷，赋性醇厚，男女服色均与汉人同，争讼归地方办理。"②

（七）壮族

清中叶，原居住在云南、广西等地的部分壮族人，因反抗清朝的武装起义失败，为逃避清军的屠杀和镇压，而在向贵州、云南与四川交界的边远山区迁移的过程中，进入到川西南地区的木里、会东、金阳等地，并在当地定居下来。这部分迁徙入川的壮族，与当地汉、藏、彝等族民众错杂而居，生息繁衍。据调查，迁入四川的壮族人口不多。

（八）布依族

布依族自称"布衣"，人称"仲边""仲家""青仲"等。原主要聚居于贵州。清中叶乾嘉时期，因地方官府和当地土司加重了对少数民族群众的压迫和剥削，"役苗甚于奴"，不但于"苗有美田宅，辄夺之"，"额租外多索酒食"，并且肆意横征暴敛以至"负贩皆有税"③，从而激起贵州各族群众连续不断的起义。起义失败后，为了躲避朝廷的镇压和地方官府、土司的报复，

---

① 伍湛：《四川傣族基本情况调查》，载《四川省苗族傈僳族傣族白族满族社会历史调查》，四川省社会科学院出版社1986年版，第387页。
② 光绪《盐源县志》卷七《武备志》。
③ 咸丰《兴义府志》卷四六《大事记》。

一部分布依族群众遂从黔西北经云南巧家辗转迁徙入蜀，分布于普雄（今属四川凉山彝族自治州越西县境）、宁南、会东、木里、普格等地，垦荒生业，与当地汉、彝、藏等族民众错杂而居。故《凉山彝族自治州概况》载称："布依族在凉山居住的时间较短，仅有一百八十多年的历史。据其数姓家谱记载，他们是在清朝嘉庆初年，因布依'南笼起义'失败后，由贵州迁来凉山的。"①《木里藏族自治县概况》也记载说，该县布依族群众"自称'仲家'，主要散居于桃巴、博科、固增等公社的一些村落"，"全县有四十八户，三百零四人"，"是从云南迁来木里的，最早的已有六代"②。

（九）白族

白族自称"白子"，意为白人。史籍上载称"白耳子""僰人子"等。四川白族，除一部分是唐代"白蛮"的后裔外，多数是元、明、清时期从云南陆续迁入巴蜀地区的。如据《明史·四川土司传》记载："马喇长官司在（盐井）卫南三十里……其村落多白夷居之。"并引《土夷考》说："马喇长官司，村落多白夷居之，长官姓阿氏，洪武初归附授职。"又据今四川省盐边县白石岩村白族大姓李文魁家族的墓碑记载，李家始迁祖是清乾隆四十七年（1782）从滇西大姚邦碧村"带领家口来盐，得佃毕属白石岩荒山地面开垦"而逐渐定居于此地的③。另外，明清时期巴蜀地区的白族，除主要是从云南迁移入蜀以外，也有一部分白族是从江南及其他省区辗转迁徙入蜀的。

白族迁入巴蜀地区以后，主要分布在与云南毗邻的川西南地区的攀枝花市、盐边、会理、德昌、木里以及西昌一带，也散居于巴蜀境内成都、重庆及其他州县城乡，与汉族及其他当地各族群众交错杂处。

（十）僚

僚，是古代曾广泛分布、生活于西南地区的世居少数民族之一，其中的土老、土僚，即为今天的仡佬族。明代巴蜀境内的土老、土僚，仍主要分布于川南的嘉定府（今四川乐山）、马湖府（今属四川宜宾）、叙州（今属四川宜宾）、泸州（今四川泸州）和今渝东南的酉阳、石柱等地，其中以居住在叙州戎县（今四川宜宾兴文）一带的"都掌蛮"势力最为强大，"大坝为门户，

---

① 《凉山彝族自治州概况》，四川民族出版社1985年版，第24页。
② 《木里藏族自治县概况》，四川民族出版社1985年版，第47~48页。
③ 叶大槐：《盐边县白石岩村白族调查》，载《四川省苗族傈僳族傣族白族满族社会历史调查》，四川省社会科学院出版社1986年版。

其东则进为凌宵,又进为九丝,旁峙都都寨,旧称九姓。后以蛮族棼杂,改九丝,所在结寨,无虑千百族"①。其分布地域,主要是叙州府的戎、珙、筠、高、长宁、庆符等州县,"东连永宁(今四川古蔺、叙永),南接芒部(今云南镇雄),西通乌蒙(今云南昭通),并达马湖(今四川宜宾屏山)"②的广大地域内。

第二节 土司制度下的巴蜀少数民族

一、明清时期巴蜀地区的土司制度

土司制度,是元、明、清三代中央王朝从南方少数民族地区的实际情况出发,通过对南方少数民族地区各族豪酋、首领授予世袭的官职,在承认他们对所管辖地区各族民众统治权利的基础上,加强朝廷对于少数民族地区统治的一种政治制度,也是一种有别于内地流官制度并具有古代中国民族特色的地方行政管理制度。从文化学的视角来看,古代中国的土司制度,既是其时巴蜀民族地区一种重要的制度文化,也是一种非常重要的政治文化事象。

(一)明代巴蜀民族地区的土司制度③

据《明史·土司传》记载:"西南诸蛮……自巴、夔以东及湖、湘、岭峤,盘踞数千里,种类殊别。历代以来,自相君长。原其为王朝役使……沿及汉武,置都尉县属,仍令自保,此即土官土吏之所始。迨有明踵元故事,大为恢拓,分别司郡州县,额以赋役,听我驱遣,而法始备矣。"④这就说明,明代作为土司制度继续发展和不断完善的重要历史时期,对巴蜀民族地区及其土司制度的统治方略,可谓有沿有革,亦因亦创。即:一方面"踵元故事",即沿袭元代的土司制度;另一方面又"大为恢拓",在民族地区"分别司郡州县,额以赋役,听我驱遣",从而进一步地发展和完善巴蜀民族地区的土司制度。对此,《明史·土司传》载称:"洪武初,西南夷来归者,即

---

① (清)毛奇龄:《蛮司合志》卷四《四川一》。
② (明)曾省吾:《西蜀平蛮全录》卷一《覆勘将官疏》。
③ 此节主要根据胡绍华《中国南方民族发展史》(民族出版社2004年版)、龚荫《民族史考辨》(云南大学出版社2004年版)等书之有关内容撮述而成。
④ 《明史》卷三一〇《土司传》。

用原官授之。其土官衔号，曰宣慰司，曰宣抚司，曰招讨司，曰安抚司，曰长官司。以劳绩之多寡，分尊卑之等差。而府州县之名，亦往往有之。袭替必奉朝命，虽在万里之外，皆赴阙受职。天顺末，许土官缴呈勘奏，则威柄渐驰。成化中，令纳粟备振、则规取日陋……嘉靖九年，始复旧制，以府州县等官隶验封，宣慰、招讨等官隶武选。隶封验者，布政司领之；隶武选者，都指挥领之。于是文武相杂，比于中土矣。"①《明史·四川土司传》在勾画和总结这一时期巴蜀民族地区及其土司制度的状况时也说："四川土司诸境，多有去蜀远，去滇、黔近者。如乌蒙（今滇东北）、东川（今云南会泽、东川一带）近于滇，乌撒（今贵州咸宁、赫章一带）、镇雄（今云南镇雄）、播州（今贵州遵义）近于黔。明太祖略定边方，首平蜀夏，置四川布政司，使招谕诸蛮，次第归附。故乌蒙、乌撒、东川、芒部，旧属云南者，皆隶于四川，不过岁输贡赋，示以羁縻……未尝设立文武，为之钤辖，听其自相雄长，虽受天朝爵号，实自王其地，以故终明之世……唯建昌、松、茂等处设立卫所，播州改遵义、平越二府。"②《明史·职官志》认为，朝廷对于巴蜀民族地区及其土司制度的统治方略，主要是一种比较宽松的政策，即"皆因其俗，使之附辑……谨守疆土，修职贡，供征调，无相携贰，有相仇者疏上，听命于天子"③。

1. 对元代土司的承认和新土司的增设

有研究者指出，根据《元史·地理志》的记载，元朝在四川、云南、湖广等南方行省的民族地区共设置了宣慰司、宣抚司、安抚司、长官司、蛮夷路、蛮夷州、军民总管府、蛮夷所、蛮夷洞、蛮夷处、蛮夷寨等大小土司296处。而在总体的数量上，明代南方民族地区的土司土官比之元代有所增加。如据《明史·职官志》的记载，共有各类土司区671个。其中有宣慰司、招讨司、宣抚司、安抚司、长官司等类土司机构214个，有番夷指挥使司、卫指挥使司、万户府、千户所、站、地面、寨等类土司区457个。另据《明史·四川土司传》记载，明代的巴蜀民族地区，共有46个土司区。其中，官职品秩较高的土司，川南地区有播州宣慰司（今贵州遵义地区及瓮安、福泉等地）、永宁宣抚司（今四川叙永一带）、镇雄府（今云南镇雄一带）、乌蒙府（今云南昭通地区）、

---

① 《明史》卷三一〇《土司传》。
② 《明史》卷三一一《四川土司传一》。
③ 《明史》卷七七《职官五》。

乌撒府（今贵州威宁一带）、东川府（今云南曲靖市会泽县和昆明市东川区一带）、马湖府（今四川屏山、雷波、沐川、马边、美姑、金阳等县地），川西南地区有建昌卫土指挥使司及所属之建昌卫（驻今四川凉山州西昌）、宁番卫（驻今四川冕宁）、越西卫（驻今四川越西）、盐井卫（驻今四川盐源县东北卫城）、会川卫（驻今四川会理）等五卫八所以及昌州、普济、威龙、马剌等长官司、邛部军民府（永乐元年改为长官司）以及若干千户所、百户所，川西北高原地区有天全六番招抚司、松潘等处军民指挥使司等，今渝东南地区有酉阳宣抚司及所领属的平茶、石耶、邑梅、地坝等四长官司和石柱宣抚司（后因军功升格为宣慰司）等。如果将巴蜀民族地区各类中小土司加起来，则可能会大大超过这一数字。"有明一代，四川共计设置大小土司三百余家。"①

明代巴蜀地区部分土司设置与辖区举隅

藏族聚居区土司	陇答卫指挥使（洪武年间置，今甘孜州德格县境），朵甘思宣慰司（洪武七年置，今甘孜州境内，举属下可任指挥、宣慰、万户、千户者22人），董卜韩胡宣慰司（治今宝兴县城，辖今大小金川一带藏族聚居区），长河西、鱼通、宁远宣慰司（今康定县），天全六番招讨司（今天全县西），沙儿河万户府（洪武七年置，今甘孜州新龙县境）等。
羌区土司	陇木头长官司（今茂县凤仪镇东陇木头，辖12寨）、静州长官司（今茂县东静州村）、岳希蓬长官司（今茂县城西郊，辖7寨）、长宁长官司（今茂县回龙乡）、叠溪郁姓长官司（辖河东熟番8寨）、叠溪守御千户（为羌族中品级最高的武职土司）等。
彝区土司	建昌卫土指挥使司（今西昌市）、建昌土知府（今西昌市）、马湖土知府（今屏山县）、威龙长官司（今德昌县西北）、邛部军民州（今越西县西北）、马喇长官司（今盐边县东南）、千万贯长官司（今雷波县城）、沐川长官司（今木川县沐溪镇）、泥溪长官司（今屏山县中都乡）等。
土家土司	酉阳州（今重庆市酉阳县）、石耶长官司（今重庆市秀山县西南）、平茶长官司（今重庆市秀山县西）、邑梅长官司（今重庆市秀山县南）、石柱宣慰司（今重庆市石柱县南宾镇）。

---

① 胡绍华：《中国南方民族发展史》，民族出版社2004年版，第110页。龚荫：《民族史考辨》，云南大学出版社2004年版，第287页。

明朝巴蜀民族地区的土司土官之设置，既有对元朝土司土官的承认与因袭，也有明朝在加强对巴蜀少数民族地区统治的进程中所新设置者。前者如洪武四年，明军进至川南时，"马湖路总管安济遣其子仁来归附，诏改马湖路为马湖府……以安济为知府，世袭"。洪武六年（1373），"天全六番招讨使高英遣子高敬严来朝，贡方物"。于是朝廷在设置天全六番招讨使时，遂"以前土官高英为正招讨，王藏卜为副招讨"①。洪武十五年（1382），朝廷置建昌卫指挥使司时，"元平章月鲁帖木儿等自云南建昌（时建昌属云南）来贡马一百八十匹，并上元所授符印。诏赐月鲁帖木儿绮衣、金带、靴袜，家人锦布一百六十匹，钞二千四百四十锭。以月鲁帖木儿为建昌卫指挥使，月给三品俸赡其家"，等等②。这样，随着明朝对巴蜀民族地区统治秩序的逐渐巩固和深入，朝廷不但对前来归附之近百家前元的土司土官多实行了准予沿袭其旧有官职且准予世袭的政策，而且还逐渐地新增设了大小土司二百余家，从而使得明代巴蜀少数民族地区的大小土司达到三百余家。其中除从九品以上入流之土司土官91家（计有：土指挥使1、土指挥同知1、土宣慰使7、土宣慰同知1、土宣慰佥事1、土宣抚使4、土招讨使1、土副招讨使1、土安抚使7、土长官47、土副长官7、土知府2、土知州1、土州同知1、土州判1、土巡检7、土副巡检1③）外，尚有未入流的小土司210余家。

概观明朝在巴蜀民族地区前元土司土官的袭封和新置土司的策略上，有两个特点值得注意：一是对于归附的前元土司土官，并不是一概"即用原官授之"，而是根据他们的政治表现以及其他一些因素而有所升迁降秩，以表示朝廷对土司的奖惩之道。如洪武四年（1371），明军从川北进入巴蜀地区时，龙州宣慰司同知（土官）薛文胜率众迎降，积极为明军提供军储，指引道路，朝廷遂因功令其典守原职，后于洪武六年改置龙州时，升任薛为龙州知州，再于洪武十四年置松潘等处安抚司时，任命薛为安抚使，秩从五品④，表示奖励。而巴渝地区土家族的土司土官们，则因为在元末农民战争中一度降附过明玉珍大夏政权，接受了明氏的封官委任，致使明军于洪武四年从今渝东南进入巴

---

① 《明史》卷三一一《四川土司传一》；《明太祖实录》卷八六。
② 《明史》卷三一一《四川土司传一》。
③ 龚荫：《民族史考辨》，云南大学出版社2004年版，第287页。
④ 《明太祖实录》卷八六；龙州《薛氏族谱》，转引自龚荫《民族史考辨》，云南大学出版社2004年版，第286页。

渝地区时，不得不派兵三千屯驻黔江，以防诸土司出兵援助明氏大夏政权。以此缘故，虽然酉阳土司冉如彪等巴渝土家族地区的土司土官们之后因迫于明军的军事、政治压力而表示了积极归附明朝、唯恐获罪于明朝的政治态度，如冉如彪"乃使弟如豹之子应显、应仁领土（兵）助战，纳款于白帝城。明年复遣弟如喜进方物朝贡"，但明朝仍区别对待，于平定巴蜀地区后，先是将酉阳宣慰司改为酉阳州，后又于洪武八年大定天下时，将酉阳宣慰司降一级定格为宣抚司，并降邑梅沿边溪洞军民土知府为邑梅洞长官司，降石耶洞顺德军民府为石耶洞长官司，令其附属于酉阳宣抚司①，以示惩戒。二是明朝在中后期所新置的土司，多是中、小土司，而且在新置土司的过程中，将明朝的卫所这一军事组织制度应用于巴蜀民族地区，以军事屯卫的形式，行镇摄控驭之道。例如，明朝在川西南民族地区，即设置有建昌卫（驻今四川西昌）、宁番卫（驻今四川冕宁）、越巂卫（驻今四川越西）、盐井卫（驻今四川盐源县东北卫城）、会川卫（驻今四川会理）及千户所、百户所等驻军卫所；在巴渝民族地区，则鉴于"地近散毛……诸洞蛮出没，屡为民患，宜设兵屯守"的需要，设置了重庆卫、黔江守御千户所等，以控驭形势，震慑当地土司。卫所的官兵，主要是来自中原内地的汉族屯军和从云南等地征调而来的其他少数民族土司所领之土兵，同时也按照"参用土人"为官的政策，任用了部分当地少数民族豪酋、首领担任卫所土司。因此，有研究者指出，明朝在土司官职的封授上，"即用原官授之"是对传统"即其渠帅而用之"的羁縻政策的承袭，而"以劳绩之多寡，分尊卑之等差"与"因其疆域，分析其种落"的政策，却是明朝的发展。这种发展，使得明朝对巴蜀民族地区及其豪酋、首领的控制得到极大的加强，从而使得明朝新置土司土官的进程，成为朝廷加强在巴蜀民族地区的政治统治，促进巴蜀民族地区各族交流、融合的积极的历史过程。

2. 对土司土官之职衔、品秩以及俸禄等制度的进一步规范

首先是对文职土司与武职土司的进一步明确区分。虽然在元朝及以前的诸王朝，朝廷均对土司土官授予或"文"或"武"不同的职官和官衔，但明确地将土司分为武职和文职则始于明朝。当然，明朝对土司官职的这种"文"、"武"之分，不过是朝廷根据当时当地的情况而对少数民族酋领的一种封授之规制而已，对少数民族酋领来说，他们实际上并未按照朝廷所授予的"文"、

---

① 《冉氏家谱》，转引自管维良主编《重庆民族史》，重庆出版社2002年版，第262页。

"武"之不同的官职及其权责来行事①。

其次，明朝对于文职土司和武职土司的封授，其品级均低于元代。

再次，为引导和鼓励土司土官积极忠于职守，镇边抚民，勤劳王事，报效朝廷，明朝制定了土司土官升官迁秩的办法。大体而言，明朝土司升迁之途径，主要有"军功""忠勤""纳米""进献"等；而朝廷的升迁之法，则主要有升品级、加授流官之官名、加虚衔等。另外，明朝还规定了土司土官的俸禄之制，但并不像流官那样由朝廷直接发给俸银，而是按照与流官相同的等级允许其支取一定数额的米。其大致的规格是：宣慰同知，月支米二十六石；宣慰副使与宣抚使，月支米二十一石；宣抚同知、长官司长官、宣抚佥事、副招讨等，月支米十六石；副长官、安抚副使，月支米八石②。并规定，土司土官们的俸禄米由他们从其所管辖地区民众处自行征取。从这个意义上看，土司的俸禄似乎显得有虚名而无实惠，算是一种无俸之官。但是朝廷关于征取俸禄米的制度规定，实际上给土司土官们提供了一个从其管辖地区民众那里征敛赋税的法律根据和借口，使其对当地民众的征敛，变成了在朝廷支持下有恃无恐的合法有理之行政行为。

其四，加强对土司土官之官职授予、世袭的制度规范。首先，严格朝廷颁发给土司信物的制度规定。明朝制度规定，土司一经授职，朝廷即赐予印章、诰敕、冠带等信物，作为其身为朝廷命官的凭证。土司的印章、诰敕、冠带与流官一致。按照明朝的制度规定，三品以下官员均赐予铜印，由于土司的最高官职宣慰使为从三品，故明朝赐予土司的印章均为铜印章。明朝制度还规定：朝廷命官，"一品至五品授予诰命，六品至九品，皆授予敕命"③。于是朝廷对宣慰使、宣抚使、安抚使、土知府、土同知、土知州等品秩较高的土官，授予诰命；对其余品秩较低的土司土官，则授予敕命。并根据土司土官们不同的官阶等秩，授予不同的冠带。明朝在授予土司土官们诰敕时，如该民族有自己的文字者，便同时附录该土司本民族的文字，体现了朝廷对少数民族的尊重。为了加强对民族地区土司土官的控制，明朝还在颁赐给土司的信物中特别设计有一种信符牌，作为土司与中央王朝遣使往来的凭证。据《大明会典》

---

① 龚荫：《民族史考辨》，云南大学出版社2004年版，第233页。
② （明）申时行等：《大明会典》卷一一八《兵部》。
③ （明）申时行等：《大明会典》卷六《吏部》。

的记载，信符牌的制作和使用都有严格的规定："制铜铸信符五面，内阴文者一面，上有文行中信四字，与四面合。编某字一号至一百号批文、勘合、底簿……阴文、勘合俱付土官，底簿付云南布政司。其阳文信符四面及批文一百道，藏于内府。凡朝廷遣使，则赍阳文信符及批文各一，至布政司比同底簿，方遣人送使者以往，土官比同阴文信符勘合，即如命奉行"，"又置红牌镂金字，敕书谕之。凡有调发，及发办诸事，须得信符乃行。如越次及比字号不同，或有信符而无批文，有批文而无信符者，即是诈伪，许擒之赴京，治以死罪"①。其次，在土司世袭的制度规范上，进一步制定了较元代更加严格的政策规定。例如，明初朝廷曾严令，凡老土司亡故或致仕，其承袭人必须赴朝廷请袭。即前引《明史·土司传》所说的，土司"袭替必奉朝命，虽在万里外，皆赴阙受职"。但实际上，这一规定仅仅是在中、小土司中得以实行，而且在后期也多无法实行。后来自天顺年间（1457~1464）起，朝廷又取消了"赴阙受职"之制，允许土司土官在有关法司及抚、按诸官"勘明会奏"或纳谷备赈等前提条件下，就地冠带袭替而不必来京受职。在承袭人的范围以及承袭的顺序方面，明朝制度规定："其子弟、族属、妻女，若婿及外甥之袭替，胥从其俗。"②即一般根据先嫡后庶、先亲后疏、先儿后女、次及侄甥婿媳的原则，按照父死子继、兄终弟及、叔侄（甥）相立、妻妾继袭、女媳（婿）继职等顺序袭替官职。为防止土司袭替中发生作弊假冒等问题，明朝还制定了土司承袭的相关条例，规定土司袭替，一是要有地方官员的查核和做保，二是要有土司的"宗支图本"为据。考虑到有的土司妻妾太多，子孙甚众，常因争夺袭替之官职而引起纠纷或者仇杀，明朝还制定了《土司册报应袭法》，要求在任的土司土官，"先具应袭子侄姓名……造册四本，都、布、按三司各存一本，一本年终送吏部备查。以后，每三年一次造缴"③，"土官衙门造册，将见在子孙，尽数开报。某人年若干岁，系某氏生，应该承袭；某人年若干岁，某氏生，系以次土舍；未生子者，候有子造报，愿报弟侄若女者，听。布政司依期缴吏、兵二部查照"④。并规定，土司土官若有"不遵断案，互相仇杀及借兵助恶，残害军民，并经断未久，辄复奏扰变乱"，或者越省跨境跨族婚姻嫁

---

① （明）申时行等：《大明会典》卷一〇八《礼部》。
② 《明史》卷七二《职官志》。
③ （明）申时行等：《大明会典》卷六《吏部》。
④ 《明史》卷三一三《云南土司传一》。

娶，甚至"与外夷交结往来，遗害地方"等行为，"子孙永不许承袭"。

3. 朝贡与差发

朝贡与差发是土司应向朝廷所尽的义务，也是明朝土司制度的重要内容之一。

（1）朝贡与回赐

明朝对土司朝贡的贡期、贡物、朝贡人数以及朝廷的回赐等，均有比较详细的规定。如贡期，明朝规定，一般是三年朝贡一次。"凡诸番国及四夷土官人等，可三年一朝"，但是在实际的运作中，也有两年一朝或一年一贡等情形。贡物主要是少数民族地区的土特产品。如番族土司的贡物是"铜佛、画佛、各色利子、酥油、青盐、足力麻、明器、腰刀"等，"蛮"族土司则贡献"马、象、犀角、孔雀尾、象牙、金银器皿、青红宝石、玉石、围帐、金绒索、各色绒绵、各色布手巾、花藤席、降香、黄腊、槟榔"等①。明朝还根据不同民族地区以及土司官职品秩的不同，规定了其入京朝贡的人数限额，少者两人，最多也不得超过一百人，若超过人数限额即属违规，不得入京朝贡。同时朝廷又制定了凡按期朝贡之土司均优厚回赐的制度，把土司能否按期朝贡，视为对中央王朝是否恭敬顺服的政治表现，对按期入京朝贡的土司，均给予丰厚的礼物回赐甚至升秩、授予虚衔等奖励，对于超期到京朝贡的土司，则减半予以赏赐，以吸引和鼓励土司土官们积极执行朝贡制度，主动加强与朝廷的政治联系和情感交流。

（2）差发与土兵的征调

明朝规定，土司要向朝廷认纳一定的赋税或差发银，同时还须根据朝廷的征调指令，率其土兵参加朝廷的各种战争。但这两者亦有所不同。在朝廷看来，土司是否认纳赋税或交纳差发银，不过是他们是否遵奉朝廷的旨意，服从朝廷之声教的表现而已，故数额较轻。如差发银，"多不过二千五百两，少者四十两或五十两"②，并且可因水旱灾害或立有军功而得到蠲免。但在土兵的征调方面，由于土兵的战斗力较强，故自明中叶卫所及军屯制度废弛以后，明朝即较频繁且大规模地征调土兵参加战争。典型者如今渝东石柱女土司秦良玉，接受明朝的征调，先后率所部土家族土兵参加了万历年间平定杨应龙之乱、奢崇明之乱和多次援辽之战，被朝廷赐予三品官服，崇祯皇帝还亲自赋诗

---

① （明）申时行等：《大明会典》卷一〇八《礼部》。
② （清）毛奇龄：《蛮司合志》卷八《云南一》。

褒奖说："蜀锦征袍手剪成,桃花马上请长缨。世间多少奇男子,谁肯沙场万里行。"①石柱宣抚司也因屡立军功而升格为宣慰司。

(二)清代巴蜀民族地区的土司制度

清代是巴蜀民族地区土司制度继续发展和因朝廷推行改土归流政策而逐步走向衰落的时期。清前期,朝廷一方面沿袭元、明两代所实行的土司制度,另一方面又从加强对民族地区的统治和便于管理出发,对巴蜀民族地区的行政区划做了适当的调整。如康熙四年(1665),将乌撒军民府划归贵州;雍正六年(1728),将东川、乌蒙、镇雄三军民府划归云南;次年又将遵义府划归贵州。与此同时,还在今天属于四川省和重庆市的金川、松潘、杂谷、酉阳、石柱等民族地区进行了改土归流设置州县等行政管理体制的改革,并仍然在巴蜀民族地区保留了众多的土司。如据有的学者研究,从清初至嘉庆二十年(1815)间,巴蜀民族地区共有文职土司六,即:土知府一、土通判二、土知事一、土巡检二;武职土司有宣慰司七、宣抚司六、安抚司四、长官司三十七、土千户四十五、土百户一百五十、土乡总八、土目七十一、土头目二十、土舍三、土寨首二、土屯守备十二、土屯千总二十六、土屯把总四十一、土屯外委八十。

在清代蜀地诸土司中,以明正土司及德格土司的辖地最广而且对朝廷的态度最为恭顺,德格土司并因此于雍正十一年(1728)被升格为宣慰司。若论势力强大,则以大金川土司居首,杂谷土司次之②。

清前期,朝廷为了加强对巴蜀民族地区土司的管理,一方面沿袭元明时代的土司制度,对前来降附归顺之巴蜀民族地区原已有官职品级的入流之土司土官,均按原来的官职授予职衔。如顺治五年(1648),清朝在大赦天下的诏书即宣布:"各处土司,原应世守地方,不得轻听叛逆招诱,自外王化。凡未经归顺今来投诚者,开具原管地方部落,准予照旧袭封;有擒叛逆来献者,仍厚加升赏。""凡归顺土司官,曾立功绩及未经授职者,该督、抚、按官通察具奏,论功升赏。"③据《清史稿》记载,仅仅是顺、康、雍三朝,巴蜀民族地区归附并接受朝廷官职的土司即有一百八十八人之多。其中顺治朝三十

---

① 嘉庆《四川通志》卷首二十二。
② 参见王纲《清代四川史》,成都科技大学出版社1991年版,第416页。
③ 《清世祖章皇帝实录》卷四一。

人,康熙朝一百零一人,雍正朝五十七人。另一方面则为了进一步加强对巴蜀民族地区的统治与控制,遂在川西北的藏、羌民族地区和川西南彝族地区,实行"裂土众建",分封中小土司以削弱原有土司过分强大的权力及其势力范围的策略。如据《清史稿·土司传》记载,清朝自雍正年间在西南民族地区实行大规模的改土归流后,尚余有一百七十七家未改流和新置的长官司、土县及其以上土司,其中巴蜀民族地区有五十七家,即:宣慰司三、宣抚司二、安抚司二十三、长官司二十九。又据龚荫统计,有清一代,朝廷在巴蜀民族地区共增设了四百八十余家土弁、土千户、土百户、土目等中小土司,计有:土都司一、土守备三、土千总五、土把总五、土千户四十六、土副千户三、土百户一百五十、土副百户一;土屯守备十三、土屯千总二十、土屯把总三十四、土屯外委八十八、土目九十四、土寨目二、土乡总七、土通把七、土外委一、土舍三、名称不详一等①。另据有的学者的统计,清代巴蜀地区先后设置土司宣慰司、安抚司、长官司、土千百户、土乡总、土目、夷目等七百八十八员以上②,从而形成了大土司逐渐减少而中小土司一度增加的发展态势。迄至清末,随着改土归流的逐渐深入实行,巴蜀民族地区仅剩存有土司一百五十余家,有实际权力的土司不过五十余家,并且多为无官职品级的中小土司③。

土司制度作为元、明、清三代中央王朝在巴蜀民族地区广泛实行的一项重要政治制度,是朝廷在尚不具备直接统治这些地区的历史条件下,通过不改变民族地区原有经济体制和社会结构,承认少数民族豪酋、首领在其管辖区域内既有的统治权利,允许他们依据民族地区原来的风俗习惯统治其所管辖之民族地区,同时通过对少数民族豪酋、首领封赐官职,规定品秩爵禄,颁赐印信名号,要求他们定期向朝廷纳贡输赋、入京朝贡和接受朝廷征调及奖惩等制度规范,使其成为朝廷命官和朝廷在民族地区的统治代理人,利用他们在民族地区或本民族中既有的统治权威,实现朝廷对民族地区的间接统治。

---

① 龚荫:《民族史考辨》,云南大学出版社2004年版,第288页。
② 李宗放:《四川古代民族史》,民族出版社2010年版,第430页。
③ 胡绍华:《中国南方民族发展史》,民族出版社2004年版,第117页。按:因统计口径的不同,即使是同一作者的研究结论,有时也出入颇大。如龚荫在其论著中,或说清代在巴蜀民族地区共封授了土司土官182名,或指出元、明、清三代在巴蜀民族地区共设置土司土官612家。这或许从某种程度上反映了今人对于土司土官制度及其实施状况计量研究的中的问题与困难。参见龚荫《民族史考辨》,云南大学出版社2004年版,第194、289、337~338页。

二、明清时期巴蜀民族地区的改土归流

在当时的历史条件下,土司制度虽然在一定程度上曾经有利于实现和加强中央王朝对边远民族地区的政治统治,有利于促进民族地区与中央王朝以及中原内地之间的政治联系和经济文化交流,但是随着时代的前进、岁月的流逝和社会的进步,土司制度也逐渐暴露出其固有的制度弊端。例如,作为朝廷在民族地区实行的一种行政管理制度,土司多由本地少数民族的豪酋担任,他们作为受朝廷正式任命、封赠的国家职官,军政合一,文武兼治。按照朝廷最初的制度设计,土司是其管辖区内的最高长官,拥有管辖户口、征调土兵、征收钱粮赋税、审理刑罚诉讼等多种政治、军事、司法、经济权力。土司在其辖区内,"自称本爵,土民称之曰爵爷"。"每出则仪卫颇盛,土民见之皆夹道而伏"。其辖属之居民,"生男女辄报名书于册,长则当差"。土司还有权对其辖属之民众横征暴敛,"赋敛无名,刑杀任意,抄没鬻卖,听其所为","土人有罪,小则土知州长官治之,大则土司自治"。土司"杀人不请旨,亲死不丁忧"[①]。"土司一取子妇,则土民三载不敢婚","土民有罪被杀,其亲族尚出垫刀(钱)数十金"[②]。由于集各种权力于一身,土司事实上已成为称霸当地的"土皇帝"。土司制度的实行,不但加重了对民族地区民众的政治压迫和经济剥削,也在实践中逐渐暴露出了不利于朝廷统治的缺陷。因此,从明中叶起,朝廷从维护国家的政治统一和民族地区的社会安定、经济发展出发,开始在巴蜀民族地区实行"改土归流",即将世袭的土司制度改为由朝廷派遣流官直接治理的行政管理体制,逐步地把越来越多的少数民族地区纳入到中央王朝直接统治和行政管理的政治范围之内。

作为明清时期朝廷为加强对民族地区政治统治而实行的一项重要并且具有深远历史意义的政治制度改革,"改土归流"的主要内容是:朝廷废除或削弱民族地区的土司土官及其统治权力,而改派流官(即由中央王朝委任、派往民族地区代表朝廷行使统治权力并且有一定任职年限规定的官吏)直接统治,或进一步加强原设于民族地区之流官的统治权力。在改土归流的进程中,朝廷并不是简单地废除或者削弱土司的统治权力,而一概任用流官取而代之,而是根据各民

---

① 乾隆《永顺府志》卷一二《杂记》。
② 《清史稿》卷五一二《土司传一》。

族地区社会经济状况和政治权力结构的差异，因地制宜，实行不同的改土归流政策。即：对原来只设有土司土官的民族地区，朝廷在改土归流时，就直接废除土司，改派流官进行统治；而在原来就是土（司）流（官）并设或流（官）下设土（司）的民族地区，则在废除土司以后，朝廷只是加派流官或者加强流官的统治，以达到强化朝廷在民族地区统治权力的目的。在改土归流过程中，有的土官被完全废除，有的则是被改授地位较低且无实权的土职，流官的地位因此而得到加强。从总体上看，改土归流有利于多民族国家的统一和中华民族共同体的形成发展，也有利于民族地区的制度变迁，推动其经济发展和社会进步。

（一）明代巴蜀民族地区的改土归流

明代巴蜀民族地区的改土归流，主要是在今川南地区即与云、贵交界的民族地区展开。史载，弘治八年（1495），明朝以马湖（辖今四川屏山、雷波、沐川、马边、美姑、金阳等县地）土知府安鳌"性残忍虐民"，"为横二十年"，不但苛敛重赋其管辖区域内的土民并淫人妻女，还派人追杀平夷长官王大庆，"大庆闻而逃，乃杀其弟"，遂数罪并究，将其诛杀，并将马湖土府改设为流官知府①，是为明代巴蜀民族地区改土归流之始。

此外，明朝还结合镇压"都掌蛮"反抗和平定播州土司杨应龙、永宁土司奢崇明等叛乱，在这些民族地区强力推行了改土归流。

明代，播州宣慰使司管辖今贵州遵义地区以及瓮安、福泉一带，属于明朝巴蜀民族地区杨氏土司的世袭领地。作为明朝封授的播州宣慰使土司，杨氏家族拥有一支因兵士手上刺染有黑字而被称为"涅手军"的土司军队。万历年间，担任播州宣慰使的播州土司杨应龙因其性情凶暴，对辖区内的老百姓苛刻残酷，任意生杀予夺，播州地区的百姓因不堪忍受其残暴压迫而纷纷跑到重庆府去告状。重庆府遂于万历二十年（1592）将杨应龙逮至重庆问罪。史称，"应龙诣重庆对簿，坐法当斩，请以二万金赎（其罪）……会倭大入朝鲜，（朝廷）征天下兵，应龙因奏辩，且愿将五千兵征倭自赎"。朝廷遂下诏释放杨应龙，命令他回播州整顿兵马，参与征倭战争以军功赎罪。杨应龙本已率军"启行，寻报罢"。随后巡抚王继光到重庆，意图重审旧案，"严提勘结"。杨应龙抗拒不出，并且暗中纠集兵力，"结九股生苗及黑脚苗等为助，屯官坝（今重庆官坝），窥蜀"。万历二十七年五月，杨应龙率兵八万叛，攻破綦江

---

① 《明史》卷三一一《四川土司传一》。

县城（今重庆綦江），明游击张良贤率两千余新兵巷战而死。"应龙尽杀城中人，投尸蔽江，水为赤"。一时间，声威所及，震动重庆、南川，严重地影响着明朝在巴蜀地区的政治统治与社会秩序的稳定。次年春，明朝遂派川湖总督李化龙调集川、鄂、黔三省兵马以及酉阳、石柱等处土兵，分八路围剿播州以及杨应龙叛军。明军屡战屡胜，一举攻破播州土司城堡。"应龙仓皇同爱妾二阃室缢，且自焚……贼平。"万历三十一年，播州又发生了吴洪、卢文秀等的叛乱。明朝再派总兵李应祥率军讨平，并决定废除播州宣慰使司，将播州土司辖地一分为二，"属蜀者曰遵义府，属黔者曰平越府"，并将播州宣慰司属下的两安抚司、六长官司均改设流官以治理之①。

明代的永宁宣抚使司，所辖区域为今川、黔交界处的四川叙永、古蔺一带。明初，朝廷在设置永宁宣抚使司以及土官的同时，也设置了军事组织永宁卫，并派有汉族屯军驻扎该地，以加强军事震慑。但永宁土司奢氏在扩展自己势力范围的过程中，却时常与邻近的贵州土司安氏等发生尖锐激烈的矛盾冲突，双方长期"彼此相攻""相仇杀"，明朝驻防此地的卫所官军也曾经"利其所有，遂发兵千余……（将）奢氏九世所积，搜掠一空"。由此使得永宁地区长期处于动荡不安，纷乱失序的状态。天启元年（1621），时任永宁土司的奢崇明趁明朝辽东战事紧张之机，主动申请出兵两万援辽。而当朝廷同意其请求，命其率兵援辽之后，奢氏土司兵开至重庆却"久驻不发"。明朝派巡抚徐可求移镇重庆，督促永宁土兵急赴辽东。奢氏则"以增行粮为名"揭旗造反，"杀巡抚、道、府、总兵等官二十余员"，先后攻占了重庆、泸州、内江等巴蜀重镇以及安岳、乐至、新都等县，进而围攻成都，"川中大震"。在此紧急情况下，明朝急调大军以及石柱、酉阳等处土司兵进行反击，收复了重庆，奢崇明则败退回守永宁。随后，明军相继攻克了奢氏控制的永宁、古蔺、遵义等地，走投无路的奢崇明只得逃奔投靠水西土司安邦彦，后于崇祯元年（1628）被明军消灭。在平定了永宁土司奢崇明的叛乱后，明朝也乘势废除了永宁宣抚司及其土司制度，将永宁土司原辖地区一分为二，"以赤水河为界，河东龙场属黔，河西赤水、永宁属蜀"。并在永宁设道、府等流官衙门，进行治理②。

明朝在"都掌蛮"所集中居住、分布的川南地区亦进行了大规模的改土

---

① 《明史》卷三一一《四川土司传一》。
② 《明史》卷三一一《四川土司传一》。

归流，即史籍所载："唐宋以来，置州内府，不过羁縻"，而明初则"悉改为县，流官铃治，属之戎县，办纳税粮，已为编民"①。在对"都掌蛮"改土归流的过程中，明朝一面采取军事进攻的手段，从洪武到嘉靖，"凡遣将十一征"②，并于万历年间进行了更大规模的军事进攻；一面也实行民族融合与同化的政策，改"都掌蛮"的根据地戎县曰兴文，"都蛮既平，所有降者……亦既变姓名，易冠服，列为编户矣"③。叙州府，"府治创建之初，以僰人之遗分居城西北十里，俾其习知礼教"④。这样，曾广布于巴蜀各地的僚人遂逐渐于明代即融合于当地各民族之中，只在今四川省宜宾市的兴文、珙县、高县等地留下了僰人坡、僰人坝、僰人寨、僰人湾、僰川沟等地名和僰人悬棺等遗迹。如珙县"僰棺墓，在县南上下罗计诸山中，僰酋悬棺之崖甚多"，兴文县"古僰人墓，建武一带凡悬崖峭壁上，凿崖为穴，置棺其中，重叠相望"⑤。

从总体上看，明朝在巴蜀民族地区的改土归流还是规模较小，涉及地区也较少，属于一种试探性的改革。

（二）清代巴蜀民族地区的改土归流

清初，朝廷因为要将主要精力用于镇压活跃于西南地区的农民起义军余部、南明政权以及大江南北遍地蜂起的反清复明运动并防止吴三桂等"三藩"可能的反叛，于是沿袭元、明旧制，按照"有归顺者俱加意安抚，令其得所"的原则，对巴蜀民族地区的土司土官们实行"不改旧职，仍许以世袭"甚至升授土职以鼓励他们前来降附的政策⑥。但是随着清朝在全国统治的逐渐稳固，朝廷与西南民族地区诸土司间的矛盾亦逐渐尖锐起来，清廷越来越难以忍受土司们在其所管辖民族地区以及沿边汉族地区抢掠人、畜及财物，不纳贡赋，抗拒朝廷旨意，破坏统治秩序与社会安定等种种不法行为。为此，雍正二年（1724）五月，朝廷谕令四川、湖广、广东、广西、云南、贵州诸省总督、巡抚、提督等："朕闻各处土司鲜知法纪，每于所属土民，多端科派，较之有司征收正供不啻倍蓰，甚至于取其马牛，夺其子女，生杀任情。土民受其鱼肉，

---

① （明）曾省吾：《西蜀平蛮全录》卷一《覆勘将官疏》。
② （明）董份：《泌园集》卷二七《平都蛮传》。
③ （明）曾省吾：《平蛮录》卷一《覆勘将官疏》。
④ 嘉庆《宜宾县志》卷一八《风俗志》。
⑤ 光绪《叙州府志》卷一五《冢墓》。
⑥ （清）魏源：《圣武记》卷七。

敢怒而不敢言。孰非朕之赤子？方今天下共享乐利，而土民独使向隅，朕心深为不忍……嗣后督、抚、提、镇宜严饬所属土官，爱恤土民，毋得肆为残暴，毋得滥行科派。申饬之后，不改前非者，一经发觉，土司参革，从重究拟；汉奸立置重典，切无姑容宽纵，以副朕子惠元元、遐迩一体之至意。"①《清史稿》则认为，土司制度致使"苗、猓无追赃抵命之忧，土司无革职削地之罚"，因而它不过是一种"以夷治夷"的治标不治本之策，必须予以改革②。

从康熙年间起，清朝开始在今渝东南、川西南、川西北等巴蜀民族地区改土归流。至雍正年间，清廷对待民族地区土司的政治态度与方针政策发生了重大变化，由原来鼓励投附授职改为大力推行改土归流，并于雍正、乾隆年间和清末两次将巴蜀民族地区的改土归流推向高潮③。

1. 渝东南民族地区的改土归流

今渝东南民族地区，行政范围大致包括今属重庆市管辖的酉阳、秀山、黔江、彭水、石柱等县地，这一时期境内主要居住着土家族、苗族等少数民族。清初，这一地区主要设有酉阳宣慰司、石柱宣慰司两个势力较大的土司及一些中小土司。这些土司常因横暴不法而"为边民所诉，吁请改流"④。

康熙七年（1668），清廷批准四川总督苗澄关于分化、削弱酉阳土司的奏请，发布谕令指出："酉阳一司，兼石耶、平茶、邑梅三长官司，封畛过侈，不得不为事先之防。考名胜志，明永乐初，平茶、邑梅二司改隶渝州。渝州即今重庆府也。宜照此例，将平茶、邑梅二司改隶重庆，以消蛮司土广民众之势。"⑤这是清代在今渝东南民族地区实行改土归流之始。

雍正年间，清廷接受云贵总督鄂尔泰的建议，在云、贵、川、鄂、湘诸省广大地区实行大规模的改土归流，同时也加快了今渝东南民族地区的改土归流。雍正四年（1726），改黔江县为黔江厅。雍正十二年，在云、贵、鄂、湘诸省改土归流已基本完成的基础上，以朝廷设于巴渝民族地区的军事组织黔彭营所拥有的武装为依托，设置了黔彭直隶厅，升忠州为直隶州，派流官任职并就近办理该民族地区的改土归流事宜。次年，因酉阳土司冉元龄年老多病，其

---

① 《清世宗宪皇帝实录》卷二〇。
② 《清史稿》卷五一二《土司传一》。
③ 本节叙述，主要参引自王纲《清代四川史》，成都科技大学出版社1991年版，第422~427页。
④ （清）魏源：《圣武记》卷七。
⑤ 《清圣祖仁皇帝实录》卷二八四。

二子争袭土司官职秩爵而彼此兴讼,并有土民控告酉阳土司"恃远自恣","奸恶残暴,以致族目人等,情急迭控,俱愿改归内地。众口同声……土民等苦其虐累,久已离心,期望改归,如出汤火"。于是朝廷允准四川总督黄廷桂、四川巡抚鄂昌关于酉阳土司改流的奏请,将酉阳土司冉元龄一家迁至浙江省仁和县安置(后因酉阳"改土之后,官兵驻扎年余,虐政悉除,舆情悦服",又将冉氏土司"改为省城成都安置"),"以其地改设酉阳直隶州。原管有邑梅洞、平茶洞、石耶洞、地坝洞四长官司,均于乾隆元年改流"。随后,清廷又以改流后的平茶、邑梅、石耶、地坝四洞和酉阳土司区南部的晚森、南洞、九江、苗江、小江、日施、月旗七洞等小土司旧有之辖地,设置秀山县;裁黔彭营,改设黔江、彭水两县,以酉阳直隶州领秀山、黔江、彭水三县,并分派酉阳直隶州同知驻龙潭,巡检驻龚滩、火石垭(今黔江县境内)。

相对而言,石柱宣慰司的改土归流则显得稍微曲折。乾隆二十一年(1756),以夔州府分驻云安厂同知移驻石柱,代管石柱土司原来之行政事务并办理改土归流事宜。乾隆二十五年,设石柱直隶厅,"改宣慰使为土通判世职,不理民事"。至此,今渝东南民族地区的改土归流结束。

通过改土归流,今渝东南民族地区各府、厅、州、县均由朝廷选派流官担任行政长官,县以下也建立起了较为严密的里、保、甲等基层行政组织系统。按照清廷的规定:"凡自三户起,皆可编为一甲,其不及三户者,令迁附近地方,不许独住。"①从而在政治上实现了朝廷对今渝东南民族地区自上而下、强力有效的统治。经济制度变革方面,清廷关于"土司之官山,任民垦种",地方官府"发给执照,永为世业"的规定,亦推动了由封建领主经济向封建地主经济的社会制度与经济结构转型。

2. 川西南民族地区的改土归流

川西南民族地区,主要包括今天四川省所属之凉山彝族自治州大部以及攀枝花、泸州、宜宾、乐山诸市的部分地区,境内居民除彝族、苗族外,还居住着多个少数民族,存在着数量较多并且势力强大的土司。如清前期,仅在凉山彝族地区,即有邛部宣抚司、沙马宣抚司、河东宣慰司、河西宣慰司、雷波土司等势力较大的土司以及为数众多的土官土目。故清廷于定鼎之初,即利用各种机会,在川西南民族地区进行改土归流,以削弱土司势力。如康熙三十一年

---

① 参见管维良主编《重庆民族史》,重庆出版社2002年版,第296页。

（1692），东川土知府因无人承袭而宣布"献土改流"；康熙四十九年，建昌坝南路安抚司赵国定因系汉人"滥膺土职"而被革职后改设流官[①]；等等。

从雍正年间起，清廷加强了对川西南民族地区的改土归流。雍正四年（1726），将原属四川省管辖之东川、乌蒙、镇雄等三军民府划归云南省，并马湖府入叙州府。雍正六年，根据川陕总督岳钟琪的奏请，对建昌河东宣慰司邻近内地的部分和河西宣慰司、宁番安抚司、阿都宣抚司、阿史安抚司以及纽结、歪溪等五十六处土千百户进行改土归流。主要做法是：裁建昌卫，新设宁远府（治今西昌市）；裁建昌旧设之通判，新设宁远府流官知府一员、经历一员；在裁革建昌卫以及左、中、前三所的基础上，在建昌新设西昌县，宁番卫裁革后新设冕宁县，盐井卫裁革后新设盐源县，并新设会理厅、越嶲厅等，均设流官统治。以河东宣慰司半近凉山，半近内地，仍授原宣慰使安承爵之女安凤英为长官司，约束凉山一带；其旧管之附近内地的辖区，则均改由朝廷派流官治理。对于河西宣慰司、宁番安抚司等靠近内地的土司，则全部改土归流。河西宣慰司降级换授土千总职衔，仍允许世袭。其原来管辖之阿都宣抚司、阿史安抚司以及纽结、歪溪等土千、百户共五十六处地方，则按照"近卫者归卫管辖，近营者归营管辖"之原则，重新划分行政区划范围，"一并改流"。次年，雷波黄螂土舍国保因缺乏统治能力，"祖遗土地多被邻封侵占，兼以辖属顽愚，难以管教，惟恐贻累子孙"，遂主动"呈请归流"并且"情词恳切"。清廷鉴于国保"素知遵奉法纪。自军兴以来，随营效力，更为恭顺。其所辖土民亦无助逆恶迹"，且属于主动申请改土归流，遂授予国保土守备职衔，迁往省会成都安置，并赏银五千两，以为其立产安居之用，还谕令四川官府"悉心酌议，善为安插，俾其永远得所"[②]。随后，清廷又乘势改雷波土司为流官，并收缴了原颁赐给土司土官们的印信、号纸。在改土归流以后的乡村基层政权建设方面，选择老成且家资富裕者，立为乡约、保长，负责基层政权以及行政事务。

经过雍正年间大规模的改土归流，加之清廷加强了在川西南民族地区的驻军，因此，一方面清廷通过增设流官，加强了在川西南民族地区的统治力量，呈现出"雷波、吞都、黄郎诸土司地，直抵建昌，袤千余里，皆置

---

① 雍正《四川通志》卷一九《土司·建昌道》。
② 《清世宗宪皇帝实录》卷八一。

营汛，形联势控"的政治局面；另一方面，出于对凉山彝族地区特殊而错综复杂之自然地理条件、社会经济状况和政治军事形势及其他因素的考虑，清廷也放弃了对邛部土司改土归流的计划，并且在凉山彝族地区保留了较多的土司及其势力。如据记载，乾隆十七年（1752），仅建昌镇所辖地区，即有"宣抚司二员，安抚司二员，长官司七员，土千、百户三十余员，土目数百"①。

雍正朝以后，清廷继续在川西南条件成熟的彝汉杂居区或沿边地区推行改土归流。如乾隆六年（1741），改贵州省属之永宁县为叙永直隶厅，并划归四川省管辖。嘉庆十六年（1811）九月，清廷批准嘉定府（今四川乐山）峨边厅通判所属"十二支岭夷"头目约列等"以川省所辖各路土司，向有改土归流之例，情愿一心向化，永作盛世良民，并请升科纳粮，更名易姓，一体当差"的请求，宣布对该地改土归流，命令四川总督核明该处土司所辖民众之"所有户口册籍及升科粮数，……分别题咨办理"。嘉庆十九年，朝廷又根据四川总督常明的奏请，同意"迷易（今四川米易）红卜苴一处及披沙保所管二十一村夷地，均请改土归流，照例丈量，编入汉甲"②。

迄至清末宣统年间，朝廷还继续在建昌道所辖区域内进行改土归流。如利用平息建昌道建昌镇禄氏五土司"群起争袭"土职而发动的叛乱之机，将"披砂、会理村、苦竹、者保、通安舟五土司地一律收回，改流设治"③。

3. 阿坝州、绵阳藏、羌民族地区的改土归流

阿坝州、绵阳藏羌民族地区，主要是指今四川省阿坝藏族羌族自治州以及绵阳市北川、平武等县的部分地区。

从历史记载来看，朝廷对这一地区的改土归流，可上溯到明朝万历年间。其时，茂州（今茂县）知州张化美鉴于境内"刁农、窄溪、得势、魏门等寨（羌民），愿纳款降附"，而将之列为朝廷编民④，是为这一地区改土归流之始。

清初，沿袭明代旧制，在岷江上游藏羌民族地区设置有土司数十处。这些

---

① 《清高宗纯皇帝实录》卷一三〇。
② 嘉庆《四川通志》卷六五。
③ 《清史稿》卷五一三《土司传二》。
④ 雍正《四川通志》卷一七《边防·松茂道属·茂羌》。按：明万历前后，松、茂地区还有一些藏、羌部落村寨相继归附朝廷并被纳入编户齐民管理。参见李宗放《四川古代民族史》，民族出版社2010年版，第364~367页。

土司对其治下之民众的压迫剥削极其残酷。例如，同治《理番厅志》记载，今阿坝州理县境内土司区的民众，"粮役重于中土，按地科粮以大小计，虽凶年不减，有鬻子女以偿者。官有工役，自备器具载木石而往。争讼各就于所辖土目，未服乃决于土司。（惩罚）虽轻则为官员负（付）薪水，重则籍田产，最重并其子女卖之，或加以投河、坠岩、剔目诸刑"①。土司们还为了扩展自己的势力范围，彼此寻衅滋事，抢掠人口、财物，互相征战攻伐不已，以至于朝廷为了维护民族地区的社会治安和制止土司们的争斗，而不得不屯兵弹压，出兵平息战乱。

在此形势下，清廷于康熙年间开始探索对该地区的改土归流。史载，康熙六年（1667），茂州知州黄升"查验前知州张化美给券，遵奉院道批详，给以木牌铁刻，镌石州前，永隶茂州，不许土司侵管，羌民悦服"②。康熙四十三年，石泉县（今四川北川）有土司唐德俊"袭职数月，番民以番冤莫伸事，讼于邑令朱载震，详请黜之，并黜永平土官。于是石泉县有抚夷无土官，俊民大小讼狱归县办理"③。

从乾隆年间起，清廷开始加大对川西北高原民族地区改土归流的力度。其中以杂谷土司的改土归流较为典型。杂谷土司所辖区域，最初不过为"东至朗吉司，南至金川，西至卓克基，北至龙州，幅员仅五百里"。其后逐渐侵吞、兼并其他土司之地，于是其地盘与势力范围渐渐扩大为"西至党坝，东至通化，绵亘一千余里，地广民众，号大酋长"的广大地域。特别是乾隆十四年（1749），朝廷因杂谷土司苍旺征金川有功，将其升秩为宣慰司。于是苍旺土司便日渐骄横不法，不但恣意欺压、剥削其辖区内的民众，并且凭恃地广人众，一再寻衅惹事，"恃势虐邻，土司中久为侧目"。他还擅自收容投奔他的土目、土百户等小土司，"亦给与各土目执照"，甚至"抗不请袭""妄不奉调"，"并令所属番民按户与杂谷上纳酥油"。乾隆十七年，杂谷土司又与梭磨土司、卓克基土司发生纠纷，"将梭、卓所属土民番寨聚兵攻毁"。四川总督策楞、提督岳钟琪派员前往调解处理，"苍旺抗执不遵……又私造铁炮，潜蓄谋逆"。清廷遂于当年八月派兵前往征讨，将苍旺生俘后就地正法。"番民

---

① 同治《理番厅志》卷四《夷俗》。
② 雍正《四川通志》卷十七《屯田》。
③ 道光《石泉县志》卷五《武备志四·土司》。

久受苍旺欺凌，今得剿灭，人皆称快"，"口称土司苍旺残暴不仁，情愿归顺"，"以之归流，人皆乐之"。清廷遂于次年十二月批准了四川总督黄廷桂关于杂谷土司改土归流及其善后事宜的奏请，在杂谷土司原辖地区南部建立了"寓兵于农"的土屯制度，"择其倾心投诚之头人，每寨设立屯总土守备一名，总旗土千总三名，大旗土把总六名，各归本寨，管束屯兵，以备派遣。共土守备、千总、外委一百一十名"；将其北部辖区十八寨改土归流，设置两里，由州官管辖。在对原有之差头、牌头、保证等土吏名目一律裁汰的基础上，鉴于杂谷旧有寨首多是苍旺的私家亲信，百姓素不悦服，于是清廷只令寨首们负责催纳粮赋和派遣差事；另选素为番民悦服之人担任乡约，负责教化番民，调处词讼；对于原有之外保，亦改为甲长，责令其负责稽查治安。并规定，寨首、乡约和甲长，均须听从抚夷掌堡的管束，由此形成了三者并立、互相制约的权力格局①。

此后，清廷继续推进岷江上游藏、羌地区的改土归流。于乾隆二十五年（1760），改松潘同知为松潘直隶厅，杂谷同知为杂谷直隶厅。乾隆四十一年平定大、小金川后，一方面实行土屯制度，另一方面又分别设置了阿尔古州（今金川县地）、美诺直隶厅（今小金县地），随后又于乾隆四十四年裁阿尔古州，并其地入美诺厅；乾隆四十八年改美诺厅为懋功屯务厅（驻今阿坝小金），从而完成了对大、小金川地区的改土归流。乾隆五十年（1785），将沃日安抚司、绰斯甲布宣抚司，均"改隶懋功协管辖"，并于宣统三年（1911）改流。次年，又将茂州营属踏花等十八寨编入汉户，设新民里。乾隆五十三年，以大定土千户所属之连环等寨，请照新民之例一体纳粮应差，编入汉户，设广民里。道光六年（1826），又有大姓寨土百户郁廷栋、小姓寨土百户郁成龙、大黑水寨土百户郁玲、小黑水寨土百户郁启相和松坪寨土百户韩朝升等五个小土司认为，他们所管辖之羌民的语言、衣着等悉与汉民相同，亦多读书识字之人，文化程度较高，同时自觉无能，难以治理，于是请求朝廷对其辖区改土归流。清廷遂乘势将五位土百户管辖的五十八羌寨之土地人民拨归茂州管辖，编入汉甲，由地方流官指派的保正、牌头管理；其编户口、考试等事宜，

---

① 参见李涛《试论清代乾隆年间的杂谷事件》，《西藏研究》1992年第1期，第47~54页；陈东：《试论清代岷江上游地区的改土归流》，《西南民族大学学报》（人文社科版）2007年第3期，第37~41页。

悉与汉民一体办理；至于所纳课粮，因距州太远，允许改以折色赴州完纳；并以此设立了亲民、安民、康民、齐民等四里。为了表示对五位土百户主动提出改土归流要求的"优恤"，清廷仍准予他们世袭土职。

经过从乾隆朝到道光朝一百多年的改土归流，今阿坝州、绵阳一带藏羌民族地区的土司势力受到极大的削弱。如原静州土司和岳希土司的大部分辖地被划为静州里和岳希里，原陇木土司的大部份辖地被设置为陇东里和陇木里。特别是羌族地区的土司，除汶川瓦寺土司外，有的全部改流，有的名存实亡，静州、岳希等原来势力较大的土司，也成为只管领有三五个寨子的首领了。

4．天全土司的改土归流

雍正七年（1729）四月，朝廷批准四川巡抚宪德关于天全土司改土归流的奏请，废除了明朝所设之天全六番招讨使及其土司制度，"追缴印信号纸，以其地为天全州"，设流官知州一员、吏目一员，驻扎碉门；州同一员，分驻始阳；同时升雅州为雅州府，设流官知府一员、经历一员；增置附廓县曰雅安县，设流官知县一员、典吏一员。并且规定，新设之天全、雅安和名山、荥经、芦山等州县，"并归（雅州）府辖"，一律设流官治理行政[①]。嘉庆二十年（1815）正月，户部议准四川总督常明关于"清溪县松坪土司马骆氏并所辖楠木园等处二十八堡夷众请改土归流"的呈请，决定以该地之深溪沟为界，"东北牛心山、楠木园一带夷民八百四十三户"归峨边厅流官管辖，"西南松坪上堡、下堡一带夷民九百九十户"归清溪县流官管辖，照例升科纳粮，对该土司仍给予世袭之土千户职衔。

5．康区的改土归流

清前期，朝廷首先在巴塘、里塘土司区进行了改土归流。史载，康熙五十八年（1720），巴塘宣抚司归附清廷后，朝廷鉴于巴塘重要的战略地位，遂在巴塘驻设了部分流官，"由四川设粮员一、都司一、千总一，三年更替"[②]。雍正七年（1729）四月，清廷又批准了川陕总督岳钟琪关于巴塘、里塘地区正、副土官照流官例任命的奏疏。该奏疏称："四川巴塘、里塘等处，请授宣抚司三员、安抚司九员、长官司十二员，给与印结、号纸；副土官四员、千户三员、百户二十四员，给以职衔，以分职守。内巴塘、里塘正、副土

---

① 《清世宗实录》卷八〇。
② 《清史稿》卷五一三《土司传二》。

道孚惠远寺雍正碑（杨嘉铭摄）

官，原无世代头目承袭。请照流官例，如有事故，开缺题补。至各番钱粮，正项之外，又有供给喇嘛衣单、土官、蛮兵口粮、杂粮等项，未便仍令将弁等私自征纳，请统作正赋收催。"①

迄至清末，光绪三十一年（1905），因发生了驻藏帮办大臣凤全被杀的"巴塘事件"，朝廷遂派建昌道赵尔丰率兵进入康区平叛。赵尔丰于次年攻克巴塘后，将里塘改土归流。并于光绪三十二年与四川总督锡良、云贵总督丁振择联名上奏，请求将巴塘改土归流，设巴安县，又于光绪三十四年改巴安县为巴安府，其下设康安县、盐井县三坝通判等流官统治。同年，还将明正土司（驻地在今康定）改土归流，"奏改打箭炉为康定府，设河口县……其地悉归流"。史称，赵尔丰"巡行川滇边凡六年，所至改土归流，设道一，府四，州、县三十五，各治四十余部落"②。从宣统元年（1909）至宣统三年期间，甘孜的德格、春科、高日、灵葱、沈边（今泸定县境内）、冷边等土司区纷纷改土归流。其中，德格宣慰司改土归流后，土司多吉僧格迁居巴塘，将自己的财产交给政府，其妻的首饰捐给巴塘做学费，清廷将德格土司所辖之地划分为五区：中区为德化州（今德格县），南区为白玉州（今白玉县），北区为登科府，极北一区即今石渠县，西区为同普县。德格土司的改土归流，标志着明清时期巴蜀民族地区改土归流告一段落。

有研究者指出，明清时期朝廷在巴蜀民族地区实行改土归流，目的并非"开疆拓宇，增益版图"，而主要是看是否有利于朝廷在民族地区的统治，主

---

① 《清世宗实录》卷八〇。
② 丁士源：《梅楞章京日记》，载章伯锋、顾亚编《近代稗海》第1辑，四川人民出版社1985年版，第437页。

要看土司们是否服从朝廷的统治①。用雍正帝的话来说，只要各土司"循分奉法，抚绥其民，即与州、县循良相同，朕甚嘉悦，何必改土归流"②。故清廷在巴蜀民族地区实行改土归流时，比较注意采取区别对待，因时因地制宜的权变之策。例如，雍正六年（1728）对建昌土司改土归流时，就考虑到河东宣慰司辖地很广，半近凉山，半近内地这一特点，只在邻近内地的地区实行改土归流，而对邻近凉山的地区仍旧保留土司制度，封授原土司安承爵之女安凤英为长官司，以便"约束凉山一带"。道光十三年（1833），成都将军那彦宝奏请将清溪县全境改土归流，"毋庸再设土司"。道光帝却认为"边夷设立土司，原为约束夷民，各安住牧"，"惟改归地方管辖，必须妥策万全，方可久安长治"，要求将改流一事归入善后章程，"一并妥筹办理，务须布置得宜，杜绝夷患……"，并仍在清溪之撒角、木须、松坪各设夷长一人、夷目一人③。

在朝廷这一区别对待、因时因地制宜的改土归流政策影响下，明清时期巴蜀民族地区的改土归流并未出现"一刀切"、贪多图快等趋势，而表现出区别对待，不同处理的多元化面貌。有的地区（如今渝东南酉阳、石柱、秀山等土家族、苗族居住区）改土归流比较彻底，全部为流官取代，土司制度成为历史；有的地区（如川西北藏族聚居区）则土司、土官名目仍存，民间继续尊崇旧土司、土官，原来的土司、土官亦凭借拥有的武装力量，仍割据称雄，争夺势力范围，甚至进攻县城，谋求复辟土司旧制；有的地区（如安宁河流域及大小凉山部分地方），则是把一些土司、土官分别改隶当地驻军，实行军事控制；有的地区则换汤不换药，改土归流后，原来的土司、土官摇身一变，成为朝廷和州县流官政府制度下的乡长、保长、甲长、土兵营长、屯兵队长甚至于更高职务的官吏，并以朝廷、官府与民众之间的中间人、联络者的身份，成为兼具乡村基层政府官员和本地豪酋、头人、首领或寺庙主多重身份的当地头面人物，继续保持他们在当地的统治权威和政治、经济、军事、宗教势力。

---

① 贾大泉、陈世松主编：《四川通史》卷六，四川人民出版社2010年版，第354~355页。
② 《清世宗实录》卷七四。
③ 《清宣宗实录》卷二三六；李宗放：《四川古代民族史》，民族出版社2010年版，第467页。

第三节　明清时期的巴蜀少数民族文化①

一、藏族文化

明清时期巴蜀地区的藏族，居住、分布之地域广阔，地形地貌复杂多样，因自然地理环境、生计方式的不同而在饮食服饰、建筑居住、风俗习惯等方面均有比较明显的差别。大体上，居住在草地的藏族，以畜牧业为主要生计方式，于是便"逐水草而居，迁徙无定，不分寒暑，六月飞霜，五谷不生。游牧打牦，织毡食茶"②，"嗜茶、打牦、衣皮毡，游牧草地，概用黑帐房，逐水草而居，迁徙无定"③，"日务射猎，夜宿碉房，灸羊膀以卜吉凶，分善恶以为黑白。以战死为善终，以相杀为撕打"④。居住在山坡河谷地带的藏族，凭借"土地膏腴，山川秀丽"，适宜于农业生产的地理环境，"颇习耕织"⑤；"种青稞、圆根为食，以酥煎茶为羹"⑥。其农作物主要有青稞、玉米、小麦、燕麦、圆根等，也兼营牧畜业或商业贸易。如松潘地区的藏族，即于"多种青稞、圆根，好用膻羊麦粉"外⑦，亦重视畜牧业和商贸经济。"打牦种稞麦，衣皮毡，嗜茶，住碉房或板房，有运茶往草地贸易者，有出家为僧者。"阿坝藏族"半游牧，半种麦，住土碉房，衣毡，嗜茶，亦有往来贸易者"⑧。黎、雅（今四川雅安辖地）一带藏族，因与内地汉区毗邻，且其地宜于农业生产特别是种茶贩贸有厚利可图，于是便"惟以耕种为业，番汉淆居，碉房绝岭，治化渐摩，礼义日升"⑨。大渡河畔老思岗的藏族更以经商贩贸为主要

---

① 前面已经提及，在中华人民共和国成立后进行民族识别以前，历史文献中关于巴蜀各民族的称谓及其民族文化的记载，比较粗疏和含混不清，并多有缺漏，很难与我们今天所称的民族及其民族文化的情况完全相符与契合。但从尊重历史，尊重与弘扬巴蜀各民族文化的原则出发，同时也为了方便读者的阅读和理解，本节关于明清时期巴蜀各民族文化的介绍，只能结合历史文献的记载和当代巴蜀民族文化的相关资料进行。
② 嘉庆《四川通志》卷九五《武备志》。
③ 民国《松潘县志》卷四《土司》。
④ （明）曹学佺：《蜀中广记》卷三二《边防记第三·川西二》。
⑤ 乾隆《皇清职贡图》卷六《四川省》。
⑥ 雍正《四川通志》卷一九《土司》附（明）范守己《九夷考》。
⑦ 嘉靖《四川总志》卷一五《松潘等处军民指挥使司》。
⑧ 民国《松潘县志》卷四《土司》。
⑨ （明）曹学佺：《蜀中广记》卷三五《边防记第五·上川南道》。

生计手段，"专务贸贩，碉门乌茶、蜀之细布，博易羌货，以赡其生"①。以下，根据史志及相关历史文献的记载，以举例说明的方式，对明清时期巴蜀地区藏族文化作一鸟瞰式的介绍，勾勒其大致的习俗风貌。

（一）饮食

明清时期巴蜀地区藏族的传统食品，主要有糌粑、牛羊肉、奶制品、酥油茶、青稞酒、咂酒等。如绥靖屯（今阿坝州金川县辖地），"饮乳酪酥油茶、咂酒，食糌粑、烧饼、牛羊豕肉"②。杂谷（今阿坝州辖地）一带藏族，"饮酥油熬茶，食青稞麦面"③。懋功（今阿坝州大小金川）一带藏族，"食牛羊，饮咂酒、酥茶"④，"饮食多用乳酥、糌粑、咂酒、烧酒"⑤。

明清时期巴蜀藏族传统饮食的制作，如糌粑，就是将青稞、麦子等洗净、炒熟后，磨成炒面式的细粉，即史志所载"炒青稞磨粉，或用大麦、小麦、豌豆为之，入牛乳酥少许，用手搅和，捻成团子"⑥。酥油，就是从牛奶中提炼出来的奶油，即"取牛乳积盆盎中渐满，取皮囊盛之，两人对立用手或用脚挪转之，令匀化，置静处，俟凝定取开用之"⑦。喝茶是藏族重要的饮食习惯。史志所载：蜀地藏族，"饮食多糌粑、牛肉、羊肉、奶子、奶渣、酥油

道孚扎坝的香腊猪（杨嘉铭摄）

---

① 《明太祖实录》卷一八八。
② 道光《绥靖屯志》卷七《风俗》。
③ 乾隆《皇清职贡图》卷六《四川省》。
④ 嘉庆《四川通志》卷九八《武备志一七·土司三》。
⑤ 民国《懋功厅乡土志·人类》。
⑥ （清）李心衡：《金川琐记》卷三。
⑦ （清）李心衡：《金川琐记》卷四。

等物，其性燥烈，而茶为急需，故贵贱皆以茶为命"①。明清时期巴蜀藏族所饮之茶，可分为清茶、奶茶、糌粑茶和酥油茶等多种。清茶，就是将茶壶灌满清水并加入适量的茶叶熬开煮沸后饮用。酥油茶，则是"用大叶茶同牛乳煮至百沸，用长勺搅扬，沃之以盐，名曰酥油茶"②，"煎茶之法，用细茶熬极红，入酥油或奶子和盐搅之"。明清时期巴蜀地区藏族所饮之酒有青稞酒、咂酒等。青稞酒是藏族常饮且喜饮之酒。史志记载，明清时期蜀地藏族"所饮酒乃青稞酿成，淡而微酸，其名为'冲'。亦有青稞烧酒"③。咂酒，"以小麦、青稞及黍子、燕麦为之。将稞、麦等入水锅内煮半熟，倒向沙地上曝干，然后拌酒曲，入皮囊内，上用牛羊毛盖暖，数日后闻有酒气再入酒坛，用牛粪封口，惟恐泄气"④。

明清时期巴蜀地区藏族的饮食习俗，大体上是"牛羊多生食。食不以时，以饥为度，食少而频"，日或五六餐。"男女老少不解用箸，以手掬饮，用木碗。食已，擦而纳诸怀，贵者装于匣。"⑤吃糌粑时，"炒熟青稞，磨为粉，调以酥油，手捻成团，咬食。食已，饮酥（油）茶，茶性去脂，故蛮人重之"。"茶熬必佐之盐，茶以外俱淡食"。喝咂酒时，取所贮咂酒倾倒于铜瓶或小坛内，"灌以热水，少顷，以细竹插入坛底吸饮，上添水一杯，则下去酒一杯，转相传饮，至味淡用止"。或者"用时移贮铜瓶，入滚水少许，以细竹管数枝植其内——酒面味薄，酒底有沙土，故用竹管吸取中间。男女数人可以杂吸，似吃烟"⑥。明清时期巴蜀地区藏族喜欢饮酒。"凡饮辄醉，醉后或歌或笑，至有争吵者。客至必设酒，或设酥（油）茶，男女围坐甚欢。"⑦

（二）服饰

明清时期巴蜀地区藏族因居住、生活在高寒的高原、山区，有冬、夏两种服装。冬装主要是绵羊皮制作的皮袄，特点是宽大肥长，易于保暖，白天束带为衣，夜晚解带当被。夏装主要有棉（麻）布衣和氆氇袍，特点是大领长袖，宽大，长及脚后跟，即史志所载"夏穿毡，冬穿皮"⑧，"夏以火麻织布

---

① 嘉庆《里塘志略》卷上《风俗》。
② （清）李心衡：《金川琐记》卷四。
③ 嘉庆《里塘志略》卷上《风俗》。
④ （清）李心衡：《金川琐记》卷四。
⑤ 嘉庆《里塘志略》卷上《风俗》。
⑥ （清）李心衡：《金川琐记》卷四。
⑦ 嘉庆《里塘志略》卷上《风俗》。
⑧ 民国《松潘县志》卷四《土司》。

为衣，冬以牛羊柔毛织毡为服"①。藏族服饰大致的情形为：男子头戴皮帽或椎髻，褐衣短裙，出必佩刀。妇女披发或结辫于首，并在发辫和额前缀以珠玉宝石以为头饰，耳缀大环，短衣长裙，足着革履。具体的服饰穿戴，各地有所不同。如龙安府白马路十八寨藏族，"戴草帽，着羊裘……番妇辫发垂两肩，束以布，或缀珠石，着缘边长衣，花布半臂……"②。大、小金川一带藏族，"椎髻，帽用羊皮染黄色，以红帛缘之，耳缀铜环，布褐短衣，麻布裙，出入必佩兵械。……妇女结辫于首，缀以珊瑚，耳缀大环，短衣长裙"，或者"椎髻、毡帽，缀以豹尾。短衣褶裙，身佩双刀。番妇以黄牛毛续发作辫盘之，珊瑚为簪。短衣革带，长裙，跣足……又有逊克尔宗、石南坝等处男女身缠幅布，蔽以羊皮，婚配后始着衣裙"③。理番地区藏族，"衣褐、羊皮、貉，妇女多带金花串，以瑟瑟而穿悬珠为饰"④。绥靖地区藏族的服饰，"多氆氇、绒、毡毯、兽皮、金银、宝石之类"，"男子富者衣用白毪子制，大袖圆领，帽用狐爪或狐腋若桶然，足着皮靴，腰系五色绵线宽带，系时将前后衣提耸蓬然，腰间多佩，左插鞘刀，手握念珠。贫者服牛绒蛮麻布，戴毡帽，跣足无靴……妇女装饰，发梳数十小辫，挽结作髻……梳时极难，非半日不办，每月仅梳一次，其解发垂髻，即入月洗裙日也。俗不贵珠玉，特重珊瑚、宝石等，用金银镶嵌作首饰，喜用珊瑚小珠作串，发际竟有戴至数串者，亦有以珠串作压领，戴至七八串者，又以红绿布裹辫缠头垂肩，总以多为贵。充裕之家一人头面约值二三百金，即贫者亦有一二串焉。平常衣裙多用月蓝色布……窄袖，长仅及腰，贫富皆同。有用锦缎、小呢、哔几镶作者，必待跳锅庄、燕会日方着之。裙裳近日多用白布或藏绸制成，边幅镶红布，襞绩细致如百褶裙……背上皆负披单，如释氏之袈裟，或用五色绸，四围镶边，间有一色者。并有披毯，用牛羊毛线织成，横披于背，昼以蔽风雨，夜以代衾荐，寒暑不改。好徒跣，男女皆然，间有穿革靴，制更诡异。短衫，长裙无裤，裙带阔尺许，亦用牛毛线织成，下垂五色流苏，取其厚重，足以压风"⑤。理塘地区藏族的服饰还有官民等级的区分。即："男妇性好穿戴。营官衣冠皆遵国制，间亦俗

---

① 民国《懋功乡土志·人类》。
② 乾隆《皇清职贡图》卷六《四川省》。
③ 乾隆《皇清职贡图》卷六《四川省》。
④ 同治《直隶理番厅志》卷六。
⑤ 道光《绥靖屯志》卷十。

装。长官司、头人着大领衫,番名'褚巴',以氆氇细毪或绸缎、哆呢、哔吱为之,缘以獭皮或豹皮,营官亦有缘貂皮者。民家则多着毪子褚巴……腰系花绦,斜插匕(匕)首,谓之'左插'。右襟拖各色绫片,下垂如绅。以绣缎制木碗袋,着于左襟下。贵者用绣制木碗袋,其次或用银匣,或用铜匣,以帕着左肩,斜绔至右腋下,庶人之碗则纳于怀。帽高五六寸,以羊皮染黄色为缘,麻线染红色为纬。头人亦有用狐皮缘、丝线纬者。至营官,则以貂皮、驼绒皮为之。左耳垂珊瑚坠,用大珊瑚珠,上下镶金玉及绿松蕊石,名曰'呀拢'。顶戴哈达或江卡,拴佛窨,加以念珠。裤以红氆氇及红绫为之,足着用白皮造软底鞋,氆氇厢饰,其名为'康'。好佩刀剑,见官亦不去其身……妇人装饰,发编细辫百缕,饰以八宝珊瑚,累累若贯。头上戴金造花饼,或三或两,无金亦必以银。衣具五色,长袖短襟。项亦戴哈达、江卡、念珠,胸前挂大佛窨如盆,金银造成,制作工巧,贫者用小佛窨。长裙百褶,亦具五色。不穿下衣,足蹑皮鞋,花皮氆氇厢饰。"①

(三)建筑与居住

明清巴蜀地区藏族的居住方式,有农区、牧区的分别。牧区藏民因游牧生活需要逐水草而居,流动性大,于是以便于支折驮运的帐篷为主要居所。故嘉庆《四川通志》记载:"番人皆黑帐房,事畜牧,逐水草而居。"民国《松潘县志》亦载:番民"游牧草地,概用黑帐房,逐水草而居,迁徙无定"。明清时区蜀地藏族主要用牛毛帐篷,但也有白布帐篷。每顶帐篷的面积约在二十平方米左右,顶高一米七左右,顶部中央有用来通风、排烟的天窗。帐篷中央安有铁制的炉灶,右边为男席,左边为女席。帐篷内四周码有衣物、粮食等财物。

农区藏族的住宅,在明代至清中叶以前,多为石碉,亦称碉房。其建筑系"累石为巢,居如浮屠数重,门内以梯上下,货藏于上,人居其中,畜溷于下……高一二三丈者谓之鸡笼,十余丈者谓之碉房"②。石碉建筑"形制有二,或如方几,或似菱花,下宽上锐,自五六丈至十数丈不等,悉以乱石砌成。碉底方广丈余,中栈以木,下卧牲畜,中置锅庄(饮煮及睡觉之处),上数层贮粮糇什物,碉顶设经堂供佛焉。四隅插番经布旗数枝,四面有窗隙,内

---

① 嘉庆《里塘志略》卷上《风俗》。
② 嘉靖《四川总志》卷一五《松潘等处军民指挥使司》。

宽外窄，瞭望四方极为清晰。凡遇劫盗，窗隙中施放火枪最便"①。这些高耸的石碉楼，多是能工巧匠们在不绘图、不吊线的情况下用乱石砌成，需耗费大量时间与精力，"经年累月而成，汉人石工万不能及"，而且坚固耐用，历经风吹雨打，弥久而不倾塌。自乾隆年间大小金川战役以后，当地藏族便多修建二三层的房屋居住，"至今石碉犹存，然无有居其内者矣"②。藏族的多层房屋，依建筑材料不同而有土房、板房等区别。其中，板房即"以板为屋"，有土墙板房和木垒板房等形制的不同③。其大致建筑情形为"内无盈础，惟横施椽木，上栈以板……又铺以小木枋，覆以土，势略斜，使水不停蓄，捶土令极平。顶四面墙沿高尺许，若施栏楯，四隅开小穴以溜水。稍有罅漏，覆土一簣，捶平即止"④。土房则系"以泥土敷屋顶当瓦"⑤，"以泥封其顶，上可曝晒衣粮，虽雨不漏，墙垣累石为之"，并且实行"牲畜处外，室家处内"的人、畜分居生活方式。室内布局方面，一般是底层用于炊煮和妇女居住。其炊煮的"锅庄"，是在屋子中间"掘土坑深尺许，方二尺许，以石三条，逐如牛角，崎立三隅承鼎釜……以木作架悬之间若庋阁，炊具、干糇悉置其上……锅庄之旁为妇女寝处，男子宿楼中，父老宿经堂"。屋顶则用作场圃，"凡所获豆麦悉至其上，击以连枷，日曝风扬，俱在此咫尺之间"。亦"间有附墙作小楼者，窗棂数扇，饰以朱漆，颇有华风"⑥。

明清时期蜀地藏族聚居区遍布的藏传佛教寺院以及佛寺中的佛塔等宗教建筑，布局严整，层次分明，楼台层叠，雕镂精美，金碧辉煌，气派壮观，很能反映藏族建筑艺术的水平。修建于清康熙年间的泸定铁索桥，是我国古代桥梁建筑史上的杰作。

（四）社会经济制度

明清时期巴蜀地区藏族的生产力水平较低，生产方式落后。如畜牧业，大多尚处于"逐水草而居，迁徙无定"即粗放的游牧经营状态。农业生产方面，因"地寒冷"而物产不丰，粮食作物不产米谷而"只产菽麦青稞芋米"，并且

---

① 同治《章谷屯志略·风俗》。
② 同治《章谷屯志略·风俗》。
③ 乾隆《皇清职贡图》卷六《四川省》；道光《龙安府志》卷五《武备·土司》。
④ 同治《章谷屯志略·风俗》。
⑤ 民国《汶川县志》卷五《风土》。
⑥ 同治《章谷屯志略·风俗》。

新龙波日伸臂桥（杨嘉铭摄）

大多只能一年一收①。耕作技术与方式上，或"刀耕火种，以供口食"②，或因不习牛耕而多用人力锄地。比较先进的是二牛抬犁耕地，其方法是："耕稼多用二牛，以木五尺许缚二角端中，施一长木至牛后，横加短木，下贯锹锸，其形如锄。"这种二牛抬犁的耕地方法因"启土艰难"而显然不如"独牛锐锸之制"先进③。

在农牧业生产落后的状态下，明清时期巴蜀地区实行土司制度的藏族聚居区，基本上处于封建农奴制社会。土司、头人和寺庙上层喇嘛既是当地的统治者，也是封建农奴主。农奴则分为"差巴"（土司属下的农奴）和"科巴"（头人或寺庙属下的农奴）两种。在农区，农奴主的剥削形式主要有劳役、贡赋和高利贷等。劳役包括为农奴主无偿地种地、砍柴、修房、酿酒和制造用具，以及自带马匹、粮食为农奴主支应往来交通的"乌拉"差役。贡赋包括地粮和酥油、羊、鸡、茶、猪油、木炭、木料等。一般情况下，"科巴"因领种的土地比"差巴"少，而不负担贡赋和"乌拉"。在牧区，农奴主的剥削形式主要有劳役、贡赋、实物畜租和高利贷等。清代蜀地藏族土司制度下封建农奴制度的大略情形，据道光《巴塘志略》记载，该地土司总管全部公事，大头人称"业巴"，派往各乡管理民事者称"热敖"，管兵马者称"打本"，主贸易者称"葱本"，管地土者称"行业"，传事者称"卓念"，乡间管民户者称"甲本"。其下尊土官为"昆丁"。徭赋仍以当年投诚时统计土民三千六百余户为定数，如承担徭赋者本人身故而仅遗妻女，只准招婿入门，不准醮嫁。土马兵日领口粮银五分，土步兵日领口粮一分四厘。土司调用乡兵，按户金派，

---

① 道光《龙安府志》卷五《武备·土司》。
② 道光《龙安府志》卷二下《舆地·风俗》。
③ 同治《章谷屯志略·风俗》。

或三丁抽一，或二丁抽一。普通民众大多家无储积，有牲畜数十头者即为富户。骑驮乌拉（差役），土司先期拨派。修垫桥道、土官家营造工作、驮运粮食，无不派用民力。山场纳柴草，牧厂纳酥油，每月都有定数。又据同治《理番厅志》记载：该地藏族"粮役重于中土，按地科粮以大小计，虽凶年不减，有鬻子女以偿者。官有工役，自备器具载木石而往；争讼各就决于所辖土目，不服，方决于土司，负轻则为官负薪水，重则藉田产，最重并其子女卖之，或加以投河、坠崖、剔目诸刑"。在改土归流后的巴蜀藏族聚居区的一些地方，如今理县、金川、小金、丹巴等实行"土屯"制度的地区，由于社会经济的发展和受汉族地区的影响，屯内已出现地主、富农经济，社会正在向封建地主经济过渡。在泸定、石棉、宝兴等藏族聚居区，已基本完成了向封建地主经济的转化。

（五）婚姻

明清时期，巴蜀地区藏族主要实行一夫一妻的婚姻制度，同时也存在着兄弟共妻或姐妹共夫的现象。如嘉庆《里塘志略》记载：该地藏族称嫁娶为"坐"，"妻不一夫，死而别坐"，"差徭视妇人多寡科派，故一家弟兄三四人只娶一妻。如生子女，兄弟择而分之。其妇人能合三四兄弟同居者，人皆称美，以为能治家也"。又如巴安县（今甘孜巴塘），婚姻实行多夫制，兄弟五六人共娶一妻。若有愿意共妻者，则与本夫相约，为之副夫，出入自由，不拘小节。同时实行多妻制，姑嫂姐妹数人可同赘一婿[①]。

另据历史文献记载，明清时期巴蜀地区的藏族青年男女，在恋爱、择偶方面比较自由和自主，并有婚后不落夫家的婚俗。如道光《巴塘志略》记载：该地藏族土司家婚嫁，以茶马为聘。普通民众则大都男女相悦，自成匹偶。同治《章谷屯志略》亦说："夷俗，议婚无年庚、币彩之礼，大抵男女相爱悦……"同治《理番厅志》载称，婚无媒妁，男女相悦，则父母为之娶，亲朋置酒食以定婚。婚时，婿至女家，等育有子女后，夫妻方归夫家。但在一些地方，青年男女彼此中意和两情相悦以后，再履行说媒、聘礼、迎娶等婚姻的排场、程序与礼仪，即《金川琐记》所载："夷俗无问名、纳采诸礼，男女率先私合，然后婚配。男家倩喇嘛拣日择吉日，通知女家。至期，两家各延喇嘛诵经礼忏，亲戚邻里咸集女家，餍饫猪臕，吸杂（咂）

---

① 李宗放：《四川古代民族史》，民族出版社2010年版，第606页。

酒。男家倩一人前往，如媒妁礼，女家亦倩一人壶浆以迎，酌之酒，男家人长跪而后饮之，女家端坐不动也。饮毕，群拥新妇至夫家，笑言谑浪，相率跳锅装。跳毕，各侈饮唉，既醉既饱，忽如鸟兽散，而新妇亦飘然而逝矣。自此往来不常，食宿无定所，迨生有子女，然后依栖夫家。"同治《章谷屯志略》记载当地人的婚俗时也说，在男女彼此爱悦以后，男方家要"倩达查谷巴（即媒妁之称）往女家通殷勤，携哑酒一瓶诣焉。女父母允诺后，受其酒而饮之，否则反酒。媒氏反告，婿家延工巴（汉呼道士）择吉，视家之贫富馈哑酒之多寡，随媒氏往，备言情好。女家具哑酒、猪膘款媒妁及从人。女母以糌粑数斤，馅以猪膘，做得木鸟一圆（汉语称毕锣）给媒氏致婿家。婿母将毕锣卦小方，遍馈亲党，于是咸知与某某结姻事焉"。"娶妇时，仍延工巴诹吉日，具烧酒、哑酒各一瓶，随媒至女家，工巴及婿之姐妹偕往。新妇衣短襦花裙，头缀小珊瑚珠百余粒，作抹额式，足穿杭或随汉式制花履。富者乘马，贫者徒行，姊妹数人从。途中工巴诵经咒，袚除不祥。导引至婿家，见舅姑叩首毕，夫妇并南向立，工巴念念有辞，以酥油搓丸，如樱桃大数十粒，置木罂中，家人倾酒于罂内，工巴授酥油酒，夫妇跪接。偕饮毕，工巴以珊瑚珠一粒，红丝穿系，并哈达一方，同绾妇项间，夫妇起立。礼毕宴亲友，以巨瓮或铜铁瓶置哑酒于内，沃以热汤，瓶口插小竹竿，长尺许者数十枝，互相吸饮，各与猪膘一小方或生牛肉一小方，得木鸟一圆。既醉既饱，男女数十百人联臂呼跃，跳锅庄以为戏。是日夫妇不同室。越日，妇随姊妹回母家，力作如初，婿家则日月至焉而已。及翁姑授以家事，或生子女后，则长依婿操作。"该地明正土司所辖区域之藏族人的婚俗也于大略相同之中又微小异。即："明正夷人议婚，婿家倩伯把（媒妁）往女家殷勤，取女年庚，求工巴推算吉凶。如吉，仍倩媒氏问女家允否。议既成，订期延女父及亲好至婿家，具哑酒、烧酒、猪膘、工架（即毕锣）相款洽，尽欢而散。越数月，诹吉娶妇。赍猪膘、哑酒、铜铁酒瓶为礼，媒氏偕婿家姊妹迎焉，择弱冠亲属生庚与女命相宜者，举夷画神像一帧为先导。女易衣饰，挥涕辞父母。近寨妇女各持哈达为女缚项间，俱送女往。工巴出迎诵经咒，持铜瓶贮水洒夫妇顶间，以袚除灾疠。入室见舅姑不为礼。依母家女伴坐同饮唉。少顷，上经楼，亲属以木罂盛酒，外给哈达一方，中纳酥油小丸数十粒，令婿妇合饮少许，余酒置婿室，于婿项各绾哈达一方，以多为贵，而相贺焉。戚友馈猪膘、哑酒为贺。主人具哑酒于寨中，瓶口植竹竿数枝，猪膘、工架分布于地，环坐吸饮，餍而后止。男女联臂呼跃跳歌，欣欣然有喜色焉。次日辰食后，女随伴归母家如初。婿家凡有耕作，必往以襄其事，待舅姑授家事或举子，则依婿为常。"

婚姻关系存续期间，夫妻双方有离婚、重新择偶的权利与自由，即"夫妻悦则相守，反目即自择所欲而适焉"①。但禁止在婚姻期间与人私通，违者将受到严惩，即史志所载"嫁后有犯，夫永逐之。所生男女亦弃去"②，"既嫁，与人通，则手刃之，否则屏诸洞外，所生男女亦悉弃之"③。

明清时期巴蜀地区藏族还有"重女轻男"的习俗。如嘉庆《里塘志略》记载该地藏族"生女重于生男"。生育子女，男子教书算，或学一门技艺，或送入寺院做喇嘛。女子则教使戥秤，习贸易。一些地方的藏族女性婚后成为家内外生产劳作的主力和家庭经济的主事者。如懋功厅章谷屯，"耕耨之外，夷妇力作居多，主持家事、市茶布，悉委诸妇女；供力役，咸与焉，更有健于男子者。稍暇系均笼、捻毛线、织毪子，以供衣服"④。

清代巴蜀地区藏族还有"抢婚"、招赘婿上门等婚俗。一般说来，"抢婚"实际上多是在青年男女双方都愿意的情形下，由男方亲友策划的一幕喜剧。也有因三角恋爱或女方父母不同意而抢婚者。一旦姑娘被抢走，只要本人愿意，父母也就无法阻拦了。招女婿入赘，俗呼为"上门"。据民国年间《西康综览》记载："凡土司无子，赘婿甚多，但限于土司之子，不似贫民之多赘汉人也……汉人留康日久，多染康俗，亦有赘婿者，但又只于汉人，不招康子。"可见清代蜀地藏族在招婿入赘时，很少有民族偏见，只要人品中意，不论哪一族人皆可入赘，而且尤喜招汉人入赘做女婿。

明清时期巴蜀地区藏族青年男女在恋爱、择偶与婚姻上，虽有一定的自主、自由的权利，但也要受到制度与礼仪的规范和约束。主要表现在：第一，统治阶级内部实行严格的等级内婚制。只能在同一等级内部通婚，绝对禁止土司、守备、头人等贵族的子女与平民百姓的子女通婚。如果发生逾越等级界限的私自恋爱，将受到驱逐、处死等极其严厉的惩罚。第二，一些调查材料显示，在实行土司制度的地区，青年农奴、奴隶的婚配，要受到领主的严格操

---

① 嘉庆《里塘志略》卷上《风俗》。
② （明）曹学佺：《蜀中广记》卷三四《边防记第四·上川南道》。
③ （清）魏祝亭：《蜀九种夷记》。
④ 同治《章谷屯志略·风俗》。

控，未经领主的允许不得婚配。在牧区，青年男女农奴婚配，必须给土司、头人服一定期限的无偿劳役；在农区，女农奴结婚要交一定数额的赎身银。第三，青年男女的婚姻还是要受到家庭以及婚礼、婚俗的规范和约束。男女相恋后，如果结婚的话，就须取得双方父母的同意，还要经过媒人说合、馈赠礼物等礼仪程序，才能成婚。寡妇再嫁不受限制。离婚虽有此权利与自由，但也必须取得当地统治者的允许。

（六）丧葬

明清时期蜀地藏族的丧葬形式多种，有塔葬、火葬、天葬、水葬、土葬等。其中，塔葬只用于大活佛、大农奴主，葬仪十分隆重，辖区民众必须全体参加。

1. 火葬

多流行于农区，但凶死者不得火葬。明清时期蜀地藏族聚居区火葬大致的仪程是："始死，去旧衣赤体，命足手卷缩，以麦秸籍地，置尸其上，覆以藏布。使人讣亲属。子不剪发，不衰麻。吊者馈酥油作灯，猪膘、咂酒、经布为赙。延喇嘛诵经，择吉日火化。家人预作石圈于野，上铺以薪，子孙负尸薪上。旁设帐房一所，喇嘛居其中，捏糌粑、供物数事，大诵经咒，祭山神；举火沃酥（油）于薪，令人置藏布毯围尸，戒家人弗哭，烈焰腾腾，斯须而灭。拾烬骨捣碎，抟黄土，以铜范规之，高二寸余，式类浮屠，投江中。喇嘛十数人诵经八日，富者十六日。如弟兄多者，虽异居必各供喇嘛一日以为敬。""凡喇嘛死火化后，其徒或弟兄拾其项骨一片及手足指骨各一，记其名裹以藏布，视人之贫富具金银之多寡，寄西藏大招（寺）中。藏僧受其金，为之礼佛超荐后，答以藏物数事，致其家以示信。"①

2. 天葬

天葬主要用于一般的农牧民。每一地区有专门天葬的场地。有专门从事天葬职业的天葬师。

3. 水葬

主要用于凶死者或早逝的儿童。其大致的葬仪过程是：人死后，"延喇嘛诵经，燃酥油灯，无衰至、棺椁。亲友送嘛弥布。三日后尽褫其衣，曲足如抱膝状，自项至胫以麻布紧缚……入木箱内，投于大河深处，或浅厝水滨，俟水

---

① 同治《章谷屯志略·风俗》。

涨冲去"①。

4. 土葬

据同治《章谷屯志略》记载："明正夷俗多火葬，土葬者百不一二。"道光《绥靖屯志》在记载当地丧葬习俗时，只提及天葬、水葬、火葬三种葬式。《金川琐记》亦称"人死有天葬、水葬、火葬三种，独不知土葬"。由此可见，明清时期蜀地大多数藏族聚居区都不太时兴土葬。有的地方，土葬只用于麻风病故者。土葬的仪式为："置木龛，择吉日以尸坐其中，外以木板鞘合，上开一孔径三寸，如窗牖然，奉置经楼中，朝夕燃酥油灯于龛侧，不少懈。亲友来吊者，各致酥油数两代香灯，喇嘛数人日诵经咒。选吉日，家人舁龛于旷野，卜地之爽垲者，从旁穴数尺深，藏龛其中，外封以石，上以木板或石板蔽风雨。旁植经竿数十百枝，半属亲党贶仪，悉以布印番经悬竿上，令风吹扬，代口诵以资冥福。""地葬无棺椁，以木作匣，殊不坚好。置尸于内，舁瘗郊野中，累小丘为识。凡番经木竿林立者，即火葬、土葬之所也。"②

蜀地藏族还有壁葬、海葬等葬式。选择哪种葬式，主要由寺院及喇嘛"视亡者命中宜忌，悉以索卦决之"③。

（七）藏传佛教

明清时期，巴蜀地区藏族普遍信仰藏传佛教，拜佛诵经是普遍的宗教习俗，也是重要的精神生活内容。藏族几乎家家都设有佛堂、经楼或经龛，力作稍暇，即手持念珠，口诵六字真言。除自己与家人每日礼佛诵经外，"富者日延喇嘛讽经其中"④。亦在屋顶、房屋周围"遍竖杂色布旗，旗各印刷佛经，以多为贵"；或于经楼中"设机轴如车轮，四周刻佛像，罗列经卷印布，手推之即旋转，俗称转经楼，谓推转时佛像经卷俱从身过，不啻诵经宣佛号"⑤；或临溪涧作小室，安木桶，置经其中，下设机轮，水冲机轮转动；或在道旁作矮屋，设转轮木桶，放经于内，令行人手转；或写经于布，将布挂长杆上，遍插危峰峭壁间，使风吹动，以代人念诵经文，祈求福泽。明清时期巴蜀地区藏族崇信佛教的礼仪习俗，据嘉庆《里塘志略》记载："崇信佛法，见大喇嘛

---

① 道光《绥靖屯志》卷十。
② 同治《章谷屯志略·风俗》。
③ 同治《章谷屯志略·风俗》。
④ 嘉庆《里塘志略》卷上。
⑤ （清）李心衡：《金川琐记》。

则卸帽，合掌伸舌，顶礼者三，复垂手鞠躬，屏息聚足至法座前，大喇嘛以手摩其顶，谓之'讨舍'。贱者则不摩也，或以拂手扫之，即惊喜以为佛之福己也。路逢大喇嘛亦必须顶礼，过而后敢起。子为喇嘛，父母、伯叔、兄弟见之先行佛礼，然后叙家人礼。""疾病无医药，将所积金帛服饰施向喇嘛寺念经"，以祛病消灾。道光《绥靖屯志》记载，该地民众信佛多僧，各家有经堂，有事必请喇嘛、土僧。所谓土僧，指出家而在家居处，无妻室，然口诵佛经，手持牛羊肉脯，咀嚼无拘忌者。藏经字画与西藏稍异。藏佛有铜、泥两种。铜佛用模范铸坯，或练熟铜一块，磋磨剔成。铜佛一般小首大身，中藏蝇头细字佛经，土人珍视之，非重价不可得。白玉县藏族，"崇信浮图，有病不医，请喇嘛符咒，病愈谓之神佑，病死谓之上天。凡死者生前之物，由喇嘛没收，妻子不敢预问。亦有将家产捐助寺院者，以表信义"①。又有转经习俗，乃于正月或春末秋初农隙时间，藏族举家携粮出行，沿山而行，随行随拜，崇山深谷，必尽登陟，纸印小经，遍系道旁草木上，令风飘扬，名为转经。垒玛尼堆，系于道旁垒石为浮屠，高六七尺，间刻"夷字"，遇有事端，必围绕念诵佛经数十百遍而已②。

明清时期巴蜀地区藏族还有送子入寺院当喇嘛的习俗。如邓科（今甘孜德格、石渠县境）藏民，"崇信浮图，生子愿作喇嘛，而喇嘛之尊贵者，惟一寺中主教，名曰浮图图。亦系轮回转世，人民皆称活佛。遇有活佛缺出，无不倾家破产，与子孙谋此位置。如得之，其父母称为佛公佛母，荣耀一乡。而喇嘛尚有喇嘛户，如黑所属，不准越界入于黄教，如有犯之，格杀无论，或受之极刑"③。章谷屯藏民，"有三子者，必使一子为僧；有五子者使二子为僧。否则令入赘别寨"④，"如家中子弟均已入寺……得赘婿承嗣"⑤。

藏族民众普遍信仰佛教，使得明清时期蜀地藏族聚居区寺庙林立，喇嘛人数众多，大寺喇嘛有多至四五千人者。寺院的主持喇嘛名曰"堪布"，其下有首座掌坛名曰"翁宰"，执铁棒以警众者称为"格居"，负责经营公中财务并贸迁有无者称"须空""甲昔""铺退"，出外营远者称"喜却"，小沙弥称

---

① 李宗放：《四川古代民族史》，民族出版社2010年版，第600页。
② 同治《章谷屯志略·山川》；刘光永：民国《崇化屯志略》。
③ 李宗放：《四川古代民族史》，民族出版社2010年版，第601页。
④ 同治《章谷屯志略·风俗》。
⑤ 李亦人：《西康综览》第14篇，正中书局1941年铅印本。

"班鸠"等①。藏传佛教的兴盛和木刻印刷术及纸张等传入藏族聚居区，促进了藏文佛经及其他文学艺术作品的生产与流传。始创于雍正七年（1729）的德格印经院，与拉萨布达拉宫印经院、日喀则那塘印经院并称为三大藏文印经院。

（八）节庆习俗与跳锅庄

明清时期，巴蜀地区藏族的节庆习俗，各地有所不同。如绥靖屯，除岁时聚首饮咂酒，男女连臂跳锅庄外，特重十月、十一月节令。即每年十月十三日及十一月十四日，头人及所部百姓，宴饮赏劳，欢笑竟日②。里塘习俗：每年六月初三日，头人土兵等祭各处灶神，于营官坝骑射为戏，凡近里塘大小藏族人咸来聚观，宴游终日，名曰"抛马"③。巴塘地区藏族习俗：元旦，头人土目在土司前递哈达，土人煮麦仁粥，互相馈赠。四乡男女至土司家贺年，各给酒食而去。正月十五日，喇嘛具鼓乐旗仗，昇唐金城公主铜像，周历城外，装神鬼夜叉诸怪，以一足跳踯作桑羊舞，曰跳步札。有小喇嘛十数，戴白锅圈帽，穿彩衣，执小铜斧，相率而舞，曰跳铖斧。当晚，大昭（长青春科尔寺）前燃灯，以五色酥油捏成龙凤人物，用木架矗立庭际下，照酥油灯数百盏，至晚方止。正月三十，两土司家送老工扎布，扎纸人高一丈许，请喇嘛百余人诵经焚化。头人土兵施放枪炮，驱除疫疠。四月十五为佛诞，自初一起，男女绕城念颂佛号，昼夜不绝于声。七月中旬，收获事毕，每户出男女一人，戴白锅圈帽，穿蟒袍，佩刀，女戴黄羊皮毛，项挂珊瑚松石珠串，跳锅庄昼夜不止，旬日方罢。十月二十四日，相传为燃灯佛下降之时辰，挖圆根，贮酥油点灯，墙头屋角布景都满。十二月二十九日，喇嘛跳步札，戴狰狞假面，扮二十八宿及各国番人形象，铙鼓喧天，跳舞终日，送祟于门外。次日，悬大佛像，以杂彩堆成，自楼顶至地，约长五丈。堪布登台讲经，周围百里之藏民，皆来瞻礼④。

明清时期巴蜀地区的藏族喜爱唱歌跳舞。锅庄是其于婚礼、节庆及宗教活动时的一种歌舞。锅庄，又写作锅妆、锅椿等。史志载称，蜀地藏族"每逢喜

---

① 道光《巴塘志略·杂识》。
② 道光《绥靖屯志》卷七《风俗》。
③ 嘉庆《四川通志》卷九七《武备志一六·土司二》。
④ 道光《巴塘志略·风俗》卷，转引自李宗放《四川古代民族史》，民族出版社2010年版，第604~605页。

德格印经院（杨嘉铭摄）

庆，辄跳锅妆"①。"男女相悦，则饮酒为乐，跳锅桩。""岁时祭赛，以跳锅庄为戏。"②跳锅庄的具体情形，据同治《理番厅志》记载："男女执手环行三匝，歌声四起，如凯旋。庭列火，酒瓮无数，男女分队更唱迭和，执手跳跃，自夜达旦，称为跳锅庄。"咸丰《冕宁县志》记载，跳锅庄时，"初转徐行，再转小跃，三转大跃，行每歌，男二声，女二声，无杂乱者。跳一转饮啖一轮，嘻笑喧嚷，良久乃罢。夜间则燃松柴一堆，绕火而行。所歌之词，各因其事"。

二、彝族文化

《明太祖实录》卷一九二于记载"罗罗"（元、明时期对彝族的称谓）时指出："东川、芒部（今云南镇雄）诸夷，种类虽异，而其始皆出于罗罗，厥后子孙繁衍，各立疆场，乃易其名曰东川、乌撒、芒部、禄肇、水西，无事则互起争端，有事则相救相援。"明天启《滇志》卷三十亦载："（罗罗）其初种类甚多，有号为鹿卢蛮者，今讹为罗罗。"亦有研究者提出，明清时期的彝族，因分布各地，其内部的政治、经济、文化的发展仍然不平衡，"各地区的各个部分因而依旧保持着原来不同的氏族、部落名称……当时除了把彝族一概称之为'罗罗'之外，还有'摩察''罗婺'等二十余种不同的名称"③。明清时期巴蜀地区的彝族，同样存在着这种因氏族、部落众多而各氏族、部落所处自然地理环境不同而在生计方式、饮食服饰及风俗习惯等方面有所差异的情形。如明人范守己撰《九夷考》记载："倮罗，其人……男女插发，着长衣，腰系皮带，曰饥饱索。裹帕，赤足，身佩刀剑。居板屋，刀耕火种。喜猎，有

---

① 同治《章谷屯志略·风俗》。
② 嘉庆《四川通志》卷六一《舆地志六〇·风俗一》、卷九六《武备志一五·土司一》。
③ 尤中：《中国西南的古代民族》，云南人民出版社1980年版，第236页。

事以艾炙羊髆卜吉凶……妇人纽发蟠头上，身着绣花长衣，无袴，赤足，外披细毡衫覆之……婚姻以牛马羊为聘，死葬不用棺椁，以锦帛缠之烧化，以土掩之，以羊毛缠絷为祖宗……""佟鹿，其人矮小，男女俱用布裹头，短衣，赤足，长带弓弩绊索地网入山捕猎……住居山野，以草为屋，开种山地，收取杂粮为食……其俗男女无别，婚姻以牛马为聘，语言本类自知，与他夷不相通。燕会酒食与麽些同。死葬以布裹尸焚之，弃其骨于水中，永不经由其地。乃于焚时拔草根置小篮内携归，以为祖宗，岁时祭之。"①由此可见，"倮罗"与"佟鹿"虽然同属彝族，但在居室建筑（板屋与草屋）、服装的长短、丧葬（火焚后或以土掩埋，或弃骨于水中）等文化习俗方面，亦存在着一定程度的差异。

以下，依据史志文献并结合相关资料，对明清时期巴蜀地区彝族文化做一简略叙述。

（一）饮食

明清时期巴蜀彝族居住、生活的川西南地区，平坝产稻谷、小麦等，山区产荞麦等，清中叶始有玉米、洋芋（土豆）等旱地高产作物引进种植。畜牧业则主要饲养牛、羊、猪、鸡等家畜家禽。其饮食习俗亦因地制宜，"以荞面做饼，以菜做羹。燕会撒松毛铺地，盘膝坐食。待汉人以矮小桌凳，男女分席而坐。杀猪用火烧去其毛，以生肝蘸椒盐食之。泡咂酒饮之。器用木碗木勺，筯用竹签"②。"食则末（磨）荞成饼，野蕨为羹。宴客撒松毛铺地成茵，盘膝坐。若款待汉人，则用桌，方广尺余……（牵牛、猪、羊等）届客前，棒杀之，示特杀致敬也……焚拔其毛，炮多烹少。称肝曰赤叶。嗜生食。聂切为脍，沃以椒盐。咂酒与西番同。其器具：爱胎用凿空木，赤渣用竹篾，执枝时用荆茎及杂木枝为拍。爱胎言肴；赤渣，饭也；执枝，食之；拍，箸也。饮喜卜，夜炬火成行，聚族飞觞，齐赓蛮曲，曰跳火把。他夷与宴，群执跋烙其躯，以恣戏谑。"③彝族好饮酒而且善饮。明清时期巴蜀地区彝族主要饮咂酒或用青稞、高粱、玉米等酿制的粮食酒。饮酒时，大家席地而坐围成一圈，把酒倒进大碗里，你喝一口递给我，我啜一口传给他，大家依次轮流喝一碗，称

---

① 雍正《四川通志》卷一九《土司》附（明）范守己《九夷考》。
② 雍正《四川通志》卷一九《土司》附（明）范守己《九夷考》。
③ （清）魏祝亭：《蜀九种夷记》。

之为"转转酒"。

明清时期巴蜀各地彝族因居住地自然环境、物产及其他因素的影响而在饮食习俗上也有所差异。如越嶲地区彝族,"食荞麦,以糌粑为常,行动皆以羊皮口袋盛之,掬溪水拌食。无灶,以三石支釜,名曰'锅庄',肉菜杂煮。肉半生,席地或团坐竹笆分食;汤用木勺取贮,团转分食。好敬客,客至,必杀牲供之。以火烧去其毛,即以享客……杀牲以木杵击其脑"[1]。冕宁地区彝族,"饮食以乳酪为贵,以荞面、糌粑为常,或不火食,或半生熟食之。其就锅桩煮肉,菜粮杂煮其中,肉则割分,菜用木勺团坐舀食。甚敬礼客。客据上座,鸡、羊、猪属牵至客前,跪称云无物示敬,以此为献。客甫辞,已将木棒捶杀矣。洗剥毕,任客意作食,己食其余。客若贻之烟、茶、盐、针之物值百钱,大喜不胜,敬客之礼倍谨"[2]。雷波地区彝族,"饮食不烹饪,以火炙之,用木盒盛而食,席地而坐,好饮酒"[3]。

巴蜀地区彝族原来在平川、河谷地种青稞、圆根、黍、粟、豆等旱地作物,清中叶以后,随着玉米、洋芋等旱地高产作物在川西南地区的广泛传播,逐渐也成为彝族重要的粮食作物和主食,扩大了彝族地区粮食作物种植的范围。如光绪《雷波厅志》记载,该地"山多田少,宜种谷。其最高者则宜洋芋、荞麦"。而邛部长官司所属地区的彝族,因大多居住于高山峻岭,"地土瘠薄"。明代尚"不产五谷,惟畜养牛马,射猎以供饔飧"。但在清道光年间,这一地区已经是"地多旷衍,产青稞、包谷、油麦、苦荞、萝卜、红稻,以多畜马、牛、羊、猪为富"[4],已表现出从畜牧业向畜牧、农耕并重的产业结构转型。这样的农业经济结构转变,必然改变彝区民众的饮食结构,使彝区出现"秋荞、洋芋,应候而熟,民间尤恃以为生"[5]的状况。

(二)服饰

彝族因支系繁多,明清时期巴蜀地区彝族在"被毡椎髻"的民族服饰大风格下,亦表现出一些地域性的差异。如魏祝亭《蜀九种夷记》记载,彝族"头裹白帕,足茧厚,履险若夷……妇女髻盘额端,处女头缠八摺青布,媳则

---

[1] 光绪《越嶲厅全志》卷一二。
[2] 咸丰《冕宁县志》卷一二。
[3] 光绪《雷波厅志》卷三六。
[4] (明)谭希思:《四川土夷考》卷三;(清)魏源:《圣武记》卷一一。
[5] 光绪《越嶲厅全志》卷一二。

首覆以帽，前似方巾，后符僧帽。着绣裙，长被衣，无下体衣，围以细毡，赤足"。咸丰《冕宁县志》记载，该地彝族，"椎髻，竹簪挽于额上（近日熟夷亦有剃发、服汉服者），内裹蓝衫，外披黑灰色毡衣，蓝白裤，赤足，甚寒乃着毡袜麻鞋，蓝布裹头圆如帽，或戴毡帽，夏戴草帽，毡笠顶仰如莲房，甚异致也。女花布包首，与男同着蓝白布衫，亦披毡衣，曳地细褶白布裙，无裤而跣足"。建昌地区彝族，居住于阿都长官司、沙马宣抚司辖地者，"男挽髻，垢面，衣布褐短衣，披毡于背，夜即为衾。左手常带丹漆皮筒，所以防格斗也。妇辫发，裹青布帕，以金珠缀抹额为饰，著长衫，加缘领半臂。喜系五色细褶裙，恒携毡笠以行"。居住于阿史安抚司等处者，"男子椎髻，裹青布帕，耳缀铜环，短衣草履，背披黑毡，常系布囊于腰，……出必佩刀弩。妇女以青布裹头，布衣褐裙，亦披黑毡于背，跣足不履"①。雷波地区彝族，"造牛羊毛为毡衣，人披一袭，寒暑不易。衬衣以布为之，名曰'把握'，又名'黑姑把握'。毡衣无袖无襟，长不及膝，名曰'蛇落'。男妇皆赤足。男子椎髻于额，或穿一耳。夷妇首戴网罩，金银器满头，耳轮悬珊瑚、玛瑙，珠粒累累然，以多为贵；腰系统裙，裙长及地，横布为之。富者亦好修饰，布帛、绫缎，色喜红绿。生子浴以冷水，赤其体，不着片布，能步始披毡"②。越嶲地区彝族，"男首向前挽额髻，横竹簪一枝，以青布裹头，中挺一角。内穿汗衣，制窄短，独喜蓝白二色，裤脚宽大，外披黑白羊毛毡衣。赤足，寒甚方着毡袜、草鞋，袜如月斧形。遇雪披蓑衣于外，名'咱耳挖'，戴毡笠，形似莲房。夷妇以青布裹头，大如盘；不着中衣，用五色布剪裁，各成一截，叠为细褶襄裙。富者穿缎马褂，金银首饰，领扣如醋碟，大耳环如豆芽，上缀珊瑚、玛瑙珠串。跣足，亦寒甚乃着毡袜、草鞋"③。此记载中的"咱耳挖"，即"擦尔瓦"。

（三）民居建筑

蜀地彝族主要居住生活在高寒山区，其民居建筑因居住地域的差异而有所不同。明清时期巴蜀地区彝族主要的建筑为板屋、草屋。所谓"板屋"，即"架树为屋，覆以瓦板，或编蓬芦，前簷不设门，皆由后门出入。诸畜圈尽在

---

① 乾隆《皇清职贡图》卷六《四川省》。
② 光绪《雷波厅志》卷三六。
③ 光绪《越嶲厅全志》卷一二。

卧室下……"① "竹篱板舍，不事修饰"。由此可见，明清时期巴蜀地区彝族的板屋，其大致修筑形式为：四周为土墙或竹笆墙，上覆以木板，用石压住。也有的屋顶覆瓦、竹、草、树枝等，建成瓦房、篾房、草房和棚子。另有一种权权房。用两根树杈插入地下作为房柱，一根树干横于叉上作横梁，四周遮以茅草，是一种古老朴实的彝族民居。

彝族的住房多就地取材建筑。所用建筑材料，主要有竹、木、砂土、石块、山草等。河谷与高山地区也略有区别。河谷地区多用土墙、板瓦，内部门户隔板都用木板，梁柱、椽子的连接全部用木榫；山区则多用竹墙、板瓦，内部间隔亦用竹墙，梁柱、椽子多用竹材或竹木混合，多用竹篾、山藤绑扎，板瓦上用石块压实，地坪一般夯土。

在建筑装饰方面，彝族民居一般以大门入口和屋檐为装饰的重点，常常在大门上作各种拱形图案并设计有门楣。门楣上镌刻有日、月、鸟兽等花纹图案，封檐板上镌刻有锯齿形或简单的连续图案；屋脊中部以及两端，有简单的起翘以及起拱；山墙的悬鱼、屋檐的挑拱、垂花柱、屋内的梁枋、拱架等，雕刻有牛羊头、鸟兽、花草等线脚装饰和连续图案浮雕；室内锅庄石上以及石础、石门槛上，也雕刻着灵兽神鸟、卷草花木等彝族传统图案；门窗隔扇及室内木隔板上，雕刻有对称均匀的连续四方雷纹以及圆形花饰、动植物木雕花纹、小花格窗等，展示了其审美情趣和建筑艺术。

（四）社会经济制度

明清时期巴蜀各地彝族因生产力发展水平参差不齐及其他因素的影响，而有封建租佃制和奴隶制两种社会经济制度。一般而言，封建租佃制主要实行于农业生产条件较好、汉族农民迁入较多和毗邻内地汉区的民族杂居之边缘区等地。如宣统《昭觉县志稿》说，"汉民与安土司买明开垦，乾隆年间成熟"，"昔年汉人三姓耕之，与土司岁出租银若干两，后以土司力弱，夷人势盛而有其地，于是为阿什、八且业，汉人耕者皆为夷人佃户"②。嘉庆《马边厅志略》亦载称，大致从清康熙年间起，汉族农民即陆续迁入当地彝族地区，"代为耕凿，教以树艺"。"入则投至蛮家，承认地方耕种，言明每岁租子若干。夷人之性，不问丰歉，至期必如数责偿。遇有欠歉，次年必加利一倍，

---

① （清）魏祝亭：《蜀九种夷记》。
② 宣统《昭觉县志稿》卷二。

故往往欠租数斗，数年即至数石。"①又据《清仁宗实录》记载，嘉庆十七年（1812）九月，四川总督常明上奏朝廷提出："夷地在万山之中，佃耕汉民，各自成家……如系土司地方，即以土司为纲，列佃耕汉民于后；夷人地方，即以夷人为纲，列佃耕汉民于后。各以道里远近，挨顺编联，将户口填入牌内。"②这说明，清朝及蜀地官吏大多知道并认可汉族农民迁入彝族地区佃耕其地的事实，还力图从户籍管理的角度，在国家法规的层面上承认和规范彝族地区的封建租佃制度。

奴隶制是曾经长期而普遍存在于古代巴蜀彝族地区的一种社会制度。明清时期，在巴蜀彝族社会中，存在着黑彝、白彝的阶级区分和黑彝尊贵为主人、白彝卑贱为奴隶的阶级关系格局，即史志所载："俗尚以黑骨头为主，白骨头为仆。""一名黑骨头，即猓夷本种；一名白骨头，皆所掳内地汉民。"③"黑骨头为蛮酋之嫡派，白骨头乃部落之遗种。黑少白多，黑主白奴。"④清人魏源所著《圣武记》亦记载说：凉山彝族，"不善种植，专虏汉人代耕"，"历虏汉民入内，亦化为夷，谓之白种。黑少白多，黑主白奴，众且至数十万"。贺宗章《幻影谈》记清同治、光绪年间川南雷波、屏山所属凉山少数民族时亦说："蛮酋以娃子多少计贫富，少或数十，多亦数百，为之耕牧。常出巢抢掠。"⑤由此可见，明清时期巴蜀彝族社会中的奴隶，主要来源于黑彝对汉及其他民族人口的抢劫掳掠，并且数量较大。如光绪《雷波厅志》记载，该地自同治以来，彝族"所掳各边丁口，不下万余人，皆役属为奴，指所掳汉人妇女转相婚配，是以近来凉山生齿日繁"。民国《宁属调查报告资料汇编》指出，"宁属近二十年来，减少人口约百分之七十，其被夷掳掠充娃子者亦不下五六十万"⑥。民国《西昌县志》记载彝族地区奴隶制度的情况时指出："黑夷自种之地（略似古制公田），当农作时，所属娃子应每家出一人为之耕种收获，黑夷每日给工作娃子荞巴（即荞面所制饼）一个，无工资，所收

---

① 嘉庆《马边厅志略》卷六《夷民志》。
② 《清仁宗实录》卷二六一。
③ 光绪《越嶲厅全志》卷六《边防》、卷十《夷俗》。
④ 光绪《雷波厅志》卷三二《风俗》。
⑤ 收录于方国瑜主编：《云南史料丛刊》第12卷，云南大学出版社2001年版，第90~91页。
⑥ 民国《宁属调查报告汇编》农牧门第六章《宁属之农村》，1939年。

粮食归黑夷独有。"①

明清时期巴蜀地区彝族（主要是凉山彝族社会）普遍存在着家支制度，并有"黑彝家支""白彝家支"等分别。如川西南峨边厅彝族，晚清民国年间，即有"赤夷，即黑夷，计十三家"，"赤夷住牧大小凉山及官料河沿岸，与马边、越嶲接壤，向分为十三支，皆以家名……"②在各家支之间，甚至在同一家支内部，常因一些生活小事或婚姻纠葛等，发生冤家械斗。故史志载称：彝族善打冤家，世世相仇③。"好事争斗，构隙数世不解。"④这种以家支为组织形式的打冤家械斗，既是原始血族复仇的习俗遗存，亦掺杂了各彝族家支争夺土地、奴隶和牲畜等物资财富的现实利益因素。

（五）婚姻

巴蜀地区彝族明清时期实行等级内婚制和民族内婚制。据史志记载：彝族婚嫁，黑彝、娃子，各与门户相当的人通婚⑤。按照彝族"等级内婚制"的原则，作为贵族的"兹莫"（土司）和"诺合"（黑彝）绝对禁止与被统治等级的曲诺、阿加、呷西通婚，而只能在本等级内通婚。就是同属于贵族的"兹莫"和"诺合"，彼此间也不能通婚。等级内婚制的目的是保持和延续统治阶级的贵族血统及统治特权。按照民族内婚制的规则，无论是统治等级，还是被统治等级，都禁止与外族通婚，而只能在本民族内的各自等级中通婚。

明清时期巴蜀地区彝族主要实行一夫一妻制。也有少数家庭是一夫多妻制，原因是原妻无子，续娶的目的是传宗接代、延续香火。

明清时期巴蜀地区彝族的婚姻习俗及其仪程，据《越嶲厅全志载》："夷俗以牛、马、羊、猪为聘，十四五岁时迎过门。迎法，婿偕媒至岳家，岳族家人伺门。将近门，以水交扑，媒、婿逃去，更追扑里许，然后再请入为宴。至嫁期，女衣五彩，首戴金银，蒙毡斗篷，跨马徐行，数十夷人围绕跟随。嫁奁折银，使女若干，娃子若干。女至婿门三日，私奔回家。婿家择期又迎，三迎三返而后定。妇不轻与夫同处，必婿到岳家偷宿，生子女乃归。"并有女嫁

---

① 民国《西昌县志》卷一二《夷族志》。
② 民国《峨边县志》卷四《边荒》。按：关于清中叶以来巴蜀地区彝族家支的情形，还可参见光绪《越嶲厅全志》卷十《夷俗》等。
③ 宣统《昭觉县志稿》卷三《人事》。
④ 光绪《越嶲厅全志》卷六《土司》。
⑤ 民国《峨边县志》卷四《边荒》。

时多索财帛、牛马和以舅家、妻家、女家为贵等习俗①。咸丰《冕宁县志》载称："倮罗亦凭媒妁说庚，请僧记算。聘用银一两，否则用钱一千二百文，亦有用牲畜者。娶时，二人负酒一称，羊猪各一，米一斗，盐一斤，乘马一匹往迎。新妇披毡衣，蒙毡斗篷，跨马缓行，数夷随送。奁妆有牛马折银，陪嫁男女娃子若干，宴客三日……新妇多归母家，不恒与其夫处室……又有其父母将女别嫁者，控官府，打冤家，所时有也。"光绪《雷波厅志》记载："夷俗：婚娶以牛、马、绸缎、盐酒等物为聘，争资财最甚，数必取盈。婿家备马亲迎。成亲后即归母家，俟生子女乃还，复索财礼。"由此可见，明清时期彝族青年男女的婚姻，多由父母、媒妁包办，并有早婚、索要彩礼和已婚女子结婚后不落夫家等婚俗。这种结婚后妻子不落夫家的习俗，应当是在婚姻家庭关系上从母权制向父权制过渡的一种残余现象。

（六）丧葬

蜀地彝族明清时期普遍采用火葬。其丧葬礼仪的概略情形，据咸丰《冕宁县志》记载：彝族死者"有衣无棺，以绸布裹死者置室中，羊猪祭献。延倮倮和尚诵经毕，同堡男女哭送。女归家，男举火焚，熄尽始归。次日，即地以土石掩之。又三日，堡中家备牲酒，同往祭奠致哀，先其家，后堡众。既毕，共食而回。二三年后，请和尚诵经超度"。越嶲地区，"夷俗不用棺椁，以火焚化。富者用绸裹尸，贫者以布，积薪焚之，用土石掩盖。亲戚堡众来吊者，各备牲酒哭奠。其家俟众奠毕，乃以己牲酒哭奠，奠毕共饮。三年后，请夷僧诵经，及祖考同超度，谓之'做白'。前期打木刻通知远近亲族，来者俱送牲酒，衣鲜衣，披黑白毡衫，首戴金银簪饰；女着金银斗篷，五彩衣裙，乘马而来。酒食毕，乘马飞驰，跑圆圈以决胜负。后马能越过前马者为胜。唱名曰某支某人之马，夸耀无比"②。

（七）节日

彝族的节日主要有"火把节""彝族年""拜本主会""密枝节""跳歌节"等。其中，"火把节"是巴蜀彝族最普遍而且最隆重盛大的传统节日。据光绪《越嶲厅全志》记载：清代蜀地彝族，"每岁以六月二十四为过小年……饮酒欢庆。夜燃炬跳舞，满山星火，名'火把会'"。彝族年，即彝历年，也

---

① 光绪《越嶲厅全志》卷一二。
② 光绪《越嶲厅全志》卷一二。

叫"过大年",一般是在农历十月朔日。过彝族年时,"必打牛羊,跳锅庄,极贫者亦多买豆腐庆贺"。

三、羌族文化

前已述及,明清时期,巴蜀地区的羌族主要集中居住在岷江上游地区,即史籍所载"松、叠、威、茂,皆氐羌居之"①。这一地区,既有"地土广远,饶畜产,稞麦路积"②而农牧兼宜的经济地理特点,又因其处于内地汉族与川西北高原藏族聚居区之中间地带而具有重要的战略地位,并且因羌、藏、汉等多个民族混杂而居,形成了错综复杂而且多样性的地域文化特征。在此地理形势与区域文化环境之下,明清时期巴蜀地区的羌族,虽大都耕牧兼业,或营贸易,但依"汉化"程度的不同而有所谓的"生番""熟番"之分别。大体上,以茂州为中心,靠近汉族地区的羌族,生产水平和文化程度较高,"熟番"较多,于是"渐被声教","春耕秋获,一如内地","当差编户","俱为编氓,有保长统之";距汉族地区较远的羌族,生产水平和文化程度较低,"生番"较多,因此"不通汉语","寨多不过四五百人,少可百人","部曲素强,恃其险往往剽夺为患",并且"不听差役"③。

（一）明代羌族文化习俗

明代巴蜀地区羌族的经济生活与文化习俗的大致情形,据《蜀中广记》记载:"岁不用官历,知岁者为端公……嫁娶富者以猪羊、毛毡、布匹、粟麦

---

① 嘉靖《四川总志》卷一六《经略志》。
② 《明史》卷三一一《四川土司传》。
③ 《明太祖实录》卷一九五。嘉靖《四川总志》卷一六《经略志》。（明）曹学佺：《蜀中广记》卷三二《边防记第二·川西二》。按：本节明代羌族"生番""熟番"的论说,参引自贾大泉、陈世松主编《四川通史》卷五,四川人民出版社2010年版,第182~184页。又：史志记载显示,明清时期巴蜀地区羌族,第一,"生番"与"熟番"在社会经济状况和风俗习惯等方面,皆有所不同,难以一概而论。第二,明清时期蜀地羌族与藏、汉等族混杂而居并共同居住、生活于岷江、涪江上游区域。相同的自然地理条件,共同的社会生活环境,彼此间文化习俗方面的互相影响,使得这一时期蜀地羌族地区呈现出"汉羌杂处,汉读诗书,羌遵王化"（雍正《四川通志》卷三八《风俗》）和"羌藏两族,同化汉人"（民国《汶川县志》卷五《风俗》）的民族文化交流融合格局。另外,明清时人记载羌族文化习俗时,多将其与该地藏族的文化风俗混淆而谈,令今人很难做出明确、清晰的区分及条分缕析式的论述。因此,本节对明清时期羌族文化的介绍,遂采用径引录史料以观其概的方式,仅分别为明、清两个时期做一简略而笼统的陈述。

为礼……人死则坐尸于木架上，置之仓舍，衣帽弓矢俱如生佩服。端公诵经，献以猪羊，用火烧之。男子剪发，止留其顶，发下垂……妇人俱编发如缕。"清顾炎武《天下郡国利病书》记羌民盟誓的情形亦说："羌凡输和誓，牛羊棘末秬各一，乃缚剑门于誓场，酋豪皆集，引于剑门下过，刺牛羊猪血歃饮之，掘地为坎，缚羌婢坎中，加末秬及棘于上，投石击婢，以土埋之。巫师诅云：有违誓当如此婢。"羌族有每年冬季农闲时节到川西平原做佣工的习俗。故明孙复宏所撰《羌佣行》吟咏道："其性畏暑不畏寒，春去秋来避炎燠。其俗不任蚕桑功，杂织色毛为彩服……不分长幼与妻儿，负重履危若平陆。蜀人利其操作能，年年相赁亟乘屋。壮者刈茅老者苦，女者负土男者筑。自秋殂春日无虚，朝此暮彼群相逐。"①另据记载，羌族有"以白为善，以黑为恶"②的习俗。茂州、叠溪一带羌民，"性犷勇悍，不习诗书，近渐染声教，习尚衣冠，远者不通汉语，衣皮褐，丧不棺而火化，耐饥寒，叠石为巢以居所……其土产牦牛、毛毯、酥油、麝香、香猪、白蜜、牛、马、鸡"③。"土官之下，每寨又有牌头、寨首之名，使于各卫所认纳青稞差役。"④

有明一代，朝廷不断加强对岷江上游民族地区的统治，汉族民众亦多以卫所将士或移民等形式，陆续迁入这一地区屯垦、农耕、手工业或商贸，使这一地区的羌族在与内地及汉族的经济文化交流日益频繁的情形下，从嘉靖、万历年间起，开始出现"威茂诸羌，愿为编氓"和"变异番姓"⑤等现象，其文化习俗亦因此逐渐有所变迁。如白草羌，自明中叶后，在朝廷和地方官员的鼓励、引导下，开始"蓄发顶巾，送子读书，习学华语"。特别是嘉靖年间任石泉（今四川北川）县令的李茂元改革羌族习俗最给力。他"具汉冠仪，因易姓名，皆书于冠，令诸羌冠"，改变了羌族原来"露顶不冠"的旧俗。又"召诸羌能闲（娴）于汉仪及汉音者，皆赏赐，令训课诸羌"。鉴于"诸羌好刀佩剑，斯须不释手，稍有忿詈，辄以刀杀人"，他"下令屏刀剑，于是诸羌尽屏刀剑，冠汉冠，仪汉仪……"⑥

---

① 嘉庆《汶志纪略》卷四《艺文》。
② 《明史》卷三一一《四川土司传》。
③ （明）曹学佺：《蜀中广记》卷三二《川西二·茂州、叠溪》。
④ 嘉靖《四川总志》卷一六《经略志》。
⑤ 嘉庆《四川通志》卷九三《武备志》。
⑥ （明）瞿九思：《万历武功录》卷五《四川·白草风村野猪窝诸羌列传上》。

(二) 清代羌族文化习俗

清乾隆时人谢遂所绘《皇清职贡图》中，有羌族图像及说明计三幅。该书的《威茂协岳希长宁等族》《石泉县青片白草等族》和《松潘镇黑水松坪族氏》，记载了这些地区羌族的风俗习惯。如记威茂协岳希长宁等族习俗说："……番民居土室，戴羊皮帽，布褐长衣。以耕种为生，亦有贸易者。妇女盘发缨帽，耳缀大铜环，长衣革履。颇勤耕织。婚礼用猪肪为馈，佐以银布……"记石泉县青片、白草等四十二寨习俗说："多居山麓，以土为屋。俗淳朴。以耕稼畜牧为生。岁输米十二石九斗，为石泉汛兵食。番民服制与齐民同，帷常着麻衣，插雉羽为草笠。番妇雉顶发，留四周，结辫为髻，裹绣布巾。短衣长裙，以绣缘之。习纺织，亦有跣足耕作者。"记松潘黑水松坪族氏说："叠溪，明初置长官司，所辖河东熟番八寨，皆大姓。及马路小关七族。其土舍辖河西小姓六寨，而黑水松坪属焉……本朝康熙间，先后归化，仍各授土千百户。其居多山岗，累土为屋，番民戴缨笠，着布衣。番妇挽髻，裹花布，缀大耳环，着细褶长衣，革履。勤耕作，习纺织"，或"其居碉房，地种青稞、麻、麦……番民椎髻，耳垂大环，长领短衣，披羊皮。番妇披发结辫，短衣布裙。俱跣足……颇习耕织。其输纳青稞充兵米，自乾隆十七年始"，或"散居山中，以板为屋，性淳良，勤耕作。番民毡帽褐衣，常负茶出口易牛马，售于内地。番妇辫发，续以氂尾，其长至膝，著五色布衣，缀玛瑙为饰。颇奉佛好施，亦知耕织"①。

另据道光《石泉县志》记载，"松茂、平武、石泉，皆番羌杂处，而在石泉者最驯"。该地习俗，"畜牧耕稼，俗尚静约，人性质直。礼义渐兴"。男妇耕作，种春秋二荞及杂粮外，"其男能版筑、鼓吹，女能织毯，盛誉石泉内地"。婚姻交易少银钱，用牛、羊和布匹，以木刻为信。木刻制法，削圆木大如大拇指，长约二寸许，双方允诺即刻字如契券，各分一半，到时合木刻以兑现承诺。立石插布幡为家神，有事立誓于家神前。婚礼重财币。男家提媒于女，女家同意后，方行聘礼，大抵以马、牛及三脚大锅为币，女家以衣装器用答礼。贫家聘礼，仅杂粮数斗。衣服则"辟麻为布，极厚"。男子衣冠如汉民。女子剃头留细辫，近亦多卷发如汉妆。旧俗流行火葬。自乾隆三十年（1765）知县姜炳璋详加晓谕后，改用棺椁土葬。疾病不服药，或用艾灸，或

---

① 乾隆《皇清职贡图》卷六《四川省》。

卜祈灶神、山水神，祈祷用牛。冬至时，每家宰猪羊，做蒸饼，设酒肴醑饮，称为过大年①。民国《汶川县志》记载，该县"四山九寨皆羌民"。羌民的生活习俗为：日食杂粮（以玉麦为日食大宗，小麦、荞麦次之），身穿麻衣或因地产羊毛而编织毛衣为服。"火种刀耕，纵遇风调雨顺，收获尚且无多，卖柴鬻炭，就是终岁辛勤，得钱纵然有限。故富户少而贫民多……偶遇干旱，庄务不好，计杂粮所获，除还借债外，桶柜竟不余留。父母饥寒，妻儿冻馁，有业者不得不折算当卖，割肉心头。产尽者只好远去他乡，佣工枥下。"②该书《风俗》篇并载有咏羌族风俗诗一首云："下中九寨里同敦，友助同心上九村。耕织辛勤淳俗在，婚丧歌唱古风存。旱时约伴祈龙水，差务应当论门户。此地从来多愿信，巫师击鼓报神恩。"并评论说："诗虽不佳，然于羌民生活，确可窥一轮廓矣。"另外，岷江上游地区山势陡峭，河渠纵横，羌族遂多因地制宜，修建溜索桥以方便渡河通行。民国《汶川县志》记载说："溜索，县属境内皆有。其用净箴丝为绳，去来各一，系有低昂。又采坚木刳削如半边竹筒，长尺，谓之溜壳，壳上有孔。行人渡者，合于箴绳，用麻绳系人腰，穿溜壳之小孔，缚系尔手飞渡。"羌族崇祀大禹、川主等神祇及庙宇。尽管以上记载的是民国时期的情况，但清代羌族文化习俗亦大体如此。

四、纳西族文化

明清时期巴蜀地区的纳西族在史志中称麽些、么些、摩梭、模梭等，主要居住在川西南盐井卫、宁番卫、会川卫等地。《蜀中广记》记载，他们"身长色黑，男子发纽成索，白手巾缠头，身着短衣，足穿皮鞋。身垢不洗，常带凶器。内着黑大编毡，外披衣甲。畜犏牛山羊，以艾灸羊骨占。妇女纽发细编，短衣赤脚。内披短毡，尚以羊皮。青稞、荞面、乳饼、酥油、煎茶充饥，病不服药，杀猪羊祭鬼求安。婚姻亦以牛羊为礼，丧礼不用棺郭。将猪取去肠肚，带毛，用物压扁，名曰猪表。用绫段布匹裹尸，同用柴烧化，取顶骨并手足、四肢，悬挂绝顶上。后三年杀马，延番僧作佛事，尽将骨弃去"③。魏祝亭《蜀九种夷记》亦记载说："其人修以巨、色黑，曰摩梭。男束发成索，网

---

① 道光《石泉县志》卷二《舆地·风俗》。
② 民国《汶川县志》卷七《艺文·论九寨羌民》。
③ 按：雍正《四川通志》卷一九《土司》附范守己《九夷考》所记，与《蜀中广记》此条内容基本相同，兹不赘引。

桃坪羌寨碉楼（杨嘉铭摄）

以白布，露两鬓，毛衣长短不一，外袭偏毡，着生革条鞋，罔知沐浴，出入必以弓随。居卜荒野，每堡所居夷户数十家。其谷宜荞及青稞，其畜犏牛、山羊。其遇事专以火草灸柔毛、膀骨，詹进退。妇人发分编，赤足，袒（内衣）用毯，外覆以羔皮。婚嫁以羊牛成礼。燕宾杀羊猪与跳抓、哇甲以献，炮以香膏。鸡曰跳抓，鸭曰哇甲。熟及半体，荐主执手互割绝理。取以手，近效华风用箸。人死，葬无棺椁，用绫与锦束其尸，舁屠家所，劈腹及削其腰及胯下毫，用巨石镇扁……火之，取头颅瘗。凡生前所用器物，尽焚墓所。倘入梦，即称先人索食，焚楮币，以羊毛绳诹所欲。绳跃之数，则祀以羊，微动用猪。虽贫，必请赍以为血食。资贷则刻木为券，逾月倍息偿钱，岁久其子百倍于母，父殁子偿，世取罔遗。汉之亡命羡其赢，婪取益巧，始割其腴壤以毕债，继尽有其川泽山林。"清乾隆时盐源、冕宁一带马喇长官司、儿斯、瓦尾等十三土司"所管麽些，本滇夷种。多处山涧，以板为屋。男子以帕裹首，耳缀大环，短衣，披羊裘，以褐缠胫，系牛革于足底。妇女首裹蓝帕，长衫，布裙。知耕作，绩牛羊毛以织褐"①。该地左、右、中、前、后五所土司、古柏树土司等辖境内均居住有纳西族。道光年间的当地地方志记载称，"麽些，各

---

① 乾隆《皇清职贡图》卷六《四川省》。

土司皆有之。性柔顺易化，勤垦山地，种荞麦。男辫发，衣麻布短衫裤，佩短刀，着皮履。女子辫发缀缨络，十岁以上始着裙，裙疏褶若桶样。妇人戴布兜，前方如巾，拖尺许于背上，饰珠石，肩背被羊皮，系以带，盛暑不少释。夷族，以麽些为贵，形状平正近汉人，亦多美姿首，土司多其种也"①。米易、盐边一带摩梭人，"男纽发成索，带黑毛笠，遍身脂腻不沐，穿皮鞋，内披甲，外覆花缨偏毡，战用竹枪，有事以艾灸羊骨卜吉凶。妇纽发细编，内披毡毯，外披羊皮。食牛羊乳酥……"②

史志记载，自明万历年间起，云南丽江土知府木氏势力逐渐强大起来，对外扩展势力范围，"日率麽些兵攻吐蕃，吐蕃建碉楼数百座以御，维西之六村、喇普、其宗皆要害，拒守尤固。木氏以巨木作碓曳以击碉，碉悉崩，遂取各要地，屠其民而徙麽些戍焉……于是自维西及中甸、巴塘、里塘，木氏皆有之"③。由此可见，明中叶以后，纳西族虽然仍以云南丽江府为中心聚居区域，但随着木氏势力的扩展，部分纳西族也以镇戍被征服地区的统治民族形式而逐渐迁移、分布到了川西南地区的盐边、盐源、木里、巴塘、里塘一带，与当地汉、彝、藏等民族混杂居住。这样，我们或许可以盐源、冕宁等地旧方志为基础，部分参引、依据云南丽江等地关于"麽些夷"的历史文献记载，来观察和说明明清时期巴蜀地区纳西族及其文化习俗，拓展我们对明清时期纳西族文化的认识。

（一）文字

根据清余庆远《维西见闻录》记载：纳西族"有字，迹专象形，人则图人，物则图物，以为书契"，可见纳西族是一个有自己文字的民族。明清时期巴蜀地区的纳西族从云南迁来，也主要通行象形文字。纳西族的象形文字始创于何时，尚难确定，但明代已通行是可以肯定的。纳西族的先民见木画木，见石画石，其文字起源于图画则是无可置疑的。纳西族所创象形文字与汉族象形文字多有相似之处。由于纳西族的象形文字产生以后，主要由巫师（东巴）所使用，故又称"东巴文"。

---

① 道光《盐源县志·种类》。
② 清末《会理州乡土志》。
③ 光绪《云南通志稿》卷七一。

（二）生计

明清时期的纳西族，大多"勤垦山地，种荞麦"①，"耕种为生，亦喜捕猎"②。所种粮食作物以荞麦、青稞为主，也因地制宜种植玉米、土豆、小麦、稻谷等。虽然已广泛使用犁、锄、镰、刀、斧等铁制农具，但在一些地区也还仍然存在着刀耕火种，"刈荞毕便徙去"的粗放耕作现象，并且往往是"谷麦未熟，以半值预售其半，及熟，则治衣酿酒，不计餐，坐食之"③，不善于积聚和经营财富。因此到了民国年间，盐源县所辖之适宜畜牧、种稻之农牧土地，已经"概抵当汉佃，历年加找，已多超过市价。至距梅以西，在前抵押汉佃者，复转抵夷人。故左所境内……皆为沙租么房、裸母小米所占有"④。明清时期的纳西族，还存在着猎获物共同分配、大家享用的习俗，这实际上是一种原始社会残余的习俗。有竹枝词咏叹纳西族的生活习俗说："五月无工不下田，家家酿酒逼清泉。猪膘百个柴千背，村户团圆庆过年。"并解释道："夷俗：逢十二月，择日宰牛羊猪，连毛去骨整腌，名曰猪膘……青稞酿酒，临饮以水泡之，名曰糟坛子，夷语苏哩嘛。多积薪柴，名曰年柴。自正月至二月，坐食待完，方出门生理，以此角富。"当时纳西族的经济生活习俗及其特色，由此可见一斑。

饮食习俗方面，纳西族依其居住地土产物宜条件的差异而略有不同。食物除荞麦、青稞、稗外，明清时期，随着红苕、玉米、土豆等旱地高产作物在四川盆周山区的广泛引种，蜀地纳西族亦多以玉米、土豆、小麦、四季豆等为主食。副食有猪膘、圆根和干菜等。其大致的情形，如盐源县境内的纳西族，因寒冷而地宜荞麦、青稞，于是每家均置备有地臼、手磨、簸箕等磨粮食的用具，每日磨面以供当日三餐，次日又重新磨面，不做隔宿口粮。平日所吃之炒面，称"糌粑"。酿酒，采野草作曲，蒸杂粮和匀，装入坛，烘火侧，旬余用水浸入，以竹管沥其汁，称"琐利嘛"；连糟饮之，称"白撒"；分汁于小坛，吸以竹管，为哑酒。哑酒多用于婚嫁、节庆或待客之时。饮哑酒的方式，或瓶插一管，众人连贯以饮，汁尽则继续添加；或瓮插双管，两人对哑，饮尽

---

① 清末《会理州乡土志》。
② 咸丰《冕宁县志》卷九《风俗·夷俗》。
③ （清）余庆远：《维西见闻录》。
④ 边政设计委员会辑：《盐源县概况资料辑要》附《盐源县九所土司最近概况》，1940年版，第18页。

而止。"猪膘"已如前所述，乃是纳西族重要的肉食制品，亦名"瑟琶猪"，其做法是："冬日屠豚去骨足，腌令如瑟琶形"，或杀猪后燎毛去骨，以石压扁，肝脏肚肠等内脏则灌以荞米，过年时切成小块分吃。纳西族因有食"猪膘"和婚娶以牛羊猪为聘礼的习俗，故民间亦"多畜马牛羊及瑟琶猪为富，头目倍畜之"①。常吃的食物有：焖玉米面饭、煮土豆（煮熟后剥皮而食）、烤面饼（玉米面或麦面），佐以汤菜。家庭条件较好者，早晚还饮酥油茶或加盐的浓茶。如果家中来了客人，必先以大碗酒招待。客人可以不吃其他东西，但一定要喝酒，并且要饮醉而呕吐狼藉，甚至长酣不醒，主人方感欣慰。不论喝酒、吃饭，必须先敬锅庄石和祖先。

（三）服饰

巴蜀地区纳西族的服饰亦因居住地区不同而各有所差异。如会理州（今四川米易、盐边）一带，"摩些，男纽发成索，带黑毛笠，遍身脂腻不沐，穿皮鞋，内披甲，外覆花缨偏毡……女纽发细编，内披毡毯，外披羊皮"②。冕宁摩梭男子，穿褐衣褐裤或羊毛大领左衽，富人穿蓝白布衫、青红毛布马褂，戴毡帽或青蓝布包头。妇女穿褐衣毛布，多穿裙装，有青红紫绿布裙、褐裙，腰系毛带，头饰海泡③。盐源县马喇副长官司辖地的纳西族，因受汉族影响较深，"男妇服色与汉人同"，"服食渐同汉制"④。与藏族聚居地区相近，或经常往来于"茶马古道"赶马经商贸易者，则多穿戴藏式服饰。"衣梭布左衽，辫髻"，"男皆剃头辫发不冠，多以青布缠头，衣盘领白，不袭不裹，绵布裤不掩膝。妇髻向前，顶束而勒若菱角，耳环粗如藤，缀如龙眼果，铜银为之。视家贫富，衣白褐青缘，及腰为度，以裙为裳，盖膝为度，不着裤，以花布带束之"。在改土归流的地区，也有纳西族土司、头人等，"效华人衣冠，而妇妆不改，裙长及胫，亦其旧制，以别齐民（汉族）也"⑤。

纳西族还流行"男妇老幼率喜佩刀为饰"的习俗，即"男女无少长，出入常带大小二刀，以锋利为尚。大者长三尺许，头有环者谓之环刀，无环者谓之大刀，以革为系，挂自右肩，绕于左肋。小者长尺余，谓之解手，亦以革为

---

① （清）余庆远：《维西见闻录》。道光《盐源县志》附《南徼杂志》。
② 清末《会理州乡土志》附《人类序·夷族风俗考略》。
③ 咸丰《冕宁县志》卷九《风俗·夷俗》。
④ 道光《盐源县志·种类》。
⑤ （清）余庆远：《维西见闻录》。

系，绕身一围，悬刀于系，当右肋之际。凡刀皆有饰，富贵者刀错以金银，系饰以车碟等物。喜则抚刀相佽，怒则拔刀相向，虽死无憾。凡仇杀，两家妇女和解乃罢"①。

（四）建筑与居住

明清时期纳西族的房屋建筑，亦因居住地有平坝、河谷、丘陵和山区等不同地理形势而有所不同。一般而言，大多数纳西族喜欢修建木石结构的房屋，"居石屋，用木板盖房顶"②。其房屋建筑的情形，据正德《云南志·丽江府》记载称："麽些蛮所居，用圆木纵横相架，层而高之，至十八尺，即加椽桁，覆之以板，石压其上，房内四面皆施床榻，中置火炉，高与床齐，用铁车刳木甄炊爨其上。"乾隆《丽江府志略》亦载称："旧时惟土官廨舍用瓦，余皆板屋，用圆木四围相交，层而垒之，高七八尺许，即加椽桁，覆以板，压以石，屋内四围皆床榻，中置火炉并炊爨具。改流后渐盖瓦房，然用瓦中仍覆板数片，尚存古意。"这种建筑称之为"木楞房"，巴蜀地区纳西族建筑与此相同。据道光《盐源县志》记载：纳西族房屋，"多架纵横木，如栏栅；门仅三尺许，如窦。前居牲畜，后即其室。室不隔内外，近南支长木床，男子俱寝其上。旁设高火炕，其左立小厨为祀神所。室就西平地为大火炕，昼以饮，夜则妇女环而寝。火炕中立石如鼎足，曰锅桩。莫敢偶触，谓神鬼所依"③。《维西见闻录》记载该地区纳西族室内居住生活之情形说："俎高一尺，铺毡踞坐，贫者以席以草茵……卧无衾茵，夜则攒薪置火，各携席稿，袒裸环睡，反侧而烘其腹背，虽盛夏亦然。富能备衾枕毡褥之类，而亦置火于侧，露其上身烘之。"从此记载中，可知巴蜀纳西族明清时期民居室内的大致情况。

（五）婚姻

明清时期，巴蜀地区纳西族所居住的川滇交界地区大多处于一夫一妻、一夫多妻和一妻多夫等多种婚姻制度并存的状态，各地婚俗亦因此而有所不同。维西地区的纳西族，婚娶必须"以牛羊为聘，头目家并用马，均至十数"④。冕宁纳西族婚姻习俗：无论年龄大小，先择贫富，聘礼银一两、布三疋、酒一坛，娶时骡一匹、银三两、酒三坛，会亲饮酒，盘膝坐，饮用牛角。富人堡

---

① 正德《云南志》卷一一《丽江府》。
② 咸丰《冕宁县志》卷九《风俗·夷俗》。
③ 道光《盐源县志》附《南徼杂志》。
④ （清）余庆远：《维西见闻录》。

中每户请饮一日①。盐源一带纳西族习俗，"土司娶邻土官女，始得称嫡，所出乃得嗣职，否则谓之骨头不重。土官家迎娶，前马者戴头盔被藤甲，吹喇叭以导"。但新婚当晚，新婚夫妇"不同寝处。其新妇拉姑姐匿别室，不旬月即归宁。夫黠者暗与之偶，多有生子而后返夫家者"②。盐源左所（今泸沽湖一带），"全所属民，知有母不知有父，沿习既久，恬不为怪"③。木里俄亚的纳西族，因尚处于由母权制向父权制过渡阶段，其婚姻形式还保存着母系"阿注"婚姻、母系父系并存之"阿注同居"婚姻和父系婚姻三种类型。阿注婚姻，结合自愿，解除自由，男女双方各居母家，只是夜间男子到女家住宿，白天又回到母家生产生活，不举行结婚仪式；所生子女归女方母家抚养，男女互称"阿注"（朋友）或"主若主米"（亲密的男朋女友），可以以一个阿注为主，以一至数十个临时性阿注为辅。这种阿注关系不受年龄、等级、民族限制。阿注婚姻保持了母系家庭的特点。"阿注同居"，是由阿注婚姻向正式婚姻过渡的一种婚姻形式。可以男入女家，也可以女入男家，建立一个公开同居的家庭和独立的经济生产实体，不举行结婚仪式，名义上仍不算正式夫妻，但由于可以男入女家，也可以女入男家，对于母系血统家庭来说，是一个很大的进步。正式婚姻，是一夫一妻制形式，由父母包办，媒妁而成。男方要送彩礼，举行结婚仪式，可以娶妻，也可以男入女家做上门女婿。但夫妻之间仍然保存着对偶婚的习惯，未能达到互相独占的程度，男女双方都可以有另外的阿注，或过阿注婚姻生活。

（六）丧葬

明清时期，巴蜀地区纳西族曾一度流行火葬和挂葬。如宁远府，"死葬不用棺椁。富者以绫绢，贫者以布缠裹，用竹笆舁之。杀猪带毛压扁，名为猪膘，同尸烧之。取其头颅及手足骨，挂于悬岩之上。三年复杀马延会佛事，将骨抛弃，再不复视"④。维西地区，"人死无丧服，棺以竹席为底，尽悬死者衣于柩侧，而陈所有瑟琶猪。头目家丧则屠羊豚，所属麽些吊皆饭之。死无论贵贱，三日后舁至山，厝薪灌酥焚而其骨，取炭一寸瘗之。每年六月五日祭

---

① 咸丰《冕宁县志》卷九《风俗·夷俗》。
② 道光《盐源县志》附《南徼杂志》。
③ 边政设计委员会辑：《盐源县概况资料辑要》附《盐源县九所土司最近概况》，第18~20页。
④ 道光《宁远府志》卷五三。

于瘗炭所。迎神于家，炙小豚祭焉。三年后不复祭"①。冕宁地区纳西族人，"死用褐衣，外裹青蓝白布七层，将尸扶出，积薪焚烧完毕，砌一冢，上盖木板。无子女者不焚，抬出掩埋。三五年后，请模梭僧人诵土经，焚灵位，杀食牛羊，共七八日。又三年，送盘缠超度"②。盐源境内纳西族丧葬习俗："缚木如床，置尸其中，迁户外，亲属各以酒面至，男女屈一足携而跳，歌呼达旦，谓之跳锅桩。其大户则数男子兜鍪藤甲，执剑旋折而舞，送丧时并以前马。麽些焚尸已，全收骨灰而归，贮于匣。妇女环向歌哭，明乃延夷巫诣深山埋之，各有瘗所，上竖喇嘛幡，岁时亦往酹。"③另外，从清嘉庆、道光年间起，一方面在官府出面禁谕和倡导移风易俗的形势下，另一方面随着大量汉族移民迁入纳西族地区，受汉族文化的影响，纳西族也开始"殡殓如礼，择地忤葬"，逐渐采取土葬或装棺火葬。所谓装棺火葬，即在人死以后，杀猪宰羊，请东巴做过道场以后，将尸体装棺火葬，把骨灰用木箱或陶罐盛装葬入山土中，并垒成坟墓。

（七）宗教信仰

纳西族信仰东巴教和藏传佛教。"夷巫曰者巴（东巴），亦习梵呗。"④东巴教是纳西族的原始宗教，奉丁巴什罗为始祖，因其巫师叫"东巴"而得名。东巴教主张万物有灵，崇拜自然物和自然现象，认为天、地、日、月、山、水、风、雨、火等都有神灵，相信人的生老病死等也都是神鬼的原因。因此，其时纳西族"病不医药，延其巫曰多（东）巴禳祝，皆竭资以酬"。并且还要定期或者在遇到有事情的时候，就举行祭神驱鬼的宗教活动。东巴教也相信灵魂不灭，认为人死后也同活着的时候一样的生活，所以遇到节日或者有事的时候，还要举行祭祖活动。

另外，由于纳西族居住、生活的地区与藏族聚居区邻近，或者与藏族错杂而居，故藏族信奉的藏传佛教在纳西族中也有着信众和宗教影响。如维西地区，"喇嘛之长至，则头目率（属）下少长男礼拜，视家所有布施，家贫，虽釜俎之属，取以奉之。西藏大喇嘛至，礼拜布施益甚，得其片楮支字，以数十金计，贫者得其粪溲奉之家中佛龛，焚香而拜，或伏于道左，侍其过，

---

① （清）余庆远：《维西见闻录》。
② 咸丰《冕宁县志》卷九《风俗·夷俗》。
③ 道光《盐源县志》附《南徼杂志》。
④ 清末《会理州乡土志》。

举其马尾以拭目，谓可却疾。头目有二、三子，必以一子为喇嘛，归则坐中庭，父母皆拜"①。在宗教信仰方面，巴蜀地区纳西族与纳西地区纳西族相同。据记载，木里、盐源一带的纳西族土司，"崇拜喇嘛教，迷信活佛，亦于政务之外，极力从事于经堂，讽诵诅咒，日不暇给。其管理经堂收益，与抽取人丁为喇嘛……"其抽丁当喇嘛的规则是凡属辖区民众子弟，三丁抽一或五丁抽二②。

五、土家族文化③

明清时期，生活在今渝东南地区的土家族，因为长期与汉族、苗族杂居，受汉族文化的影响较大，已经是一个汉化程度较高，以农耕为主，兼营渔猎的民族。其文化习俗，如酉阳州（今重庆市酉阳县）所属之民"分三种：曰仡佬，曰冉家，曰南客。暖则捕猎。山岭寒则散处崖穴。借贷以刻木为信契，婚姻则累世为亲。编户十三里，其属有九溪十八洞蛮"。平茶长官司（今重庆秀山境），"所属有五种夷，言语侏离，性好捕猎。火坑焙谷，野麻绩布，巫祷治病，歌唱送殡，号为南客"。"其人骁勇善战"。石耶长官司（今重庆秀山西）所属之民，"织斑布以为衣，佩长刀而捕猎"。邑梅长官司（今重庆秀山南）所属之民，"语异蛮音，衣穿斑布。用木浪槽为臼而舂稻粱，沥苦篙水代盐而炸宿肉。婚姻以牛只为等，疾病以巫祝为医。竞私斗，昧公义，虽有勇敢，徒以偕乱"。石柱宣慰司（今重庆石柱南宾），"编户三里，其民悍而好斗，兵马称强，间有所调遣，辄踊跃趋赴"④。另据《舆地纪胜》载称：该地区"虽杂夷落，犹近华风。故乡音则蛮夷、巴汉语言相混。其山冈沙石，不通牛犁。唯伐木烧畲以种五谷。隆冬可单，盛夏可夹"。

土家族居住、生活的川东南山区，土多田少，山高林密，还有许多地方全是"岩窠"。除一些平坝地区种植水稻外，山区民众多种植玉米、荞麦等杂粮。用牛耕地犁田，逐渐推广使用筒车灌溉。种植桐、茶等经济作物，也出产皮毛、生漆等土特产品。这一时期，土家族民众食物简单，生活水平较低。对此，光绪《黔江县志》载称："民食稻米而外，苞谷为大宗，兼以酿酒，贫富

---

① （清）余庆远：《维西见闻录》。
② 边政设计委员会辑：《盐源县概况资料辑要》附《盐源县九所土司最近概况》。
③ 本节主要参考管维良主编《重庆民族史》，重庆出版社2002年版，第307～323页。
④ （明）曹学佺：《蜀中广记》卷三八《边防记第八·上川东》、卷三九《边防记第九·下川东》。

赖利。山野居民多种番薯、洋芋或掘蕨粉以备用之足"。由此可见，明清时期土家族民众的主食为红薯、土豆、玉米，杂以荞、麦、高粱、小谷，平坝地区有少许的大米。有民间谚谣唱说曰"红苕洋芋半年粮，海椒辣子当衣裳"。土家族群众喜食各种饼、馍类的食品，与渝东南汉语一样，均称作"粑"，如糍粑、粉粑、苞谷粑等。蔬菜方面，土家族除与当地汉族一样就地取材而外，颇喜吃酸菜、泡菜、豆腐。其中，豆腐的制作尤其形式多样，有"渣豆腐"（将豆浆连渣加菜制成）、"酿豆腐"（豆腐加肉馅）、"干豆腐"（将豆腐烘干）、"血豆腐"（豆腐加猪血制作而成），等等。

六、苗族文化

明清时期，巴蜀地区的苗族主要分布在川西南宁远府、今渝东南和川南叙州府、泸州等与滇、黔、湘、鄂诸省交界区域。如宁远府会理州，"所管苗人则来自滇黔，为土目佃户者，耕渔为生，善用弓弩……多畏信鬼神、占卜。服制与内地略同。（男子）惟椎髻，裹以布帕。苗妇梳高髻，以红绿布裹头，著长领衣，花褐缘边裙，勤于力作"①。"有花及青、红、白、黑各种。""不通汉语，耕种捕猎为生。""著粗麻布短衣，男女恒多赤足。"②盐源县，"苗有花苗及青、红、白、黑各种。驯谨，知慕华风。其种类以所衣之色为辨。花苗衣杂五色如衲，男女皆花袖。住小屋，扫恒洁，知树艺，亦解蚕绩"③。叙州府珙县，"苗俗：椎髻，头裹以布，男女皆带耳环，形大如钩，衣裳绣以花纹。旧不知缔姻，男女苟合，吹芦笙和歌，俗谓之跳月，今名曰混寨。情符者约为夫妇，夫家具财礼娶归。尤展成句云：吹起芦笙来跳月，马郎争上竹梯楼是也。被化既久，现复严禁，已皆知……效法中土，为女子缔姻"，"远僻山中，又有胡子苗，毛生项间，长尺余"④。高县，"猫（苗）子，其人朴愚，黑色，纽发作椎髻，裹以白帕，富者折丈余黑布裹之，两耳着大银环，身着短黑衣，或绣衣，赤足，出入带刀。妇人头缠花巾，喜著银首饰，两耳垂大环，身着短绣衣，下着裙，无裤，赤足，精女工。常居高山上，结草为房，居平地则必生疾病，因畏避痘疹，迁徙无常。扳（攀）缘高岩如

---

① 乾隆《皇清职贡图》卷六《四川省》。
② 嘉庆《四川通志》卷九七《武备志一六·土司二》。清末《会理州乡土志》。
③ 道光《盐源县志·种类》。
④ 光绪《珙县志》卷五《风俗》。

行坦途。畜牛马为生，种青稞、包谷、杂粮为食。近亦有贩卖牛马者。燕会饮咂酒与倮罗同。疾病采草药疗。性好鬼。婚姻聘用马牛布疋。祭祖宗以宰盗取之牛为敬。间有习汉人衣冠者……高邑上下四乡俱有，悉属佃人田地。虽有钱之家，不自置田地"①。泸州九姓长官司（今属四川兴文地）苗民，"椎髻，裹青布帕，着花布衣，跣足，勤于耕，常吹竹筒以为乐。苗妇挽髻，以青布作帽，束以花巾，着大袖花布短衣，缘边花裙，恒持伞以行"②。

清代巴蜀地区苗族因土司制度和改土归流以及与汉族、彝族、土家族等民族交错杂居，各族间居住、生活于同一地区以及经济、文化等多方面交流的日益频繁，受汉文化影响尤其大，逐渐形成了"衣服饮食，与汉不殊"的格局，但同时也还保持着固有的民族文化意识和一些民族特点。如民国《涪陵县志》记载，该县乡村居民每年春社时都要"扮苗妇，抬轿吹笙，迎春至县署"。这实际上就是汉化程度较高的苗族民众仍按民族习俗而进行的一种礼仪，是其数典而不忘祖的民族意识之反映③。

七、满族文化

满族是清代随着清朝统治的建立、巩固而以八旗兵、军政官员（亦为八旗籍）等身份逐渐进入巴蜀地区并定居下来的民族。清代居住、生活于巴蜀地区的满族及其习俗的大致状况是："八旗：冠婚丧祭，满洲、蒙古各遵祖法，节文虽异，皆不逾礼。宗族姻娅颇相亲睦，交游重义，酬答必丰。其俗俭约，不尚奢靡。其人戆直，不好私斗。巧于树艺，亦习诗书，骑射最精，果勇善战。"④清代巴蜀满族经济生活的主要来源是政府定期发放的俸银和所分得的土地、房屋等。按照清朝的制度规定，一名满洲八旗马兵的每月收入，足可养活五口之家；八旗养育兵月收入，亦足赡养一口人，加上每家还可分得房屋三间，土地一亩三分，八旗兵及其家属不需从事生产劳动亦可过上较优裕的生活。至同治年间以后，随着成都满族人口的增多，而朝廷却并未增加兵额及俸银等，由此使得一部分满族人因无法维持生计而开始做卖红苕、泡菜、针线等的小商贩，或者出当衣物。至光绪年间，朝廷明文允许满族人在"满城"内做

---

① 光绪《叙州府志》卷四三《外纪》。
② 乾隆《皇清职贡图》卷六《四川省》。
③ 伍新福等：《苗族史》，四川民族出版社1992年版，第594页。
④ 同治《成都县志》卷二《舆地志第二·风俗》。

小商贩，于是相当一部分满族人干起了小商贩的营生。据调查，清末，居住在成都市区真武宫一带的满族人已有八百零五人做小商贩谋生，一些满族人还成为木匠、教师、医生。

清初，巴蜀地区的满族尚保留着火葬的习俗，后来改用木棺土葬，只是其木棺与汉族所用之形状略异，棺顶似屋脊。满族民众十分重视对死者的悼念。如每遇父母或祖父母去世，都要剪去一段发辫；服孝期间头顶边缘之发不得剃去，即所谓"百日不剃发"。亲人去世后，还要按照男左女右的规矩立丹旐以表慎重。出殡之前，要焚烧死者生前衣服，谓之"殷奠"。在安葬死者的墓地还要焚烧纸鹰、纸马等。在服丧方面，满族实行"斩衰止百日，期服六十日，大功一月，缌麻二十一日"之制。

八、蒙古族文化

明清时期巴蜀地区的蒙古族，在大杂居、小聚居的居住格局下，一部分仍然保持着本民族的风俗习惯，另有相当一部分则因长期流散混杂居住于当地各族之中，逐渐受到当地民族文化的影响而在饮食、服饰及习俗方面有趋同之态势。如泸定（今属四川泸定）咱里土千户属下之蒙古族，"耳缀大环，褐衣，革履，多以负贩运茶包为生。番妇盘髻，着大领长衣，束带，无裤，腰系花布一幅。性嗜酒，勤耕作"①。元代游牧至今甘孜藏族自治州石渠、色达和甘孜藏族自治州理塘一带的蒙古瓦述部落及其后裔，"住牧里塘之边界，栖止毡庐，依附水草"，"好劫，杀人多者，谓之好汉，可以压服邻封"②，"居处帐房，就水草畜牧，戴皮帽，缀耳环，褐衣，佩刀……番妇服饰与里塘相同，能牧牛羊，织毛褐。岁输税银有差"③。居住于建昌地区的蒙古族，"其人男女与僰人同，语音各别。居板屋，耕种，贸易。本类自相婚姻，聘礼用牛马银布。燕会酒食烧肉，咂酒颇同西番，多黄、白二酒。疾病自采草药疗之。死用棺敛，或葬或坐，葬后以柏枝插瓶内，挂屋西壁为祖宗，每岁清明拜祭"④。清魏祝亭《蜀九种夷记》亦有类似的记载说："鞑靼者，蒙古种也……辫发冠带微有今世风，女服襞积，裙皆华夏妆，惟足不裹。居板屋，知耕且贸迁。本类自相

---

① 乾隆《皇清职贡图》卷六《四川省》。
② 嘉庆《里塘志略》卷上《土官》。
③ 乾隆《皇清职贡图》卷六《四川省》。
④ 嘉庆《四川通志》卷九八《武备·土司》。

嫁娶。燕多仪，炮肉为上，酒以高粱酿，饮时亦用竹管咂。有病则往丛林采不列方书草药，疗之则克瘳。葬用花木棺，无椁。窆后取柏枝一插瓦瓶间，悬诸屋壁西偏，逢生与忌日必祭，届清明扫其墓。"居住于川滇边境今四川省盐源、木里一带的蒙古族"纳日人"，除主要从事农业生产外，还残存了原始社会时期对偶婚特点的"阿注"婚姻状态。明清时期迁入巴蜀分散居住、生活于成都、重庆等内地城乡中的蒙古族，至清末时，其饮食、服饰、经济制度和风俗习惯等，受汉文化影响大，已与当地汉族无多大区别[①]。

九、傣族文化

明清时期巴蜀地区的傣族，史籍上有"摆夷""白夷"等多种称呼。他们中的一部分是明代从云南征调入川作战之后"改兵为民，婚娶耕种"而留下来定居当地的，一部分则是清代从云南景东等地迁徙入川的。故史籍记载："迷易所土千户安氏，本滇之景东府摆夷种也，康熙中归化。居多茅屋，以耕种为业，与民人村落相连属，男女服饰亦相似。性驯而多疑，风俗淳朴。"[②]"性情驯良，通汉语，佃汉人田地耕种为生，有争斗事件归土司完结。"[③]由此可见，清代巴蜀地区傣族的汉化程度应高于原迁出地区。

清代巴蜀地区傣族仍实行土司制。有竹枝词歌云："传闻马喇长官司，楚楚衣裳与汉俱。土妇逢人称护理，文移只用小图书。"并解释说："马喇投诚最早，当时令其请印，伊恐见诏，曰：我家自有小图书在。故只给号纸。""粗通汉语半支吾，旧事纷传信有无。当日土司多变马，家家煮豆供青刍。"相传：马喇长官司夜间变马游戏，"夷民"为设刍豆[④]。土司制度下的巴蜀傣族民众，或受本族土司管辖，如盐边马喇副长官司、米易土千户等，就是傣族人，或受彝族等其他民族土司、土官的管辖。

清代巴蜀地区傣族多以农耕为业。"俗勤耕稼"。并有"男不事稼穑，女勤耕"即家庭劳动中男女的分工。"妇女涂足田间，尽日歌呼乌乌。男子多供力役，用木板穿作半月形，套于项，以负载，竭走露宿，怀饭团，掬水吞

---

① 贾大泉、陈世松主编：《四川通史》卷六，四川人民出版社2010年版，第341~342页。
② 乾隆《皇清职贡图》卷六《四川省》。
③ 嘉庆《四川通志》卷九七。
④ 道光《盐源县志·盐源杂咏》。

之。"①改土归流以后，巴蜀傣族所居住地区开始从封建领主制经济向封建地主制经济过渡。在封建地主经济制度下，傣族民众大多数佃种土司或汉人地主的田地为生，除缴纳农产品实物地租外，还要承受鱼租、鸡租、羊租、麻租、烟租和为土司服劳役等超经济剥削。

巴蜀地区傣族除以米、麦、玉米、土豆等粮食和猪、羊、鸡、蔬菜为主要食物外，还喜食狗、昆虫、蛇、鼠和青苔等动植物。即"食以司歌为上膳。司歌，犬也。炸鼠、淹蚓虫、渳苔羹，每食必盈席"②。有竹枝词说："绕村一带水深泓，浴罢延宾坐草亭。薰鼠烧蛇君勿怪，肉儿动动菜青青。""谚云：青青白夷菜，动动白夷肉。"③另外，清代巴蜀地区傣族因畏寒而喜饮酒并有"群饮必醉"和"嗜吸烟草"④的习俗。

傣族"男以黑布裹首，戴笋箨尖帽，着短衣，遇凶嘉年则着芒鞋，否则周年赤足，衽巴叠短刀。女头缠花帕，赤与白间，服短襟，下着无摺裙，无袴，足与男子同"⑤，"男子以布裹头，短衣，跣足。妇女挽髻，以皂帕抹额，缀以珠石，仍戴竹笠，短衣，长裙，跣足"⑥。明清时期巴蜀一些地区的傣族，因与汉、白等族混杂而居，交往频繁，"男妇服色与汉人同"，或"其生活习惯与夷族为近"⑦。傣族常洗浴于河中，有"不分冬夏，男女皆混浴于水"⑧的习俗。

明清时期巴蜀地区傣族大多修建木（草）石结构的房屋以居。其居室有建筑于河渠之上者，"屋均跨清流上，覆以茨。富者用瓦板，其上叠镇以石。瓦板者，锯木成片，厚半寸，宽七八分不等，近汉比户皆然"⑨。

明清时期巴蜀地区傣族大都实行由父母包办的一夫一妻制。实行同族内婚，重姑舅表婚，但姨表不婚，流行"招郎上门"的婚俗。未婚青年男女双方均有一定的择偶的自由与自主权利。每逢节日相聚，女青年以"丢包"表示对

---

① 道光《盐源县志·种类》。
② 清末《会理州乡土志》。
③ 道光《盐源县志》卷《盐源杂咏》。
④ 乾隆《皇清职贡图》卷六《四川省》。
⑤ （清）魏祝亭：《蜀九种夷记》。
⑥ 乾隆《皇清职贡图》卷六《四川省》。
⑦ 边政设计委员会辑：《盐源县概况资料辑要》附《木里记·民族》。
⑧ 清末《会理州乡土志》。
⑨ （清）魏祝亭：《蜀九种夷记》。

如意男青年的爱慕，双方看中，即可以此作为恋爱的起点，但仍须履行男家请人去女家说亲等一套订婚、迎亲等婚姻礼仪。故史志载称："婚礼亦用媒妁言。议定后，婿往妇家，掬水数勺频泼女双勒上，谓之插泼，犹汉纳彩礼。勒，足也。逮承父命，始以牛、羊迎"①，"婚姻：男用水一盂泼女足即为聘，徐以牛羊为礼"②。结婚后，夫妻要在女家同居三年，始可回男家居住。

傣族通行土葬。"葬不以棺，支竹笆，舁野外，掘尺余坑瘗之。刃其手足骨，悬诸岩壁。岁三周延僧屠牛以祀。取骨弃林莽间"③。长辈去世以后，晚辈要头包白布巾以戴孝。入葬地方要请阴阳先生看风水，认为有利死者安息和后辈兴旺发达的地方，才作为葬地。

明清时期巴蜀地区傣族相信鬼神。"疾病惟卜禳。"④但在汉族的影响下，也供奉"天地君亲师"。他们已不像云南的傣族信奉南传上座部佛教，也不过泼水节，只是在男婚女嫁的时候，保留着送亲与迎亲的人相互泼水，"驱走疾病灾难，迎来吉祥如意"的习俗。明清时期巴蜀地区傣族还有放蛊、幻术等原始宗教习俗的传闻。

十、白族文化

明清时期巴蜀地区的白族，一部分应是唐代"白蛮"的后裔，但大多数是元、明、清时期陆续从云南迁徙入蜀的移民及其后裔，史志记载中称"僰人""僰人子""白夷"等。其民族文化习俗的大略情形，据《蜀中广记》记载，居住于会川卫（今凉山会理）境内的白族，其人"头裹黑帕，戴笋尖帽，以佣田为生。妇女养蚕收丝，织作亦巧，谓之白夷锦……饮食凡草木无毒者，六畜外，除鼠、蛇、蛙及飞生虫，皆沦食之。婚姻：男家先用碗水浇女足，谓之水授妇；战阵所获，谓之王旗妇。初生小儿即抱于河中洗之。男女日日浴于河中。居多近水，束状日如远行，故迁徙无定。死有棺椁葬埋，名坟曰罢休"。居住于盐井卫马喇长官司境内"白夷之近汉者，能知天变，遇日月食，少长男女争击箕杵盆勺成声，仰天拜恳。婚姻泼水为媒证。产子三日，则浴之河。死用块葬，名罢休。老人、妇人穿无褶统裙，谓脂粉为解老。又能种棉养

---

① （清）魏祝亭：《蜀九种夷记》。
② 清末《会理州乡土志》。
③ （清）魏祝亭：《蜀九种夷记》。
④ 乾隆《皇清职贡图》卷六《四川省》。

蚕，以织染为五色丝绒，提机作花，每段宽尺余，长二丈一尺。粗者为锦，细者为缥"①。

明清时期迁居巴蜀的白族，受迁入地汉、彝等民族及其文化的影响，在文化习俗上表现出一定程度的汉化、彝化等趋向。如嘉靖《四川总志·东川军民府风俗》记载："僰人，椎髻披毡，戴毡笠，用毡裹其胫，蹑皮履，以贸易为业。"该志《四川行都司风俗》记载："僰人，重儒敬佛，相见之礼，长跪不拜，所为多有西蜀之风。"范守己《九夷考》记载，僰人"亦知袭汉人衣冠，独妇人著细褶裙。婚丧以饮食会客，连朝继夜，般乐无厌。其子弟秀美者，亦知读书为儒为吏，与汉人为婚姻，渐入礼教矣"②。魏祝亭《蜀九种夷记》记载清代宁远府"僰人子者……男妇服饰酷肖鞑靼"。

明清时期巴蜀地区白族大多以农耕畜牧为主要生业，所种农作物主要有稻、麦、玉米、荞麦、高粱和豆类等。副业，男子以捕鱼、打猎为主；妇女栽桑、养蚕、缫丝，也种麻织布。生产的丝、麻，除自用外，也以商品形式拿到市场出售。其情形如史籍所载："与民杂居，惟有警则赴调，无事则听其耕牧。"③"男则竹笠毡蓑，昼夜操网罟。妇女日负竹篮适市，以鹭以购。"④另外，读书服儒，当官做吏，亦是明清时期巴蜀地区白族重要的职业途径之一。因此，明代会川卫所辖"永昌等七州一县，各立土里长一名"。"俱系僰人子、猓罗二种夷人。"⑤清代宁远府僰人子中"佳子弟亦令务儒，多隶府史籍，以故建南属典吏半出其族，近渐与汉巨室通媾"⑥。这两条材料或可说明，白族因读书较多、文化水平较高，而在明清时期川西南民族地区的政治生活特别是基层政权中已扮演着重要角色。

明清时期巴蜀地区白族的饮食习俗，有两个特点值得注意：一是"性好鱼腥"即喜欢吃鱼，并且喜饮酒。其"以瓦坛盛酒名酥卤、酥卤麻，用竹秆咂饮"⑦。二是"婚丧燕会，必继以火，流连无度"⑧。

---

① （明）曹学佺：《蜀中广记》卷三四《边防记第四·上川南道》。
② 雍正《四川通志》卷一九《土司》附明范守己《九夷考》。
③ 《明太祖实录》卷二一八。
④ （清）魏祝亭《蜀九种夷记》。
⑤ （明）谭希思：《四川土夷考·会川卫图说》。
⑥ （清）魏祝亭：《蜀九种夷记》。
⑦ 清末《会理州乡土志》。
⑧ （清）魏祝亭：《蜀九种夷记》。

明清时期巴蜀地区的白族男女,大多"着粗麻布短衣,恒多赤足","男事农桑,束发带帽。女辫发盘头,多绩土麻"①。妇女且"戴青竹细篾笠,服短袄,膝下裹以色布,及踝而止"②。其服饰主要是用苎麻织成的白色麻布衣。衣服的形制,妇女为大偏襟,男子为对襟。女性未婚以前头梳长辫,结婚后即挽盘成头髻。清代,即使与汉族杂居一地的白族也不缠脚。

白族严禁同宗同姓结婚。婚姻制度各地各阶层亦或有所不同。或者"婚姻自相嫁娶,聘用布疋,酒食以猪羊,泡酒饮之"③。而那些与汉人通婚姻并且"渐入礼教"的白族,从请媒到结婚,则一般需要经过"纳口话"、交草匹水礼、"烧香""递期"(确定婚期)、哭嫁、拜认亲戚等程序。白族允许与汉族通婚,且有"上门"即男到女家的习俗。不少汉族青年常入赘白族女方家做上门女婿。

明清时期巴蜀地区的白族多实行人死后装棺火焚再入土安葬的习俗。即史籍所载:"死葬以棺敛烧埋,清明日祭扫"④,"死则烧化方葬,男用圆石,女用扁石,立冢上为记。亦以清明日扫"⑤,"葬用棺,异野外硗确地,俱火焉。焦既,伐土于旁覆之,封崇数尺墓"⑥。死者入葬后,家人还要供奉灵牌,做道场,超度亡灵。并有清明日扫墓之礼仪。

白族既信佛教,又崇道教,相信人去世后仍有灵魂存在,要经过阴曹地府。为了祈求神的庇护,白族还祭祀土主、川主、神农、药王,以求人畜兴旺,风调雨顺,五谷丰登,祛病消灾。

白族的重大节日有春节、火把节、月半节、端阳节等。这些节日多与汉族相同。火把节既是凉山彝族地区的民族节日,也是白族的重大节日。每年农历六月二十四日,白族家家户户均劈松柴扎火把,燃烧着插入田地里,并向火把洒香粉,以表示驱虫除秽。在白族中,还流传着川主打火把以降服孽龙的故事。

---

① 清末《会理州乡土志》。
② (清)魏祝亭:《蜀九种夷记》。
③ 雍正《四川通志》卷一九附明范守己《九夷考》。
④ 雍正《四川通志》卷一九附明范守己《九夷考》。
⑤ 清末《会理州乡土志》。
⑥ (清)魏祝亭:《蜀九种夷记》。

十一、其他民族的文化

（一）回族文化

民国《西昌县志》亦载称："回民之入吾县，约自唐末始，其来率由陕西、甘肃或云南。自有明时，自江南来者乃渐多。来则往往聚居一小区域，保其纯粹之旧习，分建清真寺，高敞清洁，为礼拜讽经之所。"西昌县"泸山侧之清真寺，建于明洪武二年，是为最古。城内吉羊巷清真寺及城外东街东寺，皆明万历初年建"①。说明回族先民从唐宋之际起即已迁移巴蜀，随后在元、明、清三代亦陆续迁入，并分散或集中地定居于巴蜀各地。

明清时期巴蜀地区回族文化习俗的大略情形，据史志记载，明代居住于安宁河谷的回族之风俗习惯为："音类汉人，亦有番语。不食驴、骡、猪肉，其牛、羊与鸡、鹅、鸭必自杀乃食。本类自相婚姻。疾病作佛事祈福，不延医巫。死丧食肉，但不饮酒。死者削去须发，布袋装殓，用木匣昇去，临穴取尸入坑，去衣，扭头西向，覆之以板而瘗之，留木匣复用。每岁清明日，用卖饼祭扫，不祀鬼神，不焚钱纸，专敬天地而已。每年轮转一月，阖家男女清斋，白日不食，待星上方食之。平居耕种贸易，大似齐民。"②另据民国《叙永县志》记载，该县于清代迁入之回民数百家，"承化既久，渐染华风，除朝拜、昏娶丧葬戒食而外，一如齐民"。"回俗尚武合群，此风近已不振。不啖豚，不饮酒，寡嗜欲，各守戒律，与汉人杂居，衣冠语言无殊，而尤和好无间。"③民国《苍溪县志》记载，该县"回民以牧畜宰牛为业，不置产，或经营商贾，与阆中县之回教同出一祖。亦颇醇良好礼，与汉族平民无争，但其婚嫁丧祭之礼节不同，故与通婚者甚少"④。民国《武胜县志》记载，该县沿口乡居住之回民，"与汉族杂处日久，耕读服贾渐染华风，然不与他教人结亲，不食豚肉，一切婚嫁丧葬仪节恪守教堂规则"⑤。虽是民国时期方志所记，但至迟清代来应已是如此。

---

① 民国《西昌县志》卷六《祠祀志》。
② 嘉庆《四川通志》卷九八《武备·土司》。按：清末《会理州乡土志》记当地回族风俗习惯亦与此大致相同，只是末尾一句为"专敬天地与清真寺所供之宗教"。
③ 民国《叙永县志》卷四《文化篇·宗教·种族》。
④ 民国《苍溪县志》卷一〇《礼俗志下·宗教》。
⑤ 民国《新修武胜县志》卷六《礼俗志·宗教》。

由此可见，明清时期巴蜀地区回族无专属之语言文字，大多习用汉语汉字，亦使用所居住地区的少数民族语言。生计方式，除从事传统的农耕畜牧外，"善经商"①且多以商贾贩贸为业是其经济生活的显著特征②。衣冠服饰因"渐染华风"而大多穿着汉族服饰③。但在饮食、婚姻、丧葬和宗教信仰等方面仍保持着严格的清规戒律。如饮食上的"戒食猪肉"④和"与他族不通婚姻"等习俗⑤。丧葬习俗上："回教亲死，立讣告亲族，毕集，浴尸，以帛裸裹之，延阿浑祈祷，即日发丧，亲宾送之，无棺，土葬已，哭归。七七延阿浑讽经，煎油饼散亲友，吊者盈门，严禁烟酒，尽哀而散，服如仪，七七省墓讽经，期再省之，除服。"⑥明清时期巴蜀地区回族信仰伊斯兰教，"宗教观念至深"⑦。每年"冬至前后，为教中人纪念节。届期，白昼不饮食，必至夜间始为之。到四十日而止"，"阿洪亦于斯时持斋念经，虔诚备至"⑧。并有修建清真寺并依寺而居的习惯。凡是有清真寺的地方，必然有回民居住。他们总是围绕清真寺修建住宅，以便按期去清真寺做礼拜。如清代成都市区的回民，即多集中居住在永靖街皇城清真寺以及清真十寺、东寺与皇城坝一带。这种有人即有寺、有寺即有人的族教关系，构成了明清时期巴蜀地区回族居住的一大特色。

（二）壮族文化

壮族语言属于汉藏语系壮侗语族的壮傣语支。清代蜀地的壮族多会说汉语，也学习使用汉文，但他们也一直保持着自己民族的生活文化习俗。男人着青布衣缠头帕；妇女着蜡染桶裙、无领襟衣，束绣花围腰，头缠小方巾，脚穿绣花鞋，喜戴银耳环、银手镯等。

居住生活在木里等地的壮族主食是玉米、红薯等，不吃牛肉。

壮族婚姻为一夫一妻制，多为父母包办，讲究男女要合"八字"。由于受

---

① 民国《盐边厅乡土志》卷《夷俗志·种族附》。
② 如川南叙永县的回族数百家，"多数经营牛羊肉、粮果糕点及日用杂品生意"。见马中骥《回族定居叙永概况及风俗习惯》，载《叙永县文史资料选辑》第21辑，第54～58页。
③ 民国《汶川县志》卷五《风土·附宗教》。
④ 民国《汶川县志》卷五《风土·附宗教》。
⑤ 边政设计委员会编：《盐源县概况资料辑要》附《木里记·民族》，1940年，第49～50页。
⑥ 民国《西昌县志》卷六《祠祀志》。
⑦ 边政设计委员会编：《盐源县概况资料辑要》附《木里记·民族》，1940年，第49～50页。
⑧ 民国《犍为县志》卷三《居民志·种族·宗教》。

汉族习俗的影响，壮族丧葬通行木棺土葬，重母丧轻父丧。

春节、清明、端阳、中秋等，是壮族的主要传统节日。如过春节，除夕全家要团聚；正月初一要着新衣，穿新鞋，汲新水，以象征新年吉祥如意。

壮族有信神、崇拜祖先的习俗。聚居区有土地庙、雷公庙等，以供祭祀。家中供设有"天地君亲师"牌位，祠堂供奉列祖列宗的牌位。与汉族一样，蜀地壮族尊奉孔子、关公，崇拜英雄岳飞。

（三）布依族文化

明清时期巴蜀地区的布依族，史籍称"仲家""羿子"。其中，羿子早就居住于巴蜀地区。明代川西南的永宁宣慰司、九姓长官司辖境内即有羿子居住，并遗留下了"羿子坝""衣支（羿子）甲谷"等地名[1]。随着清雍正以来巴蜀民族地区大规模的改土归流和与汉族日益频繁的交往，布依族因受汉族文化习俗的影响甚大，以致有乾隆年间已经"归化日久"之说。

明清时期巴蜀地区的布依族，因居住地域环境的不同而在文化习俗上略有差异。居住在会理州的仲家，"着麻布短衣，男女恒多赤足……多伏处凉山，不与汉人通，以耕种捕猎为生"[2]。居住在木里的仲家及其文化习俗，则"与苗人相仿"[3]。总体上看，明清时期巴蜀地区布依族的文化习俗之大略情况如下。

巴蜀地区布依族没有文字，其语言属于汉藏语系壮侗语族壮傣语支，他们外出除少数讲彝语外，多数人讲汉语。

布依族青年男子喜着右边开边襟短衫、长裤，老年男子着长衫，脚穿包边布鞋。妇女喜穿青、蓝、白相间的右开边襟短衣和裙、裤。头包青帕，并以耳环、手镯为装饰。脚穿绣花鞋。

布依族的住房多建在溪流之旁，以圆木作架，木板间隔，瓦、石为顶。堂屋供有神龛，房周配以竹树林木，另有一番情趣。

布依族迁入川西南后处于凉山彝族奴隶制统治之下，随着雍正、乾隆时期大规模改土归流以及巴蜀民族地区经济发展与社会进步，其居住地区开始向封建制过渡。

---

[1] 李宗放：《四川古代民族史》，民族出版社2010年版，第665~666页。
[2] 清末《会理州乡土志》。
[3] 边政设计委员会编：《盐源县概况资料辑要》附《木里记·民族》，1940年，第49~50页。

(四)傈僳族文化

明清时期的傈僳族,史籍记载有"离苏""俐苏""力些""利殊"等称呼,曾在川、滇两省之间往返迁移,或从四川迁到云南,或从云南迁入四川而在今四川省凉山彝族自治州的德昌、会东、会理等县和攀枝花市的盐边、米易、仁和等地定居下来。明清时期巴蜀地区的傈僳族,"赋性醇良,耕种为生"①。务农之外,亦多从事渔猎采集。故清《盐源县志》记载,傈僳族"居深山中,怠于种植,逐兽捕鱼。男妇皆猂捷,物多生啖,有茹毛饮血之风"。《民国宁属调查报告》载称:傈僳族"散居盐边、会理等地,尚保存其独立语言风俗。除务农牧外,尤工射,以打猎,采药为主要副业。能制药箭毒弩,无论人兽,触之即死"②。

据清乾隆《丽江府志略》记载:明清时期西南地区的傈僳族,有熟傈僳和生傈僳二种。生傈僳"岩居穴处,或架木为巢。囚首跣足,高鼻深眼。身着麻布,披毡衫。猎取禽兽为食,食尽即迁,居无定所。佩弩带刀,虽寝息不离……嗜酒"。熟傈僳的生活习俗状况,据《维西见闻录》记载:"男挽髻戴簪,编麦草为缨络,缀于发间,黄铜勒束额,耳带铜环……常衣杂以麻布、绵布、织皮,色尚黑,裤及膝,衣齐裤,胫裹白布,出入常佩利刃。妇女发束箍,耳带大环,盘领衣,系裙曳裤。男女常跣。喜居悬崖绝顶,垦山而种地,瘠则去之,迁徙不常,刈获则多酿为酒,昼夜沉酣,数日尽之。粒食罄,遂执弓弩药矢以猎。登危峰石壁,疾走如狡兔,妇从之亦然。获禽兽或烹或炙,对坐共食。虽猿猴亦炙食。烹俟水一沸即食。不尽无归餍,复采草根木皮食之……婚以牛聘,丧则弃尸。不敬佛而信鬼。借贷刻木为契,负约则延巫祝,置膏于釜,烈火熬沸对誓,置手膏内,不沃烂者为受诬;失物亦以此法明焉……"③

据记载,明清时期巴蜀地区的傈僳族亦同样有熟、生两种。居住在盐源、盐边、木里一带的生傈僳,"形癯而性狡,居深山中。怠于种树,逐兽捕鱼。男妇皆猂捷。物多生啖,有茹毛饮血之风"④,"居深山中,善弋猎,

---

① 嘉庆《四川通志》卷九七《武备志一六·土司二》。
② 转引自福贡县政协文史编辑室、福贡县民族宗教委员会:《福贡县文史资料选辑·第六辑:傈僳族专辑》(自印),1995年,第54页。
③ (清)余庆远:《维西见闻录》。
④ 道光《盐源县志·种类》。

药箭较猓罗尤捷。掘草根树皮为粮,可累月不饥"①。居住在米易威龙州长官司、西昌、德昌等地的熟傈僳,则"环山而居","或三五户,或十余户,山腰山麓,随地有俐苏耕牧","驯良安分。偶有不法者,众皆鄙弃之。终岁勤苦,耕种为生,妇女牧畜纫麻,无游惰习,故其族颇能自给"。以种山地或租佃汉人田地种植水稻为谋生之计。农闲则采薪、烧炭、采药、养蜂、打猎和牧牛羊。自制毛布,虽粗而暖。男子短服,赤足,光头,有时或缠青帕。妇女头帕摺为寸余宽,缠至尺余大,整齐紧圆,有若笠然。短衣,拖裙,赤足。暖时衣布,寒则衣自制毛布。毛布外,兼纫麻为布,纫火草叶之纤维质为布。织无机,故其为布也窄。食则玉蜀黍为正粮,稍裕者或搀用米、菽子、洋芋、萝卜等品。皆自种而食,"喜饮酒","屋皆覆茅,间有盖以板者。屋中置火塘,而炊则另有灶。用具率多粗恶"。明清时期巴蜀地区傈僳族严禁与外族通婚,盛行姑舅表优先婚配的婚姻习俗。"婚时,新妇步行,两人舁棚遮护而前。贺者以羊为礼,相与吹葫芦笙,作跳舞会。有子成年,娶其媳,即酌给牛羊农具,析居另立门户。惟独子可不析。疾病及不祥,或请以巫。巫则其种族中自相传授。"②

十二、明清时期巴蜀民族文化的交流

(一)汉族与川西北藏羌文化的交流

1. 汉族与藏族的经济文化交流

明清时期巴蜀地区的藏族,主要聚居在川西北高原的今阿坝藏族羌族自治州和甘孜藏族自治州,在土司制度、茶马互市和朝贡贸易等制度及政策的国家框架下,与朝廷保持着密切的政治统属与经济文化交流的关系,汉、回等各族民众亦以经商、屯卫、垦殖等多种方式逐渐地迁移、进入蜀地藏族聚居区谋生、定居,从而不断地密切了巴蜀藏族聚居区各族民众的经济、文化交流与联系。

(1)茶马互市与朝贡贸易

明清时期,朝廷加强了对蜀地藏族聚居区的统治,设立了各级土官、僧纲司,以藏族酋领为土官,授予番僧以都纲、禅师、灌顶国师、大国师、法王等

---

① 《盐边厅乡土志·夷俗·种族附》,第34页。
② 民国《西昌县志》卷一二《夷族志》。

各级各种名号，"纪以符契"，"锡以嘉名，且锡敕护持"①。传统的茶马互市亦比前代有了更进一步的发展。明初，朝廷考虑到藏族聚居区民众以肉食为主、嗜好饮茶的饮食特点，遂在雅州及天全（今四川雅安境内）六番招讨司等地设立茶课，"令以马市"②，"立仓易马"③，"贸易茶斤，岁以为常"④。在茶马互市发展的形势下，天全六番招讨司属下之民众，多以"耕稼种茶为业"⑤，"八乡之民，宜悉免其徭役，专令蒸造乌茶"，并分化出一批"专务贸贩"的商人，以贩卖碉门乌茶、蜀中细布，交易藏族聚居区的马、牛、羊以及毛缨、茜草等土特产品为生。商贾往来鬻贩，岁收课额一万四千余贯⑥，"下潘州、白利等番，挟牛、羊、毡毳来……贸易茶斤，岁以为常"⑦。天全的藏族，"每岁水落，迳岩州络绎而至，或出自崖底关，出必数百人，共持番豚数十肩，集司长前而额手曰：绝峤不毛，无以御冬，求我侯抚绥也。司长乃以包茶三五千斤大劳之，则皆欢叫疾趋，负茶以出。居数十日，尽市食粮布缕以归。以为常。司有事，恒徼而入伍"⑧。

这一时期的朝贡实为一种更加优惠的民族贸易方式。明清时期蜀地藏族朝贡的主要路线是"由董卜韩胡、长河西、朵甘思之境，自雅州入京"⑨。入贡物品主要有马、驼、盔甲、腰刀、珊瑚、金佛像、金塔、皮毛、药材、藏香、氆氇等土特产品和手工艺品；朝廷回赐品主要有金银、绸缎、布匹、粮食、茶叶等。藏族各部、各派除以得到朝廷优厚的回赐为荣耀外，亦利用朝贡的机会，"沿途多买物货，一概诈称钦给之物，逼要有司起请军夫运送"。利用朝廷"许带食茶回还"的规定，不但"货买私茶至万数千斤"，亦私买"铜锡磁铁等器用，沿途多用人船，载至成都，陆路起夫扛抬"⑩。同时亦沿途售卖藏族聚居区土特产品，换取汉地各种农副产品、手工业品，运回藏族聚居区自用

---

① 《明史》卷三三〇《西域传》。
② 《明史》卷三三一《西域传》。
③ 《明太祖实录》卷一八八。
④ （明）曹学佺：《蜀中广记》卷三一《边防志第一·川西一》。
⑤ 咸丰《天全州志》卷二《风俗》。
⑥ 《明太祖实录》卷一八八。
⑦ （明）曹学佺：《蜀中广记》卷三一《边防志第一·川西一》。
⑧ 《古今图书集成》《方舆编·职方典》卷六四六《天全六番部》。
⑨ （明）曹学佺：《蜀中广记》卷三五《边防志第五·上川南道》。
⑩ 《明英宗实录》卷一九五、卷二三二。

或者牟利。在朝贡贸易带来丰厚而巨大经济利益的驱动下，入京朝贡的藏族土司、番僧等络绎不绝，使团规模日益庞大。据《明武宗实录》载称："我祖宗以来，承前代之旧，设立乌斯藏诸司、阐化阐教诸王，以致陕西岷洮、四川松潘诸寺，令化导夷人，许其朝贡。然每年止许数人，贡期亦有定限。比年各夷僻远，莫辩真伪，至有逃移军匠人等，习学番语，私自祝发，辄来朝贡，希求赏赐。又或多创寺宇，奏乞名额。即为敕赐，朝贡不绝。以故营建日增，朝贡愈广。"成化年间，明朝曾规定，长河西、董卜韩胡二处，"遣人不许过百。松、茂地方住坐番僧，每年亦许三五十人来贡"①。但到了弘治年间，"僧以希赏增多"，"弘治以前入贡番僧多不过千人，今增至数倍"②。如弘治十二年（1499），长河西及乌斯藏诸番同时进京朝贡的使者竟多达二千八百余人，"其后来者愈多，卒不能却"③。

（2）汉、回、蒙古等各族民众迁移藏族聚居区开展经济活动及其影响

明万历年间（1573），曾有一部分蒙古族从青海迁入今阿坝、甘孜地区。其中，"駞房住牧于漳腊（今阿坝漳金）城内，有百五十帐"。由于朝廷实行"抚赏安插"政策，于是蒙古族诸部落"接踵投居"，一时间，川西北高原上"牛马羊只，布满山溪，毛帐毡房，星列草地"④。崇祯初年，蒙古和硕特部首领固始汗徙牧青海，之后其势力又扩展至朵甘思木雅、巴塘、理塘等地⑤。至清雍正初年，"四川之松潘、打箭炉、里塘、巴塘，云南之中甸等处，皆系西番人等居住牧养之地，自明以来失其抚治之道，或为喇嘛耕地，或为青海属人，交纳租税，惟知有蒙古而不知有厅卫营伍官员"⑥。回族民众这一时期亦以从军、商贸、屯垦等多种方式进入巴蜀藏族聚居区。史志记载，明洪武年间，即有一批回民商人迁入岷江上游地区，"他们主要分布在岷江沿岸的杂谷脑、松潘、汶川、茂县。这些回民商人为：陕西回商、陇东回商、青海回商、云南回商和由成都、灌县来的四川内地的回商"。清乾隆年间大、小金川战事

---

① 《明宪宗实录》卷七八。
② 《明世宗实录》卷二六。
③ 《明史》卷三三一《西域传》。
④ （明）曹学佺：《蜀中广记》卷三二《川西一·松潘、漳腊》。
⑤ 赵心愚：《和硕特部南征康区及其对川滇边藏族聚居区的影响》，《云南民族学院学报》2002年第3期。
⑥ （清）王先谦：《十朝东华录·雍正四》。

结束后，又有一批回族以官兵、商人、屯垦者等身份，从甘肃、青海、陕西等地迁入阿坝地区，"分布在松潘、汶川、茂县及大、小金川"①。如松潘，"部分回民随军队作战屯殖，落户于此"，"永乐年间，县城西建有清真寺下寺，清乾隆年间建有清真寺上寺"②。又如康定，"1646年，张献忠兵败四川西充，所部为躲避官兵的追杀，散逃者较多，其中有马姓和王姓回族义军逃入康定谋生"③。至民国二十三年（1934）统计，康定共有男女丁口一万零九百余人，"其中回民占全数十分之二，多业屠牛"④。这些回族，多是清代迁来。汉族民众也以屯卫、垦殖、经商等方式迁入藏族聚居区。如在今天的甘孜藏族自治州，据统计，从乾隆十五年（1750）至道光三十年（1850）的一百年间，迁入甘孜地区的汉族民众就达16000余人。晚清时期，川边地区实行改土归流以后，朝廷在废除康区四大土司及其下属中小土司改设流官的基础上，又出台《垦务章程》十二条，实行了拨款发给垦民修造房屋资金和农具、种子、耕牛，按旬发给口粮，有偿提供土地等多项优惠政策，并从内地招募汉人迁入甘孜地区从事土地垦殖和农业生产。据统计，至宣统二年（1910），乡城已垦出水旱田地1200余亩，有垦民70余户；巴塘垦地1000余亩，有垦民500余人。汉族垦民的迁入，不仅带入了水利灌溉、铁制农具等先进生产工具和技术，也带入了水稻、小麦、黄豆、绿豆和青菜、白菜、红白萝卜、四季豆、冬瓜、南瓜、梨、核桃等数十种蔬菜瓜果品种，使得四川藏族聚居区的经济结构，开始由较为单一的畜牧业经济朝着农牧业兼营的方向转变，并促进了这一地区农耕经济的发展。又如今天的雅安及阿坝地区，据《蜀中广记》载称，明代维州诸番、董卜（今宝兴、小金一带）、金川、杂谷（今理县、汶川西部）诸族，以畜牦牛、绵羊即畜牧业为主要生产方式。嫁娶时，富者以猪、羊、毛毡、布匹、粟、麦为礼。明朝在松州初置屯田时，当地亦因"山多田少，耕种不能赡军"⑤，显示出当时农耕经济并不发达。但随着明清两代中央王朝坚持在这一地区实行屯垦和迁入汉族移民、屯军以发展耕作农业的政策，这一地区的农耕经济亦逐渐发展了起来。例如，乾隆年间平定大、小金川以后，朝廷一方面在噶拉依、勒乌

---

① 《阿坝藏族羌族自治州志》，民族出版社1994年版，第391～393页。
② 《松潘县志》，民族出版社1999年版，第840～841页。
③ 杨嘉铭等：《甘孜藏族自治州民族志》，当代中国出版社1994年版，第261页。
④ 边政设计委员会编：《康定概况资料辑要》，1940年，第10页。
⑤ 《明史》卷一三四《丁玉传》。

围（均在今金川县城附近）、美诺（今小金县城）安置绿营官兵镇守，还设置了懋功、抚边、章谷、绥靖、崇化5屯，选募愿赴边地屯垦的官兵及内地人民前往开荒垦种。起初招募了屯兵4000人，按照一丁耕种、两丁当差的比例，每3丁给地一份（24亩），共屯垦田地320顷左右。随后，又考虑到屯兵大多携带有家属，于是按照户民垦荒则例，每户给地30亩，每30亩地给牛1头、农具1副，并借资口粮，以利兴屯；另一方面，又将降服诸寨头人及所有家属、番众分置于金川河东、河西，与官兵交错而居，并一体酌给耕牛、农具、籽种，使其及时耕种，3年后照例纳粮。至嘉庆年间，松潘、懋功、理番诸厅及土司地已有承纳赋税的农地2000顷，显示出"前此不毛之地，今皆青葱遍野"①。"边地只今多雨露，家家火种又刀耕"②，即刀耕火种农业已有一定程度的发展。光绪二十二年（1896），朝廷考虑到留在编制内的兵丁已逐渐减少，屯田有逐渐转变为民屯、民田的趋势，于是又在懋功厅西邻霍尔章谷土司地新置炉霍屯，"大小四十七村，夷居一千四五百户，汉居五百户"，在壤界400余里的区域内垦地359块，播种1197桶（每桶10斤左右），垦地约二三百亩③。通过持续性移民屯垦和强制性的转牧为耕，至晚清民国初年，嘉绒藏族聚居区的一些地区便逐渐脱离了半农半牧的状态，转化成为农耕经济区。

（3）中原文化进一步在藏族聚居区传播

随着汉藏关系日益密切，汉族的文化教育进一步在四川藏族聚居区传播。从明代开始，朝廷一方面在藏族聚居区设立儒学、阴阳学、医学等文教设施，以保证"师生讲学有依，圣贤奉祀有所"④；另一方面，藏族土司、土官们也将子孙送到内地"习学华语"，接受汉族文化教育和影响。清代，朝廷继续加强了汉藏文化的交流。特别是清末赵尔丰督办川、滇边务期间，认为"文字不知，语言未习"乃是造成各族民众之间隔阂、误会的文化根源，而"欲去此扞格，非先从语言文字入手"⑤，"然后为之陈说纲常名教之理，使其人皆晓然于中土圣地，为人生不易之归"，并以兴学、设教为实施"固边"方略和

---

① 嘉庆《四川通志》卷首之一六《宸章》。
② 李心衡：《金川四时词》，载王培荀《听雨楼随笔》，人民文学出版社2009年版，第241页。
③ （清）李之珂编：《四川新设炉霍屯志略·登开办炉霍屯务公牍》。
④ 《明宣宗实录》卷四。
⑤ （清）赵尔丰：《筹设关外学务局折》，载吴丰培编《赵尔丰川边奏牍》，四川民族出版社1984年版，第97页。

"收拾边地人心第一要务"①。在巴塘设置了"关外学务局",从成都聘请蜀中著名学者张卜冲等前往办学,派员遍历巴塘、里塘、乡城、盐井、稻坝、中渡、贡嘎岭等地劝办学堂,并采取措施积极开办新式教育。一是设立普及汉文的蒙学堂。凡汉、藏人民子弟七岁以上者,均令入蒙学堂学习,以后择优升入小学堂。二是对入学学生实行优待、奖励。为鼓励藏族儿童入学,除免交一切学费外,还由政府供给课本、笔墨、纸张、制服、鞋帽,统一服装,"以壮观瞻"。学堂还无偿向家庭经济贫困的学生提供伙食。对送子弟入学的家庭,免于支应运输乌拉。三是培训师资。四是自编乡土教材。五是培养学生的生产技能。在赵尔丰和晚清四川官府的督劝和政策鼓励下,川边藏族聚居区的新式学堂从无到有迅速兴办起来并见到成效。"一年之间,关外即成立男女学校三十余校","男女学生千有余名,咸知官话,初识汉字"。"番民等见学校未征学资,不费一钱,而子弟能知汉语,有事可与汉官直接说话。又见给予冠履衣服,加以礼貌","于是疑虑渐释","知设学有益于彼",于是纷纷前来"禀请立校",或者"引领而望","日见其多"②。据统计,赵尔丰主持川、滇边务的四年间,共兴办了蒙学堂、初等小学堂、藏文学堂、巡警学堂等各类学堂一百八十余所,有学生四千余人。其所教育培养出来的初等小学堂男女学生,"竟能作数百言文字……八九龄学生见人皆彬彬有礼,问以义务,皆知以忠君爱国为主。女学生更高自位置,以礼自持,不轻与人言笑"③。为发展川边藏族聚居区的文化教育事业,晚清四川官府还在巴塘设立印刷官局,"由沪购买机器铅字,运到巴塘,租房设局",印制教材及其他书籍,"按照纸墨工匠薪费核算,定价售卖"④。同时还筹集各类图书三万七千余函,在巴塘设立图书馆。此外,赵尔丰还针对川、滇边区医药卫生条件落后,疾疫流行,"痘症为害尤烈,番民疾病夭亡,无不束手坐视"的状况,先后在巴塘、里塘、河口、盐井、乡城、稻城、德格、邓柯等地设置医药局,从内地购买各种药品,并高薪聘请医生分赴

---

① (清)赵尔丰:《川滇边务事宜均关紧要据实缕陈拟具章程折》,载吴丰培编:《赵尔丰川边奏牍》,四川民族出版社1984年版,第47页。
② (清)赵尔丰:《关外办学人员三年届满择优请奖折》《推广关外学务添拨银两折》,载吴丰培编:《赵尔丰川边奏牍》,四川民族出版社1984年版,第100、102页。
③ (清)赵尔丰:《关外学务办有成效请拨银两以便推广折》,载吴丰培编《赵尔丰川边奏牍》,四川民族出版社1984年版,第101页。
④ (清)赵尔丰:《筹设印刷官局片》,载吴丰培编《赵尔丰川边奏牍》,四川民族出版社1984年版,第105~107页。

康区各地巡回医疗，"诊治施药"，遍种牛痘，半年间即花费医药款银一万余两，"全活无算"①。又劝导藏民讲究卫生，修建厕所，使近代医药卫生知识和医疗技术在四川藏族聚居区逐渐地传播开来。

2. 汉羌经济文化交流

（1）经济交流

明清时期，巴蜀地区的汉羌经济交流呈双向交流的互动状态。即：一方面，居住、生活于岷江上游地区的羌族，自古以来便受到邻近之川西平原汉族农耕文化的影响，较早进入了半农半牧阶段，并且习惯于每年冬季农闲时节，从上游地区下到川西坝子为人佣作，至春二月，又买猪、米而结伴归来。时人咏叹其情形说，"队队番夷作活来，连村绕舍总成堆，明年二月绵江口，负米呼猪打伴回"②；另一方面，自明代起，即利用元代沿今北川、茂县、松潘一线所开拓以盐茶贸易为主要内容的"松茂古道"（盐茶道路），进一步发展羌族地区的交通和贸易。茂州、汶川、保县等羌区城镇，也从原来纯粹的军事政治要塞，逐渐发展成为羌区各族民众物资交流、集散的商贸中心。汉族民众亦以屯卫、经商、农耕等形式陆续迁入羌族地区。大批汉族移民的迁入，密切了汉羌人民的交往，同时也带入了先进的生产工具、技术和新的作物品种。如农业生产技术方面，明代的羌区农村开始以连枷脱粒代替了以脚踩棍打的原始脱粒法，铁质农具逐渐代替了一部分木质农具。羌族民众还从汉族移民那里学到了铁、木、石等手工业技能。农作物新品种的传入和推广方面，玉米（嘉庆年间引进）、土豆（光绪年间引进）等旱地耐寒高产作物随着移民的传入而在羌区传播开来，逐渐取代了羌区原来所种青稞、小麦、荞麦等品种的主粮地位，成为当地居民"恃以为命"的重要粮食作物，使得羌区以粮食生产为主的种植农业进一步发展起来。农业经济的发展，也促进了商业贸易的繁荣。茂州和新保关（今汶川威州）用黄烟做原料加工制成的黄烟丝（水烟丝）被称为"茂烟"，销路很广，曾远销成都、万县（今重庆市万州区）、顺庆（今四川南充）、自流井（今四川自贡）等地。仅茂州一地，就有来自四川内地和陕西、甘肃、河南、江西、山西、广东等地的商贩百余户。商贩们运出花椒、药材、

---

① （清）赵尔丰：《设医药局施诊施药片》，载吴丰培编《赵尔丰川边奏牍》，四川民族出版社1984年版，第105页。
② 王培荀：《听雨楼随笔》，人民文学出版社2009年版，第41页。

泸定桥（杨嘉铭摄）

皮毛、黄烟和土硝、土碱等农副特产品，运入铁质农具和油、盐、酒、布、米及日用杂货。外来客商为了维护自己的利益，还在茂州等地设立了陕西馆、江西馆、广东馆、山西馆等同乡移民会馆。

（2）文化交流

明初，朝廷即开始在茂州及所属保县、汶川县等地建立儒学、文庙等文教设施，规定了廪生、贡生等学额，羌民亦可"一体考试"获取功名①。由于采取了这些措施，逐渐地改变了羌族地区"不习《诗》《书》"的风尚，呈现出"威茂诸羌，愿为编氓"，"近渐染声教，习尚衣冠"，"番人向化"，"汉羌杂处，汉读诗书，羌遵王化"的局面。如清道光六年（1826），茂州所辖大姓、小姓、松坪等土百户声称："久沐天朝声威，言语衣服悉与汉民相同，亦多读书识字之人，是以一心向化，愿作盛世之民。"朝廷允其要求，将之"编入汉甲，其新编户口考试等事，悉与汉民一体办理"②。从而巩固和促进了该地区"汉羌并处，其土羌汉并耕，然各安其业，耦居无嫌"，汉羌等各族民众和谐相处、共同发展社会经济的格局。

---

① 雍正《四川通志》卷五中《学校》。
② 道光《茂州志》卷二《里甲》。

（二）川西南地区的民族文化交流

1. 明清时期汉、回等族移民迁入川西南地区及其社会经济影响

（1）卫所屯田制度下的汉、回等族移民及其社会经济影响

明初洪武年间，蓝玉平定了元朝旧将月鲁帖木儿的叛乱后，留军驻守凉山实行卫所军屯并镇摄川、滇边地的各少数民族及其土司。其所置五卫八所，有主要来自江淮地区的汉、回等族民众组成的明军将士五万九千人。他们中的大部分被安置在安宁河及其支流的河谷两岸交通线上，其次被安置在会川河、黑水河、赶鱼河、越巂河两岸及金沙江北岸和大渡河南岸等盆地。这批以军屯形式留驻于凉山地区的汉、回等族移民，或随军携带妻室家属，或者与当地土著居民结婚成家，成为自汉晋以来一次规模较大的移民定居川西南地区的人口迁移活动。另据方国瑜《彝族史稿》记载，自明中叶起，亦有湖广移民（屯丁）落业普雄、平夷堡（今越西、喜德间）一带，传播农耕生产技术，推进当地农业经济发展①。

这些汉、回等族移民迁入后的社会经济影响，一是对屯驻区的直接开发，维持和发展了川滇交通线的农业带，建立了若干定期集市，保障了明清时期西南丝绸之路的畅通和商贸繁荣；二是与当地各族互相影响，除"白蛮""摆夷"外，相当多的靠近交通线和屯驻区的"罗罗"也逐渐汉化，过渡到农耕经济生活方式；三是随着大量卫军的迁入，扩大了土地耕种面积，输入了内地先进的生产技术，促进了凉山地区农业、制盐、冶矿、伐木等产业的发展；四是改变了凉山地区的社会经济结构，在城镇和设屯地区出现了封建租佃关系。

此外，明初凉山地区的屯兵中，还有部分是来自于云南的傣族，他们也是以军屯的形式留居于今米易县一带，促进了当地水田与稻作农业的发展②。

（2）以佃农方式迁入川西南民族地区的汉族移民及其社会经济影响

自清乾、嘉时期起，随着内地人口过快增长，一些汉人迫于原居住地土地资源有限等压力，遂以入佃形式迁入川西南民族地区，"代为耕凿，教之树艺"③。如据嘉庆年间官府对屏山、雷波、马边等的调查，"自百十年来，夷

---

① 按：方国瑜著《彝族史稿》（四川民族出版社1984年版）第4章第4节对明清时期汉族移民深入凉山腹地开荒垦殖的历史情况记载甚详，兹不赘引。
② 郭声波：《四川历史农业地理》，四川人民出版社1993年版，第92~93页；贾大泉、陈世松主编：《四川通史》卷五，四川人民出版社2010年版，第198页。
③ 嘉庆《马边厅志略》卷六《夷民》。

地招汉佃开垦,遂至汉夷杂处,疆界混淆,招有汉佃之土司土目五十四处,夷地内有汉民八万七千六百八十九户,男女四十二万五千二百四十七丁口"①。随着汉族移民陆续而大量的迁入,不仅马边等边缘区已经是"他方流寓,粤、黔、秦、楚为多,附近如滇省暨眉州、洪雅、犍为、乐山、仁寿、川东诸处尤众","五方杂处,地狭民稠。业农者务尽地力,虽极陡险之区,皆为耨锄所及"②。就连凉山腹心地区的美姑、昭觉等地,也从内地请来汉人开水渠,修梯田,形成了"汉人久居夷地,祖孙父子滋养生息于其间不下千万家,已入者不能复出,未入者方事接踵"的移民壮观景象③。另据史籍记载,明清时期,巴蜀彝族因"不善种植",于是"专掳汉人代耕",或将所掳汉民"男妇子女转售深巢,倘或追赎,必重勒财物盐布以还"。这些被掳为奴的汉民,久而久之,"亦化为夷,谓之白种。黑少白多,黑主白奴,众且数十万"④,由此导致相当一部分汉人被凉山彝族奴隶主以抢掠为奴的形式带入凉山地区。

汉族移民的迁入,首先是促进了川西南地区农耕经济的发展。如邛部地区,明代尚"不产五谷,惟畜养牛马,射猎以供飨餐"⑤。但到了清道光年间,已经是"地多旷衍,产青稞、包谷、油麦、苦荞、萝卜、红稻,以多畜马、牛、羊为富"⑥,显示出农作物种类从无到有而且逐渐增多的发展趋势。其次是促进了农业生产技术的进步。如清道光、咸丰年间,三候以达地区(在今凉山美姑境)由一个汉人呷西(下层奴隶)建议开筑水沟两条,灌溉相当部分的水田。后来又有一个名叫胡先顺的汉人把先进的耕作技术带到彝区,将原来该地区实行的一犁一耙改进为二犁二耙,扯草二三次,冬天灌水。当地一些彝族向他学习,提高了生产技术水平⑦。

(3) 文化教育的传播

随着经济发展和各民族间交流的密切,儒学文化在川西南民族地区的影响愈益扩大。明初,朝廷鉴于川西南民族地区地方豪酋与土司土官们于儒家礼

---

① 嘉庆《四川通志》卷六五《食货·户口下》。
② 嘉庆《马边厅志》卷四。
③ 嘉庆《马边厅志略》卷六《夷民》。
④ (清)魏源:《圣武记》卷一一。
⑤ 郭声波:《四川历史农业地理》,四川人民出版社1993年版,第458页。
⑥ (清)魏源:《圣武记》卷一一。
⑦ 乾隆《屏山县志》卷三《学校志》。

教愫然莫知的状况，决定设学校"以教其子弟"，并谕令："云南四川边夷土官皆设儒学，选其子孙弟侄之俊秀者以教之。"①同时，选调彝族子弟到南京国子监读书。如洪武二十三年（1390），建昌卫土官安氏一次就派遣子僧保等四十二人入南京国子监就读。彝族地区还创设有供贵族子弟读书的学校，仅建昌就有三所。建昌、盐井、会川、宁番等卫，也都从明代起就陆续设置了卫学、社学等，"以教夷童"②，供当地各族子弟读书。在此形势下，川西南地区各族土官及少数民族群众逐渐受到儒学文化教育的影响，或使用汉姓名和字辈，或参加科举考试，"亦知率其子弟诜诜于青衿之列"，并由此使得明清时期巴蜀地区的彝族亦有了"生倮""熟夷"的区分；即史志所载："生倮罗""不通汉语，种荞采青为生"，"熟夷"则因邻近内地，"附近汉境"而"通汉语，稍知礼法"，甚至"与汉民一体纳粮当差"③，形成了"古称难治，今颇易俗"④的文化变迁格局。

---

① 嘉靖《马湖府志》卷三。
② 万历《四川总志》卷一三《马湖府》。
③ 嘉庆《四川通志》卷九七《武备志一六·土司二》、卷九八《武备志十七·土司三》。
④ 正德《四川志》卷一七《马湖府》。

第六章 中华民国时期的巴蜀民族文化

中华民国时期（以下简称"民国时期"），巴蜀地区少数民族分布格局与清代基本相同。受晚清以来国家内忧外患形势的影响，巴蜀地区各少数民族和汉族人民一起，积极投入到反帝反封建和维护国家统一的斗争中。同时，因中央政府和地方实力派的强力推进，巴蜀少数民族地区的早期现代化进程也开始启动并有明显进展。尤其需要指出的是，西康省的建立和四川民族地区的行政区划调整，对于巴蜀地区少数民族的经济生活、文化变迁产生了直接的影响，而国民政府迁都重庆、巴蜀地区作为抗战大后方和军政指挥中心，以及工业内迁和文化单位与高校内迁等一系列重大事件，对巴蜀地区少数民族的社会经济、制度变迁和文化演进也产生了重要而深远的影响。

第一节　中华民国时期巴蜀少数民族的分布

一、民国时期巴蜀民族地区行政区划演变

（一）西康省的建立

民国时期，巴蜀地区战乱频仍，经历了内忧外患的历史考验，行政区划也有重大调整。其中，西康省建立和国民政府迁都重庆，巴蜀民族地区也成为抗战大后方，对于巴蜀少数民族文化的发展演变产生了直接的影响。

西康建省的倡议始于清末，而实现于抗战时期的1939年，历时30余年。其间时断时续，颇多周折。整个建省过程大致可分为以下几个阶段：

晚清时期，川边相继发生了泰宁事件和凤全事件[①]，清廷派赵尔丰率军前往平定，并推行川边改土归流，提出改康地为行省，这是西康建省倡议的开始。1911年8月10日，代理川滇边务大臣傅嵩炑奏请设立西康省，但因辛亥革命

---

① 泰宁事件：1904年，打箭炉同知刘廷恕派人开采泰宁金矿，遭喇嘛寺武力阻止，清泰宁营都司被杀，四川提督马维琪奉命镇压，迅速平定叛乱。凤全事件：1905年清帮办驻藏大臣凤全在巴塘推行移民屯垦而被杀。

清王朝被推翻，西康建省在清末未能实现。

民国时期，西康建省经历了多次周折反复，经过刘文辉的努力，最终于1939年实现。当时的西康省，分康属十八县、雅属六县、宁属八县以及宁东、金汤两设治局[1]，从而使西康达到三十四县的规模。

（二）民国时期四川政区概况

民国前期，四川地方行政制度和行政区划变化不断。1912年，民国中央政府废除"道"制，以府州厅直隶于省。次年，又实行"废省改道"计划，以道统县，全川划为川西、上川南、下川南、川北、川东和川边的边东、边西七道，同时废除府州厅，每道一般辖三十县左右。1914年，又更改盆地五道名称，改川西道为西川道，上川南道为建昌道，下川南道为永宁道，川北道为嘉陵道，川东道为东川道。国民政府时期，四川地方行政制度和行政区划相对稳定，但西康省建立则是这一时期四川地方行政制度和行政区划的最大调整。1928年废道，以县直属于省。1935年，国民政府实行行政督察制度，各省均被划分为行政督察区，并以序数命名，即"省名+序数+行政督察区"，为行政督察区的完整名称。全川共划置十八个行政督察区，每区设专员公署，作为省政府派出机构。

川边康藏地区，民国初沿袭清制，设川边道，不久改特别行政区，1925年改称西康特别行政区，1939年西康省成立，将原属四川的宁属和雅属地区亦划归西康省管辖。

（三）川西北藏族羌族地区行政区划

清代在川西北地区设茂州、理番厅、松潘厅、懋功厅。民国初改厅州为县，均隶川西道，接着设松理懋茂汶屯殖督办公署，后改为四川省第十六行政督察区，辖松潘、茂县、汶川、理番、懋功（今小金）、靖化（今金川）6县及草地65部、20个土司、11个屯守备[2]。民国初年，石泉县隶川西道，1914年，因与陕西石泉县同名，且彼县设置在先，乃恢复北周时期县名北川县。1919年后，北川相继为川军军阀吕超、邓锡侯、杨森等部的防区，1930年改隶四川省第十四行政督察区[3]。1935年至1936年，中国工农红军长征在今阿坝州境内转战停留16个月，创建了各级苏维埃政府。长征途中，中共中央先后在此开了两

---

[1] 冯有志：《西康史拾遗》，甘孜藏族自治州政协文史委员会1992年（内部出版），第217~218页。
[2] 松潘县志编纂委员会：《松潘县志》，民族出版社1999年版，第86页。
[3] 北川县志编纂委员会：《北川县志》，方志出版社1996年版，第71页。

河口、卓克基、芦花、沙窝、毛儿盖、巴西等十次政治局会议及扩大会议，确定了红军北上抗日等关系中国革命命运的重大战略方针。

（四）四川彝族地区的行政区划

1912年，宁远府辖西昌、冕宁、昭觉、盐源四县，越巂、盐边二厅，会理一州。雷波厅隶属叙州府。1913年，撤宁远府，改厅、州为县。宁远府所属地区，在西康建省后称宁属，领七县隶属上川南道（建昌道）。四川省都督府委任陈希曾为上川南宣慰使驻防宁属。1916年，宁雷马屏屯殖使张熙率部进驻西昌，接管宁属七县政权。1918年，护法战争结束，四川军阀瓜分地盘，实行防区制，宁属为川军第四师防区。1920年，滇军华丰歌部占据宁属，委任各县县长。11月，川军驱逐滇军，收复宁属。1927年，宁属为川军二十四军防区，成立"宁属整理委员会"管理各县政事。1928年撤道，各县直隶四川省府。1930年设宁南县。1935年，四川推行行政督察区制，宁属划为第十八行政督察区，辖西昌、冕宁、会理、越巂、盐源、盐边、宁南、昭觉八县。雷波县属四川省第五行政督察区。1938年设宁东设治局，并在民族地区设政治指导区十三个。1939年，划宁属隶西康省。西康省在宁属设立"宁属屯垦委员会"，代表省府管理宁属政事，共辖八县，一设治局。同年，国民政府军事委员会在西昌设立"委员长西昌行辕"，代表中央辅助监督宁属地方政治、经济、军事、文化事业。1943年，设德昌设治局，1945年设置德昌县。1946年年设泸宁设治局。1947年设普格设治局。至1949年，宁属共有西昌、会理、冕宁、越巂、盐源、昭觉、宁南、德昌、盐边九县，宁东、泸宁、普格三设治局，北山、黄草、腴田、普雄、拖乌、大桥、瓜别、巴哲、大有、龙窝、太平、盐东、光华、蒿姑、竹核、煌猷、麻陇、巴溪、天台、拖木沟、菩提、宁西、三岗、普北二十四个政治指导区①。

（五）四川土家族苗族聚居区行政区划

1913年，今渝东南地区的酉阳州改县，同时设县的还有石柱、黔江（含彭水）、秀山。上述各县1913年属东川道，1927年改隶四川省长公署，1935年改隶四川省第八行政督察区。

---

① 凉山州志编纂委员会：《凉山彝族自治州志》，民族出版社1993年版，第86页。

二、民国时期巴蜀少数民族的分布

民国时期，巴蜀地区各民族的分布基本上沿袭了清代的格局。汉族仍然集中分布在川西平原、川中丘陵地带和长江上游的上下川东地区（包括今属四川的达州、南充、广安、巴中等市各县和今重庆市和所属市辖县以及永川、涪陵、万州等区），同时，也有部分汉族迁徙到川边（西康）和今阿坝州等藏羌民族聚居区，西昌和大小凉山等彝族聚居区，以及川东南乌江流域土家族聚居地区。

这一时期，巴蜀地区的各少数民族，主要分布在川西北高原、川西南山地和川东乌江流域地区。具体分布情况如下：

（一）藏族

民国时期，川边（西康）和四川藏族按藏语方言分类，主要包括康巴和安多两大支系。康巴支系（民国时期一些学者称其为"番族"或"康族"①）分布的情况是川边道（1939年后属西康省，即今甘孜藏族自治州）所属的康定、泸定、丹巴、九龙、雅江、道孚、炉霍、甘孜、新龙、德格、白玉、石渠、色达、理塘、巴塘、乡城、稻城、得荣等十八县，建昌道（今属凉山彝族自治州和雅安市）的木里、盐源、冕宁、越嶲、甘洛、天全、石棉、汉源等县。嘉绒、木雅等藏族小支系分布在今甘孜州、阿坝州、雅安市。嘉绒藏族主要分布在邛崃山以西的大小金川河流域和大渡河沿岸的丹巴、大小金川，在邛崃山以东的理番县和夹金山东南的宝兴、天全、康定、道孚等地也有分布。木雅藏族则主要分布在康定折多山以西、道孚以南、雅江以东、九龙以北一带的木雅热岗地区。木雅藏族被称作"木雅娃"，嘉绒藏族亦被称作"嘉绒娃"。

安多藏族支系分布在岷江上游的茂汶、理番、卓克基、南坪（今九寨沟县）和松潘草地。包括今阿坝藏族羌族自治州汶川、茂县、理县、九寨沟县、松潘、马尔康、红原、若尔盖、阿坝、壤塘、黑水、小金、金川。此外，在平武、灌县（今都江堰市）也有分布。

（二）彝族

民国时期仍多称作"倮倮""夷"等。四川彝族主要分布在大小凉山、西昌安宁河流域、泸沽湖地区，以及今乐山地区的马边、峨边，宜宾的屏山，甘

---

① 如任乃强先生谓："西康土著非汉族，亦非藏族也，盖羌之遗裔。"参见任乃强《西康图经（民俗篇）》，南天书局1977年影印版，第1页。

孜州的新龙、泸定、康定，雅安地区的汉源、石棉，泸州地区的叙永、古蔺，攀枝花地区的盐边、米易等地区。

（三）羌族

主要分布在岷江上游的茂汶、汶川、理番、北川、安县、松潘、平武等地，此外南坪、大小金川、马尔康、江油、罗江、灌县等地也有分布。

（四）土家族

相对集中分布在今渝东南乌江流域的秀山、酉阳、黔江、石柱、彭水等地。此外，下川东巫山、奉节、巫溪等县也有少量分布。

（五）巴蜀其他民族的分布

苗族：相对集中地分布在今渝东南乌江流域的彭水、武隆、酉阳、秀山、黔江、石柱、涪陵等地，今川南、川西南的木里、叙永、古蔺、合江、盐边及重庆的万盛等地也有分布。

回族：民国时期在四川分布广泛，主要分布在松潘、凉山、成都、重庆、绵阳等地区。其中，成都、松潘、西昌、广元、青川等地人数较多，德昌、会理、盐亭、广元、平武、阆中、武胜、苍溪、宜宾、高县、泸州、自贡、内江等地也有分布，和汉、藏、羌、彝等民族杂居相处。回族大多居住在城镇和平坝、沿河谷的村屯，如松潘县主要分布在城关区、进安镇、十里乡、青云乡、大寨乡、漳腊区、镇江区、小河区、小姓乡[①]。他们往往是在乡自成村落，在城镇自成街道。

蒙古族：主要分布在盐源、木里、西昌、成都和今属重庆的彭水等地。其中，在盐源木里等地的蒙古族又自称"纳日人"。

满族：主要分布在成都、重庆、西昌、会理等地。

傈僳族：主要分布在川西南宁属地区的德昌、盐边、米易等县。

纳西族：主要分布在宁属地区的盐边、木里、盐源、会理以及康区的得荣县。

布依族：主要分布在宁属地区的宁南、会东、木里、普格、西昌、雷波等县，与汉、彝、傈僳等民族交错杂居。

白族：主要分布在宁属地区的德昌、盐源、会理等县。

此外，普米族在盐边、侗族在今属重庆的秀山等地也有分布。

---

① 松潘县志编纂委员会：《松潘县志》，民族出版社1999年版，第176页。行政区划依当时。

三、西康建省和抗战大后方建设对巴蜀民族文化的影响

（一）国民政府迁都重庆与抗战大后方建设

1935年，张群即奉蒋介石之命代表国民党中央和国民政府进入四川。国民政府通过采取打破川军防区制、裁编四川军队、创办峨眉军官训练团轮训军官、扶植刘湘同时批准刘文辉筹建西康省、整理四川财政、统一币制、发行债券、推行法币、开发交通等一系列措施，结束了四川军阀割据局面，为后来迁都重庆、建设抗战大后方及西南各省行政统一准备了条件。

1937年7月抗日战争全面爆发后，国民政府从保存国家政治、经济、文教根基出发，决定迁都重庆，建设以四川为中心的西南抗战大后方。1937年10月29日，正式决定国民政府移驻重庆。11月20日发布《国民政府移驻重庆宣言》，宣布迁都重庆。

（二）西康建省和抗战大后方建设对巴蜀民族地区的影响

国民政府迁都重庆是近代以来中央政府首次迁入四川，重庆因此而成为全国的政治、军事、经济和文化中心，四川也因此而成为抗战大后方的腹心地区，大大拉近了巴蜀民族地区与国家政治经济中心之间的距离。

西康省成立和抗战大后方建设，是民国时期巴蜀民族地区重大的政治建设和经济建设举措，也是中央政府安康治藏的重大战略措施；有效地防范和遏制了英帝国主义染指康藏地区的图谋，较好地处理了康藏两地的辖区争端；对于巩固西南边疆，加强国防建设，均起到了重要作用。西康省建立伊始，就成为抗战西南大后方的重要组成部分，为前方和陪都重庆提供了大量的牛羊肉、毛皮、桐油、矿产等物资，尤其是对保证后方民族地区的稳定，起到了关键的作用。因此可以说，西康建省对大后方建设和抗战胜利产生了巨大的影响。

同时，这两个举措也使得康属、宁属少数民族地区的现代化进程开始启动。政治上，建立了现代地方行政制度和各级地方政府，初步打破了蜀地藏族聚居区政教合一的传统格局。经济上，也使得巴蜀少数民族地区有机会制订统一的经济建设规划，使巴蜀少数民族地区经济纳入到全国经济总格局之中，尤其是直接成为抗战的西南大后方之一部分，直接为抗战提供大量物资，因而可以获得中央政府以及其他各省的支持。康区和宁属地区的早期工业化也已启动，康定、西昌等地出现了近代工矿业，城市布局和基础设施建设也有了重要进展。

此外，大大加强了西南各民族之间的联系，增进了各民族相互的了解，巩固了民族团结。其中，大大增进了汉藏之间、汉彝之间的相互了解，增强了中华民族认同感。一些藏族和彝族领袖人物进入省、县各级政府部门、立法部门或其他部门，对于川康民族地区的政治现代化和加强中华民族认同，具有战略性的意义。刘文辉在推进建省运动和治理西康省时，十分注意处理民族问题与宗教问题，为大后方的政治安定和藏族聚居区稳定作出了一定贡献，也为巴蜀地区各民族的交往交流交融提供了条件。

第二节　中华民国时期川康地区的藏族、彝族和羌族文化

一、川康地区的藏族文化

（一）生产方式与手工工艺

1. 农业

民国时期，康区和川西北藏族聚居区处在封建制度下，自给自足的自然经济占统治地位。在生产方式上主要分为农业和畜牧业两种，多数地区则是亦农亦牧，此外亦有部分藏族经商。从事农业的主要分布在岷江上游地区的懋功、理番、南坪、卓克基、大小金川等地，康区东路的康定、雅江、九龙、乾宁、丹巴、泸定，北路的德格、道孚、炉霍、新龙、白玉，南路的巴塘、理塘、得荣、乡城、稻城、义敦等县，以及宁属的木里、盐源，雅属的汉源、天全、石棉、宝兴等县。

这一时期四川及西康的藏族聚居区农业生产技术总的而言比较落后，但由于地理、自然条件不一样，各地情况也有所不同。一般来说，愈靠近内地的农业生产技术水平也愈高，海拔愈高、愈靠西的地区，农业生产技术愈落后。如康区东路以及散居宁属、雅属的藏族，耕种方式与四川汉区无异，农业生产水平明显高于其他藏族聚居区。

农具情况大致是：铁犁铧多在康区东路、岷江上游地区以及散居宁属、雅属地区的藏族使用，康区北路和南路则使用铁农具很少。

在耕作方式上，藏族聚居区各地基本相同。如犁地皆仍是"二牛抬杠"，即"时并列二牛，以木杠架于二牛犄角，套系犁铧，曳之而行。白玉地方，

且以一人牵牛前导，一人扶犁随之。耕一地而使用人畜各二，殊太费事"①。"耕作情形，泸定、丹巴、康定皆与四川相同，关外则异……关外各县均系撒种，不分行列；康定、泸定两县则与四川相类，分列成行，且水利较便，开渠引灌，颇省人力。"农具方面，康北康南只有"镰锄、犁锄、箕筛、筐椎、水碾、手磨数种。而泸定一带尚有水风车之属，与宁、雅两地所用农具皆无差异"②。

农作物以青稞为主，小麦、豌豆、土豆、玉米、圆根次之③。此外，还有土豆等。"康属南北，均以青稞小麦为主"，青稞年产量达到百万担以上。小麦主要产于康区东路和岷江流域地区，玉米、土豆、豌豆则各地皆产。粮食作物还有大麦、燕麦、高粱、大豆、蚕豆等。蔬菜品种有萝卜、大白菜、莲花白、辣椒、青菜、豆角、南瓜、冬瓜、黄瓜、青笋等，经济作物有油菜、棉花、花生、苎麻、烟叶、罂粟等。整个藏族聚居区基本不产水稻，康区食用大米主要依靠宁属地区运来，价格比产米区贵得多。民谚曰："西昌之谷贱如泥，康定之米贵似珠！"④今巴塘、得荣等地产少量红米，泸定沿大渡河一些地方也种水稻。

种植技术上，康南、康北和川西北均采取撒播，"康人播种后，不施肥，不去稗草，致使农作物营养欠缺，结实不茂……此种农作技术，俗呼'做懒庄稼'"⑤。康东和川西北藏汉杂居区则实行条播和点播，产量高于撒播。各地耕地均实行轮歇制度，有的三年，有的歇八年以上。

2. 畜牧业

放牧养殖是西康和川西北牧区古老的生产方式，不论是从历史悠久程度看还是从涉及的区域范围和对生活的影响看，都超过了农业，因此畜牧业一直是

---

① 刘衡如等：《视察道炉甘德白瞻雅江七县报告书》，《新西康》1938年第2、3期。
② 李亦人：《西康综览》，正中书局1946年版，第356页；任乃强：《泸定县视察报告》，载赵心愚、秦和平编：《康区藏族社会历史调查资料辑要》，四川民族出版社2004年版；巴塘县志编纂委员会：《巴塘县志》，四川民族出版社1993年版，第120页。
③ 杨静仁等：《关于西康省藏族自治区基本情况的报告》，《四川省甘孜州藏族社会历史调查》，四川省社会科学院出版社1985年版，第4页。
④ 李亦人：《西康综览》，正中书局1946年版，第363页。
⑤ 刘衡如：《视察道炉甘德白瞻雅江七县报告书》，《新西康》1938年第2、3期。

当地主要传统产业①。牧区主要分布在川西北松潘草地，康属北路的石渠、德格、邓柯、白玉、炉霍，南路的理化、义敦等县，以及宁属的盐源县（含今木里藏族自治县）等，但东部康定县也有面积广大的牧场。根据西康省1946年对康属19县牧场情况的统计，除泸定和丹巴的牧场占全县面积比重较小外，其他17个县牧场面积都比较大，一半以上的县牧场面积达到或超过本县总面积的一半，其中更有石渠、理化、义敦等全县面积十之八九都是牧场的纯牧业县。

家畜家禽品种有牦牛、黄牛、水牛、犏牛、绵羊、山羊、马、骡、驴、犬、猪、鸡、鸭、鹅等。牧业工具简陋，主要有切肉和割牛羊毛用的刀（少数地方有剪刀）、斧头、镰刀、钉帐篷的钉桩子、挖人参的小锄等。

在放牧方式上，各地以牦牛为主，每年要大搬迁牧场三次，藏历五月十五日搬到夏季牧场，八月初搬到秋季牧场；入冬则搬到冬春季牧场。大搬迁中还有小搬迁，每年小搬迁6~7次。多次按季节搬迁牧场可以保证牧草的季节使用和新草长出，即牧民所说的"冬草夏不食，夏草冬不食"。搬迁牧场是在土司、头人的指挥下，以村寨为单位统一进行，必须在规定的时间内完成②。

牧民饲养牦牛较为精细。对初生牛犊要先擦净身上的黏液，再喂牛奶，几小时后体毛渐干，能够站立，即将其引至母牛身边吃奶。母牛在哺乳牛犊期间，一般不挤奶，保证牛犊有充足的奶水吃，必要时还辅以青草、油汤、猪羊肉补饲牛犊。牛犊过冬有土圈或牛粪圈避风，添上垫子和皮衣，有的牧民还将牛犊拴进帐篷与人同住。牛犊长到一岁，即在其嘴上套上木环，使其断奶。小牛长到三岁，方可剪割牛毛，母牛三岁可交配产犊。如系驮牛，则须在六岁后，方可备鞍驮运。

在牲畜繁殖技术方面，雌雄牦牛交配仍生牦牛，雄性黄牛与雌性牦牛杂交，则生犏牛。雄性犏牛不能作为种畜，雌性犏牛与雄性黄牛杂交，所生牛犊为杂牛（二衣子牛），杂牛产奶量低，牧民一般会杀死二衣子牛③。一般选择三岁左右强壮小公牛作为种牛，种牛不作驮运。每年5~7月，牧民将母牛的头

---

① 张正明：《甘孜藏区社会形态的初步考察》，载《四川省甘孜州藏族社会历史调查》，四川省社会科学院出版社1985年版，第9页。
② 四川民族调查组理塘小组：《理塘县毛垭牧区调查》，载《四川省甘孜州藏族社会历史调查》，四川省社会科学院出版社1985年版，第223页。
③ 中国科学院民族研究所四川少数民族社会历史调查组：《若尔盖、阿坝、红原调查材料》，1963年版，第57页。

和前脚拴在木桩上，再牵公牛与之交配①。

牧民在马和羊的放养上相对粗放。马驹出生三天用酥油、奶喂养，能够站立走路后就让其吃母马的奶，3～5岁以后便可以骑。理化牧区的马，头小腹大，毛长色杂，耐力差，负重不善行走。"（民国）二十七年中央军校购马，在理化治所（今理塘县）及毛垭牧地，阅以千计，竟无一合格者。以此，马仅本地买卖而已，运售极鲜。"②羊以绵羊为主，每年繁殖一次，无专门的种羊，任其自然杂交。

畜产品主要有牛羊奶、牛羊肉、牛羊毛、牛羊皮以及各种奶制品（如酥油、奶渣、奶饼、酸奶子、甜奶子等）。牧区的牛奶全用手工挤。牧民挤好奶后，"奶多即以之盛入大皮囊中，密闭其口而平置于地更徐徐为之摇荡，使囊内之奶微起波动，顷间酥油分子即脱离乳水而集聚成块。待其油质已尽，始自乳水中取出块状之酥油以藏之"③。奶少就将其倒入专门打酥油的小木桶内，加少量（约牛奶的10%~20%）热开水，用木棒在桶内捣500~600次，再倾入另一桶里，将浮起的奶油用手捏起，放入冷水中，即成酥油。

将提取了酥油后剩下的奶汁用火煮沸，倾入适量的酸奶水，蛋白质凝在一起，再用瓢舀起，过滤水分，晒干后就是奶渣。如果将用瓢舀起的蛋白质捏成团，不晒干，就成奶饼。煮沸的奶汁不加酸奶水，冷却一天就是酸奶子；将未提取酥油的奶煮沸，稍冷却后加适量的酸奶水，倒入桶内，注意保温，使之不冷不热，一日后即成甜奶子④。

牛羊皮加工的方法是：将剥下的皮用皮榷敲打使其变软，剥去里层的油脂，涂上牛奶，以木架撑开晒干；再用木齿棒刮内面的油层，边刮边抹牛奶，并将皮绷开。反复几次，生皮就成熟皮了⑤。

牲畜的疫病防治全凭牧民经验。若尔盖多玛部落牧民土法治疗炭疽是用腰带放血，治疗胸膜肺炎用针扎前腿筋。理化县（今理塘县）毛垭牧区牧民则

---

① 四川民族调查组理塘小组：《理塘县毛垭牧区调查》，载《四川省甘孜州藏族社会历史调查》，四川省社会科学院出版社1985年版，第224页。
② 贺觉非：《理化县志稿》卷五《食货》，西康省政府1945年发行。
③ 蒙永锡：《石渠现况素描（附表）》，《康导月刊》1940年第8期。
④ 四川民族调查组理塘小组：《理塘县毛垭牧区调查》，载《四川省甘孜州藏族社会历史调查》，四川省社会科学院出版社1985年版，第226页。
⑤ 四川民族调查组理塘小组：《理塘县毛垭牧区调查》，载《四川省甘孜州藏族社会历史调查》，四川省社会科学院出版社1985年版，第226页。

是：牛羊患炭疽就喂鼻烟或针刺肺部，牛羊中毒则喂酸盐水和藏腊，马肚子痛灌烧酒、患霍乱则喂草药[①]。此外，牲畜患病，牧民一般还请喇嘛念经消灾。

3. 手工业与手工工艺

民国时期，传统手工业是川康藏族聚居区农牧民的副业。总的来看，还处在家庭手工业阶段，规模小，工匠人数少，没有出现手工工场，手工工匠大多兼事农牧业。手工业中心德格独立的手工业户仅8户（一说23户），整个西康省康属地区的专门手工业者也仅1060户，其中藏族手工业者300户[②]。主要是刳瓢、皮革加工、制毡子、制靴子、磨坊、酿酒、木匠、银匠、塑匠等，铜匠、铁匠较少。就连西康地区的中心康定，手工业也极不发达。"除能织羊毛毡及毡子而外，无他出品。其他如铜、铁、木、银各旧工业，均系汉人操之。"[③]20世纪40年代，西康的手工业增加了烧碱、采煤、割漆、烧炭等，但手工业技术仍然落后。

川康藏族聚居区的主要手工业技术有：

刳瓢：一般在夏季，藏民在山林间搭盖草棚或选择阴凉的山洞作为工作场所，砍伐水师树或白杨树。"锯木为尺许之截木，劈而为三或四，工作者置劈木于预置平妥之木桩上，以左手按木使不动，右手引有滑轴之刀上下刳之，约14刀毕瓢之外模；内模亦如之。粗模既具，再用小刀同式刳之。约一小时，一瓢就告成功矣。年产约500万只。"[④]

烧碱：用于发面和洗衣服。每年旧历五月，康定、巴安（今巴塘县）、雅江一带的汉民和藏民，深入荒山，"刈草晒干，焚灰滤水，煎水至涸，待冷，凝为盐状之固体。每百斤为一包，十人一日之力，可获一包也。年产至少约在两万包间"[⑤]。巴安、雅江产的烧碱质量较好，销售到相邻各县。

割漆：西康东南部地区漆树茂密，每年旧四月春夏之交，藏民开始上山割漆。"其法以刀砍树，再用木盒数只承接树中，流出漆汁，一日三倾，约二日

---

① 四川民族调查组理塘小组：《理塘县毛垭牧区调查》，载《四川省甘孜州藏族社会历史调查》，四川省社会科学院出版社1985年版，第226页。
② 《四川省甘孜州藏族社会历史调查》，四川省社会科学院出版社1985年版，第9页。
③ 梅心如：《西康》，正中书局，1934年，第262页。
④ 陈重为：《西康问题》，上海中华书局1930年版，第122页。
⑤ 陈重为：《西康问题》，上海中华书局1930年版，第122页。

可藏事。漆树年可二割，但为护树计，大多只割一次。"①年产约5万斤，运销云南及川康各地。

挖火石：火石为旧时西康唯一取火材料，又为地下矿藏，采挖火石的工人分挖工和拖工。"挖者头插油壶灯，蛇行匍匐而进，以十字锹或丁字锹掘土作洞，出矿石。拖者裸下体，曲背承拖竹筐之带，提油壶灯而行，双踝常行泥淖中。"②西康火石除本地自用外，也销售陕甘云贵川各地。

淘金和采云母矿：淘金在大小金川及木里均盛行。在丹巴革什咱、巴旺、中路、约咱等地随处均有云母，约咱村已开采。民国时期已有云母厂，并成立"富康"等云母公司，产品运往成都、重庆、汉口、上海等地销售。1939年，丹巴选送特大云母片在美国纽约世界博览会展出③。

此外，藏族石匠的技艺包括镌刻梵经文及石佛像、打造石磨等。受当地石材影响，石工"所刻经文如嘛哩堆上之片石，多不规则，或石面不平，或如残碑，康定南北郊外数里之遥，即可得见也"④。德格等地还有能制作珊瑚珠的工匠。

毛麻纺织：20世纪30年代西康已有小型工厂。毛织业的工作程序是：将牛羊毛分别洗净、浸泡，加石灰浸泡，然后再洗两次，除去油脂，晒干，除去杂质，再弹松羊毛，经过初加工的羊毛纤维，再经理顺、搓条、编经，即可纺纱，加上染色。再以毛纱线织毛布，或直接以毛线手工织毛衣。"凡经十四次之人工，始成一布。布之宽度约一尺至2尺，长度率为小布3丈，中布五丈，大布10丈。为较开化之土人之饰身料也。"⑤

麻纺织的制作工艺与毛纺织相似而更简单。毛麻织品有：氆氇、氆氇披肩、裙氆氇、毡帽、毡窝、毪子、红毪子衫、毪子套裤、毪子裹缠、麻布、麻线、麻草鞋、绑腿、麻布裙、棉布衫、汗衫、套裤、马裤、鞋袜、蚊帐、被单、门帘、绢布、丝巾等⑥。德格、甘孜两地毛纺织最盛，德格所产毪子经久

---

① 李亦人：《西康综览》，正中书局1946年版，第332页。
② 陈重为：《西康问题》，上海中华书局1930年版，第123页。
③ 庄学本：《丹巴调查报告》，载赵心愚、秦和平编《康区藏族社会历史调查资料辑要》，四川民族出版社2004年版；丹巴县志编纂委员会：《丹巴县志》，民族出版社1986年版，第267页。
④ 李亦人：《西康综览》，正中书局1946年版，第333页。
⑤ 陈重为：《西康问题》，上海中华书局1930年版，第123页。
⑥ 梅心如：《西康》，正中书局1934年版，第208页。

耐用，"康人衣之终身不换，汉人亦有衣者"。甘孜县出产的栽绒，"冬季服之，温暖适体。"

金属制作：金属冶炼主要是土法炼铁。金汤（设治局）和稻城产铁，稻城的炼铁方法就是将采集到的裸露铁矿石直接架在大堆木柴上焚烧①。整个康区在20世纪30年代有采金企业7家。金属器具主要是铜铁铸造的生活用具、宗教用品、装饰品以及少量农牧具等，此外还有泥瓦、制陶、竹木藤器编制等手工业制品。

手工工艺：民国时期藏族虽然手工业总的比较落后，但一些工艺技术已达到很高的水平。其中康区著名的手工业制作中心就有康定的银饰业和铁器业，白玉河坡的佩刀锻制，德格更庆的佛像制作和印经院造纸、雕版印刷，乡城、稻城的毛纺织业和铜铁器制造，巴安的制革、制陶、铜器、纺织业，以及理化、甘孜的制革制陶业等。

白玉河坡的佩刀，原料采用印度产纯精钢，刀刃锋利无比，刀身刀鞘华美高贵，享誉藏族聚居区。佩刀锻制有数十户藏民参与，有的赴昌都甚至印度采购原料钢，有的专做刀身，有的专做刀鞘，分工合作，完成佩刀工序。德格的造纸和雕版印经技术在藏族聚居区独树一帜，使其成为藏族聚居区最著名的文化中心和印刷中心之一。乡城出产的毪子分粗细两种，细线毪子号称赛过哔叽，深受喇嘛和贵族喜爱。

佛像制作是川康藏族聚居区的传统优势技艺，其中以德格、乡城为代表。佛像制作包括唐卡画像、面具和雕塑。佛像"模型分金属与泥土两种，金属之像又有铸像与手工之别。技艺尚佳，尤以黏土塑最为工致。高者数丈，小者寸余，内部空虚，贮以藏经，表面之泥，厚仅数分，而姿态生动，花纹致密。至于画像，亦颇具意匠之事，姿态宛然，体态如生"②。

4. 商业贸易

民国时期藏族聚居区的商业贸易主要有：

转口贸易。即将内地雅安等地生产的边茶运销到西康各地，并经昌都销售到西藏各地，同时，英、印工业品又经昌都、康定运销到成都及内地其他地方。康区的锅庄此时经营代销英、印洋货，收取佣金，服务于转口贸易。"锅

---

① 《四川省甘孜州藏族社会历史调查》，四川省社会科学院出版社1985年版，第9页。
② 李亦人：《西康综览》，正中书局1946年版，第336页。

木里金河淘金。雅砻江下游经过木里，通称金河，以产金沙著称。这是20世纪30年代在河边淘金的情景（庄学本1939年摄）。

庄在极盛时期有48家之多，其中最大的几家都是土司后裔开设的。"①

土特产贸易。汉商主要经营边茶、盐、布、粮食、铁器、铜器及内地土特产；藏商则主要经营藏族土特产、宗教文化用品、英印工业品等。

农民之间的农牧产品交换。一是以借贷形式进行，西康省雅江县农牧民每年五月将酥油借给农民，秋收后以每斤酥油"六批"粮食的价格收回粮食。亦有富裕农户在春荒时将粮食借给半农半牧户，当年畜产品收获后，即以"每克"粮食换七斤半酥油的价格换回酥油②。

（二）建筑与民居

1. 寺庙建筑

民国时期，川康藏族聚居区藏传佛教寺庙众多，1940年仅石渠县就有27座，其中，黄教寺庙10座，红教寺庙15座，花教寺庙2座③。藏传佛教寺庙代表了藏族建筑的最高水平。

---

① 《四川省甘孜州藏族社会历史调查》，四川省社会科学院出版社1985年版，第10页。
② "克"与"批"均为藏族聚居区传统计量单位。
③ 赵心愚、秦和平编：《清季民国康区藏族文献辑要》（上），四川民族出版社2003年版，第75页。

藏传佛教寺庙一般都规模宏大。如德格县俄色拉山麓的八邦寺，建在海拔3800米的地方，系藏传佛教噶举派在康区之中心。整个寺院以主殿为中心，依山逶迤而下，分别为经堂、行院、僧校、印经院、跳神法台及僧舍。计有大寺3院、小寺5院、讲堂35处、禅堂25所、大小僧舍180余间。主殿（卓拉空）高24米，楼3层、房83间，金顶红墙、丹青披佛，十分富丽堂皇。泥塑和壁画刀笔细腻，形象逼真。有僧800人，规模之大，居噶举派寺庙之首。还有属寺100余座，分布于整个康区。

寺庙建筑多为土木石结构结合，以木结构为主。大经堂为三层建筑，墙体用块石砌成，墙面开小窗。寺院一般依傍坡台而建，蓝天白云之下，建筑物显得高大。底层用朱红色棱柱，柱头雕刻立体图案，上托大木。墙体上方多用棕红色的饰带，缀鎏金与铜镜等装饰物。屋顶多是金瓦屋顶即金顶，是藏族聚居区常见的加盖在寺院主殿、佛殿、王宫屋顶和佛塔顶部的特制金属顶瓦，用铜铸造，外镀真金。

2. 土司官寨和印经院建筑

土司建筑如康区甘孜县的麻书官寨，民国时期曾作甘孜县衙，任乃强曾亲赴考察。"其正寨为一方形碉楼，凡楼屋四层，崇墙围绕，方各十丈，屋缘墙建，中留天井。建筑纯番式，无贯柱，层层垒砌，凡屋五十余间，有经堂宝顶与佛像。回廊互通，长梯陡降，颇雄伟。正寨之外，绕廊厩十余间，与后方副寨相续。副寨凡三层，屋二十余间，较卑小，屋顶与正寨相连。"①

德格印经院为藏族印经院建筑的代表。整座古建筑物占地面积为1632平方米，建筑面积为5886平方米，该建筑物坐北朝南，高大雄伟，古朴庄严，其建筑风格为藏式传统，集寺庙与居民建筑形式为一体，具有浓厚的德格地方风味。

3. 民居建筑

川康藏族农区民居建筑大多为方形碉楼。任乃强等学者认为，这既是防野兽，也是防盗抢使然。碉楼建筑在四川藏族聚居区古已有之，而民国时期仍然完整地保存着这种建筑风貌。

民居碉楼中尤以大小金川、丹巴等地的嘉绒山寨碉房最为秀丽壮观。嘉绒碉房为石木结构，矩形平顶，梯形体，高的有十几层，矮的也有五六层。房顶竖有经幡，建有熏烟（煨桑）塔，屋檐、门窗悬挂白色帘布帷幔；门楣、窗棂、房顶

---

① 任乃强：《西康图经·民俗篇》，新亚细亚学会1934年版，第37~38页。

马尔康卓斯甲官寨（[美]芮逸夫1941年摄）

四角放置白石。碉房四面墙壁均用石灰涂边，窗户周围也勾白边。墙上画有图案，多为宗教象征的图案，如藏传佛教八吉祥图、密宗金刚橛、"卐"图案等。

在草地牧区，"牛厂娃（草地藏族）"逐水草而居，不用建筑而搭帐篷。帐篷"用牛毛织成，厚如银币，能经受暴雨大雪，长圆形，方广二丈，用丈长木柱二条撑起，再以牛毛绳数十条系以帐顶周围，分向四方牵引，钉入土内，帐即鼓张如屋。帐之一方辟门通出入，中央砌灶，灶周围睡人，较远处堆器物，最后处拴小牛嫩驹"。普通牧民的帐篷不大，方广二丈，但土司头人的帐篷则宽大得多。相传理化县俄洛大土司之帐篷，内可分设房屋数十间，帐篷所用牛毛布及木柱、绳索、铁环、铁桩，需要30头牦牛驮运[①]。

（三）饮食

川康藏族在饮食方面较为简单，任乃强总结为"四大食品一种调和"。"四大食品"指糌粑、酥油、牛肉和茶叶，"一种调和"则指食盐[②]。食物品种相对单一，很少蔬菜，也不重烹调。具体而言，大致有以下几种食品。

麦制食品有：糌粑；小麦粑；扒孤，又名"猪洛可"，类似内地的牛肉馅饼；油果子，藏语叫"捉鸡"，以小麦粉加水然后用酥油煎炸而成，为招待贵客的食品。奶制食品有：酥油、奶渣、酸奶子等。肉类食品有：牛肉、羊肉、鸡肉，农区也有猪肉，此外还有狩猎获得的野兽野禽。其中，牛羊肉是主要的肉食品。

肉类食品制作方面，主要有肉干和肉松两种，均为生肉制成。肉干是冬天将牛肉割成肉条，悬挂风干。"康地寒燥，生肉不腐，悬之数日，风干为脯，

---

① 任乃强：《西康图经·民俗篇》，新亚细亚学会1934年版，第45~46页。
② 任乃强：《西康图经·民俗篇》，新亚细亚学会1934年版，第54页。

割而生食，康人习以为常，颇饶古风。"①肉松是冬天将牛羊肉切为长条，在屋檐风干数日，成为干肉，再捏捣成粉，亦生食。

藏民最初不吃鸡蛋，用以喂马，后见汉人食之，始作为食品，但也多是生食。

酥油茶：藏语称"珠甲"，是藏民最重要的饮料食品。将茶久煮熬熟，加以食盐，搅和酥油，使茶水成为乳白色，即成奶香浓郁的酥油茶。此外，还有只加盐不加酥油的咸茶和不加酥油也不加盐的清茶，主要用于招待汉族客人。

川康藏族聚居区所用茶叶产自四川，多数是雅安茶叶，故称"雅茶"。品种有毛尖、雨前、红茶、白茶、棒棒茶等。毛尖、雨前为喇嘛、土司、头人等藏族上层人士饮用，红茶、白茶、棒棒茶为普通百姓饮用。雅茶制作成品为砖块状，又叫"砖茶"；又因此茶专销边地，故又称"边茶"。茶具多用四川生产的盖碗茶具。

酒类：川康藏族自产酒有青稞酒、高粱酒、玉米酒、糯米酒、乳酒、瓜酒等，以青稞酒最为普遍。青稞酒以青稞为原料，用汉族地区买回的酒曲发酵酿制，酒精浓度可高可低。高粱酒、玉米酒、糯米酒酿制方法与汉族地区相同。奶酒是在牛奶中加酒曲。瓜酒是将酒曲放在南瓜瓢之中，经一昼夜发酵，瓜瓢即有酒味②。由于地处高原，气候寒冷，藏族普遍酒量甚大。酒是藏族待客和欢宴的必需品，有客必饮，遇宴会歌舞则尤喜豪饮。嘉绒藏族饮酒是"饮咂酒"，即在酒坛插数根竹管，每人一根，直接从坛中吮酒，这与羌族等饮酒方法一样。

农区有蔬菜，多熬煮汤菜。豆类除直接煮食外，也做成豆腐、豆花、豆皮、豆芽等。

吃饭时，贵族喇嘛有矮桌，一般家庭饭菜随地置放，大多席地而坐。吃饭菜时一般直接用手抓食物，喝汤用调羹，食后所用的木碗铜碗用舌头舔净，覆于炉边③。

1930年，陈重为曾经统计过康定一带藏族的饮食情况。以牛羊肉类为主要食品者占46%，以米类为主要食品者占9%，以麦类为主要食品者占30%，以豆菜及混合他种食物维生者占15%。能足温饱者占总人口24%，较奢侈者仅有3%④。

---

① 李亦人：《西康综览》，正中书局1946年版，第432页。
② 李亦人：《西康综览》，正中书局1946年版，第433页。
③ 李亦人：《西康综览》，正中书局1946年版，第431页。
④ 陈重为：《西康问题》，上海中华书局1930年版，第202页。

（四）服饰

1. 藏袍

藏袍即羊裘。民国时期川康藏族服饰总的来讲仍为传统制作材料及式样。当时的学者总结为"四季一羊裘"，甚至是"昼夜一羊裘、四季一羊裘、毕生一羊裘、男女老少通用一羊皮裘而已"①。说明当时藏族服装以羊皮藏袍最为常见。藏袍用绵羊皮缝制，圆领宽袖，长三至四尺，脚裾围长六至七尺，不用纽扣。一般贫苦人家的羊皮藏袍前面不挂布面，富裕人家如牧场主用獐子皮做面料布，土司及大头人用蓝布面料（因当时布贵皮贱），大土司则用大红绸缎为藏袍前面的面料，另加獭皮为领。这样一件藏袍，在20世纪30年代的康定，价值二百余元藏洋②。

藏族穿藏袍时，以带束腰。男子束腰时要提高腰襟，使袍裾到膝盖处，腰以上则褶皱鼓囊成口袋，装放各种日用品。女子束腰则不上提袍子，袍裾直至脚踝。

藏袍对藏族而言，是日以为衣，夜以为被。其优点是保温御寒，结实耐用。缺点是比较厚重，不易洗涤。

2. 毪子和氆氇

毪子：系用羊毛线织成的布。藏族每家都会纺织，而各地工艺水平差别巨大。川康地区最好的是乡城出产的毪子，分粗细两种。乡城细线毪子号称赛过哔叽，深受藏族喇嘛和贵族喜爱。

氆氇：是藏族手工生产的羊毛织品，经纺纱、染色、织造、整理等工序制成。将羊毛用纺锤拈成线，借助简单纺架，手工操作而成。氆氇质地细密平整，柔软光滑，作为衣料或装饰的优质毛纺织品，是加工藏装、床毯、藏靴、金花帽的主要材料，也作为礼物赠人。

毪子和氆氇产品有毪子、红毪子衫、毪子套裤、毪子裹缠、氆氇披肩、氆氇毯、氆氇裙、氆氇垫子、毡帽、毡窝等。

3. 其他衣物材料

民国时期，川康藏族聚居区与成都、重庆、云南、西藏、青海、甘肃以及国外印度等地都有比较密切的经济文化联系，因此在衣着服饰方面开始呈现

---

① 任乃强：《西康图经·民俗篇》，新亚细亚学会1934年，第73页。
② 李亦人：《西康综览》，正中书局1946年版，第434页。

出多元化和多样性的特点。从衣物材料方面看，就已远不止毪子和氆氇两种。产自四川、湖北、山东、云南、青海、天津等地及印度、西洋的各种呢布、绸缎、洋布、棉布等均成为康区人民的衣料。

4. 鞋帽

藏族鞋类多为皮革制造。藏靴靴底薄，前端尖翘，靴身用红毪子和氆氇做成，内贴毡里一层。靴底薄而软，可多次换靴底。亦有全牛皮靴，靴底厚而硬，为男子专用。女靴底薄而有云头花边，如古戏中之软靴。

川康藏族的帽子式样较多。男帽有土司礼帽（土司专用）、藏瓜皮帽（富商士绅用）、豹皮帽（武士用）、番博士帽（平民用）；男女通用帽有：全狐皮帽（富贵人用）、羔皮帽（平民用）；僧侣帽有：宗喀巴帽（黄色缎面帽，用于佛像、呼图克图）、佛都督帽（呼图克图出行必戴之礼帽）、僧礼帽（黄色呢帽，普通僧侣做法事时的礼帽）、朝山帽（僧侣旅行朝山用，形似撮箕，木骨布质），等等①。

5. 发辫与随身装饰

发辫：藏族男女皆留发辫。牛厂娃（草地藏族）将辫子盘在头上，也有发辫外再以牛毛编在一起盘在头上的。女子发辫样式繁多，康定一带妇女多用红头绳扎辫，盘在头上；年轻未婚女子也学汉族女子发辫样式。康北一带盛行扎小辫无数披于头上，"每梳一头，皆精巧者为之，三日始能完成，每头亦可保持数月不乱"②。

随身装饰：头饰有珊瑚、玉簪、金线、银头花等。男女皆戴耳环，金质耳坠，重约一两，戴时除穿耳外，还以皮线系于头顶。藏族男女均戴戒指，有钱人戴金戒指嵌宝石，穷人戴银戒指嵌假珊瑚。藏族不分男女，都有护身的"告乌"挂于腰间，"告乌"为金或银质的盒子，方形、圆形均有，内装佛像及护身符，或装有经大喇嘛开光念经的法物。念珠是男女藏民都戴的法物和装饰，其功能有二：一是记所念经文的次数，二是平时计算财物。此外还有一些腰间佩饰，如吊刀，用于切牛肉；火链，用于取火；鼻烟壶、鼻巾、旱烟杆、腰刀等③。

---

① 任乃强：《西康图经·民俗篇》，新亚细亚学会1934年，第93~94页。
② 任乃强：《西康图经·民俗篇》，新亚细亚学会1934年，第84页。
③ 任乃强：《西康图经·民俗篇》，新亚细亚学会1934年，第81~88页。

牛厂妇女（庄学本1937年摄）

石渠藏族男孩（庄学本1937年摄）

20世纪30年代初，西康的服饰经历着深刻的变迁。陈重为考察统计过当时西康的着装情况，认为："全康之服装，约有十三四种。"从其具体叙述看，并无这么多，但着装多样则是事实。陈重为还指出："服装材料，以毪子为最普遍，棉布麻布次之，丝织物又次之。各种装束中，普通人民、中等人物与贵族土司官吏各有一定之限制。而丝织物只为贵族土司、喇嘛及官吏之御用品，人民犯者，且受严刑。"在官场和礼仪场合，则多着长袍马褂，戴毡帽、瓜皮帽或博士帽，脚穿粉底靴或粉底鞋①。

（五）民间文艺

1. 神话传说故事和英雄史诗

川康藏族聚居区本是神话故事和英雄史诗的摇篮。藏族创世神话《万物起源》《猕猴与罗刹女的故事》以及宗教、人物、地区等题材的故事如《宗喀巴大师的故事》《文成公主的故事》《金城公主的故事》《康定城的传说》《跑马山的传说》《若尔盖》《木格措的传说》《木雅青稞的传说》均在藏族中流传，代表了藏族民间文学最高成就的英雄史诗《格萨尔王传》更是家喻户晓。其中，《万物起源》和《康定城的传说》等有多种版本。《格萨尔王传》是1943年由学者任乃强最早译成汉文介绍出去的。从那以后，《格萨尔王传》开

---

① 陈重为：《西康问题》，上海中华书局1930年版，第201页。

始引起国内外的广泛注意，并由此开始对其的研究。

2. 歌舞音乐

跳锅庄：锅庄舞是藏族人人参与的一种歌舞娱乐，藏语称"祝穹"，任乃强作"跳歌装"，并记录了20世纪30年代康区跳锅庄情形。"其法：广场中设小桌，上置番酒一壶，围桌歌跳，四人以上至于数十人皆可。例分人为两队，一唱一和，艺精者首列，初学者随后模仿。有全为男子跳歌者，有全为妇女者，有男女各为一队者。歌词数十种，经常演唱者三十余种，各种歌词，有一定唱法，一定舞法。其唱法，有长有促，有急有缓，有扬有抑，殊不单纯。其舞法，举手提足，或进或退，或就地踏歌，或旋转回翔，或尰突奔肆，形式繁杂，不可深究。"他还注意到跳锅庄时藏民所唱的歌词，指出大致可分为三类："第一类为吉祥祝颂之词，及西藏有名诗歌。……第二类为教人孝父母、敬喇嘛、畏汉官之歌，大半为问答体，两队一问一答。第三类为男女调笑爱悦欢庆之歌，大都两队同唱一词。"①任乃强还发现锅庄唱词中常有汉语出现，如"作揖""请安""请坐"等②，从中反映出藏汉文化交流交融的趋势。

劳动歌：是川康藏族劳动时所唱歌曲，包括甘孜娃修房盖屋、乌拉娃起卸货物、牛厂娃放牧时均唱此类歌曲。可对唱亦可单唱，歌词反复重唱③。

地方民谣：康藏地区藏族根据各地的特点，编成韵语以资调笑。例如：河口闲话听不得（指河口汉人拨弄是非）；理塘糌粑吃不得（指理塘风大糌粑多灰尘）；巴塘丫头坐不得（坐，娶也；指巴塘女子受汉人影响，奢侈者不少）；江卡门楼站不得（江卡，宁静县；指江卡地方门额低）；乍丫"蛮子"惹不得（指乍丫民风剽悍）；昌都戥子称不得（指昌都藏秤比各地大，一两相当于汉秤二两）④。

情歌：川康藏族不受汉族礼教约束，能够自由恋爱。青年男女两情相悦时，往往以对歌方式互诉衷肠。因此，藏族都会唱情歌，情歌也往往成为藏族歌舞中的主要题材，跳锅庄时也常对唱情歌。康定一带素以情歌出名，据李亦人《西康综览》所记，康人常"酒后酣歌，男女相舞，舞侣群中尤多情伴，歌

---

① 任乃强：《西康图经·民俗篇》，新亚细亚学会1934年版，第170~171页。
② 任乃强：《西康图经·民俗篇》，新亚细亚学会1934年版，第173页。
③ 任乃强：《西康图经·民俗篇》，新亚细亚学会1934年版，第174页。
④ 任乃强：《西康图经·民俗篇》，新亚细亚学会1934年版，第175页。

声娇媚,风态姗姗,一往情深,至足怡人"①。

弦子舞:弦子,藏语称"谐""叶""巴叶",是东部藏族聚居区特有的胡琴。弦子舞也称"弦子",是在乐器弦子的伴奏下,集歌、舞、乐为一体的综合性藏族歌舞表演。弦子舞主要流行于康藏地区,而以西康省巴安县的巴塘弦子最为著名。每逢喜庆佳节或劳动之余,人们聚集在"林卡"(林中空地)或坝子跳起弦子舞,男女不拘,人数不限。弦子音乐一般分前奏、间奏、尾声三部分,音乐柔中有刚,优美抒情,节奏富于舞蹈性。巴塘弦子舞具有"长袖善舞"的特点,表演时男子拉弦子,女子舞彩袖,"三步一撩、一步一靠",且歌且舞;男子舞姿重舞靴、跺脚,豪放粗犷;女子轻柔舒展。歌词多为迎宾、相会、赞美、情意、辞别、祝愿等内容;曲调繁多,歌词丰富,舞步节奏多变,美不胜收。

弦子舞也是当时化缘喇嘛、乞丐或卖唱妇女等社会下层谋生的一种手段,多在街头表演,现场收钱。

3. 绘画、雕塑、石刻、印经

民国时期,川康藏族聚居区许多寺庙都有专门工匠制作唐卡、绘制壁画,以石板或泥板镌刻经文,塑造佛像,打造铜佛,制作面具等,成为藏族民间艺

巴塘弦子歌舞(庄学本1939年摄)

巴塘藏戏。每年中秋节,喇嘛寺组织演唱藏戏数天,演员都是喇嘛(庄学本1939年摄)

---

① 李亦人:《西康综览》,正中书局1946年版,第439~440页。

术的重要组成部分。唐卡和壁画的绘画形式大多表现宗教主题，如佛陀或高僧大德的故事，喇嘛、神灵的画像，佛徒居住的天庭或寺院等，也有一些非宗教主题的绘画，如历史故事、英雄格萨尔王等。

佛经印刷方面以德格印经院最为著名。德格印经院全名"西藏文化宝藏德格印经院大法库吉祥多门"，又称"德格吉祥聚慧院"，始建于1729年，坐落在德格县城更庆镇，院藏各类典籍八百三十余部，木刻印板二十九万余块，大量珍贵的壁画、唐卡、版画、雕塑，有历史悠久的古建筑，印版文字字数达五亿个，综合地体现了康区各类艺术的最高成就。因此，成为藏族聚居区三大文化中心（西藏拉萨、甘肃拉卜楞、四川德格）之一，在藏族聚居区三大印经院（拉萨印经院、拉卜楞印经院、德格印经院）中位居首位。德格印经院及所珍藏的艺术品对于研究藏族历史、政治、经济、宗教、医学、科技、文学、艺术等具有极高的学术价值[①]。

（六）民俗

1. 婚俗

民国时期，川康藏族在婚姻习俗方面还保留着较完整的传统。在婚姻制度方面是一夫一妻制和多夫妻制（一妻多夫制与一夫多妻制）并行，在婚姻礼仪方面也保持着鲜明的藏族文化特色。

藏族男女社交和婚姻比较自主。一般藏族有子女者，"对其婚姻问题，率采放任主义。子女婚姻，事前并无预谋父母之必要，多由男女意洽后，父母为之追认。并多招男入赘之习惯。入赘及一般婚媾手续，均至简易。男女意合，即自行以环佩各物，互为证品，以为订婚表示。其结婚仪式，更属有等于无"[②]。

士绅贵族的订婚、结婚与汉族接近，有问名、纳彩、父母之命、媒妁之言。普通农牧民则情况各异，有的由自由恋爱而成，有的先有恋爱，后加媒妁。结婚情形也五花八门，有婚礼后女方回娘家住，直至生子后方搬回夫家生活的；也有只同居不结婚的。巴安一带妇女也有以嫁人次数越多越引以自豪者，争抢妇女之事也时有发生。结婚年龄一般是男子16~32岁，女子18~28岁。离婚也比较自由，所谓两情相投，即成佳偶，如若不合，亦可离异。一

---

① 参见德格印经院官方网站：http://www.degeparkhang.org/sutra.htm.
② 蒙永锡：《石渠现况素描（附表）》，《康导月刊》1940年第8期。

般是哪方提出离婚，须加倍赔偿彩礼或嫁妆。离婚时，子女抚养是男归父，女归母①。

川康藏族凡家中因无子或儿子皆入寺做僧侣，即可招赘女婿，一般家庭多招赘汉人。招赘女婿的标准，是重身强力壮，能够负重致远、耕田犁地者就是佳婿。入赘的女婿须由喇嘛改名字，以妻子的父母为父母。其言行不如妻子意者，妻子可随意打骂。土司赘婿则须门当户对，只赘土司之子。

土司家的婚嫁讲究等级，订婚和结婚都有严格的程式，通常订婚前必须请喇嘛为双方占卜吉凶，结婚时也必须请喇嘛为新夫妇念咒祈福，婚礼才算完成。

民国时期，藏族一些地方农村和牧区的一夫多妻与一妻多夫现象比较普遍。如石渠的藏族，"家贫者常有二人及二人以上（弟兄或朋友）同娶一室，实行公妻，殆极普遍。一妻多夫，匪特不至因争爱而起分化，且常因妻子居间调协，而兄弟、朋友之情感日臻和洽"②。白玉县也类似，"婚姻以兄弟共娶一妻者居多"③。

2. 葬俗

民国时期的川康藏族基本完整地保留了传统的丧葬习俗。当有人即将死去时，即延请喇嘛念经祈祷；人死后仍要请喇嘛为死者诵经开路，家人亲朋均要回避，同时关闭门窗，只留喇嘛为死者拔去头顶的头发，使其灵魂得以出窍，此为"通天窍"。入殓时用一竹竿穿破屋顶，以表示死者灵魂升天。喇嘛宣告死者灵魂已出窍升天，家人才能回到屋里。喇嘛为死者念经祈福，可得死者遗物、牛羊、银子等报酬。灵堂设于屋内，家人守候遗体旁边，接待前来吊丧的远近客人。邻里乡亲则敲锣打鼓，送礼送钱。遗体一般停放五至七天出殡。

川康藏族传统葬式有：

水葬：藏民中有患水痘、癫疮而死，或犯罪被处死者，实行水葬。所谓水葬，即将尸体捆绑在大石头上，抛入河中。另外，妇女生子女而夭折者则以皮革裹尸，弃之河中。

火葬：多为喇嘛、贵族葬式。方法是，先以石块砌成塔形，遗体放在塔内架火燃烧，或在平地架柴直接焚烧尸体。烧完后拣出骨骸骨灰，藏入寺庙灵

---

① 李亦人：《西康综览》，正中书局1946年版，第435~436页。
② 蒙永锡：《石渠现况素描（附表）》，《康导月刊》1940年第8期。
③ 傅真元：《三十年来之白玉》，《康导月刊》1939年第3期。

塔，或埋入地下。喇嘛升天，当地一切公私事务、商业、娱乐活动停止7天，同时妇女禁止戴饰物，男子禁穿新衣半月或一月，以示哀悼。喇嘛骨灰精心收藏于灵塔，作为寺内至宝①。

此外，还有土葬：小孩夭折或患天花恶疮死者，以木匣盛尸，挖坑，葬入地下，不起坟头。

风葬：弃尸于人迹罕至的荒郊野岭，任其风吹日晒。

3. 祭祀和祓除仪式

川康藏民的祭祀活动有：

祭家神：家神即死去的祖宗。农区藏族在自家屋顶挂木质家神牌，悬挂经幡，下有白石、香炉。每天清晨由主妇烧一把松柏树枝，放一点糌粑，念经跪拜。牧民则在野外焚香祭祀。

祭山神：每月初二和十六日，由各主妇一起到山上焚烧柏树枝、糌粑、酥油，挂羊皮于树上，对山礼拜或歌舞。

祭路神：路遇玛尼堆时，口诵玛尼咒语，环绕而行，并拾白石投诸玛尼堆上。

朝拜神山：木雅、贡嘎、墨尔多等都是川康藏族心目中的神山，因此，每年夏天均有人前往朝拜。

祓除仪式：是藏族祛病消灾的礼仪，每逢有人生病或死亡，就请喇嘛为之祓除，驱除鬼魅。主要包括：求神送鬼治病（以糌粑捏成鬼祟，加以青稞、盐、布片，送至野外）；凶日死人躲避凶煞（以狗头骨一具，盛装粮食，狗鼻骨处插竹签，放置屋顶）；丧后安宅（喇嘛诵经，撒松香粉与门楣及角落）；避亡魂为害（以马头枯骨，画九只眼，写死者名，喇嘛念经后抛到野外）。②

4. 年节礼俗③

藏族的年节主要有：

藏历年：藏族历法相传为唐代文成公主所授，因此与汉族阴历相近。

藏历年与汉族的春节时间接近，是藏族最重要的节日。但因初一为凶日，故不出门，亦不能吃别人家的食物。初二不在家饮食，而是邀约邻居朋友一起

---

① 李亦人：《西康综览》，正中书局1946年版，第436~437页。
② 李亦人：《西康综览》，正中书局1946年版，第438页。
③ 参见任乃强《西康图经·民俗篇》，南天书局1977年影印版，第156~167页；同时参见《松潘县志》《理县县志》和《汶川县志》等有关藏族年节的内容。

到寺庙礼佛,烧柏枝和酥油糌粑,贡献一定数量的青稞。喇嘛为众人念经祝福。礼佛后又回寨跳锅庄。初三,全村朝拜神山,集资买牛。初四起开始相互拜年,围跳锅庄,十分热闹。

八月节:为藏族庆贺丰收之节日。一般选择此月的节日,举行隆重庆典和欢宴活动。各寺院喇嘛亦参加念经祈福、演剧活动,村民齐聚一起欢歌十余天,住在搭建的临时帐篷。同时也有朝拜山神和买卖牛羊的活动。

浴佛节:时间是四月初八。相传农历四月八日为释迦牟尼的生日,此日寺庙香花灯烛,于水中浴铜佛,藏民则捐献财钱、青稞,举行放生,祈求佛祖保佑,跳锅庄欢庆。

此外康区还有娘娘会(三月十八日)、康定赛马节(五月十三日)等,松潘、理番等地的嘉绒藏族还有祈祷节(每年正月和六月各一次)、观花节(六月十八日)和燃灯节(八月十五日)等。

(七)宗教信仰

1. 基本情况

川康藏族人多数信奉藏传佛教,部分信仰苯教。

藏传佛教教派有格鲁派(俗称黄教)、宁玛派(俗称红教)、萨迦派(俗称花教)和噶举派(俗称白教)。西康省的藏传佛教中,格鲁派占优势,宁玛派次之,萨迦派又次之,噶举派影响较小。具体而言,格鲁派在康区南路和北路中部以东占绝对优势,宁玛派在北路中部以西占优势,萨迦派在康区北路西部地区占优势,噶举派仅局部存在。东路康定一带格鲁派、宁玛派、萨迦派三派势力基本相当①。在川西北则是宁玛派占绝对优势,格鲁派次之。大渡河、岷江流域的嘉绒藏族,在清代乾隆朝之前都信奉苯教(俗称黑教),金川事变后,被清统治者强迫改信黄教,苯教由此衰落。民国时期,嘉绒藏族地区格鲁派占优势,黑教仍有一定势力,红教最弱。

苯教又叫苯波教、黑教,是藏族的原始宗教,但也受到藏传佛教的深刻影响。其相信万物有灵,擅长巫术,用占卜方法,因教徒常穿黑衣戴黑帽,故称黑教。僧人可吃肉和结婚。寺院的住持喇嘛按血缘关系来继承,念"哦嘛直莫萨耶来德"八字真言。苯教在松潘、南坪(今九寨沟县)、四土地区、绰斯甲

---

① 四川省编辑组:《四川省甘孜州藏族社会历史调查》,四川省社会科学院1985年版,第40页。

地区有较大影响①。20世纪40年代有寺院五十八座、教徒约五万人②。

此外，按照民国时期学者记载，西康省还有多个多神教流行，即打牛教、棍棍神教、笆笆神教、大耳神教、乱教、阴教、动动教等③。

由于宗教地位显赫，藏族不论富贵贫贱，均愿意出家为僧侣。民主改革前，理塘毛垭牧区共有1607人，其中成年牧主31人中有喇嘛13人，觉母（女性出家者）2人；成年中牧344人中，有喇嘛6人，觉母1人；成年贫牧706人中，有喇嘛248人，觉母69人④。

喇嘛内部等级森严，以若尔盖格鲁派寺院格尔底寺为例，寺院最高领袖是大活佛，总揽寺院宗教、行政、经济大权；其次是小活佛，地位高于一般僧人，但无实权；再次是温布，掌管寺院的经济行政权力；温布下有专门的内外管家；及娃负责寺院的商业买卖；堪布，掌管念经，协助活佛管理教务；格勾负责执行教规，又称"铁棒喇嘛"；格役，负责调查僧侣的言行；一般僧人称"扎巴"。

理塘喇嘛寺殿前讲经场景。中坐者三人是寺中高僧"格西"，主持讲经论辩，俗称考喇嘛（庄学本1939年摄）

2. 喇嘛情况和藏民出家当僧尼

藏族聚居区僧侣受尊敬，社会地位高；经济来源有保证，收入相对较高，生活得更好；从西藏到川康藏族聚居区，藏传佛教深入人心，当僧侣被认为是

---

① 西南民族大学民族研究院编：《川西北藏族羌族社会调查》，民族出版社2009年版，第93~94页。
② 李亦人：《西康综览》，正中书局1946年版，第164页。
③ 李亦人：《西康综览》，正中书局1946年版，第178~180页。
④ 四川省编辑组：《四川省甘孜州藏族社会历史调查》，四川省社会科学院1985年版，第260页。

最好的事业，小孩入寺院可以学习经文和文化，成为有智慧的人；德格宣慰司明确规定：一家一男者，是否出家听其自愿；一家二男者，必遣一男出家；一家有三男以上者，亦遣一男出家，余男是否出家听其自愿①。这些规定，保证了僧侣的来源。至于妇女出家当觉母的原因，根据对康南牧区的调查，主要有：自幼奉父母之命的；丧夫而不愿再嫁的；被遗弃或婚姻生活不幸福的；长相不美，家中子女多，担心嫁不出的；期望通过修行来世变为男子的②。

3. 宗教对藏族的影响

民国时期，宗教在藏族人心目中的地位至高无上，深刻地影响着藏族聚集区的政治、经济、思想观念、文化与社会生活的方方面面。广大藏族民众崇拜活佛，以能够当僧侣为荣，因此严格遵守教规，接受寺院的各种摊派，把最好的青稞、牛羊、肉奶制品奉献给寺院。每家都设经堂，天天拜佛念经；路上遇到活佛，则匍匐跪下，以活佛摸顶为幸福，甚至视活佛的任何东西为辟邪的神圣法物。百姓的衣食住行、生老病死无一不受宗教观念和戒律约束。婚丧嫁娶、丰收庆典、建房造屋、过年过节乃至邻里纷争、驱鬼辟邪等都要念经做法会。马尔康接活佛巡视，先扫街面，以石灰画路，来时鼓乐齐鸣，土司头人列队，喇嘛跪道迎接，土司敬献哈达，大喇嘛抱活佛入寺，场面极其隆重③。

二、凉山彝族文化

民国时期大小凉山地区的彝族自称诺苏，受汉族影响较小，因而被民族学家任乃强称作"中华民族之铁豆"④。

（一）生产方式与工艺

1. 农业

民国时期，彝族地区的社会生产以农业为主，手工业、畜牧业、林业都只是副业。总的而言，安宁河流域由于自然条件较好，农业生产水平明显高于大小凉山。

在西昌安宁河流域，铁农具已经普遍使用。主要农具有犁、锄、耙、板

---

① 四川省编辑组：《四川省甘孜州藏族社会历史调查》，四川省社会科学院1985年版，第41页。
② 四川省编辑组：《四川省甘孜州藏族社会历史调查》，四川省社会科学院1985年版，第261页。
③ 西南民族大学民族研究院编：《川西北藏族羌族社会调查》，民族出版社2009年版，第99页。
④ 任乃强：《西康图经·民俗篇》，新亚细亚学会1934年版，第297页。

锄、挖锄、钉耙、镰刀、斧头、砍刀、连枷，打谷拌桶、叉形连枷，以及一些竹木工具。农具制作较为简陋，形制较汉族地区略微短小，数量也少。不能深挖深翻，犁地一般只深5寸左右。据民主改革前统计，冕宁县团结乡犁挖土地的农具平均每个劳动力为0.99件，砍刀、镰刀等农具平均每个劳动力为1.04件，平均每3户才有1头耕牛[①]。

这一时期彝族聚居区的农业生产完全靠天吃饭，基本没有农田水利建设设施，水土流失也严重，因此常有水旱灾害。会理县小黑菁乡在民国时期曾经遭遇六次大旱灾，当地民谣曰："山下是望天水田，山上是无娘的旱地。"

安宁河流域的耕作制度大多实行一年一熟，少数耕地一年二熟，一些土地实行轮歇。轮歇地有的一年一歇，有的歇三年、五年、七年，甚至歇十年，还有放火烧山后只种一季鸦片即弃之不用的"砍火地"。

主要农作物有荞麦、玉米、土豆、水稻、豆类、燕麦、圆根等。大小凉山彝族聚居区一些地方还种植棉花、苎麻、烟叶以及各种水果。另外，彝族聚居区在民国时期曾经种鸦片，多数地区鸦片种植面积超过耕地的10%。

彝族聚居区耕作技术方面，冕宁、盐边一带一般施底肥不追肥。注意选种：不要烂粮食做种子，燕麦下种前要用火燎一下，烧去不好的种子[②]。水稻选种是挑选大吊而又饱满的谷穗做种子；豆子选种是将烂的和不饱满的去掉，其余的做种子；土豆选只开白花或蓝花的较大的做种子[③]。

彝族聚居区的农业生产有诸多禁忌。如多数地方不用人粪做肥料，嫌脏臭，认为用人粪尿施肥，就相当于人吃了人粪尿。有人在地里大小便，主人也不高兴。此外，如插秧前须请毕摩选择吉日，一般选鼠鸡日；久旱不雨，彝民认为是河里的鱼有鬼，于是要到山上割"斯结"毒草，捣碎后撒进河里将鱼毒死；天降冰雹，则抓鸡向空中挥动，妇女举头帕挥舞，男子向空中打枪、吼叫，或烧狗毛以臭气熏天。

在彝族聚居区，农忙季节彝族村民可以请人帮工或相互换工。一般都是在插秧、打谷、收玉米谷、开荒、割草积肥、建房以及婚丧大事时进行，帮工一

---

① 中国科学院民族研究所四川少数民族社会历史调查组：《西昌专区彝族地区社会调查》（初稿），出版社1963年自印本，第3页。
② 中国科学院民族研究所四川少数民族社会历史调查组：《西昌专区彝族地区社会调查》（初稿），出版社1963年自印本，第47页。
③ 中国科学院民族研究所：《美姑县巴普区三个乡的社会调查材料》，1958年自印本，第22页。

般不给报酬,只供伙食,困难户甚至可不供伙食①。

彝族喜饮酒、送酒,农忙时节、大小宴席、逢年过节、红白喜事、拜见主子、化解冤家等,无不饮酒送酒②。除用粮食酿酒外,彝族聚居区还盛行以粮食换酒,或将粮食卖出再买酒。

一些地方的彝族受汉族农耕方式的影响,已注意修水渠灌溉农田,平整坡地为梯田,改良土地,挖茅坑积蓄和使用人粪便作为肥料等,大大提高了农作物的产量。

使用人粪便也是学习汉人农业生产技术的结果。汉人被掠到彝族聚居区做了呷西后,建议其奴隶主挖茅坑积肥。使用人粪肥后,粮食产量果然大增,于是当地黑彝都开始挖茅坑积肥。也有彝人在彝汉杂居地方看到使用人粪可以使庄稼蔬菜大量增产,于是回去后也开始挖茅坑积肥。后来彝族聚居区广种鸦片,需要施肥,挖茅坑积肥便逐渐多起来。但由于彝族人不习惯挑粪,看不起挖茅坑和拾粪的人,所以挖茅坑的情况仍未普及。一些家庭的妇女反对挖茅坑,也不愿去茅坑解便;还有一些家庭因茅坑淹死牲畜而将茅坑填平③。直到民主改革以后,挖茅坑积肥才成为彝族聚居区的普遍现象。

2. 畜牧业与渔猎活动

民国时期,彝族聚居区的畜牧业只是副业,畜牧业收入仅占农副业总收入的10%~30%。但是牲畜对彝族的实际生产和生活则又至关重要。牛是主要畜力,遇有丧葬大事,又作杀牲祭祀之用。马匹较少但却是交通驮运的主要畜力。猪更是家家皆养,猪油、腊肠平时食用,待客送礼多用乳猪。养羊除食用羊肉外,皮毛可作衣物原料,平时生病送鬼、节庆请客也杀羊。鸡鸭除供食用外,也是送礼待客和交换的物品。此外,在不使用人粪便做肥料的彝族聚居区农村,畜肥是主要的肥料。

实行牧场放牧的有木里、盐边(含今盐源)、会理、冕宁、德昌(含今米易大部)、普格、雷波、布拖、昭觉(含今美姑)等县,其他地区野外放牧较

---

① 中国科学院民族研究所四川少数民族社会历史调查组:《普雄县瓦吉木乡社会调查报告》(初稿),1962年自印本,第8~9页。
② 中国科学院民族研究所四川少数民族社会历史调查组:《普雄县瓦吉木乡社会调查报告》(初稿),1962年自印本,第9页。
③ 中国科学院民族研究所四川民族调查组:《美姑县巴普区三个乡的社会调查材料》,1958年自印本,第23页。

少，多为家庭养殖业。

彝族聚居区的牲畜有牛、羊、猪、马、鸡、鸭、鹅、犬等，其中牛、羊、猪为主要牲畜。但彝族聚居区各地自然条件不同，有的养猪多，有的养耕牛、黄牛多，有的则养羊多。雷波县金沙江河谷地带的上田坝和抓抓岩两村，以养羊为主，养猪次之；龙氏家族属地（今金阳境）养牛多于雷波，而养羊则又不及；盐边（含今盐源）彝族聚居区畜牧业较发达，山区和湖滨是半农半牧区，盛产绵羊，"即使比较穷的人家也有羊子五双，黑彝主子有的牲畜很多，他们顿顿吃肉"[①]。由此可见民国时期当地养羊之盛。

彝族聚居区养牛羊一般是放牧与圈养相结合。平时白天野放，晚上赶回羊圈饲养；严冬时节以储备的干草饲养。夏季放牧开始很早，午后为避免闷热，将羊赶到河边或水塘边饮水，或赶回"羊房"避暑。放牧者多为老人和小孩，圈养则主要由妇女担任。

普雄瓦吉木彝族聚居区的牛马猪羊以及鸡鸭均是野放。冬季牲畜吃干谷草、干圆根和麦、豆秸秆。牲畜多的人家买呷西放牧，此外还有几户人家合养牲畜和请人代放牲畜的，代放山羊者可与主人平分羊羔，代放牛的可以得到牛粪作为肥料。

常见牲畜疫病有牛瘟、猪瘟、鸡瘟、羊蹄炎、血吸虫病等。彝族聚居区无专门兽医，牲畜有伤病，或请毕摩念咒，或用土法治疗。如牛羊被滚石打伤，用烧红的石头浸水，加少许盐，以这种盐水喂受伤的牲畜；母羊生病，则用当地"铁尔"和"尔母"两种草药根加盐熬水，然后喂羊[②]。

彝族聚居区畜牧业生产有诸多禁忌。如母猪一胎只生一至两只幼猪，主人便认为"遇乍"（撞鬼），须将幼猪扔掉，将母猪杀死；母猪一胎生三只以上公母都有的幼猪才算吉利；如母猪一胎生三只以上幼猪或全公或全母的，须请毕摩打鼓驱鬼，并将母猪卖掉。此外，偶遇猪被篱笆卡住嘴，牛尾被树枝缠住，小鸡钻到母鸡毛里挣不开等，都认为不吉利，须将其悄悄卖掉[③]。

民国时期的彝族聚居区，属于尚未开发或初步开发的地区，生态环境和动

---

① 中国科学院民族研究所四川少数民族社会历史调查组：《盐边县龙绍乡、洪明乡彝族概况》，载《西昌专区彝族地区社会调查》（初稿），1963年自印本，第47页。
② 中国科学院民族研究所四川少数民族社会历史调查组：《雷波县上田坝乡社会调查报告》（初稿），1962年自印本，第9~10页。
③ 中国科学院民族研究所四川少数民族社会历史调查组：《普雄县瓦吉木乡社会调查报告》（初稿），1962年自印本，第9页。

植物资源十分丰富,为渔猎活动创造了条件。在西昌邛海、盐源泸沽湖、雷波马湖以及金沙江、雅砻江、大渡河、安宁河、水洛河、理塘河及其众多支流地区,捕鱼是传统的生产方式之一;而在大雪山、大凉山、螺髻山、帽盒岭、大相岭、碧鸡山、小相岭、牦牛山、白林山等众多高山地区,则仍然保留着狩猎习俗。

雷波县既有马湖,又有金沙江、西苏角河,彝族有捕鱼的传统。盐边、冕宁、会理、喜德、越嶲、雷波、西昌、昭觉、普格、宁南以及马边、石棉、屏山等山区的彝族都有打猎的传统,彝族谓之"打山"。往往农忙时务农,农闲时打猎。猎物有野猪、黑熊、岩羊、野山羊、獐子、麂子、鹿、狼、豹子、豪猪等,山禽有山鸡、竹鸡、斑鸠、娃娃鸡等。猎具有猎枪、鸟枪、猎套、弹弓、弓箭、弩机等。猎人都养有凶猛的猎犬。

盐边彝族的狩猎习俗规定:打到的猎物,四只脚的要留下下巴骨,山鸡留下尾巴,过年时将其送到山上烧掉。打到四只脚的猎物,路上凡遇见者均得分享一块肉;猎人回家后,还得无偿将肉分给邻居,本人只留猎物的头、皮和一只腿[①]。猎物在分给路人和邻居后已所剩无几,因此,一般不出售。

(二)建筑与民居

1. 凉山彝族的居住特点

凉山彝族有如下居住特点:一是"靠山而居",俗语云"彝人住高山",二半山、高山以及山间河谷地区均是彝族居住的主要地区;二是"聚族而居",是由彝族严格的家支制度和奴隶制度所形成的社会特点;三是"据险而居",这是由于彝族之间内争外患,世代打冤家不休、长期兵祸匪祸造成的。聚居以小村落为主,村落多是三五十户,大村落的居民也仅百余户。

2. 凉山彝族民居形式

凉山彝族的传统住宅布局是以土墙、竹篱、柴篱园围成方形院落,称为棚子。富家在院墙筑碉楼用以防卫。河谷地区的棚子多用夯筑土墙,木板作瓦,屋内亦用木板相隔;高山地区的棚子则采用竹墙,墙外涂抹泥巴,顶覆以木板瓦,房内间隔也用竹墙。院外四周植树,院门为木门,院内住房为三间,有方孔小窗或无窗。

---

① 中国科学院民族研究所四川少数民族社会历史调查组:《盐边县龙绍乡、洪明乡彝族概况》,载《西昌专区彝族地区社会调查》(初稿),1963年自印本,第47页。

民国时期凉山西昌彝族民居和田园（葛维汉1928年摄）

屋内正中间为堂屋，设有厨房、客室，是全家煮饭、烤火、议事、待客、休息之所；堂屋左侧为内室，右侧作储藏室，也可供未婚子女和客人住宿。此外，河谷地区彝族采用汉族民居样式的亦很普遍。

（三）饮食

1. 凉山彝族饮食的基本情况

民国时期，各地彝族饮食情况大同小异。荞子、玉米、土豆通常都是主粮，而肉食也以猪肉为主。一般是一日两餐，天明即出早工，九时左右歇工吃第一餐，天黑之时吃第二餐。

荞粑、土豆是高寒山区彝族的主食，辅以燕麦、小麦等。二半山的彝族玉米饭是主食，辅以土豆、荞粑、豆类等。河谷地带则多产水稻、小麦，因此，大米、面食是河谷地带彝族的主食。菜肴方面，高寒地区的蔬菜大多为圆根制品，如酸菜、圆根头、圆根丝菜等，春夏之际还辅以野菜。二半山地带蔬菜较之高寒区丰富，青菜、白菜、瓜类、豆类等应有尽有。肉食方面，山区彝族以猪肉和牛羊肉为主，食法最为盛行的是传统的"坨坨肉""全羊汤"。河谷平坝彝族以猪肉为主，牛羊肉则较少。

彝族还将玉米、燕麦炒熟磨面，以沸水调食，谓之炒面，为食中上品。此外，"彝族男女老幼皆嗜酒，其量过于汉人。更有生吃其肉，生饮其血者"[①]。

---

① 李亦人：《西康综览》，正中书局1946年版，第104页。

2. 凉山彝族传统特色食品

彝族传统特色酒有家庭酿制的"秆秆酒",酒具多为木制,也有牛角制成者。饮酒方式是"转转酒",即饮者三五成群席地而坐,依次转着喝,每个人喝后都要以左手横擦碗沿为礼,再递给身边的人,逐个传递。

主食有荞面粑粑,肉类有"坨坨肉",一般宰杀约三十斤的小猪,火烧去毛,切成块状后下锅,刚一煮熟就捞起来,拌以佐料,味鲜肉嫩,独具风味。牛、羊、鸡也用此法加工。酸菜汤也享有盛誉。

(四)服饰

民国时期的彝族服饰文化颇具特色。据当时人记载:"夷人之男子头缠青巾,身着羊毛披毡,名'擦耳瓦',内着狭小短衫,长与腰齐,缘边镶各色花边。下着长裤,宽大尤甚,裤脚宽二尺许,镶二寸宽之别色布一块。冬日仍一衫、一裤,或加披'擦耳瓦'一件。夜则作被缩首其中。其头蓄发一块,穿左耳。女子之发作二辫,盘于头上,总结一髻于脑后。两耳垂环,大而且重,平民所带戴首饰,多属银类。贵族则为金玉之属,并以极长之布折叠二寸宽许,缠于头上,高四五寸,呈四方形且有纹路可观。上身亦穿短衫,披'擦耳瓦',领口满缀金银珠宝;下系百褶长裙,形若古装,唯不着裤。男女终年赤脚,不着鞋袜。"[1]彝族聚居区各地服饰并不完全相同,这一材料所记载的只是彝族服饰的一种。

一般情况是,彝族男女上衣均为右衽大襟衣,皆披擦尔瓦、披毡、裹绑腿、套毡袜。男子缠头巾,头巾前端束二十至三十厘米的尖锥体,俗称英雄结。左耳戴蜜蜡珠、银耳圈等饰物。下着长裤并因语言、地域不同而有大、中、小裤脚之分。妇女着裙,戴头帕,育后戴帽或缠帕。双耳佩金、银、珊瑚、玉、贝等耳饰。重颈部修饰,戴银领牌。传统衣料以自织自染的毛麻织品为主,喜用黑、红、黄三色,其工艺习用挑绣、镶滚等多种。由于大小凉山的彝族居住分散,支系复杂,各地发展水平不一,因此服饰也不尽相同。比如,义诺地区盛行大裤脚,圣乍地区则流行中裤脚。

(五)民间文艺

1. 民间文学

彝文长诗:民国时期,彝族民间文学作品大都用诗歌体裁,多数供诵读,

---

[1] 李亦人:《西康综览》,正中书局1946年版,第104页。

也有可以诵唱的歌谣。有《洪水漫天地》《哈一迭古》《阿嫫妮惹》《支格阿龙》《甘嫫阿妞》《勒俄特依》《拉莫和阿珏》《所地山歌》《幺表妹》《事物起源·荞》等，其中，英雄史诗《支格阿龙》长达13000多行，塑造了射杀日月、降伏雷公、克风降雾、铲妖除恶、济世救民且重情重义的经典英雄人物形象，无论从叙事语言风格和手法，还是宏大的叙事细节来看，都是一部不朽的经典史诗。哭嫁歌——《阿嫫妮惹》抒写了出嫁姑娘千回百转的愁肠和对悲惨命运的恐慌。

射箭的彝族男孩（葛维汉1928年摄）

"克智"是彝区的"说词"，即散文诗，题材广泛，内容丰富，表现夸张，多用于婚丧嫁娶民间聚会的宾客之间互相问答，答不上者即认输罚酒。

民间故事有《人祖的由来》《三兄弟》《史拉俄特"买"父亲》《搓日阿补征服女儿国》《青蛙娶妻》《火把节的传说》《赛衣节的传说》。

2. 民间艺术

彝族传统音乐曲调有爬山调、进门调、迎客调、吃酒调、娶亲调、哭丧调等。山歌分男女声调，各有独特的风格，著名的有彝族阿都高腔、朵乐荷、义诺彝族民歌、口弦等。

彝族抒情长诗同时也是歌曲，如《阿嫫妮惹》《阿依阿呷》《阿惹妞》《阿丝牛牛》等，都用歌曲形式传唱。还有一些在专门场合唱的歌曲，如结婚唱《惹打》，火把节唱《都火》，劳动时唱《犁地歌》《牧学歌》等。

民间艺术与人们的生活环境、自然条件有关。彝族各地民歌风格也有差异。凉山南部地区的民歌高亢激越，中西部地区的民歌轻柔优美，而东部依诺地区的民歌则显得敦厚朴实。

彝族民间乐器有巴乌、编钟、铜鼓、三弦、大扁鼓、口弦、月琴、马布、葫芦笙、胡琴、彝箫、竖笛、唢呐等。彝族妇女大多都会吹口弦，月琴则多为中青年男子所喜爱。此外，吹木叶也为彝族青年所喜爱。

彝族舞蹈分集体舞和独舞两类，集体舞如"打歌""跳月""达体舞"和"都荷舞"等。动作欢快，节奏感强，通常用笛子、月琴、三弦伴奏。

彝族民间舞蹈有仪式舞、风俗舞、征战舞、铃鼓舞（巫舞）等，此外还有随土司制度一起消失的"宫廷舞"，大多表现狩猎、耕种、放牧、丰收、战争或打冤家时的搏斗姿态以及男女爱情等场面，具有气氛凝重、歌舞乐融于一体的特点。

彝族民间绘画种类较多，其中艺术成就最高的是毕摩绘画。这种画的出现，与彝族宗教有关。所谓毕摩绘画，是彝族民间祭司毕摩用绘画手法图解经书、反映彝族传统生活与观念的作品。绘画工具有竹签、燕毛、树枝、草茎、鸡翅毛、毛笔等，一般在木板、经书、羊皮、丝绸、布帛及土纸等上作画，以木炭、锅烟灰、动物血、猪胆汁、赤土、矿石当墨。常用红、黄、绿、白、黑等五色，表现了彝族先民的五色观。内容多反映各类人物鬼神、英雄创世、自然天象、飞禽走兽、生产生活等。表现手法朴实生动、构思奇巧、简洁夸张。

（六）民俗

1. 婚俗

彝族实行一夫一妻制，男女在一定范围内自由恋爱。"男女在十五六岁时，每逢佳节盛会，新装艳服集合会场。由男子寻获所爱之女性，互唱土歌相率起舞。如属情投，遂订婚约。父母多不禁戒，但两性自行订婚后，即须禀知家长，以盐、布、酒、牛、羊送女家为聘礼。举行订婚仪式。"[①]按习俗，男子17岁即可结婚。土司、黑彝、头人家婚礼十分隆重。普通娃子的婚事由其主人安排。

彝族实行族内婚，原则上不能与外族通婚。彝族谚语说："黄牛是黄牛，水牛是水牛"，即比喻保持彝族血统纯正的重要性。但在彝汉杂居地区，亦有彝汉通婚的现象。彝族族内婚是等级内婚，即不同等级之间不能通婚。黑彝执行严格，违反者被处死或降等。白彝的等级内婚则不严格，曲诺和阿加经常通婚，地位也经常发生变化[②]。

彝族也实行家支外婚。黑彝尤其强调同一家支不能通婚。同一家支内发生奸情，男女双方均要处死。美姑、普雄地区的阿侯家、果基家、阿陆家等黑彝

---

① 李亦人：《西康综览》，正中书局1946年版，第105页。
② 《四川省凉山彝族社会历史调查综合报告》（修订本），民族出版社2009年版，第148~149页。

家支,均严格实行家支外婚制度,而甘洛、雷波等地彝族有的家支则规定出七代后可以通婚。

彝族还实行姑舅表优先婚配。彝族谚语说:"姑姑的女儿都是舅舅家的媳妇,姑姑要舅舅的女儿做媳妇也不费什么力气。"姑姑的女儿要嫁别家,须事先征得舅舅同意,舅舅的女儿要嫁别家,也须事先征得姑姑同意。因此,姑舅表兄妹结亲极为普遍,但姨表兄妹之间却不能通婚。彝族认为,姨表兄妹之间是血亲关系,和亲兄妹一样。姨表兄妹之间发生性行为者,或处死,或由主动的一方"打牛按马"赔偿。即要陪六十至一百二十两银子,同时请家支吃酒席①。

凉山彝族这一时期流行"转房"习俗(丈夫死去后须将妻子转给其兄弟或其他近亲做妻子),所谓"兄死弟在,牛死肉在"。在局部地方,也存在姐妹共嫁一夫或姐死妹嫁姐夫以及抢婚的习俗②。

2. 葬俗

民国时期的大小凉山地区,彝族以火葬与土葬为主。

老人在弥留之际,子女要用一只大公鸡对口"接气",有的由长子对着老人嘴哈气,谓之"接气"。接气后仍无气息,表示老人已去世。彝族报丧是鸣枪或鸣炮,乡邻听到后会主动前来吊丧和帮忙。"告丧"则是向死者的后家报告噩耗。

彝族吊丧颇具特色:"远近亲友束具牲畜酒礼前往吊祭,数里之外,哀声痛哭,直至死者之前。愈哭愈饮,愈饮愈哭,酒愈醉而哭愈痛;哭已无泪,则作歌,历数死者之功德恩惠而后已。"③

一般祭奠三天,即行火葬。"以柴搭楼举行火葬,骨骸遗灰盛入坛内,或包以茅草掘坑埋之。请毕摩念咒立灵牌于墓前,奠以酒食。三年后作超度之事。"④

3. 年节习俗

彝族年:彝族历法属太阳历,以虎、兔、龙、蛇、马、羊、猴、鸡、狗、猪、鼠、牛等12兽轮回纪日。3属相周36日为1月,10月为1年。10个月分别用水、木、火、土、铜五元素分雌雄来表达。雄为单月,雌为双月,1年分5季。

---

① 中国科学院民族研究所四川少数民族社会历史调查组:《西昌专区彝族地区社会调查》(初稿),1963年自印本,第44页。
② 《四川省凉山彝族社会历史调查综合报告》(修订本),民族出版社2009年版,第149页。
③ 李亦人:《西康综览》,正中书局1946年版,第105页。
④ 李亦人:《西康综览》,正中书局1946年版,第105页。

年终另加5~6天为"过年日",即"岁余"。

彝族十分看重过年,年前要精心准备各种年货,特别要把酒备足。清扫房屋,为孩子准备新衣。彝族年一般过三天,各有名称和活动内容。第一天叫"库史",杀过年猪、取猪肝和肉烧熟后祭祀祖先,向祖宗通报过年;到下午时分吃年饭,讲究尽情吃喝,有"过年三天是嘴巴的节日"的谚语。第二天叫"多博",男人挨家挨户相互道贺,妇女留家接待客人,小孩带上自己家的猪蹄,到野外去聚餐,彝语叫"窝西那古个"。第三天叫"库史波祭",意思是欢送祖宗离开。鸡鸣时分,做好献祭的食品,让祖宗享用后尽快上路。

火把节:火把节是彝族的重要节日,表现了彝族的火崇拜、生育象征和丰收喜庆的文化内涵。凉山彝族过火把节一般为三天。按仪式活动内容可以分为献祭、迎火、玩火、送火、狂欢等几个部分。

都阳节:雷波和小凉山一带流行此节日。节期在每年农历五月初五日,内容与汉族的端午节相近。节日这天,家家在门前挂上菖蒲和艾叶,孩子们用雄黄酒擦脸,青年人带上粽子、酒和坨坨肉到山间草坪唱歌跳舞、摔跤赛马,尽情娱乐。

(七)宗教信仰

彝族宗教信奉多神,主要有自然崇拜、图腾崇拜和祖先崇拜。尤其信仰鬼神和自然神灵,认为世间万物,都有神灵主宰。图腾崇拜表现在以动植物为姓氏,祖先崇拜源自鬼魂信仰,为先辈安灵和送灵是生者的义务,要请毕摩主持仪式。

毕摩是彝族宗教活动的核心、人神之间的桥梁和彝族传统的知识分子。毕摩属世袭,传男不传女,通彝文经典,熟知彝族历法、谱系、伦理、史诗、神话传说等。彝族举凡生死、年节、集会、病灾等,都须请毕摩到场念经作法,还协助家支头人调解处理财产纠纷和民事纠纷。

西昌和安宁河流域彝族中还有信奉道教、佛教以及基督教和天主教的,在康区九龙、泸定一带的彝族也有信奉藏传佛教的。一些彝人家中除供奉祖先外,还供奉"天地"牌位,信佛祖、信老君、信观音、信灶君等。1946年,西昌教区有外籍神父19人,中国神父18人,外籍修女13人,中国修女89人,教徒有9849人[①]。一些地区彝族传统的自然崇拜、祖先崇拜与道教、佛教结合在一起,如雷波马湖的海神庙,供奉的神祇就有当地人认为是彝人祖先的孟获、道

---

① 引自凉山彝族自治州人民政府门户网站:http://newht.lsz.gov.cn/,2005-10-13。

教的玉皇大帝和财神赵公明，还有佛教的观音菩萨。由此可以看到不同宗教文化的相互影响与交融。

三、羌族文化

（一）生产方式与手工工艺

1. 农业

民国时期，羌族聚居区经济基本上是自给自足的自然经济，农业是最主要的生产部门。羌族人口新中国成立前仅几万人[①]，从事农业生产。生产工具简陋，生产技术落后，田间管理粗放，作物品种不多，产量不高。大量土地还用于种植鸦片，羌族聚居区在20世纪40年代已成为与川南雷（波）马（边）屏（山）峨（边）彝族聚居区齐名的四川两大产烟区之一[②]。这必然导致粮食播种面积急剧减少，粮食不能自给。

民国时期的羌族聚居区，铁农具已较普遍，主要有犁铧，山地用鸡嘴铧，河谷地带用平铧（鸭嘴铧）。刀具有弯刀、铡刀、镰刀及麻刀。锄头有尖锄、大锄（板锄）、二瓜锄（钩钩锄）、山锄等。黑水羌民还使用一种十字镐形的工具——羌语称"石伯"，一头为锄，另一头为斧，一锄两用[③]。由于生产落后，羌族贫困，农具和耕牛都缺乏。一般家庭大多只有锄头、砍刀、镰刀，2~3户有1把铡刀，4~5户有1头耕牛[④]。直到新中国成立初期，茂县、理县、汶川等羌族聚居区仍缺乏农具和耕牛[⑤]。

耕牛有黄牛与犏牛。山区多使用犏牛，河谷地区多使用黄牛。

羌族聚居区的主要粮食作物有青稞、荞麦、小麦、土豆、玉米、燕麦、菜籽、大豆、豌豆、蚕豆、红豆、白豆、花豆等，其中玉米是清代后期传进的，土豆有本地的"鸡窝洋芋"和民国时期从外地传入的"王洋芋"和"二红洋芋"。蔬菜有白菜、青菜、莴笋、圆根、莲花白、洋萝卜、红萝卜、辣椒、小

[①] 关于羌族人口数量，一般认为在清嘉庆年间有26万，宣统二年（1910）为35990人，1940年为43947人，1943年为59552人，1949年为3万人。参见周锡银主编《羌族词典》，巴蜀书社2004年版，第67页。1953年全国第一次人口普查时，羌族总人口为35660人。参见国家统计局、国家民委《2000年人口普查中国民族人口资料》上册，第2页。
[②] 冉光荣等：《羌族史》，四川民族出版社1985年版，第313页。
[③] 西南民族学院民族研究所：《羌族调查材料》，1952~1953年，内部资料，第66页。
[④] 《羌族社会历史调查》，四川省社会科学院出版社1986年版，第10页。
[⑤] 西南民族学院民族研究所：《羌族调查材料》（内部资料），1952~1953年，第67页。

葱、韭菜、南瓜、北瓜等。由于种植面积大，经济作物最主要是鸦片，此外还有苎麻、花椒、核桃、花红、栗子、李子、桃、樱桃、苹果等。一些地方还产烟叶、漆树等①。

羌族聚居区粮食作物种植情况是：河坝地带和半山种玉米，其中头等地种玉米，套种黄豆；二等地种土豆和燕麦；坏地、火烧地种荞子和豆类。高山地区只能种荞子，所以羌族谚语中有"高山上，荞半年"的说法。

在羌族聚居区，一年的农事活动从农历二月开始，到十月结束。农历二月，羌族开始背粪，二月底到三月种青稞、玉米、土豆、小麦、小米，修地边；四月至五月初种荞子、圆根、玉米（山区）；五至六月玉米、小麦除草；六月初收冬青稞，七月至八月底收春麦、春青稞；八至九月收荞子、玉米，翻犁冬地；九月底十月初种冬青稞和冬麦。十至十二月为农闲时节，羌族多在此时上山砍柴、打猎②。

羌族聚居区耕地时与藏族聚居区一样，也是"二牛抬杠"。即两牛并行，肩上抬一横木杠，一人拉牛徐徐前行，一人扶犁在后，弯腰用力压住犁铧，边犁边吼。每年犁二次，春播前和秋收后各一次。

羌族播种分点播、撒播，玉米和土豆以及豆类实行点播，青稞、小麦、荞子、燕麦均是撒播。各种作物间也实行间种和轮种，如玉米地间种豆类、白菜，青稞与玉米、荞子轮种。

换工互助是村寨羌族的传统互助方式。凡春耕秋收、积肥砍柴、运石建房等都需换工。换工时主人只招待吃饭，不给工钱，也不必如数还工。

羌族聚居区农村的肥料主要分草肥（又叫踩肥或干肥）和人粪（又叫清肥）两种。草肥是将树叶、蒿草，让人畜践踏使之腐烂，再与牲畜粪便混合。人粪作为肥料使用和四川藏、彝族聚居区一样都比较晚，也是受汉人影响的结果，尤其是鸦片种植需要肥料量大，大量使用人粪才逐渐流行起来。但是，民国时期使用人粪肥料的主要是南部羌族聚居区的河谷地带，边远山寨仍然只用草肥。

羌族聚居区的兽害主要有野猪、黑熊、山鼠、刺猬，尤以黑熊吃玉米和土豆危害严重。羌族认为："不怕贼偷，只怕老熊。"1936~1937年，禽兽危害

---

① 《羌族社会历史调查》，四川省社会科学院出版社1986年版，第11页。
② 西南民族学院民族研究所：《羌族调查材料》（内部资料），1952~1953年，第72页。

使理番县通化乡高山和半山地区的土豆全部被吃光，玉米地受损30%①。为防兽害，羌族在庄稼成熟季节，要搭棚夜夜看守。

相对而言，粮食产量是南部河谷地带较高，北部山区较低。河坝地区的1斗种地（羌制面积单位，约合一亩），最高产量可收玉米20斗（约700斤），而最差的山地则只能收4斗（约135斤）。

羌族聚居区农业生产主要依靠妇女。羌族习俗是"男人做大活路，女人做小活路"，因此男人很少做农活。实际上，当时的羌族男人普遍看管小孩、喂猪、玩耍、抽鸦片。羌族妇女承担打土、种地、除草、收割、喂猪、背水、背柴、背粮食，还有繁重的家务②。当时男子不干农活，与抽鸦片有关。据调查，民国时期羌族男子80%以上吸食鸦片，身体瘦弱，许多人因此丧失劳动能力。

2. 主要副业

畜牧业：民国时期，畜牧业为羌族农村的副业之一。饲养的牲畜主要有山羊、绵羊、黄牛、犏牛、马、骡子和猪以及鸡鸭等家禽。其中，羊是最主要的家畜。羌族多养羊，一是积肥，二是皮毛可作御寒之用。据西南民族学院（今西南民族大学）的调查，理县3个乡130户人家共养羊6350只，户均37只③。牧羊一般由儿童承担，早晨赶出去野放，晚上收回圈里。

兽害和疫病是羌族畜牧业的大敌。羊和其他牲畜经常被狼（当地叫豺狗）咬死。疫病有口蹄疫等。羌族没有对付野兽和兽疫的有效办法，野兽和兽疫来袭，只能听天由命。应当指出，这也是羌族贫困的原因之一。

羌族养猪很普遍，平均每户一头以上，少数家庭养有五六头。养猪主要喂食野菜，少数家庭加上土豆。由于羌族将猪在野外牧放，不是圈养，这种猪一般只能长到五六十斤。

手工业：民国时期羌族聚居区农村手工业有纺织麻布、毡子、毡袜、熬烧碱、熬硝及铁、木、石器的手工制作等，城镇手工业有黄烟加工、毛纺织、缝纫、铜铁银锡打造、竹木器、酿酒等。

纺织麻布的工序同汉族基本相同，但工具更为简陋，方法原始。汶川县雁门乡农村纺织麻布是先用石灰水浸泡麻秆，再捶打去皮，剥取纤维。纺麻线是

---

① 中国科学院民族研究所四川民族调查组：《理县通化乡社会调查材料（初稿）》，1963年，第7页。
② 西南民族学院民族研究所：《羌族调查材料》（内部资料），1952～1953年，第71～77页。
③ 西南民族学院民族研究所：《羌族调查材料》（内部资料），1952～1953年，第56页。

以一个石纺锤吊于线端,一手转动纺锤,一手捻线。织麻布也是利用几根木块和圆棍,将麻线一端系于树上,另一端系于木块上,用手穿线。每穿一根即用木块压紧,接着再穿一根,不断重复,织成整块麻布[①]。

茂县的黄烟(水烟,因产于茂县又称"茂烟")加工在民国时期仍为当地重要的手工业。烟叶由本地生产,城内有二三十家刨烟坊加以刨制,最大的刨房有工人十余人,全县每天生产烟丝2000多斤。1935年以后,黄烟生产逐渐走向衰落[②]。

羌族石匠精于砌墙,利用当地石块砌成的房屋和碉楼,最高可达十二至十三层。砌时工匠全靠目测,不施墨线,但墙面平整,棱角整齐,碉楼可经数百年而不倒塌。土司、头人居住的衙门建筑规模宏大,经久耐用。民国时期,一些羌族石匠按传统习惯到成都平原打工,就主要从事砌墙和打水井[③]。

羌族其他手工业和副业还有酿咂酒、打猎、挖药、砍柴、养蜜蜂等。这些手工业与副业的出现,与当地的地理环境和自然条件有关。

3. 商业交换

民国时期羌族聚居区的商业不发达,没有形成自己的市场,羌族人当商贩的也很少。汶川、理县、茂县、松潘等地羌族大多到附近城镇出售自己上山获得的药材、木柴、土产,换回自己需要食油、盐、布匹。羌族民谚谓之:"油盐布匹靠客家,玉米荞子靠自家。"20世纪30年代以后,羌族聚居区鸦片种植泛滥,羌族收获鸦片后,赶烟市出售鸦片便一度成为重要的商业活动。由于贸易处于不发达阶段,山区羌族之间的交易多为以物易物[④]。

羌族聚居区城镇商业在民国时期已开始起步,但大多为汉族商人来此经营。茂县县城茂州和叠溪城、松潘城、理番薛城、杂谷脑、威州等地,都是羌族聚居区的鸦片、药材、茶叶、土特产的集散地。

(二)建筑与民居

岷江上游羌族在民国时期一般是三五十户聚集于一个寨子,羌寨分布在高山、半高山或河谷台地上。建筑形式分为碉楼和住房。

羌族民居以三层屋居多,一般底层作畜厩,堆草沤粪。二层住人,分堂

---

① 《羌族社会历史调查》,四川省社会科学院出版社1986年版,第53页。
② 《羌族社会历史调查》,四川省社会科学院出版社1986年版,第62页。
③ 西南民族学院民族研究所:《羌族调查材料》(内部资料),1952~1953年,第56页。
④ 西南民族学院民族研究所:《羌族调查材料》(内部资料),1952~1953年,第63~64页。

屋、卧室和厨房，有神位供奉祖宗、家神、财神等，堂屋中央为火塘。三层为平台和贮藏室。平台均有晾架或仓笼，四周砌矮墙，可坐憩、晒粮，堆草，也是老人憩息、妇女纺织和儿童游玩之所。1933年地震以前，羌族聚居区的住房多为高大的"邛笼"，即碉楼，一般是一大家人或一族人分层而居。"邛笼"有四角、六角或八角形，最高达十二至十三层。羌区群碉林立，极为壮观。这种建筑除居住外，还作为防卫作战的城堡，特别是每个村寨在寨中央、四周及路途关隘上所建的公共碉楼，主要用以抵御外敌①。

位于岷江上游杂谷脑河畔的理县桃坪羌寨是羌族村寨的典型代表。有数十户人家。所有建筑均垒砌而成，风格独特，工艺精湛，造型古朴。

（三）饮食

民国时期羌族一般为一日两餐，主食有玉米、小麦、红薯、土豆、荞麦、莜麦，也有豌豆、胡豆和各类芸豆等。常见的吃法是蔬菜玉米糊、玉米馍、荞面馍等。靠近汉族地区的吃玉米与大米合蒸的饭，俗称"金包银""金裹银"（以玉米为主）和"银包金""银裹金"（以大米为主）。青稞和小麦多做成炒面，外出或放牧时食用。蔬菜主要有萝卜、圆根、白菜、蚕豆、辣椒、魔芋、芋子等，野生菜有薇菜、蕨菜、香椿、山核桃花等，肉食有猪、牛、羊、鸡、鸭、兔等。

羌族善做也喜做腌腊肉，其中猪膘、牛羊肉干颇具特色②。咂酒为羌人自制酒，用青稞、大麦酿制，饮用时启坛注入开水，插上细竹管，轮流吸吮。

羌族凡修房造屋、婚丧寿庆，均要请客设宴。以北川羌族为例，有九大碗与"十三花"（即十三个菜）之分。"十三花"有两种，其中下酒菜"十三花"包括以腊肉为主的五荤干盘子，加核桃花、豆腐干、野生菜菌为主的四素，另加三个炒菜和一品碗和菜；下饭菜"十三花"一般有四荤、六荤或八荤（鸡、鱼、肘、烧白、龙眼、甜肉等），另加相应数量的蔬菜、野菜、野菌③。

（四）服饰

羌族男性在民国时期大多包青色或白色头帕，穿手工缝制的过膝白色或蓝色麻布长衫，外套一件羊皮褂子，褂子可用来防寒、挡雨，也可垫坐。脚穿麻

---

① 冉光荣等：《羌族史》，四川民族出版社1985年版，第333页。
② 冉光荣等：《羌族史》，四川民族出版社1985年版，第332~333页。
③ 资料由北川羌族自治县文化旅游局提供。

柳草鞋，少数人穿布鞋或皮靴，裹绑腿，束腰带。布鞋是"云云鞋"，鞋面绣有云彩图案及波纹，鞋尖微翘。

羌族妇女这一时期多喜缠青色或白色头帕，青年妇女常包绣有各色图案的头帕或瓦状的青布，用两根发辫盘绕作髻；穿有花边的衣衫，衣领及袖口上镶排梅花形银饰，腰系绣花头帕，系有花边的绣花飘带；喜戴银牌、领花、耳环、圈子和和戒指等饰物①。

羌族刺绣是羌族妇女在劳动间隙时完成的民间工艺品，民国时期已发展出挑花刺绣技术，主要用于衣服、裤子、头帕、鞋子、腰带和身上其他饰品上的装饰。云云鞋和绣花围腰是羌族刺绣中的代表。此外，还有挎包、帽子、褥子、壁挂等。羌族妇女精于挑绣，所谓"一学剪，二学裁，三学挑花绣布鞋"。挑花刺绣分为"挑"和"绣"，在色彩上主要以红、黄、绿、湖兰等为主色，图案内容主要有反映图腾崇拜、自然崇拜的人物、动植物图案、日月山川及树木藤叶花卉等的纹线。

（五）民俗

1. 婚俗

民国时期，羌族婚姻基本是一夫一妻制。婚姻一般由父母包办，视自由恋爱为有损家风。在家庭之中妇女地位低下，羌族谚语说："只有男州没有女县。"由于在羌区妇女是主要的劳动力，男人娶妻也是增添劳动力。由于婚姻制度不合理，女子是主要农业劳动力，在外的机会多。因此，村寨中非婚生子较多，寡妇生子亦不奇怪。羌谚谓："寡妇生子不稀奇，树上结果子，年年都要长。""鸡婆一样到时候就要抱蛋。"羌族社会并不歧视非婚生子和寡妇生子，如三龙乡一家媳妇二十二岁，丈夫仅十岁，已生两个孩子，而婆家并不过问此事②。

羌族盛行入赘，指腹为婚、订娃娃亲、笾笾亲，也流行童养媳。男子七至十岁，女子十二至十八岁即可结婚。一般是女大男小，二十多岁女子普遍嫁十多岁男子。但招赘时又是男大女小。此外，当时的羌区还有姑舅表优先婚，新娘婚后一年内返居娘家，以及兄死弟纳其嫂、弟死兄娶弟妇等遗俗。

订婚、结婚的礼俗。羌族订婚时经三道程序即三道酒：首先是"开口

---

① 冉光荣等：《羌族史》，四川民族出版社1985年版，第331~332页。
② 西南民族学院民族研究所：《羌族调查材料》（内部资料），1952~1953年，第123~124页。

酒",男方请媒人"红爷"到女方说亲,如同意则由男方到女方家办酒宴,议定聘金,订婚初步成功。二是插香酒(小定酒),男家再去女家备酒席招待近亲,此时要送彩礼置于神台,以示庄重。三是"大订酒",两家具体商定婚期,男方大宴宾客,款待女方亲朋,并交清聘礼,特别要备一份银子奉送岳母。在整个订婚过程中,姑娘不得露面。

结婚也有三道仪式,即"女花夜""正宴"及"谢客"。"女花夜"由女方备咂酒招待前来庆贺送礼的客人,唱《赞郎歌》,跳沙朗舞。"正宴"即娶媳妇,男方备彩礼和羊迎亲,新娘穿红衣红鞋,由其亲兄弟背出大门上马。送亲途中,如经过亲戚家门,便由亲戚招待。到男家村寨时,全寨人要在寨头迎接。

婚宴设在露天坝子。客人边吃边喝、边歌边舞,持续到深夜甚至天明。次日,主人按习俗还须再备两席宴席"谢客"。

新婚当晚夫妇不同房,新娘与伴娘一起住。婚后第三天新婚夫妇回门,新郎住一两日,新娘得住数日甚至数月,也有的住一至三年后,才由丈夫接回。

羌区订婚结婚的聘礼彩礼大多很重,对男家已是沉重的负担,对婚配已有一定影响,因此茂县沙坝等地的土司,曾规定彩礼钱不得超过二千至四千文不等。

羌区还有抢婚习俗,可抢姑娘,也可抢寡妇。当男方求婚遭拒绝时,乘女子在外劳动或外出时将她抢回家,第二天再由男子背猪膘及酒到女家求婚。由于生米已煮成熟饭,女方家庭一般也就答应。女子如坚决不愿者,可于次日偷跑回家[①]。

2. 葬俗

羌族葬式分火葬、土葬、岩葬、水葬几种。

火葬是其传统葬俗,民国时期仍然盛行。六十岁以上正常病故,寿终归天者要举行火葬,凶死或传染病死者亦须火葬。火葬一般在人死三天后举行。举行火葬时,村里人将死者抬到火坟处,置于石板上,先杀羊祭奠,然后堆上各家送来的木柴,以纸钱点火,焚烧尸体。其间有释比念咒语。烧完后,由释比将骨灰投入火坟内[②]。释比是羌族社会中人神之间的桥梁,也是其宗教活动的核心。

土葬在民国时期也是羌族习惯葬法,多数是去世翌日下葬。民国时期还流行汉族地区传来的木棺土葬,葬俗与汉族接近。

[①] 西南民族学院民族研究所:《羌族调查材料》(内部资料),1952~1953年,第125~126页。
[②] 西南民族学院民族研究所:《羌族调查材料》(内部资料),1952~1953年,第156页。

民国时期，羌族殷实之家都办"大葬"，规模一般少至数百多则千人，乡邻皆携酒、粮食、牛羊猪肉为礼。历时三至九天，先由"释比"做几天法事，最后一天乡邻参加。

此外，婴儿夭折装小木棺置于岩洞，为岩葬；将死婴装棺放入河中飘走，为水葬。还有"打丧火"的习俗。即因家庭内部矛盾，打架吵架引起婆婆、媳妇或上门女婿自杀而死的，死者娘家或上门女婿家有权带族人前来兴师问罪，进门时大喊三声，然后砸锅摔碗，破坏家具，还要大吃大喝三至五天，方与亲家商量命价银子赔偿数额。议妥后双方和好①。

3. 年节习俗

羌历年：是羌族最重要的传统节日。时间是农历十月初一，一般三至五天。过年期间聚集家中，用面粉做成牛、羊、鸡等祭品祭祀祖先和天神。有的地方还由民间巫师端公跳神，杀羊洒血在祭坛前敬神，羊肉分给各家带回，再合家并请亲友饮咂酒，唱酒歌、跳锅庄舞。

祭山会：也称敬山节、祭天会。从农历三月至六月不等，时间在农历四月十二。一般在村寨附近神山的神树林举行，男子和未婚妇女参加，牵牛、羊、鸡等活畜上山。祭礼由释比或长者主持，杀牛、羊、鸡献天神、山神、树林神，燃柏香枝，再颂吉祥词，并集体还愿许愿，再由个人许愿还愿，最后盟誓村规民约，集体鸣枪欢呼，唱歌跳舞直至尽欢而归。

领歌节：又叫沙朗节、妇女节，民国时期主要流行于茂县北部羌寨。每年农历五月初五举行，只有妇女参加，是羌族妇女为纪念美丽仙姑沙朗举行的歌会。过节当天早晨，妇女们带着祭品和食品，来到寨子附近的海子边，向沙朗敬献供品，祈求庇护。然后，围圈牵手跳沙朗舞。

端午节：亦在每年农历五月初五举行，习俗与汉族端午节接近。如饮雄黄酒，并用其擦脸；到山上踏青踩露；羌族虽不吃粽子，但佩戴形状像粽子、装有艾草、菖蒲、香草的粽子香包；女孩子穿耳戴坠，由有经验的妇女用花椒麻耳，用花椒刺刺穿耳垂，涂上雄黄酒，戴上耳坠。

牛王会：每年农历十一月初一举行，节期一天。此日让耕牛休息，喂以面馍和麦草；做日月形馍馍挂在牛角上，然后放其出圈自由活动；主人到牛王庙焚香烧纸，宰羊杀鸡，祈求牛王爷保佑耕牛平安。

---

① 西南民族学院民族研究所：《羌族调查材料》（内部资料），1952～1953年，第157页。

（六）宗教信仰

羌族崇拜天神、太阳神、地神、山神等，信奉万物有灵，所有崇拜对象都以白色石英石为代表，因此以白石神为最高神灵。

图腾崇拜：羌族古为牧羊人，以羊为图腾。羌族释比又认为猴是引路人，尊猴为"老祖宗"，作法时要戴猴皮帽，供猴头。

白石神崇拜：羌族崇拜白石，与羌族的民族迁徙传说有关，认为白石是天神帮助其到达岷江地区的法器。羌族地区的山间、田地、林中、屋顶、门窗、室内，均有供奉白石习惯，羌族平顶屋的顶部也供有五块白石，象征天神、地神、山神、山神娘娘和树神。

祭山大典：祭山大典是羌族最隆重的原始宗教仪式，又名"塔子会""山神会""山王会"，目的是祈请山神保佑人畜兴旺、五谷丰登、林木繁茂、地方太平。祭山会又称"祭天会"，每年举行一次或多次，多在农历正月、五月或十月在附近山上"神林"举行。全寨男子参加，宰杀公羊、公鸡为祭品，燃烧松柏香烛，举行"领牲"仪式，释比诵祷词、史诗和经文，众人在释比的率领下饮酒、跳锅庄。

羌族有三大原始宗教经典，即《上坛经》《中坛经》和《下坛经》。《上坛经》是有关神事的经典，分《序经》和《正经》两部分。《中坛经》是有关人事的经典，为羌族巫师做婚丧法事所唱，因羌人婚喜法事不多，故多用于丧事。《下坛经》是有关鬼事的经典，被羌族巫师用于赶鬼、送鬼、驱邪或为凶死者招魂除黑等。

（七）民间文艺

1. 羌族民间文学

羌族民间文学主要包括神话传说、寓言故事、民谚、童话、歌谣等。神话传说中，有开天辟地神话、人类起源的神话、自然及其变化的神话、植物神话、图腾祖先神话、洪水干旱和大火神话、起源神话、英雄神话等。其中，《开天辟地》神话讲的是民间英雄射下8个太阳，类似汉族后羿射日的传说[1]。此外，还有《洪水滔天》《九顶山的传说》《白石神》《释比的传说》《黑虎将军》等。羌族最早的英雄史诗《羌戈大战》和《嘎尔都》反映了羌族从西北南迁的

---

[1] 林忠亮：《试析羌族的古老神话》，《西南民族学院学报》（人文社科版）1981年第2期，第97~98页。

历史，描写了残酷的部落战争和羌人对神灵的膜拜①。民国时期，理化县流行《打刘湘》和《等待红军再回来》等民谣②，反映了羌民痛恨军阀，拥护红军的朴素感情。

2. 羌族民间艺术

羌族民间艺术包括劳动歌、妇女诉苦歌、情歌、民间小调、儿歌等民间歌谣，民间绘画、刺绣，民间音乐、歌舞等。羌族音乐包括欢快跳跃的沙朗音乐、多声部混声合唱《尼沙》等，舞蹈有羊皮鼓舞、跳铠甲、席部蹴等。羌族舞蹈热情奔放，原始粗犷，颇具古风。此外，羌族遇有喜庆，也燃起篝火，跳锅庄舞。

羌族民间乐器有羊皮鼓、羌笛、口弦、盘铃等。羌寨逢喜忧事及节日，则敲羊皮鼓起舞。鼓点分"镇山鼓""婚鼓""忧事锅庄鼓""祭典礼鼓"等几十种。羌笛用骨或竹管制成，前端吊一截皮绳，用"鼓腮换气法"吹奏，笛声不绝于耳，其声清澈、纤细，音域不宽，却悠扬婉转。口弦是羌族妇女所喜爱的自制小型乐器，其外形似风琴的发音簧片，两端系有麻线，奏时扯动麻线竹簧即发音响，其音袅袅，余音不绝。铜制盘铃是羌族宗教仪式摇击乐器，又名响盘，形似碟盘，音色清亮柔脆。

第三节　中华民国时期巴蜀地区土家、苗、回、纳西、傈僳等民族文化

除前节所述之藏族、彝族和羌族外，民国时期巴蜀地区的世居民族还有土家族、回族、苗族、蒙古族、满族、纳西族（摩些、摩梭）、傣族、傈僳族、布依族、普米族、白族等。限于资料和篇幅，本节主要介绍土家族、回族、苗族、纳西族（摩些、摩梭）、傈僳族的文化。

一、土家族文化

（一）生产方式与手工工艺

1. 农业

今重庆酉阳、秀山、黔江、彭水、石柱一带的土家族，其主要的生产活动是农业生产。清朝在土家族地区"改土归流"后，大批汉族农民迁入，带来先

---

① 李明整理：《羌族民间长诗选》，北川县政协文史委、北川县政府民宗委1994年编印。
② 汶川县志编纂委员会：《汶川县志》，民族出版社1992年版，第703页。

进的生产工具和技术。到民国时期，这一地区农业生产迅速发展。

主要农作物有稻谷、玉米、小米、高粱、黄豆、绿豆、红薯、大麦、小麦、豌豆、土豆等，经济作物有甜菜、芝麻、烟叶、生漆、乌桕、倍子、棉花、油桐、油茶、茶叶等。

农具主要有：木质的筒车、秧盆、连盖、扁担、打杵、挞斗等；竹篾工具笆篓、灰篼、箩筐、筛灰篮、档席、晒席等；铁器有砍刀、镰刀、桐子撬、犁铧、犁耙，挖锄、薅锄、窖锄等。

土家族的农事活动与汉族和其他农业民族基本相同。平坝地区种植水稻，要经历耕田、耙田、选种、撒种、插秧、薅草、施肥、灭虫害，直至收割。水稻多为一季，冬季涵水保养冬水田。旱地农事活动有种植、管理和收割小麦及各种经济作物如棉花、花生、花椒、各种蔬菜。

2. 副业

民国时期土家族的副业已与巴蜀地区汉族农村相同，包括畜牧业、手工业等。畜牧业有养殖猪、牛、羊、马、骡子、犬、兔、鸡、鸭、鹅等，其中，以养猪为主。

手工业有银、铁加工及石、木加工与竹编、刺绣等，还有采矿、冶炼、纺织、打草鞋、泥瓦、榨油、碾米等。

民国时期今渝东南土家族地区商品经济落后，商品交换不发达。土家人一般是到周边集镇出售自己的农副产品，换取农具、油盐酱醋、衣物等生活必需品和装饰品。当地土家族农民之间，也盛行实物交换。

（二）建筑与民居

土家族一般聚族而居，民居自成村落。传统民居与汉族基本相同。主要有茅草屋、土砖瓦屋、木架板壁屋、吊脚楼四种类型，此外还有石板屋，还有居住在岩洞者。民国时期，在山区以茅草屋居多。土家族注重风水，选择宅基要请风水先生看地脉，算八卦。正式建房时，开工动土、上梁盖屋顶等均要算日子，要定在吉日进行。民居结构分为正屋、厢房和司檐。正屋一般为三间，中间为堂屋，前面有"吞口"；正屋两头前面为两间厢房；正屋后面为司檐（也称拖檐）。家庭富裕者将房子建成四合屋，中间为天井。

与西南地区一些民族一样，土家族干栏式吊脚楼亦具特色。吊脚楼依山临水，以四根木柱沿山坡走向搭成木架，在以正屋地面平齐的高度上搭横木，盖木板，三面装板壁或木走廊，以谷草或杉皮作天盖。一般分两层，上层住人，下层用作牲畜栏圈或堆放杂物。

摆手堂是土家族祭祖的祠堂和进行公共活动的场所。一般有正堂三间，设神龛一座，供奉彭公爵主、向老官人、田好汉三尊神像。

（三）饮食

民国时期，土家族的饮食与南方汉族和其他民族相近，同时也有自己的特点。平坝地区日常主食为玉米和大米，山区农民主食为玉米、土豆和红薯，有时也吃豆饭，夏天喜食绿豆稀饭。豆制品有豆腐、豆豉、豆皮、豆腐乳等，尤其喜食"合渣"。所谓"合渣"，即将黄豆磨细，浆渣不分，加菜叶煮熟即可食用，民间还常把包谷饭加合渣汤一起食用。春社时，将腊肉切成颗粒，与糯米、蒿草拌和，煮成"社饭"。

特色食品有酸辣菜、灌肠粑（猪血拌糯米或小米，加食盐佐料，灌入猪大肠内，然后煮熟、炕干，食用时蒸熟切片）、鸭肉炖板栗等。喜喝油茶汤，饮米酒、甜酒、团馓开水、蜂蜜开水、糊米茶等。

（四）服饰

民国时期，巴蜀地区的土家族多用自织自染的土布做衣料。男子多穿黑色或蓝色，上衣为"琵琶襟"、对襟短衫或无领满襟短衣，腰缠布带；下穿青蓝色肥大裤子，打绑腿；头包青丝帕或白布；脚穿草鞋或布鞋。女子将布染成"鹿子闹莲""喜鹊闹梅""双凤朝阳"等图案。女服上衣矮领右衽，领上镶花边，襟边及袖口贴小花边；下穿"八幅罗裙"或彩色花边的大筒裤；姑娘素装是外套黑布单褂，春秋季节多穿白衣，外套黑褂，色似鸦鹊，称为"鸦鹊衣"；头包青丝帕，缠成人字形，饰以银梳、瓜子针、茉莉针、芭蕉扇等银质饰品；喜戴耳环、耳坠、手镯、戒指等。

（五）民俗

1. 婚俗

民国时期，今渝东南土家族的婚姻全凭父母之命、媒妁之言，婚姻受门第、财产的制约。

土家族以族内婚为主，亦可与外族通婚。但覃田、彭王、彭白、向李、向尚、向田杨诸姓等几个特定的姓氏之间禁婚。当地流行姑表兄妹娶嫁优先，民谚："姑家女，伸手取；舅家要，隔河叫。"土家族还有妻姊妹婚的遗俗，如果妻子死了，妻子的妹妹可以嫁给姐夫。还有弟死兄纳弟妻、兄亡弟配兄嫂的"坐床"遗俗。

土家族婚姻要经过求婚、认亲、拜年、送日子、娶亲五个阶段。女子出嫁更有前后二十多道程序，从求肯开始，经过礼、上头、开脸、陪十姊妹、陪十弟兄、陪媒、合八字、升号匾，到迎嫁、娶亲、拦车马、迎亲、圆亲、铺床，再到拜堂、接腊、坐床、吃交杯酒、吃下马饭、交亲、敬大小、拜钱，直至回门才算完成。

2. 葬俗

民国时期，今渝东南土家族已实行土葬，其葬俗亦与汉族接近。主要有：

下榻：人断气时，由其子跪地烧落气纸钱，女儿用白布醮水洗死者心窝和手足，叫"抹五心"。死者穿上寿衣寿鞋，系裤带，脚头点一盏清油灯，身上复盖红色寿被，左手拿桃树枝，右手拿一团饭。

入殓：棺底垫火灰，按死者年龄用茶杯在灰上印圆圈，然后铺上垫单，将尸身放其上，四周再用生前旧衣填塞，最后盖上寿被，取下盖面纸，让死者亲属瞻仰遗容后闭棺。

吊丧：又叫伴灵、守夜，亲族乡邻俱来吊丧，请道士做道场，击鼓说唱，打丧鼓。一人击鼓领唱，众人相和。

出葬：道士为亡者开路，所谓"开通冥路，送亡登程"，按习俗全村人都来送葬。众人堆土砌石，筑好坟墓。坟上插一把纸伞和一根子孙棍，倒伏一只畚箕，栽上千年树，修好坟台，四周栽种松树。

3. 年节习俗

受汉文化的影响，民国时期渝东南土家族的年节习俗已与汉族颇为接近，但亦有自己的特色。主要有春节（过年）、土地节、清明节、牛王节、端午节、六月六向王节、七月半鬼节、中秋节、重阳节等。

春节：即过年，是土家族最大的节日，从腊月二十三过小年开始，到正月十五元宵节结束。过年时，要吃大块肉，饮大碗酒。年饭用大蒸笼蒸好，大年三十吃团年饭，按习俗应关门吃喝，不许说话，并彻夜守岁。正月初一到初四拜年，习惯是"初一拜父母，初二拜丈母，初三至初五，齐跳摆手舞"。

其他节庆有：

土地节：二月初二，俗称"社祭"，家家备酒肉到土地庙上供，祈求风调雨顺。清明节：扫墓，插清明秧。牛王节：选择四月初七、初八、十七、十八等不同的日子杀猪祭祖，招待嫁出的姑娘和至亲好友。端午节：分初五的头端阳、十五的大端阳和二十五的末端阳，习俗同汉族。向王节：六月初六，人们焚香备酒、祭祀向王廪君，祈求保佑平安。此外，还有中秋节、重阳节等。

（六）宗教信仰

土家族信仰原始宗教，认为万物有灵。有祖先崇拜、自然崇拜、英雄崇拜、图腾崇拜等多种形式。祖先崇拜为土王、八部大神、向王等，都是土家早期的祖先神，需要定期祭祀。民国时期今渝东南土家族地区各地都有八部大神庙，纪念土家族先民中的八个部落酋长。自然崇拜对象包括日、月、星、辰、雷、雨、水、火、山、土地、岩石等，皆有神祇。

（七）民间文艺

1. 民间文学

土家族民间神话传说有《洪水登天》《兄妹成婚》《鹰公与余婆婆》《向王天子》《巴务相》《廪君化白虎》《九节牛角》《八耳锅》《土家神马》《腾云草鞋宿地鞭》等，都是对人类来历和土家族文化的神奇解释。民间寓言故事有《吴著冲和彭士愁》《白鼻子王》《聪明的波七卡》《巴列降龙"》《向叫花子请愿》等。有哑语谚语。诗歌有长篇叙事诗歌、古歌、神歌以及史诗和竹枝词。

2. 民间艺术

酉阳民歌：为渝东南土家族民歌的代表，可分为劳动歌、苦情歌、爱情歌等。劳动歌有《薅秧歌》和《薅草锣鼓》，石工、扛工、土工、船工都有号子。此外还有山歌、情歌、哭嫁歌、孝歌等。《薅草锣鼓》一般以七言四句、七言五句居多。情歌有《结交歌》《初恋歌》《相思歌》等。号子有《黑水号子》《楠木号子》和《井岗号子》。此外还有山歌、盘歌、儿歌、祭祀歌、叙事歌等。酉阳民歌旋律优美，即兴发挥，如遇对手，此落彼起，竟日不休。

秀山花灯：为土家族民间歌舞说唱艺术花灯戏的代表，以今渝东南秀山命名，又称跳花灯、耍花灯，广泛流传于川黔湘鄂交界地区，是一种集民俗、歌舞、杂技等艺术为一体的民间艺术。民国时期，秀山花灯艺术已经成熟。花灯表演每年从正月初二开始，至正月十五结束。秀山各地花灯班子在表演形式和风格、内容方面各有特点，内容大多以土家族的生产生活、神灵崇拜、爱情婚姻、民间习俗为题材。秀山花灯当时在说唱、歌舞、杂技等艺术形式方面，都已达到了很高的水平。

秀山花灯戏：是由秀山花灯派生出来的地方剧种，主要分布在秀山的兰桥、溶溪、峨溶一带，其形成时间在清末民初，流行于民国时期。主要剧目有

《牧童看牛》《看牛下棋》《三媳敬寿》《箍桶匠》《小媳妇》《表妹盘花》《花子醉酒》《徐氏教子》等三十余折。

酉阳土家摆手舞：土家族集体舞蹈，分为"大摆手""小摆手"两种；其他还有花鼓子舞、巴山舞等。土家摆手舞动作多模仿各种生产、生活场景，活泼诙谐，融歌舞乐于一体。年节之时，土家族都要"齐跳摆手舞"，气氛热烈。

此外，四川土家族还有反映养马和马术的八宝铜铃舞和以争斗打闹为特色的"毛古斯"舞。

二、回族文化

（一）生产方式

民国时期，巴蜀地区回族主要从事农业生产、饲养牛羊，手工业和商业均较发达。

1. 回族的农业

民国时期巴蜀地区回族农业与当地汉族农业发展水平相当。农具的种类和制作技术水平，都与汉族基本上没有区别。主要的农具有挖锄、薅锄、犁铧、镰刀、连枷、风车、拌桶等，铁农具已普及，耕牛普遍使用，也十分重视田间管理。作物产量也和汉族农区基本相同。在农产品经营方面，回族还普遍强于汉族。

巴蜀各地的回族农民种植的作物也和当地汉族一致。盆地农区回族种植水稻、小麦、玉米、番薯、土豆、油菜、花生、青菜、白菜、萝卜、辣椒、茄子、南瓜、冬瓜等作物。生活在川西北地区和宁属彝族聚居区的回族种植青稞、小麦、玉米、燕麦、荞子、土豆、大白菜、莲花白、萝卜、圆根等作物。

回族农业与商业、畜牧业及手工业联系十分紧密，回族中亦农亦商、半农半商、亦农亦牧是普遍现象。四川农村的回族人数较少，土地也少，因此仅靠种地不足以维持生计，必须兼营他业。西昌、盐源、新都、松潘等地的回族农民多兼营商业或手工业。其中松潘回族就善于兼营皮毛业、畜牧业，或贩运日用品，松潘也因此成为川西北的皮毛集散地。

此外，巴蜀地区回族经济和西北回族地区相比，社会分化不突出。这是因为在巴蜀地区，回族人口相对较少而分散，没有西北那样的回族大军阀和门宦大地主，一般回族大多属于半自耕农。因此，巴蜀地区回族中，大地主很少，赤贫的也很少。

2. 回族的"牛羊业"

回族习惯上称畜牧业为"牛羊业",这是回族的传统行业和重要的经济支柱。具体包括牛羊饲养、屠宰、牛羊肉经营和皮毛生意。

民国时期巴蜀地区回族饲养的牲畜较少,野外放牧的不多。在剪毛、挤奶等方面不如藏族那样有影响。松潘草地和西康省康属地区的回族以饲养牦牛、犏牛、奶牛、绵羊为主,杂居于四川各地的回族多饲养黄牛、水牛和山羊。此外,也养殖一些鸡鸭。一般牧区回民,也会制作酸奶、奶渣等奶制品。

巴蜀地区回族多分布于城镇或交通要道。回族中不少人经营清真饮食、牛羊肉、制革、皮毛生意。成都回族的屠宰业较兴盛,据载:"成都之屠宰业,牛为大宗,且为回民之专业,每年约宰14000千余只。屠场有二,城内小西巷,系黄牛屠场,西门外金仙桥则为水牛屠场,屠户约50余家,资本在千元者不过十余户,每日二场约宰牛30余只。中秋系牛肉节,前后三日每日约宰百余只。""或自行挂架售卖,或批发与人",另外还有走担售卖。"牛肉架之地点,以皇城贡院街为多","走担约300余户"①。

3. 回族的手工业

民国时期巴蜀地区回族的手工业则主要是皮革皮毛加工、面粉加工、五金、缝纫、豆腐加工等。如松潘县城民国时期有十一家皮革加工坊,主要加工皮马鞍、皮带、皮袍、皮衣褂、皮箱皮靴等。此外还有羊毛纺织作坊,手工纺织牛羊毛线,编制毛衣、毛袜、毡子、毡衫等;缝纫店七至八家,缝制长衫、马褂、旗袍、背心;还有打制银器和铜器的五金小作坊以及豆腐坊两家②。

4. 回族的商业

回族是善于经商的民族,伊斯兰教鼓励商业活动,认为从事商业活动是高尚事业,回族以商业为本业和恒业,以商业利润为恒产③。因此,回族家庭大多经商。

民国时期,由于抗战爆发,四川和西康成为大后方,战时物资匮乏,回族的商业活动也因此有了更大空间,不仅城镇回族商人经营范围和规模扩大,回族小商贩数量增多,经营的行业和商品种类也明显增多。其中,城市回族商人

---

① 李伟等:《抗日战争中的回族》,甘肃人民出版社2001年版,第178页。
② 松潘县志编纂委员会:《松潘县志》,民族出版社1999年版,第486~488页。
③ 拜学英:《回族习俗探源》,民族出版社2009年版,第301页。

经营集中于贸易、牛羊业、饮食业、骡马行、珠宝玉器业，此外，还有牙行、菜行、药材、古玩等。农民兼小商贩是当时回族经济生活中的普遍现象，80%左右的回族兼营季节性的小商贩，多在春秋务农，夏冬做买卖。

民国时期的四川回族贸易分长途贩运和城乡间商贩流动两种。长途贩运主要是将皮毛、清真食品、药品、土特产从产地如西昌、盐源、松潘、康定、威州等地贩运到成都、重庆乃至省外甘肃、青海、陕西、宁夏等地，再从这些地区采购工业品、茶叶、粮食、丝绸、日用品等回本地出售。

5. 回族饮食业

饮食业在回族商业活动中也占有重要地位，回族从事饮食业的人较多。回族讲究清洁，并有严格措施，使其在饮食业中有较好的声誉。

回族饮食业经营形式主要有三类：一是饭馆，包括清真牛肉馆、清真羊肉馆、包子铺、饺子馆、菜肴馆、小吃铺。二是糕点、熟食业。三是茶庄、茶馆。成都的饮食业中，糕点业有数家有名的老字号，从清末至新中国成立初一直不衰，如"彩芳斋""德泰斋""清芳斋""咏芳斋""玉泰斋""两仪斋"等。茶庄中最有名的是陕西回族茶商在成都开的"仁和号"和"本立号"，这两家茶庄从道光年间开办，直到新中国成立前夕停止，享誉蓉城一百多年。

（二）建筑与民居

回族建筑的特点，主要表现在作为回族宗教和文化中心的清真寺建筑上。清真寺建筑主要包括大殿、沐浴室和召唤穆斯林礼拜的班克楼，还有讲经堂、师生宿舍和大厅。因礼拜活动时须面向麦加，所以大殿都是坐西向东，其他建筑分布在大殿前两侧或者周围。巴蜀地区清真寺建筑一般采用中式传统建筑方法。民国时期，由于西方建筑技术的传入，一些新建清真寺已出现钢混结构的楼层式型制。

据调查，1949年四川和西康共有160多座清真寺，分布在成都、重庆、西昌、松潘及其他各地[1]。以松潘清真北寺为例，该寺始建于清代，重建于1919年，是一座古朴雄伟的中式宫殿式建筑，为松潘地区回族集会聚礼的主要清真寺庙。该寺按伊斯兰教传统规划，由大门楼、礼拜堂、南经堂、北经堂、宣礼楼、沐浴室等木结构建筑组成，四周高墙相围，古杨掩映。大殿（礼拜堂）坐

---

[1] 马尚林：《四川回族历史与文化》，四川民族出版社2005年版，第44页。

西向东，殿顶为单檐歇山式，造型古朴。柱子、斗拱，规范一致。抗战时期，白崇禧曾为此清真寺题写"兴教救国"横匾[①]。

四川回族的民居建筑在结构上与四川汉族一致，多为土木结构的四合院式瓦房，间数多少则根据各家经济实力而有所差异，多以三间的正房为基本住房，左右两边设厢房、围墙，围墙相连，正房、厢房、围墙组成合院天井。各户居住相对独立。在檐头，檩榫、门窗、墙壁、家具、照壁上，多以牡丹、葡萄等花木、山水自然景观和一些几何图形作为雕镂绘描装饰图案，古朴典雅，别具一格[②]。

（三）饮食

民国时期，四川回族一方面严格遵守伊斯兰教有关食物禁忌的规定，另一方面，因长期与四川各地人民杂居，回族饮食口味已和四川本地汉族接近，如喜欢麻辣等。

四川回族家庭多以大米和面食为主，面食做成馒头、花卷、烙饼、馅饼、包子、饺子、面条等。居住在藏族聚居区的回族也吃酥油、酸奶等。肉食有牛羊鸡鸭鹅和有鳞鱼，牛羊肉多喜欢蒸、烤、炖、红烧，还有椒麻鸡鸭、板鸭、板鹅、手抓羊肉等。清真小吃如牛肉抄手、锅盔、面汤、油香、麻花等。回族一般宴席有"牛八碗"和"三出头"；大型宴席有海参席、鱼翅席等，含冷菜4~13道、热菜8道、汤菜2道、小吃1道、随饭菜4道，有的还配甜食。成都皇城坝的"宴乐春"是民国时期著名的回族餐馆[③]。民间的回族家宴则是"三盘""九碗"，以牛羊鸡鸭鱼和蔬菜做成不同的菜肴[④]。

（四）服饰

民国时期，巴蜀地区回族长期与汉族杂居，服饰的变化较为明显，尤其是居住在城市的回族，穿着与当地汉族基本没有差别。在川西北和宁属一带，回族则保留较多本民族服饰特征。男子普遍戴白色或黑色无檐小圆帽，也称礼拜帽，而盐亭、广元、青川、阆中一带回族男子喜欢戴黑帽，松潘等地回族男子不戴帽子，用白布裹头。裹缠头要求严格，凡有礼拜，均要戴上缠头[⑤]。

---

① 松潘县志编纂委员会：《松潘县志》，民族出版社1999年版，第809页。
② 拜学英：《回族习俗探源》，民族出版社2009年版，第64页。
③ 马尚林：《四川回族历史与文化》，四川民族出版社2005年版，第107~109页。
④ 拜学英：《回族习俗探源》，民族出版社2009年版，第47~54页。
⑤ 阿坝州史志办：《阿坝史志·回族史料专辑》1992年1~2期合刊，第17页。

民国时期巴蜀地区回族妇女戴盖头（头帕）很严格，戴披搭式巾帕，巾帕前端遮至下巴，后面披垂于肩头。未婚女子戴绿色盖头，已婚妇女戴黑色盖头，老年妇女戴白色盖头。回族女子的衣着为内穿素色右衽或对襟长袍，蓝色或黑色长裤，脚穿绣花鞋或胶鞋。中老年妇女内穿普通袖旗袍、在长袍外套一件深灰色过膝色长坎肩，老年妇女穿大襟衣服。年轻妇女套长及腰际的短坎肩，而且少女和媳妇很喜欢在衣服上绣花，喜欢佩戴金银手镯、耳环、戒指。女孩九岁以前不戴盖头，穿中式艳丽短裤褂和短绣花背心及绣花鞋。

（五）民俗

1. 婚俗

民国时期，巴蜀地区回族家庭几乎全是一夫一妻制。回族大多实行族内婚。《川康边政资料辑要》称，理番和松潘回族都"与他族不通婚"。但在四川内地，则回、汉通婚已不罕见，尤其是在成都、重庆等城市居民和公职人员中更是如此。根据调查资料，1949年西昌回族中，回、汉通婚已有56对[①]。

回族从提亲到结婚程式复杂。提亲称"下茶""拿盒"；正式订婚称"送聘礼"或"下定茶"；婚期临近时，男方要送蒸馍、羊肉作为"催妆礼"给女方；婚礼前一天，男女双方家庭都要在各自家中"做乜帖"，祈祷真主，请阿訇念经祝福。男方家庭和亲友还要宰牛、盘锅台、架锅炖肉、借桌椅等，备置次日的婚宴。

结婚称"尼卡哈"，婚礼当天男方天亮前迎亲，女方家给新娘开脸（拔汗毛）、洗大净，称"离娘水"，要请全可人（即父母双全、子女双全、夫妻和睦的人）送亲。新娘进门时，亲友夹道欢迎。由新娘的哥哥（或舅舅）抱新娘进新房，新娘的鞋不能沾地[②]。

阿訇主持证婚叫念"依扎布"：阿訇先选诵一段《古兰经》，然后问新郎新娘是否愿意嫁娶，得到肯定回答后宣布："从现在起，你们二位正式结为夫妻。"并告诫双方要互敬互爱。新郎新娘入洞房后，街坊邻里开始闹洞房。回族谚语有"三天里无大小"之说，故闹洞房时各种玩笑，嬉闹不断，以逗新媳妇为乐。新婚床上要事先将核桃、枣子放在四角，寓意早生贵子。

婚宴主宴席上有甜点、干果、茶水，然后有九大碗、油香、汤类。婚宴请

[①] 西昌市民族宗教事务管理局：《西昌民族志》（下册），未刊本，第400页。
[②] 拜学英：《回族习俗探源》，民族出版社2009年版，第91～94页。

的客人和亲友很多，因为席桌越多，主人越有面子。婚礼后次日，新婚夫妇回门，新郎向岳父岳母及长辈请安，婚事圆满完成①。

2. 葬俗

四川多数地区回族人称逝世为"无常"，凉山地区回族人称"归真"（皈依真主）、"归回"（回原处）或"毛提"（波斯语，逝世之意），忌说"死"。伊斯兰教规主张土葬、速葬和薄葬。去世者遗体称为"埋体"。病人到弥留之际，家里要保持安静，家属请阿訇来念"讨白"，为去世者忏悔、祈祷，请求真主收留去世者；邻里乡亲有过节的，应该到去世者面前了断恩怨，消除误会。凉山回族归真前还须有亲人"提点"，要其谨记伊斯兰的"清真言"。

回族葬仪包括停尸（停埋体）、冲洗亡人（行水、着水，即为去世者沐浴净身）、穿"克凡"（白布裹尸）、行站礼（折纳则，与去世者告别，由阿訇主持；北方叫"善面"、探埋体）、下葬（将盛入去世者遗体的木匣土葬）。

3. 节日习俗

回族有三大节日，即开斋节、古尔邦节和圣纪，这三个节日也是全世界穆斯林的宗教节日。除三大节日外，巴蜀地区回族入境随俗，也和汉族一起欢度春节、端午节和中秋节。此外，还有一些小的节日如法图麦节、登霄节、阿舒拉节等。

开斋节：回历十月一日为开斋节，也叫尔德节。每年伊斯兰教历九月，即莱麦丹月斋戒一月。斋月期间，凡穆斯林信徒除十二岁以下男孩和九岁以下的女童以及孕产妇、旅行者、患病者外，都要封斋。每天拂晓前沐浴进食，白天任何食物都不得沾唇，到日落后才能开斋用餐。封斋的意义一是出于对真主的虔诚；二是让人懂得食物的珍贵和贫困者挨饿的痛苦，培养节俭和乐善好施的品行；三是锻炼人们的筋骨意志，树立不畏困难的精神。

开斋节是回族最隆重的节日。在外地的回族都要提前赶回家中。当天早起沐浴燃香，衣冠整齐地到清真寺做礼拜，聆听教长讲经布道。然后去墓地"走坟"，缅怀"亡人"。并挨门串户地互致节日问候（俗称"拜节"），炸制"油香"和"馓子"，宰杀牛鸡兔羊招待宾客亲朋，互相馈赠。

按伊斯兰教历，每年十二月十日为古尔邦节。古尔邦节阿拉伯语音译"尔德·古尔邦"或"尔德·阿祖哈"，意为"牺牲""献身"，故亦称"宰牲节""献牲节""忠孝节"。以屠宰牛羊、聚餐庆祝为主要内容，多以村、

---

① 拜学英：《回族习俗探源》，民族出版社2009年版，第126~128页。

乡、镇、巷等为单位进行。过节一至三天，节前打扫室内外卫生、炸油香、馓子、花花；孩子们换节日服装。节日拂晓，沐浴燃香，赴清真寺参加会礼。会礼由阿訇带领大家向西鞠躬、叩拜。回忆一年中做过的错事，阿訇宣讲教义教规，最后大家互道"色俩目"问好。会礼结束后举行宰牲典礼，屠宰牛羊、骆驼。将肉分成三份：一份自食，一份送亲友邻居，一份济贫施舍。宰牲典礼后，各家老人煮肉，而后相互登门贺节，馈赠食品。

圣纪节：又称茂鲁德节，是纪念穆罕默德的诞辰和逝世的纪念日。因穆罕默德的诞辰与逝世都在伊斯兰教历三月十二日，因此，一般合称"圣纪"。节日这天首先到清真寺诵经、赞圣、讲述穆罕默德的生平事迹，当天晚上的菜以炒牛肝为最美味。过圣纪节的特点是众人赞圣，众人捐散，众人一起吃饭，表现团结友爱的精神和喜悦的心情。

（六）宗教信仰

回族人多信仰伊斯兰教，以《古兰经》为经典，民国时期的四川回族亦然。伊斯兰教对四川回族影响十分深刻。

回族婴儿出生，要请阿訇取"经名"，得到穆斯林身份。年满四岁要送到清真寺或阿訇家学习伊斯兰知识，谓之"发蒙"。男女结婚时写伊扎布，即请阿訇证婚，用阿拉伯文写证婚书。从小到大，须参加礼拜，学《古兰经》，虔信教义，严格遵守教规和信条。

伊斯兰教的主要宗教活动有"五功"，包括念功、拜功、斋功、课功和朝功，简称为念、礼、斋、课、朝。"五功"是穆斯林必须履行的宗教义务。

念功：是念"清真言"。清真言又称为"凯里麦"，意为"美好的语言"。每日念诵清真言是穆斯林的五功中最重要的一种，是信仰的核心。念诵其阿拉伯语，中文意义为："万物非主，唯有安拉；穆罕默德，是主使者。"西昌回族结婚时，必须夫妇先念诵"清真言"之后方可同房[1]。

拜功：即礼拜，又叫"索拉特""撒拉特"，包括每天的五次拜功和每星期（"主麻日"，公历星期五）的聚礼以及每年两次的会礼。穆斯林礼拜时都朝向麦加"克尔白"，所以中国穆斯林礼拜时面向西方。礼拜要做到衣净、水净、处所净、举意、认时、朝向正[2]。集体礼拜称"主麻"或"聚礼"，每周

---

[1] 马尚林：《四川回族历史与文化》，四川民族出版社2005年版，第37~38页。
[2] 拜学英：《回族习俗探源》，民族出版社2009年版，第207页。

星期五晌礼时分，成年男性穆斯林均须在当地较大的清真寺举行集体礼拜。会礼即开斋节和宰牲节的穆斯林集体礼拜[1]。

斋功：即斋戒。伊斯兰教历的九月为斋月。在斋月中，回族无特殊情况者要斋戒一个月，每天从日出到日落禁食止饮，只能在拂晓前沐浴进食，日落后才开斋用餐。

课功：即纳天课。天课是伊斯兰教经典规定的"施舍"。《古兰经》规定，每个拥有固定收入的或拥有固定田产的成年穆斯林，都必须缴纳"天课"。一般是按固定收入的1/40征税，但实际数额仍由穆斯林自己决定。

朝功：即朝觐"克尔白"，俗称"朝汉志"。伊斯兰教规定，凡穆斯林身心健康且有条件者，一生中至少要去麦加朝觐一次。伊斯兰教历十二月，被规定为朝觐月。凡去麦加朝觐过的人，拥有"哈吉"的称谓[2]。

（七）民间文艺

1. 民间文学

回族民间文学包括民间神话和故事、民间歌谣、叙事诗、谚语、说唱等。

回族民间传说的主要内容有：反映人类起源的神话，本民族源流和形成，歌颂本民族杰出人物，关于地方风物和风俗习惯。民间传说在内容和语言上具有西亚、中亚色彩，与伊斯兰教有密切联系，同时吸收了汉族和其他民族的神话传说。回族有关人类起源的神话，如《人祖阿丹》等，一方面受《古兰经》安拉造阿丹的影响，另一方面又加入了回族人民自己的传说。《插龙牌》《李郎降龙》等，均是降服龙王求雨的故事。反映本民族源流和发展的有《回回的原来》《回回的来历》；反映农民与地主老财斗争的有《阿卜杜的故事》《赛里买的故事》《索里哈的故事》等；反映回族爱情和家庭生活的有《不见黄河心不死》《聪明的妻子》《孝顺媳妇》《逆子贤媳》等。还有有关回族英雄的故事以及由西北传来的回族长篇民间叙事诗《马五哥和尕豆妹》，长三百余行，采用"花儿"形式，讴歌了回族青年男女纯真的爱情和反抗精神。

2. 民间艺术

民间歌谣：回族民间歌谣的主要形式是"花儿"。"花儿"唱词是口头诗歌创作，反映回族人民的历史传统、风俗习惯和社会状况。按其内容，主要有

---

[1] 拜学英：《回族习俗探源》，民族出版社2009年版，第209页。
[2] 拜学英：《回族习俗探源》，民族出版社2009年版，第234~237页。

反映回族外出经商的"出门人的歌",反映回族受压迫剥削的苦歌,反映回族青年男女爱情的情歌。

民间宴席曲:回族在各种宴席场合演唱的曲调。曲调优美流畅。代表作有《十里亭》《纺四娘》《尕老汉》《五更月》《四季青》等。

回族民间乐器哇呜,古代称为"埙"。演奏技巧类似吹箫,音量小,音域窄,可吹奏简单的曲子。

三、苗族文化

(一)生产方式

1. 农业

苗族是有悠久历史的农业民族,但同汉族、布依族、白族相比,民国时期巴蜀地区苗族的农业生产水平相对落后。

苗族农具:主要是铁制或木制农具。包括犁铧、耙、挖锄、薅锄、刮锄、钉耙、镰刀、砍刀、斧子、搭斗、谷箩、粪筐、粪箕、扁担、谷仓、禾晾、碓、晒席、风车、水碾、斗篷、蓑衣等[①]。

主要粮食作物有水稻、小米、玉米、高粱、豆类、土豆、番薯。经济作物有草烟、蓝靛(染料)、棉花、苎麻、烟草、油菜、花生、向日葵、桐油、蓖麻。主要蔬菜有苦马菜、莴笋、辣椒、茄子、韭菜、芋头、青菜、白菜、瓜类、萝卜、豇豆、魔芋、苋菜、芫荽、葱、蒜等[②]。

使用的肥料有牛粪、猪粪、鸡鸭粪、草木灰和青肥等,一般不使用人粪便做肥料。

苗族的农事活动:农历正月至二月,烧灰积肥,砌田坎,挖小米土,割草垫牛圈。三月,犁田整地,浸稻种,割秧青。四月,挑粪,割秧青,栽秧,种其他杂粮。五月,栽秧、栽烟、栽辣椒、薅秧。六至七月,薅秧,割牛草和垫圈草。八月,砍小树枝、竹枝支撑水稻,割草,割田坎,开始打谷。九月,打谷,收小米,收稻草。十月,挖干田,捶田坎。十一月,砍柴,挖小米土,砌

---

① 《中国少数民族社会历史调查资料丛刊》修订编辑委员会编:《苗族社会历史调查》(二),民族出版社2009年版,第2~6页。
② 《中国少数民族社会历史调查资料丛刊》修订编辑委员会编:《苗族社会历史调查》(二),民族出版社2009年版,第12~18页。

田坎，割草喂牛等。十二月，修整田坎，砍柴，垫牛圈，割草喂牛等①。

其中，水稻的栽种技术有犁田、耙田、施底肥、浸种、撒种、栽秧、薅草、追肥、收割。棉花用点播，在地里掏沟、挖窝、施底肥、点播棉种，行距、窝距均为30厘米左右。薅草3次，追肥1~2次②。

由于农业生产水平偏低，民国时期巴蜀地区苗区的作物产量不高，一般亩产水稻300斤左右，棉花2~3斤，小麦100~150斤，玉米150斤左右，土豆2000斤左右。

男女分工方面，男子承担较重的农业体力活，如犁田、挖土、栽秧、打谷、运输、撒种、施肥、收割等。妇女承担较轻的农活，但妇女还要承担繁重的家庭劳动。

2. 副业

畜牧养殖是主要副业之一，尤其是养猪。苗族家家养猪，有的还养母猪生猪仔卖钱，有的则养肥猪出售或过年。此外，乌江流域的苗族还养水牛、黄牛、鸡、鸭、鱼和蜜蜂等。

采集业也是苗族的副业之一。主要采集蕨菜、百合、蘑菇及各种野菜野果，以及割牛草猪草等③。

3. 手工业

苗族手工业种类多，主要包括家庭酿酒（烧酒、甜酒和泡酒）、烧木炭、榨油、纺织缝纫、打草鞋、竹木器、建房、石器打造、铜铁银器打造等④。

4. 商品交换

巴蜀地区苗族地区商品交换比较落后。没有出现大规模的商品贸易，只是苗族之间和苗族与其他民族之间的简单交换。一般是通过赶场进行，苗族多出售自己养殖的牲畜、禽蛋、棉花、桐油、木炭、蔬菜、水果等，换回需要的食盐、布匹、农具和日用品。

---

① 《中国少数民族社会历史调查资料丛刊》修订编辑委员会编：《苗族社会历史调查》（二），民族出版社2009年版，第138页。
② 《中国少数民族社会历史调查资料丛刊》修订编辑委员会编：《苗族社会历史调查》（二），民族出版社2009年版，第144页。
③ 《中国少数民族社会历史调查资料丛刊》修订编辑委员会编：《苗族社会历史调查》（二），民族出版社2009年版，第160~165页。
④ 《中国少数民族社会历史调查资料丛刊》修订编辑委员会编：《苗族社会历史调查》（二），民族出版社2009年版，第158~160页。

（二）建筑与民居

1. 吊脚楼

民国时期巴蜀地区苗族居住在山区，民居建筑仍是依山抱水，以木吊脚楼为主。一般高7~14米，占地10余平方米，屋顶多盖青瓦，以4排3间为1幢。木楼一般分3层，上层储谷，中层住人，下层楼脚围栏成圈，堆放杂物或关养牲畜。中层分堂屋和卧室、厨房，门窗左右对称。中堂前有两扇大门，两边各有一窗；中堂前檐下，都装有靠背栏杆，称"美人靠"。

2. "叉叉房"

部分苗族住简陋的"叉叉房"。一般不筑地基，只须将地面略加平整即可。屋架多用未经剥皮的天然树干和树枝叉绑扎而成。四壁和屋顶夹茅草、树叶和树皮，有的围以竹篱笆。

（三）饮食

民国时期，今渝东南苗族一般一日两餐，山区以玉米、土豆、红薯为主食，平坝以玉米和大米为主食。常见的蔬菜有豆类、瓜类和青菜、萝卜，喜吃酸辣味。苗族善做豆芽、豆浆、豆花、豆腐等豆制品。住在高寒山区的苗族，喜欢用白水煮蔬菜，肉食多来自家养的家畜家禽。苗族喜吃狗肉，有"苗族的狗，彝族的酒"之说。

酸汤为苗族家家必备。酸汤是用米汤或豆腐水，放入瓦罐中经3~5天发酵而成，用来煮肉、煮鱼、煮菜。苗族的食物保存，普遍采用腌制法，蔬菜、鸡、鸭、鱼、肉都喜腌成酸味食用。苗族家家都有腌制食品，统称酸坛子。苗族饮料以油茶最为普遍。

（四）服饰

1. 概况

苗族服饰是西南少数民族服饰中最纷繁复杂、最具特色和美感的服饰之一。多以棉麻为原料，经手工纺织、漂染、缝制以及刺绣等加工而成，配以精美炫目的银饰，极具观赏价值。苗族服饰有性别、年龄及盛装与常装之分，且有地区差别。据清代《百苗图》所载，苗服凡83种。学术界将纷繁复杂的苗族服饰分为湘西型、黔东型、川黔滇型、黔中南型以及海南型等五大类别和若干款式。

巴蜀地区苗族中，今渝东南彭水、酉阳、秀山的苗族服饰接近湘西型，男子穿对襟短衣、长裤，缠头帕，打绑腿。妇女上穿圆领大襟右衽宽袖衣，下穿宽脚裤，系绣花围裙。衣襟、袖口、裤脚均饰有花边。天寒时，在衣外套坎肩，包头帕。节日时，妇女喜戴银饰。

川南一带苗族服饰属川黔滇型，其代表是古蔺式服饰，主要流行在四川古蔺、筠连、云南彝良、威信以及贵州仁怀、金沙等县。女装为青色对襟或大襟衣、蜡染绣花褶裙，胸戴梯形长围兜，束织花腰带，缠头帕，裹绑腿。男装为青色大襟长衫，男上衣长至踝，镶浅色袖口，衣衩很高，有绣花披领。男女皆缠白帕，通用织花腰带[①]。

此外，今渝东南彭水、酉阳、秀山的苗族亦喜穿百褶裙，会蜡染技术。

2．苗族银饰

今渝东南和川南的苗族均插戴银饰。所戴银饰为本地苗族银匠制作，工艺精湛，式样美观。头饰很多，主要包括银角、银扇、银帽、银围帕、银飘头排、银发簪、银插针、银顶花、银网链、银花梳、银耳环、银童帽饰，等等。

（五）民俗

1．婚俗

苗族实行族内婚和一夫一妻制。婚姻比较自由。渝东南秀山一带青年男女通过"赶边边场""跳花"等活动，自由恋爱，建立感情，进而确定婚姻关系，再由男方托人向女方说亲，举行订婚、结婚仪式。青年男女可三五成群、单独公开或悄悄地对歌和交谈。以对歌形式谈恋爱，是苗族婚俗文化中最具民族色彩的风俗。

苗族青年结婚的年龄一般在16~20岁之间，同宗族不婚，姑舅表婚优先，不同辈分不通婚。不同民族甚至苗族不同支系间也基本上不通婚。苗族有结婚当日夫妻不同房的习俗，新娘与送亲的陪娘及新郎的姐妹共度第一夜。苗族婚礼有接伞、祭祖、吃合欢酒、挑喜水、捉喜鱼等仪式。送亲人群要在大门外唱"拦门酒"和"牛角酒"歌。

苗族允许离婚和再婚。男女任何一方都可以提出离婚。按习惯规定，谁先提出离婚，谁就要向对方进行赔偿。丧偶可以再婚。夫死，其弟可以娶嫂，谓之"转房"。

2．葬俗

苗族正常死亡实行土葬，非正常死亡实行火葬。成年人用杉树棺木敛尸，未成年人用木匣敛尸。

---

① 参见杨正文《苗族服饰文化》，贵州民族出版社1998年版。

老人弥留时，子女都在侧旁以示孝道。老人咽气后要烧"落气纸"，并为死者沐浴，通知至亲前来吊唁。为死者穿上寿衣叫小殓，再放入棺材叫大殓。停丧一般三日，也有五至七日的。川西南苗族妇女的葬礼比男人复杂，原因是"陪嫁什么陪葬什么"，出嫁时娘家陪嫁什么就要陪葬什么，如出嫁时陪嫁了十只羊，死了就要宰十只羊①。停丧时家属轮流守灵，请道士做法事、唱"丧歌"，出丧前请巫师"开路"。川南珙县苗族在"开路"后，还要"跳坛"，击鼓吹笙。发丧时，各地多以一只公鸡为死者"带路"，子女披麻戴孝。下葬后一般即掩土成坟。苗族有守孝的习俗，葬后数月内，孝子不劳动、不唱歌、不剃发，父死服丧三年，母死服丧四年。

3. 年节习俗

民国时期，巴蜀地区苗族因与汉族杂居，所以其年节习俗已受汉族影响而与汉族接近，但仍然保留了许多本民族的传统节日文化。同时，苗族以节多著称，"大节三六九，小节天天有"。

苗年：苗年一般在正月第一个卯日，历时3~5天或15天。年前，各家各户都要备丰盛的年食，除杀猪、宰羊（牛）外，还要备足糯米酒。年饭丰盛，讲究"七色皆备""五味俱全"，并用最好的糯米打"年粑"互相馈赠。

赶苗场：流行于川南叙永、古蔺一带。每年农历二月十三日和七月三日举行两次。

赠带节：流行于川南叙永县下东一带。每年农历二月五日举行。届时，方圆数十里的青年男女。如双方中意，可互赠腰带，作为订婚礼物。事后反悔者，可索回腰带，解除关系。

羊马节：流行于今渝东南秀山县龙池、石堤一带。每年农历四月二十六至二十八日举行。届时，人们杀猪宰羊，庆祝节日。

赶秋节：流传于今渝东南秀山县，每年立秋日举行。届时，人们从四面八方涌向集会地点，参加和观看打秋千、舞狮子、玩龙灯、上刀梯等活动。

除夕洗脚：每年除夕，各家去溪边河畔挖来几株叶片逆水的菖蒲，扯一些乌泡叶、桃花叶枝，晚上放进鼎罐中煨一罐水洗脚。

花山节，又称"踩花山""耍花山""踩山""跳场"或"桃花"，是四川南部苗族的节日，有的在农历正月，有的在五月、六月、八月下旬不等。花

---

① 邱兴春：《金阳苗族奇特文化习俗》，《凉山日报》2009年7月3日。

山会是青年男女社交的机会，钟情的姑娘会被小伙子撑开的花伞拢去，互相依偎，倾诉衷肠。

（六）宗教信仰

苗族的宗教信仰主要是原始宗教，一是自然崇拜，崇拜山神、树神、猎神、雨神、火神等，遇有暴风骤雨，要烧黄蜡祭鬼；小孩生病，要拜献石头神；大人生病，要杀猪祭水井神，并取"灵水"治病；家有不幸，要"做牛鬼"，即"推牛还愿"，祈求神灵保佑。相信财神，并有"开财门祭"，祭祀时钉一方尺红布于门上，魔公呛咒，杀鸡献祭，以示求财。二是祖先崇拜，要杀鸡祭祖，并请魔公呛咒转达子孙对祖先神灵的祈求。

部分苗族也信仰道教，崇奉观音、关帝、天王菩萨和盘瓠等神。有的地方苗族称巫师为"白马"，有的称为"昂"，有的称为"宛能"。

近百年来，基督教、天主教传入苗族地区。民国时期，部分苗族已成为其信徒。

（七）民间文艺

1. 民间文学

神话传说和故事：如《开天辟地》讲述上古时洪水泛滥，人类面临毁灭，只剩下伏羲兄妹跳进葫芦里，漂流许久，上岸后历经曲折，兄妹成婚，使人类得以繁衍的故事[1]。还有反映苗族生产生活各方面情况的故事如《阿各林》《两兄弟和两姊妹》等。

史诗：苗族创世神话史诗一直流传下来，民国时期还很完整[2]。反映苗族先民的图腾崇拜、祖先崇拜、苗族先民迁徙、族源、古代社会状况。

苗族歌谣：古歌代表作品有《打杀蜈蚣》《则嘎老》《居诗老》《活路歌》《瓷器歌》《种麻歌》等[3]。苦歌有《逃荒歌》《苗家流落在山坡》《穷人像笼里的小麻雀》等。情歌有《见面歌》《单身歌》《分别歌》《成婚歌》等。习俗歌有《酒礼歌》《孝歌》《哭丧歌》《出嫁歌》《打扮歌》《吃姊妹饭歌》《姊

---

[1] 李海鹰等：《盐边县红宝公社苗族调查》，载李绍明、童恩正主编《雅砻江流域民族考察报告》，民族出版社2008年版，第303~304页。

[2] 流传于贵州省黔东清水江一带苗区。其原始资料是1952年进行苗族语言调查中搜集到的，后又多次补充调查。学者马学良等对其进行整理和翻译，于1983年由中国民间文艺出版社出版了《苗族史诗》。

[3] 吴一文、覃东平：《苗族古歌与苗族历史文化研究》，贵州民族出版社2000年版。

妹歌》《芦笙木鼓歌》等。

2. 民间音乐

"古歌""酒歌"都是苗族民歌体裁，可咏可唱。时逢佳节或婚姻喜庆饮酒，人们常用酒歌来祝福酬谢；席间酒后，老人们往往用酒歌曲调来传唱历史、歌颂英雄和祖宗业绩。

器乐主要是芦笙曲。芦笙由六支竹管组合而成，大的长达一至两丈，小的只有八至九寸，各地芦笙的构造和音调上都有显著的差别。伴奏有莽筒。大的莽筒直径八九寸，用树干挖空而成，用时两人抬一人吹，声音低而洪亮、浑厚。此外，还有唢呐、箫、笛、铜鼓。苗族还擅长吹木叶。芦笙舞、鼓舞、板凳舞等是流行的舞蹈①。

礼乐是在举行婚礼或葬礼、祭祀祖先时演奏的曲子；迎亲的曲子欢快活泼，热烈奔放；祭祀的曲子庄重肃穆，气氛深沉。

四、纳西族（摩些、摩梭）②文化

民国时期，四川摩些人主要分布在西康省宁属盐边县和盐源县九所土司所辖地区，含今盐边县和盐源县全境及木里县大部分地区。自称"纳西""纳喜"等。据调查，四川摩些人中自称"纳西"或"纳喜"的均称祖上是从丽江迁徙过来的。

（一）生产方式

1. 农业

民国时期，四川纳西族主要从事农业生产。主要农具有：木犁、铁铧、大花盘、板锄、条锄、三齿耙、斧子、砍刀、弯刀、镰刀、连枷、木锄等。木农具本地自制，铁农具则从汉族地区输入。主要农作物有玉米、青稞、荞子、土豆、水稻、小麦、稗子、青菜、四季豆、圆根、辣椒、南瓜、金瓜、茄子、大蒜、苎麻、烟草等。

纳西族的农耕方式粗犷。耕地靠"二牛抬杠"，犁地较浅，深不过五寸，与藏族、彝族、羌族相同。耕地不足则实行烧山开荒（火烧地），一般只施底

---

① 吴荻：《四川苗歌所体现的苗族品性》，《北京电力高等专科学校学报》2009年第5期。
② 民国时期汉文史籍大多称为"摩些"，"纳西"为中华人民共和国建立后通过民族识别确定的族称。在四川省盐源、木里的纳日人旧亦称摩些，现大多被划为蒙古族。

肥，不用人粪便，使用牛羊猪粪便和草肥。

纳西族生活于泸沽湖地区，很早就有了水利灌溉技术。左所土司有一条大灌渠能浇灌耕地二千余亩，灌溉时先土司引水，再依次由其他头人和百姓引水灌溉①。

纳西族的主要农事活动是：农历正月种土豆，先犁地和碎土，接着挖窝、施底肥和放种浇水各一人，同时完成，盖土时垒成圆包，六月收获土豆。三月中旬种玉米，犁地两次。薅草两次，七月收获玉米。六月种圆根，九月收获。秋分前后种小麦和青稞，次年五月收获②。

2. 副业

盐源达住村纳西族的主要副业是赶马运输。一般人家均有数匹骡马，全村人均从事赶马运输，马少的家庭几户合作跑运输。主要为川滇商人驮运货物，驮运路线一般是云南永宁—丽江—剑川—大理—下关—四川木里—盐源。南下驮运本地土特产、药材、皮张、牛羊毛、酥油、猪膘、松明等，运回产自汉族地区的铁器、铜器、农具、茶叶、食盐、布匹、丝线等日用品。所得力钱则买回家庭必需品。

渔猎是泸沽湖边的纳西族的主要副业之一。湖边的纳西族每家都有独木船和渔具，鱼汛期间，都去湖里打鱼，但是却没有专门以打鱼为生的渔民。鱼具有渔网、鱼叉、鱼钩和卡子等。泸沽湖盛产细鳞鱼，品种有"尼刷""潮尼""尼迷""各尼""普直子"等，味好肉细。摩些人采用拦网、撒大网捕鱼、鱼叉叉鱼、鱼钩和卡子钓鱼等方式打鱼，所打的鱼多数晒成鱼干，其中部分交木里大喇嘛的鱼税，其余自用或到集市出售。摩些人乐善好施，凡在打鱼现场的人和无力打鱼的人家，都会以鱼相赠。

纳西族的狩猎活动又称"撵山"，多在农闲时进行。三五人相邀，带上武器和猎犬，猎具有火枪、射弩、弓箭以及使用扣铗、陷阱等。猎物有山鸡、雉鸡、野兔、獐子、麂子、岩羊、鹿、野猪等，偶尔猎获到豹子和黑熊。猎物大部分自用，少数用于交换物品③。

---

① 《中国少数民族社会历史调查资料丛刊》修订编辑委员会编：《四川纳西族社会历史调查》，民族出版社2009年版，第143页。
② 《中国少数民族社会历史调查资料丛刊》修订编辑委员会编：《四川纳西族社会历史调查》，民族出版社2009年版，第6页。
③ 《中国少数民族社会历史调查资料丛刊》修订编辑委员会编：《四川纳西族社会历史调查》，民族出版社2009年版，第6～7页。

纳西族生活的地方物产丰富，因此采集也是副业之一。木里俄亚地方的摩些人农闲时候上山挖虫草、贝母、当归、黄芩、茯苓、木香、龙胆草等药材，打猎后提取熊胆、麝香等名贵药材出售，还上山采集蘑菇、木耳、鸡枞菌等，以及火草（织布用）、青刺果（榨油用）等野生植物[①]。

3. 畜牧业

四川纳西族饲养牲畜历史悠久，在民国时期仍然是其重要的生产方式和经济来源。饲养的牲畜主要有牦牛、黄牛、水牛、骡马、猪、羊、狗、鸡、鸭等，其中牦牛、羊、马和猪是放牧养殖。母牛挤奶和生牛犊时要加喂饲料，平时，牦牛还要添食一些石粉、猪油和白糖。公牛养殖五至六年宰杀，母牛每年可产奶一百斤左右。奶制品种类和制作方法与藏族相同。黄牛和水牛多为圈养，水牛和强壮公黄牛做耕牛，一般黄牛多做肉牛。羊分山羊和毛羊（绵羊），每家都有。猪在泸沽湖地区养殖较多，实行放牧，早上赶出，晚上任其自己回圈。草海牧猪，是泸沽湖区一大别致的景观。马和狗也是纳西族饲养较多的牲畜，马为脚力，狗作猎犬。当地禁止吃狗肉[②]。此外，纳西族还擅长养蜂。

4. 手工业

纳西族的手工业主要有纺织、皮革加工、酿酒、榨油、竹麻编织、木工、烧炭、铁匠等。其中，纺织包括牛羊毛纺织、麻纺织和火草纺织三种。由于与藏族毗邻而居，四川木里、盐源纳西族的牛羊毛纺织和皮革加工与藏族基本相同，麻纺织则有其特点。麻纺织的原料包括线麻、苎麻和火草，通常是以麻纱为经，火草线为纬，结合使用，织出结实而又柔软的麻布。麻纱制作要经过多重工序，如晒干、沤泡、剥皮、漂洗、梳理成麻纤维、加草木灰煮、洗净等。火草为野生植物（当地人称"其巴"），夏季采回其叶子，以野酸梅汁浸泡，再抽出其纤维捻成火草线，供织麻布之用。麻布以"排"为计算单位，每排一般宽一尺左右，长五尺，分好、中、差三等。一个妇女一般每年能织出好麻布

---

① 《中国少数民族社会历史调查资料丛刊》修订编辑委员会编：《四川纳西族社会历史调查》，民族出版社2009年版，第74页。
② 《中国少数民族社会历史调查资料丛刊》修订编辑委员会编：《四川纳西族社会历史调查》，民族出版社2009年版，第146页。

二十四排,或中等麻布四十排,或次等麻布六十排①。

（二）建筑与民居

盐源达住地区的纳西族大多住木屋,为传统井架式人字顶的木楞房,用圆木垒架而成。顶上盖木板,上面压石板,开天窗。一般坐北朝南或坐西朝东。普通人家建有正房、门楼和一方厢房的院子,富裕家庭则有正房加两边厢房的院子。

正房是纳西族的主要建筑,由主室、左室、右室、仓库、后室等组成。正房主室是全家做饭、议事和待客的地方,有上、下两处火塘,正、侧两处床榻,中间是祖先神龛。正床为男性家长坐卧之处,侧床为年长妇女座席和平时成年男子和男孩吃饭喝茶之地。下火塘为妇女和孩子吃饭之地。左室放水槽及家用器物；右室前半部为煮猪食的地方,后半部为主妇住处。仓库存放粮食和猪膘。后室平时堆放杂物,死人时作停尸房。厢房楼上住人,门楼堆放草料楼下为畜圈②。

（三）饮食

民国时期四川纳西族一般一日三餐。主食为玉米、土豆、小麦和四季豆,肉食是猪肉,蔬菜有圆根、辣椒、干菜等。常见的主食是焖玉米饭、煮土豆和烤面饼,佐以辣椒酱和汤菜。早晚的茶点是酥油茶③。

盐源一带盛行做干菜和酸菜,包括干鱼和酸鱼。酸鱼的做法是：把鱼剖开,取出内脏,在鱼身撒盐；然后一层鱼一层糌粑码放入陶缸,再盖上盖密封。酸鱼一般三十至五十天做好,可生吃,亦可做酸鱼汤。点心有糌粑、炒黄豆、炒玉米和玉米糖。饮料有奶、酒和茶④。

（四）服饰

衣着方面,四川纳西族保持了古老的习俗。盐源达住地区纳西族少男少女

---

① 《中国少数民族社会历史调查资料丛刊》修订编辑委员会编：《四川纳西族社会历史调查》,民族出版社2009年版,第138~139页；赵心愚：《从东巴象形文字看纳西族的传统纺织技术》,载《纳西族历史文化研究》,民族出版社2008年版。
② 《中国少数民族社会历史调查资料丛刊》修订编辑委员会编：《四川纳西族社会历史调查》,民族出版社2009年版,第4~5页。
③ 《中国少数民族社会历史调查资料丛刊》修订编辑委员会编：《四川纳西族社会历史调查》,民族出版社2009年版,第4页。
④ 《中国少数民族社会历史调查资料丛刊》修订编辑委员会编：《四川纳西族社会历史调查》,民族出版社2009年版,第170~172页。

都穿麻布长衫，不着裤，戴小手镯。13岁要举行"穿裙子"和"穿裤子"的仪式，女孩改穿右衽短上衣，百褶长裙，腰束绿色带子；男孩改穿右衽短上衣或对襟褂子、长裤、腰束带子①。青年妇女喜用黑色丝线加牦牛尾加饰的粗辫绕于头顶，披白色羊皮。已婚妇女缠青布头帕，穿黑色或青色麻布长裙，外罩山羊皮坎肩。纳西族喜欢挂小刀为装饰，爱戴银或玉手镯或戒指②。

（五）民俗

1. 婚俗

民国时期，四川各地纳西族的婚姻习俗是以一夫一妻制为主，同时不同程度上存在多夫多妻制。

盐源达住地区的纳西族在婚前有恋爱自由，可以同斯汝③以外的男女对山歌、弹口弦，交往恋爱，但涉及婚姻则由父母之命、媒妁之言决定。定亲，结婚有严格的程序和礼仪。男女青年在十七至十八岁时定亲（纳西语"命含"），一般是男方在看中某家之女后，先请东巴念经、看八字，若符合则请斯汝内老人带酒说媒；女方若同意，要先请女儿的舅舅等亲族喝酒，正式定亲还要举行盛大的酒宴，征求女方斯汝的各家家长、舅舅的意见，得到认可。定亲后两三年内可以结婚（纳西语"楚美如"），婚礼通常持续六至七天。

在木里俄亚地区，纳西族有嫁娶婚和招赘婚两种形式，以男娶女嫁的嫁娶婚为主。一妻多夫制多是兄弟共妻，其中又主要是两兄弟共妻。举行婚礼时诸兄弟均要参加，共同向祖先、父母、岳父母及亲友磕头，以取得共妻的权利。夫妻生活主要由妻子安排，一般都能保持和睦。一夫多妻制包括姐妹共夫和非姐妹共夫两种形式，多数是因妻子不育或有女无男④。

俄亚地区纳西族在婚前或婚后均可以结交异性，建立一种叫"安达"的同居关系。"安达"意为"朋友"，其性质与云南宁蒗摩些人的"阿注"以及盐

---

① 赵心愚：《纳西族的成人礼及社会功能》，载《纳西族历史文化研究》，民族出版社2008年，第222~229页。
② 《中国少数民族社会历史调查资料丛刊》修订编辑委员会编：《四川纳西族社会历史调查》，民族出版社2009年版，第4页。
③ 斯汝：盐源达住地区摩些人父系血亲集团的称谓，意为"一个根根"，即由一个男性始祖繁衍下来的后裔组成的血亲集团。"斯汝"之下分若干"房"，"房"以下分若干"的金"（家庭）。
④ 《中国少数民族社会历史调查资料丛刊》修订编辑委员会编：《四川纳西族社会历史调查》，民族出版社2009年版，第78~81页。

源纳日人的"肖波"都颇为相似。"安达"是正式婚姻的一种补充形式，有婚后夫妻双方各自找"安达"的，也有婚后一方不满而找"安达"的，还有终身未婚而过"安达"生活的①。

2. 葬俗

四川盐源、木里等地区的纳西族均实行火葬，各地葬俗大同小异。

盐源达住地区的纳西族死后，要在其口中放少许碎银做其鬼魂的买路钱，并以吹海螺、鸣枪、送信等方式通知亲戚和村邻。死者的兄弟姐妹为其洗尸体，男用九碗水，女用七碗水，水中放玉米、小麦、大麦、燕麦、青稞等九种粮食。尸体洗后，以酥油涂抹死者的口、鼻、眼、耳等，然后用白布从头到脚裹尸。火化前，有东巴念经超度、家人和村邻祭祀亡灵，还有"洗马"仪式。火化当天天亮前，灵柩抬到火化场，将尸体放在木柴加好的火化台，喇嘛一边念经，一边撒谷子、酥油。火化后，拣从头到脚的部分遗骨装入瓶罐，埋葬到本斯汝的坟场②。

俄亚地区纳西族的葬俗与上述情况相类。与达住纳西族不同的是，女性不能洗尸；遗体包裹时按性别、身份有不同的姿势；人死四十九天时，要举行"搭人"仪式，在家门口安插一根很长的松树杆，系上白布或麻布，请东巴念经，送死者上天堂。婴儿夭折以竹篮装尸体，放到山上岩洞任其腐烂。幼儿和凶死者尸体不能抬回家，均就地火化，骨灰也不能葬入公共墓地③。

3. 年节习俗

纳西族节日较多，尤其是祭祖、鬼神的仪式多。下面以盐源达住地区的纳西族为例，说明其年节活动。

盐源达住地区的纳西族过年有七天活动：正月初一祭神祭祖，给长辈拜年；初二是相互拜年；初三到祖坟祭祖；初四祭天；初五参与买卖马的活动；初六男子跳"哲搓舞"；初七举行"折多喇嘛"活动。初三到初九又同时是祭天的重大活动。二月有"亨颂"和"古补"活动，"亨颂"是祭山神和畜神，

---

① 《中国少数民族社会历史调查资料丛刊》修订编辑委员会编：《四川纳西族社会历史调查》，民族出版社2009年版，第88页。
② 《中国少数民族社会历史调查资料丛刊》修订编辑委员会编：《四川纳西族社会历史调查》，民族出版社2009年版，第21～22页。
③ 《中国少数民族社会历史调查资料丛刊》修订编辑委员会编：《四川纳西族社会历史调查》，民族出版社2009年版，第112～115页。

二月初八举行，"古补"是祭水神，二月以内举行。三月中旬祭祖先。四月祭谷神，吃新粮。五月端午节，喝雄黄酒；六月一日祭祖先，在家的院子里栽黄栗树，杀小猪或鸡祭祖。七月二十四日是小孩节日，小孩赶牲畜上山，用带着的煮猪脚和粑粑，烧一堆松树叶，祭祀山神树神，晚上回家祭祖。七月二十九日驱鬼节，请东巴念经、杀山羊驱鬼，小孩手执木刀随东巴叫嚷驱鬼。八月十五日中秋节，与汉族相同。整个九月无节日。十月祭风神（"喊都布"），各家点松明，带公母鸡到树林，东巴念祭风经，祈福祛灾。十一月杀年猪，祭祖。十二月办年货，准备过年，同时祭天[1]。

（六）宗教信仰

民国时期，四川纳西族信仰东巴教和藏传佛教。

东巴教起源于原始宗教，又具宗教特征。"东巴"意为"智者"或"山乡诵经者"，即东巴教祭司。纳西族东巴教无系统教义和统一组织，亦无寺庙。东巴是父子相传，平时务农，有人请时才作法事。东巴教奉丁巴什罗为始祖，崇拜自然物和自然现象，认为万物有灵，天地日月山水风雨雷电火树谷等皆有神灵，相信宿命，主张灵魂不灭，特别重视祭神驱鬼。经典有《创世纪》等。东巴使用的法器主要有铜板铃、皮手鼓、海螺、法杖、五佛冠、刀、弓等物[2]。

木里俄亚纳西族祭祀的山神有八十多个，其中最受崇拜的山神有五位，即史里吉山神、赞别亚吉山神、舍拉特吉山神、拉枯速促吉山神和乍科乍阿局山神。每年正月初一和十五都要祭山。此外还有复杂的祭天仪式，以及祭水神、树神、祭白石等祭祀活动[3]。

由于与藏族毗邻而居，藏传佛教也是四川纳西族信仰的宗教。盐源一带均受木里黄教大喇嘛管辖，因此信奉黄教。家里有二子以上，须有一子当喇嘛。左所地区有大小寺庙六座，寺庙人员中有堪布一人，主持寺庙，一般为土司之

---

[1] 《中国少数民族社会历史调查资料丛刊》修订编辑委员会编：《四川省盐源县达住村纳西族社会历史调查报告》，引自《四川纳西族社会历史调查》，民族出版社2009年版，第26~27页。

[2] 《中国少数民族社会历史调查资料丛刊》修订编辑委员会编：《四川纳西族社会历史调查》，民族出版社2009年版，第30页。

[3] 《中国少数民族社会历史调查资料丛刊》修订编辑委员会编：《四川纳西族社会历史调查》，民族出版社2009年版，第116~123页。

弟；其他有格西、拉差、翁几、格古以及小喇嘛若干人。喇嘛平时住在家里，念经到寺庙。喇嘛寺庙的宗教活动十分频繁，几乎每月都有一次或数次。

（七）民间文艺

四川纳西族有着丰富的民间文艺。主要有神话传说、史诗、民间故事、诗歌、谚语、民间说唱等。四川纳西族的神话虽源自云南纳西族的神话，但在四川因受周围民族影响，又有其地方特点[①]。

1. 民间文学

民间故事：木里俄亚地区一直流传木天王的故事、从恩利恩拯救当地人的故事，还有东巴和喇嘛比赛念经的故事。

民间谚语：木里俄亚纳西族有许多谚语，生动地反映了当地人的农事、习俗、信仰、观念、礼仪、交往、婚姻、性爱、禁忌等各方面的社会世相。

2. 民间音乐

木里俄亚纳西族的传统乐器有吹奏乐器"波珀"（汉语称芦管），可独奏、合奏；牛角号，以牦牛或黄牛角制成，供集会时使用；竹笛和葫芦笙是男子最喜欢的乐器；铜制或竹制口琴是妇女乐器，唱情歌时伴奏；此外还有锣鼓、皮鼓、铜铃和海螺等。

民歌调子主要有锅庄调，即跳锅庄舞时的舞曲，和情歌调子（阿哈巴拉），调式固定。

五、傈僳族文化

（一）生产方式

民国时期，四川傈僳族主要从事农业，有的地方半农半猎。社会分工不明显，手工业和商业还未从农业中分离出来。交换是以物易物。农业是刀耕火种的原始农业，辅以狩猎和采集。铁制农具较少，有少量铁锄（挖锄和薅锄），耕地用木犁铧，因缺乏耕牛，全是人拉。播种一般是犁地后，用木棍戳一小窝，然后点种庄稼。主要作物有玉米、荞麦、大麦、小麦、豆类、高粱等。蔬菜有萝卜、白菜、圆根等，此外还有茶叶、烟叶等。

狩猎是四川傈僳族的重要副业。主要猎具是弓箭、弩、石球。平箭头射飞

[①] 赵心愚：《四川纳西族神话的地方特点》，载《赵心愚纳西学论集》，民族出版社2010年版，第302页。

鸟，尖箭头射野兽。手工业主要是火麻布纺织，是以火麻与火草纺成麻线，再织成麻布，染色是挖山上的"四节草"根块和有色土为染料，麻布衣服是手工缝制。此外还有羊毛线纺织①。

（二）建筑与民居

民国时期，四川傈僳族的房屋建筑分两种：一种是"搭木式"，类似盐源摩些人的叠木式，将木料一根根叠加起来，上盖木板或茅草，人字顶，长方形房屋。一般分两层，上层堆放粮食，下层住人。另一种是"立木式"，是以四根木柱为支撑，以竹子、茅草编织成墙。一般也是三间房屋，火塘、炉灶设在进门的外屋②。

（三）饮食

民国时期，四川傈僳族的主食为玉米、荞麦、小麦，此外有土豆、豆类等。玉米磨面蒸饭或煮玉米糊，荞麦、小麦做粑粑，蔬菜有萝卜、白菜、圆根等，肉食主要是猪肉和牛羊肉。傈僳族人认为动物苦胆是一种良药，也是一种调味品，因此喜将胆汁掺入酒中饮用，在煮肉时则把苦胆放入锅中一块煮，用来去腥开胃。烤乳猪是招待贵宾的上菜，乳猪也可煮吃。火烧而食是傈僳族吃肉食的传统方式，这应是历史上狩猎生活方式的延续。傈僳人不吃水牛、狗、猫和马肉。四川傈僳族喜好抽老烟、饮茶和喝酒。酒在傈僳族生活中是不可缺少的，男女老幼都喜欢饮自己酿制的水酒。傈僳族爱喝以漆油、酒和野味制成的"暇拉"③。

（四）服饰

四川傈僳族男子上穿麻布长衫或短衫（"匹兹"），下穿肥裤口、裤腿长及膝的裤子（"墨起"），衣裤一般为黑白两种颜色。系绑腿，脚穿草鞋或赤脚。大多裹头帕，成年男子左边佩砍刀，右边挂皮弩箭包（"腊表"），腰系长带。青年男子穿白底黑纹大襟短衣，老年人穿大襟长衣，或夏着短衫、冬着长衫，中间系麻织花腰带。四川傈僳族妇女普遍裹青色头帕，穿多种颜色的右衽上衣，肩和袖口绣有条纹花，成为"挑肩"，下穿各色线条状的麻布长裙，衣裙的颜色一般是黑、土蓝、大红、黄、白和麻布本色。已婚妇女戴耳环或耳

---

① 李绍明、童恩正主编：《雅砻江流域民族考察报告》，民族出版社2008年版，第337～342页。
② 李绍明、童恩正主编：《雅砻江流域民族考察报告》，民族出版社2008年版，第348～349页。
③ 李绍明、童恩正主编：《雅砻江流域民族考察报告》，民族出版社2008年版，第349页。

坠，头上以珊瑚、珍珠为饰，有些贵重的胸饰可值一至二头黄牛。傈僳族男女都喜好斜挎缝制精细、刺绣精巧的挎包，男子外出身必背长刀和弩弓箭包。老年妇女穿黑色长衫，系黑腰带①。

（五）民俗

1. 婚俗

民国时期，四川傈僳人已完全实行一夫一妻制。婚姻是由父母包办，不允许青年男女自由恋爱，因此，结婚前多数新娘新郎互不认识。遵循同宗不婚的原则，如盐边岩门乡傈僳族中，陈姓与蛊姓之间、贺姓与马姓之间、丁姓与蜂姓之间、丁姓与角姓之间都不能通婚，原因是这几组姓氏之间，存在着同宗的关系。如果同姓而不同宗，则允许通婚。一些地区也实行姑舅表婚和转房制（夫死，妻子嫁丈夫的兄弟）。四川傈僳人注重婚姻中男女双方的年龄和属相，男方大女方的岁数不能是七岁，女方大男方，则不能大九岁。四川傈僳人认为这是两个忌数，如果犯忌，于男女双方均不利。结婚时间亦必须选择每年的农历十月、腊月和正月这三个月中的兔、羊、马、鼠、牛等几个日子。

提亲：男方父母看中女方姑娘，就请本族长者当媒人（"瓦拉叭"）带上提亲礼物前往女家。提亲礼物一般是两斤酒、四块茶叶、两包叶子烟、两丈布。亦有专门用于通过对歌提亲的《媒人歌》。提亲后，如果女方满意，再往来行走数次，就要确定结亲的时间。

迎亲：娶亲前一天，男方要聘请两人带着背礼物的人一起前往女方家，新郎不去迎亲，礼物有半边猪肉、五十斤酒、四小包茶叶、四把叶子烟、两丈四尺布。迎亲的人在女方家里住一夜，女方家要举行隆重的锅庄晚会，全村乡邻都打着火把前来参加，十分热闹。次日清晨，敲锣打鼓接新娘到男方家。

婚礼：快到男方家时，男方派五人接新娘进屋。新郎新娘见面后，举行报告祖先的仪式"勒洗"，"勒洗"完毕后新郎新娘拜堂、拜见长辈，然后双双进入洞房。男方家当天举行盛大酒席，村民都来庆贺②。

2. 葬俗

四川盐边的傈僳人认为灵魂不灭，人死后在阴间也和在世一样生活，需要房子、床、粮食、肉食和衣物等，还认为自己老家本在云南丽江，活着的时

---

① 李绍明、童恩正主编：《雅砻江流域民族考察报告》，民族出版社2008年版，第348页。
② 李绍明、童恩正主编：《雅砻江流域民族考察报告》，民族出版社2008年版，第334~339页。

候在盐边只是暂时栖息在这里,死后灵魂一定要回到丽江老家与祖先和长辈团圆。因此,还有"交魂"习俗。盐边傈僳人死后,停尸于家里,先清洗打扮,男的剃头,女的梳头,换上新衣裤和新鞋。然后请尼扒主持"交魂"仪式。尼扒念经后,向死者祖先告诉其子孙的魂已回到丽江老家了,还要对死者宣布哪些房屋和床位是祖先的,哪间房子是死者的。接着,要杀羊祭亲,招待前来哀悼的乡亲。按习俗,有人去世,全村停止生产劳动两至三天,举行丧葬活动。吊唁者唱祭歌,手持木棍击地板,以示驱鬼,围着尸体跳舞。

盐边傈僳人实行土葬,坟坑选在较开阔和不会坍塌的山坡间。尸体放在木架上抬往坟场,棺材预先放入墓穴。做完法事后将尸体放入棺材,头枕高处,侧卧,面向太阳出处。还要随葬一些玉米、瓜子及死者生前用过的弩弓、刀、木碗、烟袋、织布梭、针线等物,均装入烂背篼和茶罐、碗里,然后埋葬,可垒土成一小丘。在这一过程中,家人要唱歌,歌其家史和美德,唱歌之后,葬礼才算结束。以后每逢过年,都要祭祀死者、请东巴念经[①]。

3. 年节习俗

傈僳族人使用自然历,借助花开、鸟叫等,把一年分成花开月、鸟叫月、烧山月、饥饿月、采集月、收获月、煮酒月、狩猎月、过年月和盖房月等十个季节月。传统节日主要有过年节、收获节、火把节(六月二十四、二十五)、新米节(十月下旬)、中秋节和刀竿节、阔时节、澡塘会等。

阔时节,"阔时"是傈僳语的译音,"岁首"之意,过阔时节即傈僳族人民过年。阔时节在农历正月初一至十五日之间举行,历时两三天。一般在初一至初三举行"射弯"比赛,射手按顺序比赛,射中"猎物"归己。收获最多的人被誉为最优秀的射手。傈僳年初一中午,全家要围坐吃团圆饭。

收获节:大都在每年农历九、十月间举行。收获节最大的活动是家家都酿酒和尝新,有的人家甚至直接到地里一边收获一边煮酒,并伴以歌舞,常常通宵达旦,尽兴方散。

赶山节(端午节):每年农历五月初五端午节,逐步演变为傈僳人登高聚会的日子,称之为"赶山节"。清晨,大人们忙着杀鸡宰猪,准备各种菜肴。青年男女则穿上节日盛装,成群结队来到海拔三千米以上的高山草甸上,对歌跳舞,尽情娱乐,直到夕阳西下,人们方陆续返家。这一天,青年男女可自由谈情说爱,情

---

① 李绍明、童恩正主编:《雅砻江流域民族考察报告》,民族出版社2008年版,第340~341页。

投意合的青年男女可互系红线，相约结下百年之好，故又有"情人节"之称。

圣水节：在凉山地区德昌县南山乡和金沙乡的傈僳族，和丽江傈僳族一样，每年立夏时都要过圣水节。傈僳族人云集山间河沟、塘边，用泉水（圣水）沐浴，认为可洗去污垢晦气；用圣水做饭，认为可驱邪消灾。

（六）宗教信仰

由于与汉族相邻而居，不少傈僳族接受了汉族的民间信仰，19世纪中叶后，基督教和天主教也开始传入傈僳族地区，但傈僳人仍以原始宗教信仰与自然神灵崇拜为主。傈僳人认为人们的生产、生活均为各种"尼"（精灵）所主宰，而人的生命则由"稠哈"（灵魂）所主宰。傈僳族有巫师，被称作"尼扒"，占卜、驱鬼、婚姻、丧葬、疾病，都要请尼扒。傈僳族地区经常遭风、旱灾害，因而形成一套驱逐自然灾害的崇拜仪式。驱风：由氏族长者、尼扒持酒一碗，以树叶蘸酒洒向四方，并念咒语，同时对风吹牛、羊角号，求山神止风。祈雨仪式主要有三种：一是用竹片或木条编成一方块，上涂泥巴，由生肖属龙的人在其上燃火一堆，将其放入水潭或江河中去，让水将火熄灭，相信可成为下雨征兆；二是用药物毒死江中扁头鱼，认为消灭扁头鱼，天就会降雨；三是以箭射入"龙潭"。祭水：每年农历正月初一清晨各家分别用年糕、肉、香、纸钱在井边举祭，祭毕打回清水，祈求平安。祭火：年终清扫灶塘，洒酒于灶塘的三脚架或三脚石上，祈求"达周"（平安）。

（七）民间文艺

四川傈僳族民间文艺丰富多彩。其民间文学包括民歌、神话传说和历史传说、故事、谚语等；民间音乐包括古歌古调、多声部复式合唱、哼歌、抒情歌、礼俗歌和儿歌童谣等，民间乐器和民间舞蹈也富有特色。

1. 民歌

傈僳族民歌按形式和内容可分为莫广（古歌）、优越（叙事小调）、摆时（赛歌）、劳动歌、习俗歌、儿歌、颂歌等类别。古歌《麻扎莫》即《创世纪》，记述了天地万物的形成和人类生产生活的各个层面。劳动歌有《打猎调》《放羊歌》《盖房歌》《洗麻调》等。生活习俗歌有《访亲调》《孤儿悲歌》《安魂调》《指路调》《成婚调》《逃婚调》。诗歌调子有《木瓜布》《白是白》《有也有》《木瓜熟》四种。

2. 民间传说

傈僳族的民间传说有神话故事《开天辟地》《阿过玛的传说》《飞人洞的传

说》,传奇故事有《祖先的迁徙》《兄妹成婚》《龙女》《阎罗王》《两个朋友开荒地》《兔子和老虎》等,以及《恒杂波的故事》《楚沙执的故事》等。

3. 民间艺术

民间音乐:四川傈僳族山歌分独唱和对唱,男女对唱最多,也有女女对唱和男男对唱。对唱者多为表兄妹、表姐妹、叔侄、夫妇、媒人与女家等。内容有叙事、抒情、说媒、迎客、吵架、育儿等。赛歌、劳动歌、习俗歌、儿歌、颂歌等均是按一定的调门即兴演唱。

四川傈僳族的乐器主要有葫芦笙、竹笛、口弦琴,还有木叶(椿树叶)和形似吉他的四弦琴("启本")。

四川傈僳族民间舞蹈主要是锅庄舞。根据步法、节奏、方向划分,有十余种形式,如平脚、两脚、三脚、四脚、七脚、婚礼锅庄等。此外还有模仿动物的舞蹈,如鸟王舞、鸡吃食舞、猴抓虱舞,以及生产生活舞,如收小米舞、开火山舞、狩猎舞、洗衣舞等。

工艺美术:如木酒壶制作,为傈僳族木器制作工艺的代表,制作的木酒壶为精美的工艺品。其壶脖细长而壶腹肥大,壶外部还刻有阴阳条纹图案,然后又涂以黑漆,极精致美观,宛如陶瓷壶。

此外还有制作精细的弓弩。弩是用麻和竹丝制成,弩牙和弩机用骨头制作。

第七章 当代巴蜀民族文化

从1949年10月1日中华人民共和国成立至今，是中国历史的当代时期。在当代巴蜀（今四川省和重庆市）大地上，除汉族外，还有藏、彝、羌、苗、回、土家、傈僳、满、蒙古、纳西、白、布依、壮、傣等十四个世居少数民族。其中，汉族仍主要分布在四川盆地及盆周丘陵山区，藏族主要分布在川西高原地区，彝族主要分布在川西南地区，羌族主要分布在川西北岷江和涪江上游地区，苗族主要分布在渝东南、川南和川西南地区，土家族主要分布在渝东南地区。回、蒙古、满等民族主要散居于巴蜀地区城乡各地，与汉、藏、彝、羌等民族错杂而居。傈僳、纳西、白、布依、壮、傣等民族，主要居住于川、滇交界的川西南地区，与彝、汉等民族杂居。另外，随着新中国成立后尤其是改革开放以来我国人口日益频繁而大规模的迁移和流动，各民族群众因求学、参军、工作等迁入巴蜀地区，从而形成了目前在巴蜀地区居住、生活着我国五十六个民族的多民族人口分布、居住的格局。

第一节 新中国建立后的巴蜀少数民族文化

一、当代巴蜀少数民族的社会制度文化变革

（一）民族地区获得解放

1949年10月，刘伯承、邓小平、贺龙等奉中共中央命令，指挥人民解放军第二野战军、第18兵团等部，分南北两路进军大西南。11月7日，首先解放了土家族、苗族居住的渝东南门户——秀山，随后相继解放了酉阳、黔江、彭水、石柱等苗族、土家族分布的各县。同月底至12月初，人民解放军沿川滇公路进入川南，解放了苗族分布的叙永、古蔺、古宋、兴文、珙县、筠连等川南各县。12月下旬，随着成都战役结束和成都和平解放，国民党军胡宗南集团残部逃往藏、彝、羌等民族居住、分布的川西高原和川西南地区，企图继续负隅顽抗。

为解放凉山彝族聚居区，1950年3月12日，人民解放军以13个团的兵力发起西昌战役，蒋介石曾派国民党军陆军参谋长顾祝同及其子蒋经国专程到西昌与

胡宗南策划"固守西昌，保卫西南"，企图做垂死挣扎。但在人民解放军南北夹击之下，国民党军五千余人被歼，胡宗南、贺国光等见大势已去，于26日夜乘飞机逃往台湾。27日，西昌宣告解放。许多彝族同胞在西昌战役中积极配合人民解放军清剿溃散之国民党军残敌。如凉山昭觉县的彝族上层人士马革尔，便带领当地民众在解放沟就地堵截消灭了国民党军1个营。4月7日，西昌战役结束，大小凉山和安宁河流域的十八个县全部获得解放。

在发起成都战役前，人民解放军第一野战军第18兵团划归中共中央西南局领导，并由贺龙指挥，由川、陕、甘交界处南下进入四川。第18兵团所属第62军于1950年2月1日解放了西康省首府雅安（今属四川）。3月4日，中共西康区委员会决定进军康定、昌都等藏族聚居区，完成对川西高原藏族聚居区的解放。与此同时，中共中央认为，国民党反动势力在大陆的统治和帝国主义在大陆的特权即将走向末日，为了防止敌对势力挑拨中国境内的民族关系，阻挠西藏解放，进军西藏宜早不宜迟，并决定由中共中央西南局承担进军和经营西藏的任务。中共中央西南局于是选定第二野战军第5兵团第18军经四川、西康进藏完成解放西藏的任务。3月18日，中共康定地委和军分区在雅安成立。次日，第62军186师在副师长樊执中带领下冒雨从雅安出发，向康定进军。22日，解放军部队翻越二郎山解放了泸定县。24日，解放了西康重镇康定县。4月中旬，解放了丹巴县。此时，第18军进藏先遣部队和主力部队沿康北、康南两路源源不断进入康区，所经之地也都获得了解放。在此形势下，康区各地原有统治势力也都转而协助人民解放军开展后勤补给与粮草筹集工作，负责维护地方社会秩序。1950年7月，康区民族协商筹备委员会成立，中共康定地委和军分区派出代表分赴各县开展建政协商工作，人民解放军对康区的解放任务基本完成。

川西北为藏、羌民族聚居和回族散居地区。中华人民共和国建立前，茂县、汶川县、理番（今理县）、懋功（今小金）、靖化（今金川）、松潘六县属原四川省第十六专区，专员公署设在茂县凤仪镇。川西北第十六专区以外的地域则在藏族头人、土司、宗教上层和部落首领的控制之下。1949年12月19日，人民解放军解放了南坪镇（今九寨沟县）。1950年1月7日，与茂县相邻的北川（今属四川绵阳）获得了解放。1950年初，汶川、茂县、松潘、理番等地相继解放后，设茂县专区，归属于川西行署管辖。但是，由于国民党军第72军副军长傅秉勋、军统特务周迅予、原第十六专区专员何本初等国民党军政残余势力的顽抗和破坏，川西北地区的解放出现了错综复杂而艰难曲折的局面。同年4月，人民解放军平息了这伙匪特组织的靖懋武装叛乱后，其首领逃脱又潜入黑水继续作乱。他们利用藏族聚居区特殊复杂的民族关系，拉拢民族上层人士，集结川、康、甘、青四省残余匪特，打出"陆上台湾"的旗号，与台湾国民党势力遥相呼应，企图阻止人民解放军解放川西北。1952年初，中共中央指示西南局：这一年全国的军事大事是抗美援朝第一，进军西藏第二，黑水剿匪第三。同年6月，人民解放军发起黑水战役，在军事打击和政治争取"齐头并进，军政并举"的战役方针指导下，实现了邓小平强调的"剿匪务尽"的战斗目标。经过两个月的战斗，全歼了残存于川西民族地区的国民党匪特，将摇摆不定的民族上层争取到了共产党、新中国和人民一边。黑水战役胜利后，人民解放军又乘胜进军草地，歼灭了盘踞在川、甘边境的马步芳部下马良部匪特。至此，川西北藏、羌、回民族地区全部获得解放。

这样，从1949年11月至1952年6月，经历了两年半的时间和无数次的战斗，在各民族上层人士和广大人民群众的配合与支持下，人民解放军胜利完成了解放巴蜀民族地区的历史使命，为巴蜀民族地区的社会制度变革铺平了道路。

（二）当代巴蜀民族地区的社会制度变革

1. 变革前的巴蜀民族地区社会制度

新中国建立前，巴蜀民族地区的社会制度和社会经济发展水平大多还处于前资本主义社会阶段，各民族在社会发育程度、社会经济制度和政治体制等方面，表现出鲜明的多样性和差异性的特点。新中国建立后，中国共产党和人民政府提出了实行民族区域自治和民主改革这两大促进民族地区社会制度改革的历史任务。前者是新中国建立单一制国家结构形式，实现多民族国家统一和民族平等的政治选择；后者是当代中国各民族实现向社会主义过渡的必然选择。但是在当时的形势下，在刚解放的巴蜀民族地区进行大规模民主改革的条件还不具备，如果过早触及民族上层的利益，必然会影响到民族地区的社会稳定，进而对中国共产党的领导和人民政权的巩固带来负面的影响。因此，解放初期的巴蜀民族地区仍然在一定程度上存在着封建地主制、封建农奴制和奴隶制三种落后的社会经济制度。

（1）封建地主制社会

巴蜀地区的羌、苗、土家、回、满、蒙古、傣、壮、纳西、傈僳、白、布依等民族，长期与汉族交错杂居，较早进入了封建地主制社会。封建地主制经济的主要特点是在私有制下土地大量被地主阶级占有，广大农民无地或少地，只得佃种地主的土地，接受劳役地租、实物地租、货币地租和高利贷等种种经济盘剥和政治压迫。新中国建立前的巴蜀地区，土地集中程度很高，以土地占有极其不平等为基础的贫富分化现象尤其突出。只占农村人口3.4%的封建地主占有60%~70%的土地，而占农村人口80%以上的农民仅占有20%~30%的土地[1]。极不合理的土地占有制度使广大农民失去了"耕者有其田"的平等，封建租佃制度下落后的生产关系严重阻碍了生产力的发展，地主与农民两个阶级的对立、对抗，成为推动新中国建立初期巴蜀地区社会变革的动力。

与汉族地区相比较，巴蜀少数民族地区的封建地主制社会也有些不同之处，主要表现在少数民族农民遭受着阶级和民族的双重压迫。例如，分布在渝东南、川南的苗族、土家族与汉族杂居，进入封建地主制社会经济形态以后，随着阶级分化，汉族地主的巧取豪夺以及民族压迫等原因，使绝大多数苗族避居山区[2]，其拥有的土地贫瘠，水田少，旱地多，平坝少，坡地多。由于少数民族占有的土地耕作条件比较差，在佃种地主土地时还要承受高额地租、劳役和高利贷等多重剥削，或者被迫用自有土地作抵押借贷来维持简单再生产，结果往往是苗族农民倾家荡产，家破人亡。根据相关的统计，新中国建立前夕，川南的叙永、古蔺、古宋、合江、筠连、珙县、高县、庆符、长宁等县，有苗族1.3万余户，6.5万余人，其中苗族地主仅28户，占苗族总户数的0.2%，苗族佃农和雇农占了总户数的99.8%。这正如川南苗族谚语所说的："老鸦无树桩，苗家无地方"。苗族分布地区土地主要集中在汉族地主手中，土地占有不平等所反映出的民族不平等现象，直接表现为苗族群众主要受汉族地主的剥削和压迫，因此过去苗族中流传着"苗家是朋友，汉族是仇人"的谚语。

（2）封建农奴制社会

新中国建立前的四川藏族聚居区，属于封建农奴制社会。其统治形式与特征为特殊的"政教合一"制度。统治集团由土司、头人和寺庙上层三部分共同构成农奴主阶级。虽然都是以"政教合一"的社会制度实施统治，但与西藏相比，四川藏族聚居区的农奴制社会也有一些自己的制度文化特点。比如，农奴主阶级是由土司、头人和寺庙上层组成，而西藏封建农奴制社会中的三大领主则是封建地方政府、寺庙上层集团和贵族势力。另外，在四川藏族聚居区，

---

[1] 四川省档案馆编：《西南军政委员会纪事》，内部编印本，2001年。
[2] 如民国《叙永县志》卷四的记载即称："叙永旧为苗人故居，凡土著皆苗人，今已窜居山谷间。"

除部分地区的土司彼此间有一些隶属关系外，其余的互不统属，各自为政；藏传佛教也是各派并存，无一独尊。四川藏族聚居区与西藏农奴制社会虽有这些不同之处，但在制度文化的本质上却是大同小异。即：他们均是以"政教合一"的社会政治制度进行统治，农奴主利用政权维护神权，又用神权强化政权，利用"政教合一"的形式实现对农奴的剥削和压迫。如果说，在13世纪，藏族聚居区就已经普遍进入了封建农奴制社会，那么，到新中国建立时的20世纪中叶，其已经历了七百五十余年的封建农奴制社会，这种社会制度与经济形态的落后性已经暴露无遗。从生产关系上分析，藏族聚居区的主要生产资料即土地、牧场和山林大量被土司、头人和寺庙上层集团占有，农奴没有土地所有权，没有完全的人身自由，被迫为农奴主进行繁重的劳动，负担着沉重的差役和租税。农奴主占有农奴的全部剩余劳动，而且还剥夺了大部分的必要劳动。根据新中国建立初期对康区藏族社会的调查：90%左右的农奴无法依靠自己的力量进行再生产，为了生存只得向农奴主借年率高达50%的粮食高利贷。通过土地占有和高利贷等方式，农奴主将农奴束缚在土地上，终年受其盘剥①。因此，在藏族聚居区延续了数百年之久的封建农奴制社会经济形态及其生产关系，严重地束缚生产力的发展，阻断了农奴获取生产资料的途径，降低了农奴生产劳动的积极性和主动性，社会也丧失了提高劳动生产率和经济效益的发展动力，传统的农牧生产方式创造的劳动生产率极低。

藏族聚居区封建农奴制的落后性还表现在特殊的宗教制度方面。藏传佛教在藏族地区的传播和权威地位之确立，是在藏族聚居区奴隶制社会向封建农奴制社会过渡的特定历史时期完成的。藏传佛教在其传播的历史上，形成了宗教势力与地方统治势力的紧密结合，而且这种结合的范围之广、时间之长、影响之深，都是极其特殊和少见的。藏传佛教各教派约在12世纪初传入四川藏族聚居区，从此得到当地土司、头人的扶持，政、教两权联系紧密。新中国建立之前，藏传佛教在四川藏族聚居区社会表现出了以下的特点：

一是当地群众普遍信仰藏传佛教，出家人比例高，直接影响了社会生产与再生产的劳动力资源供给。

二是藏传佛教上层集团已不是单纯的宗教职业者，而是统治者；藏传佛教

---

① 杨静仁、李子杰、邓锐龄：《关于西康省藏族自治区基本情况的报告》，1954年6月14日，此件存四川省民委资料室。

已不是普通的宗教，而是统治阶级的重要工具。

三是藏传佛教文化在藏族聚居区封建农奴制社会中成了主流文化，它的教义、教规对藏族群众认知世界的观念影响很大，这种观念表现出"重精神轻物质、重宗教轻世俗、重来世轻现实"的行为特征。

从四川藏族聚居区的情况来看，由于"政教合一"的封建农奴制度是建立在土地、草场、牲畜等生产资料占有极不平等，社会财富严重分配不公，阶级地位极不平等的社会结构基础之上的，它必然会制约社会经济的发展。简言之，在封建农奴制社会经济形态之下，藏族聚居区社会丧失了自我更新的机制和动力，阶级对立迟早会成为引起社会变革的潜在动能。

（3）奴隶制社会

四川大小凉山彝族聚居区，新中国成立前还处在奴隶制社会阶段①。凉山彝族奴隶制度的特征之一就是等级森严，阶级关系通过等级关系表现出来。社会人群依血统分为兹莫、诺合、曲诺、阿加、呷西五个等级。兹莫（土司）、诺合（黑彝）是世袭的贵族，属统治等级，约占总人口的7%，他们占有全部奴隶，还占有70%以上的土地和大部分其他生产资料。曲诺（白彝）、阿加（安家娃子）、呷西（锅庄娃子）属低等级和被统治阶级。曲诺约占总人口的50%，一般情况下有少量生产资料和独立的家庭经营活动，但不得迁离主子管辖的区域，并须为主子服无偿的劳役，受奴隶主的"杂布达"（高利贷）剥削。阿加是黑彝主子配婚成家的娃子，约占总人口的33%，他们有极少的"耕食地"，受奴隶主驱使，无迁徙自由。阿加所生的子女就是最低等级奴隶呷西的一部分。呷西通常由阿加的子女、掳掠来的汉人以及等级下降的阿加组成，占总人口的10%，无人身自由，被奴隶主作为"会说话的牲口"，随意买卖和驱使。凉山彝族奴隶制的另一特征是把以父系血缘为纽带的家支制度蜕变成了具有政权性质的组织。凉山彝区没有统一的政权，诺合家支的统治实际上起着政权组织的作用。虽然曲诺和部分阿加也有家支，但基本上隶属于各自诺合家支。家支有世代相传的父子连名制的谱牒，其成员有相互援助，共御外侮，实行血族复仇的义务。这些传统的家支特征被诺合家支所利用，以此维系家支成员的内部关系来达到巩固其统治势力，形成政治上互不相属的割据局面。在凉

---

① 中华人民共和国成立以前除大小凉山外的其他彝族分布区，如西昌、攀枝花、雅安、泸定等地，彝族主要与汉族杂居，基本上已处在封建制社会阶段。

山奴隶制社会中，奴隶主对生产资料的占有更是极不合理，生产力受到严重束缚，社会等级森严，奴隶因丧失了起码的人身自由而缺乏生产劳动的积极性和主动性。

综上可见，在新中国建立初期特定的历史条件下，要解放巴蜀民族地区的社会生产力，加强民族团结，改善民族关系，发展民族经济文化，就必须废除极不合理而且落后于时代的奴隶制、封建农奴制和封建地主制及其经济形态，通过制度文化的变革，消灭导致阶级压迫和民族压迫的制度性因素，以促进民族地区的经济发展和社会进步，这也是巴蜀民族地区现代化的必由之路。

2. 当代巴蜀民族地区的社会制度变革

（1）苗族、土家族地区的制度变革

与汉族交错分布的苗、土家等民族，因社会制度基本相同，新中国建立后受汉族地区土地改革政策影响大。所以早在1950年，四川南部古蔺县水潦乡的苗、彝、汉贫苦农民就联名向中央人民政府和毛主席报告，表达他们对获得土地的迫切要求。此后，川南叙永、兴文、高、珙等县的苗族佃农，也都要求尽快分得土地。1951年，这些地方几乎与汉族地区同时开始进行土改，但在具体政策的执行中，要比汉族地区宽一些。新中国初期的土地改革，已是大势所趋，民心所向，条件成熟，最终完成了生产资料的地主所有制转变为新民主主义社会的劳动人民所有制。

（2）羌族地区的制度变革

羌族分布在藏、汉之间的接合地带。虽然羌族以封建地主制为主的旧社会制度也须改革，但该区域内居住有羌、藏、汉等民族，民族关系比较复杂，所以进行民主改革的时间就稍晚于苗、土家等渝东南、川南民族地区。1952年，四川一些羌族群众开始在当地各级人民代表大会上提出了改变不合理的土地制度的愿望。共产党和人民政府根据群众的意愿，采取了慎重的改革方针及和缓的改革方式，有计划、有步骤地废除封建制度。从1955年初至1956年春，岷江流域的羌族聚居区基本上完成了土地改革的任务。涪江流域的北川羌族聚居区则与当地汉族一样，早在1952年就完成了对封建制度的变革。

（3）藏、彝聚居区的民主改革

巴蜀地区社会制度变革比较复杂的是在藏、彝族聚居区。由于这些地方历史上形成了复杂的敏感的民族关系，打开工作局面必须从民族上层入手。由于民族上层属于统治阶级，有些工作干部对与民族上层人士交往是否会丧失阶级立场有所顾虑。对此，邓小平敏锐地指出："什么叫正确的阶级立场？就是现在不要发动阶级斗争，做到民族与民族之间的团结，这就叫正确的阶级立场。"①这就说明，新中国建立初期，在藏、彝民族聚居地区及其农奴制、奴隶制社会中进行民主改革的时机还不成熟。20世纪50年代中期，当共产党和人民政府在藏、彝聚居地区的工作局面已经打开，共产党的民族政策和民族工作已有一定的成效，区域内社会秩序趋于稳定，民族隔阂逐渐消除，经济复苏，人民生活有了一定程度的改善，民族干部大量成长起来，大多数民族上层人士对共产党和新中国的民族政策已有所认识，一些上层人士已经意识到旧制度的落后的时候，藏、彝民族聚居地区社会制度变革的时机才已经成熟。这可从以下三点得到印证：

首先，经过新中国成立后五年多共产党和人民政府的努力工作，受新中国社会进步的影响，藏、彝民族聚居地区社会中曾经明显存在着的阶级不平等状况已有初步的改变和淡化，占人口绝大多数的中下层人民群众要求获得平等权利的意识逐渐增强，他们要求阶级平等的觉悟已被唤起，他们以各种方式反对剥削和压迫的行动日益突出，阶级斗争形势越来越尖锐。例如，四川甘孜藏族农牧民群众对统治者的逼租逼粮、支派差役日益不满和愤怒。从1954年起，新龙、稻城、巴塘等县开始出现了成百起抗粮、抗差、抗租的斗争。丹巴县群众四十多人集体签名盖章，写信给人民政府要求进行民主改革。德格县人民代表在县人民代表会议上强烈要求"把剥削制度和科巴制度全部废除"。白玉县二十余户农民向头人提出减少地租的要求，头人不答应，群众就理直气壮地说："地是国家的，不是你们的，如果不减租，我们就不交租。"稻城县一百四十余名群众集体抗债，农奴主最终接受了减轻债利的要求②。1955年上半年，四川藏族农奴向人民政府控告农奴主和举行自发斗争的事例就达到几十起。凉山彝族聚居区的奴隶群众也起来积极地反对奴隶主虐杀、买卖娃子，拒服无偿劳役，抗租抗债，扭送不法奴隶主要求政府给予处理，甚至出现大批奴隶逃离事件。1955年下半年，就有4000多奴隶逃离奴隶主的束缚，要求人民政府保护他们。有的奴隶说："如果政府不宣布改革，我们死也不回去。"由此

---

① 《邓小平文选》第1卷，人民出版社1994年版，第169页。
② 以上数据引自李柳苏、王和平、郎维伟《民族团结的历程》，四川人民出版社1989年版，第43页。

可见，进行民主改革的群众基础已经形成，通过自下而上的改革方式促进社会制度变革的时机已经成熟。

其次，经过几年来团结教育民族宗教上层人士，统治阶级成员的思想观念也发生了变化。部分开明人士或爱国上层人士由于学习参观机会多一些，理解并接受了中国共产党的民族宗教统战政策，认识到了封建农奴制、奴隶制的落后性和社会改革的必要性。例如，1954年，丹巴县的民族上层人士大部分提出了要求实行民主改革的申请，并主动减轻了地租和差役。康定县明正土司甲联昇主动要求民主改革，该县八个寺庙的上层喇嘛联名要求改革。据悉，四川康区民主改革前夕，甘孜州人民政府收到民族上层人士要求进行民主改革的书信五十七件，有二百八十九人签名[①]。

应该看到，农奴主和奴隶主为既得利益者，民主改革肯定是要触及他们的既得利益的；但是他们中的进步人士也看清楚了民族地区社会制度的落后对本民族发展的危害，同时也看到民主改革中共产党采取的民族政策仍然是团结爱国上层人士、和平协商的改革方针。他们在与共产党和人民政府的接触、交往中，感受到了党和人民政府贯彻执行民族团结、民族平等民族政策的诚意，感受到了党和人民政府实行民主改革以促进民族地区经济发展、社会进步的善意，以及对他们的尊重和照顾，他们完全可以接受共产党和新中国在民族地区实行民主改革。所以，共产党制定和实施了正确的民族政策，争取了大多数民族上层人士的理解和支持，尽管仍然有一些人不愿意放弃落后的反动的社会制度，但是民主改革能够得到一部分民族上层的拥护，证明民主改革的道路是正确的，民主改革的方式是符合民族地区实际情况的，说明改革的时机已经成熟。

其三，社会制度变革的干部条件和群众基础已经具备。新中国建立后，巴蜀地区开辟民族地区工作的干部模范地执行了中国共产党的民族政策，在人民群众中树立了良好的形象及威望。同时，一大批少数民族干部培养和成长起来，他们来自学校、实际工作部门、藏民团和彝民团，还包括参加到各级政府中的进步上层人士。截至1954年，四川民族地区已有少数民族干部四千三百九十人，基层还有数以万计的农牧民积极分子。有了一大批新成长起来的民族干部和群众基础，以及上层进步人士的支持，藏、彝民族地区的社会制度变革条件已完全具备了。

[①] 《当代四川》丛书编辑部：《当代甘孜》，当代中国出版社1994年版，第72页。

从1955年冬季起，四川藏、彝民族聚居区拉开了民主改革的序幕。社会制度变革的方针是"慎重稳进"，力争以和缓的方式进行，不能违背党的民族政策。改革的决定是在四川省第一届人民代表大会三次会议上，根据甘孜、阿坝、凉山三个自治州包括民族宗教上层人士代表在内的全体代表提出的方案，通过了从1955年冬到1958年春在三州实行民主改革的决议。随后，又在各州人民代表会议上，分别制定和通过了具体的民主改革实施办法。为了能保证民主改革能更好地推进，甘孜州在康定、丹巴县，阿坝州在汶川、小金、理县、茂县，凉山州在昭觉、越嶲县先进行了改革试点，然后再广泛推开。经过两年多的时间，三个州的农区比较顺利地完成了民主革命任务。马边、峨边、米易、盐边、石棉以及原西昌专区的彝族聚居区，基本采用了凉山的办法，也完成了社会制度变革的任务。藏族牧区稍晚一些，到1960年初，完成了民主改革。

在彝族聚居区，社会改革的具体方针是"依靠奴隶，团结全体劳动者，有步骤有区别地消灭奴隶主阶级"。改革的内容是要废除奴隶制，解放奴隶，实现劳动人民的人身自由和政治平等；废除奴隶主的土地所有制，实行劳动人民土地所有制。解放农村生产力，发展生产，为农业社会主义改造创造条件。

在藏族农区，制定了"依靠贫农，巩固地团结中农，团结一切可能团结的人，中立富农，消灭地主阶级"的方针。改革的内容是要废除封建土地所有制、高利贷和一切封建特权，解放和安置农奴。没收封建农奴主的土地，对其多余的生产资料和部分生活资料，国家按市场价格收购后分发给农民，其他财产一律不动。

在藏族牧区的社会变革借鉴了内蒙古的经验。改革政策确定为："牧区继续贯彻保护与发展畜牧业，改善牧区人民生活的方针和中央对牧区的政策"，即"不斗、不分、不划阶级，实行牧工、牧主两利"。由于藏族牧区社会经济特点和阶级关系的现状，改革主要是废除牧主封建特权即废除封建的政治制度和经济制度。实行牧工、牧主两利的政策有利于草原和牲畜生产资料的合理配置，对牧主的赎买，解决了牧区生产资料的不合理占有，但同时又不致使脆弱的传统畜牧业经济出现下滑。不划阶级是与对牧主政治上和经济上赎买相一致的。这些政策使牧区改革得以顺利推进，并且证明"三不两利"既限制了牧主的经济剥削，使牧民生活有所改善，又维护了畜牧业生产的特点，保证其发展。

虽然牧区一些地方出现了武装抗拒改革的叛乱，但是仍然继续执行对上层经济上赎买、政治上安排、生活水平不降低的和平改革政策。如此一来，使一些藏族上层人士放弃了落后的社会制度，站到了人民一边，为党解决民族问题发挥了积极作用。例如：藏族上层人士孔萨益多认为，共产党在民主改革中贯彻执行爱国统一战线政策，"才使我们上层人士继续为藏民族的发展进步做贡献成为可能"。他还深有感触地说："如果不进行民主改革，藏族人民就根本不可能逐步跻身于先进民族的行列，更不可能富裕和繁荣。因此，我不仅当时拥护，而且现在仍然坚持肯定民主改革及其取得的伟大成果。"①应该看到，在藏族上层人士中一些有代表性的公众领袖人物是拥护社会变革、反对叛乱的。其根本的原因就在于原有的社会制度已经严重阻碍藏族社会发展，民主改革的政策符合当地的实际，所以他们选择了拥护改革，选择了站在广大藏族人民一边②。对于寺庙的改革政策，也作出了三点规定：一是坚持党的宗教信仰自由政策，保护寺庙不受破坏；二是对寺庙的耕地不予征收，只做一些必要的调剂，对寺庙僧尼同等分给每人两份土地，一份分给家里，一份留给寺庙；三是对寺庙债务，按对待富农的办法只做调整。由于藏族聚居区宗教信仰具有群众性特征，因此改革政策贯彻了慎重稳进的方针。

如果说，四川藏族聚居区的民主改革有所分类或改革实施分为不同阶段，那么，农区的改革最先进行，牧区和寺庙均在其后。当农区的封建领主制生产关系被废除后，作为封建领主制最后堡垒的封建寺庙已到了改革的成熟时期。这时由于抵制改革者的叛乱，一些寺庙参与其中，并成为叛乱分子的庇护所，因此，对寺庙改革已是势所必然。而且藏族聚居区政教合一的统治性质，也决定了社会制度变革必须触及宗教问题，只有对其实施改革，才能彻底摧毁封建农奴制，才能使社会制度体系中的政治、经济、文化发生根本性的改变。于是，1958年中央统战部发出了《关于废除喇嘛教中的压迫、剥削制度的指示》。涉藏地区根据这一指示，制定了反叛乱、反违法、反特权、反剥削的"四反"政策。这个政策的具体内容是：第一，废除寺庙的剥削制度和一切特权。第二，政教分离，宗教不得干涉行政和司法。第三，寺庙拥有的生产资料除保留以寺养寺的生活来源外，其余部分分给劳动人民，从此废除寺庙农奴制度，解放娃子。第四，废除寺庙高利贷，取缔寺庙非法商业盘剥。第五，没收

---

① 孔萨益多：《民主改革是我们藏族地区进入社会主义初级阶段不可逾越的历程》，载《历史发展的新纪元》，四川省民委编印，1989年。
② 曾任中顾委委员的天宝就曾指出过，四川涉藏地区、西藏和其他涉藏地区有一大批爱国上层人士拥护改革，反对叛乱。

叛乱分子隐藏于寺庙的财产和枪支。第六，取消寺庙上层喇嘛对下层喇嘛的剥削，建立起民主管理寺庙的委员会。第七，政府对老弱病残和无依无靠的喇嘛给予救济。

民主改革从社会制度上使四川民族地区实现了彻底的变革。

（1）政治制度的变迁

主要表现在：一是废除了奴隶制、封建农奴制、封建地主制等落后的制度，建立起了劳动人民当家作主的社会主义新社会。二是废除了奴隶对奴隶主、农奴对农奴主、农民对地主的人身依附关系，各民族人民作为新中国的公民获得了宪法所赋予的公民权利和政治权利。三是涉藏地区"政教合一"的政治制度、彝族聚居区具有政治制度性质的诺合家支制度、其他少数民族地区的封建专制制度宣告结束，代之以各族人民当家做主的民族区域自治制度的真正确立。

（2）经济制度的变迁

主要表现在：一是生产关系上，生产资料由极少数人的奴隶主、封建领主和地主所有制改变为占人口绝大多数的劳动人民所有制。落后的奴隶制和封建领主制社会的经济秩序是将人们赖以生存的生产资料和其他资源按其等级制度为"高贵"等级的少数人所控制，这种制度导致经济上的极度不平等，政治上的人身依附关系十分明显。整个社会中的广大劳动人民没有生存的物质基础，他们不是生产资料的所有者，因此生活资料也十分匮乏。实际上，劳动者处于没有经济权利的状态下，他们的自由权利也就无从谈起。社会变革使各族人民享有了基本的经济权利，突出表现在他们获得了物质生产资料的同时保证了物质生活资料的享有，由此才真正实现了广大人民的个人自由。从法律意义上讲，人民获得生产、生活资料就是拥有了财产，它奠定了经济自由的法律基础和财产权的制度基础。有了财产才有了各族劳动民众摆脱人身依附和获得自由的基础，同样也是其生存和发展的基础，从此他们才真正实现了当家作主的愿望。

二是在新的生产关系中，人与人的社会经济地位平等，人民创造社会财富的主动性和活力才能被激活。

三是导致民族地区经济落后的封闭状态打破后，民族区域经济变化将与国家的经济制度实现有机的统一。在享有经济权利的前提下，民族地区的社会事业建设也开始全面起步。

(3) 文化制度的变迁

主要表现在：一是作为封建领主之一的寺庙上层集团随着民主改革的结束已不复存在。站在历史唯物主义的立场上，宗教成为一种制度文化不得不承认是人类早期经历过的一段制度历史。正如文艺复兴前的欧洲，神权和政权结合也经历了相当长的历史。所以说，藏传佛教作为那个时期的主流文化是以制度文化的面目成为四川藏族在历史上的一种文化现象已经载入史册。而今天的藏传佛教是以非主流文化的形式依然存在于藏族文化之中。藏传佛教文化因其民俗性特征，而成为群众性文化，既然为群众性，就有相对的稳定性。但是，包括藏族宗教文化在内的所有民族文化都在发生着变迁，并且都需要与当下的社会相适应。凉山彝族奴隶制社会中的诺合家支制度被废除，作为普通民众的非主流文化性质的家支文化还会继续存在。二是宗教作为一种意识形态，作为一种精神文化，其维护落后制度的功能到此终结，宗教不再干预行政、教育和司法。宗教作为民族文化的重要组成部分受到各级政府的保护，宗教信仰自由受到尊重。三是废除了民族地区的一切剥削制度后，社会主义制度下各民族一律平等，在中华民族大家庭中各民族人民根本利益一致的基础上，民族间的文化交往和相互帮助会日益增多，社会主义制度为各民族文化的发展和繁荣开辟了广阔的前景。

（三）民族区域自治制度确立

中国历史自有其不同于其他国家和民族的特殊性，而这种特殊性最显见于政治制度方面。我国各民族形成后，无不与中国古代政治制度相关联，历代中央王朝在巩固和开拓疆域中，都要与境内各民族在政治、经济、文化诸方面有互动往来，这种民族交往从一开始就表现出较强的政治性特点。诸如和亲政策、因俗而治、编户齐民等政策，这些政策与其他政治制度一起构成了比较完整的制度体系，实现和保证了中国历数千年而不衰的大一统局面。这当然就包含了实现中国各民族统一的各项政治制度。中国历史上的民族政治制度虽不能等同于中国共产党关于民族平等原则下的民族政策，但后者因袭了中国传统民族思想中对待民族问题的某些正确做法。例如，少数民族聚居的地方让其自己管理自己的做法，与历史上的传统民族政策有一脉相承的历史关系。当然，中国古今解决民族问题的途径是有区别的，古代中国是在封建政治制度下实现多民族的大一统，新中国是从平等联合的统一战线发展成为平等联合的统一的多民族共和国。古代的这些政治制度作为制度文化是中华民族的传统文化之一，后世对前世的制度有因有革，在因革之中后世所创立的政治制度更加完善。所以，新中国建立后，在解决民族问题的道路上选择了民族区域自治制度无不缘于厚重的中华传统文化。

以邓小平为主要领导的中共中央西南局在四川民族地区解放后，又迅速开始了民族区域自治制度的实践，新中国建立后成立的第一个州级民族自治区域就在四川藏族聚居区。当时，邓小平在中共中央西南局会上强调指出："反对大民族主义在政治上就是要实行区域自治及联合政府。"更重要的是政治上如何实现对少数民族的团结，邓小平说："不实行民族区域自治，就不能增强民族团结。"[①]各民族平等联合是解决民族问题的根本原则，民族平等联合的方式是民族区域自治，通过这个制度，建立起民主集中制的多民族的统一的国家。所以，如果把民族区域自治视为解决中国民族问题的一种制度性文化，那么，新中国成立初期在整个巴蜀民族地区，乃至整个西南和全国，在处理国家与聚居民族的关系时，民族区域自治被视为解决民族问题的钥匙。1950年7月，邓小平指示西南民族地方的领导说："区域自治应速实行。"同月，中央访问团抵达西南，其后刘格平团长专程到康定、西昌等地指导建立民族自治地方的工作。1950年11月24日，西康省藏族自治区成立（1955年11月改为四川省甘孜藏族自治州）。20世纪50年代成立的州级民族自治地方还有凉山彝族自治州，始建于1952年10月1日；阿坝藏族羌族自治州，始建于1953年1月1日（当时称四川省藏族自治区，1955年更名为阿坝藏族自治州，1987年更为现名）。县级民族自治地方有木里藏族自治县，始建于1953年2月19日；茂汶羌族自治县，始建于1958年7月7日。到1986年，四川省建立了三个自治州、九个自治县。改革开放后，因行政区划的调整，四川民族自治地方仍有三个自治州：甘孜藏族自治州、阿坝藏族羌族自治州、凉山彝族自治州；四个自治县：木里藏族自治县、马边彝族自治县、峨边彝族自治县、北川羌族自治县。另外，作为民族区域自治制度的补充，四川省还建立了九十五个民族乡。今重庆市有石柱土家族自治县、秀山土家族苗族自治县、酉阳土家族苗族自治县、彭水苗族土家族自治县等四个自治县。1983年设立黔江土家族苗族自治县，2000年撤销后设重庆市黔江区。

[①] 邓小平：《对西南各民族庆祝国庆代表团的讲话》（1950年11月28日），载西南民委编《民族工作文件汇编》，1951年版。

（四）巴蜀地区民族识别和社会历史调查

1. 民族识别

新中国建立后，国家实行民族平等政策，为使各少数民族真正成为中华民族大家庭平等的一员，在落实各级国家机关和人民代表大会的组成人员中，在推行民族区域自治制度中，都需要调查清楚各地究竟有哪些民族，才能保证这些民族实现上述权利的享有。而当时的情况是全国包括四川这样的多民族省份都存在族称复杂、数量繁多、分布广泛、各民族发展极不平衡等族别复杂的问题。因此，有必要进行科学的民族识别工作。识别出确切的民族成分，也是共产党和新中国保护和发展各民族文化的基本前提和条件。

1950年7月，中央人民政府西南民族访问团抵达重庆，访问团领导和部分成员本身就是民族工作的领导和专家，他们中的一些人在分赴四川、西康两省的少数民族聚居区宣传民族政策的同时，也初步涉及民族识别问题。从1950年到1954年初，是全国民族识别工作的第一阶段。有些是近代以来已经公认的民族，则只需确认，无须再识别。其中在巴蜀范围内，即有藏、彝、羌、回、满、蒙古、苗等民族。在第一阶段，通过识别确认的四川少数民族中有聚居的羌族，相对小聚居或数量分散的傈僳、纳西、布依、壮、傣、白等民族也得到了确认。1954年至1964年，是全国民族识别工作的第二阶段。其间，1956年土家族得到确认，分布在今渝东南的土家族也在其内。至此，巴蜀地区14个世居少数民族都已确认。在巴蜀民族识别中，也有个别族属难辨的遗留问题。比如：（1）四川木里的藏族和云南宁蒗的普米族、四川盐源的蒙古族（自称"纳日"）和云南的纳西族，他们两地相连，文化相近，但究竟是一个民族还是不同的民族，至今仍存不同看法。（2）四川北部的"白马藏人"，1951年定为藏族，但他们自称"达布"。根据其历史、语言、习俗等特征分析，有属于氐人、藏族、羌族等多种说法，尚属存疑问题，目前仍维持原状①。

2. 少数民族社会历史调查

巴蜀民族地区在1950年初相继获得解放，此时国家对不同民族和民族地区的了解还比较陌生，四川的少数民族人口差异大，分布极不平衡，社会发育水平低，经济发展水平十分落后，文化融合与文化冲突相互纠结，如何改变民

---

① 参见黄光学、施联朱主编《中国的民族识别——56个民族的来历》，民族出版社2005年版，第237~242页。

地区的贫穷落后状况，为尽快制定和落实符合民族地区实际的政策，同时也为了传承各民族的历史和文化，有必要开展全面的民族社会历史调查。在这样的社会背景和时代背景下，在新中国建立初期的一些零星调查基础上，1956年，四川省与全国其他民族聚居省区一起开始了对本地的民族和民族地区大规模的社会历史调查。四川省的调查以彝、藏、羌、苗四个民族分组，分赴凉山、甘孜、阿坝、宜宾、泸州、酉阳、秀山、彭水等州、县。对成都满、蒙古族的调查则由辽宁省少数民族社会历史调查组在1959年完成。调查组由全国人大、国家民委、中国科学院牵头，四川省及其民族地区的有关单位参加，其中有中国科学院历史研究所、经济研究所，中国人民大学，中央民族学院，中国革命历史博物馆，中央编译局，四川大学，西南民族学院，四川财经学院，西南音乐专科学校，四川省博物馆等单位的人员组成[①]。在田野调查、搜集、整理资料的基础上编写了调查材料白皮书，于20世纪60年代初内部印行；编写了简史、简志、自治地方概况的内部征求意见稿。这项大规模的民族调查到1962年基本结束。调查的内容包括民族的物质文化和精神文化，它为后人留下了大量弥足珍贵的民族资料，对民族文化、民族学、民族史、民族语言、民族问题理论等学科研究和发展都有不菲的价值。20世纪70年代末，这些资料经整理和编写以《民族问题五种丛书》的形式陆续正式出版，21世纪初经修订再版。五种丛书涉及巴蜀少数民族的主要有：《四川省凉山彝族社会历史调查》《四川省阿坝州藏族社会历史调查》《四川省甘孜州藏族社会历史调查》《羌族社会历史调查》《四川省苗族傈僳族傣族白族满族社会历史调查》《四川省彝族历史调查资料、档案资料选集》《四川省纳西族社会历史资料》《四川省凉山彝族社会历史调查资料选辑》《藏族简史》《彝族简史》《羌族简史》《苗族简史》《土家族简史》《傈僳族简史》《纳西族简史》《藏语简志》《彝语简志》《羌语简志》《苗语简志》《纳西语简志》《土家族简志》《阿坝藏族羌族自治州概况》《凉山彝族自治州概况》《甘孜藏族自治州概况》等。

二、巴蜀少数民族的物质文化和精神文化

（一）新中国的民族文化政策

新中国的成立，为各民族文化的继承和发展提供了有利条件。有着临时

[①] 参见黄光学、施联朱主编《中国的民族识别——56个民族的来历》，民族出版社2005年版。

宪法性质的《共同纲领》第53条即明确规定："各少数民族均有发展其语言文字，保持或改革其风俗习惯及宗教信仰的自由。"同时提出："人民政府应帮助各少数民族人民大众发展其文化等建设事业。"1952年，中央人民政府批准的《中华人民共和国民族区域自治实施纲要》，政务院通过的《关于保障一切散居的少数民族成分享有民族平等权利的决定》等法规性文件，都对我国处在不同分布状况下的少数民族享有自己的文化制定了专门的政策措施。民族文化的继承和发展是实现民族平等和民族繁荣进步的重要标志和内容。这些政策主要如下：

1. 保护和发展少数民族语言文字的政策

语言文字是民族形成的要素，是民族认同的基础。巴蜀地区少数民族的语言文字前几章上是提及，本章中将逐一简介。本书"结语"之后还将专门介绍巴蜀各民族语言。每个民族的语言文字既是民族文化的重要组成部分，又是传承民族文化的重要载体。新中国保护和发展少数民族语言文字的政策有三层含义：一是各民族语言文字一律平等。民族语言文字平等是民族平等原则的法理体现，是尊重民族文化的具体体现。二是各民族都有使用和发展自己语言文字的自由。语言文字是民族生存、发展和交流的工具，是民族情感和意愿的表达方式，理应享有自由使用和发展的权利。三是提倡各民族人民相互学习别的民族的语言文字，促进各民族间的文化交流。每个民族能发展到今天，都在与自然和社会环境相适应过程中创造出了灿烂的文化，学习别的民族的语言文字可以帮助各民族增进相互了解，取长补短，共同进步。

为了保障少数民族使用和发展自己的语言文字，国家还采取了一些具体的政策措施。20世纪50年代，由中央民委、中国科学院、中央民族学院等单位组成的少数民族语言文字调查队对包括四川在内的各地少数民族使用的语言文字进行了大规模普查，编写出各少数民族的语言简志，为保护、使用和发展少数民族语言文字提供了研究和制定政策的基础性资料。此外，还帮助巴蜀少数民族普及和创制文字。四川藏、彝、纳西等民族历史上早已创立了自己民族的文字，但过去主要为上层社会和宗教人员使用，一般民众掌握很少。为了在少数民族广大成员中普及其文字，人民政府组织专家对原有文字进行了标准化规范。藏文、彝文经标准化规范后，在学校教育和成人扫盲中得到推广，在新闻、出版、广播、电影、电视等新兴事业中得到运用和发展。1951年2月5日，政务院决定："帮助尚无文字的民族创立文字，帮助文字不完备的民族逐渐充实其文字。"此后,20世纪50年代,巴蜀地区少数民族中的壮、布依、苗、傈僳等民族都创制了文字。20世纪80年代,白、土家、羌等民族也经专家设计了拼音文字方案。根据尊重和保障少数民族使用和发展其语言文字权利的政策,在少数民族聚居地区的教育事业中实行了母语和汉语双语教学的政策措施。为加强少数民族语言文字研究和人才培养,四川省建立了专门的研究机构,在西南民族学院等高等学校中设立了专门的院系,各民族考生都可以报考少数民族语言文字的专业。除藏、彝民族外,四川的其他少数民族因人口不多、居住分散、长期与汉族杂居,基本上形成了都能使用汉语言文字的状况。

2. 保持或改革少数民族风俗习惯的政策

风俗习惯是民族在长期历史发展的过程中逐渐形成并世代传承的生活方式,它表现出民族的物质生活和精神生活方面广泛流行的风尚或习俗。就广义文化而言,每个民族所创造的物质和精神生活方式是民族共同的文化遗产,属于民族文化的重要组成部分。我国各民族习俗有较大差异,反映了不同民族的思维习惯、心理感情和行为方式,是民族特点的重要组成部分。新中国成立后,《宪法》明确规定,各民族都有保持或改革自己的风俗习惯的自由。这一政策的实质是民族平等原则的法理体现,尊重少数民族习俗就是尊重各民族的平等权利,不能因某个民族的风俗习惯不同即文化的差异性而导致民族间的歧视与不和。一个民族风俗习惯的保持或改革,应由该民族的人民去决定,别的民族或个人不能强制或干涉。任何民族不能以自己民族的风俗习惯为标准,去衡量和要求别的民族,也不能以个人的好恶去对待民族风俗习惯,去处理同风俗习惯有关的事情。作为民族文化组成部分的习俗文化随着时代的进步发生变迁是永恒的规律,但是,应该继承和发扬民族优秀的传统习俗,摒弃民族有害的习俗。新中国成立后,党和人民政府在巴蜀民族地区认真执行相关的政策,尊重多民族的风俗习惯。

3. 对少数民族宗教文化的保护政策

民族和宗教是两种不同的社会现象。民族是历史上形成的有共同文化特征的人们共同体,属于社会历史的范畴。宗教是人类发展到一定历史阶段人们心灵中产生的对一种超自然超人间力量的祈求和崇拜,属于思想意识的范畴。尽管二者不同,但是自民族和宗教产生至今,世界上没有哪一个民族不与宗教相联系。每个民族都有过宗教信仰的历史,在有些民族的形成和发展过程中,宗教起着十分重要的作用。宗教对民族的特征有重要影响,宗教的有些节日、礼仪和禁忌等,在历史进程中已逐渐演变为民族的风俗习惯,这是宗教文化的民俗化过程。有些宗教历史悠久，其中也蕴含着民族的文化及其发展的历程。民族的物质文化和精神文化都受到宗教的影响。由此可见，虽然宗教不等于民族文化，但是宗教文化是民族文化的重要组成部分。而且对一些民族而言，宗教文化作为民族传统文化中的精神文化的重要组成部分（如四川藏族信仰藏传佛教，回族信仰伊斯兰教等），将长期继续存在于民族的精神生活中。

正是基于上述原因，我国《宪法》规定：公民有宗教信仰的自由。保护宗教信仰自由，就是保护宗教的合法存在。国家保护正常的宗教活动，实际上也保护了宗教文化的传播和传承。尤其是在宗教信仰具有群众性的少数民族中，对其宗教信仰的尊重，体现了对民族传统的风俗习惯、道德伦理及精神文化生活习俗的尊重。这也是中国共产党一贯实行的民族团结、民族平等政策的重要内容。新中国建立初期，在开辟民族地区工作中，即把尊重少数民族的宗教信仰和风俗习惯、保护宗教寺庙作为民族平等的体现。1956年，周恩来在对赴藏人员的讲话中明确提出："到那里去必须尊重他们的风俗习惯、宗教信仰，绝不能够违背。"[1]民族和宗教作为不同的社会现象将长期存在下去，党对宗教的基本政策使公民的宗教信仰权利得到了保障，宗教作为一种非主流文化将继续存在于各个民族的社会生活中，这种文化以不破坏社会正常秩序、不损害公民身体健康、不妨碍司法、行政和教育为前提，国家鼓励和支持宗教发扬其积极因素，这里显然包括了宗教创造的有利于社会进步的文化，使宗教文化与社会主义社会相适应。在巴蜀藏族聚居区、彝族聚居区、羌族聚居区及散杂居地区，各级人民政府及干部都认真执行党的宗教政策，尊重少数民族的宗教信仰。

4. 继承和弘扬各民族优秀的传统文化，加快民族文化事业发展的政策

中华人民共和国建国初期公布的《共同纲领》《民族区域自治实施纲要》都明确指出，国家应帮助少数民族发展文化建设事业，自治地方的自治机关应采取措施发展民族文化、艺术等事业。我国《宪法》和《民族区域自治法》以及一系列民族文化政策，从三个方面对继承和发展民族文化作出了规定：

一是要保护和整理民族的文化遗产，发展和繁荣民族文化。这样做的目的是为了继承和发扬民族文化的优良传统，建设具有民族特点的社会主义精神文明，不断提高各民族人民的科学文化水平。如何实现继承和发扬民族优良传统

---

[1] 周恩来：《对中央代表团全体人员的讲话》，1956年3月15日，载四川省民委编《宗教政策文件选编》，内部编印本1993年版。

文化，民族区域自治法则规定自治地方的自治机关要组织、支持有关单位和部门收集、整理、翻译和出版民族书籍，保护民族名胜古迹、珍贵文物和其他重要历史文化遗产；要发展民族传统医药；要继承和开展民族传统体育活动等。

二是国家根据各民族的特点和需要，帮助各民族和民族地区加快民族文化事业的发展。这一政策原则在1954年的《宪法》草案报告中作了解释。由于历史的原因，少数民族在政治、经济、文化等方面落后于汉族，各民族虽然已经获得了民族平等的权利，但是如果仅仅依靠他们自己的条件和力量，就还不能迅速地克服原来经济上和文化上的落后状态①。无疑，这样的分析和主张是十分正确的，符合统一的多民族国家的国情。如今《宪法》第122条载明，国家从财政、物资、技术等方面帮助各少数民族加速发展文化建设事业。所以，帮助少数民族文化事业的发展是国家应有的责任和义务，少数民族则享有发展其文化事业的权利。

三是各民族继承和发展自己的文化，有保持其民族形式和民族特点的权利。民族之所以不是单独存在，是因为民族存在于与其他民族的互动之中。民族成员意识到自己或被意识到与其周围不同，这个区别的界限就是不同形式和特点的文化，任何民族离开其文化就不能存在，民族认同是通过文化要素表现出来的，一个民族的文化特点就是有别于另一民族的差异。因此，每个民族拥有自己文化的形式和特点是自然享有的权利，理应受到尊重。对此，早在1952年2月22日通过的《民族区域自治实施纲要》关于自治权利中已作出了原则规定。之后颁布的《宪法》又明确规定，民族自治地方的自治机关自主地管理本地方的教育、科学、文化、卫生、体育事业，保护和整理民族的文化遗产，发展和繁荣民族文化②。根据《宪法》原则，《民族区域自治法》规定自治机关自主地发展具有民族形式和特点的文学、艺术、新闻、出版、广播、电影、电视等民族文化事业；自主地决定本地方的医疗卫生事业的发展规划；自主地发展民族体育事业等。

在党和人民政府的重视与大力支持下，新中国成立以来，尤其是改革开放以来，巴蜀地区各民族自治地方的文化事业都得到蓬勃发展，多民族优秀传统文化也得保护与传承、弘扬。

---

① 刘少奇：《关于民族区域自治问题》，载《民族政策文件汇编》第二编，人民出版社1958年版。
② 《中华人民共和国宪法》第119条（2018年3月11日）。

（二）巴蜀少数民族的物质文化

物质文化也称为"文化的物质形态"，是各民族按照自己的价值观、生活需求和生产能力去适应环境而创造和使用过的一切物质产品及其文化遗存。物质文化主要包括生计文化（包括民族的生产方式、生产工具和技术）和饮食、服饰、建筑、行旅等具有民族风情而且能显示民族特色的文化习俗。

1. 巴蜀少数民族的生计文化

新中国建立初期，巴蜀少数民族仍沿袭传统的生计方式，主要有传统的农业、畜牧业和手工业。

（1）农业

藏、彝民族的大多数人口主要从事农业，巴蜀地区羌、土家、苗、傈僳、纳西、傣、布依、白、壮等民族也以农耕为主要生计方式。藏族农区大多在高原河谷地带，与此地理环境条件相适应的农作物主要有青稞、小麦、玉米、荞子、土豆和豆类等耐寒作物。彝族农耕地多分布在高山和二半山的平坝和坡地，适宜于玉米、土豆、荞麦、燕麦、圆根和豆类等耐旱作物的生长；也有部分彝族生活在安宁河流域坝区，以种植水稻为主。羌族生活在岷江和涪江上游流域的二半山地区，农作物种类与彝族农耕区基本相同。土家族和苗族生活在渝东南和川南地区，少数苗族分散居住在凉山州和攀枝花市的农村，前者处于低山区，农作物有水稻、玉米、小麦、大麦、土豆、红薯及豆类杂粮；后者耕种的作物与当地汉族种植种类相同。分布在凉山州农村的纳西族、蒙古族的传统种植方式与当地彝族基本相同。生活在气候温和的金沙江沿岸地区的傣、布依、白、壮等民族，以水稻种植为主，兼种玉米、小麦、豆类等农作物。

总体而言，新中国建立初期巴蜀民族地区的农业生产力水平较低，大多保持着"刀耕火种""广种薄收"的粗放型生产方式，产量较低。正如民谚所说的"春种一片坡，秋收一箩箩"。另外，新中国建立初期，巴蜀民族地区较落后的耕作技术和还在普遍使用的木质农具，也反映出农业生产力水平的低下。例如：藏、彝、土家、纳西等民族，主要使用木铲、木犁、木耙、木锄、木连枷等木质农具，为数不多的铁质农具也比较简单。如彝族使用的直辕犁，其铁铧浅而平直，入土不及三寸。相对而言，羌族制做的鸭嘴铧，耕深可达到五六寸，比较有利于农作物的生长。

新中国建立初期，中国共产党和人民政府为了发展农业生产，改善巴蜀各民族地区人民群众的生活状况，向民族地区的群众无偿发放各种铁质农具，并且组织农业技术人员深入民族地区,帮助农民选择优良品种,宣传和推广先进的农业耕作技术。为了打消少数民族群众的顾虑,还采取了干部带头,解放军部队率先示范等工作方法。例如:在甘孜,当地藏族群众种一口袋种子的耕地,一般只能收获四、五口袋的粮食,而解放军播同样数量种子的耕地,却能收获四十多袋粮食。干部示范、带头方面,1953年,当时任西康藏族自治区主席的天宝专门从北京购回新式农具在当地试用,目的是要带动农牧民改变一些明显落后的生产习惯,改进和提高传统的生计方式。在干部带头和解放军的示范作用下,藏族群众竞相仿效,推动了先进农耕技术和新式农具等在巴蜀民族地区的普及使用。

(2)畜牧业

巴蜀地区少数民族以畜牧业为谋生之计的历史悠久。藏、彝、羌、纳西、傈僳等民族的先民早期都曾以游牧为生,后来发展为传统的畜牧业。畜牧产业主要分布在阿坝州的松潘、红原、若尔盖、阿坝、壤塘、九寨沟等县;甘孜州的石渠、色达、理塘基本为纯牧业县,德格、甘孜、雅江、康定、道孚、炉霍等县的部分区域以牧业为主。凉山州的木里县和居住在高山的彝族主要从事畜牧业。羌、纳西、傈僳族也有相当比重的畜牧业。高原牧区以养殖牦牛为主,还有牦牛和黄牛杂交繁衍出犏牛,二者是牧民们不可或缺的生产、生活资料。据悉,全世界牦牛总量的百分之九十分布在中国的青藏高原及其周边地区,其中四川民族地区的牦牛数量就约占全国总量的三分之一[①]。藏族在青藏高原独特的地理环境和独具特色的牦牛产品中创造和衍生出牦牛文化,它表现在饮食、服饰、民居、交通工具和役力等物质形态方面,可视为与牦牛相关的物质文化;与之对应的藏族精神文化中的宗教、民间文学、戏剧、舞蹈、唐卡、节日等都有以牦牛为题材的内容,这是从精神层面表现出的牦牛文化。牦牛文化与自然地理环境、人文历史关系密切,并有强烈的民俗性特征,成为巴蜀地区藏族文化的象征之一。以至于十世班禅说:"没有牦牛就没有藏族。"这表明以牦牛为主的川西藏族畜牧业生计,是他们赖以生存的物质文化的基础,同时也蕴涵深刻的精神文化成分。

另外,水牛、黄牛、绵羊、山羊、马等均是巴蜀少数民族畜牧种类。著

---

① 郎维伟:《西部藏区畜牧业如何应对"入世"——以牦牛产业为案例分析》,《西藏研究》2003年第3期,第1页。

名的有"峨边花牛",产于峨边、马边、美姑、甘洛、金口河等地,属优质黄牛品系。"德昌水牛",分布在安宁河流域,耕作力强,是我国亚热带高海拔地区役用水牛良种。"藏系绵羊",产于青藏高原东南缘的川西高原,属优良的毛、皮、肉兼得的羊畜品种。羌族分布的汶川县所产铜羊,体型小,毛呈棕黄色,似赤铜色而得名,因饲养粗放,育成周期短,肉质良好,膻味小,是受消费者喜爱之羊肉品种。苗、彝、汉民族居住的川南古蔺、叙永、兴文、珙县等地产优质"古蔺马羊"品种,体型大,肉质上乘,膻味轻,皮张大,繁殖力强,属地方优良品种。川西南少数民族善养马,凉山州有建昌马,又称"筰马",因产地古称邛筰之地而得名。建昌马体型小,但负载力强,适宜于攀西地区沟壑纵横、道路崎岖的运输。川西阿坝州藏族分布为主的若尔盖、阿坝、红原、松潘、壤塘等县产"河曲马",旧称"乔科马""唐克马""若尔盖马"等,体格高大结实,耐寒抗暑,适宜交通、农用、军事多种用途。各民族还善于驯养牧犬和猎犬,例如,藏族的牧犬被称为"獒",体形硕大呈凶猛状,是看家、防盗、牧畜的帮手。而猎犬则属许多民族保持传统狩猎习俗所必不可少的家畜帮手,例如,藏、彝、羌、苗、纳西等民族都有饲养。巴蜀少数民族饲养牲畜是生产、生活所必需的生计活动,从而在历史上形成了一些崇敬牲畜的习俗礼仪,新中国建立以后仍然相沿传承。例如,羌、彝、藏各族都把羊作为吉祥与美好的象征,羌族每年农历四月的"祭山会",十月的羌历年,为祭祀神灵,祈祷丰收,所用祭品、所施仪式都与羊有关,表现出对羊图腾的崇拜。彝族则在民族格言中说"养一匹马则若一个儿",表达其民族爱马的习性。藏族牧民养成了爱马的习俗,骑手们为赛马争冠,特意为好马配上好鞍,甚至不惜金钱,传统的赛马会,有浓厚的赛富会色彩。也有的民族把牲畜作为神来祭拜,以表达畜种对民族的贡献。如,土家族每年四月十八日为"牛王节",就是因耕牛帮助人们实现了丰衣足食,专门设置了牛王庙以祭之。羌族把农历十月初一作为"牛王会",视此为牛神的生日,敬香献供品,祈求六畜兴旺。

2. 巴蜀少数民族的服饰文化

服饰文化,是指人们在日常生活中所穿的衣服、佩戴的饰物以及与之相配合或由此反映出来的文化气质。巴蜀地区各民族由于在生活环境、审美情趣等方面的不同,一般都形成了自己民族的服饰文化。直观地看,不同民族可从服饰上加以区分,因为服饰是不同族体认同的文化符号,代表了族体认同的文化特征之一。尤其是女性服饰的特征最为明显，传统特色也最为浓郁。巴蜀地区各民族的服饰文化，多来自于对传统文化的继承，但也随时代的前进和居住地的变化等影响而有一些新的吸收和创造，并由此表现出一些新的变化。新中国建立后，穿着少数民族服饰受到尊重，在少数民族群众的日常生活中得到保持和传承。同时，由于服饰原料种类的日益增多，民族服饰的制作更加普及、方便，形式绚丽多彩。

（1）藏族服饰

四川藏族传统服装各地有不同特点，一般男穿右襟齐脐短装，外罩圆领宽袖长袍，用氆氇、豹皮、水獭皮镶边，颇为华丽。由于藏袍长而厚，适宜于长年无夏的青藏高原生活，又多取材于羊皮，保暖耐寒，白天束带为衣，夜间解带为被。妇女服饰一种近似男装，另一种为长袖衬衫，外罩坎肩衫，腰束彩色绸带，系色彩绚丽的围裙。男女均戴毡帽和礼帽，冬季戴狐皮帽，脚穿藏靴，着装时配以精巧的吊刀，戴上以金、银、玉、贝、珊瑚、玛瑙制成的头饰、耳环、项链、手镯、戒指等饰品，显得独特、美观、潇洒。妇女头饰讲究，种类较多，牧区和农区、不同方言区均有一些差异。未婚妇女将头发梳成数十条小辫，婚后保留双辫。不论男女胸前都佩戴不同材质做成的"尕吾"（也译作"告乌"等），内装经活佛念过经的各种佛物，用来避邪护身。

（2）彝族服饰

四川凉山彝族男女均穿窄袖贴身右开襟上衣，男下装则不同地区裤脚分为大、中、小三种。部分男性蓄长发，梳辫盘于头，以青、白布长帕缠之，状若大盘。男子也用青布装饰为"英雄结"的头饰。妇女穿饰花右衽大襟衣，下着百褶裙。不论男女都喜配耳饰，女性还重颈部装饰，戴银牌领花。妇女戴头帕，生育后以帽换帕。男女均披羊毛做成的披衫，俗称"擦耳瓦"。服装上饰以天象、大自然、动物、植物图案居多。男子装饰耳珠、戒指、刀带和竹笠。女子装饰木梳、耳珠、项链、手镯、戒指等。首饰以金、银、铜、玉、石、骨、贝等为原料。

（3）羌族服饰

新中国成立以来，四川羌族男子的着装仍然保持头包青色或白色头帕，穿自织白色麻布或阴丹布长衫，腰系织带，外套羊皮褂，腿裹羊毛织成的毡子，脚穿传统的草履式"云云鞋"。妇女喜着艳丽服装，各地略有差异，一般缠青色或白色头帕，头顶彩绣四方巾，戴银牌、领花、耳环、耳坠、戒指、手镯等饰品，穿花长衫，在领上镶银饰图案的领花，衣襟滚边饰花，腰系绣花围腰和飘带，与男子同样裹绑腿，但是脚穿绣花鞋。

（4）苗族服饰

苗族服饰以麻织品为特色①。川南苗族服饰种类繁多，大致有珙县王武寨式，兴文县德胜式，叙永县后山式，古蔺县箭竹式、观文式、金尼式，筠连县式等样式。就一般而言，男子穿花领夹衣，束麻布绣花腰带，缠青色或白色头帕。妇女穿大花领夹衫，系绣花裙或蜡染花裙，缠青色或白色头帕，裹白布绑腿。渝东南苗族男子头包数丈长帕，大者如笠，穿青、蓝色和花格对襟衣，衣配五至七对布扣，袖管细长。下着大腰大脚裤，以青、蓝色为主。腰系柴刀和烟杆，便于砍柴吸烟，也用于自卫。妇女一般头缠青丝或花格头帕，长盈三丈，盘绕高耸如筒状。上衣宽大，袖长及膝，无领或浅领，胸前配镶花围腰，下装裙裤皆有，裙以百褶，色彩丰富，裤以下摆宽大，膝下镶三道彩色花边，甚是美观大方。凉山州和攀枝花市的苗族男子穿对襟长衫，系绣花腰带，披马甲，穿布鞋。妇女上身也穿对襟衣，下着裙装。男女均缠黑色头帕。服装色调以蓝色为主的俗称"青苗"；白衣为主，并背有披肩的俗称"白苗"。

（5）土家族服饰

土家族服饰的特点是男女皆用青丝帕、青布或白布包头，男子穿蓝、青色对开襟短衣，系白布围腰，下穿大筒裤，以白布条做裤头，也有一些老人穿长袍大襟衣，裹绑腿，通常穿草鞋。未婚妇女蓄长辫，用红、蓝、青色绒线做头绳为其装饰，若将头发盘髻并插发簪则表示已婚。普遍喜佩戴耳环、戒指、手镯，颈上胸前挂银牌等饰物，穿右衽大襟衣，下穿绣花灯笼裤。

（6）纳西族服饰

纳西族传统着装一般男子头包青帕，上穿蓝色大襟短衣，下着蓝、黑色宽脚长裤。妇女头缠青布长帕，上穿白色或蓝色大襟短衣，外罩对襟坎肩，下穿褶裙，长及脚踝，系黑色围腰，穿布鞋。喜耳环、手镯、戒指等装饰，有在头帕、围腰、领口、袖口、鞋尖绣花饰的习惯。

（7）傈僳族服饰

四川傈僳族男子头上留小辫，包布帕，穿右衽大襟上衣，着长裤，束红腰

---

① 川南地区适合种植麻类植物，苗族有种麻和织麻布制作裙装的习惯。新中国成立后为尊重此俗，当地允许苗族保留其种麻的自留地。

带。女性穿绣花短上衣，束红腰带，下着红白相间的百褶裙。服饰特点普遍着自织的火草麻布上衣，系红腰带，男女老少都喜背一绣花袋包。

（8）回族服饰

回族男子常戴无沿小白帽，着对襟短上衣，穿白衬衣、白长裤、白袜子。妇女传统头饰以包白帕、搭盖头为特点。新中国建立后，在四川地区的回族妇女使用这种头饰呈减少趋势，尤其是城市回族妇女。上衣为右衽大襟短衫，着长裤。

（9）壮族服饰

壮族妇女包白头帕，穿右衽上衣，着短裙，系花围腰。男子穿对襟上衣，着长裤，包青色头帕。壮族妇女擅长挑花、刺绣，故妇女衣、裤均在袖口、裤脚绣花，腰系绣花围腰，脚穿绣花鞋。男子穿对襟或斜襟大袖短衫，着长裤。

（10）满、蒙古等民族在四川人口少，居住分散，并因长期与汉族及其他民族错杂而居，其服饰基本上已经"随乡入俗"。

（11）布依族服饰

布依族妇女特别是老年妇女还保留本民族的服饰特点，上穿贴身大襟短衣，下着百褶长裙，采用蜡染花布制作。男子服饰已基本与当地汉族相同。

另外，当代巴蜀少数民族服饰的现代化变迁及"入乡随俗"穿戴服饰的情况，在与汉族错杂而居的其他民族中也比较普遍。相对而言，在少数民族中，男性服饰的变化又比女性更为突出。

3. 巴蜀少数民族的饮食文化

饮食文化，是人类围绕饮食而形成的习俗、行为和意义等文化现象。饮食文化也可以作为民族的一种符号或象征，成为区分民族成员的标志。巴蜀少数民族的饮食文化，因食物构成、获取的方式、加工的办法、食品的意义、饮食礼俗和禁忌、饮食的器具等各有差异，各具特色而呈现出异彩纷呈的格局。

（1）藏族饮食

以糌粑、面粉、牛羊肉、酥油茶、奶类等为主、副食。糌粑是用青稞、豌豆、玉米、燕麦淘洗、炒熟、磨面而成，以青稞糌粑最普遍。酥油茶是将酥油、盐巴、熬好的清茶放进酥油茶筒内搅拌，茶油交融而成，倒出加热即可饮用。讲究者在酥油茶中还加入研细的花生、核桃、芝麻等。奶茶是在清茶中加入牛奶或羊奶，煮沸即可饮用。由于农耕和畜牧是藏族聚居区主要两种生产类型，因此饮食特点与两类生产产品之间的交换十分密切。农区生产青稞、豌豆、燕麦等农产品制成糌粑面，牧区生产牛羊，提供充足的肉食、酥油、奶类来源，藏族聚居区以其独特的农牧业产品形成藏族特有的食品消费方式和结构，并形成较强的互补性特点。再就是藏族主食明显多荤腥，少蔬菜，以致不易消化，茶则可消食化腻，饮茶便成了藏族重要的生活内容。正如藏族民谚所说："宁可三日无食，不可一日无茶。"藏族饮茶种类有酥油茶、奶茶、清茶、炒茶、面茶、香茶、甜茶、骨汤茶、牛油茶、核桃茶等。然而，藏族聚居区不产茶，因此其与汉族地区的茶叶交易历史悠久，新中国建立后受到各级政府重视关心，均以平价茶销往藏族聚居区，满足其生活需要。当然，几十年来藏族饮食结构也发生变化，以农为主的地区其饮食还包括面条、面块、蒸馍和烙饼，以及萝卜、圆根、莲花白等各种蔬菜，肉食中有熏制的猪膘，而且常年食用。无论农牧区，都喜饮青稞、玉米酿制的咂酒及青稞酒，近三十年来年轻人也喜饮啤酒。藏族饮食的食法很多，农区食用糌粑，以糌粑面拌入茶水和酥油成团，称"挼糌粑"，然后用碗盛茶，边饮边食。牧区则是在碗中放糌粑，再加奶渣、酥油，用手拌匀压平，在面上斟少许茶，喝干后舔食面上的湿糌粑层，如是反复，食完食饱为止，称"卡提"。嘉绒藏族的烧馍很有特色，用面粉、青稞粉、玉米粉做成圆饼状，放在火塘内烤熟，本来已有泡、酥、脆、香的特点，再将面上揭开，淋入烧化的酥油或包肉菜于馍中，其味清香可口。藏族草地产一种蕨麻，俗称"人参果"，采集后清洗入锅煮熟，捞出去水，再放入熬开的酥油或菜油锅里文火炸黄，捞出，撒糖即成，食之香脆可口，藏语称"足玛"，意为仙果，今人比喻为"藏式巧克力"。嘉绒藏族聚居区在冬季杀猪后制成猪膘或香猪腿，放在通风、干燥的储藏室，肉嫩味鲜，为一般腊肉所不及。

　　藏族饮食礼俗丰富。藏历年的第一天每家每户都看重岁时第一餐，主妇要给去世的祖先上餐，再给家庭成员倒年茶，家庭成员都要到齐。还要给活佛、老师、恩人等备上年茶以示尊敬。随后几天都有相应的礼节。当有客人来家中用餐时，主人会按其长幼、亲疏、男女依序入座。供奉祖先和诸神的饮食祭品也有一些约定俗成的规矩传承后世。还有一些属于宗教教规民俗化后，成了信教群众的饮食禁忌。例如，藏传佛教忌食鱼，认为鱼是居水食泥的水中菩萨，食之不敬，故信教者也视鱼为禁食之物。藏族聚居区也禁食狗肉，相传狗曾助人获得青稞种子，从此才有了糌粑和青稞酒，出于对狗的感激之情，产生此禁忌①。

（2）彝族饮食

以玉米、荞麦、土豆、燕麦为主食，有些地方也产大米。肉食以猪、羊、牛、鸡肉为主，忌食狗肉。蔬菜有圆根、萝卜、青菜。饮食礼俗中重酒，传统特色佳肴有"荞粑粑""坨坨肉""酸菜汤""竿竿酒"。彝族种植最早的粮食作物就是荞麦，分苦荞和甜荞，日常生活中以苦荞为主食，甜荞多在过年时食用。彝族看重苦荞，是祭祖时不可缺少的供品。荞麦营养丰富，适宜彝族地区的土壤和气候，新中国建立后仍然广泛播种，做成荞粑粑还便于外出时作为干粮携带。荞麦食品耐饿、除腻、洁齿，当地民间还认为其有美容功效。凉山昭觉有一民谚："脸上一朵花，肚里装个荞粑粑。""坨坨肉"均以加工成坨而食，可用牛、羊、猪、鸡肉做成，一般待客以小猪做成的"坨坨肉"为多。按彝族民间礼俗，四只腿的牛、羊、猪待客比两只腿的鸡好，若宰杀大牲畜，以猪、羊、牛依序体现出礼节的高贵。"坨坨肉"的制作颇有特色，取自当地的草本香料，彝语称"切批切克"，加上一种称"哈拉古"树的树叶，一种叫"穆库"乔木的根和花，再配以盐、蒜、花椒、辣椒拌在肉中，其味独特。"酸菜汤"中的"酸菜"是以青菜或圆根腌制而成，一般在汤中加入些许，再加盐、木姜子即成，其味清香爽口，鲜美化腻，助于消化，每食必备。鸡的制作别有一番风味：以仔鸡为主料，煮熟即起，放入碓窝捣碎后，再放入配料拌匀，由于佐料入肉，口感鲜美，称为舂鸡辣汤。酒是彝族表示礼节，讲究诚信，增进情谊的饮品。酿酒粮食原料有玉米、荞麦、高粱等，酒的种类有咂酒、烧酒、醪糟酒、水花酒等，改革开放以来彝区年轻人也喜喝啤酒。可以说，酒在彝家的生活中无处不在，以致人们说："无酒不成礼，无酒不成欢。"彝族饮食食具别具一格，民间流行木、竹、皮胎的漆器，种类繁多，色彩以黑、黄、红为主色调，经常使用的食具以木质漆器为主。

（3）羌族饮食

主食有玉米馍、玉米蒸蒸、玉米粥，以及面条、麦面馍等。玉米面与大米拌和蒸熟，俗称"金裹银"，也称"金包银"。蔬菜原以青菜、圆根为主，或将其腌成酸菜食用。改革开放以来建有蔬菜基地，蔬菜品种已大大增加。习惯冬至杀年猪，此时能吃上鲜肉，平时则以猪膘为常年肉食。新中国建立后的较

---

① 冯敏：《万户千门入画图：巴蜀少数民族文化》，四川人民出版社2001年版，第103页。

长时期，羌族农村仍然以家中储存猪膘数量的多少来衡量家庭的富足程度，近年来已出现一定变化。羌族无论男女都喜饮咂酒，多用青稞酿成，饮时开坛用竹管轮流咂吸故称咂酒。

（4）苗族的饮食

苗族生活在山区，主食玉米、红薯、土豆，杂以大米、小麦、高粱、荞麦、杂豆等粮食。玉米磨成面，单独蒸食称"苞谷饭"，伴以大米蒸食，称"两造饭"。苗族善种糯米稻，因此其饮食习惯中擅长糯米食品的制作，如糍粑、醪糟汤圆、米花等都离不开糯米为原料。糍粑是苗家节日或待客的必备食品。苗族还有吃酸味食品的特点，家家泡酸菜。今渝东南苗族喜吃酸酢鱼、盐酸菜、酸酢辣椒，春天专门要吃蒸酸酢菜。冬天杀年猪，要制作酸酢肉，其做法是将切成片的肉拌上米面，配以佐料，装进坛内，用稻草封口，再将坛倒置在水缸中。过十天半月，坛中的肉变酸了，称为"酸酢肉"。秋天的新鲜红辣椒，冬天的大头菜和青菜都可如法炮制，制成酸酢辣椒和盐酸菜。这些食品做成菜肴，鲜美开胃，自成特色。苗族制作豆腐种类不少，有豆腐、豆花、血豆腐、豆猫、豆折、豆干等。渝东南乡间流行一句民谚："汉人下乡，鸡子遭殃；苗人上街，豆腐该歪。"[1]"歪"是当地方言，意思指打主力，即主打菜。苗族自酿玉米、高粱酒，款待客人，婚丧嫁娶，传统节日，宗教礼仪等都离不开酒。肉食以猪、鸡肉为主，也食牛、羊肉。攀枝花市盐边县苗族喜食狗肉，并以狗肉待客[2]。苗家食文化中有用荞面款待女婿或贵客的礼俗，当客人坐定，主人将荞面擀成面条，放在刚磨好的豆腐窖水里，经复杂之加工工序，最后主人将煮好的荞面端到客人面前，以示对客人的尊重和热情。

（5）土家族饮食

以大米、玉米、红薯为主，所居渝东南地区还出产小麦、大麦、荞子、高粱、土豆、豆类等粮食。蔬菜有青菜、白菜、萝卜、冬瓜、南瓜、辣椒等。喜酸辣味，有酸鲊肉、酸鲊鱼、酸鲊宝辣椒、倒罐菜、酿豆腐等特色食品。肉食以熏腌腊肉为主，忌食狗肉。土家族的油茶汤用各种原配料制成，四季皆宜，是招待客人的上佳食品。

---

[1] 郎维伟：《四川苗族社会与文化》，四川民族出版社1997年版，第129页。
[2] 冯敏：《万户千门入画图：巴蜀少数民族文化》，四川人民出版社2001年版，第81页。

（6）回族饮食

四川回族以清真饮食为其特点，由于这种饮食习惯与伊斯兰教关系密切，《古兰经》对其有明确定制，所以回族在比较严格的禁忌下形成了一种特殊的饮食习俗。新中国成立以后贯彻民族平等原则，对回族包括饮食在内的风俗习惯给予了充分的尊重，所以回族的饮食习俗成为自己民族的认同特征之一。回族饮食前后要洗手，不可站立而食；不可错用非穆斯林的烹调用具；不可浪费食物。在这样的饮食习惯下，四川回族形成了许多驰名川内外的风味小吃。如，盐亭回族的火烧馍、盘花馓、安家挂面、烧腊牛肉、牛羊杂碎、清真羊肉、羊肉泡馍等；南充回族的保宁白糖蒸馍、白糖烧饼、"张飞牛肉"、马癞子牛肉等；成都回族的"王胖鸭"等。回族有饮茶的习惯，在牛羊肉和面食制作上显示出特长。由于入川时间已久，巴蜀回族也喜麻辣味。

（7）傈僳、纳西、布依、壮、傣、白等民族的饮食

主食均与当地出产的主要粮食即玉米、土豆、荞麦、高粱、小麦、杂豆等有关，所食蔬菜种类不多，都有自己酿酒的习俗。

巴蜀各民族都有热情好客的特点，在饮食礼俗上讲究将自己民族的风味食品招待客人。在生育、成年、婚嫁、丧葬等人生礼仪中，往往与民族的饮食礼仪交融，成为各民族代代相传的饮食文化。

4. 巴蜀少数民族的建筑文化

建筑文化，是指各民族因其所居地理环境的差异，生产生活方式的不同，而形成的居住和聚落形态，并由此发展出来的各种社会文化现象。一般说来，民居可分为两种类型。一种是定居型，如农耕民族的房屋、碉楼等；另一种是移动型，如游牧民族的帐篷、游耕民族可随时搬迁的瓦板房[①]。不论何种类型的建筑，都是各民族因地制宜发展而来的居住形式，它首先是要满足人们的居住需求，然后才延伸到其他社会生活的需要。巴蜀地区各民族的建筑及其文化，不仅反映了各民族居住类型的技术和生活习俗，也是社会结构，不同文化、宗教、等级与社会身份的某种标志。

[①] 游耕是指西南山区有些民族历史上经历的刀耕火种的生产方式，与之相对应出现了居无定所的生活方式。过去彝族居高二半山，土地耕种几年后，肥力下降，于是丢荒，另辟新地，如是搬迁比较频繁，随家带走的除生活用品外，就是房屋的瓦板。这里的游耕是与定居农耕相比较而言。

（1）藏族建筑

四川藏族民居有农区和牧区两大类。牧区藏族住帐篷。藏族传统的帐篷是用黑色牦牛毛捻成线织成毡子，再加工成长方形的帐布，根据帐篷的大小取数量不等的帐布彼此用扣环连接即成帐篷。由于帐篷便于搭建和驮运，是草地抵御寒暑风雨的移动民居，与藏族逐水草而居的生产方式相适应。值得注意的是传统的游牧经济明显表现出分散性特征，聚落规模比起农耕社会要小得多。藏族还有一种人字形的白布帐篷，更加轻便，可作为春季游牧使用，新中国建立后这种帐篷逐渐增多。

农区藏族民居类型以分布地域为特征。分布在四川甘孜州东、南部的藏族与阿坝州东部以及凉山州的木里县的民居形式基本接近。这里除木里外，主要是嘉绒藏族分布区，房屋以石木结构为主，有精湛的石砌技艺。房屋坐向一般面向西南，背靠大山，而且这些山都被赋予了人文宗教的内容，是远近闻名的神山。藏族聚居区海拔高，温差大，日照充足，西南坐向能得到来自东南方阳光的普照，面向东南方是房屋的晒台和窗户，沐浴在充足的阳光下，对存放、翻晒粮食十分方便，对室内外的卫生环境也很有利。民居一般有四层，底层称"槽皋"，是圈养牲畜和堆放草料的地方，一般要通过二层的梯子才能下到底层。底层圈养牲畜既安全，又有肥料之利，这是藏族农耕区的合适选择。第二层是锅庄，设置火塘，日常饮食、会客、议事和传统的室内锅庄舞都在这里进行。该层还设有厨房和贮藏室，有通向三楼的楼梯。锅庄蕴含许多文化习俗，它由石头做成三个脚，四周用石块围成一个火塘，正对进门方向的锅庄的一个脚是主人家中男子最高长辈坐的地方，他的右边按辈分依次坐女性，左边依次坐男性，与长辈相对的一方是最晚辈

藏寨民居

坐的地方。第三层称"什葆",有主人的卧室,全家的经堂、储藏室、厕所、晒坝等。该层还设藏式会客间,室内布置藏桌,两边是藏床,上铺卡垫,既可会客,也可作床铺。如今会客间都有电视、录像机、音响之类的电器,当然许多人家也挂有唐卡或佛像。第三层面积最大,因为房屋设计在该层挑出了一块露天晒坝,加之设有经堂,人们在此起居和敬神都很方便。第四层称"卡耳扎",是屋檐下的敞间和露天晒台,每户的粮食翻晒和暂时存放都在这里。在"卡耳扎"的上面就是楼顶,因整个房屋从下到上逐渐收缩,屋顶面积已经比较小了,传统的建筑都是用泥土夯成屋顶,四周砌出高尺许的矮墙,四个墙头固定天然的白石,象征白石崇拜,有的在墙头插上经幡。屋顶靠神山的方向砌有"苯科"即烧烟敬神的炉灶。每天早晨在村寨的上空都能看到青烟缭绕的景象,这是信徒们在房顶的苯科中燃烧柏树枝叶,烟雾升空,以示对神的敬奉。房屋墙体外部,还画上一些象征日月星星之类的图案。

　　传统民居没有图纸设计,工匠凭传承和经验掌握技术,就地取材,房屋的面积、层高、平基、画线、挖槽、砌墙、立柱等施工都有完整的传统技艺。实际上嘉绒藏族的先民很早就掌握了这些技艺,在大、小金川流域迄今还保留着许多高大的石碉,有些石碉与民居相连,称为"家碉"。高碉视野开阔,居高临下,易守难攻,且与民居相通,宜于守望相助。嘉绒藏族称碉为"达宇",这种垒石为碉的技术逐渐演变为砌石为室的技艺流传下来,它既适应自然环境,也适合居住环境,这就构成了一套有民族乡土气息的民居文化。民居文化隐含着人类生存所离不开的物质、精神和社会等层面,是一个完整的体系。藏族民居的每一层的结构和功能达到了物尽其用,底层养牲畜、家禽,每个家庭的耕牛、肥料、肉食来源都得依赖这里,可以视之为农耕社会的物质基础。中间两层是人们生活社交的场所,是人的现实生活需要,这里打晒粮食、贮藏粮食,充分利用了屋面采光好的晒场,对高寒山区而言,土地不多,所以利用楼层晒粮节约了土地。而且,中间层的居室,在冬天可得阳光取暖的便利。中间层和顶层的敬神场所,是民居建筑的精神表现,神在人之上是再合适不过了。藏族群众在民居中有敬神的场所,这反映出宗教信仰的普遍和方便。这样的民居在向人们述说着一个系统,底层是牲畜和粮食,这是物质基础;中间层是人的生活和交往场所,体现了人脱离不了自然,也脱离不了社会;顶层则是供奉神的场所,是人的精神世界。在一个自给自足的乡土社会中,它的民居功能是乡土文化的最好诠释①。

一家一户的藏族民居错落有致，鳞次栉比，基本面向东南，村寨背山面河。建在高半山的村寨则沿坡修建。一般在距离村寨不远处建有寺庙，藏族农村社区，家有经堂，村有寺庙，宗教文化十分完备。民居和寺庙一眼望去便可区分。

在甘孜州北部农村藏族民居被称为"棒康房"，屋基用泥石砌成，高出地面，在屋基之上用粗大的圆木垒砌穿斗为墙，小圆木铺顶。这种房屋保暖抗震，但所需木料较多，新中国建立后康北地区仍普遍盖这种房屋。牧区出现种草养畜后，一些牧民开始定居，建起土木结构的房子代替了帐篷。规模较大的土木结构房，用泥土筑墙，木板隔房间，也分三层，底层做圈舍，中层住人和炊饮，顶层是经堂或客房，屋顶可作晒场。在嘉绒藏族聚居区的一些地方，近年来盖房已使用混凝土、砖等建筑材料。

（2）彝族建筑

彝族民居多为木料穿斗多柱落地的排架结构，墙体用土夯、木板、竹笆等建材构成，屋顶呈双斜面，上盖木瓦板，瓦板上压石块，因此被称为"瓦板房"。室内一般被隔为三间，窗户都比较小，中间一间设火塘，塘周安放三石成鼎脚，其上置锅一口，有的是从上吊下一口锅，被称锅庄。塘内燃火，既是灶，又是冷天取暖的地方。锅庄旁边铺有篾席，是家庭成员相聚的中心。客至，都是围塘席地而坐，夜晚家人傍塘而息。有些家庭在室内一侧饲养牲畜，另一侧置大木柜贮存粮食。室内靠墙一周用圆木搭建有楼层，楼上也可堆放粮食、杂物、柴草，也可供子女或客人住宿。在有些民居的一端建有高出住房许多的碉楼，主要作防卫之用。与汉族杂居的彝族，室内已有专门的厨房、卧室，室外有专门的圈舍喂养牲畜。

（3）羌族建筑

历史上，羌族很早就已形成了垒石为碉、砌石建屋的精湛技术，碉楼和庄房是这种建筑技艺的代表作。《后汉书·南蛮西南夷列传》记载，岷江上游的羌族先民——冉駹人，"皆依山居止，垒石为室。高者至十余丈，谓之邛笼"。近人考证，"碉"是当地汉人对"邛笼"的称呼。"邛笼"是羌语的音译借词，其意为"碉楼"。这种建筑技术经羌族先民长期的实践，形成了今天

---

① 郎维伟：《巴底藏族原生态文化考察报告》，《西藏研究》2005年第1期，第40页。

羌族独特的建筑体系和风格。据不完全统计，仅茂县小布瓦寨和龙山寨不到一百户人家，新中国成立前最多时有碉楼四十八座，20世纪50年代，小布瓦寨还有七座碉楼[①]。

庄房是羌族的民居，主要分布在高山、半山或河谷台地之上，有饮用水和便于生产与自卫的地方。庄房有二或三层，高者有五六层，一般三层居多，除底层外，每层铺设木地板，沿锯齿形独木梯上下至各层。底层为牲畜厩舍，并堆放杂草和沤肥。二层住人，设锅庄、厨房、卧室、贮藏室。正中靠墙处供有神位，供祖宗、家神、财神等。三层为开敞的照楼和晒台，晒台面积一般为五十至九十平方米，晒粮、脱粒、老人散步、儿童游戏均可，解决了山区平坝不足的困难。楼顶四周砌矮墙，四角设塔形石龛，龛顶所置白石是表现羌族宗教信仰的一种象征。民居为二层者，人居楼下，楼上则为晒台和贮粮堆杂物之处，牲畜厩舍设在屋外，圈旁附设厕所，环境比较卫生。庄房有的相连，有的稍有间距，一般三五十户聚落成寨。近年来，北川及汶川、茂县一些地方羌族盖房也使用混凝土、砖等材料，房屋样式也出现变化。

（4）苗族、土家族的建筑

苗族多居山区，一般苗寨有十余户到几十户不等，依山而建。川南苗族民居有一种称为"叉叉房"，土木结构，三至五根立柱，成一字形三开间，中间是堂屋，左边为厨房，右边为卧室。厕所和牲畜圈舍建在侧端。另一种称"穿架房"，柱梁交接，支撑整个屋架，墙体用土砖，隔墙用竹篱笆。过去多以草盖顶，新中国建立后瓦顶渐多了起来，改革开放后，以草盖顶已渐少见。堂屋设火塘，祖先的神位设在火塘边。受汉文化影响，有些民居堂屋正壁设有神龛，供"天地君亲师"牌位。渝东南苗族民居以吊脚楼为普遍形式，吊脚楼依山而建，下方竖立长柱，上方竖短木柱支撑屋架，铺设楼板，环以走廊，设置栏杆，房屋用瓦代替了过去的草顶或杉树皮盖顶，居室干燥卫生，是适宜当地自然环境的居住方式。楼上是居室，楼下堆放杂物或作畜圈。渝湘交界地的苗族民居有用片岩垒砌而成的石屋。攀西地区的苗族过去多住茅草房，新中国成立后逐渐改为土木结构的瓦房。居室与畜圈、厕所分开。堂屋是会客场所，内设火塘为煮茶和烤火之用。

渝东南土家族民居与杂处在同一地区的苗族民居相类似，主要民居为吊脚

---

① 《羌族简史》（修订本），民族出版社2008年版，第222页。

楼。但房屋布局和室内布置有其特点，中间为堂屋，两侧为偏房，偏房又分上下半间，一半做厨房，一半做卧室。堂屋设祖先和土王神位，两旁侧室住人，左侧一般为父母居住，右侧为儿媳居住。厨房设火铺，上铺木板，中间以石砌一火坑呈长方形，上置一石或铁的三脚架，供做饭取暖。

巴蜀其他少数民族的民居，由于长期受其他民族影响，与当地汉、彝、藏等民族的差异不明显，不具典型性，亦不具有原来的民族建筑文化风格。

5. 巴蜀少数民族的行旅文化

行旅文化，是指用于人们交往和通行的用具，以及由此发展出来的习俗和文化，也可称为"交通文化"，属于物质文化的范畴。通行用具和交通设施大致包括役使畜力、人力负重工具、江河舟楫、桥梁栈道、现代动力运载工具和公路等。新中国建立后，巴蜀少数民族地区的传统交通工具和设施在原有基础上继续传承和发展。许多新型交通工具的使用尚属首次，广泛采用也是在新中国建立后才得以实现。

（1）陆路交通工具和设施

生活在青藏高原的藏族很早就驯养了牦牛并作为交通运载工具，被前人所赞誉："行冰天雪窖中不畏冷，虽数日无水草，犹驮二百余斛，行走不衰，真边地之宝畜也。"[①]青藏高原东缘即横断山区，历史上留下数不清的古道，行走其间的有牦牛、马等畜力。尽管新中国建立后现代交通工具在藏族聚居区已广泛使用，但在广阔的青藏高原上，牦牛运输仍然表现出特有的作用，因而被称作"高原之舟"。彝族聚居区人背马驮是常见的运载方式，如民谣所言："彝族生来苦难多，出门就是大山坡，肩背篾篓上坡坡，汗水就像大雨落。"[②]彝族聚居区出产"建昌马"，体型矮小，适宜山间小道的运输。此外，藏、彝、羌、苗、土家、纳西、傈僳等民族由于居住山区，路途遥远，短途运载依赖人力，居平坝则人挑，居山区则人背，路途稍远则用马、牛、驴、骡驮运。苗、土家族地区，人力背负一般要带背桶、牛角打杵、三窝撑等工具。背桶用于背水、背桐油、背粪等。牛角打杵用于休息时支撑背桶的重量，因行于山路不便将重物放下休息。三窝撑也是支撑重物的工具。新中国建立

---

① 郎维伟：《西部藏族聚居区畜牧业如何应对"入世"——以牦牛产业为案例分析》，《西藏研究》2003年第3期，第2页。
② 冯敏：《巴蜀少数民族文化》，四川人民出版社2001年版，第153页。

后，这些传统的运载工具和设施在一般时期内仍然广泛使用。近几十年来，现代公路汽车运输网逐渐形成，有些地方还通了铁路与高速公路，一些地方不仅限于陆路交通，近年来还建有机场，发展了航空运输业，巴蜀民族地区的人员交往和物资流动比过去任何时候都更加便捷。

（2）水路交通工具和设施

巴蜀民族地区河流纵横，各民族创造了各具特色的架桥渡河工具和设施。藏族人民在一些大河大江的支流上架起了富有特色的"伸臂桥"，它由桥墩、伸臂、过桥木、扶手四部分组成，就地取材，主要用石、木、木钉、牛皮绳等建桥材料。羌族居住的岷江流域也建有此类桥梁。河流太宽的地方则用牛皮筏渡江河，因牛皮大且耐磨，民间多用皮筏渡江河，20世纪80年代中期，在甘孜州的雅砻江河段都还能看到牛皮船摆渡的情形。此外，四川藏、羌、彝、纳西、傈僳等民族都有溜索渡河的方式。溜索，即所谓"绳渡"，分为平索和陡索，前者为一根绳，两端高矮一致，后者为两根绳，取倾斜之势，横跨于急流或山涧的两岸，系于石柱或木桩之上。把一节原木劈成两半挖空，合在竹绳上名曰溜壳，渡者以皮带或麻绳紧系腰间，另一端系在溜壳上，顺溜索向对岸滑动，到不能自然滑动时，再手拉脚推，徐徐以达彼岸。新中国建立后，在一些偏远地区的交通不便、湍急的河流上，还在使用此种过河工具。

在溜索的基础上，巴蜀少数民族还发展出索桥。建造索桥的方法是：先立两木于水中为桥柱，架横梁于上，起桥墩的作用。在横梁上密布若干条碗口粗大的竹索，系于两岸的木柱上，再用木柱来绞紧。竹索上铺以木板，桥的左右两边以竹索为栏。所用竹索制作先以细竹为芯，外面裹以竹篾丝，做成篾绳，再用三股篾绳绞成竹索，结实而富有拉力。羌族以建索桥著称，汶川县的威州大索桥，横跨岷江和杂谷脑河交叉处，为成都通威州、理县，达草地的通道；又是通松潘出甘、青的要津。还有茂县的联合索桥，原名"镇西桥"，明朝正统年间（1436~1449）建造，该桥年年必小修，三年一大修，更换竹索和桥板。1955年当地政府将竹索换成了钢索，使用起来更加牢固、安全，并将其更名为"联合桥"，意为各族人民大团结、大联合。后来在索桥附近又建起了可通行汽车的钢筋水泥公路多拱桥。另外，北川羌族自治县的云登索桥（横跨湔江）、汶川县的太平索桥（横跨岷江）、茂县叠溪索桥（横跨岷江）、理县通化索桥（横跨杂谷脑河）等十几处索桥，既反映出羌族古老的建桥技艺，也反映出羌族交通文化的变迁[①]。

渝东南苗、土家族地处长江、乌江流域，川南苗族也居长江和赤水河等大江大河流域，新中国建立前在其支流上已能建造石拱桥，同时也造木船用于河流航运，长江、乌江流域还有纤夫拉船。新中国建立后，在大江大河上建起了现代化的公路和铁路桥，航运也使用了动力船舶。

（三）巴蜀少数民族的精神文化

每个民族除了满足物质文化需要外，还需要道德和伦理、思想和智慧，于是便创造出民族的宗教和哲学；同时为了情感和娱乐的需要，创造出文学、艺术、节日和风俗。实际上这些创造都离不开语言和文字，所以每个民族都有自己的语言，有些民族还创立了自己的文字。就文化体系的构成而言，按照物质文化、制度文化和精神文化的三分法，精神文化就是人们为适应精神环境所创造的产物。因此，我们将巴蜀民族文化中的宗教、婚姻家庭、节日、丧葬、语言、文学、艺术等内容，作为有形的精神文化介绍如下，并借此展示巴蜀各民族的伦理道德和思想价值观念等形而上的精神文化。

1. 巴蜀少数民族的宗教文化

巴蜀少数民族的宗教信仰有若干类型，十四个世居少数民族在历史上都有过原始宗教信仰。新中国建立后，巴蜀地区多数少数民族仍然保持着原始宗教信仰。另外，藏族民众较普遍地信仰藏传佛教。一部分纳西族、羌族群众也信仰藏传佛教。汉传佛教在藏、彝、羌、苗、土家等民族中，也有一定的信众和宗教影响。羌、苗、藏、彝、纳西等民族中的部分人也信仰道教。巴蜀地区的回族则普遍信仰伊斯兰教。近代以来在巴蜀地区部分少数民族中传播的基督教和天主教，则一度衰微。

（1）藏族的宗教信仰

藏族主要信仰藏传佛教，通常对大活佛等高僧称"喇嘛"，"喇嘛"为藏语读音，意为"上师"。7世纪，佛教从中原汉地、印度和尼泊尔传入西藏吐蕃王朝，因其与藏地苯教相矛盾，双方排斥、斗争，此消彼长拉锯数百年，到10至11世纪佛教逐步与藏族社会相适应形成了佛教之一支——藏传佛教。据考，佛教从西藏传入四川藏族聚居区始于7世纪，及至10、11世纪，四川藏族聚居区

[①] 参见《羌族简史》，民族出版社2008年版，第227页。

已有许多藏传佛教的传播遗迹①。传入四川的藏传佛教主要教派有：

宁玛派：藏语"宁玛"意为古旧，该派僧人着红色袈裟，戴红帽，故俗称红教。整个藏族聚居区有6座宁玛派大寺，其中4座在四川甘孜的德格、白玉县，分别是：竹庆寺、协庆寺、嘎拖寺、白玉寺。阿坝也有许多宁玛派普通寺庙，新中国建立初期仅阿坝地区就有宁玛派寺庙116座。到1990年，四川仍有宁玛派寺院324座，占四川藏传佛教寺庙（含苯教寺庙在内）总数的40%。

萨迦派：藏语"萨迦"意为白土。据说因该派有些寺庙用红、蓝、白三色相间涂墙，俗称"花教"。萨迦派主要在甘孜州境有一定影响力，德格县萨迦派寺院贡钦寺所属的德格印经院始建于1729年，是我国藏族聚居区三大印经院之一。它之所以在国内外享有盛名，主要是在典籍的选择、编辑和印刷上不分宗派，除藏族传统的"五明"学科俱全外，藏传佛教各教派包括苯教在内的经典名著尽收其中，加之管理严格，刊刻印刷均出自传统材料和手法，迄今保存完好，被誉之为雪山下藏族文化宝库。到1987年，四川有萨迦派寺院79座，住寺僧人813人。萨迦派主要寺庙有更庆寺、弥勒寺、正古寺、求吉寺。

噶举派：藏语"噶举"意为言传，因该派最重视口授密法的传承，要求耳听心会。由于此派僧人着白色僧服，故俗称白教。四川噶举派奉德格八邦寺为主寺，该寺与后藏的楚菩寺同被称为噶举派两大圣地，其影响遍及国内涉藏地区、云南西北地区和印度、尼泊尔、不丹等国，四川其他噶举派寺庙皆属其管辖。1987年，四川有噶举派寺庙28座（含觉姆寺一座），住寺僧人471人，在甘孜州的影响力远大于阿坝州②。

格鲁派：藏语"格鲁"意为善规，因该派僧人头戴黄帽，故俗称黄教。格鲁派在明永乐九年（1411）经宗喀巴弟子察柯·阿旺扎巴建安斗寺于阿坝，为四川格鲁派传播之开端，后在清代得到清王朝的扶持而不断扩张，一些教派又改宗格鲁派，使其更加壮大。四川著名的格鲁派寺院有理塘寺、大金寺、甘孜寺、惠远寺、白日寺、格尔登寺、广法寺及木里三大寺等。巴蜀涉藏地区从新中国建立到民主改革完成前，有格鲁派寺庙182座，僧人数则为各派之首。

觉囊派：因该派创始人域摩弥觉多吉的五世弟子突结尊追在今西藏拉孜县

---

① 杨嘉铭：《四川藏区藏传佛教的基本特点》，《西南民族大学学报》（人文社科版）2007年第2期。
② 四川省地方志编纂委员会：《四川省志·民族志》，四川民族出版社2000年版，第244页。

建觉囊寺而得名。觉囊派在今西藏已不复存在，仅在川、青藏族聚居区得以保存，属藏传佛教仅存的小教派。20世纪90年代统计，觉囊派寺庙在川、青两省尚有37座寺庙，其中四川有31座，分布在阿坝州的壤塘、马尔康、阿坝三县。青海果洛州有6座觉囊派寺庙，均隶属于阿坝州壤塘县的中壤塘寺，而中壤塘寺是所有觉囊派寺庙的中心。

除了藏传佛教各教派外，藏族聚居区还有苯教，藏语称"苯波"，简称"苯"，也写作"本"。苯教是藏族聚居区的原始宗教，自西向东传入四川藏族聚居区已有上千年的历史，后因藏传佛教东渐，苯教传播地区缩小，主要集中在德格、白玉、丹巴、松潘、九寨沟、阿坝、若尔盖、红原等县，以阿坝州的囊秀寺为目前最大的苯教中心。1987年四川有苯教寺庙72座。苯教以信奉万物有灵的自然崇拜为主要内容，在今藏族聚居区民间仍有广泛影响。

藏族聚居区还有一些叫法各异的民间宗教。如在大小金川、大渡河流域，当地人称民间宗教职业者为"更伯"或"贡巴"，意为修行者。他们居家而不出家，也不脱离生产，为他人作治病、驱鬼、出行、安宅、禳解、祈寿等法事，所念经文为藏文经书，有父子相传或师徒相传，真正属于民间底层"小传统"范畴的宗教。正如前人调查后所说："盖喇嘛虽重要，尚不必日日求之，而此富有地方性之巫士，则为须臾不可离也。"[①]

在藏族的信仰中，不论是人为宗教，还是民间宗教，都有对自然的崇拜。如，藏族普遍崇敬山神、水神，绕神山、圣湖祈祷；川西北藏族牧民有祭水的仪式，他们认为江河之中有神灵，将印有经文的布用绳子系好，拉在河上，以求河神保佑；川、滇、藏交界地的纳木依、柏木依藏族人认为水神是主宰水灾和一些疾病的神灵，所以祭水以求消灾治病。

藏族还有对图腾的崇拜。图腾崇拜是早期的宗教形式，奉为图腾的动物被视为该氏族的祖先，不准猎杀。川西北藏族视牦牛为图腾，甘孜和大小金川流域的藏族在墙头、寺院、经堆上供奉牦牛头，理塘县的藏族妇女在头上以牦牛角装饰。既然牦牛是这些藏族的图腾崇拜，理应不食其肉，但是，古代野牦牛曾危及藏族先民的生命，牦牛被驯养后成了藏族生存所必需的肉和奶的来源，于是在藏族中产生了对牦牛既畏惧又需要的感受，如若禁食，对生活在青藏高原的藏族生存构成很大的不利。图腾崇拜不外乎也是经济生活的反映，于是藏

---

① 马长寿：《苯教源流》，载《马长寿民族学论集》，人民出版社2003年版。

族选出一些牦牛,作为所有牦牛的"代表",将它们视为"神牦牛",放生山上,禁止捕杀,并以此表达对图腾动物的禁忌。这种观念延伸出对牦牛头、角的供奉,有的地方还有祭祀神牛的节日,如嘉绒藏族在藏历十一月十三日这一天,不论什么地位的人家,都要用糌粑做一个二尺多高的牛首人像供在家中的神位上①。藏族把牦牛视为图腾加以崇拜,而且把它编成种种神话流传下来,从而成为一种以高原动物为载体的精神文化。

(2)彝族的宗教信仰

彝族以原始宗教为主。其表现形式有:

自然崇拜:凉山彝族认为自然界无处没有神灵,万物皆神灵主宰。而众神之中山神最受崇敬,他能保五谷丰登,人畜兴旺。火也受到彝族崇拜,视火塘为火神,严禁踏越和往火塘里吐唾沫、丢脏物。凉山彝族的传统服饰上专门绘有火镰纹图案,表示对火的崇拜。

灵物崇拜:彝族把一些物体视为有精灵附着其上,加以膜拜,认为可避祸趋利。这些物体有的是祖传之物,如海螺杯、银子、首饰、铠甲、衣物等;有的是动物,如大雁、马、蛇等。总之,被称为"吉罗"的这类有灵之物,为每户敬奉。

祖先崇拜:凉山彝族相信祖灵可以变为神灵,膜拜可降福后人。祖先崇拜尤其表现在丧葬和婚礼等民俗事项上。如丧葬时有"安灵"和"送灵"仪式,前者是替死者择吉日做灵牌,称"马都",细节讲究。后者即超度祖灵,仪式复杂,需时三至七日,亲朋必携物前来献祭,富者宰牲数十至数百头,宾客云集。由于耗费巨大,对社会生产、生活不利,新中国建立后尤其是近年来已有改进。

鬼神崇拜:凉山彝族认为人有灵魂,生附于体,死后脱离躯体,成为鬼魂。鬼有善恶之分,能庇佑或作祟于人。鬼的名目繁多,达六七十种。为避鬼神,则需请专事驱鬼之人做法事。新中国建立后随着现代教育和科技知识的普及,人们移风易俗,有些因鬼神崇拜出现的禁忌逐渐被彝族民众所摈除。

图腾崇拜:凉山彝族历史上曾有过图腾崇拜,如今从留于后世的彝族古籍中仍可看到,如《勒俄特依》《古侯》等记载,人类与诸动、植物同源,对其虔诚崇拜,并以其名作为氏族的名称或标记。新中国建立后,特别是改革开放

---

① 邓廷良:《嘉戎族源初探》,《西南民族学院学报》(社会科学版)1986年第1期,第24页。

以来，这些古籍得以整理，作为彝族传统文化的组成部分得到传承。

毕摩和苏尼是彝族原始宗教的传承人。毕摩意为长师或念经者，是彝族传统社会没有脱离生产劳动的宗教职业者。由于毕摩熟悉彝文及彝族历史经典，通晓天文历法，所以也是民族文化的传播者，当然其主要活动是为人招魂、禳解、安灵、合婚、预卜、驱鬼、治病，以及协助家支调解纠纷进行审判之类的活动。新中国建立后，尤其是民主改革后，毕摩的宗教职能受限。改革开放以来，毕摩文化的研究在凉山州一些地方得到重视。苏尼属彝族社会民间底层的原始宗教职业者，但不识彝文，不懂传统经典，也非世袭而来，多因身患某种疾病或自以苏尼的灵魂附体，待病愈后即正式成为专事跳神驱鬼、祛怪招魂、算命问神的巫师。新中国建立后，苏尼在彝族老百姓中仍然有其活动空间。如今，彝族传统宗教作为民族文化研究的内容之一已受到学术界关注。

（3）羌族的宗教信仰

羌族主要信仰原始宗教，其特点是多神崇拜。一是崇拜自然界诸神，如天神、地神、山神、树神、火神、羊神等；二是崇拜祖先，这类家神很多，有男女始祖、历代祖先等；三是崇拜鬼神，羌族视妖魔鬼怪是凶残丑恶的化身，苦难为鬼怪作祟，灾害为妖魔作怪，因此请端公跳神作法，禳灾纳福；四是崇拜人造物神，诸如建筑神、石匠神、铁匠神、木匠神等。此外，各村还有寨神，即地方神。羌族宗教职业者称"释比"，属羌语音译，意为"巫师"，又称"释果""许"，俗称端公，不脱离生产，限于男性充任，可结婚成家。释比在其宗教活动中涉及羌族传统的诸多文化想象，所以是民族文化的传播人和传承人。新中国建立后，尤其是近年来，羌族"释比"文化作为传统文化的一部分受到学术、文化界的重视，已有不少研究成果。

（4）苗族和土家族的宗教信仰

苗族有自己的传统宗教，属原始宗教范畴。其信仰大致分为祖先崇拜、自然崇拜和人造物崇拜。也有部分苗族在汉文化的影响下信仰道教。近现代部分苗族始信基督教和天主教。苗族认为老人死后其灵魂不死，每户都设神龛供奉祖先，以造福家人。渝东南苗族有专门的祭祖仪式，苗语称"剖果"，意为祭祖，俗称"打棒棒猪"。川南苗族的祭祖仪式叫"还泰山"。川南和川西南苗族都有二次葬俗，旧志记载："祖灵不安，当翻尸则启棺而改易之。"① 四川

---

① 郎维伟：《四川苗族社会与文化》，四川民族出版社1997年版，第161~162页。

苗族认为，已逝成员的灵魂永远存在，通过各种仪式与祖灵沟通，祖先是看不见的成员，祭祀是活人和死人聚集一块儿的仪式，通过仪式实现活人求助于死人的想法，所以祭祖说明"宗教即社会的延伸和放大"。苗族对自然物体的崇拜对象很广泛，是万物有灵的表现。在农业祭祀中，立春时节跳舞吹笙，祭土牛，秋收时过"吃新节"，求诸神保佑庄稼丰稔。有些祭祀活动与汉族相同，因苗汉杂处，同属农耕民族有祭祀文化的同质性特征。苗族还把人造物视为有精灵附着，加以崇拜。如：川南苗族有祭祀门神的习俗。苗族社会有未脱离劳动的宗教职业者，俗称巫师，川南苗族称男巫师为端公，女巫师为仙娘，他们主要为人招魂、驱鬼、治病。新中国建立后，尤其是改革开放以来，随着社会政治、经济、文化的进步，苗族地区的原始宗教逐渐消失，有些已经融入民族节日和习俗的文化中，其宗教意义已十分淡化。

19世纪下半叶，西方宗教传入苗区，基督教在川南苗区开办学校，将传教士在贵州威宁石门坎创制的"苗文"用于川南苗区教会学校，苗族学生入学即入教，苗族信徒最多时达到四五千人。20世纪初，担任华西大学博物馆馆长的人类学和古生物学教授、美籍基督教徒葛维汉（英文译名格雷姆）在珙县苗区传教和执教，搜集和记录了苗族的艺术、音乐、神话、风俗、语言、历史、宗教等资料，对苗族文化的研究有其价值。新中国建立后，基督教和天主教在四川苗区逐渐停止了活动。

20世纪中叶，土家族的传统宗教仅有残迹和变异的形态保存下来。民间敬土王，各种各样的土王庙遗址遍及渝东南酉水地区，土王的具体偶像因地而异，可见信仰的复杂和多样化特点。土家村寨设土王庙、土地堂或祠堂，节日、祸福、婚丧、疾病、天灾都会延请土老师祭祀祖先和土王，以求平安。土老师是不脱离生产的民间宗教职业者，由师承而来，被认为能通神弄鬼。新中国建立后，这些民间宗教活动逐渐趋于消失。土家族也有信仰佛教、道教、天主教和基督教的人群，但均为极少数。

（5）回族的宗教信仰

回族信仰伊斯兰教，许多习俗与宗教相关。伊斯兰教随回族先民在唐、宋王朝时期来到中国，元、明时期回族的民族特征基本形成。在回族民族特征中，最具认同核心的是伊斯兰教文化，而回族的伊斯兰教本土化进程在明代中后期已经基本完成，从而使回族的伊斯兰教信仰成为区别于其他民族的自我认同特征，所以在明代中后期，回族的客观认同特征和主观心理归属都得到了确立。伊斯兰教传入巴蜀不晚于元代，进入巴蜀的回族不论分布在何地，都聚寺而居，以伊斯兰教为信仰，迄今不变。伊斯兰教对教徒的基本要求是要心默口诵清真言，要做各种按时规定的礼拜，要按宗教规定封斋，要完纳天课，条件具备的情况下要朝觐圣地。巴蜀较著名的清真寺有成都皇城清真寺、重庆中兴街清真寺、松潘清真北寺、犍为罗城清真寺、阆中清真寺、西昌清真寺。伊斯兰教主要分为两大教派：逊尼派和什叶派，巴蜀地区回族多属逊尼派。巴蜀伊斯兰教由阿訇传授阿拉伯文和汉文，用汉文讲解经书，传授伊斯兰教哲学、义理、戒律等。新中国建立后，尤其是改革开放后，伊斯兰教文化进一步得到弘扬。

此外，巴蜀地区的纳西族传统信仰东巴教，蒙古族、满族传统信仰萨满教。他们与白、布依、傈僳、傣、壮等民族的宗教信仰一样，均属多神崇拜的原始宗教范畴。新中国建立后，这类原始宗教的影响都日渐趋弱。

2．巴蜀少数民族的婚姻文化

婚姻是一种文化现象，是民族文化的重要组成部分。人类学和社会学就婚姻及其性质有若干的定义或表述①，但更贴近民族文化特点的婚姻表述是："婚姻是指男女两性的结合，而且这种结合是为一定的历史时代和一定地区内社会制度及其文化和伦理道德规范所认可的夫妻关系。"②巴蜀少数民族在历史上形成了各具特色的婚姻形式，它与家庭和亲属制度一起构成一套婚姻习俗文化。新中国建立后，随着经济、社会、文化事业的不断进步，各民族婚姻文化的形式和内涵也与社会进步相适应，丰富多彩的婚姻文化仍然被各民族成员所共享和传承，而不利于民族进步和社会发展的陈规陋习在不断摒弃。巴蜀少数民族的婚姻形式从新中国建立前的一夫一妻、一夫多妻、一妻多夫、对偶婚等逐渐过渡到社会主义制度下的一夫一妻制婚姻形式。此时严格实行的一夫一妻制，不只是对妇女，也是对男子的保护，男女平等，婚姻自主，在社会生活和家庭生活中男女享有平等的权利和义务。

（1）藏族的婚姻制度与婚俗

新中国建立初期，藏族以一夫一妻制形式为主，为数不多的一妻多夫和一夫多妻制并存。如1952年在有代表性的地区调查得知，松潘农区下巴寨共有21户家庭，其中4户是一妻多夫，占19%；若尔盖的唐克部落63户家庭，有7户一

---

① 庄孔韶：《人类学通论》，山西教育出版社2002年版，第271~272页。
② 林耀华：《民族学通论》，中央民族学院出版社1990年版，第292页。

妻多夫，占11%。一般情况是先由兄娶妻，其他兄弟可共有其妻。当兄弟成人后，若能另娶妻，则另立门户，结束共妻生活；否则，维持不变。一夫多妻只在赘婿家庭中出现，由姊妹数人共有一夫。当然，这种婚姻形式为数更少，唐克部落的63户家庭中，有两户，占3%。从调查可以看出，一夫一妻制是藏族习俗中普遍认可的婚姻形式。在多夫的家庭中，主妇名义上只承认原配之夫为正式丈夫，所生子女一律称原配丈夫为"阿爸"，其余男子则称为"阿果"（叔伯）。姊妹共夫，只有原配妻子的子女称他为阿爸，其余姊妹之子女，皆称之为阿果。在经历了近几十年的婚俗变迁后，巴蜀藏族聚居区现在一夫多妻和一妻多夫制基本绝迹，一夫一妻制成为普遍的婚姻形式。

  藏族缔结婚姻的方式，一般是男女青年通过在劳动生产和生活中的接触，如节日、耍坝子、赶庙会时跳锅庄、对山歌，欢乐相聚，寻觅意中人。择偶标准重仪表、才能，不重家境和聘礼，一旦有爱慕之心，则交换信物定情约会。双方有意后，进入婚姻的订婚、成亲两个阶段。订婚通常由男方家请媒人携哈达、酒等礼物至女家说媒，女方同意后，请喇嘛择吉日为双方交换信物的日子，事毕订婚告成。成亲阶段的礼仪饶有风趣，婚日由新郎的舅舅及亲友数骑至女家迎亲，新娘由亲戚女伴数人陪送，沿途嬉戏逗趣。在新娘抵达前，男家所在村寨的邻居们会赠送一桶清水，以示吉祥，迎亲队伍中一位德高望重者给木桶系上哈达，以示回报和图吉利。新娘进门前，男家亲友用柏枝蘸水扬洒，新娘进门时，事先躲在角落的人向其抛撒麦子，表示驱魔除邪。入室后，新郎家长向新娘敬一碗牛奶，祝福他们的爱情真挚纯洁。主婚人将一条哈达抛挂中柱，寓意吉祥，并口念颂词，向新人祝福。然后，人们围坐畅饮，歌舞欢乐，庆贺婚礼。草地藏族的婚礼一般白天举行，农区藏族婚礼则通宵达旦。

  藏族家庭规模不大，一般由一对夫妇及其子女组成，大家庭不超过三代。1945年调查德格藏族平均每户人口2.45人，汉藏合璧家庭平均每户人口4.88人[①]，1952年调查毛儿盖牧区118户和农区48户，前者平均每户为4.53人，后者平均每户为4.4人。藏族每一个家庭有一房名，代表姓氏。家庭成员以房名为父系继承关系，通过父系形式制度可以追溯每个家庭及其成员的父系来源。子女出生后，通常由喇嘛或民间宗教职业者起名，以吉祥词语取名。藏族父系姓氏制度作为一种文化符号，反映民族认同的特征，为民族成员所共享，又为局内人和

---

① 四川省人口普查办公室：《四川藏族人口》，中国统计出版社1994年版，第169页。

局外人所认识,成为维持民族边界的一种符号。

(2)彝族的婚姻制度与婚礼习俗

在民主改革以前,巴蜀地区彝族的婚姻有如下主要特点:就通婚范围而言,基本上是族内婚、等级内婚、家支外婚;就婚姻形式而言,有一夫一妻和一夫多妻;就婚姻缔结方式而言,有包办买卖婚和抢婚。民主改革后,随着民族关系改善,民族平等和民族团结政策的落实,族际间通婚已不再受到社会环境的约束。废除等级制后,社会成员趋于平等,通婚关系逐渐打破等级意识的限制。由于家支成员属同一父系血缘集团,彼此不能通婚,家支外婚作为彝族社会文化习俗仍然保持至今。依据法律确立的一夫一妻制,成为严格遵守的婚姻形式。

彝族婚姻礼仪丰富多彩。男女通婚以男双岁、女单岁为习俗。一般男方聘媒人到女家提亲,了解对方的家境、人品等条件,必议彩礼和身价钱等。双方同意后,择吉日订婚。订婚礼节首先是男到女家,然后是女到男家,均杀猪取脾以卜,唯一不同的是男方要向女家送部分彩礼,确定婚期后完成订婚。婚前新娘要禁食,婚礼前一天还要禁水,以免在送亲的路上如厕而失雅。婚礼要经过迎亲、送亲、过门、回娘家等过程。婚期一到,男家派出一名长辈率新郎的弟弟等,携礼品、牵彩马往女家迎亲。按习俗,到女方村寨后将遭女方家姑娘阻拦,用水浇向迎亲人,并在迎亲的小伙子脸上抹锅灰,直到女方长辈出面迎客才罢。晚上,设宴待客,新娘则在女伴陪同下"哭嫁",以表对父母养育之恩的惜别之情。次日晨进入送亲过程,新娘穿上嫁衣,佩戴装饰,由新郎弟弟或族弟背新娘上马前往婆家,新娘的兄弟叔伯等相送。抵达婆家村寨后,新娘先在迎亲棚内休息。入夜,新娘经过一系列礼节即可入婆家房门,由新郎的姐妹侍陪下吃禁食以来的第一餐饭,称"过门饭"。随即婚宴开始,赛酒、对歌、摔跤等活动穿插其间,场面欢快。翌日,新娘与送亲者一道返回娘家。新郎第二日带酒牵畜到新娘家回拜,数日或数月后,男家派人接回新娘,开始正式的夫妻生活。

彝族家庭一般是父母与子女组成的核心家庭。按习惯婆媳不同住,三代不同堂,儿子长大成家后另立门户。不过一般选择幼子与父母同住,婚后不分家,形成祖孙三代的家庭。女大出嫁,无子可以招婿。彝族以父子连名为传统姓氏制度,特点是父名与子名世代相连的命名方式。例如:凉山彝族古侯家的后代命名是,古侯—古侯海子—海子黑得—黑得木瓦……父子连名易于背诵记忆，便于口耳相传，强化父系血缘关系，有利内部团结和财产继承。

（3）羌族的婚姻

羌族实行一夫一妻制，视婚姻为人生大事，从订婚到结婚，程序礼仪较多，婚俗隆重而热烈。首先是"开口酒"。当男女双方尚未成年，男方就请媒人到女方说亲，如女方同意，男家择日到女家宴客，席间双方议定聘金数量，这一提亲过程称"开口酒"。其次是"小订酒"。数年后男女已到婚配年龄，男方再往女家办席，送上部分聘礼。第三是"大订酒"。男家到女家寨子大宴宾客，交清聘礼，议定婚期。第四是"女花夜"。婚期前一日由女方宴请亲友，歌舞达旦。次日晨，舅父给姑娘披上红绸，由男家迎亲队伍接走。当日在男家举行结婚仪式，称"接媳妇"。男方家设宴，男方客人唱"赞新娘"歌，女方客人唱"赞新郎"歌。次日，主人设早宴送客，至此婚礼结束。婚后三日，新郎同弟兄背酒肉送新娘回娘家居住。数日或数月后，由丈夫接回开始正式夫妻生活。过去，有的地方回娘家达一至三年，才随丈夫回到婆家，此俗表明羌族历史上经历过对偶婚阶段，不落夫家习俗则是初期对偶婚即望门居的残余。羌族家庭以父母与子女两代居多，平均一家三至五口人。独子不分家，多子家庭则会另立门户，父母身边留一子作为养老送终的依靠。

（4）苗族的婚姻

苗族实行一夫一妻制，缔结婚姻的方式有自由恋爱，也有包办婚。渝东南苗族青年通过赶场、走亲戚、生产劳动等相识，然后"盘歌"约会，倾诉衷肠。渝东南秀山苗族在农历二月的"放赦"节上交往，双方有意，则互赠银戒指或银手镯，然后征得父母同意，即按传统婚俗行事。川南苗族则在"踩山""赶苗场"等节日寻觅伴侣。双方满意后，交换彩线织成的腰带，并告父母，延媒向女家告婚，同意后择期举行婚礼。渝东南彭水苗族姑娘在出嫁前一天晚上有哭嫁习俗，哭声似唱腔，述说出嫁时的心情，媒人也用同样的唱腔陪哭，但却是安慰之词。出嫁姑娘用彩色头绳捆辫挽髻插簪，以示成婚。男家备花轿迎娶新娘，新娘到男家沿途有一些回避禁忌，到了男家行拜堂礼后，争先入洞房，抢坐面向堂屋一头的新床，预示婚后不受男方虐待。新娘短住几日须返娘家，称"回门"。此后再返婆家，从此正式组成家庭。川南苗族姑娘出嫁时，兄弟撑伞遮蔽步行，姊妹牵新娘腰带随行，途中拔一根甜苦竹，到男家将竹插于门外，象征永远长青生活美满。到男家后一女子接伞，另一女子抱一只公鸡来接魂，女家随行管事用男家酒肉祭祖。如此，新娘方可入门。男家则将送亲男子请进堂屋，女子到新房。入夜，酒宴款待参加婚礼的客人。婚礼一般举行三天，新娘多与女伴在一起，待庆贺婚礼结束后，一对新人才正式住到一起。

苗族家庭以三代为主，家中老人主政，父母去世则"长兄当父，长嫂当母"。家族内部相互帮助，形成"有房归房，无房归族"的习规。巴蜀苗族历史上有传统姓氏，但因长期与汉族交错杂居，已使用汉姓，并编修家谱，立宗祠。渝东南苗族多以吴、龙、廖、麻、石为主要姓氏，川南叙永、古蔺苗族以古、罗两姓居多。川西南盐边苗族多姓侯、耳、陶。

（5）土家族的婚礼

迎亲前三天，男家派人把衣服、礼品送到女家，迎亲前一日，亲友纷纷赶来送礼，吃"戴花酒"，展示全部嫁妆。新娘则有一番打扮。男方的迎亲队伍中有一特殊角色，称"摸米"，是新郎的代表。迎亲队伍来到女家，娘家摆香案行"拦门礼"，鸣炮奏乐，把酒祭祀，撤除香案后，迎请媒人等进屋。当晚，新娘的女伴寻找"摸米"，要往其脸上抹锅烟灰，抹得越多越好，暗示女方家姑娘爱上男方家小伙子越多，一对新人也会相爱相伴终身。第二天黎明，新娘在哭嫁声中离开娘家，花轿到男家后，新人拜堂，摆酒宴客，晚上闹房。次日为客人设"拜礼茶"，婚礼三日结束。随后，新郎偕妻带上礼物回拜岳父母，称"回门礼"，当日即返回夫家。

（6）纳西族的婚姻

生活在四川凉山州的纳西族，在新中国建立初期仍有部分人保留对偶婚的遗迹，当地人称"安达"婚，也称"阿注"婚。成年男女在婚前婚后都可以结交异性，称为"安达"，意为朋友，建立一种男不娶、女不嫁的偶居关系，子女属女方世系。新中国建立后，在提倡一夫一妻制婚姻形式下，过去是"阿注"关系的男女趋于稳定，有的到政府民政部门登记，缔结正式的一夫一妻婚姻关系，而"阿注"婚则成为人类婚姻文化的"活化石"受到学者们的关注。纳西族已确立父系家庭制度。但是，由于婚俗中存在"安达"婚现象，已婚女子长居父家，生儿育女后仍不回夫家；未嫁女子也长居父家，终身过"阿注"生活。这两部分女子一旦生儿育女后，其子女随母居住外公家，他们是母系血统成员，而同父系血统成员同居一家，便使这个父系家庭成为父系、母系并存的双系家庭。新中国建立后，随着"安达"婚的减少，双系家庭也随之减少。

（7）回族的婚姻

回族一般在本民族内部通婚，其他民族与回族通婚基本上皈依伊斯兰教信仰，或者按回族习俗生活。回族青年男女相爱后，都会取得父母的同意，经过订婚、迎亲、念喜经、回门等结婚仪式和程序。其间，要请阿訇主持婚礼，诸多婚俗细节与伊斯兰教文化相关，反映出伊斯兰教在回族婚姻中的民俗化特征。

另外，居住在城镇的四川满族、蒙古族的婚俗与当地汉族婚俗基本上没有区别。农村的蒙古族与当地其他民族也基本相同。白、布依、傣、壮等民族与周围各民族杂居，婚姻特点已不突出。傈僳族情况也相类似，但在"改革开放"前，仍然流行族内婚，存在姑表兄妹婚习俗。

3. 巴蜀少数民族的节日文化

每个民族都有一些特定的节日。民族节日之所以受到重视，是因为其作为群体认同的文化符号和民族共有的风俗习惯，每年定期举节庆活动，既是一种传统文化的共享，也是一代代学习和传承民族文化的过程。通过这样的节庆活动，可增强民族的认同感。

归纳起来，巴蜀民族节日大致有几种来源：一是宗教和祭祀性活动演变为民族节日。其中有原本完全属于宗教的节日，如：伊斯兰教的"开斋节""古尔邦节""圣纪节"，就属于巴蜀回族的民族节日。另一种节日是具有宗教的祭祀色彩，但不完全属于宗教节日。例如：康定的"转山会"，每年农历四月八日举行，其来源有宗教色彩的转山祭神，祈求神灵保佑风调雨顺，五谷丰收，人畜兴旺。还有嘉绒藏族的墨尔多庙会，则源自于祭祀墨尔多神山。二是农事活动产生的节日。例如，羌族立春时的"青苗会"，土家族的"打春节"，苗族的"赶秋节"等。这些节日往往都伴有美妙的传说，并与农事节令相吻合。三是纪念重要的历史或人物形成的节日。例如，藏族的"燃灯节"，就是为纪念藏传佛教格鲁派创始人宗喀巴大师圆寂而举行的活动，随后也演变为寺院和民众的节日。回族的"圣纪节"，也是为纪念穆罕默德的诞辰和逝世，既是宗教性节日，也是回族纪念宗教创始人的节日。四是一年一度的传统娱乐庆祝活动形成的节日。如苗族的"踩山节"，彝族的"彝历年"，藏族的"藏历年"，羌族的"羌历年"等。此外，土家族的"赶年"，苗族的"赶端场"等，均属于此类节日来源。五是因集市贸易活动形成的节日。如川南苗族传统的"赶苗场"，阿坝草地藏族的"扎崇节"等。

巴蜀少数民族的节日，不论来源于何种类型，或者是作出什么样的分类，都是民族传统文化的结晶，一般都具有时间性、娱乐性、群众性、民俗性、稳定性和民族性等特征。新中国建立后，巴蜀各民族的节日受到尊重，有些重要的民族节日被确定为该民族法定的假日，当地各族人民以传统方式或者新的方式欢度节日。节日文化作为巴蜀民族文化的象征，得到了传承和弘扬。

4. 巴蜀少数民族的丧葬文化

生命终结后的丧葬礼仪作为社会民俗是一种文化现象，通过不同丧葬礼仪反映出后人对死者的哀思，对长辈的孝心，对生者的吉祥祝愿；通过不同葬式反映出人们的死亡观念。这些文化现象都是为了满足人们的一种心理需求，并成为民族的一种习俗。各民族丧礼一般要经历停尸、净身、报丧、招魂、入殓、吊唁、出殡等程序。丧葬形式同多异少，具体葬法各自不同，形成一定的民族特点。现存主要葬式有火葬、土葬、天葬、水葬、塔葬等。同一葬式，不同民族施葬的对象会有所不同，因死亡的年龄、正常与非正常等情况，葬式也有所不同。巴蜀少数民族中行火葬的民族有藏、彝、羌、纳西族。藏族火葬用于活佛、上层喇嘛、部落头人或著名人士，普通人不得使用。彝、羌、纳西族保持了火葬的传统。实行土葬的民族有土家、苗、回、傈僳族，部分藏、彝、羌族也有土葬习俗。各族土葬的方法则有所区别，例如，回族土葬有专门的墓地，行速葬、薄葬习俗，并请阿訇主持葬礼。下葬时，死者面向西方，即面向圣地麦加方向。藏、彝、羌民族有水葬习俗，但各自水葬对象不同，方法也不一样。例如，藏族实行水葬的主要是在江河岸边的农牧区，死者是幼儿、乞丐和贫困者。葬法则各地有差异，此不赘述。天葬则是藏族独特的方式，多出现在牧区，受藏传佛教的大慈大悲、忍辱无净、施舍为善的教义所形成的道德观影响，被视为神圣的葬式。塔葬是藏族出家活佛和高僧的葬俗。其他崖葬、石室葬、树葬、居室葬等在有些民族中过去实行过，新中国建立后，尤其改革开放以来，随着经济社会的发展，现在已绝迹或少有实行了。

5. 巴蜀少数民族的语言文化

文化传播和传承依靠象征符号系统，符号有许多形式，语言和文字是最基本、最重要的符号形式。民族产生的过程中形成了语言特征，有的民族又创造了自己的文字，当然民族文字比民族语言产生的时间晚得多。文字是记录和传达语言的书写符号，是文化发展到一定阶段的产物，是文明的标志。巴蜀世居的十四个少数民族都有自己的语言，按照语言谱系法分类除满、蒙古、回族语言外，都属于汉藏语系，又分属藏缅、苗瑶、壮侗三个语族。藏、彝、羌、土家、纳西、傈僳、白族语言属于藏缅语族；苗族语言属于苗瑶语族；布依、壮、傣族语言属于壮侗语族。实际上四川的回、满、蒙古族早已使用汉语，不过追溯他们的民族语言特征渊源则不属汉藏语系。在藏缅语族中，有藏、彝、景颇、缅四个语支，土家族的语支归属尚未确定，也有学者认为属彝语支，并认为羌语应列为一个语支，在羌语支下包含着许多使用范围较小的语言，迄今仍存在并分布在藏彝走廊的四川境内，例如普米语、嘉绒语、尔苏语、纳木依语、史兴语、木雅语、贵琼语、尔龚语、扎巴语等①。学者们认为，这些民族的语言谱系越接近，他们在历史上的文化渊源和族体渊源就越密切。

巴蜀各民族的语言文化十分丰富，同一民族有诸多方言，甚至同一民族使用不同语言。四川藏族主要操"康"和"安多"方言，还有一些藏族操嘉绒语、白马语、普米语、尔苏语、纳木依语、史兴语、木雅语、贵琼语、尔龚语、扎巴语等。藏族有自己的文字，四川藏族聚居区有丰富的藏文历史文献传之后世。藏文已有一千多年的历史，《敦煌本吐蕃历史文书》《西藏王统记》等藏文文献记载，7世纪松赞干布派遣大臣吞米·桑布扎等赴天竺学习文书，学成返藏后，根据梵文兰查字母创制藏文正楷，根据乌尔都字母创制草书，以后经多次修订，在9世纪基本定型。藏文被认为是一种参照梵文字母体系和文字制度而创制的辅音字母式的音素拼音文字②。藏文的创制对藏族的形成和发展，以及对包括四川藏族聚居区在内的藏族文化传播和传承都产生了重要的作用。但是，传统上藏文的使用和传授主要由寺庙承担，因此一部分僧侣成为享有藏文教育权利的特权阶层。虽然通过藏传佛教这一载体实现了藏文的传统教育和文化传播，但是旧中国四川藏族聚居区的广大非僧侣人群却被排除在藏文传授之外。新中国建立后，这种不合理状况得到根本改变。巴蜀彝族主要操彝语北部方言，少部分操东部方言，其下还有次方言之分。彝族很早就创制了自己的民族文字，汉文献记载称"夷文""罗罗文""倮文""爨文"③等，俗称老彝文，是当今四川彝族广泛使用的规范彝文的前身。四川凉山彝族传说，彝文为阿诗拉责所创，按其谱牒代数推测当在元末明初之间，据此认为老彝文创制于唐代，集大成于明代④。彝族文字属古老的音节文字，历史悠久，典籍丰富。为便于普及，20世纪70年代，经科学整理规范制定的《彝文规范方案》

---

① 孙宏开：《六江流域的民族语言及其系属分类》，《民族学报》1983年第3期。又见本书附录。
② 瞿霭堂：《藏文》，载《中国少数民族文字》，中国藏学出版社1992年版，第18页。
③ 唐代汉文献称"东爨乌蛮""西爨白蛮"，其中都有彝族的先民，故彝文过去被称作爨文。
④ 陈士林：《四川规范彝文》，武自立：《传统彝文》，均载《中国少数民族文字》，中国藏学出版社1992年版，第96～109页。

在凉山彝区和西南民族大学等高校推广应用。羌族语言有南部和北部方言，各方言区内又有若干土语。20世纪80年代以前，羌族尚无民族文字，此后制定了《羌语拼音文字方案》，逐步推行。分布在渝东南的苗族操苗语湘西方言的东部次方言和西部次方言；川南和川西南苗族操苗语西部方言的川滇黔次方言。苗族没有自己的文字，普遍使用汉文。土家族有语言，但多操汉语，使用汉文。纳西族有自己的文字，由于多用于书写东巴经，故被称为"东巴文"，是一种古老的象形文字。巴蜀其他少数民族与汉族杂居，一般都使用汉文。

6. 巴蜀少数民族的文学

文学是精神文化产品，是用语言和文字来表达和塑造形象的艺术，以口头和书面文学的形式反映社会生活和表达作者的思想感情。巴蜀少数民族的传统文学主要有两种表现形式：一种是口头文学和民间文学的方式；另一种是书面文学和作家文学的方式。前者是所有巴蜀民族中都有过的文学表达方式，后者在有文字的民族中存在。新中国建立后，以这两种方式形成的各民族传统文学都得到继承和弘扬，在整理和记载民族民间文学过程中，用各民族文字和汉文的形式扩大传播，少数民族也用汉文创作新文学作品。民族文学成为民族文化发展和繁荣的标志之一。

巴蜀少数民族传统文学以口头文学和民间文学为主，一般而言，民间文学的创作具有口头性、群体性、变异性、佚名性特点。民间文学的文化和学术价值体现在为民俗、历史、文学史、民间科学的研究提供了丰富的资料。四川少数民族的民间文学体裁丰富，有民间歌谣，根据歌谣内容和场合又可分为劳动歌、生活歌、情歌、习俗歌、时政歌。有神话，按内容分类，可分为创世神话、自然神话、生活神话等。有史诗，如英雄史诗、创世史诗。还有叙事长诗、传说、故事、谚语、格言、笑话、谜语、歇后语等民间文学形式。另外，藏、彝、白、纳西族的一些书面文学也保存下来，传之后世。

巴蜀少数民族传统文学的代表作主要有：藏族的英雄史诗《格萨尔王传》，民歌《莲苑歌舞》，故事《阿叩登巴的故事》《茶和盐的故事》，格言《萨迦格言注解》等。藏族民歌浩如烟海，新中国建立后经收集整理，到20世纪80年代已出版藏族民歌集十余册。流传在民间的《格萨尔王传》收集整理研究从未间断。改革开放以来，巴蜀大地涌现出阿来、降边嘉措等一批从事现代文学创作的藏族诗人和作家。

彝族有著名史诗《勒俄特依》《玛姆特依》，抒情叙事诗《我的幺表妹》

《妈妈的女儿》《甘嫫阿妞》《阿依迭古》等。彝族的谚语被称作"尔比尔吉",在生活中俯拾皆是,经整理已出版多种版本。彝族有创世传说,但以故事体裁出现,如《支格阿龙》《洪水潮天》,源自史诗《勒俄特依》。英雄神话有《七个英雄》《支格阿龙》《捕虎勇士拉玛洛基》等。此外,还有历史传说、风物传说、人物传说、童话、寓言等丰富的民间文学体裁的作品。新中国建立后,彝族的作家文学发展很快,新人层出不穷,如诗人吴琪拉达、阿鲁斯基等,他们用彝族民间文学的表达手法,歌颂彝家的新生活。改革开放以来,以吉狄马加为代表的新一代诗人出版了多部诗集,以诗歌展示民族文化与中国文化。另外,还有一些外地作家和诗人以凉山彝族为题材,创作了家喻户晓的代表作,如云南彝族作家李乔的小说《欢笑的金沙江》《破晓的山野》,高樱的小说《达吉和她的父亲》。

羌族民间文学口耳相传,神话传说有创世神话《开天辟地》《洪水朝天》,人物神话有北川的《禹里名胜的传说》、茂县的《黑虎将军》,英雄史诗《羌戈大战》,叙事长诗《木姐珠与斗安珠》。羌族民歌种类很多,有苦歌、颂歌、酒歌、山歌、喜庆歌、情歌等。苗族民间文学以故事和诗歌体裁为主,如神话故事《苗族的起源》《五谷与苗彝汉族的起源》,民俗故事《苗家抢亲的来历》《苗家妇女穿裙子的由来》《苗家姑娘结婚戴盖头的来历》《苗家打绑腿的来历》。还有歌颂爱情、述说历史的故事。诗歌分劳动歌、爱情歌、古歌、苦歌、新民歌等。土家族有语言无文字,故民歌即兴而作,题材广泛,活泼生动,寓意深刻。家喻户晓的是劳动山歌中的薅草锣鼓歌。

7. 巴蜀少数民族的艺术文化

当代巴蜀少数民族的传统艺术有音乐、舞蹈、戏剧、绘画、民间工艺美术等。

藏族民间音乐不记谱,但寺院佛教音乐有乐谱。乐器主要有骨制横笛、胡琴、六弦琴、琵琶、竹笛、铜铃、唢呐、海螺、铙钹、号筒、鼓。传统舞蹈主要有弦子、惹芭、锅庄、踢踏。四川藏族聚居区有用"康""安多"方言和"嘉绒"话演唱的藏戏。新中国建立后,藏族聚居区多数县建立了藏戏团、歌舞团,过去的民间艺人有些走上了专业发展的道路,扎根于农牧区的演出团队,创作了许多群众喜闻乐见的音乐、舞蹈、戏剧节目。舞蹈《弓箭舞》,戏剧《卓瓦桑姆》成为全国优秀节目,《巴塘民歌》等节目多次出国演出,《康定情歌》享誉国内外歌坛。农牧民在一些传统的节日里,自发组织群众性演出,许多藏族的音乐舞蹈也得到了内地汉族人民的喜爱。藏族绘画有壁画和唐卡,绘画技艺和题材有了继承和创新。石刻、木刻和泥塑技艺精湛，风格独特。

彝族有口耳相传的民间乐曲，如流传于民间的《雷波调》《甘洛调》《布拖调》《会理调》《欢乐调》《放羊调》等。民间乐器主要有口弦、竖笛、马布、马文支、笛子、月琴、葫芦笙、唢呐、三弦等。舞蹈有节日舞、婚礼舞、丧事舞、祭祀舞、劳动舞、游戏舞、达体舞。彝族有传统的木制品加工技术和漆器工艺。

羌族传统的民族乐器主要有羌笛、口弦、唢呐、皮鼓、锣、钹等。曲调民间口耳传承，无记谱。著名舞蹈有"沙朗"，也称羌族锅庄；羊皮鼓舞；"哟初步"，属婚丧、节日自娱性舞蹈；盔甲舞；礼仪舞等。羌族挑花刺绣为妇女所擅长，虽为民间艺术，但手法精到，图案丰富，集艺术和实用价值于一体，由于风格独特，不失为艺术珍品。

苗族有传统音乐，古歌、情歌、丧歌、酒歌都有相应的曲调。主要乐器为芦笙、唢呐、洞箫、皮鼓、木鼓、铜鼓等。喜跳芦笙舞、鼓舞，二者由来已久，旧志有"吹笙跳舞""击鼓而舞"的记载。个别地方还保留傩戏、傩舞。渝东南苗、土家、汉杂居地有各民族都喜爱的秀山花灯曲艺和阳戏。苗族民间擅长刺绣挑花、蜡染、雕刻竹编等工艺。

巴蜀其他少数民族由于人口少、居住分散，长期与其他民族杂居，与其他民族文化交融明显，传统民间艺术前一章已有简介，此处兹不再赘述。

第二节　改革开放以来巴蜀少数民族文化的繁荣

一、巴蜀少数民族文化的繁荣

召开于1978年底的中共十一届三中全会，是当代中国历史上的一次伟大转折，也是当代中国进入改革开放新时期的标志性事件。在改革开放新时期，中国社会迈入了以经济建设为中心、社会主义现代化建设快速发展和社会事业不断繁荣的时代。在这一时期，在党和人民政府的重视与支持下巴蜀各少数民族的文化都在原有的基础上有了很大的进步。

（一）藏族文化的新进展

在改革开放新时期，藏族文化作为巴蜀地区宝贵的民族文化财富，各级人民政府及相关部门对其高度重视，在保护和传承藏族传统文化的基础上，也努力使文化资源得到科学合理的开发，从而推动了藏族文化事业的新进展。

首先，在藏语文的推广和普及基础上，编修出版藏族聚居区史志和民间文学集成，整理出版藏族古籍文献，使藏族文化得以广泛传承。藏文文献浩如烟海，藏文对于藏族文化的发展和文献的保存起重大作用。新中国建立前，藏文的传授局限在寺庙，藏文的使用限于极少数人所掌握。1959年藏族聚居区民主改革完成后，作为学校教育性质的藏文教学和传播与宗教相脱离，从此，在藏族青少年中藏文得到广泛的普及和使用。如今藏语文教学已普遍进入藏族聚居区从小学到大学的各级各类学校，藏族聚居区有些县已成为藏文脱盲县。甘孜、阿坝两自治州及木里藏族自治县的政府文件、司法文书、布告、报告、机关单位的印章、各类铭牌都普遍使用藏文。目前四川有多种藏文报刊，有藏文版《阿坝报》《甘孜报》以及文学期刊《贡嘎山》《草地》，四川省民委出版的藏文版《民族》杂志等。四川民族出版社平均每年都要出版藏文类图书数十种，还出版发行藏文中小学教材数十万册。20世纪90年代甘孜、阿坝两州及下辖各县和木里藏族自治县均已出版了地方志，这在四川涉藏地区历史上当属首次。甘孜州的德格印经院重印了包括宗教、历史、天文、地理、历算、医学、诗词等各类文献、古籍、经典7280部。这个时期还出版了一批藏文辞书，主要有：《藏汉大辞典》《格西曲扎藏文辞典》《藏汉口语词典》《汉藏对照词汇》等。藏文典籍的整理出版成就卓著，在四川开展的国家重点文化工程以德格版藏文《大藏经》为蓝本的对勘工作完成；国家民委"十五"重点古籍整理项目：藏族《续部》全书3800万字（藏文）已在四川完成；国内首部《苯教大

西南民族大学藏学文献馆

藏经》收集整理编目完成；改革开放后四川省成立了《格萨尔》工作领导小组和专职办公室，收集抢救了大量格萨尔文本。西南民族大学收集了三十万卷藏文文献，建立了全国最大的藏文文献中心。四川省少数民族古籍整理办公室组织完成的藏文古籍《藏族历算大全》《显密文库》《德格印经院藏传木刻版画集》分别获得第四、第五、第六届国家图书奖；藏文古籍《四部医典详解》获得第五届中国民族图书一等奖。西南民族大学藏族科研人员整理注释的《更登群培文集》（藏文版）获得四川省社会科学研究优秀成果一等奖。这些古籍的整理出版充实和丰富了中华民族文化宝库，引起了全国乃至国际文化界和藏学研究者的广泛关注。既宣传了四川丰富多彩的藏族文化，又有利于民族团结和社会文化事业的繁荣发展。截至2003年，四川共搜集藏文古籍105540余册、印版12万块，整理藏文简目8582余册，抢救补刻善本41函，翻译条目1230条。

其次，藏族服饰、饮食、建筑、节日、习俗、歌舞、工艺、宗教文化等方面都得到进一步保护和开发。如今发掘整理的藏族服饰达数十种之多，著名的有嘉绒藏族聚居区的"美人装"、新龙的"康巴汉子装"、德格的"珠姆装"、炉霍的"霍尔巴装"、木雅装、扎巴装、康定装等。而且，以藏族卷延礼帽、短腰上衣、牛仔裤相搭配的着装方式，成了新潮时髦女装，传出藏族聚居区。

巴蜀藏族独特的风味饮食也随着市场经济的潮流传入内地，藏族聚居区的一些旅游胜地也将其开发成为广大游客所喜爱的食品。

乡村藏式建筑作为一种民居文化受到保护和开发，如：嘉绒藏族聚居区的高碉、古老的藏寨在保护的同时，成为旅游参观的项目，丹巴县甲居嘉绒藏寨被誉为"中国最美的乡村"。

藏族节日得到传承并有所增加。传统节日，如康定转山会、阿坝扎崇节、理塘赛马节等随着旅游业的发展已发展为各民族都来参加的盛大节日；新创节日，如康定情歌节、德格格萨尔节、红原牦牛节、稻城亚丁节等，伴随着旅游市场的开发已被中外游客所了解。

藏族有许多传统民俗，表现在衣、食、住、行、待人接物和婚丧礼仪之中，大多别有情趣，引人入胜，民俗作为民族文化受到广泛尊重。

藏族传统宗教具有藏族文化的诸多特征，这个时期藏族聚居区各宗教或教派的文化受到保护，它们彼此兼容共存、并行不悖，形成和谐的宗教文化生态。例如：藏族的雕刻艺术多为宗教题材，表现佛教崇拜的偶像和宗教故事。

在寺庙大殿、经堂、柱头、横梁、门厅等处均有木雕，其造型多以法轮、宝幢、海螺、宝珠、吉祥结、玉瓶、人物、龙、虎、狮、麒麟、怪兽等为主，形态生动夸张，雕刻手法精细，在宗教氛围中表现出有较高水平的雕刻文化。

藏族歌舞、戏剧、曲艺、艺术得到发掘和传承，并有所创新，既为本民族所喜爱，也成为人类的共同文化传播到了其他民族中。例如：康巴锅庄、嘉绒锅庄、巴塘弦子、甘孜踢踏舞不仅当地人喜爱，而且已传播到内地，成为各民族群众喜欢的舞蹈文化。又例如：在传统唐卡基础上吸收其他流派的画技，创新出不失藏族独特艺术风格的新唐卡，其代表作品有《雪域长青图》《唐东杰布》《扎西德勒》《吉祥路》《朱德会见格达活佛》《雪山儿女》《康巴神韵》《十世班禅巡视图》《新居图》《古艺新花》等。唐卡作为民族艺术品，已得到各族人民的喜爱。

第三，藏族传统体育的发掘整理和推广受到重视。藏族群众喜闻乐见的运动娱乐项目有：赛马、赛牦牛、射击、摔跤、俄多、格吞、拔河、朵加、爬山、飞绳、翻杆、嘎糌杠、射马击球、赶"喽喽"、吉轫、娃郎得、击球、跳绳、打秋千、踢毽子、藏棋、藏围棋、狼围棋、和尚棋、八轮棋、骨牌、武术（主要有矛对刺、耍刀、矛盾对练、耍棍、三叉对顶等）、藏气功等。有些项目被列入了州、省和全国少数民族传统体育运动会的比赛项目。

第四，学术界对巴蜀藏族聚居区的文化多样性进行分类研究，为文化繁荣提供学术支撑，形成了巴蜀藏文化中的康巴文化、格萨尔文化、高碉文化、大渡河文化、草地文化、安多文化、牦牛文化、藏彝走廊文化等多元文化研究格局。这些具有综合性、地域性、民族性特点的文化，内涵丰富，文化底蕴深厚，为藏族聚居区文化产业的形成奠定了基础。在有些文化的研究中已建立起新兴学科，例如：近年来巴蜀学人在学术界提出了康巴学的概念；提出了中国民族学华西学派的概念；这些都与藏族历史文化研究不无相关。

除此而外，巴蜀藏族聚居区的考古和文物事业也取得了诸多成就，由此证明四川藏族历史悠久、文化积淀深厚、族群交往频繁、民风民俗独特。在炉霍发现距今一万二千至五万年前的古人类化石和遗址；1988年在丹巴县中路乡发现新石器时代晚期的古人类遗址；2006年在马尔康县茶堡河台地上发现的哈休遗址，属新石器时代文化遗存。还有甘孜、阿坝的石棺墓，形制独特，规模庞大，出土文物多，既有青藏高原土著文化的特色，又有北方草原民族文化、中原文化和巴蜀文化的某些成分。藏族聚居区还有历史上各个时期遗留下来的古建筑，现在已列为全国重点文物保护单位的有德格印经院、泸定桥、卓克基土司官寨、松岗直波碉楼、松潘古城墙、壤塘棒托寺等。省级重点文物保护单位不胜枚举。

（二）彝族文化事业新进展

四川是中国主要的彝族聚居区之一，巴蜀彝族文化特点突出，改革开放以来，彝族文化事业成就显著。

首先，作为彝族文化载体的《四川彝文规范方案》1980年获国务院批准正式推行，由此带动了彝区文化、教育、编译、出版、广播、电影译制等文化事业的繁荣。如今四川规范彝文在彝族自治地方已得到广泛应用，编译部门出版数以万计的彝文教材、书籍和刊物等；凉山州创办了彝文版的《凉山日报》《凉山文学》；凉山州昭觉、越西、金阳、雷波等10余县都设有彝语有线广播；凉山州还制作彝语译制的电影160多部。四川省民委主办有彝文版的《民族》杂志；四川民族出版社每年出版彝文类图书数十种、数万册；自1979年起，四川人民广播电台开设了全国唯一的彝语广播；四川还组织编撰出版了《彝汉词汇》《汉彝词典》《彝汉词典》《彝汉检字法》等工具书。为了传承彝族文化，作为文化载体的彝文计算机操作系统、激光照排印刷出版系统在四川彝文出版事业中得到广泛应用。

其次，彝族古籍整理、彝族地区史志编撰和彝区文物考古发现硕果累累。国家民委"十五"重点古籍整理项目彝族《彝文典籍丛书》，全书一千万字，新老彝文合璧，在四川完成。《彝文典籍目录》《彝族尔比尔吉词典》获国家图书奖提名奖。首部四卷本的《中国彝族谱牒·四川卷》已于2007年出版。彝族分布各县和凉山州编修的地方志均在20世纪90年代全部出版，现又进入续修阶段。西南民

西南民族大学彝学文献馆

族大学收集了大量古彝文文献，建立了全国最大的彝文文献中心。

自20世纪70年代以来，在凉山西昌礼州新石器遗址发掘过程中，发现了一种少见的古墓制即大石墓，现存二百余座，用巨石砌成，并用巨石覆盖，立巨石为标志，有的巨石重达万斤，墓内葬者少则四五十人，多则百余人，墓内出土文物有陶、铜、铁、骨、牙、金、玛瑙、绿松石等。据古文献记载推测，实行这种墓制的族群当属古代"邛人"。考古专家认为，这是安宁河流域原住民独特的墓葬形式，世间绝无仅有。除此而外，在凉山发现的古人文化遗址很多，如：西昌大洋堆遗址、西昌东坪汉代冶铜铸币遗址、西昌凉钢汉墓、西昌马道汉墓、西昌北山火葬墓、昭觉好谷汉代石表、普格小兴场大石墓、盐源毛家坝石棺葬、会理粪箕坝土坑墓等，在这些遗址出土文物数千件。近年在修建凉山至攀枝花的高速公路中出土了一些青铜器，其文化特点介于古蜀、滇文化之间。

彝族聚居区另一重要考古发现是分布在凉山州昭觉县境内的博什瓦黑岩画。岩画刻绘在六块巨大岩石上，共九十一幅，总面积四百四十平方米，据学者研究，大约雕刻于唐代南诏时期。此岩画以释迦牟尼、观音、天王、菩萨、供养人等为主体，兼有南诏国景庄王出行图、毕摩像、佛塔以及狮、鹦鹉、麒麟、犀牛、龙、鹰、牛、马、鸟、龟、犬等奇禽异兽和古代建筑等石刻画像。其构图疏密错落有致，人物、景物安排井井有条，造型精美，线条流畅，是研究我国地方史、佛教史、艺术史的珍贵资料，已被列为四川省重点文物保护单位。

第三，彝族传统体育项目得到发掘和传承。彝族民间流行摔跤、赛马、射击、武术、磨尔秋、斗牛、斗羊、斗鸡、蹲斗、掷石、跳火绳、抢树桩、木梳篦子、滑斜石板、抵肩、扳手劲、转牛圈、赛跳、拔萝卜等娱乐性运动，如今彝族的"格"（摔跤）被列入全国少数民族传统体育运动会比赛项目。彝族的磨秋、蹲斗、三雄夺魁、跳火绳被作为四川省少数民族运动会表演项目。四川省建立的民族传统体育基地中，凉山州有"射弩""格"基地。

第四，改革开放以来彝族服饰、饮食、建筑、节日、习俗、歌舞、工艺、宗教等物质和精神文化受到广泛关注，在研究的基础上一些传统文化得以开发。

彝族服饰富有特点、形式多样，随着人民经济条件的改善和生活水平的提高，彝族服饰的种类不断发掘和创新。近年来火把节庆祝活动要举行选美比赛，彝族服饰文化成为选美着装的一大亮点，舞台上彝族服饰美不胜收，成为彝族的象征文化为其他民族的民众所了解。

彝族传统饮食近年来也走向了市场，坨坨肉、荞粑粑、酸菜汤、烘土豆等绿色食品受到许多人的喜爱。彝族饮食中的酒文化也闻名遐迩。

彝族的瓦板房在博物馆和宾馆饭店的外装饰中得到

凉山民族风情园

展现，在彝区旅游开发中，以红、黄、黑为基本色调和传统图案为装饰的建筑吸引了游客对彝族文化的关注和兴趣。

在四川彝族的传统节日中，如今火把节以独特的民俗文化展示，已成为彝族最具热烈气氛的节日，而且已经举办过几届国际火把节，成为国内外了解、认识彝族文化的一张"名片"，也是彝族独特的文化品牌。彝族的习俗文化得到传承，有些习俗被纳入到民族旅游文化中，有的则被搬上了舞台。例如：火把节中的"斗羊"比赛，彝族舞蹈中的"抢婚"表演等。

彝族是一个能歌善舞的民族，许多传统歌舞被发掘并搬上舞台。如：彝族的"丫"属高腔山歌、"合"属本嗓歌唱、"尔"属悲歌、"卓"属边歌边舞、"卓合"为婚礼中的对歌、"妞妞合"为儿歌等民歌形式不仅民间流行，而且被现代歌舞所采借。有些舞蹈经过规范创新成为喜闻乐见的集体舞，例如：彝族达踢舞，还有瓦子勒、策格、阿嫫妮惹、都吐等舞蹈也流行开来。彝族歌手将传统与现代结合，形成的彝族太阳部落组合、彝族山鹰组合、彝人制造组合等，活跃在国内、省内歌坛上，深受观众喜爱。近年来，还有一批实力民歌手崭露头角，如：曲比阿乌、苏都阿洛等。

彝族最具特色的民间工艺是与生活密切相关的漆器、食具和酒具，改革开放以来这些民间工艺产品得到广泛开发。漆器主要是漆绘的木胎食具、酒具、兵器、马具、宗教用具等，其造型古朴优美，风格独特。漆绘多用黑漆为底色，再用黄、红色漆绘出各种花纹图案。纹饰手法有漆彩绘、雕刻、镶嵌和堆漆等，以漆绘最为普遍。图案内容大部分是云彩型、水波形、马齿形、瓜子形、指甲形等。

彝族食具包括餐桌、饭盘、肉盘、汤钵、木勺、皮碗、木碗等。彩色餐桌多圆形，图案多样，以八卦图为中心者最具特色。肉盘矮足圆口，大小形状各异，多喜在腹部绘制牛眼纹，盘内图案多绘鱼纹和钱纹。汤钵形状为圆形，敛口，内腹很深。腹内一般涂纯天然黑漆，钵外绘制各式各样的花纹。木勺勺窝为椭圆形，绘有花纹，柄修长。木胎和皮胎加工的碗多为敞口，无底座，内饰一红日，外绘鸡肠纹，有带盖和无盖的两种。食具包括了酒具，彝族酒具有酒壶、酒杯、酒杯盘等。酒壶为彝族酒具中最有特色的品种，分银质、木质两种。银质者又有圆形和扁圆形两种，少数为鸽子形状者，其羽、翅均由银加工而成，十分逼真。木质者也有圆形、扁圆形、斑鸠形和喜鹊形酒壶，所绘颜色由红、黄、黑三色构成。

凉山被称为彝族"毕摩文化之乡"。毕摩文化属于原始宗教的范畴，蕴含着彝族早期的原始文化，古老而神秘，近十余年来受到本土学者的关注，在研究的基础上推动了文化继承和开发。

（三）羌族文化事业新进展

羌族历史悠久，传统文化深厚，是中华文化中的一枝奇葩。改革开放以来，羌族文化事业在下述几方面取得了新进展。

第一，创立羌族文字，加强民间文艺的搜集整理，组织编撰出版羌区地方史志，开展古籍整理工作。羌语古老而特殊，但历史上没有传统文字。为满足羌民族的意愿，20世纪80年代在四川省民委主持下创立了拼音文字的羌文。历史上没有文字的民族，口传民间文学都比较发达。改革开放后由于社会变迁，族际交流增多，主流文化普同性进程加快，羌族传统民间文化受到变异或消减的影响，因此及时用文字将其记录下来，不失为保护和抢救羌族文化的重要

羌族妇女

举措。为此，20世纪80至90年代初羌区各县相继开展了对羌族民间故事、谚语、歌谣、音乐、舞蹈的搜集、整理、编印工作，使其得到传承，并且作为羌族人文资源在旅游经济发展中得到开发和应用。盛世修志是中国文化的传统，改革开放使羌区进入了社会发展的黄金时期，

北川羌族

编修史志正当其时。经十余年的努力，1992年编撰完成的《汶川县志》正式出版，1996年《北川县志》，1997年《理县志》《茂汶羌族自治县志》相继出版。散居在平武、丹巴、黑水、松潘以及贵州省石阡、江口等县的羌族，在其所在县的地方志中都作了记载。新县志出版十余年后，现在各地又开始了续修县志的准备工作。羌族原始宗教传播中的经书是其古老的文化表现形式之一，羌族《释比经典》等已被纳入国家民委和四川省民委民族古籍抢救整理计划。

第二，羌族民间工艺和艺术得到继承和创新。改革开放初期，作为非物质文化遗产的羌族刺绣挑花、剪纸艺术得到复兴，民间传统金属饰品和石雕技艺逐渐恢复。羌族的音乐、舞蹈有浓厚的原生态特征，为现代音乐舞蹈的创作提供了丰富的源泉，经搜集、整理、再创作，现已流行于世的有沙朗舞、锅庄舞、羌戏等。1983年，茂县歌舞团编创的《腰带舞》《皮鼓舞》，获四川省民委、国家民委、国家文化部的表彰。1985年，羌族舞蹈《达板》《羌笛声声》获四川省民族舞蹈创作、表演奖，羌族舞蹈《花儿纳吉》获全国民族民间舞蹈创作奖。1999年，中国羌族民间艺术团出访意大利，参加国际民间艺术节，带去了脍炙人口的《羌魂》《羌韵》《跳不完的沙朗》等节目。2004年，北川县羌族女歌手王安莲在全国第二届南北民歌赛上获得优秀歌手称号。

第三，羌族民间体育作为民族文化得到发掘和继承。改革开放以来羌区搜集、整理了一些有羌族特色，有健康和娱乐特征的运动项目，如，羌族推杆、顶杆、摔跤、武术、气功、押加、沙朗舞比赛等。

第四，羌族聚居区考古成果丰硕，文博事业发展，生态聚落博物馆得到

保护性开发。羌族世代居住的岷江流域是中国古代西北通向西南的重要孔道，这里的史前历史十分丰富，氐羌族系先民在此留下了许多文化遗存。改革开放以来，羌区文物考古进入一个繁荣时期，最具代表性的考古成果是2000年以来经省、州、县三级文物部门合作开展的岷江上游地区考古工作，发现新石器时代文化遗址和遗物采集点达83处。其中，茂县营盘山遗址，汶川县高坎遗址、姜维城遗址，理县猛古村遗址等均属新石器时代较大规模的古人聚落遗址。特别是2003年开始发掘的茂县营盘山遗址，在进行面积为1000平方米的正式发掘中，发现新石器时代遗迹房屋18座、人祭坑8座、灰坑120余个、窑址4座、灶坑11座，出土陶器、玉器、石器、细石器、骨器、蚌器等遗物上万件，初步确定该遗址总面积达15万平方米，距今5000年，是"藏彝走廊"地区乃至长江上游地区迄今发现的面积最大、时代最早、文化内涵最丰富的大型中心聚落。这一遗址文化层叠压，还清理出大批石棺墓葬。2000年，考古工作者还对汶川县姜维城新石器文化遗址进行了发掘，其文化面貌与茂县营盘山遗址相一致，是原生文化为主与外来文化因素相结合的区域文化类型。这些考古发现为羌族地区古文明研究提供了丰富和翔实的内涵，也是四川古代文明的重要组成部分。

除此以外，这个时期还对理县桃坪乡佳山村石棺葬墓群及文化遗址，茂县撮箕山石棺葬墓群、南新镇牟托村石棺葬墓进行了调查和发掘。对地面文物古迹即古城、碉楼、红军石刻标语等进行了清理和保护。

改革开放以来，以羌族为研究对象的社会科学成果也不断涌现，涉及羌族历史、文化、经济、社会、宗教、语言、习俗、人口等各个领域，诸多学科介入羌学研究，推动了羌族社会文化事业的进步，如今出版与羌族有关的研究成果和资料两百余种，研究论文数百篇。羌族传统文化中有许多有形的载体，将其搜集、整理、陈列展览是宣传、保护和弘扬民族文化的一种方式。为此，经国家民委、四川省文化厅、四川省民委的帮助，1986年，在茂县建成历史上第一个羌族博物馆，先后举办过《岷江上游历史文物展》《羌族民俗展》《红军长征过羌寨展》《羌族文物精品展》等。2008年"5·12"汶川特大地震使茂县博物馆严重受损，国务院总理温家宝十分关心羌族文化的保护并作出专门批示，经国家文化部、国家文物局、国家民委和山西、四川两省相关部门和专家的努力，新的更大规模的茂县羌族博物馆已经建成并对公众开放。

羌族文化除博物馆传承方式外，还有以村寨为载体的民族生态聚落博物馆，代表性的有理县桃坪羌寨、茂县黑虎羌寨等。这些生态聚落集古老的建筑群、民族民俗文化、人文与自然和谐为一体，是一种天然的人文生态博物馆，对其保护性开发已成为羌族文化、旅游的一大品牌。在人文与自然生态的保护中，人文遗产和自然遗产有着同样重要的价值和地位，羌族聚居区有关部门已开展申报桃坪、黑虎羌寨世界文化遗产和卧龙四姑娘山大熊猫生态走廊世界自然遗产的工作。

（四）其他少数民族文化的新发展

除藏、彝、羌族外，巴蜀地区其他少数民族人口相对较少，聚居程度较低，有些民族主要分布在城镇，他们一方面大量吸收了汉族和当地其他民族的文化，共同走向文化繁荣；另一方面，自己民族尚存的文化也得到了保护和继承。近十余年来，四川省民委组织承担了南方十二省区回族古籍协作会和全国苗族古籍协作会安排的任务，搜集整理编撰出版了南方回族古籍系列丛书之一的《四川回族历史与文化》和苗族古籍《四川苗族古歌（上下册）》。这个时期编纂出版的《四川省志·民族志》包含了所有十四个世居在巴蜀的少数民族，记录了这些民族的历史、社会和文化。各地编纂出版的地方志也分别记载了他们的文化状况。各民族所在县还组织搜集整理编撰了当地民族的民间文学、民间故事、民间音乐等文化集成。西南民族大学承担了四川大多数少数民族简史书稿的修订任务，并于2008年顺利出版。新中国建立后不久的民族社会历史调查所形成的资料，其中包括了巴蜀十四个世居的少数民族，改革开放后这些资料得到整理并相继出版。有些独特的民族文化受到重视，如：凉山州正在积极筹建泸沽湖摩梭人母系社会博物馆。

这个时期巴蜀少数民族体育文化得到更多的发掘和开发。土家族的传统体育项目主要有：耍石砣、打飞棒、板凳龙、三棒鼓、舞狮等；苗族的传统体育项目有：打花棍、搓麻线、八人秋、打麻由、爬花杆、踢枕头、投绣球、走竹竿等；回族的传统体育项目有：举石担、玩石锁、赶木球、秋千、掼牛、拔河等；蒙古族的传统体育项目有：摔跤、射箭、搬驮子、扭肩担、顶推肩担、甩石头、跳活牛等；纳西族的传统体育项目有：跑罐子、飞石索、赛马、摔跤、射击、射箭、掷坑、跳高、秋千、跳木板等；傈僳族的传统体育项目有：射弩、荡秋千、摔跤、较力等；满族的传统体育项目有采珍珠、二贵摔跤等。

一些独特的民族手工艺品不断推陈出新，例如：土家族的西兰卡普即土家织锦，作为传统的手工艺纺织品，其图案粗犷质朴，极富生活情趣。土家族妇女能用彩色丝线精工编织出一百多种图案，有桌子花、椅子花、轮船花、大白梅、小白梅、韭菜花、荷叶花、牡丹花、狮子花、燕子花、虎皮花、牛脚迹、狗牙齿、阳雀花、豆腐架子等，还有反映神话传说的"祥云驾龙""老鼠娶亲""二龙抢宝""喜鹊闹梅""鲤鱼跳龙门"等。如今西兰卡普因构图奇巧，布局严谨，色彩对比强烈，工艺细致精美，民族特色浓厚，多次在国内外重要的经贸展览和比赛中取得优异的成绩，受到国内外客商和艺术家的好评。又例如：川南苗族蜡染是苗族人民引以为自豪的民族传统工艺美术品，有图案简洁明快的特点，喜用连锁式构图，画面统一在粗细不一的长线之中，富于节奏变化，别有一番韵味。苗族妇女还在蜡染上插花刺绣或镶贴各色布条，在各组图案的中心部位点缀彩绣，使之和谐地与蜡染画面交融结合，在朴素中显靓丽，在单一中见层次，给人以耳目一新的感觉。蜡染作品由于材料低廉，制造精美，民族特点突出，成为各族人民喜爱的民族工艺品。

巴蜀其他少数民族独特的民俗节日文化，近年来也得到当地政府及文化部门的积极发掘和开发，以此丰富各民族的文化娱乐生活。例如：生活在凉山州德昌县的傈僳族有一传统的阔拾节（又译作"企什节"），为傈僳族过年的日子。由于傈僳族人口少，主要居住在山区，节日气氛不浓厚，外人知之甚少。如今由当地政府大力支持，阔拾节不仅在傈僳山寨举行，而且搬到了德昌县城的广场欢庆。傈僳人吹起葫芦笙和口弦，跳起瓜且舞，节日里还增加了传统的捻麻线、织腰带表演，傈僳族群众与当地其他民族的民众一起欢庆这一传统节日。

二、巴蜀少数民族文化资源的保护和开发

巴蜀地区是多民族地区，十四个世居少数民族，各个民族都有自己独特的文化，这些文化构成了巴蜀民族文化的丰厚文化资源。巴蜀少数民族文化具有丰富性、独特性、多元性等特征。它们不仅是中华民族文化的重要组成部分，也是巴蜀地区实现社会经济可持续发展的宝贵文化财富。在当今世界全球化的进程中，巴蜀民族文化必然会因为现代化的冲击而发生变化，巴蜀少数民族传统文化中的某些内容被取代或者逐渐消失是社会发展的必然趋势，也是巴蜀民族地区现代化所必须要付出的代价，但若我们仅仅是听任优秀的民族传统文化资源丧失——这也无疑是人类文明不可弥补的损失，也不可取。因此，面对现代化浪潮的冲击，加强巴蜀少数民族文化的传承和保护，是一件十分重要而又迫切的事情。

目前，四川已经对藏、彝、羌、苗等民族的文化做了大量的研究和发掘

工作，集中推出了四川藏族文化中的康巴文化、格萨尔文化、康定情歌节文化等，彝族文化中的毕摩文化、火把节文化等，羌族文化中的释比文化、大禹文化等。以旅游产业为载体，推出巴蜀民族多元文化中的民族歌舞、民族工艺、民族服饰、民族宗教文化、民族节庆习俗、民族建筑文化等，以此作为旅游产品开发，既保护文化，又吸引游客，还带动民族地区的社会经济文化发展，促进各民族的经济文化互动与交流。

巴蜀少数民族文化保护还体现在对物质文化遗产和非物质文化遗产保护两个方面，例如：四川将甘孜州丹巴县高碉文化和阿坝州的桃坪羌寨等相近的民族人文遗产组合成"四川西部藏羌碉群"申报世界文化遗产，被国家纳入了申报名录；还准备将藏族文化宝库——德格印经院作为世界文化遗产进行申报；国家将《格萨（斯）尔》作为申报世界非物质文化遗产的重点，由于四川甘孜是"格萨尔王故里"，其所占分量非同一般。2005年国务院颁布的第一批国家级非物质文化遗产名录中，四川民族文化入选有《格萨尔》、羌笛演奏、彝族火把节、藏族雕版印刷术、巴塘弦子等十一项。为了体现对文化遗产和自然遗产保护的特点，还从地名设置上作出变更，原来的南坪县更名为"九寨沟县"，德格县阿须乡报

梭坡古碉与民居

请改为"格萨尔乡",稻城县亚丁乡改为"香格里拉乡"。

政府重视民族艺术人才的培养,依托四川大学、西南民族大学、四川音乐学院等高校,培养少数民族音乐、舞蹈、美术等艺术人才。政府采取措施,积极组织民族音乐舞蹈戏剧艺术方面的演出、展览,收到了传播、弘扬和开发民族文化的效果。自1990年以来,已在凉山、甘孜、阿坝、绵阳、乐山举办四川少数民族艺术节五届,一大批少数民族文化艺术作品和演艺新人涌现,繁荣了民族文化事业。例如:在乐山市举行的第五届少数民族艺术节,有十四个代表团、三千名演艺人员参加,包括了音乐、舞蹈、戏曲等多种艺术形式。巴蜀民族演艺文化同时走向全国,有的传播海外。2006年甘孜州歌舞团创作的大型康巴歌舞诗《康定情歌》,参加全国少数民族文艺会演,获创作金奖和组织奖,并作为唯一的外交专场演出和全体评委观摩节目。近年来羌族多声部"毕曼组合"、藏族多声部"热玛组合"等原生态音乐演唱,在中央电视台举办的全国青年歌手大奖赛上获原生态歌唱奖项。四川特色的格萨尔藏戏,在国内外演出,好评如潮。

民族文化还推动民族旅游可持续发展。2005年8月举办的四川旅游发展大会暨中国四川国际旅游节上,"彝族长号""藏族锅庄""羌族沙朗""甘孜踢踏"等艺术表演轰动大会,成为本次旅游节最具特色、最吸引游客的节目,让人们流连忘返。民族地区的人文景观与自然景观同样享誉旅游市场,如:凉山奴隶社会博物馆、泸定桥、卓克基土司官寨等都有众多的参观者。多姿多彩的民族风情文化也是民族地区旅游资源的重要组成部分,在阿坝藏族羌族自治州各旅游风景名胜区,都可以看到羌族的民俗文化风情和藏族的民俗文化风情。在甘孜藏族自治州各旅游风景名胜区,可游览到有别于阿坝的民俗文化,在海螺沟风景名胜区内还能领略彝家风俗文化。在凉山彝族自治州有一年一度的国际火把节,游客们不仅可以看到,而且可以参与到典型的彝族风俗文化活动之中。民族文化资源与民族地区自然景观资源结合,既推动了旅游业,也推动了民族文化发展。四川三个少数民族自治州都制订了文化旅游开发规划。甘孜州按照"一圈两线"的总体布局和"提升东部,加快南北"的方针,一是以贡嘎山风景名胜区为中心,以康定情歌城、草原风情、嘉绒风情、泸定铁索桥、塔公寺庙文化为组合景区,构筑"贡嘎山世界精品旅游环线";二是以德格印经院、格萨尔故里为旅游目的地,以沿线各大佛教寺庙文化、民俗民风、民间文化节庆活动为组合景点,构筑"康北人文生态旅游环线";三是以稻城亚丁为中心，依托香格里拉自然生态、人文风情、宗教文化，构筑"康南香格里拉旅游精品环线"。

阿坝州主要打造"世界主流风光景区目的地"和"中国标志性景区目的地"的国际化旅游品牌，基本内容是九寨沟世界顶级水景观、黄龙世界顶级喀斯特景观、卧龙——四姑娘山世界顶级生物多样性景观和世界大熊猫第一保护区景观，上述三大景区品牌构成阿坝自然景区品牌的三大支撑；以正在申报世界文化遗产的桃坪羌寨和卓克基土司官寨以及营盘山文化遗址为载体，明确树立东方第一古堡、土司文化第一寨和长江文明第一山的人文品牌，构成藏文化、羌文化、长江文明三大内涵；以雪山、草地、红军遗址为载体，确立中国红军长征最美最苦区域的红色旅游人文品牌；以大熊猫基地、黄河九曲第一湾、长江上游（岷江）为载体，明确树立中国国宝之乡、中国最大江河交汇处、世界文明发祥地的品牌，构成阿坝旅游"中国标志"性品牌的内涵。

凉山州旅游文化突出一个中心，即以西昌市为中心的凉山州旅游支撑中心和口岸旅游区。形成三大片区，一是中部片区有阳光度假旅游、航天城观光、西昌与普格彝族火把节风情旅游、安宁河谷生态农业观光以及螺髻山——邛海自然观光旅游。二是西部片区有泸沽湖摩梭人风情，尚待开发的有高山峡谷探险、木里洛克路线旅游、土司文化与末代土司夫人探奇探秘旅游、二滩库区旅游等。三是东部片区以大小凉山彝族腹心地区及雷波县构成的彝族文化与生态旅游区。

从目前的情况来看，旅游业与民族文化的结合，已经成为当前巴蜀民族地区利用本地资源优势实现社会经济可持续发展的一条路径。这是现阶段巴蜀民族文化资源开发、利用最直接而有效的方式。但是，如何解决开发中的传统文化变异和流失，也是当前巴蜀民族文化保护和传承所面临的并需要重视的重要问题。探索解决这一问题的过程，实质上就是要回答巴蜀民族文化如何应对全球化和现代化的挑战和机遇，也是选择和提升巴蜀民族文化的重要过程。只有在探索和解决这一问题的基础上，我们才能有效地保护和传承巴蜀民族文化，也才能保障巴蜀民族文化的可持续发展，保证巴蜀民族文化走向更加繁荣的明天。

结　语

　　前面诸章的叙述，仿佛是穿越时光隧道，引导我们重新经历了自先秦以至今日巴蜀民族文化数千年乃至于更漫长时期的发展历程；又宛若徜徉于巴蜀民族文化的博物馆，令我们于饱览巴蜀民族文化艳丽多姿、丰富多彩的壮阔景象之余，亦由衷地惊叹和敬佩巴蜀各族先民精湛而极富想象力的文化创造与传承的能力。由前列诸章的叙述中，我们也不难看到，从远古洪荒时代至今，巴蜀民族文化在经过了数千年乃至于更长时期历史岁月的风雨洗礼和新中国成立以来的传承与弘扬，已经积淀起了丰富而厚重的历史文化底蕴，展现出绚丽灿烂、多姿多彩的民族文化图景，显示出源远流长、干展枝蔓的历史文化风貌，表现出独具巴蜀地域文化韵味与民族文化特色的鲜明特征，并已成为推动当代巴蜀地区经济发展、文化繁荣与社会进步的重要的文化资源和文化优势。

　　述往鉴来，温故知新。巴蜀民族文化问题，既是历史问题，也是现实问题。我们回顾巴蜀民族文化源远流长的发展历程，品味巴蜀民族文化博大精深的丰厚内涵，其目的并不在于端坐于学术象牙塔中，发思古之幽情，作炫异猎奇之清谈，而是欲明史以鉴今。即：着眼于21世纪新的时代条件和社会环境下积极传承和大力弘扬巴蜀民族文化的现实而客观的需要，通过对巴蜀民族文化的脉络梳理和内容概述，唤起社会各界人士都来关注巴蜀民族文化的历史与现状，从而更深入也更丰满地了解巴蜀民族文化，更准确也更清楚地认识和把握巴蜀民族文化在巴蜀文化、中华民族文化体系中的重要地位与历史贡献，更科学也更深刻地发掘和阐释巴蜀民族文化的历史特质和现代价值，进而增强文化认同，更积极主动也更自觉地重视、支持和参与当代巴蜀民族文化的传承、弘扬与创新，推动巴蜀民族文化成为当前四川实施文化强省战略的重要文化源泉，促使巴蜀民族文化作为中华民族文化宝库的历史资源与鲜活成分，而在21世纪中华民族的文化建设与民族文化复兴之伟大事业中发挥重要作用，做出更大也更为积极的历史性贡献。

一、巴蜀民族文化对中华文化的贡献

第一，巴蜀民族文化是巴蜀文化、中华民族文化体系的有机组成部分。按照文化学的理论阐释，所谓"文化"，就是自古以来人们所创造、发展和传承的物质文明成果和精神文明成果之总和[1]；而"地域文化"，也就是一个地区内各民族的人们所共同创造、发展和传承的物质文明成果和精神文明成果之总和。因此，中华文化，即是从古至今栖息于中华大地上的各民族的人们所共同创造、发展和传承的物质文明成果与精神文明成果之总和；而巴蜀文化，即古往今来居住、生活于巴蜀地区的各民族的人们所共同创造的物质文明成果与精神文明成果之总和。另外，从历史的和现实的情况看，正如中国作为一个统一的多民族国家，中华文化是由包括巴蜀文化在内的中国各地域文化、各民族文化共同组成的文化系统，是中华大地上各民族及其民族文化和谐共存、互相交流、彼此融汇的历史结晶；巴蜀作为多民族地区，巴蜀文化也是巴蜀地区各民族及其民族文化有机组合而成的文化系统，是巴蜀地区各民族成员共同创造、逐步发展和努力传承而构建起来的地域文化体系，是巴蜀地区各民族及其民族文化和谐共存、互相交流、彼此融汇的历史结晶。巴蜀民族文化作为巴蜀文化的重要成分，并通过巴蜀文化而成为中华文化的有机组成部分，成为中华民族之文化巨厦绵亘千古而依然巍峨挺立的坚强基石和坚实构筑。

第二，中华民族"多元一体"这一当代重要的民族学概念，是对中国各民族在中华民族形成、发展过程中历史贡献与现实状况的科学解说和客观反映，也是观察、理解巴蜀民族文化与巴蜀文化、中华文化关系的重要理论根据。按照首倡这一概念的费孝通的解释，所谓"多元一体"，即"中华民族是一体"，"它所包括的50多个民族单位是多元"。在"多元一体"的格局下，

---

[1] 按：关于"文化"的定义，据说目前已有数百种之多，堪称林林总总，众说纷纭。本书此处只是根据论述的需要，而对"文化"作如此之定义，并不完全反映和代表笔者对于"文化"的认知和理解。

中华民族"由许许多多孤立分散存在的民族单位，经过接触、混杂、联结和融合，同时也有分裂和消亡，形成一个你来我去，我来你去，你中有我，我中有你，而又各具个性的多元统一体"。他并且认为，"这也许是世界各地民族形成的共同过程"[1]。"多元一体"的提法，作为改革开放新时期我国民族学、人类学界的重大理论进展及成果，客观地反映和说明了中国各民族在中华民族共同体形成、发展过程中的历史贡献与现实状况，对于当前我们正确认识中国国情，做好我国的民族工作，具有十分重要的理论价值和现实意义。而相关的历史文献和研究成果亦显示："多元一体"的格局，也存在和表现于像巴蜀这样的多民族地区及其区域文化，甚至存在、表现于巴蜀区域内更小也更具体的民族地区及其区域文化。

无论从历史还是从现实的情形而言，"多元一体"的格局，首先并突出地表现于巴蜀民族人口的分布格局上。如所周知，巴蜀地区作为多民族聚居或错杂而居的民族地区，自古以来即居住、分布着多个民族的成员，并逐渐地形成了汉族和十四个世居少数民族共同居住、生活在巴蜀地区，汉族主要聚居于川西平原、川中丘陵，少数民族集中居住于与云、贵、藏、甘、青、湘、鄂、陕等省（自治区）接壤的盆周山区、川西北高原、川西南山地的民族人口分布格局。与之同时，在更具体也更小一些的行政区域内，也早已呈现出多个民族的成员共同居住、交错混杂而居的人口分布状态[2]。如据《华阳国志》记载，先秦时期，巴蜀地区不但有巴人、蜀人为主体而建立的巴、蜀两个王国，甚至在巴、蜀两国境内，还各自居住、分布着除巴人、蜀人之外的多个古代民族。其中，在巴国境内，除巴人而外，还有濮、賨、苴、共、奴、"獽"、"夷"、蜑以及盘瓠种等多个民族及其成员[3]；在蜀国境内，除蜀人而外，也还有滇、僚、賨、僰、邛、筰、冉、駹、青衣等多个民族及其成员[4]。又如，宋代蜀南

---

[1] 费孝通：《中华民族的多元一体格局》，载《费孝通文集》第11卷，群言出版社1999年版，第381页。
[2] 例如，李绍明即曾撰文探讨和论述了藏族和金沙江流域、藏彝走廊区域民族文化"多元一体"的格局及其形成和表征，从而论证、说明了"多元一体"格局在巴蜀乃至西南民族地区及其更小而具体范围的存在。参见李绍明《论藏族的多元一体格局》《西南丝绸之路与民族走廊》《金沙江文化简论》等，均载李绍明著：《巴蜀民族史论集》，四川人民出版社2004年版。
[3] （晋）常璩：《华阳国志》卷一《巴志》。
[4] （晋）常璩：《华阳国志》卷三《蜀志》。

的泸州、叙州一带，也居住着被称为"泸夷""泸戎""泸蛮""土僚""僰夷""乌蛮""白蛮""葛僚"及"南广蛮""董蛮""石门蕃部"等的多个民族及部落的成员①。明代川西南地区的建昌道境内，亦居住、分布了"大头土番（或作火头吐蕃）、僰人子、白夷、么些、各鹿、倮罗、鞑靼、回纥诸部"等多个民族之成员②。而在明清时期川东土家族、苗族聚居的平茶长官司境内，"所属有五种夷"。酉阳州所属之民，亦"分三种：曰仡佬，曰冉家，曰南客"③。另据20世纪80年代初对雅砻江流域的调查，在川、滇边界的凉山地区之渡口（今攀枝花）、冕宁、盐边、木里等市、县境内，自古以来，即居住、分布着汉、藏、彝等多个民族。如渡口市，除汉族外，还居住有26个少数民族的8万多人，并且形成了"汉族多居河谷一带，少数民族则在离河谷较远的山上"以及"人们择地而居，稀落散布"的格局；甘孜州九龙县，居住有汉、回、藏、苗、彝、羌共6个民族；木里藏族自治县项脚乡的395户2157人中，有彝族161户813人，纳日人97户509人，拉热人63户385人，汉族55户340人，藏族14户79人，苗族3户23人，壮族2户8人；盐边县大坪子岩门乡，由傈僳族、纳西族、汉族、彝族组成，其中傈僳族占该乡总人口的82%，纳西族占12%，彝族占1.2%，其余为汉族，等等④。上引这些资料皆可说明⑤：历史上的巴蜀地区，在各个时期和宏观、中观、微观等各层面的行政区域内，均存在着因多个民族共同居住或混杂而居及所呈现出来的"多元一体"之民族人口分布格局。

其次，"多元一体"的格局，也表现于古往今来巴蜀文化与中原华夏文明之间连绵不绝、你来我往的联系、交流与融合上。从本书前列诸章所述可见，历史上，巴蜀地区即凭借其天府之国，地沃土丰，"居给人足，以富相尚"的

---

① 李宗放：《四川古代民族史》，民族出版社2010年版，第225、228页。
② 《明史》卷三一一《四川土司传》。
③ （明）曹学佺：《蜀中广记》卷三八《边防记第八·上川东》。
④ 刘降渝：《渡口市郊农村社会变迁调查》；伍呷：《九龙藏族社会的历史考察》；郭大烈：《木里藏族自治县项脚公社"纳日"和"拉热"人的文化习俗》；李永宪、马云喜：《盐边县岩门公社傈僳族调查报告》，均载于李绍明、童恩正主编：《雅砻江流域民族考查报告》，民族出版社2008年版。
⑤ 按：关于巴蜀地区因多个民族共同栖居，共同生产、生活而呈现出"多元一体"格局及其历史状况，已有众多的研究者做过详略不等的论述。如近年出版的《四川通史》（多卷本，贾大泉、陈世松主编，四川人民出版社2010年版）、《四川古代民族史》（李宗放著，民族出版社2010年版）等著述中，即有颇为丰富之史料和较为翔实的论述。兹不赘引。

优越自然条件和西邻青藏高原，北据秦巴山地，东恃长江三峡，南通云贵高原的地理位置与地缘优势，不仅成为我国西南地区的政治、经济、文化中心，而且也在国内政治角逐、经济发展和文化进步以及中外交流等方面，发挥着十分重要的作用。据史籍记载，先秦时期，巴蜀地区虽尚未进入华夏文化圈，还属于"西南夷"即少数民族地区，却已与三皇五帝、大禹、颛顼等古史传说中的英雄伟人有了密切关系。如蜀人嫘祖，既是中国植桑养蚕业的始祖，又是黄帝的元妃。《史记·五帝本纪》记载说："嫘祖为黄帝正妃，生二子，其后皆有天下：其一曰玄嚣，是为青阳……其二曰昌意，降居若水。昌意娶蜀山氏女，曰昌濮，生高阳，高阳有圣德……是为帝颛顼也。"《华阳国志·蜀志》亦载称："蜀之为国，肇于人皇，与巴同囿。至黄帝，为其子昌意娶蜀山氏之女，生子高阳是为帝喾；封其子庶于蜀，世为侯伯。历夏、商、周，武王伐纣，蜀与焉。"据李绍明解说，昌意降居的"若水"应为今雅砻江流域，"蜀山"则当为今岷江上游的汶川威州或茂州石泉县（今北川县）一带，均为蜀地历来多个民族聚居或混杂而居之地①。这两条史料说明，早在黄帝时代，蜀族即通过婚媾联姻关系，与黄帝族建立起亲缘族群关系——蜀族既是黄帝之子昌意的婚族，黄帝之孙颛顼的母家，又是帝颛顼的"支庶"，故史籍称述蜀人累代"相承云黄帝后世子孙"②。大禹是古代著名的治水英雄，夏朝的开国之君，相传亦生于蜀地之"西川"，即今岷江、涪江上游的茂县、汶川、北川一带。周武王伐纣，巴人、蜀人均参与其事。因此《华阳国志·巴志》载称，"周武王伐纣，实得巴、蜀之师，著乎《尚书》"。"巴师勇锐，歌舞以凌殷人，前徒倒戈，故世称之曰'武王伐纣，前歌后舞'也。"巴、蜀也因此被周王室册封为诸侯并建立了朝贡交聘关系，即史籍所称"巴国远世，则黄、炎之支；封在周，则宗姬之成亲"。春秋战国时期，巴、蜀与毗邻的秦、楚等中原诸强国时战时和，往来交流十分密切。秦灭巴、蜀以后，历代中央王朝愈益重视巴蜀作为西南地区政治、经济、文化中心和维护国家统一格局中的战略地位，积极促进巴蜀地区与中原及国内其他地区的政治、经济、文化联系，一方面利用巴蜀地区丰饶的粮食、布帛、金银等物产来增强国力，把巴蜀地区营造成维护国家

---

① 李绍明：《古蜀人的来源与族属问题》，见李绍明《藏彝走廊民族历史文化》，民族出版社2008年版，第146页。
② 详见贾大泉、陈世松主编《四川通史》卷一，四川人民出版社2010年版，第44~49页。

统一的战略大后方和人力、物力资源基地，使巴蜀地区成为朝廷开发西南边疆、促进国家统一的重要基地（近代以来，又成为推翻清朝封建帝制建立中华民国和反对帝国主义侵略的重要基地）[①]；另一方面也通过开发"西南夷"和大规模移民巴蜀，在推动巴蜀文化逐步融汇到中原华夏文明体系，促使巴蜀区域文明成为中华文明体系之重要区系的历史进程中，使巴蜀民族文化通过逐渐的交流、融汇，不仅成为巴蜀文化的重要内容之一，也成为中华民族文化宝库中的重要成分和瑰丽宝藏。

第三，巴蜀民族文化对中华民族文化的历史贡献。从本书前列诸章所述可见，历史上，勤劳、智慧的巴蜀各族人民，创造了丰富多彩的巴蜀民族文化。它包括卷帙浩繁的民族文字典籍，情节生动的民间传说故事，优美动听的民族歌谣，以及富于巴蜀地域与民族特色的音乐、舞蹈、戏剧、美术、体育等。巴蜀各族人民在民族医药和科学技术方面也有丰富的传承和独特的创造。这些绚丽多姿的巴蜀民族文化，既是灿烂辉煌之巴蜀文化、中华文化的重要组成部分，也是巴蜀各民族及其民族文化对于中华文化重要而珍贵的历史贡献。

巴蜀地区的藏、彝、纳西、满、蒙古等民族，均有本民族的文字。至今仍流行在民间的有藏文、彝文和纳西文（东巴文）。藏文书籍以木刻版为主，如《藏文大藏经》（《甘珠尔》和《丹珠尔》）等。藏文木刻本书籍卷帙浩繁，德格印经院藏有藏文典籍木刻版300余部，21.7万块，计43万页，还有部分画版。这些藏文刻版的内容，除宗教方面的而外，还包括语言、文学、历史、哲学、医学、历算等方面。彝文书籍以往主要以手抄本的形式流行于民间，内容也很丰富，但主要掌握在祭司——"毕摩"手中，用途也不广泛。纳西族通行的东巴文是一种象形文字，堪称象形文字的活化石，以往亦主要用于宗教方面。彝文和纳西东巴文的典籍，则保留了这些民族的许多历史与文化的史料。

流传于巴蜀各民族中的民间文学极其丰富多彩。其内容有传说、故事、格言、谚语、叙事长诗等，皆语言简朴，比喻贴切，或娟秀隽永或诙谐幽默，富于人民性与浪漫的色彩。藏族有著名英雄史诗《格萨尔》，故事有《阿叩登巴的故事》和《茶和盐的故事》等。彝族有叙述宇宙起源和祖先迁徙的叙事长诗《勒俄特依》、训世诗《玛木特衣》以及大量的"尔比尔吉"（格言）和"克

---

① 贾大泉、陈世松主编：《四川通史》卷一《重修四川通史导言》，四川人民出版社2010年版，第3~6页。

智"（说词）等。土家族有叙述人类起源和土家历史的《摆手歌》与《梯玛神歌》。羌族有叙事长诗《羌戈大战》和神话《木姐珠与斗安珠》等。

少数民族的民歌题材广泛，内容丰富，语言生动，生活习气浓厚。民歌的内容有劳动歌、颂歌、情歌、仪式歌、酒歌等。有的有固定的内容，有的触景生情，即兴而歌。广泛流传在彝族聚居区民间的，有反映劳动人民悲苦的《阿罗阿沙》和《阿嫫妮惹》以及情歌《表妹蒙渣》等。藏族民歌主题鲜明，语言精美，富有高原气息，多为歌唱山川壮丽、人民勇敢的内容。土家族民歌俯拾皆是，尤以换工互助、田间耕耘时所唱的《薅草锣鼓》歌别具一格，能起到鼓舞精神的作用。羌族民歌中以劳动山歌数量为多，有专门的《割麦歌》等。

各民族的民间歌曲、乐曲，种类繁多，风格各异。藏族民间音乐有乐曲、歌曲、说唱调、戏曲等。藏族民歌曲主要分谐体（弦子）、鲁体（山歌）和卓体（锅庄）。谐体悠扬，鲁体高昂，卓体雄壮。彝族歌曲有山歌词、赛歌词、对唱词等。山歌词明快，对唱和赛唱调婉转。土家族、苗族、羌族等民歌的曲调，高低快慢较自由，旋律生动、活泼。各民族的乐器也很丰富，多数与汉族使用的相同，如胡琴、六弦琴、竹笛、月琴、竖琴、铜铃、铜锣、皮鼓、唢呐、号筒，等等。较特殊的有彝族的口弦，羌族的羌笛，苗、彝等民族的芦笙，土家族通常使用的木叶（或草叶）吹奏，等等。

各民族的舞蹈是巴蜀舞坛上的朵朵奇葩。藏族舞蹈最流行的是锅庄舞，在藏语中称为"卓"，动作矫健，节奏明快，变化多样。各地锅庄形成了不同的风格，如新龙锅庄、康定锅庄、四土锅庄（嘉绒锅庄）、草地锅庄等。弦子流行于康巴地区，彩袖飘飘，舞姿轻盈，舞时以胡琴曲调相伴，此外还有踢踏舞、热巴舞等。彝族的主要舞蹈有锅庄、都火、对脚舞、披毡舞等，一般节奏较舒缓，舞姿较含蓄。土家族舞蹈主要为摆手舞，分大摆手、小摆手两种。前者以往在祭祀中举行，后者表现生产中的活动。苗族以芦笙舞最驰名；羌族的主要舞蹈也是锅庄，但下肢摆动较大，与藏、彝族的锅庄不同。此外，傈僳族与纳西族的舞蹈也很有特色。各民族的宗教性舞蹈也很丰富，如藏族的"跳神"，白马藏族的"跳十二相"，彝族与羌族的巫师"跳皮鼓"，土家族巫师的"跳马"和"八宝铜铃舞"等皆是，反映出舞蹈与宗教的密切关系。

藏族的戏剧已有数百年的历史。剧目有历史剧、神话剧及社会剧等。四川的藏戏因方言、土语的不同分成德格藏戏、安多藏戏和嘉绒藏戏等几个流派，深受群众喜爱。川东南土家族、苗族地区流行着傩戏与灯戏。傩戏演出时要戴各色面具，实为一种傩舞的发展。灯戏来源于汉族地区，但在该地吸收了土家、苗族的民间艺术，发展成为现今的灯戏，以秀山花灯戏最为驰名。

巴蜀少数民族中还流传着许多传统的体育活动。藏族有赛马、射箭、格吞和奔牛；彝族有摔跤、斗牛、蹲斗、磨尔秋、跳火绳；土家族有板凳龙；羌族有推杆等。巴蜀少数民族的许多项目既是体育活动，又是舞蹈，民族特色十分鲜明而颇具艺术魅力。

巴蜀各民族在长期的社会实践中，亦形成了风格各异、技艺精湛的民间工艺美术特点。藏族聚居区寺庙多为宏伟的建筑。寺中的壁画、唐卡画、版画章法严谨，线条匀称；泥塑、石刻、酥油花造型生动，气象庄严。藏族工艺精巧的佩刀，各种金银饰品、生活用品深受群众喜爱。彝族的器皿绘画、雕刻、漆具画等，图案精美、质朴大方、色彩鲜明、对比强烈，马鞍、木碗、木盘、木勺、木酒具以及各种金银首饰均做工细致，具有浓厚的民族风格。羌族精湛的建筑工艺和挑花刺绣，土家族色彩鲜明的土家织锦"西兰卡普"及苗族的蜡染等均享有盛名。

巴蜀各民族在科学技术和医药知识方面也有许多发明创造。藏、彝、羌、苗等民族医药是在藏、彝、羌、苗等民族群众长期与疾病斗争中逐步发展起来的。它们是巴蜀民族集体智慧与历史经验的结晶，也是中华民族医药宝库中璀璨的明珠。例如，藏医药具有悠久的历史，积累了丰富的经验，形成了独特的医学理论，以治疗慢性病著称。彝、羌、苗等民族医药也多有独到之处。巴蜀民族多具有天文历算的历史传承和丰富经验。藏族历算与汉族夏历基本相同，但又有自己的特点，如规定一昼夜为十二时辰，以月亮圆缺定一月为二十九个多太阳日，又规定每个太阳月为三十天，用"重日"和"缺日"来调整月份大小等。彝族人民对二十八宿和恒星月周期的认识与掌握，皆达到很高的水平。川西南凉山彝族自治州的盐源县，是一个汉、彝、藏、纳西、回、苗等多民族错杂而居的地区。该县因历史上出产盐、铁，拥有闻名遐迩的白盐井（即今县城）、黑盐井（今盐塘区）因而以盐名县。而历史文献与今人的研究成果则显示，从上古至元代的几千年间，该县盐业的开发、生产，主要是由摩沙（亦称"麽些""磨些"，为纳西、纳日人的先民）"罗罗"（彝族的先民）等民族群众在进行。从明清时期起，虽然有大量汉族进入盐源盐场做工，但也仍有许多麽些盐工。据说，当时盐源所产之盐，都要倒制成圆筒形状的"筒筒盐"，而这种倒制筒盐的技术，则掌握在麽些盐工手中。如果没有麽些工匠司职倒制筒盐，则盐就不能制成筒状①。由此或可窥见，巴蜀少数民族在井盐、纺织、炼染、火药制造等多个传统手工业领域，都有着悠久的历史传承和丰富的历史经验，具有相当的科技知识和工艺水平。

另据史载，春秋战国时期，在楚国都城郢都城内有名曰"下里"的巴人聚居社区。下里巴人所传唱的巴地歌谣，楚人不但能够听懂并且颇喜附和而唱诵之，"下里巴人"于是逐渐地成为楚地民间流行之通俗歌谣。"客有歌于郢中者，其始曰'下里''巴人'，国中属而和者数千人"；而唱楚国高雅歌谣《阳阿》《薤露》，"国中属而和者数百人"；唱更高雅之《阳春》《白雪》，"国中属而和者数十人"②。这一则脍炙人口的"曲高和寡"之历史传说以及"巴渝舞"对战国秦汉时期楚地"万舞"和宫廷乐舞的影响③，与以上所胪列之巴蜀民族文化的丰硕成果，应可表明巴蜀民族文化作为巴蜀文化、中华文化的有机组成部分，确曾为中华文化的创造、发展、传承，提供了生动而鲜活的文化因子，以一种"问渠那得清如许，为有源头活水来"的态势，显示出其积极而且十分重要的历史贡献，成为中华民族文化宝库中不可或缺的文化资源与瑰丽宝藏。

二、巴蜀民族文化的基本特点

巴蜀民族文化在其创造、发展、传承的历史过程中，逐渐地形成并凸显出鲜明的地域文化特征和浓郁的民族文化风貌。

第一，巴蜀民族文化的人居环境特征。民族文化作为人类生存、发展的产物和人类文化大系中的亚（分）支，都是在一定的时间（历史）和空间（地理环境）中孕育和发展起来的。因此文化的时间性和地方性，是民族文化的首要特征，也是认识和把握巴蜀民族文化及其特点的重要前提。所谓文化的时间性，意在强调文化作为各民族成长过程的历史产物和各民族历史文化的积淀与

---

① 李绍明：《少数民族对开发盐源盐业的贡献》，载《李绍明民族学文选》，成都出版社1995年版，第812~819页。
② 《古文观止》卷四《宋玉对楚王问》。按：《艺文类聚》卷四三引《襄阳耆旧传》则称述"唱而和之者数万人"。
③ 按：关于"巴渝舞"对战国秦汉时代楚地及宫廷乐舞的影响，可参见陈世松、贾大泉主编《四川通史》卷一，四川人民出版社2010年版，第383、419~421页。

积累，具有鲜明的时间性特征和相对的稳定性特征。本书前列诸章所述表明：如果巴蜀各民族没有在历史长河中逐渐地形成和积累起相对稳定并且特色鲜明的民族文化，这些民族就难以形成并长期存在。所谓文化的地域性，亦称文化的地方性，是指各民族及其民族文化，都是在一定的空间即地理环境里孕育和发展起来的，因而民族文化的形成与其分布区域的自然环境、人文历史关系密切，并由此形成鲜明的人居环境暨地域特征。就巴蜀民族文化而言，其人居环境的最显著特征就是"原生态"。

"原生态"是目前较为流行的一个文化概念。其本义是指一切在自然状况下生存下来的东西，是一种尚未人工雕琢或受到现代化浪潮冲击而存在于民间的原汁原味的、散发着浓郁乡土气息的传统文化形态。不过，当今在高新科技引领下，随着工业化、城市化的浪潮以及高速公路、高铁、手机、互联网、电视等现代通讯传媒以无远弗届的态势向世界各地及各个角落迅猛发展和强力冲击与渗透，在人们足迹所到之处，或许已经很难能再寻觅得到那种严格意义上的丝毫未受现代工业文明浸染的纯粹"原生态"之民族文化存在。因此，我们在此使用"原生态"一词，便只是一种相对而言的意义，主要有两层意思：一是从人居地理环境的角度，强调巴蜀少数民族所集中居住之地域，因现代工业化、城镇化发展的相对迟缓，而在地理环境、自然条件等方面，相对于较高度现代化的内地而仍具有相当程度的原生态特征；二是从文化形态的角度，强调巴蜀少数民族文化因受现代化冲击相对较小、影响较少而具有原生态的特征。

其一，巴蜀民族文化的原生态，首先且突出地表现在人居地理环境上。历史上，巴蜀地区各民族经过不断的迁移、徙居，逐渐地形成了汉族主要分布、居住于四川盆地底部的川西平原、川中丘陵，世居少数民族主要集中分布、居住于川西高原和川西南、川南、川东南等山地、深丘即盆周边缘地区的民族人口分布格局。因此从人居地理环境和自然条件看，巴蜀少数民族所居住、分布的川西高原和川西南、川东南、川南盆周边缘区，大多处于巴蜀地区与其他毗邻省份（自治区）交界的边缘地带，位于大江大河的上游，区域内或者是雪域高原，或者山高谷深，并且因地理区位偏远，地质构造复杂，交通不便，现代工业发展迟缓和近年来国家大力实施"天然林保护工程""草原保护工程"而具有森林草场密布、动植物与矿产资源富集、生态环境保持较好等生态环境的优势。相关的统计资料显示，巴蜀民族地区有森林面积六千万亩，占巴蜀全域森林面积的百分之九十；有天然草场二万一千八百万亩，是全国五大牧区之一①。而巴蜀民族地区巍峨的雪山，众多的湖泊（海子），苍莽的林海，深邃的峡谷，广袤的草原，山清水秀的自然风景，既是今天巴蜀地区发展资源性产业和开展生态旅游的环境资源优势，也是保障巴蜀大地生态环境和社会经济可持续发展的"绿肺"，更是关系到中国国家生态环境安全的长江、黄河上游重要生态屏障。巴蜀民族地区自然地理与人居环境的这种原生态状况，不但对巴蜀地区，而且对中华民族的生存和伟大复兴都关系极大，影响颇巨。

其二，巴蜀民族文化在传统文化特色保持上的原生态。由于巴蜀民族地区大多处在与毗邻省区接壤的盆周边缘地带，因地理位置偏远、交通不便等条件的制约，受现代化的冲击和影响相对较小，由此得以保存了若干"原始文化"和前工业社会的风俗习惯及传统文化遗存，从而形成了在民族传统文化上的原生态特征。比如，生计文化方面，巴蜀地区的藏、彝、土家、苗、纳西、傈僳等民族，都保留了若干较原始的渔猎方式与工具。如凉山彝族的断流捕鱼和用木棒、木刀砍鱼，彝、土家族的撵山、用弓弩、飞石索射猎以及陷猎、套猎和扣厩等；饮食文化方面，巴蜀地区的藏、彝、羌、土家、苗、纳西等民族，大多保留了"喝咂酒""竿竿酒"等以数枝或数十枝细长竹竿伸入酒瓮中集体吸饮酒的传统饮酒习俗，一些民族还保留了"食生"、石烹煮食法等原始饮食文化；交通工具方面，巴蜀民族地区至今仍然保存着古老的栈道、溜索、牛皮船、独木舟等具有浓郁色彩之"原生态"风格的文化习俗；婚俗文化方面，泸沽湖畔"摩梭人"的"走婚"，川西藏族聚居区一些地方清代、民族时期流行的少女"彰身"、男女"野合"以及婚后"不落夫家"②，民国年间康区妇女结婚以后在夫家"入主中馈，出可应事，为一家主母，有左右男子之力"③等婚姻习俗，作为"母权制"婚俗的残余，具有人类学和民族学研究的"活化石"意义，可为我们了解、认识人类文明史上和远古时代中原地区曾经流行过但已经失传了的"母权制"婚姻形态及其运作方式，提供一个有利于观察的视窗。

其三，从历史学的眼光看，巴蜀民族文化中的某些原生态文化特性，可能是相同、相似于或是在中原内地早已经失传了的上古时代中原民族古老而传统的文化习俗。例如，清嘉庆年间的《里塘志略》在记述了当地藏族于腊月晦日

---

① 四川省地方志编纂委员会：《四川省志·民族志》，四川民族出版社2000年版，第4页。
② 《绥靖屯志》卷六，清道光五年刻本；《章谷屯志略·民俗》，清同治年间刻本；刘达永：《清末四川章谷屯境内的"母权制残余"问题》，《巴蜀文化研究通讯》2009年第2期。
③ 李亦人：《西康综览》第14篇，正中书局1941年铅印本。

在寺院中举行"跳布扎"的习俗后即指出:"华言跳神也","此即《周礼》方相氏司傩遗意,番人亦知古礼如此"。又如川西北岷江上游藏、羌民族修筑的石碉,在汉代即已出现,当时称为"邛笼",唐代称为"碉舍",可见其确为源远流长的古巴蜀先民建筑文化之遗存。因此,了解、认识和尊重巴蜀民族文化中的原生态文化特征,对于我们认识和把握祖先曾经创造和拥有过但又失传了的古老文化习俗,应颇有裨益。

另外,如果从现代社会人们渴望回归自然过田园生活和追寻民族文化精神家园这一时尚潮流的角度分析,原生态或许可以称作是巴蜀民族文化最大的文化资源特色,亦可以理解为巴蜀民族文化在其传承过程中,保留和蕴含着许多古老而优秀的文化基因,凸显出区别于其他地域民族文化的优势文化成分,是当前实施"文化强国""文化强省"战略和提升文化竞争力的形势下,加强文化资源开发和发展巴蜀生态旅游的资源优势所在。因此,巴蜀民族地区独特的人居自然环境与民族文化的原生态特征,既是巴蜀民族文化的最大亮点和文化资源优势与潜力所在,也是我们研究和探讨巴蜀民族文化,发掘巴蜀民族文化资源优势所亟须高度重视的民族文化特征之一。

第二,巴蜀民族文化的多样性特征。民族文化及其遗产,是指一个民族、族群区别于其他民族、族群的一切传统的、现代的文化之总和,它包括物质形态和非物质形态的民族文化,或人们通常所说的物质文化、制度文化和精神文化。民族学、人类学的研究表明,世界上的每一种文化都是以该文化的拥有者——民族作为载体,并以其独特的文化内涵、文化特色而存在于世界民族文化之林的。因此所谓的文化多样性,即指世界各国、各地区、各民族及族群的文化,在内容、形式上均程度不同地具有和保持着各自鲜明而独特的地域特征与民族特色,并以和谐共处、共存共荣的方式而共同营构、呈现出林林总总、绚丽多彩的民族文化多样化之图景。作为人类社会文化的基本特征之一,文化多样性不仅是民族文化存在和发展的必然要求,也是世界文化存在和繁荣的内在根据,亦是人类文化创新、文明进步的重要源泉。中华民族作为一个有着56个民族成员的多元一体的民族共同体,其民族文化的多样性,不仅仅表现于中华民族在民族整体文化上的多样性,亦表现于像巴蜀民族文化这样的地域文化的多样性。

从本书前列诸章所述可见,历史上,巴蜀各民族因其人居环境的差异,而在语言、生计方式、风俗习惯、社会制度、文化娱乐、宗教信仰以及精神生活等方面,均程度不同地呈现出一定的文化差异,并由此构成巴蜀民族文化多样性之丰富多彩、绚丽多姿的壮阔图景。例如,在服饰方面,藏族的袍子、氆氇,彝族的披毡、百褶裙,羌族的围腰、云云鞋,苗族的蜡染、银饰,土家族的"干栏服"等;饮食方面,藏族的糌粑、酥油茶,彝族的荞粑粑、砣砣肉,羌族的面蒸蒸、竿竿酒,土家族的油茶、酸梭鱼,回族的羊肉泡馍、牛肉干等;居住方面,藏族的帐篷与碉房,彝族的木板房,羌族的碉楼,土家族的吊脚楼,纳西族的木楞房等;歌舞方面,藏族的情歌、锅庄舞、弦子,彝族的锅庄、都火、对脚舞、披毡舞,羌族的锅庄舞,土家族的摆手舞,苗族的芦笙舞等;戏剧方面,藏族的藏戏,土家族的阳戏、灯戏,苗族的灯戏等;民族传统工艺方面,藏族的腰刀和各类金银饰品、生活用品,彝族的漆器及各种金银首饰,羌族的挑花刺绣,土家族的"西兰卡普"(织绵)等;民间文学方面,藏族有著名英雄史诗《格萨尔》,彝族有叙述宇宙起源和祖先迁徙的叙事长诗《勒俄特依》、训世诗《玛木特衣》以及大量的"尔比尔吉"(格言)和"克智"(巧语诗),土家族有叙述人类起源和土家历史的《摆手歌》《梯玛神歌》,羌族有叙事长诗《羌戈大战》等。另外,李绍明《论藏族的多元一体格局》一文,则从藏族的族源(多元融合)、语言(以讲藏语为主,也讲嘉绒语、白马语、尔苏语、羌语等11种汉藏语系藏缅语族羌语支的语言)、生计方式(畜牧、农耕、林业、手工业等多种经济部类均有)、社会制度(封建农奴制、封建地主制等)和宗教信仰、风俗习惯等方面,论证和阐释了各地藏族在民族文化上具有并显示出来的不拘一格、绚丽多姿的多样性特征,说明即使是在同一民族内部,甚或也可能存在着文化多样性的现象与特色①。巴蜀民族文化的多样性特征,丰富和繁荣了巴蜀民族文化的形式和内涵。它们作为巴蜀文化、中华民族文化宝库中的重要文化元素,也充实和丰润了中华民族文化的形式与内涵,并且启示我们:巴蜀文化、中华文化的多样性,须以区域文化、民族文化的多样性作为基础和前提条件,方可构建和呈现出林林总总、丰富多彩、蔚为壮观的中华民族文化之宏图美景。

第三,巴蜀民族文化的交融性特征。民族学、人类学和历史学的研究成果表明:人作为社会性动物,不仅个人不可能离开人类社会及其组织而单独存

---

① 李绍明:《论藏族的多元一体格局》,载《巴蜀民族史论集》,四川人民出版社2004年版,第181~201页。

在，任何民族亦不可能孤立存在。在其存在、发展的过程中，必然要与其他民族接触、联系、交流，并且因彼此间的交往而发生互相影响、同化等方面的族际互动，并可能在这一族际互动的过程中，或者融合其他民族而成长壮大，或者融入其他民族而趋于消亡，或者形成一个"我中有你，你中有我"的新的民族共同体，从而显示出民族及民族文化的交融性特征。历史文献与相关的研究成果显示，这样的族际互动与民族、民族文化之交流、融合及其文化特征，不仅出现在全国。也曾出现于巴蜀地区民族发展和民族文化变迁的历史过程之中。特别是近年来关于巴蜀地区古代交通和藏彝走廊、南方丝绸之路、茶马古道等方面的研究成果表明，历史上，巴蜀地区虽因盆周边缘重峦叠嶂、高山大川的地形地势条件限制，而呈现出"蜀道难，难于上青天"的交通极为不便状况，但在巴蜀少数民族聚居的川西北高原、川西南山区即岷江、大渡河、雅砻江、金沙江等江河流域，也有沿山川河谷南北向而通行的多条古道，并且因各民族人群在这些古道上的不断迁移、聚居、交流、融合等，而成为民族文化交流、汇聚、融合的"民族走廊"，且以丰富多彩的文化遗存而成为巴蜀民族文化交融性特征的历史见证。在民族人口的融汇方面，例如，战国末年秦并巴蜀以后，随着开发"西南夷"方略的实施和大批中原移民迁入巴蜀，原先栖息、生活于川西平原、川中丘陵以耕织为主业的巴蜀土著居民，除部分迁徙至盆周地区乃至巴蜀以外，多数逐渐地接受了中原的语言、文字等华夏文化，而在两汉时期已基本融入汉族之中，成为汉族的一部分[1]。像这样的人口迁移而带来的巴蜀民族人口变化，在巴蜀历史上还曾经多次进行。其典型如魏晋南北朝时期的大批入蜀獠人，一度分布于"自巴至犍为、梓潼"的广大区域，"布满山谷"，"挟山傍谷"居住[2]，但在其后的岁月中，却逐渐地融于巴蜀各民族之中，至清代，已难觅踪影。又如宋元时期进入巴蜀地区的畏吾尔人、契丹人、女真人、探马赤军、河西人等，"元亡后或融入回族，或融入西番，或融入汉族，不见于记载"。而元代迁入并定居于建昌一带的蒙古族，则在元亡明兴以后，亦逐渐地融入彝、麽些、回族、西番等族之中[3]。又据文献记载清代宁属地区原本居住有"倮罗""西番""摩些""鞑靼""苗子""渔人"等多个民族，"道咸以

---

[1] 贾大泉、陈世松主编：《四川通史》卷一《重修四川通史导言》，四川人民出版社2010年版，第14页。
[2] （晋）常璩：《华阳国志》卷九《李特雄寿势志》。
[3] 参见李宗放《四川古代民族史》，民族出版社2010年版，第254、352页。

来，则倮罗繁衍，日益强横，他种夷族，日就萧索"①，也就是有相当部分其他民族融入彝族之中。值得注意的是，历史上巴蜀民族及民族文化间因各民族混杂而居，互相交往，彼此影响而发生的融合，同样存在着"以夏变夷"（即汉化）和"以夷变夏"两种倾向。所谓"以夏变夷"，也就是少数民族"汉化"的倾向。典型而突出地表现于明清时期中央王朝在巴蜀民族地区改土归流以后，又以川东南、川南土家族、苗族地区和川西高原羌族地区较为突出。这一点因前贤及本书前列诸章已论述甚多且较详，兹不赘言。而"以夷变夏"，即迁入民族地区的汉族与其他少数民族成员为适应迁入地的自然地理、社会制度、文化习俗等环境状况变化而发生的族群融合与文化变迁。相对而言，这种变迁则往往被人忽略，兹略举几例，以为说明。关于少数民族互相影响的例子。清咸丰《冕宁县志》记载，当地居住有"西番""倮倮""莫猱"等三种少数民族。其中，"莫猱"的服饰及衣饰材料因受西番的影响，"喜绩麻与羊毛线，略同西番"。关于少数民族影响、融合汉族的例子。据魏源《圣武记》及相关史籍记载，清代凉山彝人经常突入内地掳掠汉民为奴，或者驱使"为之耕牧"，或者将"所掳汉人妇女转相婚配"，久之，被掳之汉族男女"亦化为夷，谓之白种"，并由此形成"近来凉山生齿日繁"和"黑少白多，黑主白奴"的局面。又据《金川琐记》记载，因当地地势高寒，少数民族群众必在屋内挖修地炉，用于炊煮饮食，也用来烤火御寒。因此养成了"地炉四围，男女杂坐烤火，无间冬夏"的习俗。金川之役后迁居此地的汉族，因受地理环境和民族习俗的影响，日久以后也养成了烤火的习惯，"虽夏日亦喜煨炉"②。又如民国年间，因打工、经商或其他原因迁入西康藏族聚居区的汉族，"因留康日久，多染康俗"，并有与当地藏族人婚姻或被招赘为婿的情形，甚因日久而成为当地婚俗③。故《九龙县志·风俗志》载称："土夷有招婿之风，凡汉人于此安家者竟为入赘之宾，数十年以还生子育女半为同化。"关于巴蜀各民族因交流往还、政治经济联系密切而在文化及风尚习俗上的交融与趋同的事象，史志亦多有记载。如民国《汶川县志》记载，县境居住有汉、羌、藏等族，因人居环境相同而在生活习俗上表现出"县属羌藏两族，同化汉人"的生计文化

---

① 民国《西昌县志》卷一二《夷族志》。
② 《绥靖屯志》卷十，清道光五年刻本。
③ 李亦人：《西康综览》第14篇，正中书局1941年铅印本。

趋同情形，各族民众在衣食住等方面，皆以"玉麦为日食大宗，小麦附之"，"以山谷多大风，故所居多平顶房，以泥土敷屋顶当瓦"，"地产羊毛，多织毛为衣"。道光《绥靖屯志》记载当地流行的服饰时说，虽然在服装制式上多遵从华制，但亦"间有服氆氇、歇子、蛮绸、蛮布者"，"妇女汉产者缠足，夷产者则否……其余妆饰俱同"。又如，白石崇拜作为一种古老的宗教信仰和神祇崇拜，不仅流行于蜀地羌族，亦盛行于巴蜀地区羌语支、藏缅语族的一些民族如川滇交界的普米族和川西北今阿坝、甘孜的嘉绒、木雅、尔龚、贵琼等藏族[①]；而川东巴渝地区的土家、苗等族群众，则皆有织斑布、饮"咂酒"等相同的文化习俗。此外，从本书前列诸章所述还可看出，巴蜀民族文化的交融性特征是全面而广泛的——从语言、习俗、文艺、思想观念、宗教信仰到生计方式等，均有鲜明而引人瞩目的体现。它们既显示出巴蜀一些民族在族源及文化上具有密切的源流关系，也反映了巴蜀各民族因混居杂居于一地，而在相同的地理条件及人居环境下，经过彼此间日益密切的接触往来，交流联系和互相影响，在语言、生计、婚姻、风俗习惯、宗教信仰、民间娱乐等多方面、全方位的既多元亦趋同的文化交融特征。这些文化特征既是巴蜀民族文化交流、融合特征的重要事象，同时也是对巴蜀地域文化、中华民族文化之多样性特征的重要释例，是很值得人类学、民族学研究者们重视的。

三、巴蜀民族文化的变迁与创新

人类学、文化学和社会学的研究表明：文化既是稳定的，又是处于变迁和创新之中的。文化的稳定性说明：民族文化作为历史的积淀，作为民族成员族群认同的标志和共同遵守、约定俗成的生活方式、风俗习惯、宗教信仰，必然具有相对稳定的特性。文化的变迁和创新的特性则说明：民族文化作为人类社会发展、文明进步的成果和见证，也必然是人类文化发展、创新和丰富的具体过程。而概观巴蜀民族文化发展、创造、传承的历程，我们不难发现，民族文化的稳定或均衡是相对的，其变迁与创新则是永恒的。尤其是在政治、经济变革剧烈的时代及社会环境里，民族文化的变迁无疑会加速。民族文化的这种

[①] 李绍明：《从石崇拜看禹羌关系》，载《藏彝走廊民族历史文化》，民族出版社2008年版，第183~186页。

变迁，依物质文化（衣食住行）、制度文化（尤其是外来嵌入之制度文化）、精神文化（特别是外来之意识形态和道德说教等）的顺序次第进行。最先触动且易变革的是外在的趋时应世的主流文化（如时尚的物质文化、嵌入之制度文化等），而内在的深层次的非主流文化则会作为民族文化的积淀，在新的时代和历史条件下得以传承、存在和延续。从本书诸章所述可见，从远古洪荒时代至今，巴蜀民族文化随着时代的进步、族群的变化、环境的改变而在不断地变迁，并在变迁之中进行着文化的传承、创造、革故鼎新，谱写着巴蜀民族文化的辉煌，保持和显示着巴蜀民族文化的蓬勃生机与充沛活力。

第一，巴蜀民族文化的变迁与创新，首先体现于人口、族群迁移所带来的文化流动、文化变革和文化创新。从理论上说，人既是文化的传承者、创造者，同时也是文化的携带者、传播者。人口、族群、流动、迁徙，必然带来文化的流动与传播。人们在迁移的途程中，必然会有意无意、自觉不自觉地将原来的文化——迁出地的文化、迁移过程中所接收吸纳的文化带到迁入地，从而影响迁入地的文化格局，导致迁入地文化变迁，促进迁入地文化创新，并由此使得人口、族群迁移的过程，同时也是文化流动的过程，迁入地文化变革与创新的过程。历史上，巴蜀地区就是著名的移民地区，区域内拥有"岷江文化通道""藏彝文化走廊""南方丝绸之路""茶马古道"等多条民族人口及其文化迁徙的路线，在历史时期也曾多次经历了诸如魏晋南北朝时期的"僚人入蜀"、元末明玉珍入川建立大夏、明清时期的"湖广填四川"和20世纪上半叶抗战期间国民政府及大批文化单位、高校、企业西迁入川与下半叶"三线建设"背景下的人口迁川等大规模的民族迁徙与人口迁移活动。而概观古往今来巴蜀地区人口、族群的迁移，大都会因为移民的迁入，移民文化与土著文化的交流、融汇，而发生文化的变革，营造出文化的新格局，形成文化的新气象。例如明清时期的"湖广填四川"，随着数以百万计的各省移民的迁入，改变了巴蜀地区原来的人口结构和文化格局。人口结构方面，不仅川西平原、川中丘陵各州县呈现出"五方聚处""四方侨寓""土著稀少……率多秦、楚、闽、粤之人""百十秦、黔、楚、豫，土著仅一二人"的人口籍贯即地缘关系状态，而且在川东南、川南和川西北等民族地区，亦因为移民的大量迁入，特别是"汉人来此耕种者日渐增加""流寓兹土"而表现出"汉番杂处""汉羌并处""耕夷地之汉民,均可按籍而稽"的移民社会之人口结构特征①。文化的变迁与创新方面,随着各省移民的迁入,红薯、玉米、土豆等旱地高产作物和烟草等经济作物便逐渐在巴蜀各地尤其是盆周边缘地区普遍种植,影响和改变了巴蜀地区民众的饮食结构,并推动人口的迁徙、流动与增长;同时通过移民文化与土著文化的交流、融汇,川酒、川菜、川戏等被今天的巴蜀民众所津津乐道、引为自豪的之物,或随着外来移民的迁入而被引进,或者"广泛吸收外来文化之后形成"②;同时随着移民的迁入和逐渐定居下来,汉族移民的会馆及祠堂、回族清真寺等建筑及活动场所,出于团结同乡(族),凝聚人心的需要而在巴蜀各地纷纷修建起来,在此基础上形成了具有浓郁之地域特色、民族特征的客家文化及会馆文化、宗教文化,成为明清以来巴蜀民族文化的重要元素,其中一些名胜古迹并已成为当今巴蜀文化旅游的重要资源。

又如抗日战争时期,国民政府以西南、西北为抗战大后方和以重庆为战时首都亦即"陪都",一大批华北、沿海和长江中下游地区战区、沦陷区的政府机关、工商企业、科研文教单位及其人员随国民政府西迁,估计有大约200万~300万左右被称为"下江人"的外省人迁入四川③,由此造成重庆、成都等巴蜀地区各大中城市"市面听其转移,一切无不趋于下江化"之气象④,并进而影响和改变着其时巴蜀地区的社会习俗和文化风尚。例如饮食,随着西餐和苏菜、浙菜、粤菜、湘菜、鲁菜等随移民进入巴蜀,丰富和改变着巴蜀民众的饮食习俗,"早上吃干饭的人日少,代之以豆浆、油条、点心……场镇上除川菜馆外,还有江浙馆、广东馆、北方馆,饮食结构趋于多样化"⑤。又如服饰,抗战前,成都"因交通不便,对于京沪流行之时装,鲜少接触。故男女服装,多以布为原料……朴素之风亦自可尚"。抗战中,随着"省外人士来蓉日众,西服旗袍时时翻新……男女服装遂日新月异,今昔相较,迥然不同。一般时髦仕女,亦有以电影时装资为楷模者"⑥。一些少数民族的上层人士和商人,因与

---

① 李金珂:《人口迁移与社会经济变迁——清代四川移民问题再研究》,四川人民出版社2011年版,第76~78、88~94页。
② 袁庭栋:《巴蜀文化志》,上海人民出版社1998年版,第21、357页。
③ 张根福:《抗战时期的人口迁移——兼论对西部开发的影响》,光明日报出版社2007年版,第51页。
④ 陆思红:《新重庆》,上海中华书局1939年版,第37页。
⑤ 重庆市沙坪坝区志编纂委员会:《重庆市沙坪坝区志》,四川人民出版社1995年版,第855页。
⑥ 周芷颖:《新成都》,成都复兴书局1943年版,第144页。

汉人接触较多和政治、经济活动及交际的需要，也开始穿西装①。再如婚姻，随着"本地居民与移民间接触渐多，感情渐洽，不知不觉间渐渐互通婚姻"，于是出现"北平籍的男子与四川籍的女孩子结婚"等现象，从而"使我国东部与西部人民间，血统上发生融和"②。又据时人观察提出："四川话之明白晓畅，并无难懂之处，也就是各省人聚集后所制造成者。四川人之各种性格，亦与此种复杂侨居人民的接触，有莫大之关系。说川人聪明的话，则此聪明乃由这个缘故来的，说川人机巧的话，则此机巧也由这个缘故来的。"可见抗战时期因人口迁移而带来的巴蜀地区生活习俗与社会风尚的变动，影响和促进了巴蜀民众"平和、宽容的社会心态的形成"③，有利于巴蜀文化的现代化型塑。

再如新中国成立以来特别是改革开放新时期以来的当代巴蜀民族地区人口流动，则较以往历史时期呈现出更为鲜明的双向流动态势——既表现为巴蜀民族地区人口的流出，亦体现于汉族人口流入民族地区，并因而带来影响更强烈、更富现实作用、更具深远意义的地域文化与民族文化的变迁、融汇与创新。例如汉族人口的流入，分不同的历史阶段与人口迁入动因，而在大体上有新中国成立以来国家从各省、市调派大批的党政干部、教师、科技人员、工人支援民族地区的现代化建设，"文革"时期知识青年上山下乡运动中大批汉族城镇知识青年奔赴甘孜、阿坝、凉山和川东的酉阳、秀山、黔江、彭水、石柱等民族地区插队落户，改革开放以来各地汉族前往民族地区经商、办企业、打工、求学和科研调查等；巴蜀民族地区的人口流出，则以求学、经商、务工以及通婚、购房迁居等方式为主，且有规模愈益扩大的趋势（如每年四川民族地区到内地读书的大学生即有数千人之多，成都市武侯区的西南民族大学周边和双流县、都江堰市等地，都形成了颇具规模的藏族社区）。伴随着人口流动而来的，既有资金、技术、劳动力、资源的流动，亦有生活方式和思想观念的碰撞、吸纳和交汇，更有巴蜀少数民族文化与汉族文化以及少数民族文化之间的沟通、交汇与融合。可以说，当代巴蜀民族地区的人口流动是历史上规模最大的，并且仍在持续进行之中。它对于巴蜀民族文化的影响，不但具有重大的现

---

① 张根福：《抗战时期的人口迁移——兼论对西部开发的影响》，光明日报出版社2007年版，第233页。
② 孙本文：《现代中国的社会问题》第2册，商务印书馆1943年版，第264页；[美]白修德、贾安娜合著，端纳译：《中国的惊雷》，新华出版社1988年版，第18页。
③ 姜蕴刚：《四川的社会》，《旅行杂志》1943年第9期，第7页。

实作用，而且意义深远。

第二，巴蜀民族文化的现代化变迁。现代化作为今人用以描述近现代以来发生的社会变动和文化变迁的术语，主要是指人类社会走出中世纪，实现由传统农业文明向现代工业文明转型的过程，内容上主要包括学术知识的科学化，政治的民主化，经济的工业化，社会生活的城市化等。现代化是人类文明发展历程中一场重大、剧烈而且深刻的历史性变革，是广义文化诸层面错综复杂而且意义深远的历史性变迁，是文化要素因应经济发展、社会变迁趋势而创新、选择、传播、退出等交替进行的历史过程。历史上巴蜀民族地区的文化变迁，曾经以慢变量、逐渐的态势渐渐而行，但自晚清以来，随着中国社会现代化的不断推进和逐步深入，特别是在20世纪的西康建省、抗战时期人口内迁、民主改革、三线建设和改革开放与现代化建设等一系列重大历史事件的影响和推动下，巴蜀民族文化亦随着中国现代化的发生、发展，而在社会经济结构、物质生活方式、社会制度、思想文化观念等各个方面，发生着重大、剧烈、持续而深刻的变化，呈现出前所未有的文化变革新面貌，显示出生机盎然的文化创造新气象。

其一，现代工业、旅游业的发展。工业化是现代化的主要内容和重要的目标导向，也是推进现代化，实现区域社会经济结构变革的强劲动力。在晚清民国时期四川地区早期工业化的进程中，巴蜀民族地区的雅安（曾为西康省实际省会）、康定、西昌等地，曾陆续兴建了一些现代工矿企业，工业化开始起步。新中国成立以后特别是改革开放以来，国家不断加大力度，支持和推进巴蜀民族地区的工业化建设，除努力加强地方工业建设外，还于三线建设期间将一批具有重要战略意义和先进水平的国防、科技、能源、原材料、矿冶等现代工矿企业布局于巴蜀民族地区，并在川滇交界民族地区的攀枝花市建设了大型钢铁工业基地，从而带动了凉山彝族地区的水电、矿冶等现代工矿业的发展。改革开放以来，在西昌等凉山彝族地区和汶川、茂县、康定等藏羌民族地区，以制造、采矿、水电、加工等为主的现代工业蓬勃发展，巴蜀民族地区的工业化更进一步提速，现代工业在巴蜀民族地区社会经济发展中的地位愈益重要，作用更加显著，贡献逐步上升。如据统计资料显示：阿坝藏族羌族自治州和甘孜藏族自治州，1950年仅有现代工业企业4个，工业总产值174.76万元；1978年有地方工业企业（不含中央和四川省属企业）731个，工业总产值24668.5万元；2004年有工业企业336个，工业总产值3770429.9万元①。凉山彝族自治州，1949年仅有1家现代工业企业，工业总产值166万元；1978年有工业企业1174个，工业总产值26523万元；2004年有法人工业企业1162个（另有工业个体经营户14335户），工业总产值2006年为2415848万元②。在工业化提速推进的同时，近年来巴蜀民族地区充分利用区域内得天独厚的丰富的旅游资源及其优势，积极打造围绕九寨沟、黄龙等著名景区的九环线旅游线路和西昌、康定、稻城亚丁及藏羌民族村寨旅游等旅游品牌，以及武隆天生三桥、地缝等景点，大力发展以旅游业为先导和主体的第三产业，取得了显著的成效。例如阿坝藏族羌族自治州，1991年，共接待游客15.75万人，旅游总收入4700万元，旅游总收入在地区生产总值中占3.84%；2005年，接待游客664.5万人，旅游总收入48.7亿元，旅游总收入在地区生产总值中占到了63.57%，旅游业已成为该州国民经济的主导产业，"旅游业对阿坝藏族羌族自治州国民经济增长的贡献作用是其他行业无法替代的"。甘孜藏族自治州，1998年，接待游客7万余人次，旅游总收入30.31万元，旅游业"对全州GDP的支持几乎可以忽略不计"；2005年，接待游客225.4万人次，旅游总收入14.3亿元，表现出迅猛增长的发展态势③。凉山彝族自治州，2000年，接待游客54.92万人次，旅游总收入3.68亿元，旅游总收入在地区生产总值中占2.63%；2005年，接待游客238.26万人次，旅游总收入11.72亿元，旅游总收入在地区生产总值占3.9%，呈现出蓬勃发展的良好势头④。巴蜀民族地区的旅游业，每年吸引了数百万计的海内外游客来川渝旅游，不但增加了经济收入，促进了区域经济发展，推动了巴蜀民族地区的道路等基础设施建设，同时也有利于提升巴蜀地区在海内外的知名度，提高民族地区及民族文化的影响力，有益于加强巴蜀民族地区与外部世界的文化交流和文化沟通。因而从更宏观和更深层次的视野来看，巴蜀民族地区现代工业、旅游业的发展，既有力地推动着巴蜀民族地区社会经济科学而可持续的发展，它并

---

① 郑长德、周兴维：《民主改革与四川藏族地区经济发展研究》，民族出版社2008年版，第144~146、154页。
② 郑长德：《民主改革与四川彝族地区经济发展研究》，民族出版社2008年版，第134~135页。
③ 郑长德、周兴维：《民主改革与四川藏族地区经济发展研究》，民族出版社2008年版，第229~235页。
④ 郑长德、周兴维：《民主改革与四川藏族地区经济发展研究》，民族出版社2008年版，第229~235页。郑长德：《民主改革与四川彝族地区经济发展研究》，民族出版社2008年版，第182~183页。

且通过对巴蜀民族地区社会经济结构的变革，改变着巴蜀民族地区居民的生计方式和思想观念，对于巴蜀民族文化的变迁亦产生了重要而深远的影响。

其二，交通、通信条件的改善。因雪域高原、山陡谷深、江河湍急等地形地势条件而造成的道路崎岖险阻、交通不便，曾经是历史时期影响和制约巴蜀民族地区社会经济发展、对外联系交往的障碍。清末，赵尔丰已在康区修筑道路。民国年间，尤其西康省建立后，国民政府开始在巴蜀民族地区进行公路、飞机场、邮政通信等现代交通设施的建设，修筑了乐（山）西（昌）公路，打通了川滇西路，修建了西昌飞机场，建成了初步的邮政通信网络。新中国成立后，国家进一步加强了在巴蜀民族地区的现代交通、通信设施的建设，于20世纪50年代修筑了川藏公路、成（都）阿（坝）公路、宜（宾）西（昌）公路，修复了川滇西路，于20世纪60、70年代修筑了成（都）昆（明）铁路（其中在凉山州境内的过境里程为375公里），并依托这些干线公路、铁路，基本建成了通达巴蜀民族地区各县的公路交通网络。改革开放以来，为加快巴蜀民族地区经济社会发展，国家更加大政策扶持和投资的力度，积极推动巴蜀民族地区的铁路、高速公路、高等级公路、航空运输和邮电通信、互联网等现代交通、通信设施的建设，取得了显著成绩。统计资料显示，1950年，建成川藏公路雅（安）甘（孜）段603公里；1951年，建成成（都）阿（坝）公路500多公里；1952年，修复川滇西路交通，凉山彝族自治州境内公路通车里程为408公里；1956年，修筑横贯凉山州境内的宜（宾）西（昌）公路336公里。至1978年，阿坝州公路通车里程为4500公里，甘孜州公路通车里程为5070公里，凉山州公路通车里程为7036公里。至2005年，阿坝、甘孜两州公路通车里程达17066公里，与毗邻的甘肃、青海、西藏、云南等省（自治区）均有国道连接，对内已有95%以上的乡、80%以上的村通了公路；凉山州公路通车里程达14990公里，其中等级公路通车里程为6944公里，乡道公路6695公里，村级公路3082公里，公路密度每百平方公里由1952年的0.68公里增加至24.98公里。在大力修筑公路，发展陆路交通的同时，还修建了九寨黄龙机场、康定机场、黔江机场等，发展了民用航空业。目前在巴蜀民族地区，沿着铁路、公路干线，以交通带动产业，已形成了一些旅游经济（如九寨沟、黄龙环线，川藏公路沿线，成昆铁路西昌至攀枝花段，渝东南武隆与黔江等）、矿业经济、特色农业经济等新的经济成长带或经营区，呈现出"交通畅，百业旺"的经济发展新形势①。另外，随着20世纪90年代以来高新科技和信息产业的蓬勃发展，广播电视、手机、互联网等现代信息传播方式，也在巴蜀民族地区迅速而广泛地普及开来，从而极大地方便了巴蜀民族地区与外部世界的联系与交流。概而言之，现代交通、通信业的发展，打破了巴蜀民族地区千百年来道路崎岖险阻、交通不便、信息不灵的封闭状态，改写了巴蜀民族地区人背马驮、溜索、牛皮船等简陋交通工具的历史，对于巴蜀民族地区的经济、政治、民族文化、观念习俗等方面的文化变迁，亦具有重大而深刻的影响及历史意义。

其三，城镇化的进展。城镇化是现代化的又一主要内容，也是评价和衡量国家、地区现代化水平的一项重要指标，亦是推动区域文化、民族文化变迁的重要动因之一。历史上，四川藏族、羌族、彝族等民族所集中居住或错杂而居的川西北高原、川西南山地等巴蜀民族地区，因区域内地广人稀、工商业不发达等原因，城镇规模较小、城镇数量较少、城市化水平较低。但这一状况在新中国成立以来的社会主义现代化建设时期亦有所改观。主要表现在：一是新兴工业城市的兴起。典型如攀枝花市，就是在20世纪60、70年代的"三线建设"期间，国家为建设西南战略大后方、改善中国工业布局，从全国各地抽调数十、上百万的干部、科技人员、工人，以开发、利用川、滇交界之川西南民族地区丰富的铁、钒、钛、煤、水电等工业资源为基础，建起的一座以钢铁、钒钛、水电、化工等产业为主，拥有城镇人口72.97万人（为四川地级市中唯一的城镇人口多于农村人口的城市），流动人口20万人（为全国流动人口流入率较高的城市之一），市区面积152平方公里，城镇化率60.1%（居四川省第二，仅次于成都）的新兴工业城市②。攀枝花市作为川西南民族地区的大型工业城市，其兴起与发展，对于带动区域内中小城镇的发展，提高区域城镇化水平，有着十分重要的影响和积极作用。二是西昌、康定等巴蜀民族地区原来城镇的新发展。如凉山彝族自治州治城西昌，解放之初城区面积仅1.5平方公里，人口不足2万；新中国成立以来，随着现代工业企业的建设，特别是西昌卫星发射基地的兴建，城区规模逐渐扩大，城市人口显著增加。据2009年的统计资料显

---

① 郑长德、周兴维：《民主改革与四川藏族地区经济发展研究》，民族出版社2008年版，第196~207页；郑长德：《民主改革与四川彝族地区经济发展研究》，民族出版社2008年版，第166~169页。
② 为2009年的统计数据。

示，西昌城市建成区面积已达35.51平方公里，城市人口增加至35.63万人，成为攀（枝花）、西（昌）地区的政治、经济、文化中心和交通枢纽，川、滇结合处的重要城市，并成为近年来四川省着力打造的攀西城市群中的核心力量。三是中小城镇的兴建与城镇数量的增长。如凉山彝族自治州，民国年间有建置城镇20余个，至2005年时，发展为县级市1个、县城16个、建置镇59个和集镇166个。城镇化率亦由民国时期的8%~9%至2005年提高为24.5%[①]。又如甘孜藏族自治州，建置镇由改革开放以前的两个（甘孜县城关镇和泸定城关镇）至2006年时发展为26个，城镇化率亦由1950年的7.97%至2006年提高为17.9%（同期阿坝藏族羌族自治州的城镇化率则由3.47%提高为29%）[②]。在川南及渝东南地区，城市化进程已大大加快。虽然从总体上看，巴蜀民族地区的城市化率并不高，城市化进程仍明显地落后于汉族地区，但也不可否认，当代巴蜀民族地区城镇的兴建和城市化的进展，特别是像攀枝花市、西昌卫星发射基地等现代工业城市和高新科技产业的嵌入，必然会改变巴蜀民族地区的城镇面貌，影响巴蜀民族地区的人口分布格局，进而引发和推动居民的生计方式、居住模式以及思想观念等方面的文化变迁。

其四，社会制度的变革与政治体制变迁。20世纪以来巴蜀民族地区的社会制度变革和政治体制变迁，是近现代巴蜀民族制度文化变迁中颇为引人瞩目的重要政治事象，也是巴蜀民族政治文化变迁中的大事。新中国成立以前，巴蜀民族地区因生产力发展水平的差异，生产方式和经济形态的不同，而在社会制度上呈现出参差不一的复杂状态——一些地区（如苗族、土家族、羌族地区）处于地主制社会，一些地区（如凉山彝族地区）处于奴隶制社会，一些地区（如阿坝、甘孜藏族聚居区）处于农奴制社会，还有一些民族则尚处于原始社会；新中国成立后特别是经过民主改革，巴蜀民族地区均建立起社会主义制度，实现了社会制度的重大变革，进入社会主义社会。政治体制的现代化方面，民国时期以西康建省为契机，在巴蜀民族地区推行"新县制"，实行与汉族地区一视同仁的省、专区、县、乡、保、甲等层级的现代政治体制，同时成立省、县各级议会，建立健全国民党西康各级党部组织，选举国民参政会代表

---

① 郑长德：《民主改革与四川彝族地区经济发展研究》，民族出版社2008年版，第278、282页。
② 郑长德、周兴维：《民主改革与四川藏族地区经济发展研究》，民族出版社2008年版，第322~326页。

和省、县的议员，试行乡村自治等。新中国成立后，贯彻共产党民族区域自治的方针政策，经过民主建政、民主改革、人民公社化和改革开放新时期的"撤社建乡（镇）"等一系列持续推进的政治体制变迁，与汉族地区一致的现代政治体制以及各级党、政等机构在巴蜀民族地区完全建立和巩固起来，从而极大地加强了巴蜀民族地区与中央政府及全国的联系，推动并深化着巴蜀民族地区的现代政治建设，同时对于加强中央政府对民族地区的治理，增强巴蜀民族地区各民族对国家的政治认同和对中华民族的民族认同，无疑也具有重要的政治统合作用。

此外，20世纪以来巴蜀民族地区以大、中、小学和幼儿园为骨干，职业技术教育、继续教育等为辅助的现代学校教育体系和以市（州）、县、乡人民医院（卫生院）与疾病防治机构为主体，村卫生室（所）为基础的现代公共医疗卫生事业的建立健全和蓬勃发展，以及人们衣食住行等物质生活方式、婚丧嫁娶等风俗习惯和伦理道德、宗教信仰等思想观念的或显或隐的变化，亦属于巴蜀民族文化现代化变迁中颇应关注和探讨的重要问题，因本书相关章节已有较详细的介绍与论述，故不在此赘言。

另须强调指出，2008年四川发生"5·12"汶川特大地震，汶川、北川、茂县等巴蜀民族地区成为重灾区。"一方有难，八方支援"。地震灾害发生后，中央高度重视，科学决策，及时做出应急反应，数十万人民解放军、武警官兵和民兵预备役人员及其他各行各业人员、社会各界人士也及时并积极投入到抗震救灾之中。在抗震救灾取得阶段性成果后，国家又及时协调、组织现代化水平较高、经济实力较强的一些经济发达省（市）对口支援四川受灾县（市）的灾后重建，并且仅用了两年时间就完成了原计划3年的灾后重建工作。作为地震重灾区的汶川、北川、茂县等巴蜀民族地区各县则通过抗震救灾和灾后重建，以中央的重视与关心，祖国及各省、市同胞、海外华人的关爱之情，中华民族大家庭的温暖亲情等为抓手，开展民族团结教育和中华民族凝聚力建设工程，从而极大地加强了灾区藏、羌等民族对国家方针政策的拥护和对中华民族共同体的认同，强化了与援建省、市及全国的政治、经济联系与交流，同时还把握机遇，以灾后重建为契机，在援建省、市的支持、帮助下，大力推进区域内的工业化以及交通通信、文化教育、公共医疗机构等基础设施的现代化建设，从而促使区域内的现代化建设迈上了新台阶，民众的生产生活条件显著改善，精神面貌焕然一新。它因此也就成了当代巴蜀民族文化现代化变迁的重大事件。

第三，巴蜀民族文化的传承与创新。文化的传承和文化创新，在民族文化的发展与变迁中至关重要，二者缺一不可。

首先，文化的传承，乃民族文化之命脉所系。文化作为人类文明的结晶，是先民们在历史上通过一代又一代人的言传身教、简册图籍等方式而持续地流传承袭，逐渐地积累起来的。民族文化中像族群文化认同，生活方式与风俗习惯的相沿成俗，共同追求与遵循的伦理道德、宗教信仰与思想价值观念以及文化传统等，均须有文化传承作路径的支持。可以说，如果没有文化的传承，民族文化就缺少了历史的根基，民族文化也就无法薪火相传、脉络延续，也就没有了传统文化、文化传统和文化的多样性等，更遑言民族文化及其特征、特色的保持与弘扬。因而概观历史上巴蜀民族文化及其变迁轨迹，即不难看到文化传承在民族文化、地域文化产生和发展中的重要作用，同时也不难发现，历史上各时期迁入巴蜀地区的各民族，无论其来自何方，在迁入、定居于巴蜀地区后，都会保持和传承本民族的传统文化和文化传统。例如，居住于岷江上游地区汶川、茂县、理县一带的羌族，在从汉唐乃至明清的漫长历史岁月里，一直保持着牧养牛羊，"以麦为资"及每年冬季下到川西平原来为人佣作的生计方式和"依山居止，累石为室"即史籍名曰"邛笼"今人称为"羌寨石碉"的民居建筑形成以及火葬等民族文化习俗，并因而在史志中留下了相关的记载。如《后汉书·南蛮西南夷列传》载称，因岷江上游地区羌民居住、生活的地带，"土地刚卤，不生谷、粟、麻、菽，（羌民）唯以麦为资，而宜畜牲"，"土气多寒，在盛夏冰犹不释，故夷人冬则避寒，入蜀为佣，夏则违暑，返其（聚）邑"，"死则烧其尸"①。至清中叶，道光《茂州志》、同治《理番厅志》等史志亦载称，清代岷江上游地区的羌民多为古羌人之遗，因而在生活习俗上依然是一日二餐"以玉麦为日食大宗，小麦、荞麦次之"，民居建筑上也依然是"居多山岗，累土（石）为屋"，保持着石碉建筑文化特征，并依然于每年冬天下到川西平原"各郡邑为佣，曰下坝，春乃尽返，曰归巢"②。丧葬习俗方面，直到民国年间，一些羌族地区仍旧流行火葬，"就是在盛行土葬的地区，许多村寨也还保留着原有的火葬场和以往火葬后的火坟场"③。从汉唐

---

① 《后汉书》卷八六《南蛮西南夷列传》。按：《华阳国志·蜀志》等书，也有类似的记载。
② 参见道光《茂州志》卷一、同治《理番厅志》卷五、民国《汶川县志》卷五等。
③ 冉光荣等：《羌族史》，四川民族出版社1984年版，第337页。

至明清上千年间史志记载的不绝于书而且内容大致相同，正说明羌族对其民族文化的一脉传承，并使之成为民族文化的特色。而像羌族这样传承民族文化的历史事象，不仅在巴蜀其他少数民族中屡见不鲜，就是在一些汉族移民族群中亦可觅见踪影。例如清代"湖广填四川"的各省汉族移民，入川后不仅修建同乡会馆以增强同乡团结，保持地缘联系，而且还长期保持着原籍老家的风俗习惯，"朝夕不忘亲命语，辰昏须荐祖宗香"，"远祖条约，不忘其本，原籍言语，必从其初"，"数世弗改"，"偶迁囿于方隅，习为他语者，族老必斥曰'卖祖宗'"[1]。在此基础上所逐渐形成的"客家文化"，已成为今天一些地方（如成都市龙泉驿区洛带镇）发展"客家文化"旅游业的重要文化资源。

其次，文化创新是民族文化的活力所在。文化不是僵硬的，一成不变的。它需要适应时代的变化，根据社会发展的要求，不断地创新，不停地进步。即使是优秀的民族文化及文化传统，也不可以故步自封，也有顺应时代潮流而进行创造性转化的问题。从本书前边诸章所述可见，历史上，正是巴蜀各民族的文化创新及其文化因子融汇到巴蜀文化的大系统之中，给巴蜀文化源源不断地增添和注入着新鲜而且富于活力的文化因素，从而推动着巴蜀文化的发展和创新，塑造了巴蜀文化海纳百川的地域文化特征，并进而丰富了巴蜀文化的内涵，生动了巴蜀文化的风貌，增强了巴蜀文化的新鲜活力。例如：藏戏是一种传统文化，但传统藏戏都比较冗长，有的一出戏要演几天，且唱腔变化较小，乐器伴奏较单调，照旧推出将缺乏吸引力。四川色达格萨尔藏戏对此作了改进，将长戏改为折子戏，浓缩内容，增强了观赏性，避免了审美疲劳。一折戏半小时即可演完，内容根据格萨尔史诗编成，采借其他民族戏剧的某些表演程序和伴奏乐器为已所用，吸收藏族民间歌舞、杂耍、技巧和服饰，综合打造，形成一种新颖的藏族戏剧，既保持了格萨尔说唱艺术和藏戏的风格，又大胆对传统中的一些缺陷和不足进行改革创新，从而提升了藏戏的水平和文化价值，扩大了演出市场，不仅没有丢失"原生态"，而且受到各方赞赏，先后赴青海、西藏和国内其他省市演出，还远赴英国、德国进行国际交流，得到普遍好评。从这一案例可见，巴蜀民族文化的创新，不但需要切中时代脉动的特质、

---

[1] 光绪《广安州新志》卷三四。按：关于清代汉族移民对原籍文化习俗的保持和传承，近年来的相关论著中论述甚多，有意者，可参见孙晓芬《清代前期的移民填四川》（四川大学出版社1997年版），谭红《巴蜀移民史》（巴蜀书社2006年版），蓝勇、黄权生《"湖广填四川"与清代四川社会》（西南师范大学出版社2009年版）等书的有关章节。

规律和前进方向，需要在民族文化的内容上创新，也需要在技术操作层面上有所创新。另外，经过多年来历史文化的积淀和民族文化学术研究的成果积累，以及改革开放以来的文化产业化实践，如今取得比较一致共识的巴蜀民族文化主要品牌有被视为"香格里拉之魂的康巴文化""藏彝走廊文化""茶马古道文化""格萨尔文化""白马文化""嘉绒文化""木雅文化""扎巴文化""情歌文化""锅庄文化""火把节文化""毕摩文化""西羌文化"等。通过对这些富于特色又极具代表性的民族文化的创新，提升了巴蜀民族文化的内涵和价值，树立起了巴蜀民族文化的品牌。不过，当今巴蜀民族文化的传承与创新，也还面临着严峻的挑战，尚存在着像民族旅游资源开发中的伪民俗化现象、民族文化传承意识逐渐淡化、民族文化传承乏人和民族文化资源流失等问题，这都需要引起重视并切实加以解决。

总之，立足现实，回望历史，巴蜀民族文化作为巴蜀文化体系中不可或缺的重要组成部分，作为凸显巴蜀文化艳丽多姿之地域文化特色的最大亮点，是当前我们在新的时代和新的发展环境下繁荣巴蜀文化，发展和丰富巴蜀文化的形式、内涵的基础性文化资源。我们相信：随着巴蜀民族文化研究的逐步深入，随着巴蜀民族地区现代化的推进，巴蜀民族文化必将迎来昌盛繁荣、蓬勃发展的新局面。灿烂而壮观的巴蜀民族文化，也将作为中华民族文化宝库中的重要文化资源，在中华民族实现21世纪伟大民族复兴的事业中发挥出越来越重要的作用。

附录
巴蜀少数民族语言

巴蜀地区是多民族的内陆地区,世居少数民族主要是藏族、彝族、羌族、土家族、苗族、回族等,除回族外,上述少数民族都有本民族语言。

第一节 巴蜀少数民族语言的分布

巴蜀少数民族所使用的语言主要分布在阿坝藏族羌族自治州、甘孜藏族自治州和凉山彝族自治州。巴蜀地区与上述三州相邻的一些县、市,也有一些少数民族语言分布。如四川省攀枝花市及周围的米易县、盐边县主要有彝语支语言的分布;泸州市的叙永县、古蔺县主要有苗语的分布;绵阳市的平武县、北川羌族自治县主要有白马语（白马藏族语言）、藏语、羌语的分布;乐山市的峨边彝族自治县、马边彝族自治县主要有彝语的分布;宜宾市的兴文县、珙县、筠连县主要有彝语和苗语的分布;雅安市的石棉县、宝兴县、汉源县主要有尔苏语、木雅语、嘉绒语的分布。重庆市的涪陵地区和黔江地区,主要有土家语的分布。

巴蜀地区的少数民族语言以汉藏语系藏缅语族语言为主,兼有少量苗瑶语族和壮侗语族的语言。藏缅语族语言主要以藏语支、彝语支和羌语支的语言为主,没有缅语支和景颇语支语言的分布。藏语支语言以藏语和白马语为主,彝语支语言以彝语、纳西语、傈僳语为主,羌语支语言绝大部分分布在四川省①，苗瑶语族的语言以苗语川黔滇方言为主，基本上没有瑶语，也没有苗语的其他方言（此为本文作者的看法）。

第二节 巴蜀少数民族语言概况

根据中国传统少数民族语言分类的观点，巴蜀地区的少数民族语言，都属于汉藏语系，该语系除汉语外，还包括藏缅语族、苗瑶语族和壮侗语族。现分述如下。

一、藏缅语族语言

（一）藏语支语言

1. 藏语

中国境内的藏语主要有三大方言：卫藏方言、安多方言和康方言。巴蜀境内只有安多方言和康方言，没有卫藏方言。其中康方言主要分布在甘孜藏族自治州的九龙、雅江、理塘、乡城、稻城、白玉、巴塘、得荣、新龙、甘孜等县，以及康定、木里、泸定、丹巴、炉霍、道孚、德格等县的部分地区。另外，据最新调查资料，阿坝藏族羌族自治州的松潘、九寨沟以及绵阳市平武县的部分地区，也有部分康方言的分布，估计使用人口约45万。安多方言主要分布在阿坝藏族羌族自治州的若尔盖、阿坝、红原等县，以及该州的壤塘、松潘、马尔康、九寨沟、黑水、理县、金川、小金等县的部分地区。此外，甘孜藏族自治州的道孚、炉霍、色达、石渠的大部分地区以及康定、新龙、丹巴的部分地区也有安多方言的分布，估计使用人口约35万。

藏语方言之间差异较大，尤其在语音方面和语法方面。在语音方面，安多方言和康方言的同异特点是：塞音、塞擦音都分清、浊、清送气三套，但浊音主要出现在复辅音里；都有复辅音，但康方言的复辅音仅仅保留前置鼻音加浊塞音和塞擦音构成的复辅音；安多方言复辅音比较多，牧区、半农半牧区和农区的复辅音有一定差异：一般说来牧区较多，农区较少；康方言有i、u介音，其辅音韵尾基本上已经丢失，而鼻音韵尾丢失后形成数量不等的鼻化元音。安多方言保留了大量的塞音韵尾和鼻音韵尾。此外，康方言的声调有四个，而安多方言只有习

---

① 只有其中的普米语南部方言分布在云南省。

惯调，没有音位调。在语法方面，古藏语应该有比较丰富的黏附性形态，而在不同的方言中，往往有一定程度的简化，其中卫藏方言简化得最厉害，其次是康方言。总体来说，安多方言保留古藏语的黏附性形态和屈折性形态比其他方言多。如时态、命令、使动等语法范畴的表达形式即为如此。藏语量词不发达，数词可以直接修饰名词。有时候数词、量词同时使用，其词序为量词在前，数词在后。形容词有级，分原级、比较级和最高级。结构助词相对较少。

2. 白马语

白马语主要是四川和甘肃两省交界处的藏族使用的语言[①]。在四川省，白马语主要分布在绵阳市平武县的白马、木座、木皮等藏族乡，在阿坝藏族羌族自治州的九寨沟县和松潘县也有分布，使用人口约1.5万[②]。

从表层来看，白马语结构特点接近藏语，也有许多与藏语非常接近的常用词。初步比较3000左右常用词，与藏语相关的词占30%以上。但是，白马语里的汉语借词比藏语多得多，甚至有不少古汉语借词，也有一些与羌语有明显关系的同源词。关于白马语的地位问题，学术界有两种不同意见：一种意见认为，白马语是一处独立的语言，由于其结构特点接近藏语，可以归属于藏语支。另一种意见认为，白马语与藏语十分接近，应归属于藏语方言。白马语内部又有一定差别，可以划分为两种方言。大体情况是四川平武一带的白马语与阿坝州九寨沟的白马语比较接近，而与甘肃文县一带的白马语差异较大。我们认为前者是土语的差异，后者是方言的差异。

四川平武一带白马语的结构特点是：语音方面，语音系统比较复杂，有单辅音声母40多个，塞擦音有舌尖前、卷舌、舌叶、舌面4套，分清、浊、清送气；有复辅音，主要由同部位的鼻冠与浊塞音、塞擦音构成；韵母比较复杂，复元音韵母比较丰富，以i、u、y为介音构成的后响复元音为主；辅音韵尾已经全部消失，有比较丰富的鼻化元音；有4个声调；属于开音节的语言。词汇方面，基本词都是单音节的，多音节的单纯词比较少；有少量构词前缀和后缀，丰富词汇的主要方式是词根合成；借词主要来源于汉语和藏语。语法方面，表达语法意义的主要手段是词缀、助词和少量的屈折形态；量词比藏语丰富，与

---

① 在甘肃省，白马语主要分布在文县的铁楼藏族乡。
② 在民族识别中，白马人已识别为藏族，即"白马藏族"。历史学家们认为，白马藏族有可能是历史上白马氏族的后裔，因其语言有特点，故将其语言称为"白马语"。

数词结合的词序以量词在前为主，也出现了少量数词在前、量词在后的词序；动词有比较丰富的趋向前缀，一般在8个以上，有些地区达十多个。有用词根屈折变化表达过去和命令等语法形式；格助词比较丰富。

（二）彝语支语言

1. 彝语

彝语有6大方言，四川省的彝语属彝语北部方言，主要分布在凉山彝族自治州各县以及乐山市和所属的峨边彝族自治县、马边彝族自治县，攀枝花市及其所属的盐边、米易等县，此外，雅安市的石棉、汉源、荥经等县，甘孜藏族自治州的九龙、泸定等县，泸州市的古蔺县和宜宾市的屏山县等也有少量分布，使用人口约210万。彝语北部方言内部也有差异，大体分北部和南部两个次方言。北部次方言分圣乍、义诺和田坝3种土语，南部次方言分布拖、会理两种土语。彝族现在使用的规范彝文就是根据北部方言圣乍土语的语音规范的。

彝语北部方言的结构特点是：语音方面，塞音、塞擦音、鼻音、边音、擦音一般都分清浊；有同部位的鼻冠与浊塞音、浊塞擦音构成的复辅音；元音分松紧两套；有舒唇元音；复元音很少；鼻音、边音可以自成音节；有4个声调。无韵尾，属开音节语言。词汇方面以单音节或单音节复合的合成词为主，多音节的单纯词比较少，有少量派生词，四音联绵词非常丰富；借词主要来源于汉语，以音译为主。语法方面，以助词和语序为主要表达方式，残存有少量用屈折形态表达语法意义的语法形式，如动词的使动等；量词非常丰富，与数词结合的语序是数词在前，量词在后；结构助词比较丰富，可分为方位、时间、状态、处所、原因、对象、比较、工具等类，是表达语法意义的主要手段。

2. 纳西语

纳西语主要分布在云南丽江及其周边若干县，四川的盐源、盐边、木里以及西藏自治区的芒康等县也有少量分布。纳西语分为西部和东部两个方言区。在四川，纳西语东部方言和西部方言都有分布。四川木里藏族自治县的俄亚一带使用西部方言，四川盐源县的瓜别和木里县的博凹一带使用东部方言，但总体使用人口不多，不足1万。此外，四川省盐源、木里的蒙古族（纳日人），也使用与纳西语相近的语言，总体来看，与纳西语东部方言比较接近。

纳西语属汉藏语系藏缅语族彝语支。其结构特点是：语音方面，辅音分清、浊、送气3套，有鼻冠浊塞音和浊塞擦音；韵母以单元音为主；有一定数量由i、u、y、介音构成的后响复合元音，没有辅音韵尾；有松紧元音①，有4个声调。音节结构比较简单，属开音节语言。词汇方面，基本词都是单音节的，多音节的单纯词非常少；丰富词汇的主要手段是词根合成，也有少量加词头、词尾的派生词；借词主要来源于汉语，也有少量来源于藏语。语法方面，词序和助词是表达语法意义的主要手段，声调变化也能起一定的语法作用；量词比较丰富，代词有一些特殊表示法；助词比较丰富，语法作用比较大。

3. 傈僳语

傈僳语主要分布在云南省。四川凉山彝族自治州的木里藏族自治县、会理县，攀枝花市的盐边县也有少量分布。傈僳语分怒江、禄劝和永胜3种方言。四川的傈僳语主要是永胜方言，使用人口约1.5万。

傈僳语属汉藏语系藏缅语族彝语支，其结构特点是：语音方面，有30个左右单辅音，无复辅音；单元音比较丰富，有鼻化和非鼻化两套；有i、u等介音构成的后响复元音，无辅音韵尾；有6个声调，其中4个舒声调，2个促声调，区别词义的作用比较大；音节结构比较简单，属开音节语言。词汇方面，以单音节或由单音节复合的合成词为主，多音节的单纯词比较少；有少量派生词；借词主要来源于汉语，以音译为主。语法方面，以虚词和语序为主要表达手段；方位名词和量词比较丰富，量词与数词结合的语序是数词在前，量词在后；动词有时态、态等语法范畴，都是用助词的方式表达；有丰富的结构助词，在句法关系中起着非常重要的作用。

4. 土家语

土家语主要分布在重庆市以及相邻的湖南省湘西州、湖北省的恩施地区。这些地区的人口有500多万，但使用土家语的人口不足20万，土家语已经处在濒危状态，能够讲土家语的居民主要分布在湖南湘西土家族苗族自治州以龙山为核心的一些县里，湖北、重庆的土家族基本上已经转用汉语。

土家语属汉藏语系藏缅语族彝语支②，分南北两种方言，方言语音有较大差别。土家族的民族语文工作者制订了土家语拼音方案，在土家地区进行双语教学，取得了一定的成绩。

土家语的结构特点是：语音方面，有21个声母，无复辅音，浊塞音和浊塞

---

① 松紧元音主要分布在舌尖元音和高元音i上，但学术界往往把它处理为不同的元音。
② 有人认为应单独建立土家语支。

擦音已经消失；有25个韵母，包括6个单元音，4个鼻化元音和15个复元音，无辅音韵尾；有3个声调；只有开音节，音节结构比较简单。词汇方面，以单音节和由单音节合成的复合词为主，多音节的单纯词比较少；有丰富的四音联绵词；借词主要来源于汉语。语法以词序和虚词为主要表达手段，有少量屈折语法形式，表达动词的体貌；基本语序为主-宾-谓，名词、代词做修饰语时，在中心词前面，形容词、数量词做修饰语时，在中心词后面。

（三）羌语支语言

1. 羌语

羌语主要分布在四川省阿坝藏族羌族自治州的茂县、理县、汶川、松潘以及绵阳市的北川等县。阿坝州黑水县有4万多藏族也使用羌语，约占当地藏族比例的90%。羌族总人口约有30万人，但使用羌语的约12万，加上部分藏族也使用羌语，因此使用羌语的总人口约17万。

羌语属汉藏语系藏缅语族羌语支，有南、北两种方言，每种方言各分5种土语。北部方言内部差异小，大体可以彼此通话；南部方言内部差异比较大，各土语之间交际很难。

羌语的结构特点是：语音方面，声母比较复杂，单辅音有40多个，有4套塞擦音，有小舌部位的塞音和擦音；复辅音有2合和3合的，多达70多个；单元音比较丰富，分长短、卷舌、鼻化等；北部方言有丰富的假性辅音韵尾，来源于音节的弱化和元音的脱落；无声调；有丰富的连读音变，如弱化、和谐、同化、增音、脱落等。词汇方面，以带词头或词尾的双音节和多音节词为主；有丰富的构词前缀和后缀，词根复合也是丰富词汇的重要方式；北部方言有7%左右的藏语借词，南部方言有30%左右的汉语借词。语法方面，以黏附和屈折形态为主要表达手段，辅之以助词和词序；量词比藏语支语言丰富；动词有丰富的语法范畴，人称、数、时态、体、式、态、趋向、名物化等，均用前后缀或词根曲折变化的方式表达。基本形容词往往采用叠音的形式。

2. 普米语

普米语是羌语支中唯一跨云南和四川两省的语言①，分南北两种方言。四川省的普米语属普米语北部方言。凉山彝族自治州的木里、盐源和甘孜藏族自治州的九龙等县的部分藏族也使用普米语。四川省藏族约有3.5万人使用普米语。

---

① 普米语主要分布在云南省。

普米语属汉藏语系藏缅语族羌语支，其结构特点是：语音方面，声母一般在40个以上，塞擦音一般都分4套，有小舌部位的塞音和擦音；有复辅音，分2合和3合两类，数量一般在20个左右；韵母较丰富，一般有50~60个，其中单元音19个[①]，复合元音有2合和3合的；声调有高低两个，区别词义的作用不大；音节结构有5个音素构成一个音节的。词汇方面，单音节词较多，多音节的单纯词少；合成法是构造新词的主要方法，附加法是在词根上加前加成分或后加成分构成词汇。语法方面，以词缀、屈折形态和重叠为表达语法意义的重要手段；动词有人称、数、时间、趋向、态、式等语法范畴，人称分第一人称、第二人称和第三人称；数分单数和多数；时间分将来时、现在时和过去时；趋向是由6个前加成分表示；态有使动态和交互态；式有命令式和祈使式。

3. 嘉绒语

嘉绒语是四川部分藏族使用的一种独立语言，主要分布在四川省阿坝藏族羌族自治州的马尔康、理县、汶川、小金、壤塘、金川、黑水等县，甘孜藏族自治州的丹巴、道孚、炉霍、色达和雅安市的宝兴等县也有少量分布，使用人口约10万。分为东部、北部和西北部三种方言。方言差别较大，一般来说，互不通话。

嘉绒语属汉藏语系藏缅语族羌语支，其结构特点是：语音方面，声母很复杂，单辅音声母一般在40个左右，塞擦音有4套，方言里有小舌部位的塞音和擦音；复辅音声母一般是200个左右，多的地方有300多个；韵母也较复杂，一般在100个以上，有比较丰富的辅音韵尾，分单辅音和复辅音两种，复辅音韵尾多数来自藏语借词，有高低调，但区别词义的作用不大。词汇方面，有丰富的构词前缀和后缀；词的合成仍然是丰富词汇的主要方式；有较多的藏语借词，约占词汇总数的20%。语法方面，表达语法意义的主要手段是词缀和屈折形态，重叠、助词和词序也是表达语法意义的手段之一；名词有人称领属范畴；动词有人称、数、趋向、式、态、时态等语法范畴。

4. 尔龚语

尔龚语也称"道孚语"，是四川省甘孜藏族自治州丹巴、道孚、炉霍、色达，阿坝藏族羌族自治州的金川、壤塘等县的藏族使用的语言，使用人口约4

[①] 单元音：又可分为口元音和鼻化元音。

万。语言内部有较大差异，大体可以划分为道孚、丹巴、壤塘三种方言①，方言间差别较大，交际有困难。

尔龚语属汉藏语系藏缅语族羌语支。其结构特点是：语音方面，声母非常丰富，单辅音声母一般在40个以上，有4套塞擦音和小舌部位的塞音和擦音。汉藏语系语言中，尔龚语复辅音最为丰富，一般在200个以上，有的地方有近400个复辅音，其中包括2合、3合和4合的复辅音；有比较丰富的单元音，有丰富的卷舌元音，由i、u、y介音构成后响的复元音；由3个音素构成一个音节。词汇方面，以双音节和多音节词为主；有大量构词前后缀，词根复合也是构词的主要手段，基本形容词往往采用叠音形式；借词主要来源于汉语，也有一定数量的来自藏语。语法方面，以加词缀和词根曲折变化等形态手段为主，虚词和语序也是语法的辅助手段；人称代词的格，动词的人称、数、时态、式、态、趋向等语法范畴都使用形态变化的手段表达。名词的数、动词的名物化等则用助词表达。有丰富的结构助词，可分为限制、施动、受动、工具、处所、从由、比较、定指等类，在句法关系中起非常重要的作用。

5. 拉坞戎语

拉坞戎语是四川藏族使用的一种语言②，分布于四川省阿坝藏族羌族自治州金川河流域，即金川县观音桥镇及俄热、二嘎里和周山地区的集沐等乡。此外，壤塘县的南部蒲西一带和马尔康县木尔宗乡的部分地区也有少量分布，使用人口近1万。分观音桥、业隆、蒲西等3个方言。词汇中有一定数量的古藏语借词，同周围的嘉绒语、尔龚语等比较，在1500个常用词中，与嘉绒语的同源词约占26.6%，与尔龚语的同源词约占27.5%。语法上也有很大差异。

拉坞戎语属汉藏语系藏缅语族羌语支，其结构特点是：语音方面，单辅音中塞擦音有4套，有小舌部位的塞音和擦音。复辅音非常丰富，有2合、3合和4合的，甚至还有少量5合的复辅音，数量近400个；复元音和带辅音韵尾的韵母也很多；有声调，但区别词义的作用不很大；音节结构复杂，一个音节最多可以有7～8个音素。词汇方面，构词前后缀比较丰富，以多音节为主，但丰富词汇的方式仍然是词根复合。语法方面，有丰富的形态变化，常常用词缀、词根

---

① 这三种方言又分别称为西部方言、中部方言、东部方言。
② 过去往往把它作为嘉绒语的西部方言，最近经深入调查研究，确定它是一个独立的语言，与周围的嘉绒语、尔龚语组成羌语支中的一个语族。

屈折变化、重叠等多种形态手段表达语法意义；动词的语法范畴非常丰富，有人称、数、趋向、体、情态、态、式等，用前缀和词根内部屈折变化等方式表达；结构助词比较丰富，语法作用比较大。

6. 扎巴语

扎巴语是四川省甘孜藏族自治州扎巴地区的藏族使用的语言①，属汉藏语系藏缅语族羌语支，主要分布在甘孜藏族自治州道孚县的扎巴区和雅江县的扎麦区，使用人口约0.8万，内部比较一致。

扎巴语的结构特点是：语音方面，声母很复杂，有53个，包括舌尖前、卷舌、舌叶、舌面前、舌面中5套塞擦音，有小舌部位的辅音，有清化鼻音和边音，擦音分送气与不送气；复辅音也比较复杂，有71个，主要是2合的，也有少量3合的；有39个韵母，其中包括18个单元音和21个复元音；有少量鼻化元音，但无辅音韵尾；复元音以i、u、y介音构成的后响复元音为主，也有带i的韵尾的；有3个声调；音节以开音节为主。词汇方面，以单音节词为主，多音节的单纯词比较少；有一定数量的构词前缀和后缀，词根复合是丰富词汇的主要方式；有丰富的藏语借词，占词汇总数的20%左右，汉语借词仅占3%左右。语法方面，以黏附性词缀和词根屈折为语法的主要表达手段，辅之以助词和词序；动词有丰富的语法范畴，人称、数、体、态、式、语气、趋向、自主与不自主等均用前后缀或词根曲折变化的方式表达；结构助词比较丰富。

7. 却域语

却域语是四川省甘孜藏族自治州部分藏族使用的一种语言，主要分布在该州的雅江、道孚、新龙、理塘等县，约有2万人使用。它与周围的语言相比较，既不同于藏语，也不同于木雅语，而是一种独立的语言。经过初步研究，其特点与扎巴语等语言接近，属汉藏语系藏缅语族羌语支。

却域语的结构特点是：语音方面，单辅音比较复杂，有44个，塞擦音有4套，分舌尖前、卷舌、舌叶和舌面4个部位；有小舌部位的塞音和擦音；复辅音相对比较少，仅有9个；韵母有35个，其中单元音22个②，由i、u、y等介音构成的复合元音13个③；辅音韵尾基本上已经消失；有高平55、高降53、高升35、

---

① 扎巴语：因语言使用者所居地名"扎巴"而得名。"扎巴"，清代史志中作"渣坝"。
② 单元音：分口元音和鼻化元音。
③ 复合元音：分2合元音和3合元音。

中平33等4个声调，区别词义的作用比较大。词汇方面，基本词都是单音节词，多音节的单纯词较少；词根合成是构成新词的主要方法，也有由词根加前加成分或后加成分构成的，但为数不多。语法方面，词缀、屈折形态是表达语法意义的重要手段；动词有人称、数、态、式和趋向等语法范畴；人称分第一人称、第二人称和第三人称；数分单数和多数；态分自动态、使动态和交互态；式分命令式和祈使式；趋向是由5个前加成分表示动作不同的方向；这些语法范畴均以加不同的附加成分和词根内部屈折或重叠词根等方式表达；结构比较丰富，在句子中的语法作用比较大。

8. 木雅语

木雅语是四川省自称"木雅"的藏族使用的语言，主要分布在甘孜藏族自治州的康定、九龙两县和雅安市的石棉县，基本上环贡嘎山的南麓和西麓，使用人口约1.5万，分东部和西部两个方言。西部方言大体分布在九龙和康定，东部方言主要分布在石棉。方言音差别比较大，彼此不能通话。木雅语的特点接近羌、普米、却域、扎巴等语言，经过初步比较研究，应属汉藏语系藏缅语族羌语支。

木雅语的结构特点是：语音方面，有50个声母，包括清、清送气、浊、鼻浊等4套塞音和塞擦音，有小舌部位的塞音鼻音和擦音，复辅音只有带鼻冠的浊塞音和浊塞擦音；有43个韵母，其中包括27个单元音和16个复元音，单元音中分松紧元音和鼻化语音及非鼻化元音，复元音以i、u介音构成的后响复元音为主；有5个声调，区别词义的作用比较大；词头与词根之间有比较严谨的舌位、唇形、松紧和谐现象；音节以开音节为主。词汇方面，基本词以单音节词为主，多音节的单纯词比较少；有一定数量的构词前缀和后缀，词根复合是丰富词汇的主要方式；西部方言有丰富的藏语借词，东部方言有较多的汉语借词。语法方面，表达语法意义的主要手段是黏附性词缀和屈折形态，辅之以词根重叠、助词和词序；动词有丰富的语法范畴，人称、数、式、语气、趋向等均用前缀和后缀或词根曲折变化的方式表达；结构助词比较丰富，语法作用比较大。

9. 尔苏语

尔苏语是分布在四川省凉山彝族自治州甘洛、越西、冕宁、木里，以及雅安市的石棉、汉源和甘孜藏族自治州的九龙等县自称"尔苏"的藏族使用的一种语言，约2万人使用。不同地区的尔苏人分别与彝族、藏族、纳西族和汉族等杂居，语言内部有很大差异，可分为东部、中部和西部3种方言。方言之间差别很大，彼此无法用母语交际。尔苏语接近羌、普米等语言，属汉藏语系藏缅语族羌语支。

尔苏语东部方言的结构特点是：语音方面，有74个声母，其中包括单辅音声母42个，复辅音声母32个；复辅音多数为2合，也有少量3合；鼻冠音可以和清送气塞音、塞擦音结合成复辅音；有17个单元音，其中包括6个鼻化元音和2个卷舌元音；有23个复元音，大都是后响的，无辅音韵尾；有2个声调，区别词义的作用不大；音节都是开音节，结构比较简单。词汇方面，以单音节词为主，多音节的单纯词比较少；有一定数量的构词前缀和后缀，丰富词汇的主要手段为词根合成，基本形容词往往采用叠音形式；借词主要来源于汉语和彝语，有的地区也有一定数量藏语借词。语法方面，以虚词和语序为主要表达手段，兼有加词缀和重叠等形态手段；名词有残存的人称领属范畴，用人称代词的语法化形式做前缀。量词比较丰富；动词有体、态、式、趋向等语法范畴，都是用形态方式表达；名词的数、动词的名物化等则用助词表达；人称代词有"格"这一语法范畴，分主格、领格和宾格；有丰富的结构助词，可分为限制、施动、受动、工具、处所、从由、比较、随同、定指等类，在句法关系中起非常重要的作用。

10. 纳木义语

纳木义语是四川省凉山彝族自治州冕宁、西昌、木里以及甘孜藏族自治州九龙等地自称为"纳木义"（又作"纳木依"）的藏族使用的一种语言。使用人口约为0.4万。语言内部有一定的差异。分布在木里、九龙一带的自称为"纳木兹"，分布在冕宁、西昌一带的自称"纳木义"①。"纳木义"往往在家庭、村寨都用本族语言进行交际，对外则分别使用汉语、彝语和普米语。

木里纳木义语的结构特点是：语音方面，单辅音声母比较复杂，有42个，有4套塞音和7套擦音，小舌塞音分清、浊和清送气3类；复辅音有23个，分2合和3合，前鼻冠既可以与浊塞音和塞擦音拼，也可以与送气塞音和塞擦音拼；单元音韵母都是后响的，由i、u、y介音和主要元音构成；没有前响复元音，没有韵尾；有4个声调，区别词义的作用比较大；属开音节语言，音节结构比较简单。词汇方面，基本词都是单音节的，多音节的单纯词比较少，丰富词汇

---

① 由于学术界目前没有对该两地的语言进行详细调查研究，故我们大体按照两个不同的土语对待。经初步比较研究，我们发现纳木义语与羌语支的尔苏、木雅、贵琼等语言最接近，因此，初步认为纳木义语是汉藏语系藏缅语族羌语支的一种独立语言。

的主要方式是词根合成，有少量构词前缀和后缀；借词主要来源于汉语，有少量藏语借词。语法方面，以助词和词缀为表达语法意义的主要手段；量词非常丰富，应该是羌语支中量词最丰富的语言；有体、态、式、趋向等语法范畴，都用词缀或虚词表达；存在动词有类别范畴；结构助词比较丰富，有限制、受动、处所、从由、比较等多类，语法作用比较大。

11. 史兴语

史兴语是分布在四川省凉山彝族自治州木里藏族自治县水洛河两岸自称"史兴"的藏族使用的语言，使用人口约0.2万，其与纳西族、不同支系的藏族和汉族杂居。语言内部有一定差异，但不构成方言差别[①]。

史兴语的结构特点是：语音方面，单辅音声母是汉藏语系语言里最复杂的，有52个，包括4套塞音和4套塞擦音，并各分清、浊、清送气；有8套擦音，并各分清浊；鼻音有4个部位，并各分清浊；有6个复辅音，都是鼻冠音和浊塞音、塞擦音结合而成的；有21个单元音，其中包括9个鼻化元音和1个卷舌元音；有27个复元音，都是后响的，无辅音韵尾；有4个声调，区别词义的作用比较大；音节都是开音节，结构比较简单。词汇方面，以单音节为主，多音节的单纯词比较少；有少量构词前缀和后缀，构词的主要手段为词根合成，基本形容词往往采用叠音形式；借词主要来源于汉语，也有一定数量的借词来源于藏语和纳西语。语法方面，以虚词和语序为主要表达手段，兼有加词缀的形态手段；人称代词有"格"这一语法范畴，动词有体、态、式、趋向等语法范畴，都是用形态方式表达；名词的数、动词的名物化等则用助词表达；人称代词有单数、双数、多数和集体等4类；有丰富的结构助词，可分为限制、受动、工具、处所、从由、比较等类，在句法关系中起非常重要的作用。基本语序为主–宾–谓，名词、代词做修饰语在中心词的前面，形容词、数量词做修饰语在中心词后面。

12. 贵琼语

贵琼语是分布在四川省甘孜藏族自治州康定县大渡河两岸自称"贵琼"的藏族使用的语言，在泸定县和雅安天全县也有少量分布，使用人口约0.7万。其

[①] 史兴语或许可以划分为两个土语，土语之间基本上可以通话。经初步比较研究，我们发现史兴语与羌语支语言相同的特点比较多，但也有一些特点与纳西语接近，是接触关系还是发生学关系有待进一步探讨。现暂时把它归入汉藏语系藏缅语族羌语支。

周围与其他藏族和汉族杂居。语言内部有一定差异，但不构成方言，不同地区的贵琼人彼此基本上可以用母语通话①。

贵琼语的结构特点是：语音方面，有64个声母，其中包括单辅音声母43个，复辅音声母21个，鼻冠音可以和清送气塞音、塞擦音结合成复辅音；单辅音声母比较复杂，有小舌部位的塞音和擦音，有4套塞擦音和9套擦音；有19个单元音，其中包括8个鼻化元音；有17个复元音，都是后响的，由i、u、y介音加其他元音构成，无辅音韵尾；有4个声调，区别词义的作用比较大；音节都是开音节，结构比较简单。词汇方面，以单音节为主，多音节的单纯词比较少；有少量构词前后缀，构词的主要手段为词汇合成；基本形容词往往采用叠音形式；借词主要来源于汉语，也有一定数量的藏语借词。语法方面，以虚词和语序为主要表达手段，兼有加词缀的形态手段。动词有体、态、式、趋向等语法范畴，都用形态方式表达；名词的数、动词的名物化等则用助词表达；人称代词有单数、双数、多数和集体等4类；有丰富的结构助词，可分为限制、受动、工具、处所、从由、比较等类，在句法关系中起非常重要的作用；基本语序为主−宾−谓，名词、代词做修饰语在中心词的前面，形容词、数量词做修饰语在中心词后面。

13．西夏语

西夏语为历史上党项羌人使用的语言，目前已经消亡，仅留下大量西夏文献，是研究西夏语言的重要参考资料。过去学术界通常把它归入彝语支，近年来由于羌语支语言的特点逐步被揭示，故学术界更多地认为，西夏语在词汇和语法方面与羌语支的同源关系更为密切，基本上倾向于把它归入羌语支②。

二、苗瑶语族语言

苗语是苗族使用的语言，属汉藏语系苗瑶语族苗语支，主要分布在贵州、云南、湖南、湖北、四川等省及重庆市。四川省的苗族，主要居住在该省南部与贵州、云南接壤的地区，虽然总人口不多，但分散居住在多个市、州、县里，主要是泸州市的叙永、古蔺，宜宾市的兴文、珙县、筠连、高县、长宁，还分布在川

---

① 经初步比较研究，其语言特点与羌语、尔苏语、木雅语等比较接近，可初步认定为汉藏语系藏缅语族羌语支的语言。
② 参见李范文主编《西夏语比较研究》，宁夏人民出版社1999年版。

西南凉山彝族自治州的木里藏族自治县等地，呈大分散、小聚居的局面。

四川省的苗族使用的苗语大体属川黔滇方言下属的川黔滇次方言的第一土语[①]。川黔滇苗语次方言的结构特点是：声母一般在50个以上，其中单辅音声母在35个左右，复辅音声母一般20个左右；单辅音里塞音一般有5套，包括卷舌塞音和小舌塞音；鼻音、边音一般分清浊；复辅音大多数是由同部位的鼻音与清塞音、塞擦音或清送气塞音、塞擦音构成，也有少量由塞音与边音构成；一般都是2合的，3合的很少；韵母比较简单，一般在20个左右，其中包括单元音5个，复元音10多个；复元音多出现在汉语借词里；有前鼻音和后鼻音韵尾，但也多出现在汉语借词里；一般有8个声调，与汉语的四声八调有比较严谨的对应关系。词汇方面，核心词基本上都是单音节的，多音节的单纯词比较少；有丰富的四音节词；借词主要来源于汉语。语法方面，虚词和词序是表达语法意义的主要手段；指示代词有近指、远指之分，远指代词又可根据所指代的远近分为4~5个级别；量词很丰富，语法作用比较大；有丰富的状词。

三、壮侗语族语言

（一）壮语

壮语是壮族使用的语言。壮族主要分布在广西和云南两省区，巴蜀地区的壮族很少，仅在四川省凉山彝族自治州的木里藏族自治县的瓦厂镇和博科乡的部分村落有少量分布。人口约0.03万。据传四川木里县是盛产黄金的地方，在这一带的壮族基本上都是数百年以来挖金人的后裔，目前仍然保留着自己的母语。根据近几年与云南壮族的来往，当地壮语基本上仍然能够与云南文山一带的壮语相通，但是他们中间多数人已经转用汉语或普米语，只有部分老人仍然能够使用母语。

（二）布依语

布依族主要分布在贵州省。四川省的布依族和壮族一样，人口也很少，主要分布在凉山彝族自治州木里藏族自治县的三桷垭乡、白碉乡、卡拉乡的部分村落里，人口约0.09万。他们也是于清代或民国时期从贵州黔南一带陆续迁来的。有的已经有4~5代传人。在村落或家庭里他们仍然使用布依语，尤其是老

---

① 川黔滇次方言是苗语中使用人口最多的次方言，估计有140万人使用，分布面也最广。四川省使用川黔滇次方言的人口约40万。

年人，母语保留得还比较好，年轻人已经转用汉语或普米语。

四、倒话

倒话是四川省甘孜藏族自治州雅江县境内藏族使用的一种藏汉混合语。其词汇主要来源于汉语，语法则与藏语基本一致，使用人口约0.27万。他们的衣食住行、宗教民俗等与藏族无异，把倒话作为母语大约有300年的历史。据文献记载，18世纪初，清政府为驱逐侵入西藏的准噶尔军队，派兵赴藏，驻兵川藏大道沿线，并于1719年派重兵驻守河口镇，鼓励兵丁与当地妇女联姻，故形成了现在倒话的核心地区。

倒话的结构特点是：语音方面，有37个声母，其中包括6个带鼻冠的复辅音声母；有19个单元音，其中包括13个普通元音和6个鼻化元音；有17个复元音，基本上没有辅音韵尾；有4个声调；音节结构以开音节为主。词汇方面，词汇的构成主要来源于汉语，约占调查词汇总数的88%，藏语词约占5%，自创特有的词约占6%，还有一些藏汉混合词。语法方面，基本上与当地藏语一致；动词有体、态、式、情态和名物化等语法形式；动词的体分现行体、持续体、将行体、即行体、已行体、完成体、经验体7种；动词的态分自动和使动两种；式有陈述式、祈使式、拟测式、疑问式，其中祈使式又分命令、禁止、请求、邀约4种；名物化有4种形式，分别用不同的后缀表达；句子的基本语序为主-宾-谓；名词、代词做定语在中心词前，数量词、形容词做修饰语在中心词后。

以上初步探讨了巴蜀境内少数民族语言的分布概况，对其中的一些语言，学术界目前还有分歧，显然需要我们在深入调查研究的基础上求得共识。

第三节 巴蜀少数民族语言的历史地位及其主要特点

一、巴蜀少数民族语言的历史地位

巴蜀地区的少数民族语言，大多数属汉藏语系藏缅语族，苗瑶语族和壮侗语族的语言只有少量分布。以下讨论藏缅语族的3个语支的历史地位及其主要特点。

学术界普遍认为，现今藏缅语族语言的使用者，基本上由史前古羌人长期分化而成。除了中国外，藏缅语族语言大多分布在环中国南部喜马拉雅南麓，西起巴基斯坦、印度、尼泊尔、孟加拉国、不丹，东至缅甸、泰国、老挝、越南等国家，估计约有300种。根据我们的初步研究，其总体上可以分为5个语群，10个语支，如下图：

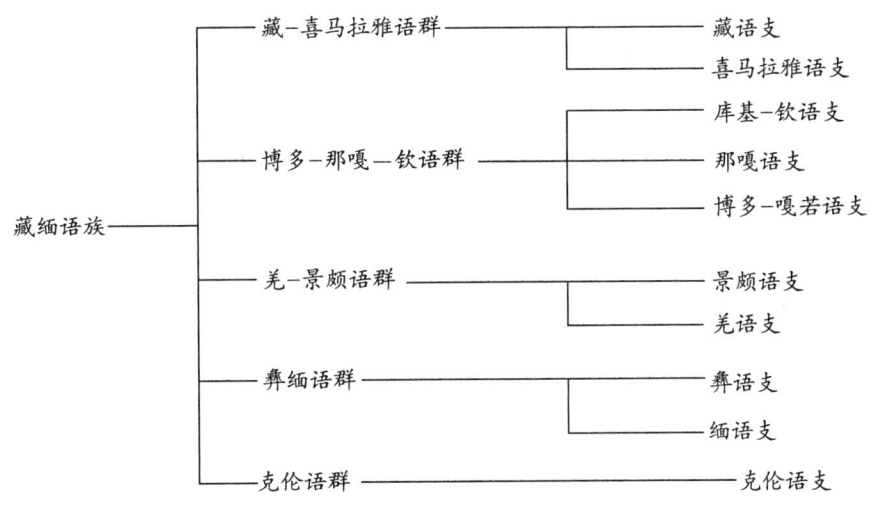

汉藏语系藏缅语族分类图

上图表明，藏-喜马拉雅语群以藏语为核心，主要分布在巴基斯坦、尼泊尔、不丹及印度等国，约有50种语言，以尼泊尔的藏缅语族语言数量最多。其中象雄语、南语、古藏语、尼瓦尔语、雷布查语等都有较古老的历史文献，近代文献也比较多，如华夷译语、五体清文鉴等。有的文献至今仍然没有完全解读。博多-那嘎-钦语群主要分布在印度北部沿喜马拉雅山区以及印度与缅甸接壤的那嘎山区，孟加拉国也有少量该语群语言的分布。国际语言学界以及印度的语言调查研究资料表明，该语群的藏缅语族语言数量最多，约有150种，但大多数是无文字的语言，也未发现重要的历史文献。羌-景颇语群语言主要分布在中国，其次在缅甸、印度也有少量分布，语言数量大约有30种。该语群最古老的文献应首推《白狼歌》，其后有西夏文字。近代的文献主要是西番译语，有3种记录的是羌语支语言及其方言。彝缅语群主要分布在中国和缅甸，泰国、越南、老挝和印度也有少量分布，古老文献有古彝文、缅甸文、纳西东巴文等。华"夷"译语中有"罗罗"译语和缅甸译语，已经有专书对此进行了研究，语言数量约50种。克伦语群主要分布在缅甸和孟加拉国，印度也有少量分布，没有太古老的文献，语言数量约20种。

据上图，大体可见我国境内藏缅语族语言在整个藏缅语族中的历史地位以及彼此之间亲缘关系的远近。

二、巴蜀少数民族语言的主要特点

巴蜀地区的少数民族语言主要是藏语支、羌语支和彝语支。下面讨论这3个语支及其主要特点。

（一）藏语支

1. 藏语支概况

藏语支是根据语言亲缘关系远近进行发生学分类而组成的一个语言群体，属汉藏语系藏缅语族。

中国境内的藏语支语言主要包括4种语言：藏语、门巴语、仓洛语、白马语。其中除了白马语仅仅分布在中国以外，其他语言在国内外都有分布。藏语除了分布在中国以外，还分布在印度、不丹、尼泊尔、巴基斯坦。仓洛语还分布在印度和不丹境内。门巴语在不丹境内也有少量分布。境外的藏语支语言比境内的数量多，情况也较为复杂。

中国境内的藏语支语言主要分布在西藏自治区及青海、甘肃、四川、云南等省的部分地区，使用人口约550万。其中藏语、白马语是藏族使用的语言，门巴语、仓洛语都是门巴族使用的语言。这几种语言除了藏语有7世纪创制的拼音文字外，其他几种都没有文字。它们之间的亲缘关系大体可以用下表加以表述。

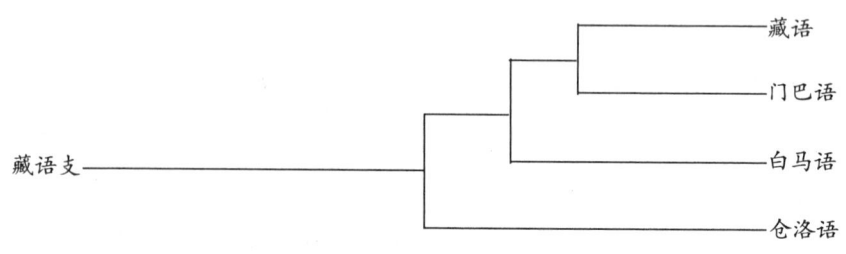

藏语支亲缘关系图

2. 藏语支的特点

（1）藏语支语音特点

公元7世纪藏文所反映语音特点在现代藏语支语言里有如下表现：

①藏文前加字、上加字、下加字所反映的复辅音面貌在藏语的安多方言里基本保留，在藏语康方言和白马语里仅仅保留了前置鼻冠音，在门巴语、仓洛语里仅仅有下加字的痕迹，如下表：

藏语支前置鼻冠音保留对照简表

汉语	藏文	安多方言	康方言	白马语	门巴语	仓洛语
肺	glo ba	ɣlo wa	lo⁵⁵wa⁵³	yɛ³⁵	lɔː⁵⁵	lo wa
岩石	brag	ptʂak	tʂɑʔ³¹	tʂɑ¹³gɔ³⁵	phoʔ⁵³	braʔ
虫	ɦbu	mbə	mbu³¹	mbo⁵³	kun¹³pu⁵³	bu
羽毛	sgro	rɟo	dʐo³¹	ɕɑ⁵³pu⁵³	krɔ¹³	dʐo
重	ldʑid po	rdʑə mo	dʑi⁵⁵mo⁵³	dʒo¹³mo³⁵	li⁵⁵po⁵³	tɕit po
四	bʑi	wʐə	ʐe³¹	ʒə³⁴¹	pli⁵³	phi
五	lŋa	rŋa	ŋɑ⁵³	ŋɑ³⁴¹	le³¹ŋe⁵³	ŋa
滤	ɦtshag	ptsak	tshɑʔ⁵³ɕe³¹	zɑ³⁴¹	tsʌk⁵³	tsak
龙	ɦbrug	mdzək	ndzuʔ⁵³	ndzu⁵³	bruʔ⁵³	bruʔ

②藏文后加字所反映的韵尾系统，在藏语安多方言、仓洛语和门巴语里大部分保留，尤其在后两种语言里还保留了s韵尾，仓洛语还保留了l韵尾；但在康方言里，韵尾已经基本消失，白马语里则完全消失，如下表：

藏语支韵尾保留情况对照简表

汉语	藏文	安多方言	康方言	白马语	门巴语	仓洛语
猪	phak pa	hak	phɑʔ⁵³	phɑ⁵³	phʌʔ⁵³	phak pa
里面	naŋ	naŋ	nuŋ¹³	nɔ⁵³	neŋ¹³	naŋ
西	nub	nəp	nuʔ³¹	ny¹³	nup¹³	nup
东	ɕar	xhar	xhɑ⁵³	ɕɔ¹³	ɕʌr⁵⁵	ɕar
银子	dŋul	rŋu	ŋu⁵⁵	ȵi⁵³	ŋyː⁵⁵	ŋul
活的	gson pa	ɣsom bo	so⁵⁵wa⁵³	sø¹³mbo⁵³	søn⁵⁵	son po
路	lam	lam	laŋ¹³	lɔ⁵³	lem¹³	lam
苦胆	mkhris pa	mtʂhi wa	tʂhi⁵⁵pa⁵³	dʑi¹³pɑ⁵³	kli⁵³	tʂhis
忘记	brdzed	wdzel	dze ʔ³¹	ke⁵³ʒ¹³	ŋʌt¹³	ŋat
七	bdun	wden	den¹³	de¹³	nis⁵⁵	zum

以上资料说明，藏语安多方言除了s、l两个韵尾已经消失以外，其他韵尾p、t、k、m、n、ŋ、r仍然基本保留。仓洛语和门巴语分别保留了s、l等韵尾。白马语则韵尾全部脱落，没有留下任何痕迹。

③藏语支语言的声调和藏缅语族语言一样，是后起的语音现象，但比其他几个语支产生更晚，在语支内部发展也不平衡。总体来看，白马语和藏语卫藏方言处在一个平面上，其次是藏语康方言和门巴语，再其次是藏语安多方言和

仓洛语，虽然有习惯的音高，但声调的辨义功能还不明显。

（2）藏语支词汇特点

藏语支语言词汇的共同特点有以下两个方面：

①彼此有一批与其他语支不同的同源词。这些同源词在语音上比较接近。有些虽然语音上有差异，但有比较严谨的对应关系，如下表：

藏语支部分词汇语音对应关系表

汉语	藏文	安多方言	康方言	白马语	门巴语	仓洛语
星星	skar ma	rkar ma	kɑ⁵⁵ma⁵³	xɑ⁵³ mɑ	kʌr⁵⁵mʌ⁵³	kar mi
地、土	sa	sha	sha⁵³	sha⁵³	sʌ⁵³	sa
山	ri	rə	ri³¹	ʑɿ³⁵	ri¹³	ri wu
金子	gser	ɣser	se⁵³	se⁵³	ser⁵⁵	ser
水獭	sram	ʂam	sɑŋ⁵⁵	ʃɔ⁵³	tʂʌm⁵³	sam
毛	spu	wsə	pu⁵³	piɛ³⁵	pu⁵³	pu
肺	glo ba	ɣlɔ	lo⁵⁵wa⁵³	yɛ³⁵	lɔ:⁵⁵	lo wa
柱子	ka ba	ka	kɑ⁵⁵wɑ⁵³	kɑ³⁵	kɔ:⁵⁵	ka wa
针	khab	khap	khɑp⁵³	khø⁵³	khɔp⁵³	kham
布	ras	ri	rɛ¹³	re⁵³	rʌ:¹³	re

上面10个词语仅仅是举例性质的。实际上，还有一批藏语支特有的同源词，如"寺庙""镰刀""锯子""绳子""子弹""听""闭（眼）""（射）中""救（人）""大""高""深""七""你"等。

②有一定数量的词尾。这些词尾往往都有共同的来源，其中形容词占的比例比较大，其他词类也有一些，如下表：

藏语支部分词汇词尾

汉语	藏文	安多方言	康方言	白马语	门巴语	仓洛语
干净	gtsaŋ ma	rtsaŋ ma	tsuŋ⁵⁵ma⁵³	tsɔ¹³ma⁵³	tsʌŋ⁵⁵mʌ⁵³	tsaŋ ma
软的	mɲen po	rɲən mo	ɲen⁵⁵bo⁵³	(lɑ¹³ɲ⁵³)	dʑʌm¹³mo⁵³	dʑam po
黄的	ser po	she ro	she⁵⁵bo⁵³	shɛ¹³po⁵³	si⁵⁵ru⁵³	ser bo
轻的	jaŋ po	jaŋ mo	joŋ¹³mo⁵³	iɔ³⁵(mbo⁵³)	jʌŋ¹³po⁵³	jaŋ po
新的	gsar pa	sho ma	sa⁵⁵ba⁵³	sha⁵³pa⁵³	se⁵⁵ro⁵³	siŋ ma
重的	ldzid po	rdʑə mo	dʑi⁵⁵mo⁵³	dʑo¹³mo³⁵	li⁵⁵po⁵³	tɕit po
桥	zam pa	wzam mba	suŋ¹³ba⁵³	za¹³mba⁵³	zʌm¹³pʌ⁵³	zam pa

从上表可以看到，一些语言里的词尾，包括藏语方言在内，由于词根韵尾的影响或其他原因，词尾的语音发生了一些音变，这在藏语支语言里是常见的现象。

（3）藏语支语法特点

藏语支语言在语法上的共同特点比较多。有的特点是藏缅语族语言都有的，我们可以把它看成是原始藏缅语的遗存；有的特点是藏语支语言所特有的，也有的特点表明了藏语支语言在某一方面都处在相同或相类似的发展阶段。藏语支语言特有的语法特点。

① 藏语支语言动词都有体的语法范畴[①]，往往由将行、已行、进行等不同形式组成。不同的语言表达体这一语法范畴的词缀（助词）有明显的对应关系。

藏语支语言部分动词常见的体后缀

语法意义	安多方言	康方言	白马语	门巴语	仓洛语
将行体	dʑə jən	dʑi⁵³ʃi	i⁵³	cuʔ⁵³jin³⁵	pe、phe、me、le
	dʑə ret	dʑi⁵³re	zɐ¹³dɤ³⁵	cuʔ⁵³neʔ³⁵	
已行体	nə jən	zi⁵³ʃi	uɛ¹³	wo⁵³jin³⁵	pa、pha、ma、wa
	nə ret	zi⁵³re	ɦ¹³	wo⁵³neʔ³⁵	
进行体	ɣə jot	ɣo⁵⁵ʃi		ri⁵³nem³⁵	tɕa、la
	yo kə	ɣo⁵⁵re	dɤ³⁵	ri⁵³neʔ³⁵	

在上述几种语言或方言里，每种语言都有5种以上的体，表达方式各异。但从上述3种最常见的体的表达方式来看，它们至少有以下几点一致性：

第一，这些表示体的后缀往往与判断词或多或少有一定的联系[②]。

第二，表示体的后缀都有使用在第一人称、第二人称与第三人称区别。表中除了仓洛语以外，第一栏的上面一行是第一人称、第二人称，下面一行是第三人称。

第三，表示相同或相似语法意义的体后缀在语音上有明显的同源关系。其中藏语和门巴语最接近，其次是白马语，与仓洛语的差别最大。

---

① 体：有的语言称为"时态"。
② 判断词：有的语言称为"助动词"。

第四，这些语言里除了用后缀表示动词的体以外，还或多或少有用动词词根的屈折变化表达进行（现在）、将行（将来）、已行（过去）等语法意义的屈折变化。

第五，表示动词体的后缀有多种语音变化，这种变化往往与动词词根韵尾的不同有密切关系。

②藏语支语言的动词都有命令式，大都采用动词词根屈折变化的方式表达。有的语言表达方式比较活跃，有的语言仅仅是残存现象。请看下表：

藏语支语言的动词都有命令式形式

语言或方言	表达方式	举例		屈折变化性质
		动词	命令式	
藏语安多方言	屈折变化、零形式或加语气助词	sa 吃	so	元音屈折变化
藏语康方言	屈折变化、零形式或加语气助词	ta^{53} 看	tø^{55}	元音屈折变化
藏语卫藏方言	屈折变化、零形式或加语气助词	sa^{12} 吃	so^{12}	元音屈折变化
门巴语	屈折变化、零形式或加语气助词	za^{35} 吃	zo^{35}	元音屈折变化
白马语	屈折变化、零形式或加语气助词	dzɑ^{341} 补	dzø^{341}	元音、辅音或元
仓洛语	屈折变化、零形式或加词尾	ndø^{53} 啃	tø^{53}	辅音都变化
		pho^{55} 晒	phoi^{55}	韵母屈折变化

有以下几点需要说明：

第一，藏语中动词表命令式的屈折变化的活跃程度分别是：藏文>安多方言>卫藏方言>康方言。在藏语支内部是：藏语>仓洛语>白马语>门巴语。

第二，表中所举的屈折变化例证仅仅是其中的一种形式，在各语言里还有多种形式，其中白马语的差别最大。除了元音屈折变化不规则外，还有声母屈折变化、声母和韵母同时屈折变化以及异根等方式。

第三，在哪些动词有屈折变化的问题上，各语言也存在一定的差异，这方面藏语和门巴语比较接近，其次是白马语，差别最大的是仓洛语。

③在量词的用法上比较一致。这虽然是语言类型学方面的问题，但也表现出一个词类在藏语支语言发展阶段上的一致性。如果把这个问题放到藏缅语族乃至汉藏语系语言的大背景中加以考虑，藏语支语言内部的一致性就一目了然了。

中国境内藏缅语族语言量词用法比较表[①]

语支	量词数量的多少	与数词结合的词序	量词能否单独和名词结合使用	数词能否单独和名词结合使用	语法体系中的作用
藏语支	少	量词+数词	不能	能	小
景颇语支	较少	量词+数词	不能	能	较小
羌语支	较多	数词+量词	特殊情况能	少数语言能	较大
缅语支	多	数词+量词	特殊情况能	不能	大
彝语支	很多	数词+量词	能	不能	很大

上表明确表明：

第一，藏缅语族乃至汉藏语系语言的量词是后起语言现象，经历了数量由少到多、作用由小到大的发展过程。藏缅语族语言不同的特点最清楚地表明了这一特征。

第二，藏缅语族的不同语言的量词发展分别处在不同的阶段，如上面5个语支就分别处在不同的发展阶段。这仅仅是一个粗分，如果细分的话，还有一些非常具体的特征值得推敲。

第三，藏语支语言在汉藏语系的量词发展阶段上处在最原始的阶段，即数量少，作用小。名词可以直接受数词修饰而不用量词。一些语法著作甚至不把有些语言的量词作为一个词类加以介绍。但藏语支内部也出现了一些明显的差异。根据量词数量多少和作用大小，藏语支内部的次序大体可以这样排列：白马语>仓洛语>门巴语>藏语。

根据上表5个栏目的比较可见，白马语量词的特点大体是：在数量上处于较少到较多的历史阶段，已经记录到110多个量词。与数词结合的词序，白马语已经出现了数词加量词来修饰名词的词序，如：

ŋgɐ^{35}（房子）tʃɿ^{53}（一）nduɐ^{35}（层）　一层房子

ŋgɐ^{35}（房子）n̺i^{341}（两）nduɐ^{35}（层）　两层房子

ŋgɐ^{35}（房子）so^{53}（三）nduɐ^{35}（层）　三层房子

从第三栏、第四栏的项目考察，藏语支和景颇语支相同，第五栏在语法体系中的作用则介于景颇语支与羌语支之间，也就是说处在由较小到较大的发展

[①] 孙宏开：《藏缅语量词用法比较——兼论量词发展的阶段层次》，《中国语言学报》1989年第1期。

过程中。

④结构助词的特点比较一致。结构助词也称"格助词",是藏缅语族语言表达语法意义和句法关系的重要手段。藏缅语族语言里结构助词虽然在用法上比较一致,但很难找到有同源关系的结构助词。有的时候同一语言的结构助词都会有一定的差别。藏语支语言也不例外。总体来说,藏语支语言的结构助词的基本情况是:藏语内部比较一致,与藏语相比,仓洛语与藏语关系最密切,其次是门巴语,白马语的差别最大。现列表如下:

藏语支中结构助词的比较

格助词	书面藏语	卫藏方言	康方言	安多方言	门巴语	白马语	仓洛语
作格	gis	kɛ	ki	kə	te³¹	i⁵³	ki¹³
属格	gi	ki	ki	kə	ko³¹	te⁵/ti⁵³	ka¹³
向格	la	la	le	la	le³¹	tsɑ⁵³/iɛ⁵³	ka¹³
位格	na	la	le	na	re³¹/kʌ³¹	nɔ⁵³/kɛ⁵³	kai¹³
从格	nas	nɛ	nɛ	kə	ki³¹	ici⁵³	kai¹³
比较格	las/bas	lɛ	ji	kə	le³¹	ɕyɛ⁵³	kai¹³
随同格	daŋ	ta	do	ra	neŋ⁵⁵	re¹³	taŋ¹³
把格					le³¹	i⁵³	
定指格						lɛ⁵³/nɛ⁵³	
工具格					te³¹	re⁵³/nɔ¹³	

表中资料显示,藏语方言之间存在一定的差异,主要表现在位格、从格和比较格助词上。藏语和仓洛语的格助词的数量、用法都比较一致,其中作格、属格、随同格有明显的同源关系。门巴语的属格、向格、比较格有明显的同源关系。白马语仅仅位格中的nɔ⁵³和向格中的iɛ⁵³有同源关系,其余的格助词似乎都没有同源关系。格助词是语法关系中最重要的虚词,据此可以明显见到藏语支的4种语言之间既有共性、又有区别的情况。

⑤形容词的级。藏语支语言的形容词都有级的语法范畴,分普通、比较、最高3个级,级的语法范畴往往是在形容词后面加后缀表达。表达不同级语法意义的后缀之间或多或少有一定的同源关系。目前看来,藏语支语言中的级仅仅是残存现象,但仍然可以发现它们之间的某些共同点。现列表如下:

藏语支中形容词的级的比较

语言或方言	形容词		普通级	比较级	最高级
藏语安多方言	jax kwa	好	jax kwa	jak se	jax kwa jax kwa
藏语康方言	ja^{13}mo^{53}	好	ja^{13}mo^{53}	ja^{13}wa^{53}	ja^{13}ɕu^{55}
藏语卫藏方言	ja(k)^{12}po^{54}	好	ja(k)^{12}po^{54}	jaʔ^{12}ka	jak^{12}ɕøʔ^{54}
门巴语	riŋ^{35}po^{53}	长	riŋ^{35}po^{53}	riŋ^{35}ɕøː^{55}	riŋ^{35}tʌː^{55}
白马语	mɛ^{13}re^{53}	红	mɛ^{13}mø^{341}	mɛ^{13}ɕɑ^{53}	mɛ^{13}tsɿ^{53}
仓洛语	lek^{55}pu^{55}	好	lek^{55}kin	lek^{55}taŋ^{55}sak^{13}pa	lek^{55}ɕe^{55}

从上表可以看出：

第一，藏语、门巴语形容词的普通级与形容词的原形是一样的，白马语和仓洛语则不同，其普通级有专门的表达方式。

第二，白马语和门巴语的比较级与藏语、仓洛语的最高级有同源关系，而白马语和门巴语另用别的形式表达最高级。

第三，藏语安多方言用重叠形容词表达最高级，藏语康方言也有同样的表达方式。仓洛语表示级语法意义的后缀，在语法意义方面似乎与其他几种语言稍稍有一些差异。

（二）羌语支

1. 羌语支语言的形成

古代的羌人，逐鹿在甘青及中原地带，是历史舞台上称雄的民族。周秦以后，众羌中的一部分受秦的驱赶，"将其种人附落而西，出赐支河曲数千里，与众羌绝远，不复交通。其后子孙各自为种，任随所之，或为牦牛种，越西羌是也；或为白马种，广汉羌是也；或为参狼种，五都羌是也"。西迁或南迁的羌人，由于与中原隔绝，史书极少记载，只有在秦汉时期南迁居于四川西部的羌人，由于经常发生战乱，所以史书记载连绵不断。但是"附落而西""出赐支河曲数千里"的羌人，并没有从历史舞台消失，他们有的西迁至雅鲁藏布江流域，与当地的土著相融合，不断发展壮大；有的南迁到喜马拉雅山的南麓，繁衍生息；有的沿六江南下，直至伊洛瓦底江流域定居。

秦汉以后，甘青地区的羌人不断南下，陆续在川西定居，其中较有名的有牦牛羌、白马羌、参狼羌、青衣羌等。东汉时期向中央王朝献歌的白狼王也是羌人。根据学者们的考证，其部落应在今甘孜藏族自治州东南部。其后冉䮾、白兰、党项、东女、嘉良诸羌,活跃在川西广大的土地上。直至隋唐时期,西山数十支羌人部落仍然活跃在岷江、大渡河、雅砻江、金沙江流域。《隋书·附国传》云:"其东北连山,绵垣数千里,接于党项,往往有羌:大、小左封,昔卫,葛延,白狗,向人,望族,林台,春桑,利豆,迷桑,婢药,大硖,白兰,叱利摸徒,那鄂,当迷,渠步,桑悟,千碉,并在深山穷谷,无大君长。其风俗略同于党项,或役属吐谷浑,或附附国。大业中,来朝贡。缘西南边置诸道总管,以遥管之。"①吐蕃势力强盛,兼并苏毗、羊同诸羌后,东进到川西,诸羌部落遂成为吐蕃与唐王朝争夺的对象,唐书大量记载了吐蕃和唐王朝的战争情况。如《旧唐书·吐蕃传》记载:"白兰、春桑及白狗羌为吐蕃所臣,借其兵为前驱。"《资治通鉴》记载广德元年(763)吐蕃以吐谷浑、党项羌之众20余万攻长安,又载贞元十年(794),"剑南、西山羌、蛮二万余户来降,诏加韦皋押近羌、蛮及西山八国使",有时由于战争呈拉锯局面,羌人只得苦于两面应付,被史书称为"两面羌"②。

唐以后,随着吐蕃王朝的内乱,对川西诸羌的控制有所削弱,这一带的众羌部落又有所活跃。宋元以后,由于藏传佛教在这一带的广泛传播,众羌部落逐渐融合于吐蕃,现今操羌语支语言的居民,居住在唐宋以后吐蕃势力比较薄弱的区域,本来彼此就有一定差别的众羌部落各自发展,形成了今天一个个彼此有明显亲缘关系的独立语言。当然,也有相当多的羌人部落及其语言,完全融合于藏族,致使雅砻江、大渡河、金沙江一带的康区藏语,方言分歧远远大于另外两种藏语方言,相关的情况也要复杂得多,其主要原因也就在于此。

羌语支语言的形成除了上述历史原因以外,还有传统的深层文化等其他一些特点,例如:

第一,操羌语支语言的居民都有崇拜白石的习惯,他们把雪白的石英石作为原始图腾加以供奉。孙宏开等在羌族地区包括讲羌语的藏族地区进行语言调查,经常可以在他们的房顶、窗角、地边,看到供奉或镶嵌的白石。当地人提醒调查者,千万不要去动这些白石,这是他们的保护神。后来孙宏开在嘉绒语分布区也同样发现了类似的情况。1981年,孙宏开在四川雅安地区石棉县调查木雅语东部方言时,正值当地过祭祖节。有一天早晨,发现房东老大爷从楼上

---

① 《隋书》卷八十三《附国传》。
② 参见冉光荣等《羌族史》,四川民族出版社1984年版,第168页。

搬下一块石头，放在神龛前面，然后对着它磕头。后来才知原来是一块白石，可见木雅人也崇拜白石。当地的不少居民在他们的房檐、烟囱角、门框上，也都供奉着白石。他们说，在祭祖节期间，一般要供奉白石半个月左右。这种情况在普米语分布区、尔龚语分布区、尔苏语分布区等都有类似的发现，只不过有多有少罢了。据了解，在羌语支语言使用地区，除了在生活中发现他们对白石的崇敬以外，还在当地的神话传说中，经常可以发现他们把白石作为战胜外来侵略者的武器。有的地区在近一二十年的考古发掘中，还发现了白石的随葬品。岷江上游的石棺墓葬里也发现了多处白石随葬品。由此可见，白石崇拜是羌语支语言使用者的一个古老、共同的文化特征。

第二，操羌语支语言的居民都有高超的建筑艺术。他们就地取材，用不规则的乱石砌成高七八米的二层或三层住房，坚固耐用。当地有在村子周围的山梁上或村子里建造"邛笼"的习惯。这种高30～50米类似工厂烟囱的建筑，早在《后汉书·西南夷传》中就有所记载："众皆依山居止，累石为室，高者至十余丈，为邛笼。"①其后在正史或地方志中，关于邛笼的记载连绵不断。值得注意的是邛笼的分布，和目前羌语支的分布一致，北至羌语、嘉绒语分布区，沿4江南下，在岷江、大渡河、雅砻江、金沙江的一些支流等河谷地带，南至普米语分布区，都有邛笼的遗迹。更令人惊奇的是，凡使用羌语支语言的居民，特别是老人，对邛笼这一直径4～6米，有4角、6角、8角等形状的建筑物怀有特殊的感情。此外，他们对邛笼的称呼也是那样惊人的一致②。这种从秦汉时期就遗留下来的这么久远的建筑，应算羌语支移民使用者的一个传统文化的重要特征。

第三，操羌语支语言的妇女都有高超的刺绣技术。刺绣和挑花是羌语支语言妇女普遍擅长的民间传统手工艺。孙宏开在羌语支语言分布地区进行语言调查，经常发现妇女们手里拿着"活路"，不论是开会，还是聊家常，乃至田间地头的短暂休息，她们的手是永远不会停息的。这个"活路"不是别的，就是她们的绣花手工艺。小姑娘往往七八岁时就开始学习，到10多岁就已经能比较熟练地绣出许多美丽的图案。她们在挑、绣时，不打样、不画线，仅以五色丝线或棉线，加上训练有素的娴熟技巧，就能信手挑绣成绚丽多彩的各种几何图案。针法除了挑花外，还有纤花、纳花、链子扣等多种。挑花精美细致；纤

---

① 《后汉书》卷一一六《南蛮西南夷传》。
② 参见孙宏开《试论邛笼文化与羌语支语言》，《民族研究》1986年第2期。

花、纳花明快大方，立体感强；链子扣则粗犷豪放。挑绣的题材大都是自然景物，如花鸟鱼虫、飞禽走兽，并镶有几何图案的花边。刺绣的方法以及各地的图案都大同小异，似乎在来源上有某种共同之处。她们都喜欢把这些图案和花纹，饰在头帕、衣襟、领口和袖口、围腰及腰带、鞋袜等上，美化着生活。有时还把绣物作为传送爱情的信物，送给自己的意中人。这种内容丰富、色彩艳丽、工艺精湛的挑绣技艺，不仅显示了操羌语支语言劳动妇女的聪明才智，而且在中国工艺美术史上也占有一定的地位。

2. 羌语支语言的特点

从总体来看，羌语支语言在某些方面较多地保留了藏缅语族的早期面貌。换句话说，羌语支的一些语言，比藏缅语族其他语言相对发展得要稍微缓慢一些。下面从3个方面简要归纳羌语支语言的特点[①]。

（1）语音方面的特点

①通过初步比较研究，羌语支语言同源词的语音对应严谨[②]，语音演变方式和规律接近，故语音结构框架比较接近。不仅如此，语音的历史演变过程也比较接近，因此比较容易看出羌语支语言语音演变的历史脉络。

②羌语支语言都有复辅音，虽然复辅音的数量在不同的语言里演变不平衡，多的有200多个，如尔龚语、嘉绒语等；少的仅有几个，如史兴语、却域语等。有的语言方言中复辅音已经基本消失，如尔苏语中部方言、羌语南部方言的龙溪土语等。羌语支复辅音的特点是多数语言有"前置辅音+基本辅音+后置辅音"这种3合的复辅音。2合复辅音既有基本辅音加前置辅音组成的复辅音，也有基本辅音加后置辅音组成的复辅音。在前置辅音加基本辅音构成的复辅音中，部分羌语支语言还出现了鼻冠加浊音或浊塞擦音以及鼻冠加清送气塞音或塞擦音的对立现象。这在整个藏缅语族语言里都是罕见的情况。此外，多数羌语支语言还有双唇或舌根塞音与舌尖前、卷舌、舌面前擦音组成的复辅音。

③羌语支语言的单辅音是藏缅语族中最复杂的，一般在40个以上，最多的当属史兴语，有52个单辅音。这些辅音从发音部位看有双唇、唇齿、舌尖前、舌尖中、舌叶、舌面前、舌根、小舌、喉门等9个部位。有的语言还有舌面中辅

---

① 需要说明的是，以下这些特点中的某个特点，并不是排他性的，但这些特点综合起来分析，则形成羌语支所特有的特点。
② 关于羌语支语言对应规律的初步论证，请参见孙宏开《羌语支属问题初探》，《民族语文研究文集》，青海民族出版社1982年版，第189页～第224页。

音。其中唇齿部位的辅音是后起的，一些语言读音不稳定，个别语言唇齿音仅仅出现在汉语借词中。

④多数羌语支语言有舌尖前、舌尖中、舌叶、舌面前4套塞擦音，塞音、塞擦音一般都分清、浊、清送气3套，擦音一般分清、浊两套。这4套擦音往往与复辅音的简化有密切关系。

⑤羌语支语言都有小舌部位的塞音和擦音，少数语言仅在部分方言中出现。小舌部位的塞音和擦音不仅出现在单辅音中，部分语言还出现在复辅音中。小舌音在复辅音中一般均充当基本辅音。也就是说它前面可以带前置辅音，后面可以带后置辅音，甚至还可以组成3合的复辅音。有迹象表明，小舌部位的塞音和擦音很可能是原始汉藏语的遗存。因为从同源词分析，羌语支语言的小舌音与同语族、同语系中某些语言中的小舌音有明显的对应关系。

⑥羌语支语言的单元音普遍多于藏缅语族中的其他语言，单元音分鼻化与非鼻化、卷舌与非卷舌的对立，有的语言还有长短对立。这些特征大都出现在固有词中。少数与彝语支语言相邻的羌语支语言，也出现了松紧元音的现象，但读音不十分稳定，出现的频率不高，可以被认为是受彝语支语言影响的结果。

⑦羌语支语言大多数有i、u、y3个介音，构成较丰富的后响复元音系统。据方言和亲属语言同源词比较中的对应情况分析，介音主要来源于复辅音后置辅音消失过程中的遗存。在亲属语言比较中，我们经常可以发现复辅音后置辅音-r在演变过程中变为i，后置辅音-l在演变过程中变为u，而y介音则首先出现在舌尖中辅音和iu或ui相结合以及舌面前的辅音和后高元音u相结合的情况下。其次是部分高元音在语音历史演变过程中分化的结果。

⑧羌语支语言残存着元音和谐现象。这种元音和谐现象主要产生于词根和前加成分、后加成分之间，词根本身的和谐现象则并不典型。这种现象在羌语支语言里演变不平衡，少数语言已经消失，如纳木义语、史兴语等；多数语言残存，如嘉绒语、尔龚语、尔苏语、普米语等；部分语言较完整，如羌语、木雅语等。元音和谐现象是原始羌语支共同语的特有现象，还是受阿尔泰语言影响后产生的现象，有待于进一步研究。

⑨羌语支语言的辅音韵尾基本上处于完全消失阶段，但演变不平衡，情况也比较复杂。个别语言有丰富的辅音韵尾，如羌语。但经初步研究，我们发现羌语中的辅音韵尾是后起的，它与原始藏语的辅音韵尾没有关系；少数语言仍然有残存的辅音韵尾，如嘉绒语就基本上较完整地保留了各类辅音韵尾，但值

得注意的是，有相当一批与藏缅语族语言有同源关系应该有辅音韵尾的词，而在嘉绒语中，其韵尾已经脱落，但大量藏语借词中的辅音韵尾基本上都保留了韵尾；多数语言的辅音韵尾已经完全消失。因此，就辅音韵尾而言，中国境内的藏缅语族语言复辅音的态势是：彝语支完全脱落；羌语支基本脱落；缅语支部分脱落；景颇语支和藏语支基本保留，少部分脱落。

⑩羌语支语言多数有声调，但发展不平衡，有的语言或方言至今没有声调。声调在区别词义和语法意义的作用方面也有差别，有的语言作用大，有的语言作用小。总体来看，因为羌语支语言都保留了原始藏缅语清浊对立的格局，声调的起源及其分化的因素看来主要是复辅音前置辅音的脱落和辅音韵尾的丢失。但各语言声调产生的机制及其过程有差别，因此羌语支内部形成统一调类的可能性不大。羌语支声调产生的机制也不同于藏缅语族的其他语支，有它自身的特殊性。

以上羌语支语音方面的10个特点，综合构成了羌语支语言的语音特征。

（2）词汇方面的特点

①羌语支是属于"前缀型"的一个语支①。前缀型语言最主要的特征是构词和构形都有丰富的前缀。目前看来，有的前缀的附加意义比较清楚，如趋向、时态等，除了语法意义外，它们也起构词作用。有的前缀仅仅起构词作用，而且与某个词类相联系，其意义和来源还不十分清楚，如嘉绒语中的各类构词词头。

②同语支内部各语言之间的同源词数量大大多于不同语支的语言。一般来说，选择1500个常用词作比较，羌语支内部的同源词往往在18%~31%。以相同内容的词表将羌语支语言与其他语支的语言作比较，同源词一般都不超过15%。它们之间同源词数量的顺序依次是彝语支、缅语支、景颇语支和藏语支。目前还没有与境外藏缅语作系统的比较，但根据对已经掌握的资料所作的初步比较研究，我们认为这种大的格局不会发生多大变化，也不会影响羌语支分类的结论。

③叠音词或双声词比较多，其中相当多的基本形容词采用叠音或双声形

---

① 马提索夫在第17届汉藏语会上提交的论文《藏缅语的数词及其前缀的作用》中说："藏缅语族中的一个十分明白的语支——前缀型的羌语支，经过精心的研究，已经取得了新的进展，这些语言主要分布在中国的四川省。"

式。特别是表示颜色的形容词，各语言大都采用重叠形式，而且大部分语言都有同源关系。至于动词用重叠方式表达某种语法意义，则也是羌语支语言的共同特征。

④比较开放，易于吸收邻近民族语言的词汇来丰富自己，特别是文化词和新词术语。例如，近几十年的新词术语几乎都使用汉语借词。以羌语为例，在调查羌语桃坪话3000多个单词中，汉语借词接近1000个，占调查词汇总数的30%左右。由于羌语支语言大部分是处在藏语的包围之中，因此，一些文化词、宗教词大都借用藏语。与彝语支相邻的一些语言，还借用了彝语支某些语言的借词，如尔苏语中有彝语的借词，史兴语中有纳西语的借词，等等。

（3）语法方面的特点

①有丰富的语法范畴，表达语法范畴的语法形式主要用前后缀、词根屈折变化、重叠词根等方式。其中加前缀是比较典型的方式，名词的人称领属，动词的人称、时态、趋向、态、式等语法范畴都用加前缀等方式表达。少数语言前缀还有区别词性的作用，如嘉绒语。这种前缀在同语族语言里，除了景颇语支还残存一些外，已经不多见了。值得指出的是，羌语支语言的前缀，在羌语支内部明显有起源上的一致性，少数前缀还是原始藏缅语的遗存。

②可数名词一般都有多数的语法形式，少数语言还有双数的语法形式。构成多数或双数主要采用在名词后加后缀或助词的方式，各语言表示多数的后缀在语音上有的有对应，说明它们来源相同。

③动物名词一般都有指小语法形式，有的语言指小的后缀还可加在非动物名词的后面，所加的后缀相当于汉语中的"子"或"儿"。多数语言的指小后缀有同源关系。

④藏缅语族语言中的量词是后起的，就中国境内藏缅语族5个语支的情况而言，它们处在不同的发展层次上。也就是说各语支产生和发展的时间早晚不同，数量不同，它们在语法体系中的作用不同，用法也不同。目前各语支量词的特点大致如下表：

藏缅语族各语支量词特点

语支名称	量词数量的多少	与数词结合的词序	量词能否单独和名词结合使用	数词能否单独和名词结合使用	语法体系中的作用
藏语支	少	量词+数词	不能	能	小
景颇语支	较少	量词+数词	不能	能	较小
羌语支	较多	数词+量词	特殊情况能	少数语言能	较大
缅语支	多	数词+量词	特殊情况能	不能	大
彝语支	很多	数词+量词	能	不能	很大

上表大体说明了羌语支的量词在藏缅语族中所处的位置。实际上量词在羌语支内部各语言之间仍然有一些细微的差别，如量词和指代词的结合、动量词的使用特点、量词的语法功能等，都存在一些小的差别，这有待于对整个藏缅语族各语言的量词进行更深入的比较研究以后，才有可能对其发展规律作更细致的阐述。

⑤人称代词都有格的语法形式，通常有主格（有时与施动格分离）、领格、宾格3种语法形式。多数语言格的形式采用元音或声调的屈折变化表达，少数语言除了元音屈折变化外，还有辅音（声母）屈折变化的形式。我们认为，辅音屈折变化的形式可能反映了藏缅语更古老的格语法形式。

⑥人称代词中，第一人称双数和多数一般都有包括式和排除式的区别。各语言使用的语法形式彼此有一定的联系，有的语言有明显起源上的一致性。

⑦多数语言有人称-数-时态语法范畴，其中南支的部分语言人称语法形式已经消失，数和时态的形式还残存着。经初步研究，藏缅语族动词的人称范畴是原始藏缅语的历史遗留。羌语支语言的人称-数-时态范畴往往用前后缀和动词词根的屈折变化（包括声调的屈折变化）综合表达，语支内部在表达方式上有一定的差异。人称后缀有时不仅与人称代词的辅音有关系，有时往往与人称代词的元音有关系。人称前后缀一般与主语发生一致关系，在一些语言里，在一定条件下，往往还与宾语、定语发生一致关系。羌语支语言的人称语法形式在同语族里，与独龙语、景颇语以及喜马拉雅地区的部分藏缅语族语言接近。

⑧动词有趋向范畴。表达趋向范畴的语法形式是在动词前面加各种词缀，表示行为动作朝着不同的方向进行。各语言表达趋向范畴的前缀有多有少，最多的有9个，最少的仅有3个，一般的有4～6个。表示相同语法意义的趋向前缀，有的明显有起源上的一致性，有的在语音上有对应关系。各语言的趋向前

缀往往与动词的时态前缀、命令式前缀有密切关系，往往用趋向前缀兼表时态和命令。在藏缅语族一些语言里，有的语言动词也有方向语法形式，但在语法意义和语法形式上有较大的差别，它们似乎没有起源上的共同性。羌语支语言用前缀的方式表达趋向范畴是这个语支的一个重要特征。

⑨动词都有互动态语法范畴。构成互动态语法范畴的基本形式一般是采用重叠动词词根的方式，有的是双声，有的是叠音。其语法意义是表示行为动作相互进行或反复多次进行，实际上是动作数量的增加。虽然羌语支内部都有互动态的语法形式，其基本特点是一致的，这应是羌语支语言的一个重要特点。但是，在羌语支不同的语言里，互动态正在发生一定的变化，主要表现在它的活跃程度、表达方式等方面。近几年来，在藏缅语族其他的一些语言里，也发现了互动态语法形式，少数语言与羌语支语言接近，但大多数采用分析形式，互动态是否是原始藏缅语的一个特点，值得研究。

⑩大多数语言中表示事物存在的动词有类别范畴，也就是用不同的存在动词表示不同客观事物的存在。有的表示动物名词的存在，有的表示领有物的存在，有的表示不能移动物品的存在，有的表示贵重物品的存在，等等。多的有7～8个，少的有4～5个。各语言事物存在动词的分类及其包含的语法意义大同小异，表示相同语法意义的存在动词有的明显有起源上的一致性。藏缅语族中彝语支的部分语言存在动词也有类别范畴，但一般数量比羌语支少，与羌语支语言存在动词的同源关系也不明显。

⑪动词和形容词在句中作谓语时有相同的语法范畴和它的表达方式，如谓语的数、时态、趋向、式、使动等语法意义都用前后缀表达，因此，过去在研究羌语支语言语法系统时，往往把动词和形容词合并为一类，统称为谓词。

⑫结构助词比较丰富，多数语言有领属、施动、受动、工具、处所、从由、比较等类，有的语言还有随同和定指等类助词，它们在语法体系中的作用比较大。各语言表示相同语法意义的结构助词有的在语音上有明显的对应关系，说明它们同源关系比较密切。

（三）彝语支

1. 彝语支的主要特点

过去将彝语支的若干语言划为一个语支，更多考虑其在语音结构类型上的共同特点，没有统计过其同源词的多少和语法上的共同特点。随着语言历史比较研究的深入，尤其是汉藏语系藏缅语族的历史比较研究的展开，彝语支语言在藏缅语族里的历史地位以及在词汇和语法上的共同特点也有所揭示。以下将根据藏缅语族历史比较研究的总体状况，来确定彝语支语言的历史地位，着重描述巴蜀地区彝语支语言的特点。

（1）语音特点

彝语支语言语音格局上的总体特点是复辅音已经大部分消失，声母在一定程度上有所分化，韵母以单元音为主，韵尾基本上已经消失。声调在音位系统中的作用比较大，但仍然没有形成像汉语那样"平上去入"四声八调的格局。彝语支语言语音的主要特点有以下几点：

①部分语言有复辅音。这些复辅音数量比藏缅语族其他语言少。从复辅音总体格局来看，彝语支语言里的复辅音是原始藏缅语族语言复辅音的残存。现存彝语支复辅音大体分两类：一类是浊音、浊塞擦音前面带同部位的鼻音构成的复辅音。数量一般有5～6个，这些复辅音仅仅保留在彝语的方言、纳西、哈尼等语言里。另一类复辅音是双唇或舌根塞音、鼻音等后面带卷舌的半元音构成的复辅音，数量一般也比较少，多的有10多个，如怒苏语有11个；少的有6个，如基诺语。

②单辅音声母的格局比较相似。大部分语言的单辅音声母有清、浊和清送气的对立，如彝语、哈尼语、傈僳语、拉祜语等的塞音、塞擦音声母都分不送气、送气和浊音3套。只有基诺语、卡卓语、柔若语以及哈尼语部分方言的塞音、塞擦音的浊音声母已经消失。所有的语言塞音有双唇、舌尖中和舌根3套，部分语言的方言里还有小舌部位的塞音和擦音，如彝语、纳西语、白语、拉祜语等。学术界认为，小舌部位的塞音和擦音往往是原始汉藏语系语言的遗存。擦音一般分清浊，几乎所有的语言都已经产生轻唇音，少数语言发展了送气擦音，如怒苏语和彝语的方言。塞擦音一般有舌尖前和舌面前两套，部分语言有卷舌塞擦音，少数语言还发展了卷舌塞音。不少语言的鼻音、边音分清浊。根据来源分析，这些现象应是复辅音的前置辅音在历史演变过程中对基本辅音影响的结果。

③韵母的格局是彝语支最明显的特点。多数语言的韵母以单元音为主，部分语言有复合元音韵母，除少数语言有3合元音外，一般都为2合元音。3合元音的出现往往从汉语借词开始，2合元音往往后响的居多，只有少数语言有前响复合元音，如白语、柔若语等。后响复合元音一般由i、u介音加主要元音构成，数量也比较少，少数语言产生了y介音，构成的复元音更少。大部分语言有紧元

音，构成成套单元音的松紧对立，只有毕苏语、卡卓语、堂郎语基本上没有松紧元音的对立。有关研究表明，彝语支多数语言的紧元音是由塞音韵尾在脱落过程中对主要元音的影响造成的，因此彼此有起源上的共同性。也有部分语言的紧元音来源复杂，如纳西语，紧元音与其他语言相比较，分布不同，来源不同，特点不同，对此，目前学术界仍然存在着很大分歧。

④辅音韵尾基本上已经消失。除毕苏语、桑孔语之外，其他语言基本上没有原始汉藏语遗留下来的塞音韵尾p、t、k和鼻音韵尾m、n、ŋ等辅音韵尾。由于这个原因，母语操彝语支语言的人，尤其是彝语、纳西语、傈僳语的使用者，在学习汉语时往往受母语的影响，发不出或发不准鼻音韵尾。另外，辅音韵尾的脱落，对韵母的主要元音产生影响，前面提到的紧元音的产生就是由塞音韵尾脱落所造成的。但是，不同的彝语支语言的变化是有差异的。有的语言除了产生紧元音外，元音本身也分化得很厉害，使单元音的数量大量增加。此外，还出现了长元音、卷舌元音、鼻化元音等复杂的语音现象。

⑤彝语支语言的声调系统在藏缅语族里相对比较发达。声调数量大多在4~6个之间，调型比较简单，很少有曲折调。有的语言声调与声母的清浊或韵母主要元音的松紧有相互的制约关系。如彝语的清辅音一般出现在高调中，而浊塞音、塞擦音主要出现在33和31两个调中。有的语言紧元音只在33和44两个声调中形成对立。由于这个原因，有的语言把元音的松紧处理为不同的声调，如白语、傈僳语等。

（2）词汇方面的特点

彝语支语言已经发展成为分析型语言，单音节的词根占绝对优势，多音节的单纯词比较少。词汇的构成主要由单音节的语素合成为复合词，这类词占词汇的绝大部分。语支内部的同源词相对比较多，相近的一些语言，同源词语音对应规律比较严谨，同源关系非常明显。如果用2000个左右常用词进行比较，同源词一般在20%以上，多的可以达到30%左右。巴蜀地区的彝语与傈僳语比较接近，与纳西语差别大些，与土家语差别最大。下面简要介绍彝语支语言的词汇特点。

①词汇一般由以下几个成分组成：首先是原始汉藏语系藏缅语族遗留下来的核心词，这类词约占词汇总数的10%~15%；其次是彝语支语言共有的词，占词汇总数的10%~15%左右；再次是某个具体语言在自身历史发展过程中，根据客观的实际需要，用词根合成或派生等各种方式构成的词，这类词是词汇

的主要部分，其合成方式要比派生方式能产；最后，在不同历史时期从相关的语言中吸收的借词。

②不同历史时期的借词是彝语支语言丰富词汇的重要方式。其中汉语借词占的比例最大。不同的语言比例有差异，以土家语最多，纳西语、傈僳语次之，彝语相对较少。还有一些相邻民族语言的借词，如傈僳语里有彝语借词，纳西语里有藏语借词，土家语里有苗语借词，等等。

③四音联绵词比其他语支的语言丰富。四音联绵词是汉藏语系语言的一个重要的特点，在丰富语言表达功能方面具有独特的作用。但是在藏缅语族语言里，四音联绵词分布不平衡，有的语言多，有的语言少。总体来说，彝语支语言的四音联绵词最丰富，形式最多样，表达功能最强。

（3）语法方面的特点

彝语支语言的语法特点总体来看，黏附性的形态比较少，词序和助词是表达语法意义的主要手段，内部屈折大多用于表示人称代词及名词的格及数、动词的使动等语法意义，常常与助词、附加词缀等手段共享。如果说原始藏缅语族语法的表达方式是有大量黏附性词缀的话，那么发展到今天的彝语支语言，大量表达语法意义的词缀已经消失，语法结构基本上已经分析化，但是我们从彝语支一些语言里残存的语法形式，仍能够看到原始藏缅语族遗留的某些语法范畴的蛛丝马迹。这些遗迹是我们今天判断彝语支在语法上与藏缅语族其他语言有同源关系的确凿证据。下面就综合介绍彝语支语言的一些主要语法特点。

①彝语支语言都可以在名词后面加类似于汉语词尾"儿""子"之类的指小后加成分，表示可爱、小巧等附加意义，不同的语言后加的词尾有明显起源上的共同性。这个特点与藏缅语族其他语言至少有类型学上的一致性，部分语言也可能有同源关系。

②人称代词单数第一人称、第二人称基本上都同源，语音上也非常接近。许多语言有格的变化，一般都有主格、领格和宾格，大都用元音或声调的屈折变化来表达。构成疑问代词"谁""什么""哪儿""多少"等的疑问语素大都由舌根塞音或擦音做声母，与古汉语的"何""可"和方言中使用的"阿"构成的疑问方式同出一源。

③量词在藏缅语族语言里是最丰富的，不仅数量多，在语法系统中的作用也比较大。与部分藏缅语族语言里量词刚刚产生形成鲜明的对照。彝语支语言量词与数词结合的词序是数词在前，量词在后。它在句子中使用时不仅有表量

的功能，在一定条件下还有指示、类别等功能。此外，量词还可以单独和名词结合使用，表示"一"的语法意义。这在藏缅语族其他语言里是很少见到的。

④动词一般都有体、态、式等语法范畴，大多数以在动词后加助词的方式表达，这些助词大都来源于实词，经过长期语法化后成为表达语法意义的虚词。也有部分语言动词残存着用词根声母或韵母屈折变化表达使动语法意义的现象，但例证有多有少，多的语言能够找到几十对，少的十几对，甚至有的语言仅有几对。更多的语言已经采用分析形式表达使动语法意义。

⑤形容词在句子里做谓语时的语法功能和语法形式与动词具有相当程度的一致性，但形容词重叠与动词的语法意义有一定差异。此外，形容词修饰名词时与动词也有比较大的差异。

⑥结构助词非常丰富。一般有施动、受动、工具、处所、从由、比较等多类，有的语言还有定指，它们位于各类句子之后，表达各句子成分之间的各种语法关系。彝语支语言的这类助词在数量、种类、用法等方面都要比藏缅语族其他语支的语言复杂，语法功能相对也比较强一些。

⑦句子的基本语序是主语–宾语–谓语。如果有间接宾语，则间接宾语在直接宾语之前。名词、人称代词作定语时，在中心词之前；形容词、数量词作定语时，在中心词之后。连词不丰富，复句很少用连词连接。

彝语支语言主要分布在中国，它在藏缅语族里总体来说是没有多少争议的一个语支，但是随着研究工作的不断深入，随着语言特点和语言种类越来越复杂和多样，境内外仍然有一些分歧或悬而未决的问题有待讨论和研究。

后 记

巴蜀地区自古以来就是一个多民族地区。自远古洪荒时代有人类文明活动至今，巴蜀各民族即生息、栖居于巴蜀大地，创造着源远流长、绵亘不断而且颇具特色、枝繁叶茂的巴蜀文明。可以说，一部巴蜀文明史，就是巴蜀地区各民族毗邻居住或错杂而居，在历代中央政权的统治与治理下，通过愈益频繁而亲密的政治、经济和文化交流乃至亲缘联系而共同创造、传承和弘扬巴蜀文化的历史。巴蜀地区历史是中国历史的组成部分之一。因此，巴蜀先民所创造的缤纷多彩、丰富多姿的巴蜀民族文化，不仅是巴蜀文化的重要组成部分，也是中华民族文化宝库中的瑰丽奇葩。宣传和介绍巴蜀民族文化，使更多的人了解、认识和关心巴蜀文化，动员更多有识之士参加到传承、弘扬巴蜀民族文化的行列中来，是21世纪中华民族伟大复兴在文化建设方面的迫切需要，也是四川实施文化强省战略的题中应有之义，亦是当代巴蜀民族文化研究者义不容辞的历史使命和时代责任。

《巴蜀文化通史·民族文化卷》课题由西南民族大学赵心愚教授主持，课题组成员有：李绍明（四川民族研究所）、杨铭（西南民族大学）、陈剑（成都市博物院）、罗开玉（成都市武侯祠博物馆）、马廷忠（西南民族大学）、徐学初（西南民族大学）、吴建国（西南民族大学）、郎维伟（西南民族大学）。本书采取集体协作方式编撰，由赵心愚担任主编，具体分工是：

导　论：李绍明、杨铭；

第一章：杨铭、陈剑；

第二章：罗开玉；

第三章：赵心愚、杨铭；

第四章：马廷中；

第五章：徐学初；

第六章：吴建国；

第七章：郎维伟；

结　语：赵心愚；

附　录：孙宏开；

后　记：赵心愚。

全书初稿形成后，由课题组集体讨论，提出有关基本要求，各章作者进行修改。最后，由赵心愚负责全书统稿。

在本课题完成暨本书杀青之际，我们特别感念本课题及本书的学术顾问李绍明先生。绍明先生长期致力于民族研究，在民族学及西南民族历史与文化研究方面成果丰硕，是四川乃至西南地区德高望重、颇享盛名的民族学家、人类学家。先生不仅学养深厚，学问造诣甚高，而且重视提携和奖掖后学晚辈。本课题组成员无论在平日的研究还是本课题暨书稿写作的过程中，均时常得到先生悉心指教，从先生处领受教益良多。课题组最初的两次编写会议，先生均拨冗抽出时间参加，对全书的主题、框架、一些具体问题的处理及措词等发表了指导性的意见和看法。如今书稿草成，先生却仙逝而去，未能见到他呕心沥血指导编写的这一成果，实为一大憾事。手抚书稿，往日在四川省民族研究所、在西南民族大学、在先生家中，向先生问学请教时先生那慈祥和蔼的面容，手拿烟卷侃侃而谈的长者风范，诲人不倦的诱导与启发……一一浮现眼前，至今历历在目，令人顿生物是人非之慨叹。因此，我们谨以本书的出版告慰先生在天之灵，并以本书的出版感谢和铭记先生既往的教诲之恩。本书出版之时，承担第二章的罗开玉教授已离我们而去，谨以此书出版作为对开玉兄的纪念！感谢开玉兄的大力支持，在此书框架、结构方面提出的宝贵建议与意见。

本书杀青之际，我们还要感谢章玉钧、胡昭曦、谭继和、林向、陈玉屏、罗鸣、万本根等先生，他们在本书编写之前和编写之中，对课题组都关照有加，从编写方案、提纲，到各章初稿，他们都细心审阅，拨冗提出书面意见。本书稿的如期完成，与他们的热情支持和长期的关心是分不开的。我们还要感谢著名语言学家中国社会科学院荣誉学部委员孙宏开先生，先生撰写的《巴蜀少数民族语言》附于本书后，更全面地展现了巴蜀民族文化。在此，谨致以衷心的谢忱。

巴蜀民族文化史的时间跨度甚长——从远古洪荒时代直至当今，本书又是多人合作的集体劳动成果，受不同时代文献资料繁简、语境文风和撰稿人在材料把握与写作风格甚至对一些具体问题存在不同看法等诸多因素的影响，各章在材料运用、论述详略和行文风格等方面，难免会存在着差异甚或不协调之处，尽管多次修改，反复斟酌，认真统稿，仍必然存在着若干不满意甚或疏误错漏之处。对此，我们希望能够得到读者的理解，也期待着有识之士的批评指正。

最后有几个问题需要在这里加以说明。一、纳西族为中华人民共和国建立之后经民族识别确定的族称，历史文献记载中被称之为"么些"。纳西族除在云南、西藏有分布外，在四川也有分布，是四川世居民族之一，但今四川盐源、木里及盐边部分自称"纳""纳日"或"纳汝"的么些人已多被确定为蒙古族。本书在编写过程中，前几章将这些地区原被称作"么些"的古老部落与民族仍作为一个整体；在中华人民共和国建立后，则主要记述自称为"纳西"的纳西人。二、吐谷浑鼎盛时期，在今四川境内分置有白兰和龙涸王，分别控制今四川部分地区，具体讲是川西北高原上的部分古羌部落地，时间长达二百多年。吐谷浑本为鲜卑慕容部的一支，后西迁至甘、青、川间，融合当地各部落后，成为青藏高原上的一古代民族。本书在编写过程中，注意到吐谷浑在四川地区的存在与活动，但由于文献记载非常有限，与当时这一地区的古羌部落也难以区别，因此只在注中加以反映。三、本书各章引用了不少史志和文献材料。这些史志文献多出自各历史时期封建文人或官吏之手，他们对文化的多元性缺乏正确理解，往往仅凭己见妄加评说；有少数存在民族偏见者，对其他民族习俗更是说三道四。因此，历代史志文献中有不少内容对少数民族的历史文化及生活习俗有歪曲贬低，甚至有一些污蔑性的词语。本书编写者在引用相关材料时，有的作了改动，但为了保留史料原貌，没有作完全删除，敬请读者加以鉴别。四、为有利于读者全面了解巴蜀少数民族文化，在全书七章稿已完成之后，本课题组将孙宏开先生为《巴蜀文化通史》专门撰写的《巴蜀少数民族语言》附于后，读者可从中进一步了解巴蜀少数民族的语言文化，也可从语言角度了解巴蜀地区各民族之间的亲密关系及文化上的交往、交流、交融。

赵心愚

2018年6月

图书在版编目（CIP）数据

巴蜀文化通史.民族文化卷／章玉钧，谭继和主编；赵心愚等著.——成都：四川人民出版社，2021.12
ISBN 978-7-220-10571-5

Ⅰ.①巴… Ⅱ.①章… ②谭… ③赵… Ⅲ.①文化史—四川②民族文化—文化史—四川 Ⅳ.①K297.1

中国版本图书馆CIP数据核字（2017）第280102号

BASHU WENHUA TONGSHI
MINZU WENHUA JUAN
巴蜀文化通史 民族文化卷

赵心愚 杨铭 等 著

出 品 人	黄立新
项目统筹	谢 雪 董 玲 谢 寒
责任编辑	任学敏 孙 玫
特约编辑	陈小梅 徐志诚
封面设计	张 科
装帧设计	经典记忆 戴雨虹
责任校对	舒晓利
责任印制	祝 健
出版发行	四川人民出版社（成都三色路238号）
网 址	http://www.scpph.com
E-mail	scrmcbs@sina.com
新浪微博	@四川人民出版社
微信公众号	四川人民出版社
发行部业务电话	（028）86361653 86361656
防盗版举报电话	（028）86361653
制 版	四川省经典记忆文化传播有限公司
印 刷	成都东江印务有限公司
成品尺寸	180mm×260mm
插 页	14
印 张	35
字 数	620千
版 次	2021年12月第1版
印 次	2021年12月第1次印刷
书 号	ISBN 978-7-220-10571-5
定 价	160.00元

■版权所有·侵权必究

本书若出现印装质量问题，请与我社发行部联系调换
电话：（028）86361656